Butz Peters

1977

RAF gegen
Bundesrepublik

Besuchen Sie uns im Internet:
www.droemer.de

© 2017 Droemer Verlag
Ein Imprint der Verlagsgruppe
Droemer Knaur GmbH & Co. KG, München
Alle Rechte vorbehalten. Das Werk darf – auch teilweise – nur mit
Genehmigung des Verlags wiedergegeben werden.
Covergestaltung: ZERO Werbeagentur, München
Coverabbildung: FinePic®, München
Satz: Adobe InDesign im Verlag
Druck und Bindung: CPI books GmbH, Leck
ISBN 978-3-426-27678-5

5   4   3   2   1

INHALT

SPÄTER

Terroristen

ALBRECHT
Susanne

29 Jahre
Größe: 176 bis 178 cm
grünbraune Augen,
2 Leberflecke links am
Kinn, Leberfleck neben
dem linken Nasenflügel,
Sommersprossen

KLAR
Christian

28 Jahre
Größe: 180 bis 182 cm
blaue Augen,
ausgeprägter Adamsapfel
zeitweise Brillenträger

SCHULZ
Adelheid

25 Jahre
Größe: 162 bis 165 cm
graugrüne Augen,
2 Muttermale auf rechter
Wange, zeitweise
Brillenträgerin

BOOCK
Peter, Jürgen

29 Jahre
Größe: 172 cm
graubraune Augen,
Muttermale auf rechter
Halsseite

KRABBE
Friederike

30 Jahre
Größe: 172 cm
dunkelbraune Augen,
trägt zeitweiss getönte
Brille

SECKENDORFF-
GUDENT
Freiherr
Ekkehard von

40 Jahre
Größe: 179 cm
blaugraue Augen,
Warze an der linken
Wange neben dem Ohr,
Brillenträger

DÜMLEIN
Christine

31 Jahre
Größe: 172 cm
braune Augen,
Leberfleck an der linken
Wangenseite

LOTZE
Werner, Bernhard

28 Jahre
Größe: 177 bis 178 cm
blaugraue Augen,
Leberfleck an der linken
Wangenseite

SIEPMANN
Ingrid

36 Jahre
Größe: 171 cm
blaugraue Augen,
Leberfleck links neben der
Nase und über linker
Augenbraue, zeitweise
kosmetischer Fleck über
der Oberlippe rechts

FRIEDRICH
Baptist-Ralf

34 Jahre
Größe: 181 cm
blaue Augen,
Muttermal an linker Stirn-
und Wangenseite

MAIER-WITT
Silke

30 Jahre
Größe: 171 cm
blaue Augen

STERNEBECK
Sigrid

31 Jahre
Größe: 169 cm
blaue Augen

HELBING
Monika

27 Jahre
Größe: 170 cm
graugrüne Augen,
2 Muttermale (Warzen)
oberhalb des linken
Mundwinkels, Muttermal
links vom Kehlkopf, trägt
zeitweise getönte Brille

MOHNHAUPT
Brigitte

31 Jahre
Größe: 160 bis 162 cm
blaugrüne Augen,
Brillenträgerin

VIETT
Inge

36 Jahre
Größe: 163 cm
braune Augen,
Narbe am rechten
Ziegelfinger (1 cm lang,
3. Glied, Fingerunterseite),
zeitweise Brillenträgerin

Für Hinweise, die zur Ergreifung einer der gesuchten Personen führen, sind je 50 000 DM als Belohnung ausgesetzt, die unter Ausschluß des Rechtsweges zuerkannt und verteilt werden. Die Belohnungen sind nicht für Personen bestimmt, zu deren Berufspflichten die Verfolgung strafbarer Handlungen gehört.

Vorsicht Schußwaffen!

Hinweise, die auf Wunsch vertraulich behandelt werden, nimmt jede Polizeidienststelle entgegen.

Herausgeber und Verlage: Bundeskriminalamt Wiesbaden   Druck: Bundesdruckerei   Ausgabe November 1980

VORWORT

Die Geschichte, die ich zu erzählen habe, ist nicht eine Geschichte von vor vierzig Jahren, sondern eine Geschichte von vierzig Jahren: Erst im Laufe dieser Zeit stellte sich heraus, was 1977 tatsächlich passierte. Die juristische Aufarbeitung des komplexen Tatgeschehens beschäftigt seit vier Jahrzehnten die Justiz. Allein zwischen 2012 und dem Abschluss des Manuskripts im August 2016 liefen ein Dutzend Ermittlungs- und Gerichtsverfahren wegen des RAF-Geschehens 1977 – das letzte Gerichtsverfahren ist noch immer nicht abgeschlossen (28. und 91. Kapitel).

Aber warum gerade jetzt ein Werk über dieses große deutsche Thema »1977«? Ausgerechnet jetzt? Weil die Quellenlage noch nie so gut war wie heute – und sie in der Zukunft nicht besser sein wird, falls nicht alle Anzeichen trügen. Also der optimale Zeitpunkt für eine Betrachtung des komplexen Geschehens.

Zehn Jahre nach der »Offensive 77« lag vieles noch völlig im Dunkeln. Beispielsweise, wer zu dem Kommando gehörte, das die vier Begleiter von Arbeitgeberpräsident Hanns Martin Schleyer in Köln erschoss. So ging das Oberlandesgericht Stuttgart 1985 in seinem für das RAF-Jahr 1977 grundlegenden Urteil gegen Brigitte Mohnhaupt und Christian Klar davon aus, dass es sich um »mindestens fünf ›RAF‹-Mitglieder« gehandelt hätte, »darunter möglicherweise eine Frau«. Heute wissen wir, dass es vier Attentäter waren – und wie sie heißen (79. Kapitel). Ähnliches gilt für den Mord an Dresdner-Bank-

Chef Jürgen Ponto. Das Oberlandesgericht Stuttgart urteilte
1985, dass dem Entführungskommando Susanne Albrecht,
Brigitte Mohnhaupt, Willy Peter Stoll und ein weiteres, namentlich unbekanntes, männliches RAF-Mitglied angehörten.
Heute wissen wir, dass es insgesamt fünf Täter waren, Christian
Klar und Peter-Jürgen Boock gehörten dazu, ebenso, was die
RAF im Einzelnen mit Ponto vorhatte und warum die »Tür-
öffnerin« Susanne Albrecht für die gesamte RAF anschließend
zu einem erheblichen Sicherheitsrisiko wurde (45.–47. Kapitel).

Zwanzig Jahre später, 1997, waren Erkenntnisse über das
Terrorjahr schon wesentlich konturreicher: Fast alle RAF-Aussteiger, die 1990 in der DDR gefasst worden waren, hatten
umfassend ausgepackt – vor Augen einen erheblichen Strafra-
batt durch die Kronzeugenregelung. Erst ein Jahr zuvor war
sie in Kraft getreten. Und schließlich bestätigte erst im Dezember 2000 das Bundesverfassungsgericht die Schlüsselent-
scheidung   zu   der   Entführung   der   Lufthansa-Maschine
»Landshut« vom Oberlandesgericht Frankfurt aus dem Jahr
1998. Die Entführung der Boeing mit Mallorca-Urlaubern
durch ein Palästinenserkommando, beauftragt von der RAF,
brachte den dramatischen Höhepunkt des Deutschen Herbstes. Einundzwanzig Jahre nach der Tat bereiteten die Frankfurter Richter in einem 220-Seiten-Urteil den Sachverhalt
akribisch auf.

Dreißig Jahre nach 1977, 2007, fehlte noch immer eine präzise Ausleuchtung der »Vorgeschichte« der »Offensive 77«.
Die lieferte 2012 das Oberlandesgericht Stuttgart; 2013 bestätigte der Bundesgerichtshof die Entscheidung: Die Vorgeschichte des Blutjahrs 1977 beginnt Anfang 1976 am Rande
der jemenitischen Wüste, zwei Autostunden von Aden entfernt, in einem früheren britischen Militärcamp. Die filigrane
Betrachtung der Kausalitäten reicht weiter: Sie ergibt, dass die
Dinge ihren Lauf exakt zwei Tage vor Ende der Lorenz-Ent-

führung in Berlin 1975 nahmen: An diesem Montag ließ die Bundesregierung den Untersuchungshäftling Verena Becker in den Südjemen ausfliegen: Dort bildete sie einige Monate später mit Baaders Ex-Anwalt Siegfried Haag den Nukleus der Gruppe, die die »Offensive 77« konzipierte – fünftausend Kilometer von Deutschland entfernt (16. Kapitel).

Der Betrachtungszeitpunkt für das Gesamtgeschehen ist jetzt aber auch deswegen ideal, weil es mittlerweile nicht mehr sehr wahrscheinlich ist, dass die Bundesanwaltschaft wegen 1977 noch ein neues Ermittlungsverfahren einleitet. Hinzu kommt, dass die Dreißig-Jahres-Verschlussfrist der Archivgesetze verstrichen ist. So sind nun auch Akten zugänglich, die nach 1977 zu dem Geschehen seinerzeit gefertigt wurden. Beispielsweise aus einem jahrelangen Rechtsstreit zwischen RAF-Anwalt Klaus Croissant und dem Land Baden-Württemberg, nachdem 1977 Lauschangriffe in der Justizvollzugsanstalt Stuttgart-Stammheim bekannt geworden waren. So lässt sich nun – pars pro toto – im Hauptstaatsarchiv Stuttgart anhand der freigegebenen Akten des Landeskriminalamtes, des Innen- und Justizministeriums in Baden-Württemberg nachvollziehen, in welchem Umfang Häftlinge in Stammheim abgehört wurden (37. Kapitel).

Auch tendiert mittlerweile die Wahrscheinlichkeit gegen null, dass durch menschliche Quellen die derzeitige Erkenntnislage noch nennenswert verbessert wird. Für die einstigen RAF-Mitglieder gilt, von wenigen Ausnahmen abgesehen, nach wie vor das Motto: »Von uns keine Aussagen« (25. Kapitel). Viele der Akteure des Jahres 1977 sind mittlerweile verstorben. So Generalbundesanwalt Kurt Rebmann, BKA-Abteilungsleiter Gerhard Boeden, Herold-Berater Willy Terstiege und der RAF-Analytiker Alfred Klaus – mit allen führte ich Interviews in den 80er-, teilweise 90er-Jahren. Und dass das menschliche Gedächtnis nicht dafür geschaffen wurde, Einzelheiten über mehr als drei Jahrzehnte verlässlich zu speichern, zeigten Ermittlungs- und Gerichtsverfahren ebenso wie Interviews in jüngerer Zeit (29. Kapitel).

Sehr erhellend für das Gesamtbild der Konfrontation RAF – Bundesrepublik sind natürlich auch wissenschaftliche Aufarbeitungen aus den vergangenen Jahren. Beispielsweise die 62 primär monothematischen Analysen in dem 1400-Seiten-Monumentalwerk *Die RAF und der linke Terrorismus*, herausgegeben vom Politikwissenschaftler Wolfgang Kraushaar 2006. Ein Meilenstein, der exemplarisch zeigt, welche Konsequenzen das Handeln eines RAF-Täters für die Familie des Opfers und auch seine eigene Familie hat, ist der 2011 veröffentlichte Dialog zwischen Julia Albrecht, der Schwester der Ponto-Mörderin Susanne Albrecht, und der Ponto-Tochter Corinna. *Patentöchter* – ein nachdenklich machender Gedankenaustausch, der zeigt, dass auch die Familien von RAF-Mördern zu den Opfern der RAF gehören können (50. Kapitel).

Wenn man das Jahr 1977 heute Revue passieren lässt, erscheint als – nur eine Facette – verrückt an ihm: Fortlaufend passierten Dinge, die kaum jemand für möglich gehalten hatte und deren Dimension schlicht das Vorstellungsvermögen der Bundesbürger damals sprengte. Am Gründonnerstag erschoss ein RAF-Kommando Generalbundesanwalt Siegfried Buback und zwei Begleiter, als sie in seinem Dienst-Mercedes vor einer roten Ampel in Karlsruhe warteten. Ende Juli führt Susanne Albrecht, Tochter aus hanseatisch-großbürgerlichem Elternhaus, dem Dresdner-Bank-Chef Jürgen Ponto die beiden RAF-Köpfe Brigitte Mohnhaupt und Christian Klar in seine Villa in Oberursel. Weil Ponto nicht bereit ist, sich entführen zu lassen, erschießen sie ihn. Im August versucht die RAF mit einer Stalinorgel das Gebäude der Bundesanwaltschaft in Schutt und Asche zu legen. Und dann beginnt der Deutsche Herbst, Anfang September: Ein RAF-Mordkommando erschießt in Köln drei Leibwächter und den Fahrer von Arbeitgeberpräsident Hanns Martin Schleyer und verschleppt ihn. Die größte Polizeiaktion der Bundesrepublik läuft an. Aber der Arbeitgeberpräsident bleibt verschwunden. Vierundvierzig Tage lang. Um den Druck auf die Bonner Regierung zu erhöhen, entführen Palästinenser das Flugzeug mit den Mallorca-Touristen. In Mogadischu befreit die GSG 9 die Geiseln zehn Minuten nach Mitternacht. Am Morgen sind die drei RAF-Köpfe im Hochsicherheitstrakt in Stammheim tot: Andreas Baader, Gudrun Ensslin und Jan-Carl Raspe. Unfassbar für die Republik, weil für diese Häftlinge, so hatten es Politiker verkündet, seit über sechs Wochen eine absolute Kontaktsperre bestand. Die RAF ermordet Schleyer. Seine Leiche steckt eingepfercht im Kofferraum eines Audi 100 im Elsass.

Insgesamt orten die Strafverfolger 20 Akteure des Deutschen Herbstes. Am Jahresende 1977 ist nur ein einziger von ihnen gefasst – nicht von der deutschen Polizei, sondern von ihren Kollegen in den Niederlanden. Die RAF, die die Republik in Furcht und Schrecken versetzte, ist wie vom Erdboden verschwunden. Nicht zu fassen! Die Republik ist sprachlos.

Die Auseinandersetzung RAF – Bundesrepublik 1977 ist eine komplexe Geschichte – mit den Komponenten »revolutionäres« Bewusstsein gekreuzt mit krimineller Energie auf hohem Niveau sowie extremer Brutalität auf der einen Seite, und auf der anderen: Schockstarre, kriminalistische Strategien und staatspolitische Räson. Entscheidend geht es um die Machtfrage. Die RAF hatte sie gestellt, weil sie glaubte, dass es ihr gelingen wird, dem Staat elf ihrer Mitglieder aus den Gefängnissen abzupressen.

Woher stammt all das, was Sie auf den nächsten 561 Seiten lesen werden? Grundlage sind Gespräche mit Zeitzeugen und Dokumente – Gerichtsurteile, Erklärungen von RAF-Mitgliedern und Aussteigern, Vernehmungsprotokolle, polizeiliche Ermittlungsberichte, Anklageschriften, Erklärungen in Prozessen von Angeklagten und Zeugen. Aber auch Informationen von RAF-Mitgliedern gehören dazu, die nicht bekannt werden sollten, wie von der Polizei entdeckte Kassiber oder von ihr mitgeschnittene Telefonate. Erkenntnisquellen sind schließlich auch Publikationen, wie beispielsweise Interviews mit ehemaligen RAF-Mitgliedern im *Spiegel, Stern,* in der ARD oder im ZDF.

Nicht als Erkenntnisquelle zur Verfügung standen mir Gespräche mit den beiden RAF-Köpfen der 77er-Geschehnisse Brigitte Mohnhaupt und Christian Klar, auch nicht mit den Protagonisten Verena Becker und Susanne Albrecht. Meine Versuche, mit ihnen in Kontakt zu treten, blieben erfolglos. Das ist bedauerlich. Aber nicht gravierend. Denn von allen gibt es Stellungnahmen zu dem 77er-Geschehen in ihren Prozessen, teilweise auch anderswo.

Die Recherchen für dieses Buch dauerten über zwei Jahre – mein viertes Buch zum Thema RAF. Das erste erschien 1991. Wie viele Seiten ich für dieses Werk zu den Geschehnissen 1977 gesichtet habe, kann ich präzise nicht sagen. Mit Sicherheit waren es über eine halbe Million – darunter natürlich bergeweise ungeordnetes Material in Archiven, lose abgelegt in Pappkartons, numerisch erfasst nach »Büscheln«. Seit fast dreißig Jahren forsche und berichte ich nun über die RAF. Es begann 1987, kurz nachdem ich beim Norddeutschen Rundfunk in Hamburg die Leitung des Ressorts »Rechtspolitik« übernommen hatte.

Bevor es losgeht, noch zwei Hinweise: Wer, wie ich, Geschichte anhand von Dokumenten und Zeugeninterviews rekonstruiert, stößt auf zahlreiche Personen, die zufällig ins Geschehen geraten sind. Beispielsweise als Zeuge bei einem RAF-Mord. Um die Persönlichkeitsrechte dieser Menschen zu wahren, habe ich ihren Namen geändert und *kursiv* geschrieben. Und bitte wundern Sie sich nicht über die Rechtschreibung in Erklärungen der RAF und einzelner Mitglieder. Sie werden orthografisch unverändert wiedergegeben.

Die Geschichte des Terrorjahrs 1977. Ein Mosaik – zusammengefügt aus Tausenden Teilen aus vier Jahrzehnten. Sie werden sehen: Auch wenn die RAF ihren Kampf gegen die Bundesrepublik 1998 für beendet erklärt hat, so hat die Auseinandersetzung um die Geschichte dieses Kampfes noch kein Ende gefunden.

Dresden, im Oktober 2016
Butz Peters

FRÜHLING

ERSTER ABSCHNITT.
BUBACK

1. Gründonnerstag

Die Ouvertüre zum Deutschen Herbst beginnt im Frühjahr 1977, Gründonnerstag. Ein diesig-trüber Tag.

Ein Tankwart wundert sich – kurz nach halb neun in Karlsruhe: Heinrich Wagner steht hinter seiner Kasse und beobachtet durch die Fensterscheibe seines Verkaufsraumes Merkwürdiges neben einer Zapfsäule. Dort stehen zwei Männer mit einer Suzuki GS 750. Die Maschine ist die Rakete schlechthin – wir sind im Jahr 1977: die schnellste Serienmaschine der Welt. Aus dem Stand auf hundert in weniger als fünf Sekunden … Mit einem Schraubenzieher fummelt der Sozius am Motor herum. Fummelt! Das ist das, was den Tankwart stutzig macht: Denn er tut so, als ob er schraubt. Aber er schraubt gar nicht. Und dann wischt er auch noch über die rote Schlussleuchte der Maschine. Eine halbe Ewigkeit lang, rauf und runter, runter und rauf – obwohl sie tipptopp sauber ist. Während der sinnfreien Aktionen schauen die beiden Männer immer und immer wieder nach links zur Linkenheimer Landstraße: eine breite Einfallstraße zum Zentrum. So als ob sie auf jemand warten.

Wenige Minuten zuvor war an diesem 7. April 1977 das schwere Motorrad mit dem leuchtend blauen Tank auf das Grundstück der Esso-Tankstelle Hardtwald gerollt. Die Fahrer tragen dunkle Overalls und olivgrüne Integralhelme. Per Handzeichen signalisieren sie dem Tankwart, nicht tanken zu wollen. Er beobachtet, wie der Beifahrer absteigt, in einer braunen Ledertasche kramt und einen Schraubenzieher her-

vorzieht. Dabei fällt ihm auf, dass die Tasche »irgendwie ge-
spannt« wirkt – durch einen Gegenstand in ihr. »Kfz-Kennzeichen«, vermutet Tankwart Wagner.

Nach gut zehn Minuten ist das eigentümliche Schauspiel
vorbei: Heinrich Wagner verfolgt, wie die Rakete mit den beiden Männern »extrem langsam« von seinem Grundstück rollt
und sich in den Berufsverkehr einfädelt. Vom Kennzeichen
seiner Nicht-Kunden merkt er sich »LU« – Ludwigsburg.

Eine halbe Stunde später, vier Kilometer weiter Richtung
Stadtmitte. Gegen 9.15 Uhr kommen zwei Polizeibeamte der
Einsatzhundertschaft Karlsruhe in einem grünen Mercedes-
Mannschaftswagen an die Kreuzung Linkenheimer Landstraße, Ecke Moltkestraße. Sie sehen einen dunkelblauen Mercedes, der mit den Vorderrädern eigentümlich schräg auf dem
Bürgersteig steht. Die Fahrertür ist offen. Ein Mann liegt
leblos auf der Fahrbahn. Für sie ist der Fall klar. Über Funk
melden sie: »Verkehrsunfall mit Unfallflucht« und fordern
Verstärkung an. Kurz darauf trifft ein Streifenwagen ein: Die
beiden Schutzpolizisten erkennen, was passiert ist. Kein Verkehrsunfall. Auch keine Unfallflucht. Aber eine Flucht mit
historischer Dimension. Das ahnt damals keiner, natürlich
nicht: Über fünf Jahrzehnte wird diese Flucht die deutsche
Justiz beschäftigen, zumindest bis ins Jahr 2016.

Um 9.58 Uhr rattert eine Eilmeldung der Deutschen Presse-Agentur aus den Fernschreibern in den Redaktionen, Pres-
sestellen und Ministerien Deutschlands:

»eil eil
buback
buback tot
Karlsruhe, 7. april 77 dpa – generalbundesanwalt buback ist
nach offizieller Mitteilung in Karlsruhe bei dem Anschlag
getoetet worden.«

»Verkehrsunfall mit Unfallflucht«: rechts Bubacks Leiche, links die seines Fahrers Göbel

Wie eine Bombe schlägt die Nachricht im Regierungsviertel in Bonn ein. Ein Schock in der vorösterlich gestimmten Bundeshauptstadt – für die, die noch am Schreibtisch sitzen. Viele Ministerialbeamte und Regierungsangestellte sind bereits im Osterurlaub, ebenso Minister und Staatssekretäre. Bundeskanzler Helmut Schmidt segelt auf dem Brahmsee. Bundesinnenminister Werner Maihofer fährt Ski in den Schweizer Alpen. Bundesjustizminister Hans-Jochen Vogel urlaubt am Mittelmeer. Er ist der Dienstherr des Ermordeten. Stallwache am Rhein hält Hans-Dietrich Genscher, Vizekanzler und Bundesaußenminister. Außer ihm sitzt in einem der 15 Ministerbüros nur noch Marie Schlei. Die Entwicklungshilfeministerin.

»Alle waren wachsbleich«, blickt Eckart Werthebach zurück. Ihn erreicht die Todesnachricht eine Etage unter Genschers Büro, er sitzt im zehnten Stock des Hochhauses – auf der »Staatssekretärsebene«: Seit wenigen Monaten ist er per-

sönlicher Referent des »Sicherheitsstaatssekretärs« Siegfried
Fröhlich, 20 Jahre später ist er dort selbst Staatssekretär: »Ein
Riesenschock für uns alle«, erinnert sich Werthebach, »wir
hätten es nicht für möglich gehalten, dass die den Chefankläger ›hinrichten‹.«

Helles Entsetzen macht sich in der Bundeshauptstadt breit –
in den Regierungsgebäuden zwischen dem lang gestreckten
Bundesinnenministerium in der Graurheindorfer Straße und
dem Bundesjustizministerium in der Heinemannstraße. Verstört sprechen Regierungsbeamte von einem »Anschlag auf
den Rechtsstaat«. Alle Sicherheitsexperten sind geschockt:[1]
Buback war der Hoffnungsträger gegen den Terrorismus. Seit
sieben Jahren beschäftigt das Thema die Republik, seit der
Baader-Befreiung im Mai 1970 in Berlin. Keine acht Monate
ist es her, da hatte der Gesetzgeber dem Generalbundesanwalt
die zentrale Zuständigkeit für die Verfolgung terroristischer
Straftaten übertragen: die seinerzeit viel diskutierte »Zentralkompetenz«.

Tief sitzt auch der Schock im Bundesjustizministerium: Auf
den 14 Etagen des Betonneubaus der »Kreuzbauten« Heinemannstraße, Ecke Godesberger Allee kennen viele Buback
persönlich. Häufig war er im Ministerium, um Bericht zu erstatten – schon lange bevor er Generalbundesanwalt geworden
war: als Oberstaatsanwalt bei der Bundesanwaltschaft Anfang
der 60er-Jahre, später als Bundesanwalt. Stets kam er mit
Fliege. Lebensfroh, rundlich, umgänglich. So schätzten die
Ministerialbeamten den gemütlichen Sachsen – er stammt aus
Wilsdruff bei Meißen. Er lächelte oft. Entweder vergnügt oder
verschmitzt. Der agile Praktiker galt als Mann für schwierige
Fälle: Er führte die Ermittlungen gegen den *Spiegel* 1962, nach
dem Diebstahl der Sidewinder-Rakete 1967 und dem Überfall
auf das Munitionsdepot in Lebach 1969 – für die Überführung
der beiden vierfachen Soldatenmörder von Lebach erhielt er
das Bundesverdienstkreuz. Befasst war Buback auch mit den

beiden großen »Bonner Fällen« in den 70er-Jahren: den Ermittlungen gegen den ehemaligen CDU-Bundestagsabgeordneten Steiner und gegen Kanzleramtsspion Günter Guillaume.

Drei Jahre vor seiner Ermordung, 1974, war Buback oberster Ankläger der Nation geworden. Anschließend hatte er in Interviews mehrfach davor gewarnt, dass das Kapitel »Terrorismus in Deutschland« noch nicht abgeschlossen sei. Etwas mehr als ein Jahr ist es her, da hatte er im *Spiegel* erklärt, Februar 1976, die Republik müsse auf Attentate »vorbereitet sein: Man wird versuchen, die Stammheimer herauszukriegen.« Billige Staatsschutz-Panikmache witterte mancher in diesen Worten.

Die Nation ist über den brutalen Anschlag schockiert. Für die meisten Bundesbürger war die RAF im Frühjahr 1977 Vergangenheit. Bundesinnenminister Maihofer und Bundesjustizminister Vogel brechen ihren Urlaub ab, fliegen zurück nach Bonn.

2. Margarine

Im Bonner Stadtbezirk Bad Godesberg erreicht die Todesnachricht Alfred Klaus: Der 58-Jährige ist der beste RAF-Kenner auf Staatsschutzseite. Der Erste Kriminalhauptkommissar sitzt in seinem Büro in der Dependance der Terrorismusabteilung des Bundeskriminalamtes, schräg gegenüber dem Bahnhof von Bad Godesberg, Friedrich-Ebert-Straße 1. Fassungslos blickt er aus seinem Fenster auf die Baumkronen des Kurparks.

Auf einmal schießt ihm durch den Kopf: »Margarine!« Wie Schuppen fällt es ihm von den Augen: »SB!« Die Initialen von Siegfried Buback – der Name einer bekannten Margarinemar-

Alfred Klaus

ke: »Warum, verflucht noch mal, bin ich nicht darauf gekommen!«, hämmert es in seinem Hirn. Erschüttert läuft er über den langen Gang zu seinem Abteilungsleiter Karl Schütz: »Man hätte sein Leben retten können …«, sprudelt es aus Klaus heraus: »Ihm Begleitschutz aufzwingen müssen, ein sicheres Auto …«

»Chefideologe der RAF« nennen ihn seine Kollegen liebevoll-ironisch. Alfred Klaus ist der Chronist der Gruppe im Bundeskriminalamt. Er analysiert ihre Erklärungen und Taten, wertet alle Erkenntnisse über Akteure, Gehilfen und Unterstützer aus. Er verfasste Dutzende Berichte. Tausende Seiten Papier. Er ist ein begnadeter Berichteschreiber. Alle Informationen über die RAF laufen bei ihm zusammen, im Referat TE 13.

Seit sechs Jahren sitzt Klaus an dieser Schlüsselposition. Alles begann mit drei Umzugskartons voller Akten aus Berlin im Februar 1971: Der Berliner Staatsschutz schickte sie ihm – heilfroh, sie los zu sein – in die Dienststelle. Bundesinnenminister Hans-Dietrich Genscher hatte angeordnet, dass das Bundeskriminalamt die Ermittlungen gegen die RAF zentral übernimmt, weil sie nicht zu fassen war: Bundesweit operierte sie über Ländergrenzen hinweg. Die Polizei, in Deutschland Ländersache, kam ihr nicht hinterher.

Deshalb wurde die »Sonderkommission Baader/Meinhof« – »Soko B/M« – im Januar 1971 bei der »Sicherungsgruppe« des Bundeskriminalamtes in Bad Godesberg eingerichtet: Zuvor waren Klaus und seine Kollegen von der »SG« für die Aufklärung von Staatsschutzdelikten und den Schutz der »Verfassungsorgane« zuständig. Als Leibwächter begleiten die Beamten Bundeskanzler und Minister. Einige Jahre gehörte Alfred Klaus zur Leibwache des Bundespräsidenten. Im Hochverratsreferat ist er Anfang der 70er der älteste und erfahrenste Staatsschutzbeamte. So erhält er die Aufgabe, die Soko B/M aufzubauen. Die Erkenntnisse über die Ziele der Gruppe aus den Berliner Akten fasst er in seinem »Vorbericht« am 19. Februar 1971 zusammen – ganz überwiegend stammten sie aus dem Berliner »Ermittlungsverfahren gegen Horst Mahler u. a.«:

> »Ihre Angehörigen streben den radikalen Umsturz der gegenwärtigen Gesellschaftsordnung an, in der sie ein ›System der Klassenherrschaft und der Unterdrückung‹ erblicken. Sie sind davon überzeugt, dass auch die gültige Rechtsordnung – über die sie sich bedenkenlos hinwegsetzen – nur Ausdruck der ›volksfeindlichen Gewaltverhältnisse‹ in der Bundesrepublik Deutschland sei. Zur Durchsetzung ihrer verfassungsfeindlichen Ziele haben sich die Mitglieder der Gruppe in den Untergrund begeben. Ihre illegale Tätigkeit und ihren Lebensunterhalt finanzieren sie aus dem Erlös der von ihnen begangenen Straftaten insbesondere aus Raubüberfällen auf Geldinstitute.«

Schon bald lernt Alfred Klaus die Familienangehörigen der per Steckbrief Gesuchten kennen: Als im Frühjahr 1971 die Fahndung nach Baader, Meinhof & Co. bundesweit auf Hochtouren läuft, reist der damalige Kriminaloberkommissar zu ihren Eltern, Geschwistern und ehemaligen Partnern, um möglichst viel über die RAF-Köpfe herauszufinden, aber auch, um die Möglichkeit einer »Selbstgestellung« zu ventilieren: Für diesen Fall sagt er den Angehörigen zu, für einen reibungslosen, unblutigen Ablauf zu sorgen. So besucht er Baaders Mutter Anneliese und Großmutter Hermine in ihrem Häuschen am Chiemsee, spricht mit der Mutter und der

Schwester von Gudrun Ensslin, dem Vater von Holger Meins und mit Klaus Rainer Röhl, dem Ex-Ehemann von Ulrike Meinhof. Der Verleger empfängt den Kriminaloberkommissar in seiner Villa Ferdinands Höh 10 im feinen Hamburger Elbvorort Blankenese. »K zwei R«, wie er in der linken Szene genannt wird, der Verleger der Zeitschrift *konkret*, trägt Reiterstiefel und Sportsachen, lässt Tee im Wohnzimmer servieren, gibt sich jovial und nimmt kein Blatt vor den Mund: »Wenn er die Möglichkeit hätte«, so hält Alfred Klaus die Äußerungen des Verlegers bei Tee und Plätzchen fest, »würde er die ganze Gruppe Baader-Ensslin auffliegen lassen. Insoweit stimme er mit anderen politisch linksstehenden Freunden überein. Man sei sich einig darin, dass diese anarchistische Gruppe mit ihrer kriminellen Tätigkeit der gesamten Linken in den Rücken falle. Anarchismus führe nach seiner Meinung zum Faschismus.«

Alle Angehörigen sprechen, so wie sich heute Klaus' Berichte lesen, weitgehend offen mit dem Bonner BKA-Mann: Alfred Klaus besitzt ein gewinnendes Wesen. Seine Augen strahlen freundlich. Er hat ein gutmütiges Gesicht und eine sonore Stimme, ist schlank und hoch gewachsen – kurzum: sieht blendend aus. Und kann zuhören. Mit seiner bedächtigen, zurückgenommenen norddeutschen Art – von der Kripo Lübeck kam er 1953 ins Bundeskriminalamt – bringt er Menschen zum Reden. Typ Hausarzt des Vertrauens.

Alle Köpfe der ersten RAF-Generation kennt er persönlich. Neben Andreas Baader hockte er im Hubschrauber, als der nach seiner Verhaftung im Juni 1972 – festgeschnallt auf einer Liege – von der Frankfurter Uniklinik ins Düsseldorfer Gefängniskrankenhaus geflogen wurde. Er sitzt neben Baaders Bett im Gefängniskrankenhaus und kauft für ihn einen Stapel Zeitungen, weil Baader wissen will, was über ihn die Presse schreibt. Den Vater von Holger Meins chauffiert er zu dem ersten Gespräch mit seinem Sohn nach dessen Verhaftung in die

Haftanstalt Koblenz: Vater und Sohn sprechen sich aus, als ob der Staatsschützer nicht neben ihnen in der Besucherzelle säße.

Die Meinhof erlebt Klaus in der Haftanstalt Köln-Ossendorf bei Angehörigenbesuchen, die er zu überwachen hat. Für Ulrike Meinhof beschafft er zwei Brillen von einem Optiker in Hamburg, um die die 38-Jährige gebeten hatte. Als er ihr die Brillen in die Besucherzelle mitbringt, sagt er, väterlich-freundlich, wie es nun eben seine Art ist, dass es doch besser sei, miteinander zu reden, als aufeinander zu schießen. Deshalb, fährt er fort, hätte er auch im vergangenen Jahr mit vielen Angehörigen der Gruppenmitglieder gesprochen, um ein weiteres Blutvergießen zu verhindern. »Ach«, antwortet die Meinhof und lächelt, »dann sind Sie also der Familienbulle.« Unter den RAF-Mitgliedern hatte sich herumgesprochen, dass ein »freundlicher Herr vom BKA« den Familienangehörigen Hausbesuche abstattet.

Auf seinem Schreibtisch in Bad Godesberg landen seit sechs Jahren alle Papiere, die seinen Kollegen in die Hände fallen: von der RAF, ihrem Umfeld und den RAF-Häftlingen – Prozesserklärungen, Kassiber, Zellenzirkulare, Häftlingskorrespondenz, Schreiben aus den RAF-Freundeskreisen. So weiß Kommissar Klaus über die RAF mehr als das einzelne Mitglied.

Vier Monate bevor Klaus die Todesnachricht von Buback erreichte, lag auf seinem Schreibtisch ein Papierstapel mit 132 Seiten – sichergestellt in einem grauen Opel Admiral. Die Autobahnpolizei hatte den Straßenschlitten mit Falschkennzeichen am 30. November 1976 auf der A 5 bei Butzbach zwischen Kassel und Frankfurt gestoppt: In ihm saßen, ausgestattet mit Falschpapieren und schussbereiten Waffen, Siegfried Haag (31) und Roland Mayer (22). Beide ließen sich widerstandslos festnehmen. Haag, getarnt mit einem dunkelblonden Toupet, war Andreas Baaders Anwalt gewesen und vor anderthalb Jahren in den Untergrund abgetaucht. Mayer, hinterm Steuer mit hell gefärbten, ins Rötliche gehenden Haaren, war so etwas wie der Adlatus des Ex-Strafverteidigers: Der Sohn eines Bankkaufmanns hatte das Wirtschaftsgymnasium geschmissen und war den Ermittlern durch sein militantes Engagement gegen die »Folterhaft der RAF-Gefangenen« aufgefallen.

Die kryptischen Notizen in den »Haag-Mayer-Papieren« sind für den Auswerter Alfred Klaus eine harte Nuss. Auf den Seiten aus einem Gohrsmühle-Schreibblock mit Mayers Handschrift stößt er mehrfach auf das Wort »Margarine«:

»Margarine
Planung – Personaldebatte
Rückzug (Wer wohin?)«

»Perspektive nach Margarine
Big Money (Vorbereitung schon jetzt)
Big Raussohle – Rache!«

»Verhältnis u. Zusammenarbeit
mit Bündnispartnern
P's
ML
2.6.

Aufarbeitung d. letzten Woche
Kritik an einzelnen Geno.
…
Kritik Anton (vögeln mit leg. Braut)
Anton redet nur wenn besoffen + mit Tim
…
Vorbereitung d. Margarine → alles klar
Begriff d. Politik/Terminierung
…

Margarine
1. a) allgemeine politische Diskussion
b) operationelle Planung
c) spontane Operation möglich? beim Checken?
2. Muni-Diskussion
...

Filialen
a) F 1 → besetzt, Anton + Käthe →
Tendenz bessere F 1, neuer Klotz
Docu-Center, Amt vorbereiten
b) F 2 → besetz, Inge → Bank vorbereiten
+ Crisenzeit, 3 Leute machen Bank
c) F 3 → mit Gen. zusammenarbeiten → weiter-
entwickeln + Stoffprobleme lösen
...

Commandwohnung
Appartement – Bungalow – 30 km Radius
Dobel-Gebiet → keine Luxusgegend
Einladungen – Was muss rein? Med. Koffer,
Autos. H. G.'s, Kleider, Bewaffnung,
Connections – Communikation
...

fortlaufende Arbeit
a) Big Money → H. M. auschecken
mit Marie diskutieren, wo den Typ bunkern → vorbereiten
a
b) Raushole : mit W + P diskutieren
Druck machen, mehr drin, Mandat
B. H. irgendwo drin, wenn nicht
Möglichkeit reinzukommen«.

»Haags Matrix«: Arbeitsplan aus dem Opel Admiral

Die Papiere enthalten auch einen Arbeitsplan, eine Art Disposition, für elf Personen – alle mit Decknamen: von »Anton« bis »Tim« – für drei Wochen. Von Samstag, dem 20. November, bis Samstag, 4. Dezember 1976. Es ist Haags Handschrift. Kurz vor Ende der Planungen, am 30. November, hatte die Autobahnpolizei ihn aus dem Verkehr gezogen.

Kriminalhauptkommissar Klaus schwant schon lange, dass Andreas Baader »Unrat ausbrütet« und dafür auch »draußen« Personen instruiert. Aber dass da bereits fast ein Dutzend Personen tagaus, tagein unterwegs sind, wie Haags Matrix zeigt, um »Aktionen« vorzubereiten – damit hätte der Beamte nicht gerechnet.

Er ist überrascht. Um die »Aufschriebe« zu entschlüsseln, brütet er tage- und nächtelang über ihnen in seinem Dienst-

zimmer am Bad Godesberger Stadtpark. Am dritten Advent
ist er fertig.

»In ihrer Gesamtheit lassen Papiere erkennen, dass ein illegaler Apparat nach dem Muster der 1972 zerschlagenen RAF-
Kadergruppe aufgebaut worden ist«, lautet das Fazit seiner
Analyse: »Politisch-propagandistische Interessen scheinen
nur eine untergeordnete Rolle zu spielen. Vielmehr spricht alles dafür, dass es sich um ein auf Zeit angelegtes Untergrund-
netz zum Zwecke einer bewaffneten Aktion zur Befreiung der
RAF-Gefangenen handelt. Die hierfür erforderlichen logisti-
schen Voraussetzungen – Geld, Wohnungen, Depots, Autos,
Waffen, Sprengstoff, falsche Papiere – standen offenbar kurz
vor dem Abschluss.«

Neben den »mit Decknamen bezeichneten 11 Kadermitglie-
dern« entdeckte Klaus in den »Haag-Mayer-Papieren« »ca. 25
weitere noch nicht identifizierte Personen … die den Sympathisanten bzw. Gehilfen zuzurechnen« seien. Aus den Notizen
ergeben sich für ihn »Hinweise auf den Besitz von 3 ›Filialen‹
(möglicherweise KW's[2]), ca. 12 ›Depots‹ und 2 ›Lager‹ sowie
einer ›Centrale‹ und einer ›Commando-Wohnung‹ im Nord-
schwarzwald. Allem Anschein nach war die Bande im Begriff,
den Schwerpunkt ihrer Aktivitäten in den Raum Baden zu
verlegen. Es gibt konkrete Anhaltspunkte dafür, dass der Posi-
tionswechsel mit dem Plan einer bewaffneten Operation in
Zusammenhang steht.«

Für fünf »operative Planungen« findet Alfred Klaus in den
Aufzeichnungen Anhaltspunkte, und zwar:

»1. ein unmittelbar bevorstehendes ›Kommando‹-Unter-
nehmen, Deckname
›Margarine‹,
2. eine in Vorbereitung befindliche bewaffnete Aktion zur
Beschaffung einer
großen Geldsumme, Stichwort ›Big Money‹,

3. eine geplante ›Rache‹-Aktion zur Befreiung einer größeren Anzahl von Gefangenen, Stichwort »Big Raushole«, sowie die
4. Vorbereitung eines Bankraubes durch die ›Filiale 2‹ und
5. einen Einbruch in eine Passbehörde (›Amt‹) durch die
›Filiale 1‹ zur Beschaffung von Dokumenten für die Her-
stellung von Falschpapieren.«

Von den fünf geplanten Operationen ist bereits die erste gelaufen: Am 12. November 1976 hatte ein RAF-Trupp die Bezirkshauptmannschaft in Landeck/Tirol überfallen. Stapelweise erbeutete er Reisepässe, Personalausweise, Waffen- und Führer-
scheine sowie Stempel. Papiere für die Zukunft.

Einen Tag nachdem Klaus seinen Bericht abgeschlossen hat,
wird klar, was »Vorbereitung eines Bankraubs« bedeutete: Am
13. Dezember 1976 überfallen drei RAF-Mitglieder, zwei
Männer und eine Frau, die Filiale des »Creditanstalt-Bankver-
ein« in Wien, in der Kärntnerstraße 53. Aus weniger als drei
Metern Entfernung richtet die Frau ihren Smith & Wesson-Re-
volver auf den Kassierer, wirft ihm einen Sack zu und verlangt:
»Alles da rein.« Ihr Wunsch ist dem Mann Befehl. Das Trio
flüchtet mit 3,4 Millionen Schilling und Valuten Richtung
Opernring.

Aufmerksam auf die Flüchtenden wird ein Polizist, der das
Gebäude einer türkischen Fluggesellschaft bewacht. Mehrfach
feuert die Frau auf den Beamten, trifft ihn aber nicht. Die
Schaufensterscheibe der Fluggesellschaft geht zu Bruch. An
der Operngasse versuchen die Täter, ein Taxi zu kapern. Es
misslingt, weil dem Fahrer die Flucht mit dem Zündschlüssel
gelingt. Die Frau wird gefasst: Es ist Waltraud Boock.[3] Die
beiden Männer entkommen unerkannt.

Alfred Klaus ist von der Planungstreue der Akteure überrascht: Obwohl die Planungsunterlagen der Polizei in die
Hände gefallen waren, schritten sie zur Tat. Durch den Raub

weiß Alfred Klaus, dass »Inge« der Tarnname von Waltraud
Boock ist: Nach den »Haag-Mayer-Papieren« sollte sie von
der »Filiale 2« aus die »Bank vorbereiten«, die dann »3 Leute
machen« sollten. Dass »Egon« Siegfried Haag und »Michael«
Roland Mayer ist, steht für Klaus außer Frage, weil beide nach
den Papieren am 30. November – dem Tag ihrer Festnahme –
als einzige dieselben Aufgaben zu erledigen hatten: »C-Wohnung, Loch, Patz, Karre«.

Drei von elf: Mehr nicht. Bei den anderen acht Tarnnamen –
Bodo, Ede, Hans, Tim, Karl, Olga, Paula und Anton, hat der
Chefanalytiker des BKA keine Idee, wer dahinterstecken
könnte – von einer Ausnahme abgesehen. Er vermutet, dass
»Anton« für Günter Sonnenberg steht.[4]

Das größte Rätsel auf den 132 Seiten ist für Klaus der Code-
name »Margarine«. Aus dem, was er in den Papieren gelesen
hat, schließt er, dass es sich um »eine spektakuläre Aktion mit
politischer Brisanz« handelt, deren Vorbereitungen »nahezu
abgeschlossen« sind. Der erste große Schlag einer neuen RAF-
Formation – mit Akribie vorbereitet: »Ihrer Planung ging eine
politische Diskussion voraus«, entnahm Klaus den Notizen
aus dem Admiral: »Die Täter wurden besonders gründlich
ausgewählt, ihre Flucht (›Rückzug‹) bis ins Detail (›wer wo-
hin/wann‹) vorbereitet, einschließlich der vermutlich legal in
Karlsruhe lebenden Helfershelfer ›W/P‹ (2 Personen?). Das
›Operationskonzept‹ schloss eine begleitende ›Propaganda‹
(d. h. Vermittlung des politischen Inhalts der Aktion durch
›Kdo.-Meldungen‹ bzw. Erklärungen für die Medien) ein.«
Klaus verwundert, dass er in den Papieren keinen Hinweis
darauf entdeckt, »ob und welche Forderungen damit ver-
knüpft werden sollten«. Auch vermag er aus den rätselhaften
Notizen nicht die strategische Verortung von »Margarine« zu
entschlüsseln: »Die Operation ›Margarine‹ kann jedenfalls mit
den … genannten Aktionen (›Big Money‹ und ›Big R014hole‹)
nicht in Zusammenhang stehen, weil diese nach dem Inhalt der

Siegfried Buback

Notizen unter ›Perspektive nach Margarine‹ bzw. unter ›fortlaufende Arbeit‹ rubriziert worden sind.«

Kurz vor Weihnachten 1976 fährt Hauptkommissar Klaus
nach Karlsruhe und spricht mit Generalbundesanwalt Siegfried Buback über seine Auswertungen; vor allem über das,
was ihn noch immer beschäftigt: »Margarine« und »Big Money«. Der Chefanalytiker des Bundeskriminalamtes ist mit
sich selbst unzufrieden.

»Machen Sie sich nicht verrückt«, erwidert Buback – er lächelt und lehnt sich entspannt zurück in der Sitzecke seines
Dienstzimmers. »Ich tue das auch nicht – obwohl ich weiß,
dass ich für die RAF eine prima Zielscheibe abgäbe.« Angst
könne er sich nicht leisten, gibt der Generalbundesanwalt zu
bedenken: »Für mich funktioniert das nicht, mein Leben so
einzurichten, dass ein Attentat auf mich unmöglich ist.«

Klaus hält dagegen: »Sie brauchen einen besseren Personenschutz, ausgebildete Leibwächter ...« Der Generalbundesanwalt winkt ab und lächelt verschmitzt, wie so oft. Alfred Klaus

gibt sich damit nicht zufrieden, weil er aus Kassibern von
RAF-Häftlingen weiß, dass Buback für Andreas Baader zum
Feind Nummer eins geworden ist – noch vor BKA-Chef
Horst Herold. Für Baader ist Buback der »General« der Ge-
genseite. Und deshalb ist es sein Herzenswunsch, dass er aus
der Welt geschafft wird.

So setzt Alfred Klaus nach, nennt Buback auf der Couch
einen »Fatalisten« und erinnert ihn daran, dass er nach seinem
Amtsantritt im Mai 1974 vor weiteren Anschlägen gewarnt
hatte. Auch erinnert er ihn daran, dass ihn Baader und die drei
anderen Stammheimer Ulrike Meinhof, Gudrun Ensslin und
Jan-Carl Raspe im *Spiegel* öffentlich attackiert hatten: Sie hatten von einer »Vernichtungsstrategie der Bundesanwaltschaft«
gesprochen und auch davon, dass Buback glaube, sie »durch
Mord und Zwangspsychiatrisierung« vernichten zu können.
»Sie sind die Galionsfigur!«, ruft Klaus: »Der verhasste Chef
einer verhassten Behörde, der die Anklageschrift gegen Baader, Meinhof, Ensslin und Raspe unterschrieben hat!« – Mehr
als zwei Jahre zuvor, am 26. September 1974, hatte Buback die
354-Seiten-Anklageschrift unterzeichnet und beantragt, »das
Hauptverfahren vor dem Oberlandesgericht in Stuttgart zu er-
öffnen«.

Buback wiegelt ab: Ihm sei klar, dass ihn Baader & Co. hass-
ten. Aber in Spekulationen über ein Attentat auf sich wolle er
sich nicht ergehen. Er lächelt verschmitzt und kommt zu einem anderen Thema: dem Ruhestand. Noch sieben Dienst-
jahre hat er vor sich, er ist Jahrgang 1920. Die beiden sind fast
gleich alt, Klaus ist ein Jahr älter. Buback freut sich auf mehr
Zeit für die Arbeit im Garten. Er züchtet Lilien. Bis dahin, bis
zu seinem Ruhestand, sagt er zuversichtlich, sei die RAF »hoffentlich Geschichte«. Am Ende des Gesprächs kommt der Generalbundesanwalt noch einmal auf Alfred Klaus' Auswertungsbericht zu sprechen: »Sie haben ganze Arbeit geleistet«,
sagt er dem BKA-Kommissar. »Aber nun vergessen Sie mal

Margarine und Big Money für ein Weilchen. Genießen Sie die
Festtage. Frohe Weihnachten.« Der Sachse Buback lächelt. So
endet das letzte Gespräch der beiden Männer.

Nachdem Klaus am 7. April 1977 vom Tod des Generalbun-
desanwalts erfahren hat, steht für ihn außer Zweifel, dass die
RAF ihr Programm, das er vor vier Monaten auf seinen
Schreibtisch bekam, gnadenlos durchzieht: Das Margarine-
Rätsel ist keines mehr. Von den fünf Projekten, die er in den
»Aufschrieben« identifizierte, sind drei realisiert – offen nur
noch Nummer 2 und Nummer 3: »Big Money« und »Big
Rausholc«. Das ist der Erkenntnisstand des BKA-Chefanalys-
ten am Gründonnerstag 1977. High Noon im Bundeskrimi-
nalamt.

Die »Haag-Mayer-Papiere« sind das Treatment des Terrors:
der Fahrplan für das Jahr 1977, um Baader & Co. aus den Gefängnissen zu befreien.

3. Karfreitag

Die *Tagesschau*-Fanfare erklingt. »Hier ist das Deutsche Fernsehen mit der *Tagesschau*. Guten Abend, meine Damen und
Herren«, begrüßt Nachrichtensprecher Werner Veigel die
Fernsehnation um 20 Uhr am Karfreitag 1977 – anderthalb
Tage sind seit dem Anschlag in Karlsruhe vergangen: »Bei der
Fahndung nach den Mördern von Generalbundesanwalt Buback und seines Fahrers Göbel gibt es möglicherweise eine erste heiße Spur. Das Bundeskriminalamt in Wiesbaden sucht aufgrund von Zeugenaussagen den der Tat dringend verdächtigen
terroristischen Gewalttäter Günter Sonnenberg. Sonnenberg
ist 22 Jahre alt. Außer ihm wird nach dem 24-jährigen Christian Klar und dem 25-jährigen Knut Folkerts gefahndet.«

Fotos der drei Gesuchten erscheinen auf der Mattscheibe. Ihnen folgt ein grauhaariger Herr: Gerhard Boeden, Leiter der »Abteilung Terrorismus« im Bundeskriminalamt. Schräg vor ihm steht ein junger Reporter, Hansjürgen Rosenbauer, der spätere ORB-Intendant, und fragt: »Wie dringend sind die jetzt Gesuchten der Tat verdächtig?«

»Die Ermittlungen zu dem schweren Verbrechen gegen die beiden Mitarbeiter des Bundesgerichtshofes und den Generalbundesanwalt sind so weit gediehen, dass der Tatverdacht gegen Sonnenberg sich so verstärkt hat, dass der Generalbundesanwalt sich entschlossen hat, einen Haftbefehl wegen dieser Tatbeteiligung beim Bundesgerichtshof zu beantragen.« Rosenbauer hakt nach: »Und was ist mit der angeblichen Frau, die auf dem Soziussitz gesessen haben soll?« »Wenn Sie sich die Fahndungsfotos, die wir heute veröffentlicht haben, ansehen«, erwidert Boeden, »dann kann man nicht ausschließen, dass einer dieser drei Beteiligten so aussieht, wie auch eine Frau aussehen kann.«

Für die deutsche Fernsehnation sind die drei Gesuchten unbeschriebene Blätter – Günter Sonnenberg, Christian Klar und Knut Folkerts. Auf ihre Spur brachte die Ermittler das Motorrad, von dem aus der Todesschütze feuerte, die Suzuki GS 750 mit dem leuchtend blauen Tank. Seit der Tat, in den vergangenen 35 Stunden, haben Gerhard Boeden und seine Kollegen herausgefunden:

Gestoppt hatte das Motorrad auf der Linkenheimer Landstraße an der roten Ampel – rechts hinter Bubacks dunkelblauem Dienst-Mercedes 230 E: Wie üblich sitzt der Generalbundesanwalt auf dem Beifahrersitz. Am Lenkrad ist heute Aushilfsfahrer Wolfgang Göbel (30), Cheffahrer Bernd Jakobi hat an diesem Tag frei. Hinten auf der Rückbank ist der Chef der Fahrbereitschaft Georg Wurster (43). Als die Ampel auf Grün springt, reißt der Sozius auf dem Motorrad aus einer braunen Reisetasche ein Gewehr und feuert, feuert, feuert –

Spurensicherung im Bundeskriminalamt: Flucht-Suzuki, Bubacks Dienstwagen

mindestens 26 Mal durch die beiden Scheiben auf der rechten Seite des Dienstwagens.

Fahrer Göbel erhält einen Lungendurchschuss, sechs weitere Projektile treffen ihn. Ihm gelingt es noch, die Fahrertür aufzureißen – es sind die letzten Sekunden seines Lebens: Er stürzt auf die Straße und bleibt liegen. So rollt der Wagen führerlos über die Kreuzung – Göbel hatte an der Ampel bereits einen Gang eingelegt und die Kupplung getreten.[5] Ganz langsam fährt das Motorrad an, zieht links am Mercedes vorbei. Die beiden Täter schauen in den Wagen. Triumphierend reißen sie die Arme hoch. Der Hintermann schiebt die Waffe zurück in die Reisetasche; der Vordermann gibt Gas. Das Motorrad jagt davon, Richtung Innenstadt, über den Zirkel.

Bubacks letzte Dienstfahrt endet auf dem Gehweg. Dort kommt der Wagen an einem Metallpfosten zum Stehen. Passanten hieven den Generalbundesanwalt vorsichtig aus dem Fahrzeug. Für ihn kommt jede Hilfe zu spät: Er stirbt an inneren Blutungen. Sein Sakko hat 16 Einschussspuren.[6]

Als das Trommelfeuer begann, hatte sich Georg Wurster auf
der Rückbank nach links abgeduckt – ohne Erfolg. Zwei Projektile haben ihn schwer verletzt. Ein Rettungshubschrauber
fliegt ihn ins Städtische Krankenhaus.

Gegen Mittag wird das Motorrad in einer Brückenkammer
unter der Bundesautobahn von Karlsruhe nach Stuttgart gefunden: wenige Meter neben der Landstraße 623, in der Nähe
der Ortschaft Wolfartsweier.

Sein Kennzeichen LU–NL 8 entpuppt sich als Dublette:
Mit diesem Kennzeichen besitzt ein Ludwigsburger Kunst-
schlosser eine Suzuki GS 750 – die Täter hatten sich ein Kennzeichen mit derselben Nummer prägen lassen und an dem Motorrad angeschraubt. Die Fahrgestellnummer – 020002 – führte die Ermittler schnell zum Eigentümer, der Firma Hein
Gericke in Düsseldorf. Der Geschäftsführer berichtet ihnen:
Sechs Tage zuvor hätte er die Maschine an einen Mann vermietet. Ausgewiesen hätte er sich mit einem Führerschein als
»Hans Georg Schäfer, geboren 2. August 1950, 4000 Düsseldorf, Rather Straße 82«. Tatsächlich aber gibt es diese Person
nicht. Weil der Mann die Maschine nicht zurückgebracht hatte, erstattete der Geschäftsführer Anzeige, einen Tag vor dem
Karlsruher Anschlag. Auf Fotos erkennen er und sein Verkäufer Günter Sonnenberg als den Mieter der Maschine. Die
Handschrift auf dem Mietvertrag mit dem Passus »Der Mieter
haftet für alle Polizeistrafen während seiner Mietzeit« sieht
aus wie die von Sonnenberg.

Mit dieser Erkenntnis ist es für die Ermittler gedanklich weniger als ein Katzensprung zu Klar und Folkerts: Die Staatsschützer hatten das Trio schon länger im Blick. Als militant
aufgefallen waren sie ihnen bei der Besetzung der Räume von
Amnesty International in Hamburg am 30. Oktober 1974. Ein
Stelldichein der Nachwuchskräfte der RAF, der jungen Garde:
32 Demonstranten hatten das Gebäude in der Beselerstraße 8
in Groß Flottbek gestürmt. Sie protestierten gegen die »Fol-

terhaft« der RAF-Häftlinge. Lautstark und auf Transparenten forderten sie, dass die Menschenrechtsorganisation öffentlich eintritt für die »Abschaffung der Sonderbehandlung und Vernichtungshaft« bei Baader, Meinhof & Co.

In Groß Flottbek waren außer Günter Sonnenberg, Christian Klar und Knut Folkerts mehrere Aktivisten mit dabei, die zwei, drei Jahre später im Terrorjahr 1977 eine wichtige Rolle spielen sollten: Roland Mayer, Adelheid Schulz, Willy Peter Stoll, Stefan Wisniewski, Monika Helbing und Ralf Friedrich.[7] Sogar Wolfgang Grams war schon mit von der Partie: einer der Frontmänner der dritten Generation, die, nachdem die zweite Generation 1982 gefasst war, 1984 in den Untergrund ging und noch einmal das Experiment des »bewaffneten Kampfes in der BRD« startete. Wolfgang Grams kommt 1993 ums Leben, nachdem er den zehnten Mord seiner RAF-Generation verübt hatte. Von den Amnesty-Besetzern 1974 in Hamburg schloss sich über ein Drittel der RAF an – in den Jahren 1975 bis 1984.

Für die Karlsruher Staatsschützer sind die drei »alte WG-Freunde«: Ab November 1973 lebten sie in einer Wohngemeinschaft in Karlsruhe im Stadtteil Grünwinkel, Haselweg 17. Zwei Jahre später, August 1975, zieht die Wohngemeinschaft in die Südstadt um, in die Luisenstraße 2a. Zwei Zimmer, Dachgeschoss. Wohnküche, Matratzen auf dem Boden. Die drei Karlsruher treten häufig gemeinsam auf, kämpfen für selbst verwaltete Jugendzentren und gegen die »Isolationsfolter« an RAF-Häftlingen. Sie gelten als Macher der spontan-frivol-brutalen Art.

4. Sonnenberg

Der Jüngste im Bunde ist Günter Friedrich Wilhelm Gustav Sonnenberg. Geboren am 21. Juli 1954 in Karlsruhe, wächst er in bürgerlich-geordneten Verhältnissen auf: Seine Schwester ist drei Jahre älter und sein Vater Wilhelm Bundesbahnoberamtsrat, A 13. 1964 kommt Günter auf das Helmholtz-Gymnasium in Karlsruhe, ein wilhelminisches Gebäude mit dem Flair der Kaiserzeit – tatsächlich: in der Kaiserallee. Mitschüler beschreiben ihn als zurückhaltend, wortkarg und bescheiden. Seine Noten sind gut. Mit sechzehn darf er für das Schuljahr 1970/71 als Austauschschüler nach Detroit. Den High-School-Abschluss macht er mit leichter Hand, Durchschnittsnote 1,5. Aber in der zweiten Hälfte des Jahres in Michigan verändert er sich. Der bislang angepasste und motivierte Schüler verwandelt sich, wie sein Vater berichtet, in einen »wortkargen, meditierenden, sehr genügsamen« und betont selbstständigen jungen Mann. Die Gegensätze dieser Welt, die er in Michigan erlebt hätte, vor allem zwischen Arm und Reich und den Rassen, hätten ihn dazu gebracht, selbst die Welt verändern zu wollen.

In Detroit erlebte der junge Badener den Protest der jungen Amerikaner gegen Vietnam und die Diskriminierung im eigenen Land. Die »Motor City« steht noch immer ganz im Zeichen der Rassenunruhen, die dort 1967 ausgebrochen waren, die schlimmsten, die die Vereinigten Staaten bis dahin erlebt hatten: fünf Tage brutaler Straßenkampf – 43 Tote, über eintausend Verletzte und über siebentausend Verhaftete.

Erst wird Günter kritisch gegenüber den politischen und gesellschaftlichen Verhältnissen in den Vereinigten Staaten. Dann lehnt er sie ab, spricht von den »Widersprüchen des Imperialismus'«. Mit siebzehn kehrt er an das Helmholtz-Gymnasium zurück. Die Lage in der Bundesrepublik sieht er ähnlich kritisch wie die in den Vereinigten Staaten. Begeistert ist er

Günter Sonnenberg

von Che Guevara und Hermann Hesse. Er ist rebellisch, legt sich mit Lehrern an, berichtet ein Mitschüler. Sein Interesse am Unterricht schwindet, er lebt, wie er es formuliert, »nur noch von meinen Vorkenntnissen«.

Im Sommer 1973 besteht er das Abitur am Helmholtz-Gymnasium, Notendurchschnitt: 2,2. Im Wintersemester 1973/74, am 18. Oktober 1973, beginnt er das Studium an der Universität Heidelberg: Philosophie, Geschichte und Politik. Einen Monat später – November 1973 – zieht er in die Wohngemeinschaft im Haselweg 17. Dort leben auch Christian Klar, Knut Folkerts und »Heidi«, Adelheid Schulz, Klars Freundin.

Mit dem »System« in der Bundesrepublik kann sich Günter Sonnenberg nicht arrangieren: Er engagiert sich im »Komitee gegen Folter an politischen Gefangenen in der BRD«. Weil er in öffentlichen Verkehrsmitteln keinen Fahrschein löste, verurteilt ihn das Jugendgericht Karlsruhe im März 1974 wegen »Beförderungserschleichung« zu »20 unentgeltlichen Arbeitsstunden im gemeinnützigen Bereich«.

Vier Monate später muss er abermals vor demselben Jugendrichter antreten. Zusammen mit der späteren RAF-Führungsfrau Adelheid Schulz und *Hans Pester* hatte er im Amtsgericht Karlsruhe das Dienstzimmer des Haftrichters gestürmt: Die drei forderten die Erlaubnis zum Besuch des Häftlings Lutz Buhr. Der Richter lehnt das ab. Daraufhin beschimpfen sie ihn als »Folterknecht« und »Schwein«. Der Jurist fordert sie auf, sein Zimmer zu verlassen. Das tun sie nicht.

Deshalb muss Sonnenberg wieder auf der Anklagebank vor dem Jugendgericht Karlsruhe Platz nehmen. Sein Verteidiger ist Siegfried Haag. Der 28-jährige Junganwalt erklärt das Verhalten der Angeklagten mit »der Ausweglosigkeit für ihr politisches Anliegen«. Den Jugendrichter überzeugt er nicht. Diesmal kommt Sonnenberg, gerade 20 geworden, nicht mit einem blauen Auge davon: Der Richter verurteilt ihn wegen »gemeinschaftlichen Hausfriedensbruchs in Tateinheit mit versuchter Nötigung« zu einer Woche Jugenddauerarrest.

Ein Jahr später taucht Günter Sonnenberg ab, nach dem Sommersemester 1976. Auch seine Eltern haben keine Ahnung, wo er steckt. Im November 1976 bekommen sie einen Brief von ihm – abgeschickt in Mülhausen/Frankreich. Abgestempelt am 23. November 1976. Er habe ein Urlaubssemester eingelegt, schreibt er ihnen, nun werde er mit Freunden auf eine »Weltreise« gehen. Das war's. Die letzte Nachricht des abgetauchten Sohnes an seine Eltern.

5. Klar

Auch Christian Klar entstammt dem badischen Bildungsbürgertum, ebenfalls einer Beamtenfamilie. Sein Vater ist Vizepräsident des Oberschulamtes Nordbaden in Karlsruhe; seine Mutter Christa Gymnasiallehrerin.

Als Christian Georg Alfred Klar am 20. Mai 1952 in Freiburg/Breisgau auf die Welt kommt, ist sein Vater Alfred noch Studienreferendar. Seine Mutter Christa studiert Mathematik fürs höhere Lehramt. Christians Kindheit verläuft behütet – er hat einen älteren Bruder, zwei jüngere Brüder und eine jüngere Schwester.

Im April 1964 kommt er auf das Hans-Thoma-Gymnasium in Lörrach. Der Direktor ist sein Vater Alfred. Typ: Minenräumer – das hatte er im Krieg gelernt. Kollegen schätzen den

Ex-Wehrmachtsoffizier, Jahrgang 1921, wegen seines burschi-kos-brachialen Durchsetzungsvermögens. Andere fürchten den gebürtigen Berliner, weil, wenn er jemanden als seinen »Gegner« identifiziert hat, er mit ihm den »Kampf« sucht. Ein Machtmensch, nicht ernsthaft dialogbereit. Der Weltkrieg-II-Marineoffizier liebt die Zuspitzung und ganz besonders die verbale Attacke. Ein Draufgänger, unkonventionell, frei Schnauze, mitunter auch provozierend – aber auch ein Karrie-rist.

Nach Lörrach ist die Familie gezogen, weil Christians Vater hier 1961 eine Schulleiterstelle bekommen hatte. Die 30000-Einwohner-Stadt liegt im südwestlichsten Zipfel der Bundesrepublik. Tiefste Provinz, damals, Mitte der 60er-Jah-re – und »konservativ bis ins Mark«, erinnert sich Nikolaus Cybinski. 1965 kam er als »Oberreferendar« an das Hans-Thoma-Gymnasium. Er »staunte nicht schlecht, in welch kon-servativ eingespieltes ›pädagogisches Ensemble‹ ich da geraten war: überwiegend ältere Herren, CDU-freundlich gesinnt, meistens Hausbesitzer, plus einiger älterer unverheirateter Kolleginnen, die routiniert-solide ihrem Job nachgingen.« Über pädagogische Probleme sei nicht diskutiert worden: »Alles lief reibungslos seinen biedermeierlich-pädagogischen Gang, nach außen badisch gemütlich«, erinnert sich Cybinski: »Thema Krieg und Soldatsein – es betraf die meisten Kolle-gen – war tabu. Neues Lernen, neue Schule? Bloß nicht! Wie wir das machen, Tag für Tag, isch scho rächt!«[8]

Mit einem Jahr Verspätung, 1968, schwappte das, was bun-desweit eine neue Zeitrechrung begründete – junge Menschen fordern Diskussion, Einfluss und Beteiligung –, nach Lörrach über, auf das Hans-Thoma-Gymnasium. »Nun wurde es hef-tig«, blickt Nikolaus Cybinski auf seine Anfangsjahre als Leh-rer am Klar-Gymnasium zurück: »Schüler begehrten auf, kri-tisierten Lehrer, sprachen eine Sprache, die meine Kollegen schockierte, forderten Transparenz, nicht nur bei den Noten,

Mitsprache im Schulalltag. Kurzum: Sie stellten die alte Herr-
schaftsordnung infrage.« Der Ton der Schüler verschärft sich.

Wie fast überall in dieser Zeit sind die Schüler am HTG gegen den Mief der Obrigkeit und für Mitbestimmung. Ihre
Themen sind die Themen der Zeit: Notstandsgesetze, Vietnam, der tödliche Polizeischuss auf Benno Ohnesorg in Berlin, die erste Große Koalition der Republik und vor allem das
Fehlen einer parlamentarischen Opposition. Die Koalitionäre
von CDU und SPD verfügen über mehr als 90 Prozent der
Stimmen im Bundestag. Von den insgesamt 518 Bundestags-
abgeordneten gehören ganze 50 der FDP-Fraktion an. Allein
sie ist parlamentarische Opposition. »Wir fühlten uns in einem
Strom des Aufbruchs weltweit«, beschreibt Kurt Seifert die
Stimmung damals, 1969 macht er am Hans-Thoma-Gymnasium Abitur. Aber über Verbalradikalismus kommen die Schüler nicht hinaus.

Auf dem Prüfstand stehen die »hierarchischen Strukturen«.
Aber die werden »von Oberstudiendirektor Alfred Klar in
idealtypischer Weise verkörpert«, resümiert Kurt Seifert, der
damals mit an der Spitze der Bewegung stand: »Gegenüber je-
nen Jugendlichen, die zunehmend kritischer auf die herrschenden Verhältnisse reagierten, betonte er die Notwendigkeit von
›Autorität‹ – und für deren Aufrechterhaltung sorgte er auch.«
So warnt im wilden Mai 1968 der Schulleiter bei einer Schul-
versammlung seine Schüler – alle: Sollte er feststellen, dass »radikale Elemente« an seinem Gymnasium auftreten, werde er
sich mit allem Nachdruck dafür einsetzen, sie von der Schule
zu entfernen. Für »Rabatz« hat er nichts übrig. Einige Monate
später fordern Schüler in einer Resolution »Anhörungsrech-
te«. Die Stellungnahme von Direx Klar ist eindeutig: Er warnt
vor einer »Machtübernahme der Schüler in der Schule«.

Als ein Schüler zur Abiturfeier im Rollkragenpullover erscheint, gibt er ihm demonstrativ nicht die Hand. Ignoriert
ihn. Direktor Klar und viele seiner älteren Kollegen wollen

Protest nicht hören, blickt Kurt Seifert zurück, damals einer der »Rädelsführer« der rebellischen Pennäler: »Sie sagten uns, wir sollten nach drüben gehen, wenn's uns nicht passt.« Die Analyse des »Rädelsführers« in der Rückschau: Die Rolle des Direktors sei »wichtig für die Radikalisierung« in der Schülerschaft gewesen.

Sein Sohn Christian ist in Lörrach zunächst ein blasser Schüler. Unauffällig. Das ändert sich mit seinem 15. Lebensjahr. Anfang 1968 engagiert er sich in der Redaktion der Schülerzeitung *Echo*, unter anderem als Grafiker. Sein Pseudonym ist »Kaki«. Die Zeitschrift macht auf mit der Schlagzeile »Kill the teachers«, Disziplinarkonferenzen folgen. Auch Christian ist vorgeladen; seinen Vater redet er mit »Sie« an. Die Lehrer sprechen Schulstrafen aus. Die Mehrheit im Kollegium will demonstrieren, wer die Macht in der Schule hat.

Zoff in der Schule gibt es auch nach dem Vorwurf an den Schulleiter Alfred Klar, er habe bei der Wahl des neuen Schulsprechers manipuliert. Die Schüleropposition greift ihn in einem Flugblatt an, fragt: »Wie hältst Du es mit der Demokratie, Alfred Klar?« Seine Antwort ist ein Flugblattverbot auf dem Schulgelände. Schüler erwidern mit einem Flugblatt: eine Todesanzeige für die Pressefreiheit am HTG. Einer der zehn Unterzeichner ist Christian Klar. Der Direktor verhängt Hausverbote für die Unterzeichner, auch für seinen Sohn. Die zehn Flugblattunterzeichner müssen vor der Gesamtlehrerkonferenz antreten. Christian siezt wieder seinen Vater; das Kollegium folgt dessen Vorschlag: drei Tage Ausschluss vom Unterricht. »Faschismus im Lehrerzimmer?« titelt *Echo aktuell* und erklärt, diese Methode von Konferenz sei schon »in der Zeit des Faschismus praktiziert« worden.

Diese Konferenzen waren ein »gravierender Fehler«, blickt der ehemalige Deutsch- und Geschichtslehrer Cybinski zurück: »Statt auf die Schüler einzugehen, sie wenigstens in Ruhe anzuhören und damit die Situation zu entschärfen, wurden

diese Disziplinarkonferenzen zu pädagogischen Tribunalen.«
Dass in ihnen »wir Lehrer als Ankläger und Richter auftra-
ten«, diese Doppelfunktion, nennt Cybinski rückblickend »einen unserer schlimmsten Fehler«.

Nikolaus Cybinski lernt Christian Klar »als sensiblen Bur-
schen« kennen, »mochte ihn – auch wenn er einmal meine Auf-
satzbenotung ›robust‹ angriff«. Im Laufe der Zeit werden
Christians Haare länger und seine Noten schlechter, er entwickelt sich immer mehr zum »schwarzen Schaf« der Pädagogen-
familie: Seine beiden älteren Brüder sind Überflieger, Muster-
schüler und sahnen Schulpreise ab. Christians kleine Schwester
vergöttert der Vater. Und Christian bleibt sitzen, 1970.

Der Vater ist autoritär, der Filius fürs Antiautoritäre. Die
Wortgefechte nehmen zu: daheim und in der Schule. Christian
hält seinen Vater für einen Opportunisten, weil er 1968 die
SPD verlassen hatte mit der Erklärung, die Partei sei ihm zu
links geworden. Schon bald tritt er in die CDU ein. Nicht
nachteilig für seine Karriere im Ländle, in der Schulverwal-
tung. Für seine Mutter Christa war Christian »immer der Sen-
sibelste von den fünf Geschwistern«. Christian spielt gut Gitarre und malt talentiert. Der Pädagogin gefällt an ihrem zweiten Sohn der »Gerechtigkeitssinn«, ähnlich ihrem eigenen,
sagt sie. Für sie ist Christian im Grunde »ein Weltverbesserer,
ein Junge mit Sozialtick«.

Die Reibungen zwischen Christian, Jahrgang 1952, und seinem Vater Alfred, Jahrgang 1921, gehen weit über den klassischen Vater-Sohn-Konflikt jener Zeit hinaus. Nicht nur, weil
Alfred Klar ein besonders autoritär-brachialer Pädagoge alten
Offiziersschlages ist; sondern vor allem wegen seiner Doppelrolle im Leben von Christian: als Vater und Schulleiter. In der
Schule ist Alfred der Buhmann für die rebellischen Schüler. An
deren Spitze steht Christian.

Mit 18 beantragte Christian Klar, als Wehrdienstverweigerer
anerkannt zu werden, September 1970. Seinen Antrag begrün-

det er damit, dass er eine »zutiefst lebensbejahende Haltung« teile, die ihn veranlasse, »das menschliche Leben selbst ... zu verehren, zu lieben und zu verabsolutieren«. Deshalb könne ihn eine »unter Umständen eingebildete Freiheit, Sehnsucht oder menschliche Bestimmung nicht veranlassen, einen Menschen zu verletzen oder gar zu töten«. Es würde ihn »zerstören«, schreibt er an das Kreiswehrersatzamt, wenn er »die Vernichtung menschlichen Lebens organisiert fördern, üben und letztlich praktizieren müsste«. Fünfzehn Jahre später verurteilt ihn das Oberlandesgericht Stuttgart[9] wegen neun Morden und elf Mordversuchen. Die Prüfungskammer des Kreiswehrersatzamtes überzeugt er nicht: Sie lehnt ihn als Wehrdienstverweigerer aus Gewissensgründen ab. Aber antreten muss er nicht.

1971 wird Vater Alfred Vizepräsident des Oberschulamtes Karlsruhe. Die Familie zieht von Lörrach nach Karlsbad-Ittersbach – 200 Kilometer Richtung Norden. Eine beschauliche Gemeinde zwischen Karlsruhe und dem Nordrand des Schwarzwaldes. So kommt Christian Klar mit 18 in die 12. Klasse des Eichendorff-Gymnasiums in Ettlingen, keine anderthalb Jahre vor dem Abitur. »An ihm war alles anders«, erinnert sich an den neuen Mitschüler *Stefan Löffler:* »Er hatte einen eigenen Stil, und man sah sofort, dass er seine Außenwirkung kalkulierte. Er war groß, lässig, geschliffene Sprache. Der war nicht brav, nichts an ihm war brav. Christian war die absolute Provokation.« Lehrer sind für ihn natürliche Feinde.

Klar stößt zu *Löfflers* Clique. Die fünf Zwölftklässler nennen sich »Basisgruppe«. In Mode sind Parkas mit großem Peace-Zeichen auf dem Rücken. In der Pause treffen sie sich neben den Fahrradständern. Einige rauchen, Christian pafft. Sie sprechen über die Schule und Vietnam, die brennenden Napalmopfer, über Selbstentfremdung und Selbstentfaltung, über Lehrer und Väter. Seinen Mitschülern sagt Christian, »dass er seinen Vater hasst«, erinnert sich »Basisgruppen«-Genosse *Löffler,* und dass Christian ihnen »vermittelt hat, wie sehr hassenswert die ganze Kriegsgeneration ist«.

Die Jungs auf dem Schulhof empfinden sich schon als die »neuen Menschen«, blickt *Löffler* zurück: »Wir hielten die Nasen hoch, liefen da rum mit dieser ganz normalen Primanerarroganz, die halt mit einer revolutionären Attitüde geschmückt war. Lächerlich eigentlich.« Im Sommer 1971 organisieren sie einen Schulstreik und demonstrieren in der Karlsruher Kaiserstraße. Die Polizei setzt Gummiknüppel, Tränengas und Wasserwerfer ein. Christian ist immer in der ersten Reihe. Kneifen gibt es für ihn nicht. In einer Schülerzei-

Christian Klar

tung, eng beschriebene DIN-A3-Blätter, mit Matrizen auf einer »Nudelmaschine« hektografiert, erscheint eine Karikatur aus der Feder von Christian Klar: Ein Polizist tritt einen Demonstranten mit seinem Stiefel.

Das Abi macht Christian Klar mit 20 im Juni 1972 an dem Gymnasium in Ettlingen. Notendurchschnitt 2,75.

Zum Wintersemester 1972/73 schreibt er sich an der Ruprecht-Karls-Universität in Heidelberg für Philosophie und Geschichte ein: »Abschlussziel ›Magister‹«. Prüfungen legt er keine ab. Auch keine Zwischenprüfungen.

»Ich bin ein paar Mal hingegangen, habe auch die Bibliothek benutzt, war aber desillusioniert von Nährwert und Zurichtung«, sagt Christian Klar später über seine »Studentenzeit«: »Das Elfenbeinturmmäßige habe ich als so krass empfunden, dass ich keine Energie gehabt habe, das fortzusetzen.« Die Rückmeldung zum Wintersemester 1975/76 erledigt für ihn Günter Sonnenberg. Die Namen Adorno und Marcuse sind für ihn kein Begriff – damals, wie er in der Rückschau berichtet. Seine Erklärung: »So weit war ich zu der Zeit theoretisch noch nicht vorgedrungen.«

Gleichwohl spielte die Universität eine wichtige Rolle für Christian Klars politische Sozialisation: »Politisch aktive Gruppen« hätten »sich öfter kurzerhand Räume an der Universität geschnappt, sie genutzt und ein bisschen in Besitz genommen«, blickt er zurück. Nicht nur Studenten seien dort zusammengekommen, sondern auch »Leute aus Jugendzentren, Straßenbewegungen, verschiedenen Mobilisierungen«. Sie hätten »wirtschaftliche Themen« und »Proteste zum öffentlichen Nahverkehr« diskutiert und Aktionen und Demonstrationen vorbereitet. Die Uni hätte ihnen »auch einen gewissen Schutz« geboten: »Damals war es eine recht hohe Hürde, ehe die Universität die Polizei reingelassen hat.«

Die Zeit ist unruhig. Bewegt. Die Außerparlamentarische Opposition – APO – ist zerfallen. Revolutionäre Grüppchen allerorten: Sie diskutieren über die richtige Strategie für die Revolution. Meistens streiten sie sich. Zanken. In Vietnam ist Krieg, in Chile Klassenkampf, in Frankfurt Häuserkampf – das Wort »Kampf« ist der zentrale Begriff in diesen Tagen.

Nazizeit, Radikalenerlass, Vietnamkrieg, Imperialismus und »Folterhaft in BRD-Gefängnissen« – das sind die Themen, über die der Philosophiestudent Anfang 20 nachdenkt und diskutiert: In seinem Umfeld, berichtet er später, interessierte sich damals jeder für »die Zeit des deutschen Faschismus«. Klars Befund: »Das faschistische Personal war wieder in seinen Posten drin.«

Der Vietnamkrieg ist für ihn ein »beispielhafter Befreiungskampf« des vietnamesischen Volkes. Für ihn hat er deshalb etwas »sehr Mobilisierendes, Ermutigendes« – einerseits; andererseits aber auch »etwas sehr Ernstes und Grundsätzliches«, da man »die moderne Menschenverachtung von Kolonialherrn« kennenlerne.

Den Putsch in Chile im September 1973 empfindet Christian Klar als »eine ganz ungeheuerliche Sache«, weil »in einem brutalen, direkten Vorgehen kurzerhand Interessen von imperialistischen Hauptmächten delegiert worden« seien: »Von einem Tag auf den anderen war die Fassade von Wahlprozessen, also der ideologische Rahmen, der im Westen ja doch lange Zeit eine immense Rolle gespielt hat, außer Kraft gesetzt.«

Als er und einige seiner Bekannten hören, dass in der Stadthalle in Karlsruhe »die regionale High Society« und »Geschäftsleute« das Ende des Allende-Regimes feiern wollen, trommeln sie Gesinnungsgenossen zum Protest vor den Hallentüren zusammen: Sie wollten, so formuliert es Klar später, »unsere Wut zum Ausdruck« bringen. Für Klar ist das »Lernen im Alltag« – im »Unterschied zu Geschichtsverständnis aus der Zeitung, nämlich zu erkennen, wie so ein Putsch bestimmte Geschäftsbereiche nach vorne bringt, wer davon profitiert«. Der Protest vor der Karlsruher Stadthalle ist ein Schlüsselerlebnis für ihn: So habe er, bemerkt er Jahrzehnte später, »gelernt, politisch zu denken«.

Der wichtigste Satz aus dieser Zeit ist für ihn, sagt er, »ein Ausspruch von Sartre, dass der Vietnamkrieg den Bereich des Möglichen erweitert hat«. In diesen Jahren fühlt sich Klar »beflügelt«, weil »im Vordergrund die Mobilisierungsfähigkeit gestanden hat, die Horizonte, die sich geöffnet haben«.

Im Laufe der Zeit werden für ihn zum wichtigsten politischen Thema die »Haftbedingungen der politischen Gefangenen in der BRD«. Christian Klar spricht von »Folter«. Beim Verkehrsamt der Stadt Karlsruhe beantragt er am 29. Mai 1973 die Genehmigung eines »Sitz- und Hungerstreiks« vor dem Gebäude des Bundesgerichtshofs in der Herrenstraße. »Thema« der Veranstaltung: »Die Isolation der politischen Gefangenen in den Gefängnissen der BRD«.

Anderthalb Jahre später, Oktober 1974, ist Christian Klar bei der Amnesty-Besetzung in Hamburg dabei. Die endgültige militante Radikalisierung scheint in dieser Zeit bei ihm erfolgt zu sein: 1973, 1974 – vor allem beim dritten und mit Abstand heftigsten Hungerstreik der RAF im Herbst 1974. Trauriger Höhepunkt ist der Hungertod von Holger Meins am 9. November.

In dieser – in seinem sozialen Umfeld – brodelnden Zeit besitzt die RAF für Christian Klar eine historische Funktion: Für ihre Gründung sei »authentischer Grund« gewesen, erläutert er später sein Verständnis, »dass sich geschichtlich eine Möglichkeit gezeigt hat, revolutionäre Entwicklungen in Gang zu setzen«. Seine Sicht sei »einzig eine Betrachtungsweise aus der Perspektive einer Befreiung der besitzlosen Klassen«.

Seine Dauerfreundin ist »Heidi«: Adelheid Schulz. Vor sich hat sie eine fünfjährige Karriere in der RAF. Sie ist drei Jahre jünger als Klar, hat dunkle Haare und einen verträumten Blick. Er weckt Beschützerinstinkte. Die beiden kennen sich aus Lörrach, wo Heidi 1955 geboren wurde und Christian das Hans-Thoma-Gymnasium besuchte – infolge der Karriere seines Vaters. »Die beiden verstanden sich ausgezeichnet«, sagt Klars Mutter im Mai 1977, als die Hochfahndung nach ihrem Sohn angelaufen ist. Die Dauerfreundin ihres Sohnes findet sie »angenehm«: »Andere junge Männer wechseln die Frauen wie die Hemden. Aber Christian war ihr echt treu.«

Christian Klar bereitet seinen Abgang aus der bürgerlichen Welt vor: Das Sommersemester 1976 ist sein achtes und letztes Semester. Ein letztes Mal besucht er seine Eltern am 7. Oktober 1976 in Karlsbad-Ittersbach, in ihrem Haus in der Eichgasse 34. Drei Tage später kommt Klars Mutter Christa nach Karlsruhe in die Wohngemeinschaft in der Luisenstraße 2a – in der Wohnung unterm Dach lebt Christian Klar seit etwas mehr als einem Jahr. Sein Vater war nie hier. Für ihren Sohn hat die 50-Jährige frische Wäsche mitgebracht; für alle kocht sie Nudeln mit Hackfleisch – Sonnenberg und Folkerts sitzen in der Wohnküche. Christians Mutter wundert sich, dass die drei nicht rauchen und an dem Wein, den sie mitgebracht hat, nur nippen. »Ihr wollt euch wohl fit halten für den Kommunismus«, frotzelt die Mathelehrerin. Alle lachen.

Der Nudelabend ist der letzte Kontakt zwischen Mutter und Sohn vor seinem Abgang in den Untergrund. In den Wochen danach versucht sie mehrfach, Kontakt zu ihm zu bekommen: Sie klingelt an der Wohnungstür im Dachgeschoss. Keiner öffnet. Sie legt Zettel vor die Tür: Bitte melde dich! Aber ihr Sohn meldet sich nicht mehr.

Später stellt sich heraus, dass Christian Klar die letzte Miete am 1. Oktober 1976 von seinem Konto bei der Sparkasse Karlsruhe überwies. Mieter aus dem Mehrfamilienhaus berichten Kripobeamten, dass sie die Bewohner unterm Dach zum letzten Mal in der ersten Novemberhälfte gesehen hätten. So verliert sich die Spur von Christian Klar im Herbst 1976.[10]

Nachdem die »Haag-Mayer-Papiere« im November 1976 entdeckt wurden und ihre Analyse vorangeschritten war, erlässt der Ermittlungsrichter des Bundesgerichtshofs am 5. Januar 1977 Haftbefehl gegen Christian Klar[11] »wegen des Verdachts seiner mitgliedschaftlichen Beteiligung« in der RAF,[12] ebenso gegen Sonnenberg und Folkerts. Ein sogenannter Abtauchhaftbefehl: Er erging, wenn jemand aus dem RAF-Umfeld verschwand und es gravierende Anhaltspunkte dafür gab, dass er abgetaucht war. Die Ermittler hatten festgestellt, dass die drei mit unbekanntem Ziel verschwunden waren.

6. Folkerts

Auch Knut Detlef Folkerts kommt aus einer badischen Beamtenfamilie. Sein Vater Rudolf ist Bundesbahninspektor, Knut der jüngste seiner vier Söhne. Mutter Hedwig bringt ihn am 1. Januar 1952 in Singen am Hohentwiel auf die Welt. Die Schule

Knut Folkerts

fällt ihm nicht leicht, 1971 bekommt er das Abschlusszeugnis an der »zweijährigen« Wirtschaftsfachschule »Friedrich List« in Karlsruhe.

Knut Folkerts ist ein ruhiger Typ. Reden ist nicht so sein Ding. Er liebt Musik, spielt Gitarre in einer »Beatband«. Auch singt er. Außerdem ist er Mitglied der Freiwilligen Feuerwehr Karlsruhe-Rüppurr. Er möchte Musikerzieher werden. Die Aufnahmeprüfung der Staatlichen Hochschule für Musik in Karlsruhe versiebt er 1973. Mit Gelegenheitsarbeiten hält er sich über Wasser. 1975 bekommt er die »Fahrerlaubnis zur Fahrgastbeförderung«. So wird er Taxifahrer in Karlsruhe.

Er zieht in die Wohngemeinschaft im Haselweg. Außer Sonnenberg, Klar und Adelheid Schulz ist dort auch Roland Mayer – jener Mayer mit »ay«: Später Koautor der »Haag-Mayer-Papiere« und Chauffeur des abgetauchten Ex-Baader-Anwalts Siegfried Haag.

Mitte 1975 zieht Folkerts mit der WG in die Luisenstraße unters Dach. Erst engagiert er sich bei der »Roten Hilfe«, dann im »Komitee gegen Folter an politischen Gefangenen in der Bundesrepublik«. Schon 1973 diskutiert er »die Gründung einer militanten Gruppe«, berichtet ein Bekannter aus dieser Zeit. 1974 ist Folkerts bei der Besetzung von Amnesty International in Hamburg dabei. Zu seinem zentralen politischen Thema sind die RAF-Häftlinge geworden.

Wenige Wochen bevor Christian Klar aus der Wohnung in der Luisenstraße verschwindet, meldet sich Folkerts am 1. Oktober 1976 beim Einwohnermeldeamt um in die Schillerstraße 28 in Karlsruhe. Eine Wohngemeinschaft. Einer seiner

Mitbewohner war in der »Basisgruppe« Christian Klars am Eichendorff-Gymnasium in Ettlingen.

Keine zwei Monate später, Ende November 1976, ist Folkerts aus dieser Wohngemeinschaft spurlos verschwunden.[13] Den Schritt in den Untergrund hat der 24-Jährige von langer Hand vorbereitet – nicht anders als Sonnenberg und Klar. Knut Folkerts besitzt Ausweise auf die Namen Bernd Fries und Axel Egersberger. Er will »für die Freiheit der Gefangenen kämpfen«, erläutert er sein Motiv Jahrzehnte später: »Der Staat hat alles daran gelegt, die erste Gruppe zu vernichten – und wir wollten nicht zulassen, dass damit dieses Projekt beendet ist.« Deshalb hätten sie es »fortgesetzt«. Für ihn besteht in dieser Zeit eine »spezifische Funktion der Gewalt«. Mit ihr wollen sie »in die Gesellschaft einen Bruch reinbringen«: Dieser Bruch, so beschreibt er später sein strategisches Verständnis in den 70er-Jahren, hätte nur »mit den Mitteln des bewaffneten Kampfes« verwirklicht werden können, »um zu einer Infragestellung dieses Systems zu kommen und diesen Konsens aufzubrechen«.

Folkerts' Weg in den Untergrund führt, im Unterschied zu Günter Sonnenberg und Christian Klar, nicht über die Universität. Aber davon abgesehen verläuft seine politische Sozialisation ähnlich wie bei den beiden: Nach dem Eintauchen in die linke Szene kommt es zu militanten Überlegungen und Aktionen. Beschleuniger der Entwicklung sind die »Folterkomitees« und der Tod von Holger Meins. Großes identitätsstiftendes Ereignis ist die Erstürmung der Räume von Amnesty International. Zum Thema Nummer eins entwickeln sich die RAF-Häftlinge. Am Ende steht der organisierte Abgang in den Untergrund.

Die Leichen mussten vier Stunden liegen bleiben: Buback-Tatort

7. Erkenntnisse

Als Blitzfernschreiben geht die Nachricht vom Buback-Anschlag im Bundeskriminalamt am Gründonnerstag um 9.54 Uhr ein. Um 13 Uhr landet der Hubschrauber der BKA-Tatortexperten an der Linkenheimer Landstraße. Weil Wiesbaden die Spurensicherung an sich gezogen hat, darf die Lage der Leichen nicht verändert werden – vier Stunden lang.

Über dem Körper des Generalbundesanwalts liegt ein weißes, blutgetränktes Laken. Seine schwarzen Schuhe ragen hervor. Dreißig Meter von ihm entfernt liegt mitten auf der Kreuzung sein Fahrer, ebenfalls unter einem fleckigen Laken. Ein schauriges Bild. Es erzählt eine ganze Geschichte und brennt sich in die kollektive Erinnerung der Deutschen ein: das erste Horrorfoto aus dem Zyklus »Offensive 77«.

In den 34 Stunden zwischen Alarmierung des BKA und der *Tagesschau* am Karfreitag gelingt es den BKA-Beamten, An- und Abfahrt der Mörder zu rekonstruieren – zahlreiche Zeu-

gen haben sich bei ihnen gemeldet. Aus den Aussagen ergibt sich
eine »heiße Phase« von einer
Stunde und 20 Minuten:

Kurz nach 8.30 Uhr hatten die
beiden Motorradfahrer vergeblich
an der Esso-Tankstelle gewartet,
weil an diesem Donnerstagmor-
gen Buback später als sonst dran
war. Sein Dienstwagen hatte
Startprobleme. Deshalb rollten
die beiden verwundert vom Tank-
stellengrundstück und fuhren die
Linkenheimer Landstraße stadt-
einwärts. Einhundert Meter vor
der Moltkestraße stoppen sie auf
dem Parkplatz der Versorgungs-
anstalt des Bundes und der Länder, gleich hinter der Aral-Tank-
stelle, und beobachten den Verkehr.

Siegfried Buback und sein Fahrer Wolfgang Göbel

Einige Minuten nachdem sich die Attentäter in diese Lauer-
stellung begeben haben, startet fünf Kilometer entfernt Bubacks Fahrer Göbel den Dienstwagen im Karlsruher Stadtteil
Neureut, vor dem Fichtenweg 11: Das Einfamilienhaus in der
Kirchfeldsiedlung hatten Siegfried Buback und seine Frau
zwei Jahre zuvor gebaut. Auf der Rückbank sitzt an diesem
Morgen Georg Wurster – wegen der Startprobleme. Er ist Leiter der Fahrbereitschaft der Bundesanwaltschaft im Dienstrang
eines Ersten Justizhauptwachtmeisters.[14]

Fünfhundert Meter lenkt Göbel den dunkelblauen Mercedes mit dem Kennzeichen LB–MV 949 vorbei an Einfamilien-
häusern.

Dann biegt er nach links ab in die Linkenheimer Landstraße. Über vier Kilometer rollt er geradeaus. An der roten Am-

pel Höhe Moltkestraße hält er. Einen Augenblick später stoppt ein Motorrad rechts hinter ihm.

Keine fünf Stunden später finden Polizisten diese Maschine in der Kammer eines Brückenpfeilers der A 8 bei Wolfartsweier. Auf der Sitzbank liegt ein grüner »Römer«-Sturzhelm, daneben, auf dem Boden, ein zweiter Helm. Beide Helme wurden, so stellen Kriminaltechniker fest, »kurz vor der Tat mit gleichartigem olivgrünem Kunstharz besprüht«. Ursprünglich war der eine Helm weiß und der andere rot. In beiden Helmen kleben Haare. Aber die Kriminaltechniker können sie niemandem zuordnen. Am Tank haben die Täter Veränderungen vorgenommen – sie erwecken den Anschein versuchter Ironie: Auf beiden Seiten klebt über dem Schriftzug »Suzuki« ein breiter schwarz-rot-goldener Streifen. Daneben haben die Täter den Bundesadler und einen springenden schwarzen Panther angebracht.

Wenige Schritte vom Brückenpfeiler entfernt hatte jemand auf die beiden Motorradfahrer gewartet – in einem silbermetallic Alfa Romeo Giulia Super. Zwei Tage lang stand der auffällige Wagen auf einem Parkplatz unter der Autobahnbrücke, berichtet der Auslieferungsfahrer einer Bäckerei den Ermittlern – auf seinen Touren kommt er sechsmal am Tag an der Stelle vorbei. Als er sie am Donnerstag um 9.20 Uhr passierte, fiel ihm eine Person hinterm Lenkrad auf. Beschreiben aber kann er sie nicht.

Eine halbe Stunde später, um 9.51 Uhr, fährt der Alfa Romeo an einem Streifenwagen an der Kreuzung zwischen Stein und Bauschlott vorbei, bei Nußbaum – eine knappe halbe Autostunde von der Brückenkammer entfernt: eine Kontrollstelle der Ringalarmfahndung, die, gleich nach dem ersten Funkspruch aus dem Streifenwagen in der Linkenheimer Landstraße, ausgelöst wurde: 9.17 Uhr. Der Beamte auf dem Beifahrersitz notiert in seiner Liste das Kennzeichen GER – AM 25, das Fabrikat und dass drei Personen in dem Wagen sitzen.

Das Kennzeichen führt zu einem Betriebswirt in Germersheim. Er hatte den Wagen am 2. April 1977 nach einer Annonce in der Tageszeitung *Rheinpfalz* verkauft, für 4650 Mark: An Hans-Dieter Götz, Frankfurt am Main, Bergerstraße 56. Der hatte ihm versprochen, das Auto innerhalb von acht Tagen umzumelden. Schnell finden die Ermittler heraus, dass es diesen »Götz« nicht gibt.

8. Staatsbegräbnis

Die Bundesflagge klebt auf halbmast. Es nieselt. Sechs Tage nachdem die RAF den Generalbundesanwalt ermordet hat: Trauerfeier in der evangelischen Stadtkirche in Karlsruhe, 13. April 1977. Vor dem Altar stehen drei Särge – in der ersten Reihe der von Buback, in der zweiten die seiner Begleiter. Georg Wurster war in der Nacht zuvor gestorben, kurz nach Mitternacht. Auf jedem Sarg liegt eine schwarz-rot-goldene Flagge mit dem Bundesadler. Daneben ein Blumenmeer aus Kränzen. Draußen, vor der Kirche, sind über 1000 Polizisten im Einsatz, in Uniform und in Zivil: Die Staatsmacht fürchtet einen weiteren Anschlag. Die ganze Spitze ist in einem einzigen Raum versammelt.

Das »Staatsbegräbnis ohne Staatsakt« beginnt mit einer Panne: Inge Buback, die Ehefrau des Ermordeten, sitzt bereits auf ihrem Platz in der ersten Reihe vor dem Altar, als Bundespräsident Walter Scheel am Kirchenportal vorfährt. Das war vom Protokoll nicht vorgesehen. Deshalb wird die Frau des Opfers hinausgebeten, damit der Bundespräsident sie an ihren Platz führen kann – vorbei an den Kameras. Das Wachbataillon der Bundeswehr ist angetreten, Kopfbedeckung: Stahlhelm. Aber auch dabei hatte es Schwierigkeiten gegeben: Wie alle anderen traf der Mord das Bundesverteidigungsministerium aus heiterem Himmel. Als die Gestaltung der Trauerfeier im Bundesinnenministerium in Bonn besprochen wird, erklärt Vizekanzler Hans-Dietrich Genscher, sie solle unter Beteiligung des Wachbataillons der Bundeswehr erfolgen. Ein Beamter des Bundesverteidigungsministeriums winkt ab: »Herr Minister, das Wachbataillon ist im Osterurlaub, die krieg ich nicht zusammen.« Genscher plauzt: »Ich bin doch nicht Vizekanzler eines Kabinetts, bei dem der Krieg nur montags stattfinden darf.« So treten die Soldaten des Bonner Wachbataillons an.

»Er war ein harter Kämpfer für das Recht, für die demokratische Grundordnung, für die Sicherheit der Bundesrepublik Deutschland«, beginnt Bundeskanzler Helmut Schmidt seine Trauerrede: »Die Schüsse hier in Karlsruhe zielten aber nicht nur gegen den Generalbundesanwalt, der die zusammengeschmolzene Truppe der Terroristen nicht zur Ruhe kommen ließ, sondern sie sollten dem Rechtsstaat überhaupt gelten.«

Das Kabinett ist fast komplett. Auch viele Politiker aus dem Bonner Parlament sitzen auf den Kirchenbänken, ebenso der baden-württembergische Ministerpräsident Hans Filbinger und seine Minister. Überall erschütterte Gesichter. Der Mord an Siegfried Buback hat eine neue gedankliche Dimension in der Republik eröffnet: Auch hohe Repräsentanten des Staates sind unmittelbar gefährdet! Allen Politikern in der Kirche ist mittlerweile klar, dass eine derart teuflische Tatausführung den Opfern keine, den Fahndern nur wenig Chance lässt: Die Tatmaschine, die Suzuki GS 750, ist die schnellste Serienmaschine der Welt,[15] beschleunigt von null auf hundert in viereinhalb Sekunden. Da kommt keine Polizeimaschine hinterher. Ein Mord, der das Land verändert.

»Gegenüber Terroristen«, fährt Kanzler Schmidt fort, »die sich in bewusster Willensentscheidung gegen unsere freiheitliche Ordnung auflehnen, die in ihrem Fanatismus zwar keineswegs immer, aber doch oft genug das eigene Leben riskieren,

»Staatsbegräbnis ohne Staatsakt«: Buback-Trauerfeier

gegen sie muss der strafrechtliche Grundgedanke der Abschreckung versagen. Folglich kann für die Bekämpfung von Terroristen nur der Grundgedanke der Sicherung bestimmend sein. Das heißt: Wir müssen sie hinter Schloss und Riegel bringen.«

Die anderthalbstündige Veranstaltung übertragen Hörfunk und Fernsehen: Auf dem Platz vor der Stadtkirche werden Buback und seine beiden Begleiter mit einem militärischen Zeremoniell geehrt. Die Nationalhymne erklingt. Unter Trommelwirbeln tragen Soldaten die drei Särge zu den Leichenwagen. Die Kränze folgen.

Tief erschüttert ist an diesem Tag in Karlsruhe auch Horst Herold, Präsident des Bundeskriminalamtes. Siegfried Buback und er waren so etwas wie die »Staatsschutzzwillinge« der Bundesrepublik. Die Zusammenarbeit zwischen den Chefs der beiden Bundesbehörden klappte problemlos, war stets offen und herzlich. Ihre Auffassungen stimmten überein; falls nicht, lagen sie nicht weit auseinander. Die Männer mochten sich, waren auch vom Alter her nicht weit voneinander entfernt – Buback wurde 1920 geboren, Herold 1923. Ihre Lebenswege wiesen eine Reihe von Parallelen auf. Beide waren in Ostdeutschland aufgewachsen – jetzt DDR, die sie als Geheimnisträger nicht besuchen durften: Buback in Sachsen, in der Nähe von Meißen; Herold in Thüringen, in Sonneberg und Pößneck. Beide waren zur Wehrmacht eingezogen worden und landeten in Kriegsgefangenschaft. Beide hatten Jura studiert und ihre Laufbahn bei der Staatsanwaltschaft begonnen; Buback in Niedersachsen, Herold in Franken, in Nürnberg-Fürth. Später wurde Herold in Nürnberg Kripochef und dann Polizeipräsident. Dadurch hatte er Bubacks Geschäft von der Pike auf gelernt. Buback machte sich einen Namen als »Mann für schwierige Fälle« bei der Bundesanwaltschaft, weil er einen besonderen kriminalistischen Spürsinn entwickelte. So war auch er mit Herolds Handwerk bestens vertraut.

Die letzte Begegnung der »Staatsschutzzwillinge« lag wenige Tage zurück. Buback hatte den BKA-Chef in der Thaerstraße in Wiesbaden besucht: Er kam gern ins Bundeskriminalamt; Herold nur ausnahmsweise zu ihm nach Karlsruhe. Im Präsidentenbüro serviert Herolds Sekretärin Kaffee und Kuchen. Herold blättert Fotos auf den Tisch – von Verdächtigen, auf die seine Ermittler im Laufe der Auswertung der »Haag-Mayer-Papiere« gestoßen waren. »Das sind unsere künftigen Mörder, Herr Buback«, sagt der BKA-Chef trocken. Auf dem Tisch liegen unter anderem Fotos von Sonnenberg, Folkerts und Klar. Kripomänner hatten ihre Wohnsitze überprüft und festgestellt, dass sie verschwunden waren. Der Ermittlungsrichter am Bundesgerichtshof hatte Haftbefehl gegen sie erlassen, wegen des »dringenden Verdachts der Mitgliedschaft in einer terroristischen Vereinigung um den ehemaligen Rechtsanwalt Siegfried Haag«. Aktenzeichen: II BGs 21/77.

Und gerade vier Monate ist es her, da hatten die beiden Behördenchefs gemeinsam darüber gerätselt, was die kryptischen Begriffe in den »Haag-Mayer-Papieren« bedeuten. Es war ein

Gespräch im »Frankfur-
ter Hof« in Frankfurt,
am Kaiserplatz – 4. De-
zember 1976: Der BKA-
Chef erhielt die Beccaria-
Medaille der Deutschen
Kriminologischen Ge-
sellschaft verliehen. »Sie
haben als Praktiker der
Kriminalistik wie weni-
ge die Zeichen der Kri-
minalitätsbekämpfung
unseres Industriezeit-
alters erfasst«, lobt Bundesinnenminister Werner
Maihofer den BKA-Chef

Horst Herold

in seiner Laudatio: »Sie haben als Theoretiker der Kriminalistik wie wenige den humanen und rationalen Geist unseres modernen Resozialisierungsstrafrechts nicht nur in Worte gefasst,
sondern in Taten umgesetzt.«

Anschließend steht Herold mit Ministerialdirigent Kurt
Fritz an einem Flügel: Fritz ist der »Aufsichtsbeamte« im
Bundesinnenministerium für das BKA, zuständig für die
Fach- und Rechtsaufsicht. Buback tritt hinzu. Auf dem Instrument breitet er Kopien der »Haag-Mayer-Papiere« aus. Die
drei diskutieren über die Codewörter »Margarine«, »Big Money« und »Big Raushole«: »Big Raushole« ist einfach; bei »Big
Money« spekulieren sie, ob der Chef der Deutschen Bank
oder der Bundesbank gemeint sein könnte. »Margarine« regt
ihre Fantasie am meisten an. Sie überlegen, ob es der Konzern-
chef von Unilever sein könnte. Im Angesicht der sichergestellten Notizen ahnen die drei Spitzen-Sicherheitsexperten, was
die Stunde geschlagen hat. Sie sprechen darüber, ob bewaffneter Begleitschutz sinnvoll ist. Die Frage bleibt offen. Buback

hat den Plan für seine Ermordung auf dem Flügel ausgebreitet – ohne es zu ahnen.

Es fällt nicht schwer, sich vorzustellen, wie Horst Herold zumute ist, als er Stunden nach dem Staatsbegräbnis bei der privaten Trauerfeier neben dem Sarg seines Weggefährten Siegfried Buback steht. Genauso hätte es ihn treffen können: den anderen Zwilling. »Wir werden jeden Stein aufheben und umdrehen, um deine Mörder zu finden«, sagt Herold in seiner Rede.[16]

Der Mord an Generalbundesanwalt Buback verändert grundlegend das Leben des BKA-Präsidenten: Er erhält ein Personenschutzkommando. Beamte des Bundeskriminalamtes, ausgerüstet mit Maschinenpistolen, begleiten ihn auf Schritt und Tritt. Herold zieht aus seinem Einfamilienhaus in Engenhahn, in dem er seit sechs Jahren lebt, direkt ins Bundeskriminalamt in der Wiesbadener Thaerstraße. In einem Dienstgebäude wurde eine halbe Etage abgetrennt und zu seiner neuen Wohnung umgebaut.

Am Tag des Staatsbegräbnisses haben die Ermittler noch immer keine heiße Spur von dem mutmaßlichen RAF-Trio – seit sechs Tagen läuft die Fahndung nach ihnen auf Hochtouren. Etwas weiter gekommen sind sie beim Fluchtweg: Drei Tage nach der Tat wurde der Alfa Romeo in Sachsenheim in der Nähe von Bietigheim entdeckt – eine Fahrstunde vom Tatort in Karlsruhe entfernt. Rund 70 Kilometer. In dem Wagen liegen das Visier eines der Motorradhelme, die in der Brückenkammer sichergestellt wurden, und eine braune Kunstledertasche. Die Kunststofffläche ist beschädigt, angeschmort. Abschmelzungen dieses Kunststoffes haften am rechten Schalldämpfer der Suzuki. Für die Kriminaltechniker sind die Dinge klar: Die Tasche ist an den heißen Auspuff der Maschine gekommen. In ihr steckt auch ein Schraubenzieher mit Karstadt-Logo: jener Schraubenzieher, mit dem der Sozius am Tatmorgen am Motor herumgefummelt hatte, stellt später das Oberlandesgericht Stuttgart[17] fest.

Eine Frau, vor deren Haus in Sachsenheim der Alfa Romeo entdeckt wurde, berichtet den Ermittlern, dass sie am Tattag zwischen 10.00 und 10.30 Uhr gesehen habe, wie drei junge Männer dieses Fahrzeug verließen und Richtung Bahnhof gingen. Hier verliert sich die Spur des Trios. »Es konnte nicht geklärt werden«, schreibt BKA-Kriminalhauptkommissar Bellach in seinem Ermittlungsbericht, »ob die Männer mit der Bahn oder mit einem in der Nähe abgestellten Pkw die Flucht fortgesetzt hatten.«

Unbekannt ist bis heute, wo sich damals das Trio versteckte, von wo aus es operierte. Die »Commando-Wohnung« für den Mord an Generalbundesanwalt Buback und seine beiden Begleiter befand sich in Mannheim, stellte später das Oberlandesgericht Stuttgart[18] fest. Anderthalb Jahrzehnte nach dem Mord berichtete Peter-Jürgen Boock bei einer Vernehmung durch die Bundesanwaltschaft, vorbereitet worden sei »die Aktion« von »einer Wohnung in Mannheim« aus, die »sich in den Quadraten befand«. Bis zum heutigen Tag haben sie die Ermittler nicht gefunden.

Sollte das Trio auf der Flucht wieder nach Mannheim zurückgekehrt sein, wäre das Abstellen des Alfa Romeo in Sachsenheim – 60 Kilometer östlich vom Tatort – eine typische Finte der RAF gewesen, um die Ermittlungen in die falsche Richtung zu lenken: Mannheim liegt 70 Kilometer nördlich von Karlsruhe. Nach dem Abstellen des Autos hätten die Täter also wieder retour gen Westen fahren müssen.

Einen Nachruf »für meinen ermordeten Nachfolger« veröffentlicht *Die Zeit* von Max Gülde, Generalbundesanwalt von 1956 bis 1961: »In der noch scheinbar heilen Welt der 50er Jahre, in deren zweiter Hälfte ich selbst das Amt des Generalbundesanwalts innehatte, wäre eine Mordtat, wie sie jetzt an Generalbundesanwalt Siegfried Buback verübt wurde, völlig unvorstellbar gewesen«, bedauert der 75-Jährige. Auch jetzt noch, »Tage nach der bösen Tat«, stehe er »fassungslos vor der

Tatsache«. Gülde, später CDU-Bundestagsabgeordneter, gilt als konservativ-liberal: Für republikweites Aufsehen hatte er als Generalbundesanwalt gesorgt, weil er den Hauptinitiator der Ausstellung »Ungesühnte Nazijustiz«, Reinhard Strecker, in seinen Amtsräumen empfangen hatte. Der Aktivist des Sozialistischen Deutschen Studentenbundes (SDS) war die treibende Kraft, die die Debatte über die NS-Justiz in der Bundesrepublik entfachte: Die Ausstellung wurde in vielen Hochschulorten Ende der 50er, Anfang der 60er gezeigt. Streckers Strafanzeige gegen 49 ehemalige NS-Richter wegen des Verdachts der Rechtsbeugung und des Totschlags führte zu zahlreichen Ermittlungsverfahren.

Gülde, 1943 im Alter von 41 zur deutschen Wehrmacht eingezogen, greift in seinem Buback-Nachruf zur Diktion der Front: »Er ist auf dem Felde der Ehre gefallen. Bewusst gebrauche ich das althergebrachte Wort für den Tod des Soldaten in der Schlacht. Denn für ihn und seinesgleichen galten, und gelten noch die alten Werte und Worte, die einen Mann in die Pflicht binden und ihn auszeichnen – im Leben und im Tod.«

»Feld der Ehre«, »Schlacht«, »alte Werte« – so klingt damals noch der Sound vieler Senioren. Für sie, die am Krieg teilgenommen und anschließend das zerstörte Land aus Schutt und Asche wieder aufgebaut hatten, ist unfassbar, was da nun in der Republik passiert – Frühjahr 1977: Für sie ist es ein Krieg mit besonderen Mitteln.

9. Selbstbezichtigung

Die erste Post von der RAF bekommt die Deutsche Presse-Agentur in Düsseldorf: Am Vormittag des 13. April 1977, dem Tag des Staatsbegräbnisses, liegt in ihrem Hausbriefkasten ein Umschlag mit fünf DIN-A4-Blättern. Auf dem Titelblatt prangt das RAF-Logo, elf Zentimeter groß: ein fünfzackiger Stern mit Maschinenpistole und den Buchstaben »RAF«. Drei Seiten Selbstbezichtigung und Erläuterung folgen. Unterzeichnet ist das Ganze mit

KOMMANDO ULRIKE MEINHOF
ROTE ARMEE FRAKTION

Für ihre Todes-»Kommandos« wählt die RAF nach palästinensischem Vorbild Namen getöteter Kampfgenossen; Ulrike Meinhof ist seit elf Monaten tot, seit Mai 1976. Die fünfte und letzte Seite ist eine Fotokopie des Mietvertrages der Firma Hein Gericke für die Tatmaschine, unterzeichnet von »Hans-Dieter Götz«, dem Fantasienamen des Mieters. Der Authentizitätsnachweis der Mörder.

Zehn andere Redaktionen erhalten die gleichen fünf Seiten von Briefträgern der Deutschen Bundespost: in Bonn *Die Welt,* die Nachrichtenagenturen Agence France-Press (AFP), Reuters und der Allgemeine Deutsche Nachrichtendienst (ADN) – die staatliche DDR-Nachrichtenagentur; in Hamburg die Deutsche Presse-Agentur (dpa), *Der Spiegel* und der Norddeutsche Rundfunk; in Frankfurt die Nachrichtenagentur Associated Press (ap) und die *Frankfurter Rundschau;* in Wiesbaden das Zweite Deutsche Fernsehen, Studio Wiesbaden. Sieben der Schreiben waren in Düsseldorf in einen Postkasten geworfen worden, drei in Duisburg.

»An der Echtheit der 11 gleichzeitig versandten Erklärungen ist nicht zu zweifeln«, schreibt BKA-Auswerter Alfred Klaus in seiner 24-Seiten-Analyse: »Ihre große Zahl und die Aufnahme des ADN in den Empfängerkreis spricht dafür, dass es den Urhebern auf eine breite Publizität des Textes in den Massenmedien ankam, die sie 1972 nicht erreicht haben und auch jetzt nicht erzielen konnten.« Alfred Klaus muss an RAF-Kommandoerklärungen denken, die er fünf Jahre zuvor auf seinem Schreibtisch hatte, damals noch verfasst vom Redaktionskollektiv »Baader-Meinhof«: »Die äußere Form der – gründlich vorbereiteten und sauber geschriebenen – Erklärung sowie die Art und Weise der Abfassung des Inhalts erinnert an die ›Kommando-Meldungen‹ der RAF im Mai 1972, mit denen die Täter den ›politischen Inhalt‹ ihrer Sprengstoffanschläge ›der Öffentlichkeit vermitteln‹ wollten.«

Die Erklärung in radikaler Kleinschreibung hat eine klare Struktur: Sie beginnt mit einem Leitsatz, es folgen das Mordgeständnis und die Begründung, zwei Seiten lang. Dann ein Ausblick. Am Ende stehen Parolen.

Der »Leitsatz« lautet: »für ›akteure des systems selbst‹ wie buback findet die geschichte immer einen weg.« Mit ihm spielt die RAF auf einen Satz Bubacks an, den er 14 Monate vor seinem Tod in einem *Spiegel*-Interview gesagt hatte.

Der O-Satz Bubacks bezog sich auf den Staatsschutz und lautete: »Leute, die sich dafür engagieren, wie Herold und ich, die finden immer einen Weg.« Gefallen war die Äußerung in Bubacks Dienstzimmer, nachdem die beiden *Spiegel*-Journalisten Rolf Lamprecht und Hans-Wolfgang Sternsdorff die damals lebhaft diskutierte Frage angesprochen hatten, ob bei Terrortaten eine »Zentralkompetenz für den Generalbundesanwalt« eingeführt werden soll. Bundesjustizminister Hans-Jochen Vogel hatte sich dafür ausgesprochen. Buback winkt ab und antwortet den Journalisten, in diesem Punkt stehe er »im Widerspruch zu meinem Minister«. Die »Zentralkompetenz«

```
für 'akteure des systems selbst' wie buback findet die
geschichte immer einen weg.
am 7.4.77 hat das KOMMANDO ULRIKE MEINHOF generalbundesanwalt
siegfried buback hingerichtet.
buback war direkt verantwortlich für die ermordung von holger
meins, siegfried hausner und ulrike meinhof.
```

Selbstbezichtigungsschreiben: »RAF-Kommando Ulrike Meinhof«

hält er für »keine Verstärkung unserer Position, sondern eine Schwächung«, weil sich dann seine Mitarbeiter republikweit auch um »Lappalien« kümmern müssten.

Die Journalisten halten dem Generalbundesanwalt die »derzeitige Kompetenzverteilung« entgegen: Nach ihr müsse »das Bundeskriminalamt, wenn es eine bundesweite Fahndungsaktion starten will, erst zu 15 oder 20 Staatsanwälten in den Ländern reisen und sich Durchsuchungsbeschlüsse beschaffen, bevor es überhaupt losgehen kann«. Bis dahin sei »schon alles durchgesickert«.

Auf diesen Vorhalt der Interviewer entgegnet Buback: »In der Praxis finden wir da immer einen Weg. Zwischen Herrn Herold, dem BKA-Chef, und mir funktioniert die Zusammenarbeit reibungslos. Da brauchen wir keine Zuständigkeitsregelung. Der Staatsschutz lebt davon, dass er von Leuten wahrgenommen wird, die sich dafür engagieren. Und Leute, die sich dafür engagieren, wie Herold und ich, die finden immer einen Weg. Wenn Sie eine gesetzliche Regelung haben und sie mal strapazieren müssen, funktioniert sie ja meistens doch nicht.«

Bubacks Botschaft ist klar: Wir brauchen keine neuen Rechtsvorschriften, weil die Praxis funktioniert. Seiner Erklärung wurde von so manchem im linken Spektrum ein anderer Sinn beigemessen: Den engagierten Staatsschutzzwillingen sind gesetzliche Regelungen schnurzpiepegal, die machen sowieso, was sie wollen. Und genau das ist der gedankliche Anknüpfungspunkt für den Leitsatz der RAF zum Buback-Mord.

Im zweiten Satz des Papiers folgt das Geständnis des Mordes: »am 7.4.77 hat das KOMMANDO ULRIKE MEINHOF generalbundesanwalt siegfried buback hingerichtet.« Bubacks Begleiter erwähnt die RAF nicht.

Die Begründung für die Tat: »buback war direkt verantwortlich für die ermordung von holger meins, siegfried hausner und ulrike meinhof.« Er habe »in seiner funktion als generalbundesanwalt – als zentrale schalt- und koordinationsstelle zwischen justiz und den westdeutschen nachrichtendiensten in enger kooperation mit der cia und dem nato-security-committee – ihre ermordung inszeniert und geleitet«.

Mit Blick auf den toten Holger Meins erhebt das RAF-Kommando den Vorwurf gegen Buback: »unter bubacks regie wurde holger am 9.11.74 durch systematische unterernährung und bewusste manipulation des transportzeitpunkts von wittlich nach stammheim gezielt ermordet. das kalkül der bundesanwaltschaft war, durch die exekution eines kaders den kollektiven hungerstreik der gefangenen gegen die vernichtungshaft zu brechen, nachdem der versuch, andreas durch einstellung der zwangsernährung umzubringen, durch die mobilisierung der öffentlichkeit gescheitert war.«

Der Faktencheck: Holger Meins – Jahrgang 1941, Kameraassistent, ein hochtalentierter Student der Deutschen Film- und Fernsehakademie in Berlin und sensibler Filmemacher – schloss sich 1970 der RAF an und wurde so etwas wie Baaders erster Assistent.

1972 verhaftet ihn die Polizei. 1974 beteiligt er sich am dritten Hungerstreik der RAF. Das Ziel – von Ulrike Meinhof im Gerichtssaal verkündet: »Die Abschaffung der Isolation.« Baader hatte ein »Spiel« auf Leben und Tod angekündigt. Nach zwei Monaten Hungerstreik wiegt der 33-jährige Meins nur noch 40 Kilo bei einer Körpergröße von 1,83 Meter. Gudrun Ensslin feuert ihn sogar noch an, in einem Kassiber am 7. November 1974, sein Gewicht weiter herunterzubringen:

»ji r u n t e r: ticken, das es geschichte ist« – »ji« ist das Kürzel von Jimmy, RAF-interner Name von Meins; die Nachricht besagt, er möge die historische Dimension seines Todes begreifen: »du bestimmst, wann du stirbst, freiheit oder tod.« Zwei Tage später ist Meins tot. Die Zwangsernährung konnte ihn nicht mehr retten. So starb Meins den Hungertod, weil er im September 1974 entschieden hatte, sich an dem von Meinhof ausgerufenen Hungerstreik zu beteiligen, nichts mehr zu essen, und deshalb zum Skelett abmagerte. Die »systematische Unterernährung«, an der er starb, war nicht Folge von »Bubacks Regie«, sondern der Tatsache, dass er sich fast zwei Monate lang weigerte zu essen.

Holger Meins

Die Behauptung vom »Versuch«, Andreas Baader »durch Einstellung der Zwangsernährung umzubringen«, kann sich nur auf einen Sachverhalt zweieinhalb Jahre zuvor beziehen: Damals, Oktober 1974, war Baader noch nicht in Stammheim, sondern in der Justizvollzugsanstalt Schwalmstadt. Beim dritten Hungerstreik, der Meins das Leben kostet, wird Baader künstlich ernährt, und zwar zwischen dem 11. Oktober und dem 4. November 1974. Zunächst zwei- oder dreimal pro Woche durch eine Infusion, später durch eine Sonde. Baader lässt dies ohne Widerstand geschehen. Der Gefängnisarzt kommt regelmäßig aus Kassel angereist mit seinen Helfern – eine Stunde Fahrt hin, eine Stunde zurück. Weil die Fahrerei ein Ende haben soll, wird die medizinische Betreuung Baaders am 5. November 1974 einem externen Vertragsarzt der Justizvollzugsanstalt Schwalmstadt übertragen. Aber der lehnt es eben-

so plötzlich wie überraschend ab, Baader zwangsweise zu er-
nähren. Zwei Tage später wird Baader in die Justizvollzugsanstalt Stuttgart-Stammheim verlegt. Dort ernährt ihn ab sofort
der Anstaltsarzt künstlich. Angesichts dessen wurde Baaders
Leben nicht durch eine »Mobilisierung der Öffentlichkeit« gerettet, sondern weil die Justiz ihn wochenlang zwangser-
nährt – auf Kosten des Staates, den Baader stürzen wollte.

Zu Siegfried Hausner wirft die RAF dem ermordeten Generalbundesanwalt vor: »unter bubacks regie wurde siegfried,
der das kommando holger meins geleitet hat und der die sprengung der deutschen botschaft in stockholm durch westdeutsche mek-einheiten hätte nachweisen können, am 4.5.75 ermordet.«

Der Faktencheck: Siegfried Hausner war Leiter des sechs-
köpfigen »RAF-Kommandos Holger Meins«. Am 24. April
1975 überfiel es die bundesdeutsche Botschaft in Stockholm.
Die Botschaftsstürmer nahmen als Geiseln 13 Botschaftsmit-
arbeiter. Zwei von ihnen – die Attachés Andreas von Mirbach
und Heinz Hillegaart – erschossen Hausner & Co., um ihre
Forderung nach der Freilassung von Baader, Ensslin, Meinhof
und 23 weiteren Gesinnungsgenossen zu unterstreichen.

Als die RAF die Erklärung zum Buback-Mord in der ersten
Aprilhälfte 1977 verfasst, läuft der Prozess gegen die vier über-
lebenden Botschaftsstürmer seit etwas mehr als einem Jahr vor
dem Oberlandesgericht Düsseldorf. Dort hatte Verteidiger
Hans-Christian Ströbele im Juni 1976 vorgetragen, die Explosion sei »von einer Spezialeinheit der deutschen Staatsschutzbehörden ausgelöst worden«. Sein Kollege Croissant pflichtete
ihm bei, erklärte, die Sprengung der Botschaft sei »im Auftrage
des BKA mit Wissen und Billigung der Bundesregierung han-
delnden Spezialeinheit« erfolgt. Ausgeschlossen – urteilte das
Oberlandesgericht Düsseldorf nach 14 Monaten Verhandlung
im Juli 1977: »Dass die Sprengung von dritter Seite, insbesondere schwedischen oder deutschen Behörden, ausgelöst wor-

den ist, ist durch die Beweisaufnahme widerlegt. Weder schwedische noch deutsche Behörden haben die Auslösung der von den Tätern vorbereiteten Sprengladungen angeordnet.«[19]

Hausner, »Sprengmeister« des Sextetts mit einschlägiger Erfahrung, montierte nach der Stürmung der Botschaft Sprengladungen und verdrahtete sie. Alles explodiert eine Viertelstunde vor Mitternacht: Das Gebäude bebt, Wände brechen ein, Fenster bersten. Die Botschaft brennt. In den Trümmern findet die Polizei das Kommandomitglied Ulrich Wessel, einen Millionärssohn aus Hamburg. Für ihn kommt jede Hilfe zu spät. Siegfried Hausner hat es schwer erwischt: 40 Prozent seiner Haut sind verbrannt, die Haare versengt, das Gesicht ist verkohlt. So schnell es geht, schiebt die schwedische Regierung die fünf Attentäter ab. Vierundzwanzig Stunden später landen sie in Köln-Wahn. »Wer will diese Menschen schon im Land haben!«, erklärt das schnelle Handeln der schwedische Justizminister Lennart Geijer. Hausner kommt in die intensivmedizinische Abteilung der Justizvollzugsanstalt Stuttgart-Stammheim. Eingerichtet worden war sie für die Hungerstreiks der RAF-Häftlinge. Für Hausner gibt es keine Chance. Seine Verbrennungen sind zu schwer. Zehn Tage nach der Explosion stirbt er, am 4. Mai 1975.[20] So kam Hausner nicht unter »Bubacks Regie« ums Leben, sondern weil Sprengladungen explodierten, die er selbst in der deutschen Botschaft in Stockholm angebracht hatte.

Als dritten Fall zur Begründung des Buback-Mordes führt die RAF Ulrike Meinhof an und schreibt, ebenfalls »unter buback regie« sei sie »am 9.5.76 in einer aktion des staatsschutzes exekutiert« worden. Meinhofs Geschichte sei »die geschichte der kontinuität von widerstand – sie verkörpert für die revolutionäre bewegung eine ideologische avantgardefunktion, auf die bubacks konstruktion des fingierten selbstmords zielte: ihr tod – von der bundesanwaltschaft als ›einsicht in das scheitern‹ bewaffneter politik propagandistisch verwertet – sollte die gruppe, ihren kampf und die spur ihrer wirkung moralisch vernichten.«

Der Faktencheck: Zu Ulrike Meinhof – »Mitbegründerin« und einstige »Stimme« der RAF – waren die anderen RAF-Häftlinge auf der siebten Etage in Stammheim 1975, 1976 zunehmend auf Distanz gegangen. Vor allem nagte an ihr der Zickenkrieg mit Gudrun Ensslin, Baaders Freundin. Ensslin zerpflückt die Texte der früheren konkret-Chefredakteurin und demütigt sie. »ich halte das nicht mehr aus«, schreibt Meinhof verzweifelt in ihrer Zelle über Ensslins Verhalten in der Haft: »ich knalle an die Decke, über ihre Gemeinheit und Hinterhältigkeit«.

Meinhof, die immer auf Solidarität großen Wert gelegt hatte, leidet bitter darunter, dass sie von den Genossen, mit denen sie einst aufgebrochen war, um die Welt besser zu machen, gescholten und geschnitten wird.

»Zwischen ihr und Gudrun Ensslin und Andreas Baader war es zu Spannungen gekommen, die für die sensible Frau Meinhof unerträglich waren«, resümiert Kurt Breucker, Richter des Zweiten Strafsenats des Oberlandesgerichts Stuttgart. Er saß auf der Richterbank, vor der sich Ulrike Meinhof und die drei Mitangeklagten zu verantworten hatten. Auch belastet die 42-Jährige in Stammheim, dass der Kontakt zu ihren Zwillingen Regine und Bettina abgebrochen ist. Die Mädchen sind 13 und maßlos enttäuscht, dass ihre Mutter sie im Stich ließ, weil ihr der »bewaffnete Kampf« wichtiger war. So steigt Ulrike Meinhof in der Nacht vom 8. auf den 9. Mai 1976 auf einen Schemel in ihrer Zelle, legt ihren Kopf in eine Schlinge, geknüpft aus Streifen des blau-weißen Anstaltshandtuchs. Sie lässt sich fallen. Ihre Leiche entdecken am nächsten Morgen Justizbeamte. Es ist Muttertag.

So wurde auch Meinhof nicht unter »Bubacks Regie« vom Staatsschutz »exekutiert«. Sie nahm sich selbst das Leben, weil sie sich in Stammheim völlig isoliert fühlte von ihren einstigen

Kampfgenossen, menschlich und politisch – nicht zuletzt auch durch Gehässigkeiten Ensslins.

Die drei Seiten der Buback-Mord-Selbstbezichtigung enden mit einem Ausblick der RAF. Der Kernsatz: »wir werden verhindern, dass unsere fighter in westdeutschen gefängnissen ermordet werden, weil die bundesanwaltschaft das problem, dass die gefangenen nicht aufhören zu kämpfen, nicht anders als durch ihre liquidierung lösen kann.« Die Ansage ist klar: Es geht weiter. Weitere Anschläge werden folgen.

Das Schreiben in radikaler Kleinschreibung endet mit radikaler Großschreibung – der Schlussappell: »DEN KRIEG IN DEN METROPOLEN IM RAHMEN DES INTERNATIONALEN BEFREIUNGSKAMPFES FÜHREN.«

Wer hat diese Zeilen verfasst? »Nach den gesamten Umständen, insbesondere nach Diktion und Argumentationsweise«, schreibt Alfred Klaus in seiner Analyse mit Blick auf das laufende Stammheim-Verfahren, »besteht der Verdacht, dass die Hauptangeklagten – vor allem BAADER – an der Formulierung des Textinhaltes mitgewirkt haben. Dabei ist nicht auszuschließen, dass die Erklärung bereits vor dem Mordanschlag konzipiert und hinterher draußen aktualisiert worden ist.«

Zur Begründung verweist der beste Kenner des RAF-Schriftgutes darauf, dass »›Timing‹ und taktisches Grundkonzept bereits in einer Anfang 1974 von Baader geschriebenen … Instruktion skizziert worden sind«. Gefunden worden war der Kassiber Baaders am 4. Februar 1974 in einer konspirativen Wohnung der RAF im Hamburger Stadtteil Barmbek-Süd, Bartholomäusstraße 20. Verhaftet worden war dort auch Rechtsanwalt Eberhard Becker als RAF-Nachwuchskraft: Zur Ausbildung bei ihm war Siegfried Haag – als Rechtsreferendar.

Der Kassiber beginnt mit den Worten »hör ma, Vorschläge sind n dreck wert«, typische RAF-Schreibmaschinentippe seinerzeit. Baader skizziert in dem Text – er verfasste ihn Anfang

1974 in der Justizvollzugsanstalt Schwalmstadt –, was seine
Anhänger »draußen« unternehmen können, um ihn und seine
Gesinnungsgenossen zu befreien. Er empfiehlt: »so auf dem
niveau der aktion gegen buddenberg (und <u>darunter</u> läuft nichts
was raf heißt – lies dazu mal die kommandomeldungen vom
märz 72.«[21]

Diese fünf Jahre alte »Kommandomeldung« der ersten
RAF-Generation zu dem gescheiterten Buddenberg-Mord ist
die Blaupause für das Selbstbezichtigungsschreiben der zweiten RAF-Generation zum Buback-Mord:

Unter dem VW Käfer 1300 L von Wolfgang Buddenberg
war im Mai 1972 vor seinem Wohnhaus in Karlsruhe eine
RAF-Bombe explodiert, als seine Frau den Zündschlüssel her-
umdrehte. Buddenberg war Ermittlungsrichter am Bundesgerichtshof und zuständig für Haftbefehle und Durchsuchungsbeschlüsse in Sachen RAF. Unter anderem traf er Anordnungen gegenüber Manfred Grashof und Carmen Roll, Mitgliedern
der ersten Generation.

Die Täter hatten die Zündspule des Motors durch ein Kabel
mit dem Zünder einer Bombe in einer Feldflasche verbunden:
Sie hing, gehalten von Magneten, am Bodenblech auf der Beifahrerseite. Der Sprengsatz reißt ein 60 mal 40 Zentimeter großes Loch in den Boden, zerfetzt den Beifahrersitz. Das Schie-
bedach fliegt neun Meter weit. Neunundzwanzig Fenster-
scheiben gehen zu Bruch, hinauf bis in die fünfte Etage der
Wohnhäuser. Buddenbergs Frau Gerta wird schwer verletzt,
leidet an den Folgen bis an ihr Lebensende. Hätte der Bundesrichter wie sonst auf dem Beifahrersitz Platz genommen, wäre
das sein sicherer Tod gewesen.

Die Erklärung[22] zu ihrem Verbrechen beginnt Baaders RAF
mit der Selbstbezichtigung, »einen Sprengstoffanschlag gegen
den Karlsruher BGH-Richter Buddenberg durchgeführt« zu
haben.

Begründung für den versuchten Mord: »Buddenberg, das

Schwein, hat Grashof zu einem Zeitpunkt vom Krankenhaus in die Zelle verlegen lassen, als der Transport und die Infektionsgefahr im Gefängnis noch lebensgefährlich für ihn waren. Er hat den Mordversuch an Grashof, der den Bullen nicht gelungen ist, an dem wehrlosen Grashof wiederholt.«

Zweiter Vorwurf der RAF: »Buddenberg, das Schwein, ist dafür verantwortlich, dass Carmen Roll narkotisiert worden ist, um sie zum Reden zu bringen. Der voraussehbare Verlauf der Narkose hat bewiesen, daß das ein Mordversuch war.« Und dann kommt zum dritten Mal der »Refrain« »Buddenberg, das Schwein«: Dieses Mal geht es um einzelne Anordnungen des Bundesrichters – »förderliche Redundanz« nennen Sprachwissenschaftler derartige bewusste Wiederholungen.

Der Begründung der Tat folgen Forderungen der RAF wie »Wir verlangen von der Justiz, daß das Leben und die Gesundheit der Gefangenen nicht länger systematisch angegriffen und zerstört werden« – und die Androhung von Gewalt: »Wir werden sooft und solange Sprengstoffanschläge gegen Richter und Staatsanwälte durchführen, bis sie aufgehört haben, gegen die politischen Gefangenen Rechtsbrüche zu begehen.« Die Schrift endet mit Parolen: »Freiheit für die politischen Gefangenen! Kampf der Klassenjustiz! Kampf dem Faschismus!«

Konzipiert hatte die erste RAF-Generation den Buddenberg-Anschlag als individuelle Bestrafungsaktion, getreu dem Guerilla-Grundsatz aus ihrer zweiten Kampfschrift *Über den bewaffneten Kampf in Westeuropa* aus dem Mai 1971: »Bestraft Einen und erzieht Hunderte.«[23]

Damit seine Nachfolger das »niveau der aktion gegen buddenberg« wahren, macht Baader in seinem Kassiber Vorgaben für Tat und Taterklärung: »die offensive mit der ihr die kontinuität darstellt sollt ihr auf der linie freiheit für die gefangenen revolutionäre in der brd bestimmen. unterzeichnet natürlich kommando etc. raf … klar gehört dazu die erklärung folter, vernichtungsstrategie gegen die gefangene raf – nochmal

<u>widerstand</u>. aber cool nüchtern nach dem niveau eurer stärke.
organisation, logistik, information ... angreifen: soweit oben
wie möglich – an der spitze ... »b a w« – das von Baader gesperrt geschriebene »baw« steht für Bundesanwaltschaft: »gezielt heißt DIE VERANTWORTLICHEN. Wenn ihr das in den
erklärungen zu den angriffen dokumentieren könnt + zwar
genau – um so besser. Die tupas[24] haben urteile vollstreckt.«

Tatsächlich folgen Baaders Nachfolger seinen Vorgaben in
ihrer Erklärung zum Buback-Mord, in Struktur und Inhalt:
Beide Schreiben beginnen mit der Selbstbezichtigung. Es folgen Begründung – jeweils mit einer zweifachen »förderlichen
Redundanz«: »Buddenberg, das Schwein« beziehungsweise
»unter bubacks regie« –, Forderung, Gewaltandrohung und
Abschlussparolen. Neu bei Baaders Nachfolgern ist der Leitsatz.

Auch der Inhalt entspricht Baaders Vorgaben: Seine Nachfolger demonstrieren die »kontinuität« der RAF unter anderem durch die Unterzeichnung des Schreibens mit KOM-
MANDO ULRIKE MEINHOF ROTE ARMEE FRAKTION.
Das von Baader gewünschte Thema »vernichtungsstrategie
gegen die gefangene raf« greifen sie in der Buback-Selbstbe-
zichtigung nicht nur nahezu wörtlich auf – »vernichtung der
kriegsgefangenen« –, sondern »belegen« es durch einzelne
Formulierungen: Holger Meins »gezielt ermordet«, Hausner
»ermordet«, Ulrike Meinhof »exekutiert« und der Versuch,
Baader »umzubringen«. Und auch das Anschlagsopfer entspricht Baaders Vorgaben zum »Niveau«: Bundesanwaltschaft – »soweit oben wie möglich«, beim »Verantwortlichen«.
Das ist der Chef der Behörde, der Generalbundesanwalt –
Siegfried Buback.

Formuliert wurden die Zeilen zum Buback-Mord federfüh-
rend von Brigitte Mohnhaupt und Sieglinde Hofmann in
Amsterdam, stellt später das Oberlandesgericht Stuttgart fest,[25]
und zwar »nach teilweisen Vorgaben der Stammheimer Gefan-

genen«. Die beiden hielten sich mit einigen Genossen in einer
konspirativen Wohnung der RAF im Baden-Powell-Weg 217
auf. Eine Zwei-Etagen-Maisonette unterm Dach. Dort erhält
Mohnhaupt am Tattag einen Anruf, dass der Anschlag auf den
Generalbundesanwalt geklappt habe. Der Jubel unterm Dach
ist groß. Für die inhaltliche Gestaltung des Schreibens, berichtet Peter-Jürgen Boock später, einer aus der Runde in der Maisonette, »gab es auch Kassiber von den Stammheimer Gefangenen«. Er habe mitbekommen, auch wenn er an der Formulierung der Kommandoerklärung nicht beteiligt gewesen sei,
»dass deren Erklärungen inhaltlich Eingang in die Kommandoerklärung gefunden haben«.

10. Singen

Seit fast vier Wochen läuft die Fahndung nach Sonnenberg,
Folkerts und Klar auf Hochtouren – 3. Mai 1977: Die Fahnder
haben keine heiße Spur. Auch keine kalte, sondern überhaupt
keine. Sie besitzen nicht den geringsten Schimmer, wo sich das
Trio aufhalten könnte.

»Terroristenalarm« aber gibt es an diesem Tag in Singen,
wieder einmal, in der »Großen Kreisstadt« am Hohentwiel,
Zollgrenzbezirk zur Schweiz, 45 000 Einwohner. Kurz vor
neun steht eine Rentnerin in der Polizeiwache: Aufgeregt berichtet sie dem Schichtführer, keine hundert Meter entfernt
hätte sie zwei Terroristen entdeckt, im »Conditorei-Café
Hanser« – gerade würden sie frühstücken! Der Schichtführer
nimmt es gelassen. »Terroristenhinweise« sind im Revier Singen an der Tagesordnung, seitdem die Fahndungsplakate nach
den drei Buback-Tatverdächtigen überall aushängen – Sonnenberg, Klar, Folkerts. 200 000 Mark »Belohnung« sind aus-

gelobt. Stets war es ein Fehlalarm. Der Beamte zeigt der Dame mehrere Fahndungsfotos. Die Rentnerin gibt sich steckbriefsicher. »Knut Folkerts und Juliane Plambeck sitzen da«, erklärt sie und fügt hinzu: »Ich habe einen Blick dafür.«

Gegen 9.00 Uhr betreten die beiden Polizeihauptwachtmeister Wolfgang Seliger, 20, in Uniform und Uwe Jacobs, 21, in Zivilkleidung das Café – sie messen dem Hinweis keine besondere Bedeutung bei und gehen davon aus, dass es sich um eine Routineüberprüfung handelt. Mal wieder Fehlalarm.

An dem Marmortisch am Fenster sitzt tatsächlich das Paar wie von der Rentnerin beschrieben. Es ist so gut wie fertig mit dem Frühstück, liest Zeitung und hat überhaupt nichts Verdächtiges: Die Frau trägt eine dunkelblaue Nappalederjacke, Levi's-Bluejeans, Adidas-Sportschuhe und eine Brille; der Mann einen Kinnbart, eine braune Nappalederjacke, grüne Cordhose und Puma-Turnschuhe. »Ein junges Paar auf der Durchreise«, denkt Seliger, grüßt »Guten Tag« und bittet freundlich um ihre Personalausweise. Der kurze Blick auf die beiden macht die Beamten sicher: Die Polizeihauptwachtmeister sind, jeder für sich, davon überzeugt, dass vor ihnen weder Knut Folkerts noch Juliane Plambeck noch eine andere gesuchte Person sitzt. Eben: Fehlalarm. Alles läuft ganz ruhig. Die beiden am Marmortisch kramen in ihren Umhängetaschen, ohne Ausweise hervorzuziehen. »Im Auto« lägen sie, sagt der Mann. »Dann gehen wir halt zum Auto«, antwortet Hauptwachtmeister Seliger, der Beamte in Uniform – völlig entspannt. Der Mann schultert einen olivgrünen Wanderrucksack, geht an die Theke und zahlt. Seliger fällt auf, dass der Rucksack auf der einen Seite wesentlich höher ist als auf der anderen. Er fragt die Frau nach dem Grund. »Seine Klamotten« antwortet sie wie selbstverständlich. Die vier machen sich auf den Weg.

Vor dem Café zeigt der Mann in eine Richtung, nördlich die August-Ruf-Straße hinunter: »Der Wagen steht da vorne in

einer Querstraße.« Vor der nächsten Kreuzung fragt Polizist
Seliger: »Ist das die Querstraße?« Der Mann mit dem Rucksack verneint. Er trägt außerdem eine kleine beige Lederum-
hängetasche, seine Begleiterin hat eine größere Umhängetasche, rostrot.

Beim Gang durch die Hegau- und Höristraße wiederholt
Seliger seine Frage von Querstraße zu Querstraße. Stets winkt
der Mann ab: »Nein, noch nicht.« Er wirkt leicht orientie-
rungslos, erklärt dies mit seiner Ortsunkenntnis – er und seine
Begleiterin kämen aus Stuttgart. Die beiden irren weiter des
Weges, scheinbar. Polizist Seliger findet die Situation langsam
nervig, denkt: Sind die zu blöd, sich zu merken, wo ihr Auto
steht? Nach zehn Minuten Fußmarsch durch die Innenstadt
fragt er etwas ungehalten: »Wo ist denn jetzt die Kiste?« Der
Mann deutet auf einen Parkplatz, Höhe Freiheitsstraße: »Da
vorne, das rote Fahrzeug ist es.« Er läuft auf einen roten Audi
50 zu. Polizeihauptwachtmeister Seliger erblickt das Autokennzeichen »KN« – Konstanz. Schlagartig wird er misstrau-
isch: Das Kennzeichen hat zwei Buchstaben und drei Ziffern;
diese Kombination haben nur Autos, die auf eine Adresse in
Singen zugelassen sind. Das passt nicht zu der Erklärung des
Mannes, sie kämen aus Stuttgart. Ein Adrenalinschub jagt
durch den Körper des jungen Polizisten.

Zu spät. Der Mann und die Frau reißen Pistolen hervor und
feuern auf die Beamten. Von einer Kugel getroffen, bricht Seliger zusammen. Trotzdem schießt der Mann weiter. Seliger
will seine Dienstpistole ziehen. Es gelingt ihm nicht: Er sieht,
dass ihm ein Teil des Mittelfingers der rechten Hand abge-
schossen wurde. Auf allen vieren robbt er hinter einen Passat,
um Schutz zu finden. Der Mann folgt ihm, kommt um den
Wagen herum, streckt den Arm aus – zwei Meter von ihm entfernt, und drückt ab, feuert wie von Sinnen seine Smith &
Wesson leer. Bis zur letzten Patrone. Von sechs Kugeln getroffen, bricht Seliger zusammen. Er spürt, wie sein ganzer Körper

brennt, vom Hals abwärts – so als ob er in Flammen stünde. Der 20-Jährige stöhnt: »Ich muss sterben.« Neben ihm liegt sein Kollege Jacobs. Eine Kugel durchschlug seinen rechten Unterarm. Die Frau feuert weiter auf ihn. Jacobs stellt sich tot. Dann rennt das Pärchen weg. Hans Bötel, ein Autohändler, stürzt hinzu. Kurz zuvor waren ihm »der Polizist und die drei Zivilisten« aufgefallen, er fand sie irgendwie »komisch«, als sie an seinem Gebrauchtwagenmarkt vorbeikamen. Jetzt sieht er den Mann in der Uniform blutverschmiert vor sich liegen. Verzweifelt schreit der Autohändler: »Hilfe, Polizistenmord!«

An der Kreuzung Freiheitsstraße, Ecke Alpenstraße tritt der Mann mit dem Rucksack auf die Fahrbahn und gibt mit der Hand einem hellblauen Ascona Zeichen, anzuhalten. *Ronald Petri* macht eine Vollbremsung. Verdutzt kurbelt er die Scheibe herunter. »Kriminalpolizei, wir benötigen ihr Fahrzeug, um eine Verfolgung aufzunehmen«, sagt der Mann. *Petri* fragt nach dem Dienstausweis. Daraufhin reißt der Mann die Fahrertür auf, zieht eine Pistole und hält sie *Petri* an den Kopf – Entfernung 20 Zentimeter. »Raus, raus«, herrscht er ihn an: »Raus, raus!« *Petri* ist verdattert, macht Anstalten, auszusteigen. Dem Mann geht es nicht schnell genug. Er nimmt die Pistole in die linke Hand, packt *Petri* mit der rechten am Jackett und reißt ihn aus dem Wagen. Der Mann schleudert seinen Rucksack auf den Rücksitz, springt hinters Steuer, die Frau auf den Beifahrersitz. Die Türen fliegen zu. Der hellblaue Ascona jagt davon. Stadtauswärts.

Eng wird es für den Ascona vor einer roten Ampel in der Freiheitsstraße: Dort, wo sie in die Hauptstraße mündet – eine Einbahnstraße mit drei Spuren. Auf der mittleren Spur steht ein VW, der auf Grün wartet. Der Ascona stoppt hinter ihm. Rechts neben den beiden Autos steht ein Mercedes-Lkw mit Anhänger. Einen Augenblick später kommen mit Martinshorn und Blaulicht von hinten zwei Streifenwagen angeschossen. Der eine, ein Passat, stoppt direkt links neben dem Ascona;

der andere, ein Mercedes, hinter ihm. Der Fluchtwagen ist eingekeilt. In diesem Moment greift die Beifahrerin nach hinten und zieht aus einem Rucksack ein Gewehr. Sie legt es an Richtung Polizei-Passat, schießt aber nicht,[26] sondern wirft es einen Augenblick später auf die Rückbank. Dann reißt sie die Tür auf. Mit einem Revolver feuert sie auf die beiden Beamten, die gerade aus dem Passat ausgestiegen sind. Die ducken sich. Ein Projektil streift die Windschutzscheibe des Polizeiwagens in Höhe des Fahrersitzes.

Die Ampel springt auf Grün. Der VW fährt an. Das ist die Chance: Der Ascona prescht an ihm vorbei. In der Keltenstraße beschleunigt er auf Tempo 100. Mit Blaulicht und Martinshorn jagen die beiden Polizeiautos hinterher.

Auf einem Feldweg kommt der Ascona ins Schleudern und knallt gegen eine Bake. Die Beifahrerin schießt auf die Verfolger. Auch sie schießen. Vier Polizeikugeln treffen den Flucht-Ascona. Der rechte Hinterreifen verliert Luft. Dreißig Meter weiter ist er platt. Das Pärchen springt aus dem Wagen. Ein Polizist sieht, wie der Mann an einer größeren Waffe hantiert. Er wirft sich in Deckung und brüllt zu seinen Kollegen: »Die haben eine MP!«

Doch auf einmal schleudert der Mann die Waffe ins Auto und flüchtet mit der Frau über eine Uferwiese, die zur Aach abfällt. Die Polizisten brüllen: »Stehen bleiben! Hände hoch! Ergeben sie sich!« Die beiden laufen weiter, weiter. Nach 40 Metern drehen sie sich um, jeder hält einen Revolver in der Hand. An einem Polizeibeamten zischt eine Kugel vorbei. Ein anderer Polizist feuert zurück, trifft den Mann hinter dem rechten Ohr. Torkelnd stürzt er auf den Acker. Mehrfach versucht er sich aufzurichten. Die Frau eilt ihm zu Hilfe, bemüht sich, ihn wieder auf die Beine zu ziehen. Alles vergeblich. Drei Polizisten gehen auf die beiden zu – in einem Abstand von jeweils 20 Metern. Die Frau hält zwei Revolver in den Händen. Sie schießt auf einen Polizeibeamten, der auf 25 Meter an sie

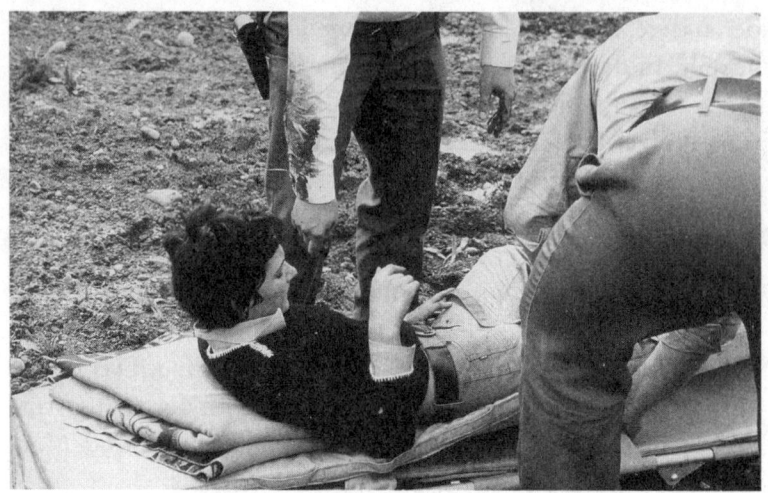

Gefasst in Singen: Verena Becker

herangekommen ist. Plötzlich, als hätte sie der Blitz getroffen, fällt die Frau um, schreit. Eine Gewehrkugel im Unterschenkel hat sie umgehauen – abgefeuert von Polizeiobermeister Rudolf Faulhaber, einem Verkehrspolizisten. Er hatte sich das Gewehr aus dem Ascona gegriffen, das Magazin rausgenommen und wieder eingesetzt, auf einem Baumstamm angelegt und abgedrückt. Ein Treffer aus 80 Metern Entfernung – lehrbuchhaft: nicht in den Oberkörper.

Die Identifizierung der beiden Festgenommenen gestaltet sich schwierig, dauert Stunden: Polizisten sitzen vor der Frau, blicken ihr tief ins Gesicht, vergleichen es mit Fahndungsfotos und sagen zu ihr »Juliane«.

Um 12.34 Uhr an diesem Dienstag meldet die Nachrichtenagentur Associated Press in die deutschen Redaktionsstuben, »nach Angaben des Bundeskriminalamtes« handle es sich bei den Personen um Knut Folkerts und um Juliane Plambeck. Plambeck, Jahrgang 1952, ist auf den BKA-Fahndungslisten, weil sie im Verdacht steht, Mitglied der »Bewegung 2. Juni« und an der Lorenz-Entführung beteiligt gewesen zu sein. Ein

Dreivierteljahr zuvor, im Juli 1976, war ihr die Flucht aus der
Frauenhaftanstalt Lehrter Straße in Berlin gelungen.[27]
   Kripomänner bringen die Frau nach Stuttgart-Stammheim,
in die Krankenabteilung. Dort werden ihr Fingerabdrücke ab-
genommen. Als die Ergebnisse vorliegen, tritt ein BKA-Beamter an ihre Zellentür und sagt: »Hallo, Verena!« Um 18.48 Uhr
meldete die Nachrichtenagentur Reuters – als erste zutreffend
an diesem Tag, nach über einem Dutzend anderslautender
Agenturmeldungen: Bei den beiden Festgenommenen handele
es sich »um Verena Becker, 24, und Günter Sonnenberg, 22«.

11. Überraschungen

Die Ermittler sind erstaunt über das, was sie bei den beiden
finden – es ist der erste tiefere Einblick im Jahr 1977 in den
Stand der Logistik der neuen RAF. In Beckers rostroter Leder-
umhängetasche steckt eine komplette zweite Identität für sie
in Papierform als »Telse Pohlmann, geboren am 22. November
1954 in Marne, wohnhaft Hamburg 60, Alsterkrugchaussee
340«: ein Personalausweis, ein Führerschein, zwei Mitglieds-
ausweise des Deutschen Jugendherbergswerks, ein Studentenausweis der Universität Hamburg; ebenso ein Leseausweis der
Staats- und Universitätsbibliothek Hamburg sowie eine Fahr-
preisermäßigungskarte für kinderreiche Familien der Deutschen Bundesbahn, der sogenannte Wuermeling – vulgo:
»Karnickelpass«. Alle Fotos in den Ausweisen zeigen Verena
Becker. Die Stempelabdrucke auf ihnen sind täuschend echt
nachgeahmt.
   Der wahren Telse Pohlmann, einer Hamburger Studentin,
waren ihre Papiere ein halbes Jahr zuvor in der Sporthalle der
Universität gestohlen worden.

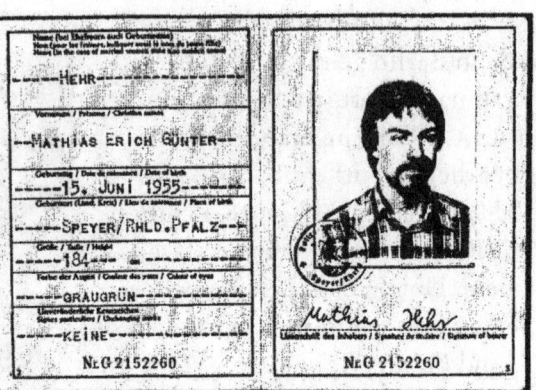

Gefälschter Personalausweis von
Günter Sonnenberg

In Verena Beckers grünem Notizbuch 1977 im »Wochenformat« entdeckten die Ermittler jede Menge verschlüsselte Nachrichten und dass die Seiten vom 18. Februar bis zum 7. April 1977 herausgerissen sind. Außerdem liegen in ihrer Ledertasche zwei Magazine und zwei Patronen für das Gewehr von Heckler & Koch.

Günter Sonnenberg hat sogar vier verschiedene Papier-Identitäten bei sich – in allen Ausweisen klebt sein Lichtbild: auf den Namen »Mathias Hehr«, Jahrgang 1955, einen Personalausweis und einen Führerschein aus Speyer, auf »Günter Clauss«, Jahrgang 1952, einen Führerschein der Freien und Hansestadt Hamburg, auf »Franz Josef Ladner«, Jahrgang 1956, einen Personalausweis der Republik Österreich sowie auf »Johann Peter Steinhuber«, Jahrgang 1948, einen Personalausweis und einen Waffenpass der Republik Österreich.

In einer Außentasche des Rucksacks steckt eine weitere Falschidentität: Reisepass, Führerschein und Studentenausweis auf den Namen »Hans Thill«. Alle Fotos in den Ausweisen zeigen Knut Folkerts. Daneben steckt noch ein Führerschein von »Ralph Messner«, geboren 1951 in Freudenstadt – auf dem Foto ist Knut Folkerts.

Nach einem Abgleich der Alias-Identitäten mit Hotelmeldezetteln und Schriftgutachten ist für die Ermittler klar, dass Sonnenberg, Folkerts und Becker die Schweiz als Rückzugsgebiet nutzten, zumindest in der Zeit vom 21. bis 28. April 1977 – also zwei, drei Wochen nach dem Buback-Attentat: So übernachtete Verena Becker unter dem Namen Telse Pohlmann in Zürich im »Zürcher Hof« und im Hotel »Plattenhof«. Die Recherchen zu diesem Namen zeigen den Beamten, wie die RAF-Mitglieder unterwegs sind: Becker mietete am 21. April als Telse Pohlmann bei der Autovermietung »Riesbachgarage« in Zürich einen roten Ford Taunus mit dem Genfer Kennzeichen GE 94 435. Sie legte Personalausweis und Führerschein vor. Der Frau am Tresen kam nicht der Hauch eines Verdachts. Eine Woche spät bringt Becker-Pohlmann den Wagen zurück. Er hat 1481 Kilometer mehr auf dem Tacho und ist völlig verdreckt: Walderde klebt im Innenraum und an der Karosserie – Ursache dafür sind »Depotarbeiten«, stellte später das Oberlandesgericht Stuttgart[28] fest. Das Geld für die Zeit bei den Eidgenossen kam aus der Bundesrepublik am 23. April 1977 mit einer »telegrafischen Auslandspostanweisung« für »Telse Pohlmann, Zürich/Schweiz, hauptpostlagernd«: 4224 Schweizer Franken und 80 Rappen. Das sind genau 4000 Mark. Absender ist »Gerhard Reinoldi, 4600 Dortmund, Dorstfelder Hellweg 21«, in Wahrheit Rolf Clemens Wagner. So waren RAF-Mitglieder, während nach ihnen in der Bundesrepublik die Fahndung auf Hochtouren lief, finanziert von dort aus in der gemächlichen Schweiz in einem unscheinbaren Mittelklassewagen unterwegs: Mit einem Kennzeichen aus dem französischsprachigen Teil; dort ist die RAF kaum Thema. Völlig unbehelligt. Aufgeflogen ist alles nur durch die Schießerei in Singen.

Das Gewehr aus dem Rucksack, mit dem Verena Beckers Flucht beendet wurde, entpuppt sich als Sensation: Es ist die Waffe, mit der Generalbundesanwalt Buback und seine Begleiter vier Wochen zuvor ermordet wurden: ein Selbstladegewehr von Heckler & Koch, Modell 43, Kaliber 223, Baujahr 1975. Eine Selbstanfertigung der RAF. Um die Waffe unauffällig in einer Tasche oder einem Rucksack zu transportieren, war der Schaft um 24 Zentimeter und der Lauf um zehn Zentimeter verkürzt worden – ohne dass die Funktionsfähigkeit beeinträchtigt ist.

Die Veränderung hat, wie er Jahre später gesteht, der Techniker der Gruppe vorgenommen: Peter-Jürgen Boock.

Gekauft worden war die Mordwaffe bei einem Waffenhändler im schweizerischen Kanton Luzern, in Maltern, knapp anderthalb Jahre zuvor, finden BKA-Beamte heraus – am 16. Dezember 1975. Preis 960 Schweizer Franken: Der Erwerber zahlte bar und nannte sich »H. Zeidler« aus »Düsseldorf«. Bis heute gelang es den Ermittlern nicht, dessen wahre Identität festzustellen.

Auch aus der Schweiz stammen die Faustfeuerwaffen von Verena Becker und Günter Sonnenberg – jeder hatte eine Pistole und einen Revolver am Körper: Erst wenige Wochen vor der Schießerei gekauft, im März und April 1977. Ausgewiesen hatte sich der Erwerber als »Johann Peter Steinhuber« mit einem österreichischen Waffenpass: Diesen Ausweis hatte die RAF bei dem Raubüberfall im November 1976 auf die Bezirkshauptmannschaft in Landeck/Tirol erbeutet. Und genau diesen Ausweis entdecken die Beamten in Singen in einer Tasche Sonnenbergs – versehen mit seinem Lichtbild.

Der Kreis hat sich geschlossen. Und, noch alarmierender: Die Ermittler finden heraus, dass mit diesem Ausweis in den vergangenen zwei Monaten 16 Faustfeuerwaffen in der Schweiz gekauft wurden. Vier davon sind nun wieder aufgetaucht. Vier von 16.

Die beiden haben so viel Geld bei sich, dass sie über viele Wochen kommod leben können: 7000 Mark und 2200 Schweizer Franken, ein kleines Vermögen damals, außerdem 200 DDR-Mark. In dem Rucksack entdecken die Beamten jede Menge Kfz-Diebeswerkzeug: sieben Zylinderschlossauszieher, neun Zylinderspindeln, eine Bügeleisensäge, eine Pinzette, eine Eisenfeile, acht umgebogene Stricknadeln, neun Schraubenzieher, einer davon mit einem schwarzen Plastikgriff und dem

Schriftzug »Suzuki«, zwei Garnituren österreichischer Kfz-Kennzeichen – T 109.111 und T 107.759 – sowie eine Tüte mit Schrauben, um Autokennzeichen zu montieren. Daneben liegen mehrere Landkarten aus der Schweiz.

Im Gepäck stecken auch Eisenbahnfahrkarten von Essen nach Zürich und der »Gepäck-

Buback-Mordwaffe aus dem Rucksack: Gewehr von Heckler & Koch

schein Nr. 066« von der Reisegepäckabfertigung des Hauptbahnhofs Essen. Ausgestellt wurde er für eine Tasche, die dort jemand nach Zürich aufgab. Beamte der Kantonspolizei holen sie im Züricher Hauptbahnhof ab. Auf ihr ist ein Aufkleber, auf den jemand gekritzelt hat: »Marion Schneider, Essen, Breitestraße 97 nach Zürich/Schweiz.« Die Adresse wurde »mit großer Wahrscheinlichkeit« von Verena Becker geschrieben, stellt ein Schriftsachverständiger des Bundeskriminalamtes fest. Die Tasche enthält Kleidung, Kosmetika sowie verschiedene Landkarten und Stadtpläne aus der Schweiz.[29]

Nachdem die Ermittler ihre Funde gesichtet haben, ist ihnen schnell klar, warum Sonnenberg und Becker an diesem Morgen in Singen frühstückten: Die beiden waren auf dem Weg von Essen nach Zürich und gerade dabei, sich für den Fußmarsch über die grüne Grenze zu stärken: von Singen nach Thayngen. Zehn Kilometer über Wiesen, Felder und Auen, um die Buback-Tatwaffe und andere RAF-Utensilien in die Schweiz zu schaffen.

Gestartet waren die beiden in Essen am Tag vor ihrer Festnahme. Im Hauptbahnhof hatten sie den D-Zug 209 um

22.28 Uhr nach Zürich genommen.[30] In Singen stiegen sie gegen 8 Uhr aus, um nicht in die Grenzkontrolle zu geraten, die im Zug wenige Minuten später begann.

Die Ereignisse und Funde an diesem Dienstag im Mai – 26 Tage nach dem Mord an Generalbundesanwalt Buback – zeigen im Jahr 1977 erstmals, wie sehr die Fahndungsansätze der Polizei an der Praxis der RAF vorbeilaufen: Die Beamten stehen mit großem Aufgebot und Maschinenpistolen an Autobahnabfahrten und an Grenzübergängen. Hunderttausende Autofahrer kontrollieren sie in diesen Wochen. *Tagesschau* und *heute* berichten über die Straßenkontrollen. Währenddessen aber reisen die Gesuchten mit der Bundesbahn quer durch die Republik – anders als ihre Vorgänger in der ersten RAF-Generation, die häufig mit Autos unterwegs waren: Baader wurde in einem auberginenfarbenen Porsche gefasst.

Die neue Generation umgeht im wahrsten Sinne des Wortes die Grenzkontrollen: Als unscheinbare Tageswanderer passieren die mit Steckbrief Gesuchten die grüne Grenze, in Turnschuhen und mit Rucksack. Auch zeigen die Singener Funde, dass die Gruppe üppig gerüstet ist mit Waffen, Munition – 250 Schuss hatten Sonnenberg und Becker dabei – und Falschidentitäten. Angesichts des mitgeführten Profi-Autoknackersets ist es für sie unterwegs ein Kinderspiel, sich ein Kraftfahrzeug zu beschaffen. Montagefertig sind neue Autokennzeichen im Rucksack. Alles deutet darauf hin, dass die Gruppe Größeres im Sinn hat.

Besonders enttäuschend ist für die BKA-Fahndungsstrategen, dass die Fahndung in der Fläche nicht so funktioniert, wie sie es sich erhofft hatten. Seit Wochen hängen Fahndungsplakate mit Fotos von Sonnenberg und seinen beiden Freunden überall aus. Auf Bahnhöfen, in Verwaltungsgebäuden und Polizeirevieren. So auch in Singen. Aber die beiden Polizeihauptwachtmeister am Hohentwiel erkannten Sonnenberg nicht, obwohl sie gerade den Auftrag hatten, einen »Terroristenalarm« zu überprüfen. Minutenlang sprechen sie mit Günter Sonnenberg, marschieren mit ihm durch die halbe Innenstadt – und glauben, einen harmlosen Touristen vor sich zu haben.

Der Kopfschuss schädigte das Gehirn Sonnenbergs schwer. Das Leben rettete ihm eine Operation gleich nach seiner Festnahme im Kreiskrankenhaus in Singen. Eine Woche später folgt eine weitere Operation durch einen Neurologen in der Universitätsklinik Tübingen. Verena Becker bleibt in der Krankenabteilung der Vollzugsanstalt Stuttgart-Stammheim: Sie hat eine tiefe Fleischwunde durch den Durchschuss ihres linken Unterschenkels. Eine Woche nach der Schießerei, am 10. Mai 1977, erlässt der Ermittlungsrichter des Bundesgerichtshofs Horst Kuhn einen Haftbefehl[31] gegen sie wegen Mordes und einiger anderer Straftaten.[32] »Dringend verdächtig« sei sie, schreibt er, »gemeinschaftlich handelnd« am 3. Mai 1977 versucht zu haben, mindestens sechs Menschen zu töten, »um eine andere Straftat zu verdecken«, sowie »am 7. April 1977 in Karlsruhe aus niedrigen Beweggründen und heimtückisch drei Menschen getötet zu haben«.

Zur Begründung für den dringenden Tatverdacht in Sachen Buback erklärt der Ermittlungsrichter: »Bei der Festnahme der Beschuldigten Becker wurde die Tatwaffe sowie ein Werkzeug sichergestellt, das zu dem Tatfahrzeug gehörte« – gemeint ist damit der Suzuki-Schraubenzieher[33], den die Ermittler in einer braunen Werkzeugplastiktasche in Singen entdeckt hatten. Beckers »Auftreten mit dem der Tat dringend verdächtigen Sonnenberg« sowie »die Funde des zum Tatfahrzeug gehörenden Werkzeugs und der Tatwaffe« zeigten, so Kuhn weiter, »dass die Beschuldigte Becker in die Ausführung des Mordanschlags als Mittäterin einbezogen war«. Damals also, eine Woche nach der Festnahme, hielt der BGH-Ermittlungsrichter in Karlsruhe Verena Becker für »dringend verdächtig«, Täterin bei der Ermordung von Generalbundesanwalt Buback und seinen beiden Begleitern gewesen zu sein.

Einen Tag später legt der Ermittlungsrichter die Haftbedingungen für Verena Becker fest – auf Antrag der Bundesanwaltschaft. Ein Sechs-Seiten-Beschluss mit 21 Verschärfungen gegenüber den allgemeinen Vorschriften für Untersuchungshäftlinge: Einzelhaft, Becker darf nicht mit anderen in einer Zelle
untergebracht werden, die »Tür des Haftraumes … ist mit
einem zusätzlichen Schloss zu versehen«, die »Teilnahme an
Veranstaltungen der Vollzugsanstalt und am Gottesdienst ist
ausgeschlossen«. Auch ist sie »im Übrigen von anderen Gefangenen getrennt zu halten«; sie, »ihr Haftraum (einschließlich Fenster, Gitter, Türe und Schlösser) und die darin befindlichen Sachen sind täglich zu durchsuchen und zu untersu-
chen«. Beckers »Bewegung im Freien ist als Einzelfreistunde
durchzuführen«, ihr »ist es untersagt, eigene Oberbekleidung
zu benutzen«, und sie »ist vor und nach jedem Besuch bei völ-
liger Entkleidung und Umkleidung zu durchsuchen«.

Erforderlich seien diese Maßnahmen, schreibt Horst Kuhn
in dem Beschluss, »um den Zweck der Untersuchungshaft zu
gewährleisten«: »Bei Personen, die dringend der Mitgliedschaft in einer kriminellen Vereinigung verdächtigt sind und
denen schwerste Straftaten vorgeworfen werden, muss angesichts der sich aus der Gruppenzugehörigkeit ergebenden erheblichen Rechtsfeindschaft stets mit Fluchtversuchen und
ihrer Vorbereitung sowie mit Einwirkung auf noch auf freiem
Fuß befindliche Mittäter, Unterstützer und Sympathisanten
gerechnet werden.« Deshalb scheide »derzeit ein Zusammenschluss mit Gefangenen, die von der Gruppe um den ehemaligen Rechtsanwalt Haag unterstützt wurden oder unterstützt
werden sollten, aus, ebenso mit anderen Mitgliedern dieser
Gruppe«.

An diesem überraschungsreichen 3. Mai 1977 war es für die
Ermittler auch eine Überraschung, dass ausgerechnet Verena
Becker gefasst wurde: Zwei Jahre lang wurde sie mit Haftbe-
fehl gesucht. Wie vom Erdboden verschluckt schien sie. Und

nun – fast Simsalabim – sitzt sie im »sichersten Gefängnis der Welt«, wie der baden-württembergische Justizminister Traugott Bender den Hochsicherheitstrakt in Stuttgart-Stammheim gepriesen hatte. Zwei Jahre zuvor war Becker aus dem Gefängnis freigepresst worden durch die Lorenz-Entführung; Veranstalter war die »Bewegung 2. Juni«. Und überrascht sind die Ermittler schließlich auch von der Tatsache, dass die Ex-Frontfrau aus der »Bewegung 2. Juni« mit einem Mann von der »Konkurrenz« RAF unterwegs war. Und das auch noch mit der Buback-Mordwaffe …

12. Becker

In den 70er-Jahren ist Verena Becker eine der schillerndsten Figuren der deutschen Terrorszene. Eine Veteranin der »Bewegung 2. Juni«. Anfang 1972 ging sie in den Untergrund. Nach einem halben Jahr wird sie gefasst. Knapp drei Jahre sitzt sie im Gefängnis, bis zur Lorenz-Entführung. Bald darauf wechselt sie zur RAF. Ihre besondere Rolle dort zeigt sich vier Monate nach ihrer Festnahme in Singen. Die Schleyer-Entführer, die im September 1977 die Freilassung von elf »gefangenen aus der raf« fordern, haben sie auf ihrer Wunschliste ganz nach oben gesetzt: Platz vier – gleich nach den Köpfen der ersten Generation Andreas Baader, Gudrun Ensslin und Jan-Carl Raspe.

Verena Becker ist ein echtes Arbeiterkind – eine Seltenheit unter den »bewaffneten Kämpfern« der RAF. Aufgewachsen in einer kleinbürgerlichen Familie, wechselte sie ins linksradikal-gewalttätige Milieu Westberlins.

Am 31. Juli 1952 wird Verena Christiane Becker in Berlin geboren. Sie hat neun Geschwister; die meisten sind älter. Ihr

Verena Becker

Vater Ewald ist Bergbautechniker, mehre Male wird er in Nervenheilanstalten eingewiesen. So gut es geht, bemüht er sich um die Familie. Aber er ist überfordert, mit der Betreuung wie auch der Erziehung der Kinder. Er stirbt, als Verena neun ist. Auch ihre Mutter Ruth hat ihre Schwierigkeiten mit der Kinderschar. Mit achtzehn, 1970, verlässt Verena die Gottfried-Kinkel-Realschule in Spandau, nach Abschluss der zehnten Klasse. Ihre Noten sind mäßig. Sie zieht zu Hause aus und besucht ein Jahr lang eine Haushaltsschule. Einen Beruf erlernt sie nicht. Sie lebt von kurzfristigen Jobs, arbeitet in einer Fleischfabrik und als Telefonistin im Fernmeldeamt. Ab Dezember 1971 ist sie polizeilich nicht mehr gemeldet, ab Januar 1972 erwerbslos.

Für Verena Becker beginnt mit neunzehn der kurze Weg in die lange Zeit von Untergrund und Gefängnissen: In Berlin hatte sie Inge Viett kennengelernt, militante Kreuzberg-Aktivistin und später eine der führenden Frauen bei der »Bewegung 2. Juni«. Ein Energiebündel, 1,63 Meter groß, burschikos, acht Jahre älter als Becker. Die beiden verstehen sich gut und ziehen nachts durch Westberlin, werfen Schaufensterscheiben von Brautkleidergeschäften und Sexshops ein, verwüsten die Auslagen. Zurück lassen sie einen Aufkleber mit der mysteriösen Botschaft: »Die schwarze Braut kommt«.

Viett und Becker leben im alten Kreuzberg SO 36 – benannt nach dem früheren Postzustellbezirk »Südost 36«. Straßenzüge mit grauen Mietskasernen. An drei Seiten werden sie von der Berliner Mauer umschlossen. Ortsunkundige, die dort unterwegs sind, landen regelmäßig irgendwann vor der Mauer.

SO 36 ist für viele eine Idylle: Mitten in der Stadt ist es herrlich ruhig und der Wohnraum billig. In den 60er-Jahren ziehen Kreative, Studenten, Künstler, Trebegänger und Aussteiger hierher. Eine alternative Szene entsteht und blüht – über Jahrzehnte. Joints kreisen vielerorts. Shit und Marihuana gehören zum Alltag. Die meisten Kreuzberg-36er eint, dass sie von dem Staat wenig halten, falls überhaupt etwas.

»Wir hatten weder Angst noch Respekt vor der Staatsgewalt oder sonstigen Autoritäten«, beschreibt Inge Viett das Lebensgefühl damals. Ihr »eigenes Gesetz« lautet: »Widerstand gegen die Welt des Profites und Solidarität mit den Ausgebeuteten und Verfolgten überall!« Viett gehört zu den Besetzern des »Bethaniens« in Kreuzberg: Das ehemalige Schwesternwohnheim des Krankenhauses benennen sie um in »Georg-von-Rauch-Haus«. Von Rauch war Mitglied der »Blues«-Bewegung, eines Vorläufers der »Bewegung 2. Juni«. Als »Stadtguerillero« lebte er im Untergrund, in Kreuzberg und anderswo. Im Dezember 1972 traf ihn eine Polizeikugel tödlich in Berlin-Schöneberg, als er ein Dublettenfahrzeug umparken wollte; Kripoleute hatten das Auto beobachtet. Als sie ihn stellen, reißt der 24-Jährige eine Pistole aus seinem Hosenbund und eröffnet das Feuer. Ein Beamter schießt zurück, trifft ihn in den Kopf. So wird der Sohn des republikweit bekannten Kieler Geschichtsprofessors desselben Namens zum Märtyrer der Kreuzberger Hausbesetzerszene. Ton Steine Scherben, damals die Berliner Politrockband schlechthin, widmen ihm auf ihrer legendären Langspielplatte *Keine Macht für Niemand* den »Rauch-Haus-Song«, komponiert von Rio Reiser. »Ihr kriegt uns hier nicht raus! Das ist unser Haus«, singt der Chor der »Scherben« im Refrain. Das Lied wird zur Hymne der Westberliner Hausbesetzerszene. Bald boomt sie.

Viett beteiligt sich an Kämpfen mit der Polizei, speit Feuer und Flamme für den Staat, baut und wirft Mollis: »Wir bekämpfen alles, was dem verachteten System seinen Fortbe-

stand und seine Legitimation sichern hilft«, beschreibt sie später die Stimmung Anfang der 70er-Jahre: »Die bürgerlichen
Gesetze, die bürgerliche Moral, das Eigentum, die Staatsme-
dien, die Justiz, die Polizei, die Gefängnisse, die Vorherrschaft
der Männer, die Tagespolitik des Berliner Senats, die Außen-
und Innenpolitik und vor allem die Banken.«

Verena Becker nimmt die Polizei fest, als sie an eine Wand
sprüht: »Nieder mit« ... Weiter kommt sie nicht. Ein Staats-
schutzbeamter verhört sie, fragt: Fräulein Becker, wie sollte es
denn weitergehen? Becker schweigt. Weil die beiden Wörter
»Nieder mit« keinen politischen Straftatbestand erfüllen,
kommt sie am nächsten Morgen wieder auf freiem Fuß. Inge
Viett will von ihrer Freundin wissen: »Was wolltest du denn
schreiben?« Verena Becker grinst verschmitzt: »Nieder mit
den Milchpreisen!«

Im Herbst 1971 schließen sich Viett und Becker der
»Schwarzen Hilfe« an: einer Gruppe, die »politische Gefangene« betreut – Anarchos und militante Kommunisten. So werden die Schwarzen Helfer in der Szene oft »Anarchisten« genannt. »Die Rote Hilfe betrachtete uns als ihre kleine anarchistische Schmuddelschwester«, resümierte Inge Viett: »Die
Rote Hilfe war studentisch-marxistisch, legte Wert auf ideologische Korrektheit und Theorie. Wir in der Schwarzen Hilfe
kriegten uns nicht über revolutionäre Vorbilder und politische
Linien in die Haare. Alle waren berechtigt: Rosa Luxemburg,
Thomas Müntzer, Schinderhannes, Robin Hood, Durruti, Ba-
kunin, Malcolm X, Fidel Castro, Che Guevara, Ho Chi Minh,
Mao Tse-tung.« Die Schwarze Hilfe suchte – im Gegensatz
zur dogmatischen Linken – »nach revolutionären Vorbildern,
nicht nach geschlossenen Weltbildern«.

Bei der Schwarzen Hilfe lernt Verena Becker die Szenegrößen Michael – »Bommi«[34] – Baumann, Heinz Brockmann und
Peter Knoll kennen. Sie leben bereits im Untergrund und wollen eine anarchistische Organisation aufbauen, später tun sie es

und nennen sich »Bewegung 2. Juni«. Verena Becker interessiert sich weniger für theoretische Fragen als für praktische Aktionen. Als sensibel, schüchtern und militant beschreibt ein Weggefährte die 19-Jährige; Inge Viett entdeckt »hinter dem verschmitzten Mädchengesicht eine entschlossene junge Frau«. Und Bommi-Michael Baumann nennt sie »hart und kompromisslos«. Sie ist ebenso zierlich wie entschlossen.

Am Abend des 30. Januar 1972 schellt es an der Wohnungstür von Inge Viett, Berlin-Kreuzberg, Eisenbahnstraße 22. Michael Baumann und Heinz Brockmann kommen herein – Verena Becker ist schon da: Die beiden Männer sind entsetzt über das, was sie gerade in den Nachrichten hörten – aus dem nordirischen Londonderry. Bei einer Demonstration für Bürgerrechte und gegen Internierungen ohne Gerichtsverfahren erschossen Soldaten eines britischen Eliteregiments 13 Menschen und verletzten 13 weitere. In die Geschichte geht der Tag als »Bloody Sunday« ein.

Baumann und Brockmann steht der Sinn nach Vergeltung, nach einer »Aktion«: Sie sprechen über einen Bombenanschlag auf eine britische Einrichtung – in Berlin gibt es derer viele. Verena Becker, Inge Viett und Harald Sommerfeld finden die Idee prima. Am nächsten Abend treffen sie sich in einer konspirativen Wohnung in der Sybelstraße 26, Verena Becker hat die Schlüssel. Den Küchentisch bugsieren sie ins Badezimmer. Auf ihm gibt Brockmann eine Lehrstunde in Sachen Bombenbau: Er setzt einen Sprengsatz zusammen, verlötet Kabel zwischen einem elektrischen Wecker und einem elektrischen Glühzünder von Karstadt. Den Bombenkörper fertigt er aus dem »Gloria PG 2«-Gehäuse eines Zwei-Kilo-Autofeuerlöschers. Der Höhepunkt der Lehrstunde ist eine Probezündung in der Badewanne. Es klappt. Alle sind begeistert davon, was der 23-Jährige kann. Mit einem Papiertrichter wird das Sprengstoffgemisch in das Gehäuse gefüllt – Unkraut-Ex und Puderzucker zu gleichen Teilen. Die Verschlusskappen werden festgezogen.

In der Nacht erkunden Verena Becker, Inge Viett, Harald Sommerfeld und Willi Räther britische Militäreinrichtungen in Gatow und Kladow. Schwierig: Alle erscheinen zu gut gesichert. Auf der Rückfahrt in die Stadt sehen sie auf dem Kladower Damm ein Hinweisschild zum britischen Yachtclub. Sie fahren hin, zum Clubgelände an der Havel, Nähe Breitehorn. Schnell sind sich die vier einig: Hier soll ihre Bombe explodieren. Vor Augen haben sie einen fulminanten Sachschaden.

Kurz nach 2 Uhr in der nächsten Nacht ist es so weit – 2. Februar 1972: Neben dem Clubgelände bleibt Viett am Steuer des Wagens sitzen. Verena Becker, Sommerfeld und Räther klettern über den Zaun. Becker bleibt zurück, steht Schmiere, beobachtet das Gelände. Die beiden Männer stellen die Tasche mit der Bombe auf einen Stuhl: Vor dem Clubhaus steht er auf der Terrasse. Zündzeitpunkt ist 2.30 Uhr.

In dieser Nacht explodieren zwei gleichartige Sprengsätze unter Autos britischer Soldaten in Charlottenburg; nicht aber die Bombe im Yachtclub.

Am nächsten Morgen, kurz nach acht, findet der Bootsbauer Erwin Beelitz (66) auf seinem allmorgendlichen Rundgang die Tasche – seit 20 Jahren arbeitet er im britischen Yachtclub. Er wundert sich und nimmt sie mit ins Bootshaus, in seine Werkstatt. Dort explodiert die Bombe: An Beelitz' rechter Hand reißt sie mehrere Finger ab. Eine Metallverschlusskappe fliegt in seinen Bauch und zerfetzt die Oberschenkelschlagader. Beelitz bricht zusammen, verblutet. Drei Stunden später finden ihn Besucher des Clubs.

Warum die Bombe explodierte, kann das Landgericht Berlin[35] später nicht feststellen. Möglich, dass Beelitz den ihm unbekannten Gegenstand in einem Schraubstock einspannte und versuchte, ihn mit einem Werkzeug zu öffnen.

In der Nähe seiner Leiche liegt ein DIN-A3-Blatt mit den Worten: »Solidarität mit der IRA, Kommando Rache für Londonderry«. Ein Satz, mehr nicht. Ein Dokument aus der

Frühzeit der Selbstbezichtigungserklärungen im »bewaffneten Kampf«.

Am Abend berichtet die SFB-*Abendschau* über Beelitz' Tod. Verena Becker, Inge Viett und Harald Sommerfeld beschließen, in Zukunft vorsichtiger zur Tat zu schreiten. Sie beseitigen alle Spuren, die auf ihre Täterschaft hindeuten könnten.

Um das Leben im Untergrund zu finanzieren, überfällt das Trio Becker, Viett und Sommerfeld am 4. April 1972 die Berliner Disconto Bank in Britz, Fritz-Reuter-Allee 173. Im Fluchtwagen vor der Tür wartet wieder Viett. Becker und Sommerfeld stürmen mit gezogenen Waffen in den Schalterraum. Verena Becker trägt eine Pudelmütze mit Sehschlitzen. Die Pistole in der Hand, dirigiert sie zwei Dutzend Menschen – Kunden und Angestellte. Während des Überfalls betritt nichtsahnend ein Mann die Schalterhalle. Souverän zieht ihn die 19-Jährige herein und schickt ihn zu den übrigen Kunden. Sommerfeld räumt die Kassenbox: 29 450 Mark. Drei Monate später wird Verena Becker verhaftet, am 21. Juli 1972. So endete nach sieben Monaten der Untergrund für sie – Teil eins.

Eine Schwurgerichtskammer des Landgerichts Berlin verurteilt sie nach 20 Verhandlungstagen am 12. Dezember 1974 zu einer Jugendstrafe von sechs Jahren wegen »gemeinschaftlich versuchter Herbeiführung einer Sprengstoffexplosion in Tateinheit mit fahrlässiger Tötung sowie wegen gemeinschaftlicher räuberischer Erpressung«.

Trotz des toten Bootsbauers nimmt die Schwurgerichtskammer keinen Totschlag oder gar Mord an, weil die Angeklagten, so schreiben die drei Richter unter Vorsitz von Günter Leschonski in der Urteilsbegründung, »nur Sachschaden verursachen wollten« und deshalb »der wirkliche Geschehensablauf ... nachweisbar nicht vom Vorsatz der Angeklagten umfasst« war.

Bei der Strafzumessung urteilen die Richter, die Umstände des Falls sprächen »für eine Verzögerung in der sittlichen und geistigen Persönlichkeitsentwicklung der Angeklagten, die sie zu den Tatzeiten noch weitgehend einer Jugendlichen gleichstehend erscheinen lässt«. Ihre Begründung: »Die Angeklagte ist in einer sehr kinderreichen Familie aufgewachsen, in der ihr fast zwangsläufig nicht immer das notwendige Maß an Erziehung und Zuwendung zuteil werden konnte. Ihr Vater starb, als sie neun Jahre alt war. Sie hat mit 17 Jahren Schule und mütterlichen Haushalt verlassen und dann ein unstetes Leben geführt, ohne einen festen Beruf zu erlernen. Offenbar erstmals in den Kreisen junger militanter Kommunisten und Anarchisten hat sie eine bis dahin vermisste persönliche Anerkennung und Bestätigung gefunden. Das und ihre leichte Beeinflussbarkeit wird eine wesentliche Triebfeder zu ihrer aktiven Teilnahme an den gemeinschaftlichen Gewalttaten gewesen sein, die Gegenstand dieses Verfahrens sind.«

Aus der Urteilsbegründung spricht, dass die Richter Verena Becker für eine besonders hart Gebackene halten: »Ihre momentane Bestürzung über den Tod des Bootsbauers Beelitz« habe sie »nicht von der weiteren Mitgliedschaft in der anarchistischen Gruppe abgehalten.« Vielmehr sei sie zwei Monate später »wiederum maßgeblich an einem weiteren Gewaltverbrechen« beteiligt gewesen, dem Britzer Bankraub. Notwendig sei deshalb eine »nachdrückliche erzieherische Einwirkung auf die ungefestigte und irregeleitete Angeklagte«.[36]

Gegen das Urteil legt Verena Becker Revision ein. Der fünfte Strafsenat des Bundesgerichtshofs in Berlin verwirft sie ein Dreivierteljahr später einstimmig »als offensichtlich unbegründet«.[37] Das geschieht am 2. September 1975. Aber da ist Verena Becker schon seit einem halben Jahr wieder auf freiem Fuß. In die Freiheit flog sie im März 1975 in der Lufthansa-Boeing »Afrika« – gechartert von der Bundesregierung.

13. Lorenz

Die Freiheit beschert Verena Becker die Entführung von Peter Lorenz (52), CDU-Spitzenkandidat bei der Wahl zum Berliner Abgeordnetenhaus 1975. Bommi Baumann, Beckers Untergrundgefährte und Mitglied beim »2. Juni«, spricht von »der großartigen Lorenz-Entführung« als »einem wirklichen Meisterstück der europäischen Stadtguerilla«. Dieses »Meisterstück« dient der RAF als Vorbild für die Schleyer-Entführung zwei Jahre später.

Drei Tage vor der Wahl zum Berliner Abgeordnetenhaus 1975 entführt die »Bewegung 2. Juni« Peter Lorenz, den Herausforderer des Regierenden Bürgermeisters Klaus Schütz (SPD). Seit mehr als 20 Jahren regiert die SPD mit absoluter Mehrheit an der Spree. »Mehr Tatkraft schafft mehr Sicherheit« ist der Wahlkampfslogan der Christdemokraten.

Lorenz' Schwerpunkt: die innere Sicherheit. »Berliner leben gefährlich« lautet die Überschrift einer CDU-Anzeige in den Berliner Tageszeitungen. Darunter steht: »Peter Lorenz und die Berliner CDU werden dafür sorgen, dass die Polizei wieder an der richtigen Stelle steht – damit Verbrecher keinen Vorsprung haben. Und politische Terroristen erst recht nicht.«

Dem schwarzen Dienst-Mercedes 200 des Berliner CDU-Vorsitzenden versperrt am Donnerstag vor der Wahl ein Lkw den Weg – Quermatenweg, Ecke Ithweg im feinen Zehlendorf. Donnerstag, 27. Februar 1975, kurz vor 9 Uhr: Lorenz' Fahrer Werner Sowa, einen Judoka, schlagen die Täter mit einem Knüppel bewusstlos. Den CDU-Landesvorsitzenden stellen sie mit einer Spritze ruhig. In seiner Dienstlimousine rasen sie mit ihm und einer zerbrochenen Frontscheibe über die Avus. »Nach 210 Sekunden war Lorenz verschwunden«, titelt *Die Welt* am nächsten Morgen. Endstation für den benebelten Spitzenkandidaten ist das »Volksgefängnis«: der Keller

unter einem Kreuzberger Trödelladen in der Schenkendorf-
straße 7.

Ihr Vorsitzender im Keller scheint der CDU gutzutun: Zum
ersten Mal wird sie stärkste Fraktion im Berliner Abgeordnetenhaus mit 44 Prozent der Stimmen. Vier Jahre zuvor erhielt
sie 38 Prozent. Nach mehr als 20 Jahren erreicht die SPD in
Berlin erstmals nicht die absolute Mehrheit. Die Rede ist vom
»Lorenz-Effekt«. Als das Ergebnis am Sonntagabend gegen 20
Uhr bekannt gegeben wird, feiert die CDU ihre Wahlparty
mit 800 geladenen Gästen im Brandenburg-Saal des Schöne-
berger Rathauses – ohne den Spitzenkandidaten. Die CDU-
Freunde sind aus dem Häuschen. Eine Siegesfeier. »Über Lo-
renz redet hier ja keiner mehr«, stellt Sozialsenator Harry
Liehr überrascht fest. Der sitzt derweil in einem finsteren Kel-
lerverlies – drei Meter hoch, zweieinhalb breit und vier lang.
Schalldicht gedämmt. Eine Steiltreppe führt nach oben zu ei-
ner Falltür ins Erdgeschoss. Fast wie im Mittelalter. »In aller
Form beglückwünschten wir den Gefangenen«, berichtet Inge
Viett über den Wahlabend im Untergrund. Verena Beckers
Freundin ist eine der Bewacherinnen des künftigen Präsiden-
ten im Berliner Abgeordnetenhaus.

Im Austausch gegen Lorenz verlangt die »Bewegung 2. Juni«
die »sofortige Freilassung von Verena Becker, Gabriele Kröcher-Tiedemann, Horst Mahler, Rolf Pohle, Ina Siepmann und
Rolf Heißler«,[38] 20 000 Mark Handgeld für jeden, eine Boeing
707 »vollgetankt und mit vier Personen Besatzung« sowie als
Begleiter eine »Person des öffentlichen Lebens«. Als diese Person schlagen die Entführer Pfarrer Heinrich Albertz vor: Bis
vor acht Jahren war er Berlins Regierender Bürgermeister:
auch, als der Student Benno Ohnesorg am 2. Juni 1967 von
dem Berliner Kriminalobermeister Karl-Heinz Kurras in der
Nähe der Berliner Oper erschossen wurde – während drinnen
der Schah von Persien und Bundespräsident Lübke Mozarts
Zauberflöte lauschten.

Nicht freigepresst werden will Horst Mahler, Jurist mit entzogener Rechtsanwaltszulassung. Einst war er Baaders Verteidiger: Sieben Jahre ist es her – 1968 im Kaufhausbrandstifterprozess in Frankfurt. Zwei Jahre später hilft der Rechtsanwalt bei der gewaltsamen Befreiung seines Mandanten aus der Haft. Deswegen und wegen einiger Banküberfälle verurteilt das Landgericht Berlin[39] den einst erfolgreichen Wirtschaftsanwalt 1974 zu »einer Gesamtfreiheitsstrafe von vierzehn Jahren«.

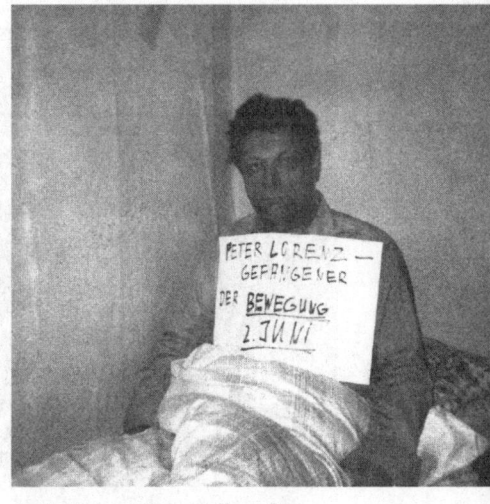

Peter Lorenz im »Volksgefängnis« der »Bewegung 2. Juni« (Februar 1975)

Kurz vor Mitternacht zum Wahltag strahlt das Fernsehen Mahlers Absage an die Bundesregierung aus, in die Freiheit geflogen zu werden: Der 38-Jährige trägt einen schwarzen Rauschebart und schwarzen Rollkragenpullover, eine Brille mit großen runden Gläsern und Glatze. Die Gelegenheit nutzt er zu einem drei Minuten langen Statement: »Die Entführung des Volksfeindes Peter Lorenz als Mittel zur Befreiung von politischen Gefangenen ist Ausdruck einer von den Kämpfen der Arbeiterklasse losgelösten Politik, die notwendig in einer Sackgasse enden muss«, sagt er in seiner rhetorisch-geschliffenen Art. »Die Strategie des individuellen Terrors ist nicht die Strategie der Arbeiterklasse.« Für den nächsten Tag, den Wahlsonntag in Berlin, hat er eine Empfehlung: »Vorwärts mit der KPD!« Die Partei erhält 0,7 Prozent der Stimmen.

Hingegen nimmt Verena Becker das Ausreiseangebot an. Am Wahlnachmittag fliegt sie eine Maschine der französischen Regierung von Berlin nach Frankfurt; ein deutsches Flugzeug

Kurz vorm Abflug: Verena Becker (rechts) auf dem Frankfurter Flughafen

lässt der Berliner Viermächtestatus nicht zu. Ein Polizeikonvoi bringt sie am nächsten Morgen aufs Rollfeld. Das ARD-Fernsehen zeigt live, wie Verena Becker die Gangway hinaufschreitet. Unsicher und nervös blickt sie sich um. Vom Hessischen Rundfunk sind 30 Kameraleute, Tontechniker, Kabelträger und Regisseure im Einsatz. Ein Non-Fiction-Krimi für Millionen Zuschauer mit hohem emotionalem Wert.

Die Bilder vom Flugfeld zeigen eine Art von Staatsakt, der die Ohnmacht der Staatsmacht dokumentiert: Zum ersten – und letzten – Mal in der Geschichte der Bundesrepublik fügt sich die Regierung einer Erpressung von Terroristen. Verena Becker erscheint der radikalen Linken – und nicht nur ihr – als Gewinnerin: Der Wille ihrer Genossen scheint stärker zu sein als der der Regierungen in Berlin und Bonn. Entführer, die der Politik ihr Handeln diktieren.

Kurz nach 10 Uhr an diesem Montagvormittag hebt die Boeing 707 »Afrika« vom Rhein-Main-Flughafen ab, Richtung Südost. Ganz langsam verschwindet sie im leichten Nebel. Die Luft ist frühlingshaft. Erstes Ziel ist Damaskus. Verena Becker, ihre vier Gesinnungsgenossen und Pastor Albertz sitzen auf den breiten Ledersesseln in der ersten Klasse. Jeder hat eine Sitzreihe für sich. Acht Sitzpaare gibt es. Die 128 Plätze in der Touristenklasse bleiben frei. Becker packt Papiere aus. Die Stimmung ist angespannt.

Auf dem Zehn-Stunden-Flug wirkt Verena Becker »verschlossen«, berichtet später Pastor Albertz. Ein Steward serviert angewärmte Rouladen, Economy-Verpflegung. Fünfundsiebzig Portionen sind an Bord. Sicher ist sicher.

Im Cockpit gibt Ina Siepmann die Chefin und dem Flugkapitän Niels Nielsen Anweisungen. Beirut, Damaskus, Tripolis, Bagdad – die »Afrika« erhält keine Landeerlaubnis, stets quäkt es aus dem Funkgerät: »No permission to land.« Anderthalb Stunden dreht die Maschine Warteschleifen über Dschibuti. Endlich, um 19.41 Uhr, landet die »Afrika« in Aden, Jemen.[40]

Am nächsten Morgen fliegt Nielsen die Maschine zurück nach Deutschland. Zum Abschied fragt der Lufthansa-Kapitän Rolf Pohle (33), was er in Aden machen will. »Als abgebrochener Jurist hat man hier ja wohl wenig Chancen«, sagt achselzuckend der Sohn des bekannten Münchener Rechtsprofessors Rudolf Pohle – fast die ganze Münchner Justiz hat bei ihm Zivilrecht gehört. »Und im Knast habe ich nur Spulenwickeln gelernt. Na, mal sehen.« Vom Flugkapitän verabschiedet sich Rolf Heißler (26) mit erhobener Faust, grüßt aber nicht mit »Rotfront« oder »Venceremos«, sondern sagt: »Tschüss!«

Von der schweigsamen Verena Becker hat Kapitän Nielsen auf dem Rückflug eine Kiste im Laderaum: einen tragbaren Fernseher. Von der Berliner Justiz hatte sie ihn mit auf die Reise bekommen, als Teil ihrer Habe. Becker schickt die Kiste von Aden zurück an die Spree, weil sie sich mit dem Gerät nicht in dem Wüstenland belasten will. Aber es ist kein Anzeichen dafür, dass sie die Rückkehr nach Berlin plant. Für sie ist ungewiss, wann sie zurückkehrt.[41]

Den »Austausch Lorenz gegen Häftlinge« halten drei Vier-

tel der erwachsenen Bundesbürger »für richtig«, ergibt eine
Umfrage des Emnid-Instituts, und 24 Prozent für »nicht richtig«. Anders aber ist die Stimmungslage in der Bevölkerung
beim Thema »künftige Entführungen«: 48 Prozent der Befragten sind für einen Austausch, 51 Prozent dagegen. Verstärkt
hat der Fall Lorenz den Ruf nach der Todesstrafe: 57 Prozent
der Befragten halten sie für eine geeignete Maßnahme gegen
Terroristen – kurz vor der Entführung hatte eine andere Umfrage ergeben, dass die Todesstrafe, erstmals seit Kriegsende,
von weniger als der Hälfte der Bundesbürger bejaht wurde,
von 46 Prozent.

Aden bietet Sonne und Sand satt, karge Vulkanfelsen, Hai-
fischstrände, Wüstenklima und so gut wie keinen Nieder-
schlag. Die Jahresdurchschnittstemperatur liegt bei 28 Grad.
In der 300 000-Einwohner-Stadt gibt es fünf Kinos, aber auf
der Leinwand keine westlichen Filme jüngeren Datums. Die
Situation fünftausend Kilometer entfernt von daheim ist so
ziemlich das Gegenteil von dem Traum der jungen Linksextremisten, in westeuropäischen Metropolen den bewaffneten
Kampf zu führen.

Die südjemenitische Regierung bringt Verena Becker und
die anderen vier im Hafenviertel »Steamer Point« von Aden
unter, in einem Nebengebäude des »Crescent«-Hotels. Es ist
das zweite am Platze. Ein Kasten aus der Kolonialzeit mit 380
Betten. Die Mahlzeiten servieren den fünf Kellner in ihrem
Trakt, um das Risiko auszuschließen, dass sie jemand im Spei-
sesaal erkennt.

Bald darauf verlieren die deutschen Ermittler Beckers Spur.
Auch bekommen sie nicht mit, dass die fünf Freigepressten unterschiedliche Wege gehen: Ina Siepmann und Gabriele Kröcher-Tiedemann wollen zurück zum »2. Juni«. Rolf Pohle
möchte aussteigen und reist nach Griechenland. Verena Becker
und Rolf Heißler bleiben im Jemen – dort führt sie ihr Weg zur
RAF.

14. Heißler

Beckers Weggefährte in dieser Zeit im Jemen, Rolf Heißler, ist humanistisch gebildet und entwickelt sich im Jahr 1977 zu einem der härtesten Kämpfer in der RAF.

Am 3. Juni 1948 kommt Rolf Gerhard Heißler in Bayreuth auf die Welt als »Rolf Gerhard Leberwurst«. Eingeschult wird er in Hildesheim in Niedersachsen. Dort hatte sein Vater 1950 eine Anstellung als Studienrat gefunden. In der fünften Klasse verschwindet der Name »Leberwurst«: Sein Vater hatte die Namensänderung beantragt. Abitur macht Heißler 1966 am Andreanum in Hildesheim, einem humanistischen Gymnasium in Trägerschaft der evangelisch-lutherischen Landeskirche Hannover. Zum Wehrdienst meldet er sich freiwillig für zwei Jahre: Die Zeit möchte er nutzen, um weitere Lebenserfahrungen zu sammeln. Aufgrund gesundheitlicher Probleme muss er aber im April 1967 die Bundeswehr verlassen. Sein Berufswunsch ist Journalist. Er entscheidet sich für München und immatrikuliert sich an der Philosophischen Fakultät I der Ludwig-Maximilians-Universität.

Der 19-Jährige kommt in eine brodelnde Metropole: Die Studenten- und Jugendrevolte an der Isar treibt ihrem Höhepunkt entgegen. Überall Happenings, Sit-ins, Demonstrationen und Diskussionen. Das geistige München entwickelt sich zu einer bunten Mixtur aus linken Theorien, künstlerischer Avantgarde, Boheme und Subkulturen aller Schattierungen. Marx-Engels-Seminare stehen hoch im Kurs, jeder will mitreden können – »politisch«, das ist das Schlüsselwort jener Tage. In verqualmten Kneipen entwickelt Amon Düül den Krautrock. Die ersten Kinderläden entstehen. Geist der Zeit ist die Radikalisierung. Auf den Prüfstand kommt vieles: die bürgerliche Ehe, die akademische Ausbildung, die Eigentumsverhältnisse partiell und die Staatsgewalt generell.

Rolf Heißler

Von 1968 an wohnt Rolf Heißler zusammen mit Brigitte Mohnhaupt in der Metzstraße 15 in Haidhausen. Die spätere Chefin der RAF hat denselben Berufswunsch wie Heißler und studiert am Zeitungswissenschaftlichen Institut. Die beiden werden ein Paar. Die Wohnung ist ein beliebter Treffpunkt, die Politprominenz Schwabings oft zu Gast: Ulrich Enzensberger, Fritz Teufel, Rolf Pohle und Irmgard Möller. Heißler und Mohnhaupt werden kleine Szenegrößen.

Rolf Heißler beteiligt sich an Veranstaltungen des SDS, des Sozialistischen Deutschen Studentenbundes, und sprengt Lehrveranstaltungen in der Universität. Er macht mit bei den »Tupamaros« in München – einer Gruppe, die die Praktiken der uruguayischen Stadtguerilla gleichen Namens in München testen möchte: fast so etwas wie eine »RAF light«. Ab Herbst 1969 verüben die »Tupamaros München« Brand- und Sprengstoffanschläge – unter anderem auf die Universität München, das Amtsgericht und Polizeigebäude. Der Schaden bleibt überschaubar. Um den Jahreswechsel 1969/70 beendet Mohnhaupt die Beziehung mit Heißler. Der überfällt mit drei »Tupamaro«-Genossen am 13. April 1971 die Bayerische Hypotheken- und Wechselbank am Frankfurter Ring. Er sitzt am Steuer des Fluchtwagens. Beute: 54 000 Mark. Das Landgericht München I verurteilt ihn am 28. Februar 1972 zu acht Jahren Freiheitsstrafe.

Im Gefängnis träumt er von einer »Elitetruppe von 4, 5 Scharfschützen«, so schreibt er in einem Kassiber, die zunächst »irgendwo im Ausland ausgebildet« wird, »dann zurückkommt« und »nach einer genau geplanten Eskalation ein Schwein nach

dem anderen umlegt«. Vier Jahre nach
seiner Verhaftung sitzt er in der ersten
Klasse der Lufthansa-Boeing »Afrika«
und lernt Verena Becker kennen.

Ein Rätsel ist für die Ermittler, warum der Berliner »2. Juni« ausgerechnet
den Bayern Heißler auf die Wunschliste
für den Lorenz-Austausch gesetzt hat.
Eine mögliche Antwort: Ralf Reinders,
ein »Tupamaro«-Genosse aus der Berliner Gruppe, die sich 1969 kurz nach
der Münchner Gruppe als »Tupamaros
West-Berlin« gegründet hatte, war zur
»Bewegung 2. Juni« gegangen – und
nutzte die Lorenz-Entführung zu einer
Haftverkürzung für seinen alten Kampfgefährten.

Wadi Haddad

Durch die unerwartete Fernreise geht Heißlers Wunsch
nach einer militärischen Ausbildung im Ausland schneller in
Erfüllung als von ihm erwartet: Um den Jahreswechsel 1975/76
fährt er zusammen mit Verena Becker in ein Ausbildungslager
der »Volksfront zur Befreiung Palästinas« – »Popular Front
for the Liberation of Palestine«, PFLP –, zwei Autostunden
von Aden entfernt. Das Camp liegt am Rande der Wüste auf
einem Hügel. Ein ehemaliger britischer Militärposten. Vor
dem Tor stehen zwei Männer in Uniform.

Politisches Ziel der PFLP ist »die Befreiung ganz Palästinas
im bewaffneten Kampf und die Errichtung eines demokratischen und sozialistischen palästinensischen Staates«. Entstanden war die »Volksfront« nach dem Sechstagekrieg 1967. Das
Lager leitet Wadi Haddad. Der ehemalige Arzt hatte zwei Jahre zuvor als Untergruppe der PFLP ein Spezialkommando –
»Special Command« – gegründet, 1974. Spezialität: Angriffe
auf den Luftverkehr. Haddad wird im deutschen Terrorjahr

1977 die Schlüsselfigur aufseiten der Palästinenser. Ohne ihn hätte es den Deutschen Herbst nicht gegeben, jedenfalls nicht mit dem Kapitel »Landshut«.

Als ihn Verena Becker und Rolf Heißler in dem Camp kennenlernen, ist er Ende 30, seine dunklen Augen funkeln. Er ist klein und rundlich. Auf seiner Glatze trägt er ein Käppi. Er ist herzlich, hat Manieren und etwas von einem Puppenspieler, in dessen Fingern alle Fäden zusammenlaufen. Geboren wurde er in Palästina 1927, seine Eltern sind griechisch-orthodox. Wegen des Palästinakriegs flicht die Familie 1948 in den Libanon. In Beirut studiert Haddad an der Amerikanischen Universität Medizin und macht dort das Examen. Sein Kriegsname ist »Abu Hani«. Bei zahlreichen Flugzeugentführungen und Anschlägen hat er seine Finger im Spiel. Den »Osama bin Laden der 70er-Jahre« nennt ihn der ehemalige deutsche Verfassungsschützer Winfried Ridder.

In ihrem Trainingslager am Wüstenrand bilden die Palästinenser nicht nur eigene Kräfte militärisch aus, sondern auch Mitglieder befreundeter Gruppen – der baskischen ETA, der nordirischen IRA und von militanten Kiffern aus den Niederlanden. Auf dem Lehrplan stehen Häuserkampf, Waffenkunde, Körpertraining, Schießen, Sprengen und vor allem das schnelle Morden. Haddad schult Westeuropäer, weil er Verbündete sucht. Die, die in Westeuropa »Stadtguerilla« machen wollen, sind für ihn interessant, weil er in Palästina Gleiches vorhat: Durch einen »bewaffneten Kampf« will er die Staatsmacht stürzen. Den Gedankenaustausch mit seinen Gästen liebt und zelebriert er.

15. Haag

In der ersten Jahreshälfte 1976 treffen Verena Becker und Rolf Heißler in dem Camp auf einen schlaksigen 30-Jährigen aus Deutschland: Sein Haar ist schon deutlich gelichtet. Er ist hager und heißt Haag. Auch ihn sucht die deutsche Polizei: Siegfried Haag war Verteidiger von Andreas Baader, ist von rascher Auffassungsgabe und scharfem Verstand; energisch, ebenso durchsetzungsstark wie eiskalt berechnend. Der Jurist mit Prädikatsexamen und die sieben Jahre jüngere, zu allem entschlossene ungelernte Arbeiterin verstehen sich gut und entwickeln einen Draht zueinander.

Auch Haag ist ein »entlaufener Bürgersohn« aus Baden-Württemberg. Wie viele andere bei der RAF hatte er alle Voraussetzungen, um einen bürgerlichen Lebensweg zu beschreiten – die Welt stand ihm offen: Siegfried Gottlob Haag wird am 15. März 1945 in Aurich, Kreis Vaihingen/Enz, geboren. Sein Vater ist Vermessungsingenieur. Mit 22 heiratet er, seine Frau Hildegard bringt zwei Söhne auf die Welt. Mit 25, im Juli 1970, besteht Haag in Frankfurt am Main das erste juristische Staatsexamen mit der Prädikatsnote »vollbefriedigend«. In seinem Referendariat wählt er als letzte Station die Kanzlei von Jürgen Laubscher, Eberhard und Marieluise Becker in Heidelberg. Eine Kanzlei, die RAF-Mitglieder und deren Umfeld verteidigt. Nach seinem zweiten juristischen Staatsexamen tritt er im Oktober 1973 als Rechtsanwalt in die Kanzlei ein.

Haag wird Verteidiger der Köpfe der ersten RAF-Generation: Andreas Baader, Ulrike Meinhof, Gudrun Ensslin, Holger Meins und Jan-Carl Raspe. Aber auch »Fußvolk« verteidigt er, wie Carmen Roll und Klaus Jünschke. Siegfried Haag ist extrem fleißig, umtriebig und viel unterwegs: zu Besuch bei RAF-Häftlingen und den »Folterkomitees«. Auf Veranstaltungen und in den Medien wettert er gegen die »Isolations-

Siegfried Haag

folter«, die »Vernichtungshaft« und die »Haftbedingungen«. Nachdem sich Holger Meins im November 1974 zu Tode gehungert hatte, wirft er auf einer Pressekonferenz in Zürich der deutschen Justiz eine »planmäßige Ermordung« von Meins vor. Er gibt sich als selbsternannter Rächer seines verstorbenen Mandanten. Schnell wird der junge Anwalt republikweit bekannt – er ist noch keine 30 und der Shootingstar in der RAF-Anwaltsszene.

Haags politische Entwicklung fasste das Oberlandesgericht in die Worte:[42] »Er gehört zu einer Generation, die, nach dem Krieg aufgewachsen, schon früh politisches Interesse zeigte, stark durch die Anschauungen der sogenannten ›außerparlamentarischen Opposition‹ der 60iger Jahre beeindruckt wurde und einen besonders kritischen Standpunkt gegenüber den Schwächen und Fehlentwicklungen der staatlichen und gesellschaftlichen Ordnung in der Bundesrepublik Deutschland vertritt. Durch sein Studium an den Universitäten Heidelberg, Berlin und Frankfurt gewann die Protesthaltung der ›außerparlamentarischen Opposition‹ möglicherweise besonders starken Einfluss auf ihn. Letzteres erklärt bis zu einem gewissen Grad seine Neigung zum politischen Radikalismus.«

Das Leben des Siegfried Haag nimmt die entscheidende Wende am 9. Mai 1975: BKA-Beamte verhaften ihn in Heidelberg, durchsuchen seine Wohnung und seine Kanzlei. Von Kollegen in Zürich hatten sie den Hinweis bekommen, Mitglieder einer in der Schweiz gefassten »Anarchistengruppe« hätten berichtet, dass sie Haag in der Nacht vom 4. zum 5. März 1976 in Waldshut eine Maschinenpistole, drei Stielhandgranaten und Sprengstoff geliefert hätten. BKA-Ermittler ver-

muten in Haag den »Regisseur von Stockholm«: Zwei Wochen
zuvor hatte dort das »RAF-Kommando Holger Meins« die
deutsche Botschaft gestürmt und nach dem Vorbild der Lorenz-Entführung die Freilassung von Gesinnungsgenossen gefordert – mehr als viermal so viele: 26.

Aber bei Stockholm, zwei Monate nach der Lorenz-Erpres-
sung und Becker-Freipressung, bleibt Bundeskanzler Helmut
Schmidt hart: Kategorisch lehnt er es ab, dem Verlangen der
Erpresser nachzugeben. »Denen musste doch mal gezeigt werden, dass es einen Willen gibt, der stärker ist als ihrer«, kom-
mentierte Schmidt später seine Entscheidung im Bonner Kanzleramt. Ihm war klar: Würde sich der Staat abermals erpressbar
zeigen, wären weitere Geiselnahmen zwangsläufige Folge.[43]

Bei ihren Durchsuchungen in Heidelberg finden die Ermittler keinen Beweis für ihren Verdacht gegen Haag: keine Maschinenpistole, keine Handgranate, kein Krümel Sprengstoff.
Am nächsten Tag lehnt es der Ermittlungsrichter des Bundesgerichtshofs ab, gegen Haag einen Haftbefehl zu erlassen. Bei
dem Verdacht der Ermittler, dass Haag sich eine Maschinenpistole und andere Waffen aus der Schweiz habe liefern lassen,
sieht er »keine Verdunklungs- oder Fluchtgefahr« – sie ist Voraussetzung für einen Haftbefehl. Und den »dringenden Verdacht« der Ermittler, dass Haag die Stockholmer Botschaftsstürmer unterstützt habe, verneint der Bundesrichter. So
kommt Haag nach einer Nacht in der Zelle wieder auf freien
Fuß. Generalbundesanwalt Siegfried Buback lässt gegen die
Entscheidung des Ermittlungsrichters Beschwerde einlegen.
Mit Erfolg: Der dritte Strafsenat des Bundesgerichtshofs gibt
ihr statt und erlässt am 15. Mai 1975 den Haftbefehl. Aber an
diesem Donnerstag ist Siegfried Haag schon seit vier Tagen
über alle Berge. Der 11. Mai 1975 war der letzte Tag in seinem
bisherigen Leben: An diesem Sonntag verschwindet der gerade 30-Jährige von der Bildfläche, gibt seinen Anwaltsberuf auf
und eine Erklärung für sein Büro und die Medien ab:

»In einem Staat, der die Vernichtung von Revolutionären durch Gleichschaltung von Gesetzgebung, Verwaltung und Justiz zu seinem Programm erhoben hat, der politische Gefangene durch systematische Langzeitisolation foltert und der Gehirnwäsche in toten Gefängnistrakten unterzieht, in einem Staat, dessen Funktionsträger Holger Meins und Siegfried Hausner hingerichtet haben, in einem Staat, der Verteidiger mit dem ganzen Arsenal der psychologischen Kriegsführung durch die Massenmedien im Hetzkampagnen diffamiert, ausschließt, kriminalisiert und schließlich zu verhaften sucht, werde ich meine Freiheit nicht bedrohen lassen, meinen Beruf als Rechtsanwalt nicht länger ausüben. Es ist an der Zeit, im Kampf gegen den Imperialismus wichtigere Aufgaben in Angriff zu nehmen.«

Und so kommt es, dass ein Jahr später Siegfried Haag auf Verena Becker in dem PFLP-Camp am Wüstenrand trifft. Haag ist von der Idee beseelt, wieder eine schlagkräftige RAF-Truppe auf die Beine zu stellen, die seinen einstigen Mandanten Andreas Baader und dessen Gesinnungsgenossen aus der Haft befreit. Aber zu dieser Zeit – erstes Halbjahr 1976 – gibt es praktisch keine RAF mehr. Das »letzte Aufgebot« der RAF mit sechs Neueinsteigern war ein Jahr zuvor in Stockholm blutig gescheitert. Im Untergrund ist nur noch Stefan Wisniewski. Er war als Ersatzmann für Stockholm eingeteilt und anschließend ziemlich allein – zwei der Botschaftsstürmer waren tot, die anderen vier verhaftet. »Nach Stockholm stand ich plötzlich quasi vor dem Nichts«, blickt Wisniewski zurück: »Es gab noch ein paar Mark und zwei Pistolen, die aber auch nicht richtig funktionierten.«

So existieren Mitte 1976 in der Bundesrepublik nur »versprengte Kräfte«, Kleingruppen, die davon träumen, RAF zu werden, um den bewaffneten Kampf fortzusetzen:[44] in Heidelberg Sieglinde Hofmann und Stefan Wisniewski, in Frankfurt unter der Leitung von Peter-Jürgen Boock seine Frau Waltraud und Rolf Clemens Wagner und in Karlsruhe die »Förstergruppe« – benannt nach dem nahen Schwarzwald. Harter Kern sind Günter Sonnenberg, Christian Klar und Knut Folkerts. Bei Diskussionen sind Adelheid Schulz, *Sabine Schulte* und Roland Mayer dabei. Auch sie alle träumen von einer Gefangenenbefreiung.

Haag entwickelt das strategische Ziel, aus diesen drei Kleingruppen eine schlagkräftige Truppe zu formieren. So lädt er sie in den ehemaligen britischen Militärposten am Rande der Wüste ein: eine Anregung der Stammheimer. Sie machen Druck, immer wieder Druck – in Anwaltsgesprächen und Kassibern: Endlich, nun endlich wollen sie befreit werden. Wo bleibt die Solidarität?

16. Wüstencamp

Die meisten Eingeladenen erscheinen. Von den Karlsruhern ist aber nur Günter Sonnenberg zeitweise da: Zehn junge Menschen hocken beieinander, beschnuppern sich, diskutieren über die »Perspektiven illegaler Arbeit« – Siegfried Haag, Verena Becker, Rolf Heißler, Peter-Jürgen Boock, Waltraud Liewald, Rolf Clemens Wagner, Stefan Wisniewski, Sieglinde Hofmann und Friederike Krabbe.[45] Moskitos umschwirren sie. Es ist feucht und heiß: Das Thermometer misst bis zu 36 Grad. Regen gibt es nicht.

Die Palästinenser verlangen von ihren deutschen Gästen, gleich nach ihrer Ankunft, dass sie einen »Leader« als alleinigen Ansprechpartner bestimmen. Sie wollen unter keinen Umständen »Gruppendiskussionen«, wenn es um das Ausbildungsprogramm oder andere Fragen des Aufenthalts geht.

Das führt zu langen Gruppendiskussionen bei den Deutschen. Ein »Leader« – der widerspricht ihrem Selbstverständnis. Die Westdeutschen verstehen sich nicht als hierarchisch aufgestellt und erst recht nicht als militärisch gegliederte Organisation. Für sie gilt der »Grundsatz der Kollektivität«. Aber am Rande der Wüste gelten andere Prinzipien als in Universitätsseminaren und im deutschen Untergrund. Nach einigem Hin und Her bestimmen die Deutschen Siegfried Haag zu ihrem Führer: Für ihn spricht nicht nur, dass er das Treffen initiierte, sondern auch, dass er den besten Kontakt zu den Stammheimern hat. Ex-Anwalt von Andreas Baader & Co.: Das zählt. Ein größeres Näheverhältnis kann keiner vorweisen.

Haags Vertraute im Camp ist Verena Becker: Sie besitzt den Nimbus der »alten Kämpferin«. Echte Kreuzberger Schule. Sie ist knallhart und stets auf dem Kurs der Stammheimer. Die enge Verbundenheit mit Becker stärkt auch Haags Position in der Gruppe. Denn die RAF und ihr Umfeld misstrauen grundsätzlich Rechtsanwälten. So werden Haag und Becker in dieser Zeit zum Nukleus für die zweite Generation und die »Offensive 77«.

Alle im Lager tragen Tarnnamen. Verena Becker heißt »Souha«, Siegfried Haag »Khalid«. Für alle gibt es eine militärische Grundausbildung: Wegen der hohen Temperaturen tagsüber beginnt der Morgen vor Sonnenaufgang mit körperlicher Ertüchtigung: Dehnen, gymnastische Übungen, Liegestütze, Kniebeugen, Armmuskeltraining, Dauerlauf, Nahkampf, Auf-die-Nase-Hauen. Nach dem Frühstück geht es weiter mit Schießen und Sprengen, Waffenkunde. Das Angebot reicht bis zu Bazookas: kleine Raketen, die von der Schulter aus abgefeuert werden. Der Traum eines jeden Lehrlings des bewaffneten Kampfes. Auch üben die Deutschen, wie sie Sprengfallen bauen, Handgranaten zusammensetzen und werfen. Im Schatten der Mittagshitze diskutiert die Gruppe. In den frühen Abendstunden geht die militärische Ausbildung weiter. Dann folgen wieder Diskussionen. Oft bis tief in die Nacht.

Viele Gespräche drehen sich um die Frage: Wie kann es gelingen, Baader und die anderen RAF-Häftlinge aus den Gefängnissen zu holen? Aus dem Stockholm-Desaster im vergangenen Jahr ergibt sich für alle schnell ein Konsens: Die Chance einer Gefangenenbefreiung bietet nur eine Aktion, die wesentlich größer aufgestellt ist als der Überfall auf die deutsche Botschaft. Beamte erscheinen zu »klein«, als dass die Bedrohung ihres Lebens die Bundesregierung zum Einlenken zwingen könnte; künftig muss schon »weiter oben« angesetzt werden. Zweite allgemeine Erkenntnis aus Stockholm: Eine Geiselnahme kann nur dann erfolgreich sein, wenn die Geisel und die RAF nicht greifbar sind, sodass für die Bundesregierung eine »militärische Lösung« ausscheidet.

Bei den langen Unterhaltungen auf einem Dach des Camps zeigt sich, dass die einzelnen Gruppen schon »Vorarbeiten« geleistet haben: Die Karlsruher haben den Generalbundesanwalt und den Bundesgerichtshof »angecheckt«. Ausbaldowert haben sie, dass Buback im Stadtteil Neureut wohnt, dort üblicherweise jeden Morgen gegen 8.30 Uhr mit einem dunkelblauen Mercedes abgeholt und dann über die kilometerlange Linkenheimer Landstraße zu seiner Dienststelle chauffiert wird. Mittags verlässt er oft das Gelände des Bundesgerichtshofs, wo die Bundesanwaltschaft ihren Sitz hat, um sich in der Innenstadt frische Luft und Bewegung zu verschaffen. Mitunter macht er auch Besorgungen. Die Karlsruher wissen sogar, bei welchem Friseur er sich die Haare schneiden lässt.

Die Frankfurter berichten, dass sie sich um Banker und Wirtschaftsbosse gekümmert haben: Im Rhein-Main-Gebiet spähten sie einige Banker aus, und in Köln observierten sie Hanns Martin Schleyer. Dort hat der Arbeitgeberpräsident zwei Büros und eine Wohnung.

Die Heidelberger haben keine Ausspähungen zu berichten.

Aber sie stehen im Ruf, durch ihre guten Kontakte in der Sympathisantenszene vieles beschaffen zu können, was für einen »bewaffneten Kämpfer« unverzichtbar ist: Ausweise, konspirative Wohnungen, Autos, Waffen, Munition.

Die Gäste des Sommerworkshops beschließen, sich zu einer neuen RAF zu formieren: Durch Aktionen gegen die »Spitzen« der Bundesrepublik, Repräsentanten des Systems, wollen sie Baader & Co. aus den Haftanstalten freipressen. Drei Kleingruppen wollen eine RAF werden, zu ihr verschmelzen.

In den Gesprächen entsteht eine Liste möglicher Anschlagsopfer. Gut ein Dutzend Namen kommt zusammen. An erster Stelle steht Arbeitgeberpräsident Hanns Martin Schleyer. Es folgen Jürgen Ponto, Eberhard von Brauchitsch und Repräsentanten aus den Häusern Quandt und Flick – beiden Familien wird vorgeworfen, sich im Dritten Reich unredlich bereichert zu haben.

Einigkeit besteht über eine Anschlagsserie – später erhält sie den Namen »Offensive 77«. Alle grundlegenden Planungen für sie erfolgten in Aden, stellte später das Oberlandesgericht Stuttgart fest:[46] eine Gefangenenbefreiung – Arbeitstitel »Big Raushole«, ein »in den Blick genommener Anschlag« auf die Bundesanwaltschaft in Karlsruhe und der Anschlag auf den Generalbundesanwalt, Deckname: »Margarine«. So fiel Bubacks Todesurteil bereits im Südjemen.

Der projektierte Mord an dem Generalbundesanwalt ist so etwas wie der größte gemeinsame Nenner in der Runde. Er entspricht der Vorgabe der Stammheimer, die via Kassiber gefordert hatten: »Der General muss weg!«

»Buback war der oberste ›Terroristenjäger‹ und für die Haltung gegenüber den Gefangenen verantwortlich«, berichtet Stefan Wisniewski, einer aus der Wüsten-Runde: »Für uns war er auch verantwortlich für den Tod Siegfried Hausners, den er aus Stockholm abtransportieren ließ, obwohl Hausner lebens-

gefährlich verletzt war. Und wir sahen
in ihm den Verantwortlichen für den
Toten Trakt[47] und die Haftbedingungen
von Ulrike Meinhof. Dem wollten wir
Grenzen setzen.«

Auch passt aus Sicht der RAF-Ein-
steiger der von ihnen geplante Mord zur
gesamtstrategischen Ausrichtung von
Baader & Co. Stefan Wisniewski verweist rückblickend auf ein »Interview
mit den Stammheimern« im *Spiegel*
nach den Toden von Meins und dem
Berliner Richter von Drenkmann, in
dem sie »deutlich gesagt haben: Wenn es
Beerdigungen gibt, wenn Schmerz, Leid
und Trauer, dann auf beiden Seiten.«

Wisniewski bezieht sich auf eine Stel-
lungnahme von Baader, Meinhof, Enss-   *Stefan Wisniewski*
lin und Raspe, die *Der Spiegel* im Januar
1975 abgedruckt hatte. Auf die Frage, ob »der Drenk-
mann-Mord im Hinblick auf seine öffentliche Wirkung eine
Niederlage für das RAF-Kollektiv« gewesen sei, erklären die
vier: »Die Aktion ist stark – als Ausdruck unserer Liebe, unserer Trauer und unserer Wut über die Ermordung eines gefangenen Kämpfers. Wenn es Begräbnisse geben soll – dann auf
beiden Seiten.«

Nachdem die Pro-Buback-Entscheidung im Wüstencamp
gefallen ist, diskutieren die Deutschen darüber, wie der Generalbundesanwalt am besten ins Jenseits befördert wird: Während eines Haarschnitts bei seinem Friseur in der Karlsruher
Innenstadt? Durch Schüsse von einem Motorrad? Oder mit
einer Bombe, versehen mit einem Magneten, von einem Motorrad aus an seinen Wagen geheftet? Peter-Jürgen Boock, der
Techniker der Gruppe, baut später die Haftbombe. Projekt-

name: »Topf«. Versuche ergeben, dass der Suppentopf mit der Bombe und Magnetfüßen bei starkem Beschleunigen oder Bremsen vom Auto fliegt und nur jedes zweite oder dritte Mal funktioniert. Zu unsicher, befindet die RAF. Die Bombenidee wird verworfen.

Die »Hauptaufgabe« für die Zeit nach der Rückkehr aus Aden besteht für die Gruppe darin, »Wohnungsstrukturen aufzubauen«, berichtet Peter-Jürgen Boock in der Rückschau, und zwar »im gesamten Bundesgebiet, aber auch im benachbarten Ausland«. Dafür teilt die RAF die Republik in vier »Regionen« ein: Karlsruhe »für die Aktion ›Margarine‹«, das Rhein-Main-Gebiet »als die geographische Zentrale«, das Rhein-Ruhr-Gebiet mit Köln und Düsseldorf sowie den »norddeutschen Bereich mit Hannover, Hamburg und Bremen«. In den Niederlanden, Belgien und Frankreich soll die Wohnungsbeschaffung über »örtliche Legale« erfolgen, die der Gruppe zuarbeiten. Eine ganz wichtige Weichenstellung für den Deutschen Herbst. Außerdem müssen Depots angelegt werden, in denen die RAF ihre Untergrund-»Werkzeuge« verstecken kann: Waffen, Munition, Ausweise, Autokennzeichen, Geld.

So starten die Vorbereitungen für 1977 im September 1976: Die Mitglieder der neuen Formation fliegen vom Südjemen in die Bundesrepublik zurück. Paarweise, um nicht aufzufallen. Ab jetzt leben alle in der Illegalität – Günter Sonnenberg meldet sich bei seinen Eltern per Postkarte bis auf Weiteres ab mit der Erklärung »Weltreise«. Auch Christian Klar und Knut Folkerts, die nicht mit im Jemen waren, begeben sich auf die Reise in den Untergrund.

Die Beschaffungsphase beginnt, die Logistik wird aufgebaut. Es geht Schlag auf Schlag: In Köln rauben am 20. September 1976 zwei RAF-Mitglieder in einer Commerzbank-Filiale 107 000 Mark. Am 13. November erbeutet in Hamburg ein RAF-Räuberduo aus einer Zweigstelle der Vereins- und

Westbank 118 000 Mark – sein Outfit ist abgestimmt: Beide tragen Bauhelm, Sonnenbrille und Arbeitskittel. Überfall Nummer drei geht schief. In Wien wird am 13. Dezember Waltraud Boock gefasst. Ihren beiden Komplizen gelingt die Flucht. In Hannover mietet eine RAF-Frau eine Wohnung in dem 18-stöckigen Hochhaus Ihmeplatz 1. Dort richtet die RAF eine Fälscherwerkstatt ein. RAF-Deckname: »Klotz«. Siegfried Haag, Roland Mayer und Christian Klar kaufen in den italienischen Alpen ein: Am 27. Oktober 1976 erwerben sie in Aosta bei dem Waffenhändler Salval, Via Tillier 16, drei Revolver und eine Pistole. Mit einem der Revolver, der Smith & Wesson, bringt Waltraud Boock sieben Wochen später einen Wiener Bankangestellten dazu, ihr über drei Millionen Schilling auszuhändigen. In Landeck in Tirol erbeutet die Gruppe bei der Bezirkshauptmannschaft am 12. November 1976 Blanko-Passformulare, Pässe, Personalausweise, Waffenpässe und -scheine. Einen der Personalausweise, ausgestellt auf »Franz Ladner«, entdecken deutsche Polizisten ein halbes Jahr später in einer Tasche von Günter Sonnenberg in Singen. Fünf Fahrzeuge für ihre Operationen beschafft sich die Gruppe in Celle, Stuttgart, Mannheim und Bochum. Schaltstelle für den Kontakt mit den Stammheim-Häftlingen ist das Rechtsanwaltsbüro Dr. Croissant in Stuttgart.

17. Harz

Zum ersten »Gesamttreffen« auf deutschem Boden kommt die neue Formation Mitte November 1976 im Harz zusammen. Fast alle Mitglieder reisen zu der Konferenz in der Ferienanlage bei Goslar an. Elf Personen – Siegfried Haag, Roland Mayer, Verena Becker, Rolf Heißler, Peter-Jürgen Boock, Waltraud

Liewald, Günter Sonnenberg, Christian Klar, Rolf Clemens Wagner, Stefan Wisniewski und Sieglinde Hofmann.[48] Zwei Themen stehen an den beiden Tagen im Mittelpunkt. Planungsstand in Sachen »Margarine« und die Frage, wie die Operation »Big Raushole« weiter vorzubereiten ist.

Grundstimmung ist, so formuliert es später Verena Becker, »dass alle, die wir damals in der RAF organisiert waren, von einem starken Bedürfnis geleitet wurden, die Gefangenen in Stuttgart-Stammheim zu befreien«. Einer aus der Karlsruher Gruppe trägt vor zur Operation »Margarine«: Weitere Checks hätten ergeben, dass der Anschlag auf den Generalbundesanwalt machbar sei. Die Vorbereitungen seien gut vorangeschritten. Einen Termin für den Anschlag nennt er nicht. Aber es ist klar, dass es sich nur noch um wenige Wochen handeln kann – und der Anschlag wohl im Dezember erfolgt. Noch vor Jahresende. Alle in dem Kreis halten die Aktion für richtig.

Die Runde überlegt, was noch zu tun ist: Weitere Wohnungen müssen gemietet, Autos beschafft, Schießübungen durchgeführt, Ausweise gefälscht und Depots umgeräumt werden. Auch eine Bank ist zu machen. Roland Mayer, Haags Assistent, schreibt stichwortartig mit auf einem Gohrsmühle-Block. Später arbeitet er die Sitzung nach: Er fasst die Ergebnisse in einem »Ablauf-/Beschaffungsplan« zusammen. Und Haag schreibt die Matrix – die Disposition für die Gruppenmitglieder: ein Arbeitsplan für elf Personen und die nächsten Wochen. Tag für Tag.

Der Rückschlag kommt für die Gruppe, als die »Aufschriebe« von Haag und Mayer der Polizei in die Hände fallen: Am 30. November 1976 verhaften fünf Autobahnpolizisten die beiden in einem Opel Admiral. Der Wagen ist ein Neuzugang im RAF-Fuhrpark. Die Oberklasselimousine beschaffte sich die Gruppe zwei Tage zuvor in Bochum-Querenburg. Ein RAF-Mitglied hatte ein Ausstellfenster aufgehebelt, das Zündschloss geknackt und das Kennzeichen BO – ZZ 418 gegen ein

nachgemachtes ausgetauscht: H – SC 234. Bei Butzbach in
Hessen stoppen ein Streifen- und ein Zivilfahrzeug der Autobahnpolizei den Wagen auf der A 5 Richtung Süden um 11.00
Uhr bei Kilometer 444. Die beiden Männer lassen sich widerstandslos festnehmen. In zwei Herrenumhängetaschen finden
die Beamten insgesamt 132 Blatt Papier mit Notizen – Planungen der neuen RAF: darunter Mayers Sitzungsmitschrift und
Haags Arbeitsplan von der Harz-Konferenz. Aus dem Kölner
Bankraub hat Haag einen 500-Mark- und drei 100-Mark-Schei-
ne bei sich; Mayer ebenfalls einen 100-Mark-Schein aus Köln
und einen 500-Mark-Schein aus der Vereins- und Westbank in
Hamburg. Die Kassierer hatten bei beiden Überfällen der
RAF-Beute registrierte Geldscheine »beigemischt«.

Aus den Aufzeichnungen in den Herrentaschen schließen
die Ermittler, dass ein Anschlag unmittelbar bevorstand: Nach
den Notizen waren Haag und Mayer auf dem Weg in die Wohnung des Kommandos (»C-Wohnung«). Zwei Tage später sollten dorthin »Bodo«, »Hans« und »Paula« fahren, so die Inter-
pretation der Ermittler – im Klartext: Sonnenberg, Wisniewski
und Verena Becker. Und Assistent Mayer hatte in seinen Unterlagen festgehalten: »Vorbereitung d. Margarine → alles
klar«. Die Verhaftung der beiden erfolgte«, sagt Kuno Bux,
baden-württembergischer LKA-Chef, »buchstäblich fünf Minuten vor 12.« Tatsächlich aber war es schon fünf nach 12.

Die Polizeikontrolle bei Butzbach beendete die terroristische Karriere von Siegfried Haag: Anderthalb Jahre lang war
Baaders einstiger Anwalt die zentrale Gestalt des deutschen
RAF-Untergrundes, von Frühjahr 1975 bis Spätherbst 1976:
Ab Frühsommer 1976 entwickelte er sich zum Spiritus Rector
der »Offensive 77«. Als sie beginnt mit dem Buback-Mord,
sitzt er schon seit vier Monaten hinter Gittern.[49]

Durch die »Haag-Mayer-Papiere« steht fest, dass am Vorabend der »Offensive 77« mindestens elf Menschen in der
Bundesrepublik damit beschäftigt waren, die »Big Raushole«

vorzubereiten: Es waren – ihre Tarnnamen sind mittlerweile entschlüsselt: Rolf Clemens Wagner (»Anton«), Günter Sonnenberg (»Bodo«), Christian Klar (»Ede«), Siegfried Haag (»Egon«), Stefan Wisniewski (»Hans«), Waltraud Boock (»Inge«), Rolf Heißler (»Karl«), Roland Mayer (»Michael«), Sieglinde Hofmann (»Olga«), Verena Becker (»Paula«) und Peter-Jürgen Boock (»Tim«).[50] Bis zum Höhepunkt der Offensive im Herbst 1977 wächst die Mitgliederzahl der RAF auf 20.

18. Überlegungen

Nach der Verhaftung ihres Kopfes Siegfried Haag ist die Gruppe verunsichert. Sie weiß nicht, was alles an Papieren den Beamten in dem Opel Admiral in die Hände gefallen ist. Sie rechnet mit dem Schlimmsten: Der ehemalige Rechtsanwalt schrieb viel. Und während der Diskussionen im Harz hatten alle gesehen, wie sich Roland Mayer fleißig Notizen machte. Deshalb bläst die Gruppe die Vorbereitungen für »Margarine« ab. Das Unternehmen ist aufgeschoben. Aber nicht aufgehoben.

Nach drei Verhaftungen innerhalb von zwei Wochen – Haag und Mayer auf der Autobahn, Waltraud Boock an der Operngasse in Wien – denkt die Gruppe über Verstärkung nach, und dabei an den »2. Juni«. In den »Haag-Mayer-Papieren« war der »2.6.« als »Bündnispartner« aufgeführt.[51] Die Berlinerin Verena Becker soll mit den Berliner Gewächsen sprechen.

Anfang 1977 trifft sie sich, begleitet von Günter Sonnenberg, zu Sondierungsgesprächen mit Inge Viett, ihrer Freundin und Kampfgefährtin fünf Jahre zuvor, und Gabriele Rollnik vom »2. Juni«: Es geht um gemeinsame Aktionen oder gar ein Zusammengehen der beiden wichtigsten Gruppen, die der

Republik den bewaffneten Kampf angesagt haben. Zunächst reden sie in einem Café, später in einer Wohnung, als das Vertrauen gewachsen ist. Die beiden »2. Juni«-Frauen sucht die Polizei mit Hochdruck: Beide waren ein halbes Jahr zuvor, im Juli 1976, aus dem Berliner Frauengefängnis Lehrter Straße ausgebrochen, mit Nachschlüsseln. Vietts zweite erfolgreiche Flucht aus der Haftanstalt. 18 000 Steckbriefe werden in Windeseile verteilt. Aber Viett und Rollnik bekommt die Polizei nicht zu fassen, auch nicht ihre Fluchtkumpanin Juliane Plambeck. Dem Berliner Justizsenator Hermann Oxfort (FDP) bleibt nichts anderes übrig als der Rücktritt.

So reden die drei Frauen und der Mann darüber, ob RAF und »2. Juni« »auf einen Nenner« kommen können, berichtet Gabriele Rollnik. Für sie sei es darum gegangen, auszuloten: »Was haben wir für Vorstellungen, was haben sie für Vorstellungen?« Alle am Tisch halten eine Befreiungsaktion von Gesinnungsgenossen beider Gruppen für notwendig, erwägen eine gemeinsame Aktion. Rollnik gibt sich in dem Kreis selbstbewusst – sie hat »nicht die Vorstellung, dass wir uns der RAF unterwerfen, sondern dass wir uns von gleich zu gleich überlegen, was zu tun ist«.

Sie sprechen darüber, wie es weitergehen soll: Umsturz, irgendwie Richtung Sozialismus – das ist klar. »Weltrevolution, das war die Perspektive«, erklärt Gabriele Rollnik in der Rückschau: »Aber nicht kurzfristig, sondern als etwas ganz Langfristiges, was wir selber gar nicht mehr erleben.« Schlussendlich aber entpuppen sich die Vorstellungen als zu unterschiedlich; auch fürchtet die »Bewegung 2. Juni«, von ihrer großen Schwester verschlungen zu werden. So kommt es zu keiner gemeinsamen Aktion und auch keiner partiellen Unterstützung, wie etwa der Überlassung von »bewaffneten Kämpfern« für einzelne Aktionen. Konsequenz für die RAF: Sie selbst muss neue Leute akquirieren – will sie ihre Pläne verwirklichen.

Um zu beratschlagen, was nun im Einzelnen zu tun ist, treffen sich Anfang 1977 elf junge Leute, fast alle Mitte 20, in einem kleinen Ort an der niederländischen Küste, in Katwijk aan Zee, sagt Peter-Jürgen Boock später in einer Vernehmung: er, Rolf Heißler, Christian Klar, Günter Sonnenberg, Verena Becker, Rolf Clemens Wagner, Stefan Wisniewski und Sieglinde Hofmann, zum ersten Mal mit dabei sind Knut Folkerts, Adelheid Schulz und Angelika Speitel.[52] In einer Ferienanlage haben sie ein Häuschen gemietet. Zum zweiten Mal plant die RAF Morde dort, wo Familien Urlaub machen.

Die Gruppe spricht darüber, wer an Haags Stelle treten soll: Bis zu seiner Festnahme war seine Steuermacht in der Gruppe ständig gewachsen. Die Diskussion führt zu dem Ergebnis, dass er nicht durch einen anderen »Leader« ersetzt wird: Künftig soll es mehr auf das »RAF-Kollektiv« ankommen.

Einigkeit herrscht in der Runde darüber, dass das Attentat auf Buback verübt und die Vorbereitungen für die »Big Raushole« weiter vorangetrieben werden müssen. Keine Einigkeit besteht über den Zeitpunkt der Operation »Margarine« – zunächst: So schnell wie möglich, verlangen einige, unter Hinweis auf einen Kassiber, der gerade aus Stammheim in der Kanzlei von Klaus Croissant angekommen ist. Die Häftlinge fordern, dass der Anschlag zügig erfolgt und deshalb die Vorbereitungen beschleunigt werden: Der General hat für sie »erste Priorität«. Aber die drei »Förster« aus Karlsruhe, die die Operation in der »Residenz des Rechts« durchführen sollen, die »Rambo-Naturburschen« innerhalb des neuen RAF-Gefüges, wollen sich nicht drängen, nicht in ihre Operation reinquatschen lassen. Sie erklären an der Nordsee, es sei ihre Entscheidung, wann und wie sie zur Tat schreiten. Dem halten Frauen in der Gruppe entgegen – unter ihnen ist Verena Becker:[53] Mit der Vorbereitung der Aktion gehe es zu langsam voran; deshalb sei die Kritik aus Stammheim zutreffend. »Die Gefangenen haben recht«, argumentiert eine der Frauen, »wir müssen unsere Einstellung ändern: Dann stellt sich die Schnelligkeit der einzelnen Aktionen von alleine ein.«

In der Diskussion vertritt Verena Becker vehement den Willen der Stammheimer und plädiert für eine zügige Durchführung des Anschlags. Forderungen der Stammheimer stehen für sie nicht zur Diskussion. Spätestens seit der Rückkehr aus Aden vor etwas mehr als einem Vierteljahr besitzt sie eine Führungsrolle in dem neuen RAF-Kreis. Sie, die »alte Kämpferin« mit dem resoluten Auftreten, hat eine ebenso starke wie aktive Stellung in der Truppe – anders als die Neueinsteiger aus Karlsruhe. Die »Beschleunigungsauffassung« wird zur klaren Mehrheitsmeinung in der Gruppe. Die »Förster« fügen sich. Ein Vierteljahr später liegt Bubacks Leiche in einem Kühlfach der Gerichtsmedizin Karlsruhe. Gründonnerstag 1977.

19. Urteile

Niemand ahnte damals, im Frühling 1977, dass die drei Morde die Justiz fast 40 Jahre lang beschäftigen. Bis zum Jahr 2016, mindestens, sind Gerichte mit ihnen befasst. Ein einmaliger Politthriller in der deutschen Kriminalgeschichte.

In den Wochen und Monaten nach dem Buback-Mord führen die Ermittlungen von Bundeskriminalamt und Bundesanwaltschaft zu fünf Tatverdächtigen: Günter Sonnenberg, Knut Folkerts, Verena Becker, Christian Klar und Angelika Speitel. Für eine Beteiligung von Verena Becker sprechen aus Sicht der Ermittler drei Indizien: Erstens versuchte sie, mit Günter Sonnenberg, dem Suzuki-Mieter, vier Wochen nach der Tat illegal in die Schweiz einzureisen. Zweitens hatten die beiden die Tatwaffe dabei und drittens auch noch einen Suzuki-Schraubenzieher.

Aber die Ermittlungen gegen Verena Becker gestalten sich
schwierig: Weder gibt es einen Sachbeweis noch Zeugen dafür,
dass sie tatsächlich an den Schüssen auf Buback beteiligt war.
Natürlich ist die Tatwaffe im Rucksack ein Indiz. Aber kein
Beweis, der ein Gericht von einer Verurteilung überzeugt.
Denn diese Überzeugung setzt voraus, so die Formel des Bundesgerichtshofs seinerzeit,[54] »dass ein nach der Lebenserfahrung ausreichendes Maß an Sicherheit besteht, demgegenüber
vernünftige Zweifel nicht mehr aufkommen können«.

Bei der Bundesanwaltschaft leitet die Ermittlungen Oberstaatsanwalt Joachim Lampe. Er will »einen schnellen und von
der Öffentlichkeit überschaubaren Prozess«, sagt er rückblickend. Er möchte, »dass die Strafe der Tat möglichst auf dem
Fuße folgt«. Deshalb entscheidet er am 22. Juni 1977, dass von
dem Buback-Ermittlungsverfahren – es trägt das Aktenzeichen 1 BJs 26/77 – die Sonnenberg und Becker »zur Last ge-
legten Straftaten vom 3. Mai 1977 in Singen« abgetrennt werden. Also Aktenteilung. So entsteht ein neues Ermittlungsverfahren: 1 BJs 53/77.[55] Es ist das für Verena Beckers weiteren
Lebensweg entscheidende.

Für seine Weichenstellung sei maßgeblich gewesen, sagt
Lampe, dass durch die beiden Festnahmen in Singen nun ein
zweites Stammheim-Verfahren bevorgestanden habe. Das erste hätte »sehr lange gedauert« – es endete in der Woche vor den
Schießereien in Singen mit »lebenslänglich« für Baader, Ensslin und Raspe: Von der Festnahme bis zum Prozessauftakt waren mehr als zweieinhalb Jahre verstrichen, bis zum Urteils-
spruch gar fast fünf. Weil das viele Zeitgenossen als »unerträglich langsam« empfunden hätten, will es Joachim Lampe besser
machen: Der Singen-Sachverhalt ist einfach. Auf sechs Polizeibeamte hatten Becker und Sonnenberg gefeuert; außerdem einem Kraftfahrer den Ascona geraubt. Dafür gibt es genügend
Zeugen. Sachverständigengutachten sowieso. Und so erhebt
die Bundesanwaltschaft exakt acht Wochen nach den Schieße-

reien in Singen, am 28. Juni 1977, Anklage gegen die »berufs-
lose Verena Christiane Becker« und »den ehemaligen Studenten Günter Wilhelm Gustav Sonnenberg«.

Fünf Monate darauf beginnt das Strafverfahren gegen Verena Becker in Stuttgart-Stammheim, am 28. November 1977.
Die Anklage gegen Sonnenberg wurde abgetrennt, weil er nach
dem Kopfschuss noch nicht wieder verhandlungsfähig ist.

Verena Becker will an ihrem Strafverfahren nicht teilnehmen. Der Senatsvorsitzende Wolfgang Fischer lässt sie zwangs-
vorführen. Sie nennt ihn »altes Schwein«, zieht ihre Schuhe
aus, hält sie ihm entgegen. »Entweder ich gehe, oder ich fange
an, Theater zu machen«, brüllt sie. »Ich will ausgeschlossen
werden, bis ich selbst etwas sagen will, und das werde ich vorher ankündigen. Hier wird keine Verhandlung geführt, solange ich hier bin.«

Der Senatsvorsitzende erläutert ihr, dass die Teilnahme am
eigenen Strafverfahren nach deutschem Recht Pflicht eines jeden Angeklagten ist. Keine Kür. Becker möchte davon nichts
hören, wird barsch. »Jetzt ha ick jestört, jetzt kann ick jehen«,
schießt sie im Gassenberlinerisch los. Sie hat recht, kann gehen: Der Senat schließt sie von der Verhandlung aus.

Vier Tage nach Heiligabend 1977 ist Urteilsverkündung –
28. Dezember 1977: Becker wird wieder zwangsvorgeführt,
tobt und brüllt. Justizwachtmeister halten sie fest, drücken ihren Rücken auf die Anklagebank. Der Vorsitzende verkündet,
dass sie wegen insgesamt sechs versuchten Morden und eines
»räuberischen Angriffs auf einen Kraftfahrer« schuldig ist und
deshalb zu »lebenslanger Freiheitsstrafe« verurteilt wird. Das
Strafmaß entspricht dem Antrag der Bundesanwaltschaft. Die
25-Jährige springt auf den Tisch, brüllt den fünf Richtern entgegen: »Ich nehme euer Scheiß-Urteil nicht an.« »Die Angeklagte schwang sich aus Hass und Willkür zum Herrscher
über Leben und Tod auf«, erklärt der Vorsitzende Fischer, »sie
sah sich selbst als das Maß aller Dinge.«

Nach der Urteilsverkündung: Verena Becker (28. Dezember 1977)

Auch bei Sonnenberg gibt es einen schnellen und überschaubaren Prozess: Bei ihm geht die Bundesanwaltschaft
»zwar von einer unmittelbaren Tatbeteiligung beim Buback-
Mord aus«, blickt Bundesanwalt Lampe zurück. Aber durch
den Kopfschuss sei er »nur sehr eingeschränkt verhandlungsfähig« gewesen. Deswegen erfolgt eine Verurteilung auch nur
wegen Singen, und zwar wegen der Schüsse auf die beiden Polizisten Seliger und Jacobs. Die Schüsse bei der anschließenden
Verfolgungsjagd spielen keine Rolle:[56] Das Oberlandesgericht
Stuttgart[57] verurteilt Sonnenberg am 26. April 1978 »wegen
zweier Verbrechen des versuchten gemeinschaftlichen Mordes
zu lebenslanger Freiheitsstrafe«.

Die Ermittlungen in Sachen Buback-Mord zum Aktenzeichen 1 BJs 26/77 gegen Becker und Sonnenberg stellt die Bundesanwaltschaft später ein. Bei Verena Becker macht sie das
am 31. März 1980. Zwar bestehe »ein gewisser Verdacht der
Beteiligung von Verena Becker an den Karlsruher Morden
vom 7. April 1977« fort, heißt es in der Einstellungsverfügung,
insbesondere angesichts der engen »Verbindung« mit Günter
Sonnenberg. Aber darüber hinaus »lägen jedoch keine Erkenntnisse vor«, sodass der Tatnachweis nicht zu führen und

damit eine Verurteilung unwahrscheinlich sei. Deshalb sei das
Verfahren »insoweit gemäß § 170 Abs. 2 StPO[58]« einzustellen.« Sprich: mangels hinreichenden Tatverdachts.

Bei Sonnenberg erfolgt die Einstellung in Sachen Buback
fünf Jahre nach der Tat. Am 15. Januar 1982 erklären Bundesanwalt Pfaff und Oberstaatsanwalt Mühlenbach in einer Verfügung:

»Im Hinblick auf
– die rechtskräftige Verurteilung zu (zweimal) lebenslanger
Freiheitsstrafe und
– die Tatsache, dass Sonnenberg auf Dauer erheblich ge-
sundheitlich geschädigt und deshalb nur zeitlich beschränkt
verhandlungsfähig ist, so dass ein Urteil in angemessener
Frist nicht erwartet werden kann,
ist die Einstellung des vorliegenden Ermittlungsverfahrens
trotz der Schwere des Schuldvorwurfes gemäß § 154[59] gerechtfertigt.«

Auch sei durch »die Verhängung einer dritten lebenslangen
Freiheitsstrafe … eine zusätzliche Einwirkung auf Sonnenberg
nicht zu erwarten«.

So besteht zwischen den beiden Einstellungen ein erheblicher Unterschied: Bei Verena Becker meinte die Bundesanwaltschaft, keine zureichenden Beweise für eine Verurteilung
zu haben. Hingegen war sie bei Sonnenberg der Ansicht, dass
es ausreichende Beweise gibt. Aber unter prozessökonomi-
schen Gründen verzichtete sie darauf, den Hirngeschädigten
abermals anzuklagen.

Als Erster auf einer Anklagebank wegen der drei Karlsruher
Morde am Gründonnerstag 1977 sitzt Knut Folkerts – mehr
als drei Jahre später: Gefasst worden war er in den Niederlanden. Sein Prozess beginnt am 20. Mai 1980 in Stuttgart-Stammheim. Angeklagt ist er, aus niedrigen Beweggründen und

heimtückisch drei Menschen getötet zu haben. In der Anklageschrift schreibt die Bundesanwaltschaft, er sei der Todesschütze gewesen: »Knut Folkerts hatte auf dem Rücksitz des
von seinem Komplizen gelenkten Motorrades Marke Suzuki
GS 750 Platz genommen.«

Aus den Aussagen der Zeugen in dem Prozess ergibt sich
für das Gericht, dass Folkerts an den drei Tagen vor dem Anschlag an acht unterschiedlichen Stellen in und um Karlsruhe
herum gesehen wurde; ebenso, dass er sechs Tage vor dem Anschlag zusammen mit Sonnenberg in einem Motorradgeschäft
in Mönchengladbach, Viersener Straße 53, eine Suzuki GS 750
mieten wollte. Dem Inhaber aber erschienen sie »nicht ver-
trauenerweckend«. Vom Äußeren her sahen sie anders aus als
seine sonstige Kundschaft, wirkten »abgerissen«. So verwies
der Motorradhändler die beiden an die Firma Hein Gericke in
Düsseldorf – man gönnt der Konkurrenz ja sonst nichts. Dort
mietete Sonnenberg dann das Tatmotorrad.

»Die Tat wurde von mindestens drei Personen, unter denen
sich der Angeklagte und Günter Sonnenberg befanden, nach
vorgefasstem Plan gemeinsam als ›Aktion der RAF‹ ausgeführt«, ergibt die Beweisaufnahme für das Oberlandesgericht
Stuttgart[60]: »Ob der Angeklagte auf dem Motorrad saß oder
mit dem Pkw wartete, ließ sich nicht feststellen. Sicher ist, dass
er das eine oder das andere tat.« Und an der Vorbereitung der
Tat seien »mindestens drei Personen, unter ihnen der Angeklagte und Günter Sonnenberg, beteiligt« gewesen.

Die Verteilung der Rollen innerhalb des Kommandos können die fünf Richter nicht klären, weil die beiden Attentäter
ganzkörpervermummt waren durch ihre Overalls und Integralhelme. Aus den Zeugenaussagen ergibt sich lediglich, dass
auf dem Motorrad zwei Personen und in dem Alfa drei Personen saßen. Deshalb folgen die Richter nicht der Bundesanwaltschaft, die in der Anklageschrift Folkerts auf den Rücksitz
der Maschine platziert hatte.

Die Unklarheit der Rollen hat strafrechtlich keine Konsequenzen, erklärt
das Gericht in seiner »rechtlichen Wür-
digung«: »Dass sich nicht mit Sicherheit
feststellen ließ, ob der Angeklagte am
Tattag selbst auf dem Motorrad saß, ist
ohne Bedeutung, wenn man seine festgestellten Beiträge zur Tat betrachtet.«
Denn Mittäter sei auch, wer »die gemeinsam mit anderen gewollte Tat« för-
dere, etwa »durch vorbereitende Handlungen« oder bei der Flucht. Konsequenz: Wenn Folkerts »an der Tat im
engeren Sinne (Aktion am Tatort) nicht
direkt beteiligt gewesen sein sollte, so
hat er mindestens im Fluchtfahrzeug
am vorher vereinbarten Ort auf die üb-

Knut Folkerts

rigen Täter gewartet, ihnen das weitere
Untertauchen ermöglicht und daran selbst mitgewirkt«. Fazit
der Richter: »Er wollte – zusammen mit anderen – die Insassen des Wagens umbringen; es sollte (auch) seine Tat sein.«[61]
Wegen »dreier durch dieselbe Handlung begangener Verbrechen des Mordes« und einiger anderer Delikte verurteilt der
Strafsenat Folkerts am 31. Juli 1980 »zu lebenslanger Freiheitsstrafe«.

Vier Jahre später beginnt das zweite Strafverfahren, in dem
es um die Morde an Siegfried Buback und seinen Begleitern
geht. Stammheim, 1. Februar 1984: Auf der Anklagebank sitzen jetzt Brigitte Mohnhaupt und Christian Klar. Wie im Fol-
kerts-Verfahren erklären Zeugen, dass sie die drei Männer –
Klar, Sonnenberg und Folkerts – in den Tagen vor dem Anschlag in Karlsruhe und Umgebung gesehen hätten; auch in
dem Flucht-Alfa. Fazit für das Gericht[62] aus der Beweiserhe-
bung: »Die unmittelbare Tatausführung übernahmen neben

Christian Klar

dem Angeklagten Klar die ihm seit Langem verbundenen ›RAF‹-Mitglieder Sonnenberg und Folkerts.« Angesichts dessen stehe für den Angeklagten Klar fest, »dass er entweder Lenker oder Soziusfahrer des Motorrades war oder mit dem Alfa Romeo wartete«.

So verurteilt der Senat Klar in Sachen Buback-Anschlag wegen »dreier in rechtlich einer Handlung begangenen Morde« zu »lebenslanger Freiheitsstrafe«.[63] Ebenso entscheidet das Gericht bei Mohnhaupt. Zwar konnte es nicht feststellen, dass sie sich »am Tatort oder im Umfeld aufgehalten hätte«, sah es aber als erwiesen an, dass sie an den »Planungen und Vorbereitungen ... wesentlichen Anteil hatte«.[64]

Im Laufe der Zeit wird natürlich immer wieder darüber spekuliert, wer was am Gründonnerstag 1977 in Karlsruhe tat. So berichtet die *Süddeutsche Zeitung*[65], von »beteiligten Juristen« sei zu hören, »dass sie Sonnenberg für den Fahrer des Motorrads, Klar für den Fahrer des Alfa und Folkerts für den Sozius gehalten hätten«. Hingegen schreibt Horst-Herold-Biograf Dieter Schenk[66] über die zwei auf dem Motorrad: »Es soll sich um Christian Klar als Fahrer und Knut Folkerts als Soziusfahrer gehandelt haben.«

Juristisch aber gilt der Mord an Generalbundesanwalt Buback und seinen Begleitern nach ganz herrschender Ansicht als aufgeklärt.[67] Es waren die drei »Förster« aus Karlsruhe – Knut Folkerts, Christian Klar und Günter Sonnenberg. Wer was machte, wer welchen »Tatbeitrag« leistete, ist offen. Das war das Verständnis der Dinge. Auch noch am 30. Jahrestag der Tat, am 7. April 2007.

20. Meldungen

Zwei Wochen später bringt *Der Spiegel* eine Lawine ins Rollen, mit seinem Heft am 23. April 2007: In der Titelgeschichte »Der dritte Mann« schreibt das Magazin: »Frühere RAF-Mitglieder beschuldigen Stefan Wisniewski, die tödlichen Schüsse abgefeuert zu haben.«

Und als Entlastungszeugen für Christian Klar führt das Magazin Michael Buback ins Feld – ausgerechnet: den Sohn des ermordeten Generalbundesanwalts. Der hätte mitgeteilt, so das Blatt, »er habe ›Informationen aus dem Bereich der RAF‹ erhalten. Kernpunkt: Klar sei ›keiner der beiden Täter auf dem Motorrad‹ gewesen, er habe ›auch nicht an der früheren Planung des Attentats teilgenommen, auch nicht an der Ausbildung für die Aktion‹.« So fordert nun Buback: »Gnade für Christian Klar.« Es ist eine Wortmeldung in der seinerzeit öffentlich geführten Debatte über Christian Klars Gnadengesuch beim Bundespräsidenten, seit 24 Jahren sitzt er in Haft.

Sein Plädoyer für die vorzeitige Freilassung Klars hatte der Sohn des Opfers wenige Tage zuvor in der *Süddeutschen Zeitung* veröffentlicht[68]: genau an dem Tag, an dem ihn der Bundespräsident zu einem Vier-Augen-Gespräch ins Schloss Bellevue eingeladen hatte. Dort war keiner von dem Vorstoß begeistert.

Verrückte Welt. Dreißig Jahre nach den Morden – und neun Jahre nach der »Auflösungserklärung« der RAF – meint der Sohn des Opfers der RAF, aus diesem »Bereich« »Informationen« erhalten zu haben, und bittet deshalb das Staatsoberhaupt, den zu »lebenslänglich« verurteilten Mörder seines Vaters zu begnadigen.

Und noch eine Überraschung bietet der Artikel im April 2007: Verena Becker hätte sich im Gefängnis Anfang der 80er-Jahre auf eine Zusammenarbeit mit dem Verfassungsschutz

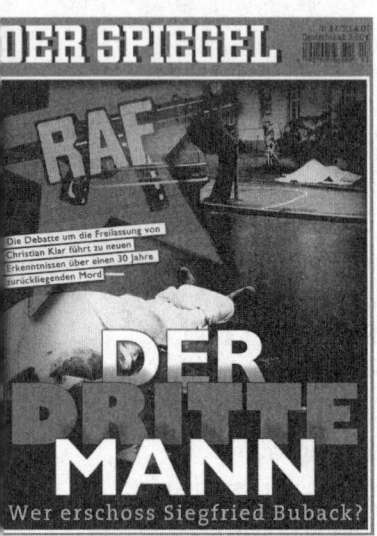

Der Spiegel *17/2007*

eingelassen, schreibt das Nachrichtenmagazin. Dabei hätte sie »enthüllt«: »Christian Klar habe in dem Alfa Romeo auf
seinen Komplizen gewartet, Günter Sonnenberg habe das Motorrad gefahren –
und Stefan Wisniewski sei es gewesen, der
vom Soziussitz der Suzuki aus die tödlichen Schüsse abgegeben habe.« Fazit des
Spiegel: »30 Jahre nach der Tat steht der
Mord an Siegfried Buback vor der Aufklärung.«

Die Geschichte vom »Geheimnis des
dritten Mannes« ist der Auftakt zu einer
Reihe Untersuchungen von Justiz und
Medien, die fast zehn Jahre dauern. In
den Zeitungen und im Netz steht darüber
mindestens zehnmal so viel wie über den Dreifachmord 1977.

In dieser »Aufklärungsoffensive« geht es vordergründig um
die Frage, wer tatsächlich auf dem Motorrad saß und ob die
Rolle Verena Beckers bislang unterschätzt wurde. Auf dem
Prüfstand aber steht die RAF-Geschichte, und damit auch die
Frage, ob sich die herrschende Auffassung auf Fehlurteile
stützt. Das alles zeigt – nicht zum ersten Mal, aber einmal
mehr: In Deutschland ist die RAF, genauer gesagt: deren Geschichte, alles andere als ein abgeschlossenes Kapitel.

Schnell stellt sich heraus, dass es sich bei Bubacks »Informationen aus dem Bereich der RAF« um Peter-Jürgen Boock
handelt, einzig und allein. Der hatte Ende März 2007 Michael
Buback angerufen, daheim, in seinem Reihenhaus in Boven-
den, nördlich von Göttingen, und ihm erklärt, Klar und Folkerts seien definitiv nicht an dem Anschlag in Karlsruhe beteiligt gewesen – sondern: »Günter Sonnenberg und Stefan Wisniewski haben auf dem Motorrad gesessen«;[69] drei Wochen
später erfährt Buback von Boock am Telefon, dass ihm dies

Wisniewski schon 1977 gesagt hätte. Aber an den Wortlaut könne er sich nicht mehr erinnern.

Im *Spiegel* erklärte Boock, »über die interne Aufteilung der Rollen« bei den Morden in Karlsruhe könne er »nichts Endgültiges sagen«, weil er »nicht dabei« gewesen sei. Für Wisniewski als den Schützen verweist er auf die »Tatsache, dass Stefan Wisniewski die militärische Ausbildung an den entsprechenden Waffen gleich zweimal absolviert hat«.

Und der von Boock ebenfalls entlastete Knut Folkerts, mittlerweile 55, sagt, vom *Spiegel* befragt, am Tattag nicht in Karlsruhe gewesen zu sein, und auch nicht »in den Wochen vor und auch nach dem Attentat auf Buback«. Aber gleichwohl verstehe er sich nicht als Justizopfer: »Ich sehe mich als ehemaliges RAF-Mitglied nicht als Opfer. Das Urteil gegen mich war nach rechtsstaatlichen Kriterien ein Fehlurteil, aber in Stammheim ging es nicht um Recht und Gerechtigkeit, sondern um Staatsräson.« An einer Wiederaufnahme des Verfahrens hätte er kein Interesse, sagt Folkerts: Denn die Justiz sei »denkbar ungeeignet, etwas Positives zur Aufarbeitung der Geschichte der RAF beizutragen«.

Folkerts' Erklärung, am Tattag nicht in Karlsruhe gewesen zu sein, hält Ex-Bundesanwalt Joachim Lampe für »nicht entscheidend«, erklärt er in der *taz* und fügt hinzu: »Er gehörte zum Kommando und hat in dem Interview ja selbst seine Mitverantwortung für die Tat eingeräumt.«[70] Auf die Frage, ob es »in den RAF-Prozessen der 70er- und 80er-Jahre möglicherweise Fehlurteile gegeben habe«, antwortet der pensionierte Bundesanwalt – er war in einer ganzen Reihe von RAF-Verfahren Ankläger: »Soweit wir wissen, wurde kein Unschuldiger verurteilt. Und es blieb niemand unbestraft, dessen Beteiligung an Anschlägen bekannt war. Es gibt keine dunklen Geheimnisse.«

Der Bundesanwalt a. D. tritt der in diesen Tagen in den Medien verbreiteten Auffassung entgegen, ein Strafurteil sei dann als »Fehlurteil« überführt, wenn der Verurteilte erklärt, nicht der Täter gewesen zu sein. Man kann den Gedanken auch anders ausdrücken. Würde man eine repräsentative Umfrage in Justizvollzugsanstalten unter den Häftlingen durchführen, ob sie zu Recht verurteilt wurden, wäre das Ergebnis mit ziemlicher Sicherheit: Bei der Mehrheit der Gefängnisinsassen handelt es sich um Justizopfer! Das liegt in der Natur des Menschen, zumindest vieler Menschen. Ein Verurteilter sieht den Sachverhalt regelmäßig anders als sein Richter. Und genau das ist der Grund, warum eine Verurteiltenbefragung alles andere als verlässlich darüber Auskunft geben kann, ob der in dem Strafurteil festgestellte Sachverhalt zutreffend ist.

Die Meldungslage zum Buback-Anschlag ist verwirrend in diesem Frühjahr, 30 Jahre nach der Tat: Wenn von den bislang drei angenommenen Männern tatsächlich zwei nicht mit dabei gewesen wären: Wer war es dann? Wer saß am Steuer des Flucht-Alfa? Saß dort überhaupt jemand? Einiges passt überhaupt nicht zusammen.

21. Ermittlungen

Noch an dem Tag, an dem *Der Spiegel* mit dem »dritten Mann« auf den Markt kam, leitet die Bundesanwaltschaft ein Ermittlungsverfahren gegen Wisniewski wegen der drei Morde ein. Ihren Tatverdacht stützt sie bald vor allem auf das, was Peter-Jürgen Boock bei einer Vernehmung drei Tage nach der Veröffentlichung zu Protokoll gab: Wisniewski sei an der Tat beteiligt und am Tatort anwesend gewesen. Boocks Darstellung überrascht die Bundesanwaltschaft, weil es in dem Buback-Komplex in den vergangenen 30 Jahren keinen einzigen Hinweis auf Wisniewski gab.

So lädt die Bundesanwaltschaft die drei wegen der Morde an Buback und seinen Begleitern Verurteilten im Juli und August 2007 zu Vernehmungen – Christian Klar, Knut Folkerts und Brigitte Mohnhaupt: Die wissen, wer hinten auf der Maschine saß; zumindest die beiden Männer, weil sie nach Überzeugung der Ermittler damals in Karlsruhe dabei waren. Die Beamten befragen sie nach »Planung, Vorbereitung und Durchführung« des Anschlags, insbesondere »zu einer Beteiligung des Beschuldigten Wisniewski« und von Verena Becker. Alle drei verweigern die Aussage und erklären, mit Angaben könnten sie sich selbst in die Gefahr einer Strafverfolgung bringen. In derartigen Fällen gibt die Strafprozessordnung (§ 55[71]) den Zeugen ein Auskunftsverweigerungsrecht. Sie dürfen schweigen, soweit tatsächlich diese Gefahr besteht. Der Strafprozess im Rechtsstaat sucht die Wahrheit, aber nicht um jeden Preis.

Die Argumentation der drei ehemaligen RAF-Mitglieder leuchtet Bundesanwalt Walter Hemberger nicht ein, weil sie alle wegen der Karlsruher Morde rechtskräftig als Täter verurteilt sind. Deshalb können sie wegen dieser Tat nicht noch einmal bestraft werden – »Strafklageverbrauch« nennen das die Juristen.[72] Das Verbot der »Doppelbestrafung wegen derselben prozessualen Tat« folgt aus dem Grundgesetz. Artikel 103 Absatz 3 bestimmt: »Niemand darf wegen derselben Tat auf Grund der allgemeinen Strafgesetze mehrmals bestraft werden.«

Ist die Strafklage gegen jemanden verbraucht, entweder weil er rechtskräftig verurteilt oder freigesprochen wurde, besitzt er kein Auskunftsverweigerungsrecht mehr. Denn dieses Recht hat einzig und allein den Zweck, einem rechtsstaatlichen Grundsatz folgend, dass niemand gezwungen wird, sich durch seine eigene Aussage in die Gefahr einer Verurteilung zu bringen.[73]

So meint der Bundesanwalt, dass Folkerts, Klar und Mohnhaupt nicht schweigen dürfen. Weil sie es taten, beantragt er

beim Ermittlungsrichter des Bundesgerichtshofs Ulrich He-
benstreit Ordnungsmittel gegen die drei, und zwar »jeweils
ein Ordnungsgeld in Höhe von 100 Euro, ersatzweise Ordnungshaft von fünf Tagen« und »Erzwingungshaft längstens
bis zur Dauer von sechs Monaten«. Der Richter entscheidet
wie beantragt.[74] Aber die Beschwerdeinstanz, der dritte Strafsenat des Bundesgerichtshofs, hebt die Ordnungsmittelbe-
schlüsse am 7. August 2008 auf,[75] weil jedem »wegen der konkreten Gefahr einer weiteren Strafverfolgung ein umfassendes
Auskunftsverweigerungsrecht nach § 55 Strafprozessordnung«
zustehe. Begründung: Der Buback-Anschlag dürfe nicht isoliert
betrachtet werden; die RAF-Anschläge 1977 seien als »Aktions-
einheit« geplant worden. Daraus folge, schreiben die BGH-
Richter, »dass zwischen den abgeurteilten beziehungsweise eingestellten Taten und anderen Straftaten, deretwegen die Zeugen noch verfolgt werden könnten, ein so enger Zusammenhang
besteht, dass die Beantwortung von Fragen zu den abgeurteilten beziehungsweise eingestellten Taten die Gefahr der Verfolgung wegen dieser anderen Taten mit sich bringen kann«. Deshalb bestehe bei einer Aussage die »konkrete Gefahr« einer
»mittelbaren Selbstbelastung«. Mit dieser für die Zeugen
großzügigen Auslegung des Paragrafen 55 stellt das höchste
deutsche Strafgericht eine zentrale Weiche für die Zukunft der
RAF-Vergangenheit: Die, die definitiv wissen, wer die tödlichen Schüsse abfeuerte, dürfen im Zeugenstand schweigen –
Christian Klar, Knut Folkerts und Brigitte Mohnhaupt.

Damit sind die Möglichkeiten der Bundesanwaltschaft bei
den Ermittlungen gegen Wisniewski weitgehend erschöpft, der
Wahrheit auf die Spur zu kommen: »Sachbeweise« wie Fingerabdrücke und DNA-Material gibt es nicht. Und die Behauptung Boocks ist substanzarm. Man kann auch sagen substanz-
los. Für ein Strafverfahren gänzlich ungeeignet. Sie verschafft
keinem Strafrichter die für eine Verurteilung erforderliche
Überzeugung.

Schon bald nach der *Spiegel*-Veröffentlichung, in der Woche darauf, hatte Michael Buback den Verdacht, seinen Vater ermordet zu haben, auch auf Verena Becker gelenkt. In der *Süddeutschen Zeitung* schrieb er am 2. Mai 2007:[76] Als er die Erklärungen von Peter-Jürgen Boock überprüft hätte, sei er auf Angaben eines Augenzeugen der Tat gestoßen, der meinte, dass die Person auf dem Rücksitz »eine Frau gewesen sein könnte«. In seinem Wagen – einem Ascona – hätte der Zeuge, ein Jugoslawe, direkt neben dem Dienstwagen Bubacks gehalten. Diese Erklärung sei »durchaus vereinbar mit einer Aussage« eines Zeugen, der am Vortag die »Person auf dem Soziussitz aus etwa einem Meter Entfernung« beobachtet habe, schreibt Buback: »Sie sei klein und zierlich gewesen, möglicherweise eine Frau.«

Bundesanwalt
Walter Hemberger

Eine Frau! Und hatte nicht auch am Abend nach der Tat in der *Tagesschau* BKA-Abteilungspräsident Gerhard Boeden erklärt,[77] und das eigentümlich gewunden, man könne nicht ausschließen, »dass einer dieser drei Beteiligten so aussieht, wie auch eine Frau aussehen kann«? Verena Becker ist 1,64 Meter groß und zierlich. Die Bilder von ihrer Festnahme keine vier Wochen nach den Morden sind eindeutig. Und schließlich war sie an diesem Dienstag in Singen auch noch mit der Mordwaffe unterwegs, um sie ins Ausland zu schaffen!

Michael Buback fordert Aufklärung. »Wichtig« für ihn als nahen Angehörigen sei es, erläutert er sein besonderes Aufklärungsinteresse, »den Ablauf der Tat genau zu kennen, um besser und leichter einen Schlussstrich ziehen zu können – so wie Angehörige von Unfallopfern die zum Tod führenden Ereig-

Michael Buback

nisse möglichst genau erfahren möchten, um das Geschehene besser verarbeiten zu können.«

Am 9. April 2008 nimmt die Bundesanwaltschaft die Ermittlungen gegen Verena Becker offiziell wieder auf. Das Verfahren trägt das alte Aktenzeichen von vor über 30 Jahren, aus dem April 1977: 1 BJs 26/77. Gegen Becker war es vor 28 Jahren eingestellt worden. Anlass für die Wiederaufnahme sind Erkenntnisse aus dem Ermittlungsverfahren gegen Stefan Wisniewski. Labortechniker hatten alle aus dem Buback-Fall noch vorhandenen Tatasservate mit den neuesten DNA-Analysemethoden untersucht, so auch eine Motorradjacke und einen Helm. Ergebnis: Wisniewski scheidet als Spurenverursacher aus. Nicht aber Verena Becker.

Weitere DNA-Analysen ergeben: Von Verena Becker stammen Speichelspuren an drei Briefumschlägen, in denen die RAF ihr Selbstbezichtigungsschreiben nach dem Buback-Mord an die Medien verschickt hatte. Entdeckt wurden sie an den Laschen der Umschläge an das ZDF, dpa und *Die Welt*. Aber an den »unmittelbaren Tatasservaten« – den Funden am Motorrad und im Flucht-Alfa – entdecken die Wissenschaftler keine Spur von ihr.

Zwischenergebnis für die Ermittler: Verena Becker ist in den Buback-Komplex weit stärker involviert als bislang angenommen. Sie war nicht nur mit von der Partie, als die Mordwaffe außer Landes geschafft werden sollte.

Bundesanwalt Hemberger lässt Beckers Telefon abhören, im Frühjahr 2009 und im August 2009 – zumindest beim zweiten Mal ist es eine klassische Strafverfolger-»Telefonfalle«: Die

Bundesanwaltschaft schickt Beckers Verteidiger Walter Venedey Aktenkopien; anschließend horchen die Ermittler, was Becker nichts ahnend mit wem am Telefon bespricht. Natürlich nicht, was sie mit ihrem Anwalt beredet, sagen sie später. Die Strafprozessordnung[78] verbietet die Auswertung derartiger Gespräche wegen des rechtlich besonders geschützten Mandatsverhältnisses.

Durch ihr Lauschen erfahren die Ermittler auch, dass Becker am 21. März 2009 mit Brigitte Mohnhaupt telefonierte und ihr von den Resultaten der DNA-Untersuchung berichtete, die ihr die Bundesanwaltschaft mitgeteilt hatte. »Ach du lieber Gott«, stöhnt Mohnhaupt. Ahnungsschwanger erwidert Verena Becker: »Und der Speichel bei mindestens drei Umschlägen ist von mir.« Die beiden überlegen, was die Ermittler daraus machen könnten. Becker schwant nichts Gutes: »Wir hatten ja schon die Waffe«, sagt sie und meint damit den Fund bei Günter Sonnenberg und sich in Singen, keinen Monat nach dem Buback-Mord.

Dieser Vorgang zeigt den Ermittlern, dass auch mehr als 30 Jahre nach dem Blutjahr 1977 in RAF-Angelegenheiten der Rat der einstigen RAF-Chefin Brigitte Mohnhaupt gefragt ist – erst 2007 war sie aus dem Gefängnis entlassen worden. Ihre Einschätzung bestätigt eine weitere Erkenntnis der Ermittler: Vier Tage nachdem »Der dritte Mann« im *Spiegel* erschienen war, fuhr Becker mit der Bahn von Berlin nach Mannheim, in die Wohnung der Freundin Rolf Heißlers, um mit ihm und Brigitte Mohnhaupt das weitere Vorgehen abzustimmen. Die drei sind sich einig: keine Aussagen über die Vergangenheit. Zwei Wochen später fährt Heißler nach Köln, spricht mit Wisniewski. Der ist derselben Auffassung. Heißler mailt Verena Becker: »Köln war beruhigend.« Sie antwortet: »Das mit Köln freut mich.«

Bundesanwalt Hemberger hat einen langen Atem. Sechzehn Monate nachdem das Ermittlungsverfahren gegen Verena Becker wiedereröffnet wurde, schlägt er zu: Am 20. August 2009 durchsuchen BKA-Beamte Beckers Wohnung in Berlin – im feinen Zehlendorf, Bergengruenstraße, Nähe Mexikoplatz: ein gemütliches Gartenhaus hinter hohen Bäumen. Vor der Haustür steht eine weiße Bank. Eine Gegend, in der Steuerberater, Agenturchefs und erfolgreiche Unternehmer ihrer Zukunft ein Zuhause geben. Becker ist Heilpraktikerin, Frührentnerin und bezieht Hartz IV.

Die Funde in Beckers Wohnung nähren den Verdacht der Ermittler: Auf ihrem Schreibtisch finden sie einen Zettel mit dem Datum 7. April 2008 – auf den Tag genau 31 Jahre nach dem Buback-Mord: »Nein, ich weiß noch nicht, wie ich für Herrn Buback beten soll«, schrieb sie, »ich habe kein wirkliches Gefühl für Schuld und Reue. Natürlich würde ich es heute nicht mehr machen – aber ist das nicht armselig so zu denken und zu fühlen?! das ist nicht Heilung, das scheint noch ein weiter Weg zu sein.«

Ein spätes Geständnis, denken die Ermittler. Und im Wohnzimmerregal entdecken sie einen Spiralblock, in den Becker am 27. April 2007 notierte – vier Tage nach dem *Spiegel*-Artikel: »Was will ich erreichen? S. (u. andere) rein waschen. Sagen wie es wirklich war.«

Was bedeutet »S.«?, überlegen die Ermittler. Wohl kaum Sonnenberg. In der RAF nennt man sich nicht beim Nachnamen. Stefan Wisniewski? Was weiß Becker über Bubacks Mörder? »Reinwaschen« besagt im allgemeinen Sprachgebrauch, jemanden von einer Schuld zu befreien – könnte Verena Becker überlegt haben zu erklären, sie wisse, dass Wisniewski nicht der Schütze war? Wer war es dann? Klar ist der Sinn Beckers kryptischer Notizen für den Sohn des Ermordeten – angesichts des Umstandes, dass die Bundesanwaltschaft keinen Beleg für Wisniewski als den Schützen gefunden hat: »Sie weiß, wer auf dem Motorrad saß, und offensichtlich war das«, folgert Michael Buback, »nicht Stefan Wisniewski.«

Diese und andere bei Becker sichergestellte Dokumente zeigen den Ermittlern, dass sie sich nach dem *Spiegel*-Artikel mit ihrer »wesentlichen Rolle« beim Buback-Anschlag auseinandersetzt, es in ihr arbeitet, brodelt. Diese Notizen, zusammen mit den DNA-Laborergebnissen, begründen für die Bundesanwaltschaft den dringenden Tatverdacht, dass sie Mittäterin bei dem RAF-Anschlag auf den Generalbundesanwalt war. Eine Woche nach der Wohnungsdurchsuchung nehmen BKA-Beamte Verena Becker fest – sie haben einen Haftbefehl des Bundesgerichtshofs »wegen des dringenden Verdachts des mittäterschaftlich begangenen Mordes«. Einen Tag zuvor hatte ihn der Ermittlungsrichter in Karlsruhe erlassen. Zelle statt Zehlendorf. Verena Becker kommt ins Frauengefängnis nach Pankow.

22. Zauber

In einem völlig anderen Licht erscheint nun auch Beckers Turbobegnadigung vor fast 20 Jahren. Nachdem sie noch nicht einmal neun Jahre ihrer »lebenslangen Freiheitsstrafe« abgesessen hatte,[79] begnadigte sie Bundespräsident Richard von Weizsäcker. Das passierte am 25. September 1989 mit Wirkung zum 1. Dezember 1989. So schnell kam kein anderer RAF-Lebenslänglicher »im Wege der Gnade zur Bewährung« aus dem Gefängnis.[80] Ohne Wenn und Aber hatte sich Becker in den frühen 80er-Jahren von der RAF in der Haft verabschiedet. Das war bekannt. So gilt sie als Paradefall der »geläuterten Ex-Terroristin«, der sich der Staat gegenüber gnädig gezeigt hat – bis zur *Spiegel*-Veröffentlichung im April 2007.

Befürwortet hatte die Begnadigung Generalbundesanwalt Kurt Rebmann, nachdem sich – wie nun herauskommt – seine

Behörde mit dem Bundesamt für Verfassungsschutz am 14. Juli 1989 in Köln abgestimmt hatte. Anschließend schrieb der Generalbundesanwalt dem Bundespräsidenten: Er befürworte »die bedingte Aussetzung der weiteren Vollstreckung«, weil Verena Becker in der Haft zu einer anderen Einstellung zu den von ihr verübten Taten und den von ihr verursachten Leiden gefunden habe.

So verlässt Verena Becker am 30. November 1989 die Justizvollzugsanstalt Willich II am Niederrhein. Es ist der Tag, an dem die dritte RAF-Generation Deutsche-Bank-Chef Alfred Herrhausen ermordet: in Bad Homburg in seinem gepanzerten Mercedes mit einer Hightech-Sprengfalle.

Verena Becker war eine »geheime Informantin des Verfassungsschutzes«, bestätigt Winfried Ridder, seinerzeit Referatsleiter im Bundesamt für Verfassungsschutz in Köln. Unter der »Operativbezeichnung ›Zauber‹« sei es zu dem gekommen, was im nachrichtendienstlichen Jargon »die Abschöpfung einer Quelle« genannt werde. Viele sind überrascht, dass ausgerechnet die »alte Kämpferin«, die Hardlinern in den Diskussionen, die »Führungsperson der ›RAF‹«,[81] sich der Gegenseite anbot.

Als sich Verena Becker zu diesem Schritt entschloss, 1981, war sie in einer seelischen Krise, litt unter den Haftbedingungen in der Haftanstalt Köln-Ossendorf. »Mir ging es damals verdammt beschissen«, notierte sie rückblickend, »und ich bin mit vielem nicht klargekommen – ich habe meine Orientierung verloren.« Der Verfassungsschutz war über den Orientierungsverlust und ihre Offerte begeistert. Noch nie hatten es die Beamten in Köln erlebt, dass ein hochkarätiges RAF-Mitglied darum bittet, zum Rapport abgeholt zu werden. Nie wieder werden sie es erleben – soweit bekannt.

Die Legende für Beckers Abwesenheit in der Haftanstalt Köln-Ossendorf: Wegen eines Lungenleidens wird sie nach Kassel verlegt. Die Verfassungsschützer mieten in Köln eine

Wohnung. Die Quelle Becker verlangt Geld – ebenso »Hafter-
leichterungen und Strafnachlass«, sagt ein Beamter rückblickend. Sie sprudelt am 4., 5. und 6. Dezember 1981 und an
anderen Tagen, berichtet über das Innenleben der RAF. Das
Ergebnis sind 227 Seiten Protokoll und 82 Seiten Auswertungsbericht. Die wichtigste Neuigkeit: Wisniewski sei der
Mann am Drücker in Karlsruhe gewesen.

Der Verfassungsschutz hat noch eine andere Verwendung
für Verena Becker – als »Hörrohr«: RAF-Häftling Sieglinde
Hofmann ist für die Beamten eine besonders harte Nuss. Bislang hat sie eisern geschwiegen. Die »Stabschefin der Mohnhaupt« nennt sie BKA-Chef Horst Herold. Nun wird sie zu
Becker nach Ossendorf verlegt. Aber statt sie auszuhorchen,
offenbart sich Becker ihr. Das schlechte Gewissen. Hofmann
informiert andere RAF-Häftlinge. Fortan wird Verena Becker
von allen geschnitten. Der absolute Verschiss. Sie wechselt in
den Normalvollzug. 1983 wird sie vom »Kollektiv der
RAF-Gefangenen« ausgeschlossen. Regelrecht verstoßen. Das
ist die Höchststrafe in der Welt der RAF-Häftlinge. Mit »Ver-
rätern« kennt man kein Pardon. Vom Staat bekommt Verena
Becker das, was sie will: Geld, wie viel, ist unbekannt, Normalvollzug und Strafnachlass durch den Bundespräsidenten.
So erklärt sich ihre Turbobegnadigung – auf Empfehlung von
Generalbundesanwalt Kurt Rebmann in Abstimmung mit
dem Verfassungsschutz, bei dem sie auspackte.

Die dritte Haftzeit im Leben der Verena Becker endet nach
117 Tagen: Einen Tag vor Heiligabend 2009 hebt der dritte
Strafsenat des Bundesgerichtshofs den Haftbefehl auf. Der
Vorsitzende, auch er heißt Becker, und seine beiden Beisitzer
teilen nicht die Ansicht von Bundesanwaltschaft und Ermittlungsrichter, dass bei der 57-Jährigen Fluchtgefahr und damit
ein Haftgrund besteht. Denn erstens hätte sie bis zu ihrer Verhaftung über viele Monate gewusst, dass gegen sie ermittelt
würde, ohne zu türmen. Und außerdem hätte sie »einen gefes-

tigten Lebensmittelpunkt in Deutschland«. Unter anderem
lebe sie »seit fast 20 Jahren im Haus ihrer Schwester in Berlin«.

23. Mehrzweckgebäude

Ein Dreivierteljahr später beginnt das Strafverfahren gegen
Verena Becker: Am 30. September 2010 startet in Stuttgart-
Stammheim der wohl letzte Großversuch eines Gerichts, bislang unbekannte Aspekte des Buback-Attentats 1977 zu erfor-
schen: Verena Becker muss wieder auf einem Anklagestuhl im
»Mehrzweckgebäude« Platz nehmen – vom »MZG« spricht
die Stuttgarter Justiz. Derselbe Gerichtssaal, in dem sie vor 33
Jahren »lebenslänglich« erhielt. 1977, drei Tage vor Jahresende. Ein Ort der Zeitgeschichte. Errichtet wurde die Riesenhal-

le mit 610 Quadratmetern, deutlich
größer als eine Turnhalle, in der ersten
Hälfte der 70er für das Verfahren gegen
Andreas Baader und die anderen Köpfe
der ersten Generation. Kalte Beton-
wände. Acht Meter hoch. Ganz oben
Fenster: schmal wie Schießscharten.
Von vorn nach hinten sind es 16 auf jeder Seite, von links nach rechts jeweils
zwölf schmale Scheiben. Batterien von
Neonleuchten unter der Decke tauchen
alles in dem Saal in einen unnatürlich
fahlen Schein. Brigitte Mohnhaupt,
Christian Klar, Knut Folkerts – sie alle
bekamen hier wegen ihrer Beteiligung

Wieder in Stammheim: am Attentat auf den Generalbundesan-
Verena Becker 2010 walt »lebenslänglich«. Im Herbst 2010

wirken Verena Becker und die anderen Verfahrensbeteiligten an den langen Tischreihen, konzipiert für Großverfahren, leicht verloren. Der Saal erscheint wie die stehen gebliebene Kulisse aus einer längst verflossenen Zeit. Die Location für einen Historienfilm. Bereits im vergangenen Jahrtausend hat sich die RAF in den Ruhestand verabschiedet: Vor zwölf Jahren erklärte sie ihre Auflösung, 1998. Seither hat sie sich nicht mehr gemeldet. Aber das scheint bei der Justiz in Stammheim noch nicht angekommen zu sein. Die Sicherheitsvorkehrungen sind ähnlich streng wie einst: Journalisten müssen Armbanduhr, Gürtel, Portemonnaie, Schlüsselbund, Pausenbrote und sogar Mars-Schokoriegel abgeben – kurzum: alles, womit geworfen werden könnte. Oder geschlagen.

Verena Becker kommt in einer Taxe vorgefahren. Sie trägt verwaschene Jeans, Rollkragenpullover, beige Jeansjacke, eine riesengroße Sonnenbrille mit tiefdunklen Gläsern und in der rechten Hand eine Volvic-Wasserflasche. Ihr Gesichtsausdruck wirkt entschlossen. Wie früher.

Aber der Ton im Gerichtssaal ist ein völlig anderer als bei ihrem letzten Auftritt im »MZG« – kurz nach Weihnachten 1977. Damals brüllte sie dem Staatsschutzsenat entgegen: »Ich nehme euer Scheiß-Urteil nicht an!« Nun ist sie neunundfünfzig, höflich und spricht bedächtig. Bundesanwalt Walter Hemberger verliest die Anklage. Nach ihr ist Becker bei dem Tripelmord »als Mittäterin anzusehen«, weil sie »eine maßgebliche Rolle bei der Ermordung des Generalbundesanwalts Buback und seiner beiden Begleiter eingenommen« habe. Für den Bundesanwalt geht es juristisch entscheidend um die Frage, ob Becker bei den Morden Mittäterin war oder Gehilfin, wie der Bundesgerichtshof meinte, als er sie vor einem Dreivierteljahr auf freien Fuß setzte.

»Was wir suchen, ist die Wahrheit«, sagt Nebenkläger Michael Buback zum Prozessauftakt. Seine Augen sind ruhelos, sein Haar ist schütter. Bei der »Wahrheit« geht es für ihn nicht so sehr um die feinen juristischen Unterschiede zwischen Mittäterschaft und Beihilfe. Er ist Grundlagenforscher und ein international anerkannter Wissenschaftler. Er will erfahren, wer seinen Vater erschoss. Dem sieht Michael Buback verblüffend ähnlich – genauer gesagt: einem älteren Bruder seines Vaters. Der Chemieprofessor aus Göttingen ist 65 und acht Jahre älter als sein Vater, als ihn die RAF ermordete. Seine beiden Kernthesen: Verena Becker war die Todesschützin, und für sie hat es über Jahrzehnte eine »schützende Hand« von Staatsseite gegeben.

Die zahlreichen Journalisten, die am ersten Prozesstag nach Stammheim rausgefahren sind, hoffen auf neue RAF-Geschichten und RAF-Geschichte. Auf zeitgeschichtliche Splitter. Gerne darf es auch mehr sein.

Doch Verena Becker schweigt. »Frau Becker möchte weder zur Person oder zur Sache derzeit weitere Angaben machen«, sagt ihr Verteidiger Walter Venedey zum Auftakt. Damit ist schon am ersten Vormittag klar: Das Verfahren wird lange dauern – die Beweislage ist mau. Es werden 21 Monate.

24. Fünfundfünfzig

Die Namen der Schwarz-Weiß-Gesichter auf den Fahndungsplakaten von damals: Höhepunkt des Verfahrens ist der Vorbeimarsch der einstigen RAF-Weggefährten Beckers. Gäbe es ein Gruppenbild von ihnen, würde es eine Rentnergruppe zeigen: weitgehend verbittert und vom Leben herbe enttäuscht. Aber natürlich gibt es kein solches Foto: Die Vernehmungen finden an etlichen Tagen statt. Zwischen Februar 2011 und Januar 2012.

Als erster Zeuge kommt Günter Sonnenberg in den Gerichtssaal, der Mieter der Tatmaschine: Er geht schleppend,
trägt Sportschuhe und eine Cordhose – genauso wie damals in
Singen als schlaksiger Jüngling, vor 33 Jahren. Er ist breit geworden. Die Kapuze der olivgrünen Outdoorjacke hat er tief
ins Gesicht geschoben, bis zum Rand seiner dunkel getönten
Brille. Auf Fotos möchte er nicht erkannt werden.

Der Senatsvorsitzende Hermann Wieland will ihn zum
Sprechen bringen – mit seinem grauen Haar und dem Kinnbart wirkt der 60-Jährige väterlich. Er spricht ruhig, erscheint
bedächtig, ist besonnen und meist freundlich. Zwar habe er im
Lichte der Rechtsprechung des Bundesgerichtshofs wohl ein
Auskunftsverweigerungsrecht, erklärt er dem Zeugen. Aber
neben dem Recht gebe es »andere Werte«, »zum Beispiel Moral«. Über zehn Minuten appelliert Wieland an Sonnenberg,
die Auskunft nicht zu verweigern, und sagt, er glaube, »es
wäre heute eine gute Chance … zu sprechen«.

Der Zeuge gibt seine Personalien an: »Sonnenberg, Günter,
56, kein Beruf, Wohnort Frankfurt am Main.« Und er erklärt,
als Arbeitskraft sei er nicht vermittelbar, an Sozialhilfe beziehe
er »so etwa 350, 355 Euro«. Der Vorsitzende fragt, ob er mit
Waltraud Liewald liiert sei – Boocks Ex-Ehefrau. Sonnenberg
sagt nichts. Der Vorsitzende hakt nach, warum er als Arbeitskraft nicht vermittelbar sei. »Ihnen ist wohl bekannt, dass ich
1977 einen Schuss in den Kopf bekommen habe und war danach dann 13 Jahre in Isolationshaft«, grollt der stämmige
Mann – mit 22 sei er »neu zur Welt gekommen«. Verbittert
blickt er zum Vorsitzenden und schiebt nach: »Es waren Ihre
Kollegen, die die Verantwortung dafür haben.«

Der Vorsitzende beginnt mit seinem Fragenkatalog. Von
Sonnenberg will er wissen, in welchem Umfeld er vor der Tat
lebte, ob er in dem Camp in Aden mit dabei war, falls ja, mit
wem, und was er zu dem Treffen in den Niederlanden Anfang
1977 sagen könne. Sonnenberg schweigt oder sagt nur »55«.

*Zeuge Sonnenberg
(2011)*

Das Auskunftsverweigerungsrecht[82] der Strafprozessordnung bei möglicher »Selbstgefährdung«. Und so scheitern alle Versuche des Vorsitzenden, Günter Sonnenberg zum Sprechen zu bringen. Wieland unternimmt einen letzten Versuch: »Herr Sonnenberg, wie stehen Sie vor der Geschichte da?« Günter Sonnenberg lächelt ihn an.

Auch Bundesanwalt Walter Hemberger kommt mit seinen Fragen nicht weiter: Wer war bei dem Anschlag dabei? Wer ist gefahren? Wer saß auf dem Soziussitz? Er appelliert an Sonnenberg, zu sprechen. Aber keine Chance. Michael Bubacks Rechtsanwalt Ulrich Endres kommentiert: »An Gewissen kann man nur appellieren, wenn jemand ein Gewissen hat.« Dann ist Nebenkläger Michael Buback an der Reihe. Er will wissen, wie groß Sonnenberg ist. Keine Antwort. Sonnenbergs Rechtsbeistand erklärt dem Ehepaar Buback, er »gebe es ihnen schriftlich«, dass sein Mandant nichts weiter sagen werde. Und dann schreibt der Rechtsanwalt etwas auf ein Stück Papier.

Stefan Wisniewski kommt mit einer Rechtsanwältin und einer Schiebermütze von »Pfeffer und Salz«. Er trägt eine Sonnenbrille mit blau getönten Spiegelgläsern und einen schwarz-grau-rot gestreiften Schal. Den hat er bis über die Nase gezogen, bis zum Brillenrand. Auch er möchte auf Fotos nicht erkannt werden. Er ist schlank. Der Einzige aus der Ex-RAF-Zeugen-Riege, der körperlich fit wirkt. Sein Alter gibt er mit 57 an, als Beruf Seemann und als Wohnort Köln. Der Wohnort ist seine letzte Auskunft. Dann folgt das Schweigen des Zeugen. Die Nebenklage beantragt ein Ordnungsgeld, 600 Euro, und Beugehaft. Aber der Strafsenat winkt ab. Er sieht die Aus-

kunftsverweigerung durch Paragraf 55
der Strafprozessordnung gedeckt, seit
vier Jahren läuft gegen Wisniewski ein
Ermittlungsverfahren in Sachen Buback.

Obwohl Wisniewski im Gerichtssaal
nichts verrät, sorgt er für Aufmerksamkeit: Auf der Rückseite seines schwarzen Kapuzenpullis steht in weißen
Buchstaben »Scigajcie ten slad« und die
Nummer »8179469«. Keiner im Gerichtssaal versteht zunächst, was damit
gemeint ist. Wisniewski spricht nicht
mit Journalisten. Viele rätseln. Heraus
kommt: Es ist polnisch und besagt:
»Verfolgt die Spur 8179469« – die
NSDAP-Mitgliedsnummer von Sieg-

*Zeuge Wisniewski
(2011)*

fried Buback: Im Bundesarchiv steht auf seiner NSDAP-Mit-
gliedskarteikarte, Siegfried Buback hätte die »Aufnahme beantragt am: 11.04.40«. Damals war er zwanzig. 1950, zehn Jahre
später, macht er sein zweites juristisches Staatsexamen.

Dass die Mitteilung in polnischer Sprache erfolgte, »scheint
erklärbar«, erläutert ARD-Terrorismusexperte Holger
Schmidt: »Wisniewskis Vater Stanislaw wurde zu NS-Zwangs-
arbeit herangezogen und starb in jungen Jahren.« Am Abend
des Kapuzenpullovertages meldet sich Michael Buback zu
Wort und erklärt, ihm sei bekannt, »dass meinem Vater im Jahr
1943, als er Soldat in Frankreich war, mitgeteilt wurde, er sei
zum 1. April 1940 in die NSDAP übernommen worden«. Seine Mutter und der Bruder seines Vaters schlössen aber »eine
Nähe meines Vaters zum Nationalsozialismus aus«. Und die
NSDAP-Zugehörigkeit seines Vaters sei nichts Neues und
»bereits vor einigen Jahren im *Spiegel*« erwähnt worden.[83]

So gelingt es Wisniewski bei seiner Vernehmung, die Auf-

»Verfolgt die Spur«:
Wisniewskis Kapuzen-
pullover

merksamkeit der Journalisten auf die Vergangenheit Bubacks zu lenken – weg vom Thema im Saal: Wer ermordete den Generalbundesanwalt? Als ihn die RAF umbrachte, war ihr von seiner NSDAP-Mitgliedschaft nichts bekannt: Zugänglich ist Bubacks Karte aus der NSDAP-Mitgliederkartei erst seit 2007 – 30 Jahre nach dem Tod, so regelt es das Bundesarchivgesetz. Eine »zynische Geste Wisnicwskis an die Opfer« des Anschlags kommentiert ARD-Experte Holger Schmidt die Zeichen auf dem Kapuzenpullover im Gerichtssaal. »Der Versuch des einstigen Terroristen, den Mord der RAF zu legitimieren, ist absurd und zynisch«, meint Michael Sontheimer bei *Cicero Online*.

Rolf Heißler – »65, berufslos, Frankfurt« – zittert sichtlich am ganzen Körper. Er erklärt, Hartz IV zu bekommen. Zur Sache sagt er nichts; ebenso wenig Waltraud Liewald, gelernte Tierarzthelferin, mit hennaroten Haaren, Peter-Jürgen Boocks Ex. Auch ganz kurz fasst sich Sieglinde Hofmann, in lila Bluse und dunklem Blazer: »66 Jahre alt, ich bin Rentnerin – und das reicht!« Sie wirkt wie eine pensionierte Lehrerin. »Keine Angabe«, antwortet sie, »Keine Antwort« und »Keine Antwort«. Abgang vom Zeugentisch.

Rolf Clemens Wagner erscheint in Lederjacke, schwarzem Hemd und Jeans. Würde er auf die Frage nach dem Beruf »Taxifahrer« antworten, jeder würde es ihm glauben. Aber er sagt es nicht, sondern: »Rolf Clemens Wagner, 66, ohne Beruf.« Der Vorsitzende will wissen, wie sich »Clemens« schreibt. »Im Pass steht es mit K, im Personalausweis mit C«, antwortet Wagner. Und richtig? Das wisse er nicht – ihm sei es auch gleichgültig. Sein Unterton zeigt, dass es ihm tatsächlich gleichgültig ist, jedenfalls in diesem Moment vor Gericht. Dann variieren seine Antworten – zwischen »Keine Angabe!« und »Nein!«. Mal so. Mal so.

Bundesanwalt Hemberger versucht den Mann zum Sprechen zu bringen, der wegen fünf Morden zu »lebenslänglich« verurteilt wurde – an Hanns Martin Schleyer und seinen Begleitern: »Meinen Sie nicht, dass Sie im Hinblick auf die Begnadigung eine besondere moralische Pflicht hätten, etwas zu sagen?« Acht Jahre zuvor war Wagner von Bundespräsident Johannes Rau begnadigt worden, 2003. Nach 24 Jahren Haft. »Nein!« ist Wagners Antwort. Die vier Buchstaben hätte er verächtlicher nicht aussprechen können.

Zeuge Folkerts (2011)

Knut Folkerts kommt aus Hamburg und hat einen Hauch von Udo Lindenberg: Er trägt einen schwarzen Hut mit breiter Krempe und Kapitänsjacke. Sein Schritt ist betont lässig. Seine Stiefeletten glänzen, könnten aus einer Seitenstraße der Reeperbahn stammen. »Neunundfünfzig, Buchhalter, Hamburg«, gibt er zu Protokoll und dass er ein Arbeitsverhältnis und eigenes Einkommen habe. Dann nennt er sein Motto für den weiteren Vormittag: »Ich mache grundsätzlich keine Angaben!«

Der Vorsitzende stellt Frage nach Frage. Folkerts beantwortet keine einzige. Irgendwann sagt er – genervt: »Ich muss mich nicht wiederholen ...« »Doch«, entgegnet Wieland. An der Sache ändert es nichts: Folkerts beantwortet in den 90 Minuten keine einzige Frage zur Sache. Der Appell des Vorsitzenden an das Gewissen des Buchhalters fruchtet nicht. Bundesanwalt Walter Hemberger findet Folkerts' Aussageverhal-

ten »mehr als befremdlich«, weil er dem *Spiegel* Rede und
Antwort gegeben habe, nun aber von ihm »der Weg der
Hauptverhandlung gescheut« werde.

Dann kommt Mohnhaupt. Mit Dunkelhaarperücke und
Sonnenbrille rauscht sie an den Zeugentisch. Ein Energiebündel, 1,60 Meter klein. Der Senatsvorsitzende ahnt, dass die
einstige RAF-Chefin aussageunwillig ist. »Sie sind zurückgekehrt in die Gesellschaft, von der Gesellschaft aufgenommen
und leben mit der Gesellschaft«, versucht es Wieland sanft, »es
liegt an Ihnen, ob Sie nun sagen, ich halte mich weiter im Ab-
seits.« Er bitte sie »eindringlich, sich zu überlegen, wie Sie sich
stellen!«.

Mohnhaupt erklärt, sie sei 61 und »ohne ausgeübten oder
erlernten Beruf«. Zu ihrem Wohnort sagt sie nichts. »Wovon
leben Sie?«, fragt der Vorsitzende. »Muss man das beantworten?« »Ja.« »Möchte ich nicht beantworten«, erwidert die einstige Untergrunddiva. Es hilft ihr nichts. Der Vorsitzende besteht auf der Antwort. »Hartz IV – was sonst?«, entgegnet
Mohnhaupt. Sie klingt angezickt.

»Mit wem hatten sie Kontakt in der Stammheimer Haft?
Was wurde besprochen?«, startet der Vorsitzende seinen Fra-
genkanon. Er wisse doch, mit wem sie damals dort gewesen
sei, erwidert Mohnhaupt barsch. Sie wolle »dazu nichts sagen!«. Wieland fragt weiter, fragt nach der Vorbereitung des
Buback-Anschlags und der Rolle von Verena Becker. Mohnhaupts Antworten sind knapp: »Ich möchte mich auf Paragraf
55 berufen!«, »Ebenfalls!«, »Paragraf 55!«, »Auch 55«, »55!
Ich muss immer 55 sagen«.

Wieland probiert es auf einem anderen Weg: »Wollen Sie zu
Ihren eigenen Verurteilungen noch etwas sagen?« »Nee!«, sagt
Brigitte Mohnhaupt entschlossen: »Ich sehe das hier nicht als
Plattform.« Es klingt so, als gebe es unendlich viele Plattfor-
men, auf denen sie dazu etwas sagen könnte.

Der Vorsitzende hat noch eine andere Idee – sie führt ins

Jenseits. Er fragt Mohnhaupt, wie sie
antworten wolle, wenn sie dort von ihren Verwandten und Vorfahren begrüßt
und aufgefordert werde: »Rechtfertige
dein Leben!« Ihre Meinung ändere sie
nicht, erklärt Mohnhaupt: »Für mich ist
das hier nicht der Ort.«

»Also auch diese Chance haben Sie
vergeben«, verkündet der Vorsitzende
enttäuscht und attestiert der Zeugin:
»Sie haben kein Gewissen!« Sie nimmt's
gelassen, sagt entspannt: »Da haben wir
unterschiedliche Auffassungen!« Eins
zu null für Mohnhaupt, denken in diesem Augenblick nicht wenige im Saal
und fragen sich: Mit welchem Recht

*Zeugin Mohnhaupt
(2011)*

spricht ihr der Vorsitzende ab, ein Gewissen zu haben? Denn erstens ist es
nicht Aufgabe eines Richters, bei einem Zeugen eine »Gewis-
sensprüfung« vorzunehmen und darüber zu befinden, ob er
gewissenlos ist. Die Befugnisse eines Richters bei der Zeugenvernehmung dienen ausschließlich dem Zweck, Auskunft über
dessen Wahrnehmung von Tatsachen zu erlangen. Und zweitens hat Brigitte Mohnhaupt vom Bundesgerichtshof attestiert
bekommen, schon vor mehr als zwei Jahren, dass sie beim
Thema Buback ein »umfassendes Auskunftsverweigerungsrecht« besitzt. So hat sie nichts anderes getan, als sich auf ein
Recht zu berufen, das fundamental für den Rechtsstaat ist.

Christian Klar betritt das Gerichtsgebäude durch den Hintereingang. Begleitet wird er von einem halben Dutzend Ju-
gendlicher, sie schirmen ihn vor den wartenden Fotografen ab.
Zwischen deren Objektive und sein Gesicht schiebt Klar ein
gefaltetes Exemplar des Berliner *Tagesspiegel:* Tief in sein Gesicht ragt eine petrolgrüne Schiebermütze: Bis zu den riesen-

großen Gläsern seiner Sonnenbrille mit breiten kupferfarbe-
nen Bügeln. Auch er tut alles, damit niemand auf Fotos sein
Gesicht sehen kann.

Er könne verfahrensentscheidend sein, sagt ihm der Vorsitzende. Denn er besitze »wohl mit die meisten Erkenntnisse,
die meisten Informationen, das meiste Wissen«. Seine Aussage
könne »in die Rechtsannalen eingehen«, fährt Wieland fort in
seinem Appell von mehr als einer halben Stunde. Für Klar
könnte sie »auch eine Versöhnung sein« – und fügt hinzu:
»Für Sie und für die Gesellschaft.«

»Adresse wie in der Ladung«, sagt der 59-Jährige – zwei
Drittel seines volljährigen Lebens saß er hinter Gittern. Sechs-
undzwanzig Jahre. Er sei Kraftfahrer und erhalte keine ande-
ren Zuwendungen. »Es muss zum Leben reichen«, sagt er.
»Ich zahle Miete für meinen Wohnsitz.« Von da an ist seine
Antwort auf alle Fragen dieselbe: »Keine Angaben«, sagt er
mit seinem weichen südbadischen Akzent. Das eine um das
andere Mal. Christian Klar will nicht in die Annalen eingehen.
Auch nicht »verfahrensentscheidend« werden. Angesichts des
BGH-Beschlusses ist auch bei ihm für den Senat sonnenklar,
dass er ein umfassendes Auskunftsverweigerungsrecht besitzt.
»Das deckt sich nicht mit meinem Rechtsempfinden«, sagt
Nebenkläger Michael Buback: Die BGH-Entscheidung verstehe er nicht angesichts der Tatsache, dass Klar zu »lebenslänglich« verurteilt worden sei, weil er seinen Vater und dessen
beide Begleiter ermordet hätte. Deshalb sei eine erneute Bestrafung Klars wegen der drei »in rechtlich einer Handlung
begangenen Morde« ausgeschlossen – und darum auch ein
Auskunftsverweigerungsrecht für ihn.

Der Vorsitzende verabschiedet Klar mit den Worten: »Ich
hoffe, sie bereuen es nicht …« Einen Augenblick scheint
Wieland zu stocken. Dann schiebt er nach: »Das heißt, vielleicht hoffe ich es doch!«

»Die RAF-Gespenster« nennt der ARD-Terrorismusexperte Holger Schmidt die ehemaligen »Terroristen als Zeugen vor Gericht«. »Alle nur noch Schatten ihrer selbst«, kommentiert der ntv-Reporter. »Eine gespenstische Parade alter Terroristen.«

Auch die Autoren der »Haag-Mayer-Papiere« lehnen es ab, Fragen des Vorsitzenden zu beantworten. Von ihnen will er einiges über die Planungen für den Buback-Anschlag wissen. Hermann Wieland und seine Richterkollegen meinen, Siegfried Haag (66) und Roland Mayer (56) stünde kein Auskunftsverweigerungsrecht zu. Denn durch ihre Verurteilungen 1979[84] sei der »Strafklageverbrauch« eingetreten, sodass sie wegen ihrer Planungen für 1977 nicht noch ein-

Zeuge Klar (2011)

mal vor Gericht gestellt werden könnten. Aus diesem Grund sei die Gefahr einer Strafverfolgung ausgeschlossen. Ergo hätten sie kein Recht zu schweigen.

Der Strafsenat verhängt gegen jeden ein Ordnungsgeld von 300 Euro und »Haft zur Erzwingung des Zeugnisses bis zur Dauer von sechs Monaten«. Rechtlich genau entgegengesetzt sieht der Bundesgerichtshof[85] die Dinge: Er kassiert die Stuttgarter Beschlüsse, weil Haag und Mayer »das Zeugnis nicht ohne gesetzlichen Grund verweigert« hätten. Wegen »der konkreten Gefahr einer weiteren Strafverfolgung« hätten sie »ein umfassendes Auskunftsverweigerungsrecht«, begründen die Richter des höchsten deutschen Strafgerichts ihre Auffassung. Denn nicht erfasst von den Verurteilungen 1979 sei der Raubüberfall auf ein Waffengeschäft in Frankfurt am 1. Juli 1977: Die beiden Täter versuchten, den Inhaber Rolf Fischlein

Zeuge Haag
(2011)

mit einem Hartkunststoffhammer zu erschlagen – schwer verletzt überlebte er. Sie erbeuteten 19 Faustfeuerwaffen. Eine Beschaffungstat für den Deutschen Herbst. Täter waren Knut Folkerts und Willy Peter Stoll.[86]

So lautete der letzte Satz in der Entscheidung des Bundesgerichtshofs am 30. Juni 2011 »gegen« den Staatsschutzsenat des Oberlandesgerichts in Stuttgart zu »Haag-Mayer«: »Die Staatskasse hat die Kosten der Rechtsmittel und die den Beschwerdeführern dadurch entstandenen notwendigen Auslagen zu tragen.« Außer Spesen nichts gewesen. Wieder einmal[87] das Resultat für die Staatskasse, wenn es darum geht, dass ehemalige RAF-Mitglieder bei der Justiz über ihre Vergangenheit aussagen sollen.

Verena Beckers Hauptbelastungszeuge kommt wie ein Greis in den Gerichtssaal geschlurft. Peter-Jürgen Boock fällt das Gehen sichtlich schwer. Nicht dass er kurze Beine bekommen hätte. Es sind die Knie. Süchte vielfältiger Art über Jahrzehnte haben den 59-Jährigen gezeichnet – Hasch, Dolantin, Kokain, Valium, Amphetamine und Barbiturate. Einst galt er als charismatischer Seelenfänger: So beschrieb ihn auch ein Kripomann in den 80er-Jahren, der seine Gespräche in der Besucherzelle der Justizvollzugsanstalt Fuhlsbüttel zu überwachen hatte. Den Kommissar erstaunte, wie leicht es Boock gelang, Menschen zu überzeugen, um den Finger zu wickeln, und auch darüber, wie der Häftling »echt Schlag bei den Damen hatte«. Viele wollten ihm helfen. Boock verstand es, das Helfersyndrom zu wecken.

Drei Jahrzehnte später spricht er in Stuttgart langatmig, unkonzentriert, schwammig von »diffusen Erinnerungen«. Wo die Angeklagte Becker am Tattag war, kann er nicht sagen. Er selbst habe mit anderen RAF-Mitgliedern in Amsterdam gewartet, in einer konspirativen Wohnung – bis der Anruf aus Deutschland gekommen sei. »Aus allem heraus war es klar, dass es Stefan Wisniewski war, der angerufen hat«, fährt Boock fort. »Ich denke auch, dass er zu dem Kommando gehörte und wusste, dass es geklappt hat. Sonst hätte er das nicht mitteilen können.«

»Aus allem heraus war es klar«, »Ich denke« – das sind keine Äußerungen, mit denen Strafrichter viel anfangen können.

Als Boock versucht, das Treffen in den Niederlanden Anfang 1977 zu rekapitulieren, stottert er vor sich hin. Schwerfällig erinnert er sich an die Küste, das Meer, dass die Heizung nicht gegangen und auch noch das Essen schlecht gewesen sei. Der Vorsitzende Wieland fordert ihn auf: »Konzentrieren Sie sich auf das Wesentliche!« Wie ein begossener Pudel blickt Boock auf die Tischplatte vor sich. Dann geht es weiter – langatmig, unkonzentriert und schwammig. Boocks Worten entnimmt der Senat, dass Verena Becker »im Rahmen einer kontrovers geführten Diskussion« an der niederländischen Nordseeküste die Buback-Mörder beeinflusste, »den Karlsruher Anschlag beschleunigt durchzuführen«.

Dort, wo jetzt Verena Becker ihren Platz hat, am Angeklagtentisch, saß Peter-Jürgen Boock in drei Strafverfahren vor dem Stuttgarter Oberlandesgericht. Jedes Mal erkannten die Richter gegen ihn auf »lebenslänglich« wegen seiner RAF-Taten.[88] Das letzte Mal vor 18 Jahren. Nun weist der Zeuge Boock auf ein Paradoxon hin, ebenso schleppend wie nachdenklich: »Wir waren es, die von unseren Eltern Auskunft gefordert hatten über die NS-Zeit« – nach einer kurzen Pause fährt er fort: »Mir ist aufgefallen, dass wir mit unserer verkorksten Geschichte dasselbe machen, nämlich nichts sagen oder etwas Falsches sagen.«

Zeuge Boock (2011)

Ein Zeuge wird in Handschellen in den Saal gebracht: Ludwig-Holger Pfahls (69),[89] ehemaliger Präsident des Bundesamtes für Verfassungsschutz. Auf Antrag der Nebenklage soll er sagen, was er als Amtschef von 1985 bis 1987 über Verena Becker als Informantin erfuhr. Zum Zeugentisch führt ihn ein Justizwachtmeister, Pfahls kommt aus der Strafhaft in Bayreuth. Der Grauhaarige im dunklen Pullover mit schwarzem Sakko nimmt Platz. Erst danach schließt der Beamte die Handschellen auf und setzt sich neben ihn – in den Fluchtweg. Der ehemalige oberste Chef der bundesdeutschen Inlandsaufklärung wurde zu viereinhalb Jahren Gefängnis wegen Betruges und »Bankrotts« verurteilt, weil er sich für vermögenslos erklärt hatte, nachdem er erhebliche Teile seines Vermögens zulasten seiner Gläubiger verschwinden ließ, der Finanz- und der Justizkasse. So waren über zwei Millionen Euro auf Konten in der Schweiz, Luxemburg und auf den Bahamas gelandet.

Davor, 2005, hatte ihn das Landgericht Augsburg schon einmal ins Gefängnis geschickt: zwei Jahre und drei Monaten wegen Vorteilsannahme und Steuerhinterziehung. Er hatte Schmiergelder für Panzergeschäfte kassiert. Davor war er fünf Jahre auf einer abenteuerlichen Flucht. Seine Spur verlor sich im Juli 1999 in Taipeh. Das Bundeskriminalamt suchte ihn mit einem internationalen Haftbefehl. Verhaftet wurde er in Paris 2004. Und davor war er beamteter Staatssekretär im Bundesverteidigungsministerium von 1987 bis 1992, unter anderem zuständig für »Beschaffung und Export von Waffen«. Geholt hatte ihn Verteidigungsminister Manfred Wörner auf Empfeh-

Vorgeführt: Zeuge Pfahls (2012)

lung des bayerischen Ministerpräsidenten Franz Josef Strauß.
Dessen Ministerpräsidentenbüro hatte Pfahls geleitet.
Bei seinem Auftritt in Stuttgart merkt man, dass sich der Zeuge Pfahls mit der Justiz auskennt. Das tut er nicht nur wegen
seiner Erfahrungen als Angeklagter in den beiden Strafverfahren, sondern auch, weil er Richter am Bayerischen Obersten
Landesgericht und Staatsanwalt für Wirtschaftssachen in Bayern war.
   Nun also RAF. Für ihn gibt es hier nicht den Paragrafen 55.
Der Vorsitzende Wieland fragt Pfahls, ob er die Angeklagte
kenne. Er blickt kurz zu ihr: »Nein, ich sehe sie zum ersten
Mal.« Pfahls wirkt mitgenommen – von der Haft und wohl
auch insgesamt vom schnellen Aufstieg und noch schnelleren
Fall in seinem Leben. Nichts erfahren hätte er davon, dass Becker Informantin seines Amtes gewesen sei, berichtet er: Als er
1985 aus der Bayerischen Staatskanzlei in das Bundesamt für
Verfassungsschutz gewechselt und dort Präsident geworden
sei, habe der Buback-Anschlag als aufgeklärt gegolten. Damals
habe für alle Behörden festgestanden, »dass das Attentat von

zwei Männern, die auf einem Motorrad saßen, ausgeführt wurde«. Das hätte so auch in einem Vermerk des Amtes gestanden, der über seinen Schreibtisch gegangen sei. Der Ex-Verfassungsschutzchef ist in Stuttgart nicht strafverfahrenserhellend. Nach einer Stunde darf er gehen. Vorher legt ihm der Wachtmeister die Handschellen wieder an und eine Jacke über die Unterarme, damit möglichst keiner etwas von den Fesseln sieht. Draußen, vor der Saaltür, auf dem Weg zurück in die Zelle.

Hätte jemand diese Situation an dem Freitag im März, es war der 16. im Jahr 2012, zuvor geschildert – etwa 1977, 1987 oder 1997: Alle hätte ihn für verrückt gehalten. Aber nun eben ist es so. Die Zeiten haben sich gewandelt, kolossal: Der Bundesverfassungsschutzchef im Ruhestand und zugleich im Gefängnis wird in den Gerichtssaal gefesselt geführt wie ein gefährlicher Schwerverbrecher. Keine drei Meter von ihm entfernt sitzt die einstige RAF-Führungsfrau, angeklagt, den Generalbundesanwalt ermordet zu haben. Aber sie ist auf freiem Fuß. Das höchste deutsche Gericht hat es angeordnet. Jede Woche reist sie von Berlin nach Stuttgart und retour, mit der Bahn oder im Flugzeug, um sich der Mordanklage zu stellen.

Nach viereinhalb Monaten verlässt der »Buback-Prozess« Stammheim. Das RAF-geschichtsträchtige Mehrzweckgebäude. Das Gericht teilt mit: »Nach dem bisherigen Prozessverlauf sind die im Mehrzweckgebäude Stuttgart-Stammheim gewährleisteten hohen Sicherheitsstandards derzeit nicht geboten.« Stammheim-Feeling, ade.

Nun wird in der Stuttgarter Innenstadt verhandelt, Nähe Landtag. Einen Tag pro Woche. Manchmal auch zwei. Aber nicht im Oberlandesgericht in der Olgastraße. Dort sind die Säle mit Großverfahren belegt. Deshalb verhandelt der Staatsschutzsenat des Oberlandesgerichtssenats im Landgerichtsgebäude in der Urbanstraße: Saal 153 ist ein ganz gewöhnlicher

Gerichtssaal – Klassenzimmergröße, nicht mehr Turnhalle. Er tut der Verhandlungsatmosphäre gut. Das RAF-Verfahren scheint in der Normalität gewöhnlicher Strafverfahren angekommen zu sein. Fast jedenfalls.

25. Schweigen

Das »Von uns keine Aussagen«-Motto der Ex-RAFler hatten vor Beginn des Verfahrens »einige« Akteure, »die zu unterschiedlichen Zeiten in der RAF waren«, der linken Szene in einem Papier erläutert[90] – ihre Namen blieben unbekannt.

Niemand von ihnen hätte »Aussagen gemacht«, definieren sie ihren Standpunkt, weil »das für jeden Menschen mit politischem Bewusstsein selbstverständlich« sei: »Eine Sache der Würde, der Identität – der Seite, auf die wir uns gestellt haben.« Und »keine Aussagen zu machen« sei »keine Erfindung der RAF« – ebenso getan hätten es Befreiungsbewegungen, Guerillagruppen und der Widerstand gegen den Faschismus. »Genauso ist es für uns in der RAF eine notwendige Bedingung gewesen, dass niemand Aussagen macht. Einen anderen Schutz gibt es nicht – für den einzelnen, im Knast, für die Gruppe draußen und für den illegalen Raum insgesamt, die Bewegung in ihm, die Strukturen und die Beziehungen.«

Neben diesem Argument – alle schweigen, damit nicht herauskommt, was der Einzelne und die Gruppe insgesamt einst taten – führen die demobilisierten Kämpfer auch ein zeitgeschichtliches Argument ins Feld: Bei der »seit nunmehr drei Jahren« von Staatsschützern und Medien thematisierten Frage, »wer im einzelnen vor mehr als 30 Jahren die Schüsse auf Siegfried Buback und Hanns Martin Schleyer abgegeben hat«, bei dem »Ringen um Klärung«, gehe es in Wirklichkeit darum,

»die Auseinandersetzungen mit der Geschichte bewaffneter Politik auf die Ebene von Mord und Gewalt herunterzuziehen. Eine Ebene, auf der Zusammenhänge auseinandergerissen und nur noch kriminalistisch abgewickelt« würden. Deswegen die Devise: Gar nichts sagen. Auch nicht ein bisschen. Und auch nicht, dass jemand etwas nicht getan hat. Das Autorenkollektiv hält es für grundverkehrt, den Medien ein »Fressen« zu bieten, »um das ene-mene-muh-Spiel anzufangen«. Der Nebel soll bleiben. Deshalb erteilen die Anonymen Knut Folkerts einen Rüffel wegen seines *Spiegel*-Interviews – als einziges ehemaliges RAF-Mitglied hatte er im Rahmen der Aufklärungsoffensive etwas zu einer Tatbeteiligung gesagt; abgesehen natürlich von Dauertalker Boock. Folkerts sei, werfen ihm die Gesinnungsgenossen von einst vor, »in die Falle« gegangen, weil er »in einem Interview mit dem *Spiegel* seine Unschuld in Sachen Buback« erklärt hätte.

Ohne das Schweigegebot hätte die RAF nicht so lange bestanden. Das Gebot ist mehr als eine »Tradition«, mehr also als die bloße »Weitergabe« eines Handlungsmusters von einer RAF-Generation an die nächste. Von Anfang an war es zentraler Bestandteil des RAF-Konzepts. Es galt bei der ersten Generation, von den ersten Festnahmen an, im Oktober 1970 fasste die Polizei in der Berliner Knesebeckstraße RAF-Mitbegründer Horst Mahler und vier RAF-Frauen,[91] bis zur dritten RAF-Generation und der letzten Verhaftung 1993: Birgit Hogefeld sagte eine Menge zu den Überlegungen und dem Scheitern des letzten RAF-Aufgebots. Aber nichts über Täter und Taten. Eisern schwieg sie zu allen Vorwürfen der Bundesanwaltschaft – fünf Jahre lang, von der Verhaftung in Bad Kleinen bis zu ihrem Schlusswort vor dem Oberlandesgericht Frankfurt im Juni 1998.[92] »Verrat« wäre es für sie, erklärt sie den Richtern, »zu den einzelnen Anklagekomplexen Angaben zu machen, die mich als Person entlasten würden. Denn diese Angaben würden sofort mit anderen Ermittlungsergebnissen zusammengewürfelt und dann gegen andere verwendet.«[93]

Schon mehr als drei Jahrzehnte vor dem Becker-Verfahren hatte Andreas Baader, Motor der ersten RAF-Generation, seine Leute in den Gefängnissen eingenordet. Über seinen Rechtsanwalt Kurt Groenewold ließ er ihnen 1973 ausdrücklich »als Befehl« mitteilen, dass das Schweigegebot in drei Richtungen bestehe: »keiner spricht mit bullen. kein wort. keiner spricht mit journalisten … keiner macht zeugenaussagen.«[94] Baaders »Befehl« war für die RAF-Veteranen nicht nur in Stuttgart die Maxime, sondern auch während der gesamten Aufklärungsoffensive von Justiz und Medien.

Anders als mitunter dargestellt ist das Schweigegebot kein Gelübde, weil niemand bei der Aufnahme in die RAF oder später ein derartiges Versprechen feierlich ablegen musste.[95] Das allgemeine Guerillagebot des Schweigens war bei der RAF Gruppenkodex, den jedes Mitglied mit dem Eintritt in die RAF als selbstverständlich zu akzeptieren hatte – und zwar mit Bindung über das Ende der Mitgliedschaft und auch die Existenz der Gruppe hinaus. Bis ans Lebensende.

Während der Vernehmung der Zeugen in Stuttgart war immer wieder Thema, im Gerichtssaal wie in den Medien, ob das Schweigen der Mörder moralisch richtig sei. In Stuttgart bemühte sich der Senatsvorsitzende über Monate, die Mauer des kollektiven Schweigens aufzubrechen – mit Kategorien wie »Moral«, »Gewissen«, »Versöhnung«, »Gesellschaft« und »Chance«. Er hatte keinen Erfolg. Verfahrensstrategisch ist das Schweigen der ehemaligen RAF-Mitglieder nachvollziehbar, häufig gar ein Gebot strafprozessualer Vernunft. Würden sie etwas sagen, strafrechtlich relevant – nur darum geht es im Strafverfahren –, womöglich gar umfänglich auspacken, würde dies umgehend zu strafrechtlichen Ermittlungen führen. Das zeigen Boocks Äußerungen im *Spiegel* im April 2007 über Wisniewskis Rolle beim Buback-Attentat. Am Montagmorgen lag das Heft in den Kiosken. Am Nachmittag hatte die Bundesanwaltschaft das Ermittlungsverfahren gegen Wisniewski bereits eingeleitet.

»Der zutreffende Begriff ist Solidarität«, erläutert Knut Folkerts die Schweigemaxime: »Die eigenen Genossen zu schützen, ist doch ein natürliches Verhalten.« Auf Mord steht lebenslange Freiheitsstrafe. Alle RAF-Mitglieder, die heute als Zeugen in Betracht kommen, saßen lange im Gefängnis, mehr als ein Jahrzehnt. Am längsten Mohnhaupt: insgesamt 29 Jahre. Keiner von ihnen möchte dorthin zurück und seinen Lebensabend hinter Gittern verbringen. Deswegen besteht die kollektive Schweigemauer – von Ausnahmen[96] wie Boock abgesehen. Über nicht wenigen Ex-RAF-Mitgliedern schwebt, zumindest nach der eigenen Wahrnehmung, das Damoklesschwert eines neuen Strafprozesses. So ist aus ihrer Perspektive das Schweigen nur logisch, wenn nicht gar zwingend.

26. Verfassungsschutz

Immer wieder kreist das Verfahren um die Frage, was Verena Becker dem Verfassungsschutz erzählt hat. Damals, Anfang der 80er-Jahre in Köln. Das Bundesamt lehnt es ab,[97] die Quelleninformation und die Auswertungsvermerke von der Operation »Zauber« in gerichtsverwertbarer Form vorzulegen.[98] Also die Protokolle der Beschaffer und das, was anschließend die Auswerter daraus machten. Über 300 Seiten. Deshalb wird in dem Becker-Verfahren das verlesen, was Heinz Fromm, Präsident des Amtes, in einer »Behördenerklärung« am 15. Juni 2007 an Generalbundesanwältin Monika Harms geschrieben hatte. Nämlich, »dass einer älteren unbestätigten Einzelinformation im BfV *(Bundesamt für Verfassungsschutz)* zufolge beim Mord am damaligen GBA *(Generalbundesanwalt)* Buback und seinen Begleitern folgende Personen als unmittelbare Tatausführende beteiligt gewesen seien:

Siegfried Wisniewski als Schütze auf dem Soziussitz des Motorrades,
Günter Sonnenberg als Fahrer des Motorrades und
Christian Klar als Fahrer des Fluchtfahrzeugs Alfa Romeo.«

Die Mitteilung aus Köln bietet Komik, bittere – pur: »Siegfried« heißt das Opfer. Nicht der Tatverdächtige, den die Verfassungsschutzquelle nannte. Der heißt »Stefan«. Der Verfassungsschutzpräsident schien in keiner guten Verfassung gewesen zu sein, als er die amtliche Erklärung im Juni 2007 unterschrieb. Später lässt er den Vornamen korrigieren: Nun heißt der »Schütze« des Verfassungsschutzes »Stefan«.

Außerdem wird in dem Becker-Strafprozess noch ein Schreiben des Bundesamtes für Verfassungsschutz (BfV) verlesen, das Hintergründe zum »Zauber«-Vorgang schildert – es stammt vom 12. April 2008 und aus dem Ermittlungsverfahren gegen Stefan Wisniewski: »Die Quelle tätigte ihre Aussagen Anfang der 80er Jahre. Die Quelle hatte sich aus eigenem Antrieb mit dem BfV in Verbindung gesetzt. Die Quelle hatte eine Aussage ohne Gegenleistung abgelehnt. Die Informationen wurden mit Geld honoriert. Aus den Akten ist heute nicht mehr nachvollziehbar, ob die Informationen als eigenes unmittelbares Wissen der Quelle zugerechnet werden können oder Informationen vom Hörensagen sind. Im Rahmen ihrer Aussagen hat die Quelle Kenntnisse von sich aus offenbart. Die Quelle machte weitere Angaben zu Anschlägen der ›RAF‹ und Tatbeteiligten. Es liegen dem BfV darüber hinaus keine weiteren Informationen vor, die diese Sachverhalte bestätigen oder widerlegen könnten.«

Das ist es an Erkenntnissen, was die Richter in Stuttgart zur

Operation »Zauber« erlangen können. Mehr kriegen sie nicht
heraus. Ihr Versuch scheitert, durch Zeugen etwas über den
Inhalt der »Quellenangaben« zu erfahren. Die beiden entscheidenden Verfassungsschützer – der eine hatte die Quelle
vernommen, der andere die Ergebnisse ausgewertet – erklären
im Gerichtssaal, keinerlei Erinnerung mehr daran zu haben,
was die Quelle erzählte. So bringt die Vernehmung der beiden
Ruhestandsbeamten für die fünf Richter »keinen weiteren Er-
kenntnisgewinn«, wie sie später formulieren.

Und der Zeuge Winfried Ridder berichtet, ab 1977 war er
beim Verfassungsschutz in Köln Auswertungs-Referatsleiter
für die RAF, seinem Amt seien Anfang der 80er-Jahre von
einer Quelle als »unmittelbare Tatbeteiligte« das Trio Sonnenberg, Klar und Wisniewski genannt. Eigentümlich an der
Sache ist, dass es ein Vernehmungsprotokoll gibt, die Wisniew-
ski-Aussage aber nicht dort steht, sondern, so legt es der Aus-
werterbericht des Verfassungsschutzes nahe, in einem geson-
derten Vermerk des Vernehmers. Aber dieser ist weg.

Wer die Quelle war, verraten Ridder und seine Kollegen
nicht. Dafür haben sie keine Aussagegenehmigung des Amtes.
So formuliert der Senat – juristisch zurückhaltend, aber in der
Sache kaum missverständlich: Er könne »nicht ausschließen,
dass es sich bei der Quelle um die Angeklagte handelt«.

Der Blick auf die trübe Situation wird zusätzlich vernebelt
durch einen Briefentwurf Beckers, sichergestellt in ihrer Wohnung 2009. Gerichtet ist das Schreiben an Gesinnungsgenossen, denen sie mitteilt: »Und was die VS-Geschichte angeht, da
habe ich manipuliert und gelogen.«

Das klingt nicht unplausibel nach alle dem, was seit April
2007 herausgekommen ist: Becker hatte sich dem Verfassungsschutz angedient, weil ihr die Decke ihrer Zelle in Ossendorf
auf den Kopf gefallen war und sie ihre »Orientierung verloren« hatte. Vom Staat forderte sie Geld und Entgegenkommen
bei der Strafvollstreckung. Beides bekam sie. Dafür musste sie

etwas bieten. Und richtig punkten konnte sie nur mit Angaben zum Buback-Komplex: der einzige RAF-Anschlag 1977, bei dem sie noch nicht im Gefängnis saß. Jedenfalls wurde ihre Wisniewski-auf-dem-Soziussitz-Behauptung aus dem Jahr 1981 durch nichts und niemanden bis heute nachvollziehbar bestätigt.

27. Zornesröte

Immer tiefer wird im Laufe der fast 100 Verhandlungstage in Stuttgart der Graben zwischen dem Nebenkläger Michael Buback, Professor für Technische und Makromolekulare Chemie in Göttingen sowie Mitglied der dortigen Akademie der Wissenschaften, und der Bundesanwaltschaft. Deren Chef war Bubacks Vater – vor mehr als 30 Jahren.

Bubacks Thesen bringen die Anklagevertreter innerlich auf hundertachtzig. Seine zentrale These ist eine volle Breitseite gegen ihre Behörde: Von staatlicher Seite sei über Verena Becker in den vergangenen Jahrzehnten eine »schützende Hand« gehalten worden, weil sie für das Bundesamt für Verfassungsschutz tätig gewesen sei,[99] wohl schon vor 1981 – also vor dem Zeitpunkt, den das Amt angegeben hatte. Monatelang hatte Buback Akten und Artikel zum Mord an seinem Vater studiert. Anschließend gibt es für ihn »keinen vernünftigen Zweifel mehr daran, dass es bereits unmittelbar nach der Tat, wenn nicht sogar schon davor, eine Deckung für Verena Becker gegeben hat«.

Diese »Deckung« hätte zu fatalen Folgen geführt, meint Buback: Da Becker »rasch und gezielt aus dem Kreis möglicher Karlsruher Täter herausgehalten wurde, gerieten die gesamten Ermittlungen zum Attentat in eine völlige Schieflage«. Außer-

»Grundlagenforscher« Michael Buback

dem spricht Buback von einer Reihe von »Fehlern und Versäumnissen bei den Ermittlungen«.

Der »systematische und klare Trend bei den Ermittlungen zum Karlsruher Attentat« belegt für den Professor »in geradezu exemplarischer Weise, dass eine mutmaßliche Täterin geschützt wurde«. Und für ihn ist es, sagt er, »wie ein zweiter Tod meines Vaters, wenn diejenigen, die ihn und seine Begleiter ermordeten, von staatlichen Stellen vor Bestrafung geschützt wurden«.

Im Laufe der Sitzungen entwickelt sich Michael Buback zum eigentlichen Ankläger. Zwischen ihm und den Anklägern des Staates knirscht es unüberhörbar. Dafür sind sich oft Bundesanwaltschaft und Verteidigung einig. Auch ein Novum in einem RAF-Verfahren.

Bubacks Thesen sind für die Vertreter der Bundesanwaltschaft harter Tobak. »Deckung« für einen Terrormordverdächtigen: Das ist so ziemlich das Übelste, was man aus Sicht eines Bundesanwalts ihm vorwerfen kann.[100] Die Karlsruher meinen, die Ermittlungen stets tadellos geführt zu haben, auch wenn die Umstände schwierig waren. Sie halten Buback vor, dem Grundlagenforscher in der Chemie, nach der »Rosinentheorie« vorzugehen: Aus dem Sachverhalt picke er sich nur Details heraus, die zu seiner These passten. Alle anderen ignoriere er.

In dem Verfahren kommt es mehrfach über Petitessen zu lautstarken Auseinandersetzungen zwischen Anklägern und dem Nebenkläger Michael Buback. Die Stimmung explodiert – Verena Becker hört stets ganz ruhig zu. So, als ein 44-Jähriger, der zur Zeit des Anschlags elf Jahre alt war, auf dem Zeugenstuhl in seinen Erinnerungen kramt und sagt – seine Zweifel hört man in der Stimme –, danach hätte der Todesschütze rücklings auf dem Motorrad gesessen. Mumpitz. Seine Erinnerungen trügen – eindeutig. Oberstaatsanwältin Silke Ritzert nennt die Aussage »völlig absurd« und blickt streng zum Nebenkläger Michael Buback. Der hatte den Zeugen benannt. Buback ist über den strengen Blick der Oberstaatsanwältin empört. Sie spricht weiter, sagt: Hier, in dem Verfahren gegen Verena Becker, gehe es doch um ganz andere Vorwürfe, als Michael Buback den Anschein erwecke. An dessen Adresse erklärt sie: »Die Wahrheit wird mit Füßen getreten.« Bubacks Gesicht wird rot, tiefrot. Noch röter. Fuchsteufelsrot. »Sie wollen sagen, dass ich lüge?«, schreit er die Oberstaatsanwältin an. Mehrfach wiederholt er lautstark die Frage. Entsetzt und angewidert packt er seine Sachen. Der Vorsitzende Hermann Wieland unterbricht die Sitzung. Die Zuhörer müssen den Saal verlassen. Fünfzehn Minuten später geht es weiter. Michel Buback und seine Frau sind nicht mehr da. »Die Unterbrechung ist eigentlich erfolgt, um die Wogen zu glätten«, sagt der Senatsvorsitzende: »Aber sie hat nun dazu geführt, dass die Wogen nicht mehr da sind.«

28. Verkündung

Nach 97 Verhandlungstagen und 165 Zeugen sowie acht Sachverständigen endet das erste RAF-Verfahren dieses Jahrtausends. Vermutlich ist es auch das letzte. »Die Angeklagte ist schuldig der Beihilfe zum Mord in drei tateinheitlichen Fäl-

len«, verkündet der Vorsitzende Hermann Wieland am 6. Juli
2012. »Sie wird deswegen zu der Freiheitsstrafe von vier Jahren verurteilt.« Ins Gefängnis aber muss sie nicht mehr.[101] Beckers Verhalten wertete der Senat »als psychische Beihilfe zum
Mord in drei Fällen«.[102] Denn sie hätte sich stets, »zuletzt bei
dem Gruppentreffen in den Niederlanden, auch den späteren
Tätern gegenüber vehement für die alsbaldige Durchführung
des Anschlags auf Generalbundesanwalt Buback eingesetzt
und dadurch die unmittelbaren Täter wissentlich und willent-
lich in ihrem Tatentschluss bestärkt«.[103]

Ebenso stellt das Gericht fest, dass sich Becker nach dem
Attentat »am Versand der Bekennerschreiben und der Beseiti-
gung der Tatwaffe« beteiligte. Aber strafrechtlich ist das ohne
Belang – im Jahr 2012: Der Straftatbestand der Unterstützung
einer terroristischen Vereinigung ist längst verjährt. Und das
Belecken der Laschen von RAF-Post und das Wegschaffen der
Waffe Tage nach der Tat kommen als Beihilfe zum Mord nicht
in Betracht. Nach Beendigung der Haupttat – dem Anschlag –
ist rechtlich keine Beihilfe mehr möglich.

Eine Täterschaft Beckers in Gestalt der »Mittäterschaft«
verneint der Senat – das war der Vorwurf der Bundesanwaltschaft in der Anklage, von dem sie am Ende des Prozesses ab-
gerückt war; Michael Buback hingegen hielt an ihm fest:[104] Der
Senat urteilte, dass es »keine objektiven Beweise« und auch
»keine Aussagen von Zeugen« gebe, die zum Nachweis einer
Beteiligung Beckers an der Tat oder ihren Tatvorbereitungen
führten.

Anders als von der Bundesanwaltschaft ursprünglich erhofft, erblickt der Senat in Beckers Notizen, die in ihrer Wohnung sichergestellt worden waren, keine entscheidungserheb-
lichen Indizien. Zwar belegten sie, dass sich Becker mit dem
Tatvorwurf »ab dem Jahr 2007 beschäftigt und auseinandersetzt«. Aber sie ließen »verschiedene Deutungen« zu, ergäben
»keine klaren Aussagen«. Beispielsweise hatte die spirituell

veranlagte Becker ihre Notiz, noch nicht zu wissen, »wie ich für Herrn Buback beten soll«, so erklärt: Ihr sei es um die Frage gegangen, »wie Heilung entstehen« könne, und mit »Buback« hätte sie den Sohn des Opfers gemeint, Michael Buback. Und weil der sie öffentlich beschuldigt habe, bestehe zwischen ihm und ihr »ein Konflikt auf spiritueller Ebene«. Ihn gelte es zu heilen – den Konflikt.

Beckers Erklärung über eine Verbindung beider auf »spiritueller Ebene« nimmt Michael Buback gelassen. Zwischen ihnen bestehe »schon eine gewisse Beziehung«, sagt er, weil er sich mit Verena Becker beschäftigt und dabei versucht hätte, sich in sie hineinzuversetzen – aber: »Ich würde sie nicht spirituell nennen.«

Bubacks Hoffnung, die historische Wahrheit über die Rollenverteilung am blutigen Gründonnerstag zu erfahren, erfüllt das Urteil nicht. Vor allem hatte er sich eine Antwort auf die Frage ersehnt, wer seinen Vater erschoss. Aber trotz über 13 Dutzend Zeugen und über einem halben Dutzend Sachverständigen sah sich am Ende des Verfahrens der Senat »nicht in der Lage, sichere Feststellungen zu den unmittelbaren Tätern des Anschlags vom 7. April 1977 zu treffen«. Niemand durchblickte die Ganzkörpervermummungen der beiden auf der Suzuki.

Eine klare Absage erteilt das Gericht Bubacks These von der »schützenden Hand«, die Verena Becker vor der Strafverfolgung wegen der Morde bewahrt hätte; ebenso Modifikationen[105] dieser These, nach denen sie die Tat unter den Augen des Verfassungsschutzes begangen habe oder der sie womöglich gar zur Tat verleitet hätte. Der Vorsitzende resümiert, dass »in den Erkenntnissen aus dem Verfahren keinerlei Basis für derartige Thesen zu finden« gewesen sei: »Für die behauptete Verstrickung des Verfassungsschutzes und/oder anderer staatlicher Stellen in die Geschehnisse des Anschlages oder manipulative Eingriffe in die Ermittlungen ergaben sich keine tragfähigen Hinweise.« Das Gericht stellt fest, »dass der Verfassungsschutz im Zeitraum der Anschläge 1977 keinen Zugang zur Tätergruppe hatte und ein Kontakt zu Verena Becker erst 1981 bestand«.

Ebenso eine klare Absage erteilt der Senat dem von Michael Buback im Gerichtssaal und anderswo immer wieder erhobenen Vorwurf »massiver Ermittlungspannen«. Dafür hätten sich »aus der Beweisaufnahme keine Hinweise« ergeben, sagt der Vorsitzende: »Diese Vorwürfe sind so nicht haltbar.« Und: »Aus einer langen Rückschau vom Schreibtisch der Geschichte aus ist es einfach, Vorwürfe zu formulieren.«

Unmissverständlich klar sagt damit das Gericht, dass an Michael Bubacks Verschwörungstheorie nichts dran ist: Nach ihr hätte es eine riesengroße Verschwörung zwischen Verfassungsschutz, Bundesanwaltschaft, Bundeskriminalamt und einigen mehr über Jahrzehnte geben müssen – mit dem Ziel, ein RAF-Mitglied einer Mordanklage zu entziehen.

Die Logik der strafrechtlichen Zurechnung in dem Urteil – Becker beging psychische Beihilfe, weil sie die späteren Mörder bei einem Treffen vor dem Anschlag bestärkte – bringt Michael Buback und Horst Buback, den Bruder des ermordeten Generalbundesanwalt, auf die Idee, dass sich nach ihr auch andere Teilnehmer der Treffen strafbar gemacht haben. So beantragt Michael Buback am 14. Mai 2014 beim Generalbundesanwalt, »Ermittlungen gegen die Teilnehmer der Gesamttreffen der ›RAF‹ einzuleiten, soweit diese noch nicht rechtskräftig verurteilt sind«.

Siebenunddreißig Jahre nach dem Mord an Siegfried Buback und seinen Begleitern beginnt die Bundesanwaltschaft neu zu ermitteln: Am 13. Oktober 2014 eröffnet Bundesanwalt Hemberger Ermittlungsverfahren wegen des Buback-Mordes gegen sieben Ex-RAF-Mitglieder: Peter-Jürgen Boock (63), Rolf Heißler (66), Sieglinde Hofmann (69), Waltraud Liewald (64), Rolf Clemens Wagner (70)[106], Adelheid Schulz (59) und Angelika Speitel (62). Grund ist die juristische Überlegung aufgrund der Stuttgarter Becker-Entscheidung – mittlerweile wurde sie vom Bundesgerichtshof[107] bestätigt: Wer an einem der beiden Treffen im Harz und an der niederländischen Küste teilnahm, bei denen der Buback-Mord besprochen wurde, könnte eine »psychische Beihilfe« zum Mord, wie Verena Becker, oder die »Verabredung zu einem Verbrechen« begangen haben. Aber – Ergebnis der Überlegungen der Bundesanwaltschaft: Weil jeder der Betroffenen eine »Lebenslänglich«-Strafe abgesessen hat, könnte bei einer Anklage nicht mehr viel herauskommen – angesichts des »Härteausgleichs« wie bei Verena Becker.[108] Deshalb stellt Bundesanwalt Hemberger die Ermittlungsverfahren am 20. Januar 2015 ein.[109]

Gegen diese Entscheidung beantragt Michael Buback beim Oberlandesgericht Stuttgart, dass es die Bundesanwaltschaft anweist, das Ermittlungsverfahren gegen Rolf Heißler wegen des Mordes an seinem Vater wieder aufzunehmen. Bei Heißler besteht die Besonderheit, dass er nicht wegen einer RAF-Tat im Jahr 1977 verurteilt wurde, sondern wegen »gemeinschaftlichen Mordes« an zwei niederländischen Zöllnern 1978. Und damit erhebt sich die Frage: Kann Heißler einer Verurteilung wegen des Buback-Mordes deshalb entgehen, weil er zwei Zöllner ein Jahr später ermordete? Bis zum Abschluss des Manuskripts im Spätsommer 2016 hatte das Oberlandesgericht Stuttgart noch nicht darüber entschieden.

Juristische Quintessenz aus alle dem, was zwischen 2012 und 2016 passierte: Im Lichte der vom Bundesgerichtshof bestätigten Becker-Entscheidung und der Sicht der Bundesanwaltschaft spricht alles dafür, dass es neben dem Mord-Trio Klar, Folkerts und Sonnenberg, ihrer »Rädelsführerin« Mohnhaupt und der »Gehilfin« Becker über ein halbes Dutzend »Gehilfen« oder »Verabredern« bei dem Mord an Buback und seinen Begleitern gab. Aber sie werden nicht mehr verfolgt in Anbetracht dessen, was sie ohnehin schon auf dem Kerbholz haben.

Ermittlungen gegen Siegfried Haag und Roland Mayer lehnt die Bundesanwaltschaft ab, weil bei ihnen »Strafklageverbrauch« in Sachen Buback eingetreten sei. Denn ihre Verurteilungen 1979 durch das Oberlandesgericht Stuttgart wegen ihrer Anschlagsplanungen im Jahr 1976 erfassten auch den »Anschlag auf Generalbundesanwalt Buback vom 7. April 1977«. In Fällen, in denen Strafklageverbrauch eingetreten ist, darf die Staatsanwaltschaft keine Ermittlungen aufnehmen: Sie wären zwecklos, weil eine Anklage ausgeschlossen ist.

Michael Buback überzeugt das nicht. Er will, dass Haag und Mayer wegen des Mordes an seinem Vater auf der Anklagebank sitzen: Beide hatten maßgeblichen Einfluss an den Planungen unter dem Codewort »Margarine«. Beide wurden als »Rädelsführer« einer terroristischen Vereinigung verurteilt.[110] Und beide lenkten die Vorbereitungen für das Attentat, insbesondere bei dem Treffen im Harz. Resultat waren die »Haag-Mayer-Papiere«. So verlangt Buback vom Oberlandesgericht Stuttgart in einem »Klageerzwingungsverfahren«, dass es die Bundesanwaltschaft anweist, gegen die beiden zu ermitteln.

Den Antrag verwirft das Gericht am 6. Juli 2015 als unzulässig aus formalen Gründen; erklärt aber auch, dass tatsächlich Strafklageverbrauch vorliege:[111] Denn das Urteil aus dem Jahr 1979 betreffe »als einheitliches, innerlich verbundenes Geschehen« sämtliche »im Zeitraum von Sommer 1976 bis zu ihrer Festnahme durchgeführte Planungs- und Vorbereitungstätigkeiten von Siegfried Haag und Roland Mayer für die Anschläge der ›Offensive 77‹, und damit auch für den Anschlag am 7. April 1977«. Deshalb könnte bei den beiden eine Beteiligung an dem Buback-Attentat »nicht erneut – auch nicht unter dem Gesichtspunkt der Beteiligung an einem Mord – Gegenstand eines weiteren Ermittlungsverfahrens sein«.

29. Wahrheitssuche

Quintessenz? Was kam heraus bei der Aufklärungsoffensive, die kurz nach dem 30. Jahrestag des Buback-Attentats begann und die Anfänge der RAF-»Offensive 77« erhellen sollte? Wozu führten die Aktivitäten von Michael Buback, Journalisten und der Justiz zwischen Frühjahr 2007 und Sommer 2016?

Entgegen den Erwartungen von Buback und einigen Journalisten erfolgte keine historische »Aufklärung« des Buback-Mordes in allen Einzelheiten. Nach wie vor ungeklärt ist, wer den Finger am Abzug hatte. Herausgekommen ist, dass Verena Becker vor der Tat einheizte und anschließend eintütete; ebenso, dass sie beim Verfassungsschutz über ihre Kampfgefährten auspackte, dafür Geld verlangte und es bekam. Alles spricht dafür, dass als Folge dieser »Zauber«-Kooperation der Bundespräsident Beckers »Lebenslänglich«-Freiheitsstrafe in neun Jahre Haft verwandelte. Das sind interessante Facetten der RAF-Geschichte. Aber ihre Grundzüge müssen deswegen nicht umgeschrieben werden. Die Feststellungen in den Urteilen gegen Folkerts, Mohnhaupt und Klar wurden nicht widerlegt.

Das in dem Becker-Strafverfahren gesichtete Material umfasst 25 000 Seiten. Es füllt über 70 Aktenordner. Diese Ordner zeigen ebenso wie all die späteren Ermittlungs- und Gerichtsverfahren, dass die Möglichkeiten der Justiz nur sehr bedingt geeignet sind, neue Erkenntnisse über die »historische Wahrheit« in Sachen RAF ans Tageslicht zu fördern. Das hat sechs Gründe, wie eine Gesamtschau auf die Epoche der späten Aufklärungsversuche zeigt:

Nur ein Mord kann heute noch Aufklärungsziel eines Verfahrens der Strafjustiz sein. Alles andere ist verjährt.

Zweitens hat die Bundesanwaltschaft die justizielle Aufklärungsperspektive auf RAF-Mörder beschränkt, ihre Gehilfen durch die Einstellungsverfügungen im Jahr 2015 de facto ausgeklammert. Denn beim Vorwurf der Beihilfe zum Mord führen die Karlsruher Ermittler aufgrund der Verhältnismäßigkeit – in der Sache – keine Ermittlungen mehr gegen einstige RAF-Mitglieder, vorausgesetzt: Sie wurden wegen Taten im Rahmen der »Offensive 77« zu »lebenslänglich« verurteilt und haben ihre Strafe abgesessen. Bei allen der üblichen RAF-Verdächtigen ist das der Fall.

Solange – dritter Aspekt – keine neuen Sachbeweise vorliegen, sind die Aussichten mau, dass Gerichte neue strafrechtsrelevante Feststellungen treffen. DNA-Spuren fanden sich im Buback-Komplex von Verena Becker, deswegen wurden die Ermittlungen gegen sie forciert – auch wenn die Spuren letztlich nicht zur Verurteilung führten. Keine Spuren gab es von Stefan Wisniewski. Über acht Jahre liefen die Ermittlungen gegen ihn, die durch Boocks Behauptungen im *Spiegel* ausgelöst worden waren. Sie führten zu keinen strafprozesserheblichen Erkenntnissen. Deshalb wurde das Verfahren eingestellt.

Viertens schweigen, höchstrichterlich gestattet, die ehemaligen RAF-Mitglieder, die genau wissen, was am Gründonnerstag 1977 in Karlsruhe passierte: Der Bundesgerichtshof zog die Schweigerechtsgrenzen für den Betroffenen weit, weiter als das Oberlandesgericht Stuttgart und der BGH-Ermittlungsrichter. Dieses Auskunftsverweigerungsrecht ist ein Segen des Rechtsstaats, den die RAF 1977 beseitigen wollte. Zugleich dürfte damit für die RAF-Strafverfolger das Ende der Fahnenstange erreicht sein. Mit den im Gesetz vorgesehenen Ordnungsmitteln jedenfalls können sie die entscheidenden Zeugen nicht zu einer wahrheitsgemäßen Aussage bringen.

Das Schweigen als RAF-Gruppenkodex ist wie die Omertà der sizilianischen Mafia. Bei beiden ist die Interessenlage ähn-

lich. Ein falsches Wort kann jedem aus der Gefahrengemein-
schaft zum Verhängnis werden. Für den Rest seines Lebens. So
ist Schweigen hier grundsätzlich ein Gebot der Vernunft, sofern man nicht dafür sorgen möchte, dass man selbst oder andere im Gefängnis landen. So spricht auch derzeit nichts dafür,
dass eines Tages einer der RAF-Wissensträger die kollektive
Schweigemauer überwindet.

Auch der Staat zeigt keinen Aufklärungseifer, soweit es um
seine eigene Rolle geht. Der Verfassungsschutz wollte sich
nicht in die »Zauber«-Akten schauen lassen; seinen Mitarbeitern gab er nur eingeschränkte Aussagegenehmigungen.

Und sechstens veranschaulichte beim Becker-Prozess das
»Beweismittel« Zeuge einmal mehr, dass das menschliche Gedächtnis nicht dafür geschaffen wurde, Einzelheiten über mehr
als drei Jahrzehnte verlässlich abzuspeichern. Zudem wurden
die Sachverhaltsfeststellungen für den Senat durch die biologi-
sche Uhr »erschwert«, wie er in seinen »Vorbemerkungen zu
einzelnen Beweiserhebungen« hervorhebt: »Eine ganze Reihe
von Zeugen waren bereits verstorben; andere Zeugen konnten
aufgrund ihrer gesundheitlichen Verfassung nicht mehr vernommen werden, sodass sich die Beweisaufnahme insoweit
nur auf die Verlesung der Vernehmungsprotokolle beschränken konnte.«

So lautet das Resümee heute, vierzig Jahre nach dem Buback-
Mord: Tatsächlich neue, erhebliche Erkenntnisse durch Justiz-
verfahren erscheinen unwahrscheinlich – Peter-Jürgen Boocks
»Umbesetzung« des Motorrades hielt der richterlichen Überprüfung nicht stand. Der prozessualen Wahrheit sind die Beweismittel ausgegangen.

Im Lichte der späten Aufklärungsoffensive darf nicht über-
sehen werden, dass das meiste aus dem Buback-Komplex geklärt ist,[112] alle Grundlinien sind es – soweit man zeitgeschichtliche Vorgänge als »geklärt« ansehen kann. Ungeklärt sind
Details. Einige erscheinen manchen wichtig: Aber für die his-

torische, die politische wie auch die juristische Bewertung
spielen sie keine nennenswerte Rolle. So die Frage, wer am
Gründonnerstag 1977 in Karlsruhe wo saß: Für Michael Buback ist die Antwort wichtig, natürlich – für seinen Schlussstrich. Marginal ist sie für das historische Gesamtverständnis
des Buback-Komplexes und des Blutjahres 1977 insgesamt.

ZWEITER ABSCHNITT.
STAMMHEIM

30. Kommas

Deutschlands nicht nur spektakulärster, sondern auch aufwendigster Strafprozess endet drei Wochen nach dem Mord an Siegfried Buback.

28. April 1977 – Stuttgart-Stammheim. Das Mehrzweckgebäude. Verkündung des Urteils gegen die drei noch lebenden RAF-Köpfe der ersten Generation: Andreas Baader, Gudrun Ensslin und Jan-Carl Raspe. Die Zuschauerreihen sind an diesem Donnerstag geschlossen, alle Plätze belegt. Nicht erschienen sind die Angeklagten. Auf den Verteidigerstühlen nur No-Name-Anwälte. Die Herren Holoch, Schnabel, Eggler, Schlaegel und Grigat. Von den aus *Tagesschau* und *heute* bekannten RAF-Verteidigerstars ist keiner da; teilweise sind sie aus dem Verfahren schon ausgeschieden. Nicht da ist Otto Schily, 21 Jahre später Bundesinnenminister, Rupert von Plottnitz, keine 20 Jahre später stellvertretender Ministerpräsident und Justizminister in Hessen, und Axel Azzola, Lehrstuhlinhaber in Darmstadt, 21 Jahre später Staatssekretär in Mecklenburg-Vorpommern.

Eine Minute nach neun öffnet sich wie von Geisterhand die Tür links neben der Richterbank: Eberhard Foth schreitet seinen Kollegen voran. Seit drei Monaten ist er der Vorsitzende dieses Verfahrens; sein Vorgänger Theodor Prinzing musste wegen »Besorgnis der Befangenheit« ausscheiden. Foth wirft einen kurzen Blick nach links zu den leeren Angeklagtenplätzen. »Im Namen des Volkes ergeht folgendes Urteil«, setzt er an:

»1. Die Angeklagten Andreas Baader, Gudrun Ensslin und Jan-Carl Raspe sind schuldig, folgende Taten jeweils gemeinschaftlich begangen zu haben:

a) drei tateinheitliche Morde in Tateinheit mit sechs versuchten Morden,

b) einen weiteren Mord in Tateinheit mit einem versuchten Mord,

c) in zwei Fällen jeweils einen versuchten Mord ...«

Es folgen acht weitere Schuldsprüche wegen Schwerststraftaten. Dann das Ergebnis: »Jeder der drei Angeklagten wird zu einer lebenslangen Freiheitsstrafe verurteilt.«

Schuldig seien sie, erklärt Foth, weil ihnen die sechs Sprengstoffanschläge vom 11. bis zum 24. Mai 1972 im Rahmen der RAF-»Offensive 72« zuzurechnen seien: auf das Hauptquartier des fünften US-Korps in Frankfurt, auf die Polizeidirektion in Augsburg, auf das Bayerische Landeskriminalamt in München, auf den VW von Bundesrichter Buddenberg in Karlsruhe, auf das Gebäude des Axel Springer Verlages in Hamburg und auf das Hauptquartier der US-Landstreitkräfte in Europa in Heidelberg. Vier Menschen verloren durch die »Mai-Offensive« ihr Leben, 71 wurden verletzt.[113]

Nach ungefähr einer Stunde Urteilsbegründung wundert sich Foth über sich selbst. Er merkt, wie er anfängt, die Kommas in seinem handschriftlichen Text mitzulesen – und damit, unter welch erheblicher Anspannung er steht. Zuvor hatte Foth über viele Monate den Eindruck, dieser Prozess geht gar nicht mehr zu Ende, nach dem Grundsatz: »Der Krieg ernährt den Krieg.« So empfindet er die Urteilsverkündung an diesem Donnerstag in seiner Richterlaufbahn als etwas ganz Besonderes. Ein historischer Vormittag.

Weil Kommas nicht in die mündliche Urteilsbegründung gehören, verkündet Foth eine Pause. Nach 25 Minuten macht er weiter. Die Rechtsmittelbelehrung für die Angeklagten erfolgt ohne sie.»Die Verhandlung ist geschlossen«, sagt Foth. Es ist 11.47 Uhr. Schlussstrich in dem »großen Baader-Meinhof-Prozess«[114]. Nach fast zwei Jahren Verhandlung. Am 192. Sitzungstag.

Begonnen hatte alles zweieinhalb Jahre zuvor, am 26. September 1974, mit der Anklageschrift – unterschrieben hatte sie Generalbundesanwalt Siegfried Buback: gegen den »berufslosen« Andreas Baader, die »Studentin« Gudrun Ensslin, die »Journalistin« Ulrike Meinhof, den »Kameraassistenten« Holger Meins und den »Diplomsoziologen« Jan-Carl Raspe.

Als das Urteil ergeht, lebt die Hälfte von ihnen nicht mehr: Sechs Wochen nach der Anklageerhebung starb Holger Meins den Hungertod, anderthalb Jahre später erhängte sich Ulrike Meinhof in ihrer Zelle, und drei Wochen vor der Urteilsverkündung erschoss die RAF Siegfried Buback in seinem Dienstwagen.

Die Urteilskritiken sind schlecht. Ein »Prozess mit Folgeschäden für den Rechtsstaat«, schreibt *Der Spiegel,* sein Gerichtsreporter Gerhard Mauz kommentiert, der Prozess sei »als Versuch, der Rechtsstaatlichkeit ein wenig näher zu kommen, gescheitert«. »Stammheim – ein Albtraum der Justiz«, meint die *Neue Zürcher Zeitung.* Und die *Frankfurter Allgemeine Zeitung* bemerkt, wenn man sich den Prozessverlauf vor Augen halte, einschließlich des Verhaltens der Angeklagten, müssten einem »Prunkworte wie das vom Rechtsstaat, der sich bewährt und behauptet habe, im Hals stecken bleiben«. Selbst für BKA-Kommissar Alfred Klaus, der in Stammheim als Zeuge vernommen wurde, ist das Verfahren eine »Justizposse mit albtraumhaftem Verlauf«.

Und an diesen Einschätzungen hat sich bis heute nichts geändert. Was macht Stammheim so exzeptionell albtraumhaft? Es geht um ungewöhnliche Vorbereitungen, schwierige Verhandlungen und eine schlimme Endphase.

31. Grenzen

»Das Problem Baader-Meinhof ist erledigt«, hatte der Vizekanzler der Republik Walter Scheel nach den Verhaftungen der
RAF-Köpfe im Juni 1972 verkündet. Das ist die allgemeine
Stimmungslage, nachdem die Gruppe zwei Jahre Westdeutschland in Atem gehalten hatte. Auch Kriminalhauptkommissar
Alfred Klaus, bester Kenner der Gruppe im Bundeskriminalamt, erscheint im Juni 1972 das Kapitel »Baader-Meinhof«
als »beendet«.

Nun ist die Justiz am Zuge. Sie hat die Morde, Bombenanschläge und Banküberfälle juristisch aufzuklären. Die rechtliche Aufarbeitung der »Baader-Meinhof«-Straftaten soll rechts-
staatlich tadellos laufen. Alles tipptopp. Das ist das erklärte
Ziel aller Strategen auf Staatsseite – Minister, Bundesanwälte,
Regierungsbeamte und Rechtspolitiker aller Parteien. Die
Bundesrepublik ist im besten Mannesalter, noch keine 30 Jahre
alt.

Aber trotz umfangreicher und langwieriger Vorbereitungen
läuft einiges komplett verkehrt und vieles anders als erhofft.
Die Diskussionen drehen sich im Kern immer um die Frage,
ob das Recht auf Verteidigung und das Recht auf ein faires
Verfahren verletzt wurden. Das sind Grundsätze eines rechtsstaatlichen Strafverfahrens, die aus dem Grundgesetz folgen.[115]
Zentrale Positionen des deutschen Strafrechts stehen zur Debatte: Unter welchen Voraussetzungen darf ein Gericht den
vom Beschuldigten beauftragten Verteidiger aus dem Verfahren ausschließen? Welche Rolle hat ein »Zwangsverteidiger«
in einem Strafverfahren, der vom Gericht gegen den erklärten
Willen des Angeklagten eingesetzt wurde? Darf gegen einen
Angeklagten verhandelt werden, wenn feststeht, dass er verhandlungsunfähig ist? Kann es ein Recht des Staates geben,
Beratungen zwischen Strafverteidiger und Angeklagtem durch

Wanzen abzuhören? Darf ein Richter nach Feierabend einen Rechtsanwalt anrufen, weil er sich über dessen Befangenheitsantrag geärgert hat? Grenzen des Rechtsstaates werden überschritten, diskutiert und definiert.

32. Befürchtungen

Schon die Vorbereitungen gestalten sich schwierig, dauern wesentlich länger als erwartet. Fast drei Jahre. Fünf Brennpunkte stehen im Mittelpunkt.

Verteidigermasse: Für die Staatsschutzstrategen ist die Vorstellung ein Graus, dass die Angeklagten im Gerichtssaal von einer Armada von Verteidigern umringt werden, die ihnen politisch nahestehen und das Gericht verbissen bekämpfen. Mit allem, was die Strafprozessordnung hergibt. Man wisse, erklärt der liberale Tübinger Rechtsprofessor Jürgen Baumann, dass einige der Angeklagten »mit über 50 Verteidigern antreten werden«. Auf der Hand liege, dass »auf diese Weise jedes Verfahren ›kaputtgemacht werden‹ kann«.[116] Von einem »neuen Typ von Verteidigern« spricht der SPD-Rechtspolitiker Hermann Dürr im Bundestag, und von »sogenannten Rechtsanwälten«. Die Konsequenz für ihn: »Wir haben uns in der Gesetzgebung darauf einzustellen.«[117]

Verhandlungsunfähigkeit: Rechtspolitiker wie der SPD-Bundestagsabgeordnete Fritz-Joachim Gnädiger befürchten, dass das »große Baader-Meinhof-Verfahren« platzt, weil sich die Angeklagten der Hauptverhandlung »durch die bewusste Herbeiführung eines Zustandes der Verhandlungsunfähigkeit« entziehen, bevor sie zur Sache vernommen wurden. Im Gefängnis hatte die RAF den Körper als Waffe im politischen Kampf entdeckt[118] und damit, aus den Zellen heraus, eine neue

Front eröffnet. Bis zum Prozessbeginn im Mai 1975 veranstaltet sie drei Hungerstreiks,[119] die immer militanter werden – beim dritten stirbt Holger Meins.

Verhandlungsort: Die Horrorvorstellung aller Innenpolitiker schlechthin ist, dass Baader & Co. von Gesinnungsgenossen gewaltsam befreit werden. Einmal war es bei Baader gelungen, 1970. Nachdem Kassiber von ihm entdeckt wurden, ist klar, dass er abermals auf eine gewaltsame Befreiung drängt. Aus RAF-Sicht ist die Gefangenenbefreiung Teil des »revolutionären Kampfes«.[120] Die »Befreiung von Gefangenen« nennt der Leitfaden der ersten RAF-Generation, das *Mini Handbuch des Stadtguerilla* von Carlos Marighella, als ein »Operationsziel der Guerilla-Aktionen«: »Der SG (Stadtguerillero) betrachtet die Strafanstalten des Feindes als ein unvermeidliches Ziel für Aktionen, um seine ideologischen Brüder herauszuholen.«[121]

Zu ihrem Entsetzen stellen die westdeutschen Sicherheitsstrategen fest, dass es in der ganzen Bundesrepublik keinen Ort gibt, der den besonderen Anforderungen von Baader & Co. und des Mammutverfahrens gerecht wird. Erforderlich ist eine wirklich ausbruchssichere Haftanstalt. Und die in der Nähe eines megasicheren Verhandlungssaals.

Vorsitzender: Klar ist für die Ankläger in Karlsruhe und die Justizministeriellen, dass das Verfahren mit dem Vorsitzenden steht und fällt. Zuständig für das Verfahren gegen Baader & Co. ist nach dem Gerichtsverfassungsgesetz ein Oberlandesgericht, dort der Staatsschutzsenat. Unter den Vorsitzenden dieser Senate gibt es aus Sicht der Strategen auf Staatsseite bundesweit keinen einzigen, bei dem sie sicher sind, dass er den Strapazen eines stressigen Mammutverfahrens gewachsen ist. So erscheint bei den strategischen Vorüberlegungen auch der Gerichtsvorsitzende als Prozessrisiko.

Juristisch ist das Ganze eine knifflige Sache. Ein für ein bestimmtes Verfahren ungeeigneter Richter kann nicht einfach umgesetzt werden, wie beispielsweise der Abteilungsleiter in einem Ministerium. Das Grundgesetz (Artikel 101 Abs. 1 Satz 2) bestimmt, dass niemand »seinem gesetzlichen Richter entzogen werden« darf. Und das bezieht sich auch auf »die zur Entscheidung im Einzelfall berufenen Richter«, urteilte das Bundesverfassungsgericht.[122] Denn die Verfassungsnorm »soll der Gefahr vorbeugen, dass die Justiz durch eine Manipulierung der rechtsprechenden Organe sachfremden Einflüssen ausgesetzt wird, insbesondere im Einzelfall durch die Auswahl der zur Entscheidung berufenen Richter ad hoc das Ergebnis der Entscheidung beeinflusst wird«. Der Bürger habe einen Anspruch darauf, »dass der Rechtsstreit, an dem er beteiligt ist, von seinem gesetzlichen Richter entschieden wird«. So soll es also nach der Verfassung genau das nicht geben, was die Strategen des Staates im Sinn haben: einen Vorsitzenden für das anstehende Verfahren zu finden, dem sie zutrauen, mit Angeklagten, Anwälten und Prozessstoff fertigzuwerden.

Wenn auch nicht den Vorsitzenden, so kann sich die Bundesanwaltschaft das Gericht aussuchen: Anklage erheben kann sie bei jedem Oberlandesgericht, aus dessen Bezirk sie zumindest eine RAF-Straftat anklagt.

Verteidigerausschluss: Die Frage des Verteidigerausschlusses ist ein zentrales Thema für die Staatsstrategen. Die Ermittler gehen davon aus, dass die Kommunikation unter den Häftlingen und auch von Häftlingen mit Unterstützern draußen über Rechtsanwälte läuft. »Die ungehinderte Verbreitung von Informationen, Diskussionsbeiträgen und sonstigem Schriftmaterial war nur durch die falsche Deklarierung der Sendungen als ›Verteidigerpost‹ oder durch ihre unmittelbare Übergabe bei den unkontrollierten Anwaltsbesuchen möglich«, fasst Alfred Klaus die Erkenntnisse des Bundeskriminalamtes zusammen. Und Gudrun Ensslin schreibt in einem Kassiber: »die roten Anwälte sind dazu unentbehrlich, ohne ihre gebündelten und sortierten Informationen geht es nicht.«[123]

Ein Vorgeschmack auf das, was kommen sollte, war der »Ensslin-Kassiber«. Deutschlands rechtsgeschichtlich bedeutsamster Schmuggeltext: Er beschäftigte drei Gerichtsinstanzen und ist das »Schlüsselerlebnis« für das erste »Antiterrorpaket« des Gesetzgebers.

Nach Meinhofs Verhaftung in Hannover am 14. Juni 1972 fanden Ermittler in ihrer schwarzen Samtjacke zwei eng betippte DIN-A4-Seiten. Der Inhalt der Erklärung stammt unzweifelhaft von Gudrun Ensslin: Sie berichtet über ihre Verhaftung eine Woche zuvor in Hamburg und ihren Transport im Hubschrauber nach Essen, erklärt, wie mit einzelnen konspirativen Wohnungen weiter zu verfahren ist und Bomben und Waffen zu entsorgen sind. Getippt worden war der Text mit einem Dual-Gothic-Kugelkopf auf einer IBM-Schreibmaschine.

Aber unklar ist, wo diese Schreibmaschine steht. Ensslin saß in strenger Einzelhaft und hatte keine Schreibmaschine in ihrer Zelle. »Sie muss«, resümiert Alfred Klaus das Ermittlungsergebnis des Bundeskriminalamtes, »den Inhalt handschriftlich fixiert oder einer Kontaktperson mündlich übermittelt haben, die sich dabei Notizen gemacht oder ein Tonaufnahmegerät benutzt hat.«

Wer war's? Noch am Tag ihrer Verhaftung in Hamburg war Ensslin nach Essen geflogen worden. Dort saß sie seither abgeschottet von allen in der Justizvollzugsanstalt, allein in der Zelle. Ihr einziger Besucher war Otto Schily. Dreieinhalb Stunden sprachen die beiden unbeaufsichtigt miteinander – drei Tage bevor der Zettel in Meinhofs Jacke entdeckt wurde. So fällt der Verdacht auf den Rechtsanwalt. »Ich habe nichts rausgebracht!«, dementiert Schily.

Generalbundesanwalt Ludwig Martin glaubt ihm nicht. Beim BGH-Ermittlungsrichter beantragt er, Schily von der weiteren Verteidigung auszuschließen. Der Richter erlässt den Beschluss, und der Strafsenat des Bundesgerichtshofs bestätigt

```
 Liesel  A--> Sock      HUT» Befohl,mach^ die Frasse zu u.blelb i.Loch
 Ha + Gü  --->FaB
 El  ---> Garten ,and. Job später
 3 l. Telch  --> in 14 Tagen zusammenkommen(nicht früher,über Bruder an Tol
                                ran,KER - Laden(Gabi weiß!) übe
                                Bruder auch Kontakt z. kl. Dich
                                neu)
```

»Ensslin-Kassiber«

ihn. Denn gegen Schily sei der dringende Verdacht begründet,
»dass er den Kassiber aus der Anstalt gebracht hat«, schreibt
der Senat in seiner Begründung – »mag er sich dazu auch erst
auf Drängen der Beschuldigten Ensslin bereit gefunden haben«.

Und bei einem derartigen, dringenden Verdacht, dass ein
Anwalt »durch einen aus der Untersuchungsanstalt geschmug-
gelten Kassiber Anweisungen für die Fortsetzung einer Ban-
dentätigkeit befördert hat«, könne ein Verteidiger von der
Verteidigung ausgeschlossen werden, auch wenn »die Strafprozessordnung eine ausdrückliche Regelung« nicht enthalte.
Dies ergebe sich »aus Sinn und Zweck einer Reihe von Bestimmungen der Prozessordnung«, urteilte der BGH-Senat in seinem Beschluss, und »wäre überdies durch gewohnheitsrecht-
liche Übung gedeckt«.[124]

Sechs Monate später hebt das Bundesverfassungsgericht den
»Schily-Beschluss« auf, Februar 1973,[125] weil in ihr »ein Eingriff in die Freiheit der anwaltlichen Berufsausübung (Artikel
12 Absatz 1 Grundgesetz) liege – zurzeit sei er weder durch
Gesetz noch durch Gewohnheitsrecht gedeckt«. Ein »höchst
unbefriedigender Rechtszustand«, konstatiert das Bundesverfassungsgericht. Deshalb habe der Gesetzgeber »in naher Zukunft« die »Voraussetzungen des Verteidigerausschlusses« zu
regeln.

Das ist die verfassungsrechtliche Ausgangssituation für den
Bundestag vor dem »großen Baader-Meinhof-Prozess«. »Es ist
ein absolutes Novum, dass der revolutionäre Kampf aus der
Haftzelle heraus geführt wird«, lautet der Befund des CDU-

Abgeordneten Carl-Otto Lenz im Plenum.[126] »Das ist doch nur möglich gewesen durch den Missbrauch der Rechtsstellung, die Rechtsanwälten zuerkannt worden ist.« Es sei eine »kleine Gruppe von etwa zwei Dutzend Anwälten«, die ihre Position »dazu missbrauchen, eine revolutionäre Tätigkeit zu unterstützen. Wer so handelt, ist kein Organ der Rechtspflege mehr.«

33. Vorbereitungen

Vier Tage vor Weihnachten 1974, fünf Monate vor Beginn des »großen Baader-Meinhof-Verfahrens« in Stuttgart, verabschiedet der Bundestag das erste »Antiterrorpaket« der deutschen Geschichte – offizieller Name: »Gesetz zur Ergänzung des Ersten Gesetzes zur Reform des Strafverfahrensrechts«. Passgenaue Gesetze für den großen »Baader-Meinhof-Prozess«. Am 1. Januar 1975 traten sie in Kraft, vier Monate vor Prozessbeginn. Eine eigene Rechtslage für Stammheim. Nicht ausschließlich für Stammheim, sondern generell wegen Stammheim:

Die Zahl der Wahlverteidiger ist auf drei beschränkt, die Verteidigung »mehrerer Beschuldigter durch einen gemeinschaftlichen Verteidiger« unzulässig und der Ausschluss des Verteidigers umfangreich geregelt (§ 137 Absatz 1, § 146, § 138a Strafprozessordnung). So ist er auszuschließen, wenn er »den Verkehr mit dem nicht auf freiem Fuß befindlichen Beschuldigten dazu missbraucht, die Sicherheit einer Vollzugsanstalt erheblich zu gefährden«. Ohne den Angeklagten kann nun verhandelt werden, wenn er sich »vorsätzlich und schuldhaft in einen seine Verhandlungsfähigkeit ausschließenden Zustand versetzt« hat (§ 231a Strafprozessordnung).[127] Die RAF hat Rechtsgeschichte geschrieben.

*»Justizfeste Stammheim«: Justizvollzugsanstalt (links) mit »Mehrzweckge-
bäude« (Mitte, unten)*

Generalbundesanwalt Buback entscheidet sich für Stuttgart
als Gerichtsort:
Den schlimmsten Anschlag hatte die RAF in Baden-Württemberg verübt. Zwei Autobomben im Heidelberger Hauptquartier der US-Landstreitkräfte zerrissen im Mai 1972 drei
US-Soldaten und verletzten fünf Menschen schwer.[128]
Als Verhandlungsort wird eine Lösung ersonnen, die den
Befreiungsbefürchtungen der Staatsstrategen Rechnung trägt.
Es entsteht die »Justizfeste Stammheim«. Für das Gerichtsverfahren baut das Land Baden-Württemberg auf einem Rüben-
acker ein nagelneues Prozessgebäude: im Norden Stuttgarts,
im Stadtteil Stammheim, direkt neben der großen, modernen
Justizvollzugsanstalt mit 800 Plätzen. Eröffnet 1964, errichtet
nach den modernsten Sicherheitserkenntnissen. Sie gilt als aus-
bruchsicher; dadurch unterscheidet sie sich von den meisten
anderen Haftanstalten, die noch aus der Kaiserzeit stammen.
Die siebte Etage wird zu einem Hochsicherheitstrakt für Baader & Co. umgebaut. Das »Mehrzweckgebäude«, so heißt das
Prozessgebäude nebenan offiziell, kostet 16 Millionen Mark,
einschließlich der zahlreichen Sicherheitsvorkehrungen.

Die martialische Sicherheit ist einmalig in der Bundesrepublik. Das Areal – Gefängnis mit angegliedertem Gerichtssaal – umschließt ein Schutzzaun, 2,80 Meter hoch, 600 Meter lang. Nachts wird er von gleißenden Scheinwerfern ausgeleuchtet. Vom JVA-Ausgang bis zum Hintereingang des Gerichts sind es keine 150 Meter. Vom »sichersten Gefängnis der Welt« spricht Baden-Württembergs Justizminister Traugott Bender stolz. Schon bald wird Stammheim zum Inbegriff für das »Furchtsyndrom der Zeit«, wie es der Tübinger Kriminologe Hans-Jürgen Kerner formuliert.

Auch die Sorge über einen geeigneten Vorsitzenden ist Anfang 1974 verflogen – auf wundervolle Weise, aus Sicht der Staatsstrategen; man könnte aber auch sagen, auf wundersame Weise: Josef Hänle (61) ist weg. Den bisherigen Vorsitzenden des Zweiten Senats, der nach dem Geschäftsverteilungsplan des Oberlandesgerichts für den Baader-Prozess zuständig ist, hielt man im Stuttgarter Justizministerium für »wenig geeignet«. Hänle entschied sich zu einer kleinen beruflichen Veränderung und wechselte auf die Vorsitzendenstelle im ersten Strafsenat. Die war gerade frei geworden, weil der bisherige Inhaber Xaver Hoch (61) sich beruflich verbessern konnte und Ministerialdirigent im Stuttgarter Justizministerium geworden war. So ist die Vorsitzendenstelle für das Baader-Verfahren vakant. Sie bekommt am 4. Februar 1974 Theodor Prinzing (48). Er gilt als stark und dynamisch in der Verhandlungsführung. Bislang war er Vorsitzender am Stuttgarter Landgericht. Einschlägige Erfahrungen besitzt er in Mammut-NS-Prozessen, unter anderem dem Lemberg-Prozess mit 18 Monaten. Er ist drahtig, treibt täglich Sport. »Pflichtgefühl« ist für ihn »nun mal nichts Negatives«. Keines seiner »großen Urteile« wurde höheren Orts kassiert. Eine ideale Besetzung für »Baader-Meinhof«, denkt man im Stuttgarter Justizministerium. Problem gelöst durch Personalrochade.

Später, während des Verfahrens, behauptet Ensslin-Verteidi-

ger Otto Schily, das Ganze sei ein abge-
kartetes Spiel gewesen, und zwar »zwischen dem ehemaligen Generalbundesanwalt Martin und dem Justizminister
von Baden-Württemberg, Traugott
Bender, im Jahre 1973 nach Absprache
mit der Bundesregierung«. Alle drei
Richter wären in die Sache eingeweiht
gewesen. Keiner widerspricht Schily.[129]
Und schließlich ist Stuttgart nur eine
Autostunde von Karlsruhe entfernt,
dem Sitz der Bundesanwaltschaft. Die
Ankläger können morgens von zu Hause aus anreisen und abends ins eigene
Bett steigen. Auch ein Aspekt für die,
die zu entscheiden haben, wo das Verfahren stattfindet.

Prinzing

Für das »Baader-Meinhof-Verfahren«
wurde so viel an Neuem geschaffen wie
für keinen anderen Prozess in der deutschen Geschichte: Neue
Gesetze, ein neues Gerichtsgebäude, und sogar ein neuer Ge-
richtsvorsitzender war gefunden worden. Der Rechtsstaat im
Ausnahmezustand.

34. Verhandlung

Der Justizalbtraum von Stammheim beginnt bei strahlendem
Sonnenschein. Der 21. Mai 1975 ist ein warmer Frühsommer-
tag – knapp zwei Jahre sind es bis zur Urteilsverkündung, fast
drei Jahre vergangen seit den Festnahmen der RAF-Köpfe.
Zum Schutz des Areals wurden 500 Beamte abgeordnet und

zum Schutz des Verfahrens vier zusätzliche Richter: als Ergänzungsrichter. Sie sitzen in der Verhandlung, um einzuspringen, falls jemand von den fünf Richtern am Richtertisch ausfällt – wegen Befangenheit, Krankheit oder Tod. Alle neun Richter stehen unter dem Schutz des Landeskriminalamtes.

Kurz nach neun werden die Angeklagten in den Saal geführt – jeder an einen Justizwachtmeister gekettet. Sie nehmen Platz auf schwarzen Lederstühlen, der »Anklagebank«. Wie ernüchterte Fantasten wirken die vier mit der unnatürlichen Knastblässe – für die Medien sind sie die »Stars« des Verfahrens:

Andreas Baader (32) trägt einen dunkelgrünen Pullover, braune Cordjeans und Turnschuhe. Der einstige Dandy mit flegelhaften Manieren und dem Credo »Ficken und Schießen ist ein Ding« überrascht schon bald die Prozessbeobachter: Gerechnet hatten sie mit einem Marlon-Brando-Typ. Aber Baader lispelt und spricht nur halbwegs flüssig, und das auch nur dann, wenn er vom Papier abliest.

Neben ihm sitzt seine Freundin Gudrun Ensslin (34). Ganz in Schwarz gekleidet. Farblicher Kontrast sind ihr blasses, hageres Gesicht und die strähnigen blonden Haare. Für Alfred Klaus ist sie der »Kopf der Bande«, die heimliche Chefin, die Organisatorin. »Kopf« ist sie auch für die, die das RAF-Führungsgespann Baader–Ensslin mit »Kopf und Bauch« beschreiben.

Ulrike Meinhof (40) trägt einen grauen Pullover und Bluejeans, ihre langen Haare hat sie jugendlich zu Zöpfen geflochten – ihr Gesicht ist in den drei Jahren Haft deutlich gealtert. Sie sieht aus wie 50. Rein optisch betrachtet könnte sie Baaders Mutter sein. Die einstige »Stimme der RAF« trägt eine Nickelbrille. Missmutig schaut sie in die Runde. Man spürt, dass der ehemaligen *konkret*-Chefredakteurin ihre neue Rolle hier und heute am meisten misshagt.

Jan-Carl Raspe (30), der Techniker der Gruppe, wirkt ent-

Ausgeschlossen: Rechtsanwälte Groenewold, Croissant, Ströbele

spannt. Durch seine Brille blickt er wie unbeteiligt und betrachtet in dem großen Saal die vielen ihm unbekannten Menschen.

Draußen, vor dem Prozessgebäude, neben dem Be-
ton-Wachhaus der Polizei, stehen die Rechtsanwälte Klaus
Croissant, Kurt Groenewold, Hans-Christian Ströbele: Baaders Vertrauensanwälte.[130] Sie hat das Gericht vom Verfahren
ausgeschlossen, aber sie wollen rein und verteidigen! Alle Kameras der Fernsehteams und Fotojournalisten sind auf sie gerichtet. Aber das Gericht verweigert ihnen den Zutritt.[131]

Von der Verteidigung ausgeschlossen wurden sie nach dem
neuen, seit Jahresanfang geltenden § 138 a der Strafprozessordnung – Croissant 29 Tage vor Prozessbeginn, Groenewold
19 Tage und Ströbele acht Tage zuvor. Allen wird vorgeworfen, den Verteidigerverkehr zur Unterstützung der kriminellen Vereinigung Rote Armee Fraktion missbraucht zu haben:
Bei Croissant steht der Vorwurf im Vordergrund, er hätte die
Kommunikation der RAF-Häftlinge nach außen gefördert,

um dadurch auf die öffentliche Meinung propagandistisch ein-
zuwirken, indem er beispielsweise für das *Spiegel*-Interview
die Fragen ins Gefängnis hinein- und die Antworten heraus-
schmuggelte.[132] Bei Groenewold[133] und Ströbele[134] steht der
Vorwurf im Vordergrund, sie hätten die Kommunikation nach
innen gefördert, zwischen den Häftlingen, unter anderem
durch das »info«, einen Informationsaustausch unter Häftlingen und Rechtsanwälten, auch zu Themen, die mit der Verteidigung nichts zu tun gehabt hätten.

Später werden die drei für ihre Aktivitäten im Vorfeld des
Stammheim-Verfahrens wegen Unterstützung einer kriminellen Vereinigung in einem besonders schweren Fall (§ 129 Strafgesetzbuch) verurteilt: Klaus Croissant erhält zweieinhalb
Jahre Freiheitsstrafe und vier Jahre Berufsverbot als Rechtsanwalt,[135] Kurt Groenewold zwei Jahre auf Bewährung[136] und
Ströbele zehn Monate auf Bewährung – nachdem der Bundesgerichtshof bei ihm den Schuldspruch wegen »Unterstützung
einer kriminellen Vereinigung« bestätigt hatte.[137]

Ebenso fehlt im Gerichtssaal an Baaders Seite sein Vertrau-
ter und Pflichtverteidiger Siegfried Haag. Zehn Tage zuvor
war er spurlos verschwunden. Abgemeldet hatte er sich in den
Untergrund – per Pressemitteilung.

So sitzt Baader zum Prozessauftakt ohne Anwalt seines
Vertrauens im Gerichtssaal. Mit den Rechtsanwälten Eberhard
Schwarz und Dieter Schnabel, die der Vorsitzende mit seiner
Verteidigung beauftragt hat, will er nichts zu tun haben.

Ohne Anwalt des Vertrauens: keine gute Startposition für
ein Strafverfahren mit einer komplexen Anklageschrift von
354 Seiten, 50 000 Seiten Prozessstoff, 1000 Gutachten und
nochmals 1000 Zeugen. Über Jahre hatten die drei Anwälte
Baaders Verteidigung vorbereitet. Später räumt Generalbundesanwalt Buback freimütig ein, er wolle »nicht bestreiten,
dass die Optik schlecht war«. Das hätte »einfach daran« gelegen, »dass das Gesetz so spät kam«.[138]

Am vierten Verhandlungstag, 11. Juni 1975, ordnet das Gericht Baader als Anwalt seines Vertrauens Hans-Heinz Heldmann (46) bei. Er nennt sich »Radikaldemokrat« und ist Vorstandsmitglied der Humanistischen Union.

Das Verhandlungsklima ist rau. Die Angeklagten geben sich rüpelhaft, die Verteidiger angriffslustig. Baader sagt zu Prinzing »Du Schwein«, Ensslin ergänzt »Ja, du bist doch ein Idiot« und schiebt »Du Schwein, Killer« nach. Ulrike Meinhof erweitert den Kanon, sagt zum Vorsitzenden »Du imperialistisches Staatsschwein«.

Die Angeklagten wollen an der Verhandlung nicht teilnehmen und deshalb vom Gericht ausgeschlossen werden.

Baader: auf dem Weg in den Gerichtssaal

Weil der Vorsitzende das ablehnt, startet Baader den Sprechchor der Angeklagten, indem er ihn »ein faschistisches altes Arschloch« nennt. Raspe: »Wiederholen wir's!« Ensslin: »Du faschistisches Schwein!« Meinhof: »Ja, du faschistisches Schwein.« Das »faschistische Schwein« und seine Kollegen schließen die vier Angeklagten für den Rest der Woche von der Verhandlung aus.

Verteidiger und Angeklagte bombardieren das Gericht mit Anträgen. Fast alle lehnt es ab. Meinhof-Anwalt Riedel erklärt, »dass der Senat hier Anträge schneller ablehnt, als sie gestellt werden können«. Kopfschüttelnd spricht Otto Schily vom »Stammheimer Landrecht«, das ihm »bisher noch nicht so geläufig« sei. Raspe-Verteidiger von Plottnitz »salutiert« dem Vorsitzenden: »Heil, Dr. Prinzing!« Über die vielen Anträge der Verteidiger spottet Staatsanwalt Peter Zeiss: »Täglich mindestens zwei, dann geht der Prozess niemals vorbei.« Und

Gudrun Ensslin

Baader-Anwalt Heldmann macht den Vorschlag, »spaßeshalber einmal rechts-staatliche Grundsätze anzulegen«. Es war wirklich was los.

Oft reden viele durcheinander, fallen sich gegenseitig ins Wort. »Ist das eine Kollektivverteidigung«, fragt der Vorsitzende genervt, »wenn Sie nun kollektiv hier durcheinander reden?« Um für einen »geordneten Verfahrensablauf« zu sorgen, gibt er Regieanweisungen, lässt Mikrofone ein- und ausschalten. Baader attestiert ihm: »Herr Prinzing, wenn sie schon nicht der Herr des Verfahrens sind, der Herr der Mikrofone sind sie allemal.« Doch das abgeschaltete Mikrofon beeindruckt Baader wenig. Mit lauter Stimme redet er einfach weiter.

In der Rückschau sagte Prinzing, Baader hätte für ihn »in seiner Rigorosität auch etwas Sympathisches« gehabt. Das ist überraschend, weil Baader in Stammheim kaum etwas unterließ, um Prinzing bis aufs Blut zu reizen. Doch Prinzing sagt anerkennend, Baader sei »ein außerordentlich führungsstarker Mann« gewesen, mit dem er »außerdienstlich« hätte »auskommen können«. Ebenso anerkennend sagte der Vorsitzende im Ruhestand über seinen einstigen Kontrahenten: »Wenn er vor dem Krieg geboren worden wäre, dann wäre er ein ganz brauchbarer Soldat geworden.« Genau das war der Grundkonflikt zwischen den Personen Prinzing und Baader: Prinzing (Jahrgang 1925) betrachtete die Dinge durch die Brille des Zweiten Weltkriegs und hatte alle seine bisherigen Verfahren nach dem Prinzip von »Befehl und Gehorsam« gut über die Runden gebracht. Andreas Baader (Jahrgang 1943), dessen Vater nicht aus dem Krieg zurückgekehrt war, hasste alles, was

ihm den Eindruck von Autorität ver-
mittelte. Als begnadeter Provokateur
reizte es ihn, seine Grenzen auszutes-
ten.

Konstanter Streitpunkt während der
ersten drei Dutzend Sitzungen ist, nicht
anders als erwartet, die Behauptung, die
Angeklagten seien verhandlungsunfähig, und die Forderung der Vertrauensanwälte, deshalb das Verfahren sofort
einzustellen. Vier Gutachter, beauftragt
vom Gericht, kommen zum Ergebnis:
Die Angeklagten sind tatsächlich zeitlich nur eingeschränkt verhandlungsfähig, höchstens drei bis vier Stunden am
Tag. Und das an höchstens drei Tagen

Ulrike Meinhof

pro Woche. Unter Hinweis auf diese Feststellungen verkündet
der Senat am 40. Verhandlungstag, am 30. September 1975,
dass die Hauptverhandlung »in Abwesenheit der Angeklagten
fortgesetzt« wird. »Wer nur zeitlich beschränkt verhandlungsfähig ist«, sagt Prinzing zur Begründung, »dessen Verhandlungsfähigkeit ist im übrigen – zu den sonstigen Zahlen – ausgeschlossen.« Dabei könne »das zeitliche Verhältnis zwischen
Verhandlungsfähigkeit und Verhandlungsunfähigkeit nicht
berücksichtigt bleiben, soll es nicht zu einer ungerechtfertig-
ten Einschränkung von § 231a StPO kommen«.[139]

Der Bundesgerichtshof[140] bestätigt diese Entscheidung mit
einer Modifikation: Sollten die Angeklagten an der Verhandlung teilnehmen wollen, müsste »das Gericht sie zulassen, es
sei denn, dass andere Gründe ihre Ausschließung rechtfertigen«. Damit können die Angeklagten entscheiden, ob sie zur
Verhandlung erscheinen oder nicht – eine in der deutschen
Rechtsgeschichte bislang einmalige Situation. Mal kommen
sie. Mal nicht. »Ohne den neuen § 231a der Strafprozessord-

nung« wäre die Hauptverhandlung »geplatzt«, blickt Kurt Breucker zurück, einer von Prinzings vier Beisitzern.

Frostig ist die Atmosphäre zwischen den beiden Verteidiger-fronten. Mit den acht Rechtsanwälten, die das Gericht für die Angeklagten gegen deren erklärten Willen[141] bestellt hat, sprechen weder die Angeklagten noch deren Vertrauensanwälte[142] – abgesehen von Missachtensbekundungen und Beschimpfungen. »Zwangsverteidiger« nennen sie sie verächtlich.

Von den 12 Verteidigern am ersten Verhandlungstag besitzen vier das Vertrauen der Angeklagten: Otto Schily und Marieluise Becker von Gudrun Ensslin, Helmut Riedel von Ulrike Meinhof und Rupert von Plottnitz von Jan-Carl Raspe. Die anderen acht hat der Vorsitzende als Pflichtverteidiger für sie bestellt, weil es sich bei dem Prozess vor dem Oberlandesgericht um einen Fall »notwendiger Verteidigung« handelt. Angesichts dessen könnte das Verfahren platzen, wenn die von den Angeklagten gewählten Verteidiger das Mandat niederlegen – dazu haben sie jederzeit das Recht. Pflichtverteidiger hingegen dürfen aus dem Verfahren nur dann ausscheiden, wenn das Gericht damit einverstanden ist und sie »entpflichtet«. Prinzings Philosophie: Nur die Bestellung von Pflichtverteidigern, bei denen kein Vertrauensverhältnis zu den Angeklagten besteht, sichert die Durchführung des Verfahrens. So lehnt er alle Anträge ab, die »Zwangsverteidiger« zu entpflichten.

Aber auch die vier »Vertrauensanwälte« hat der Vorsitzende, auf deren Antrag hin, zu Pflichtverteidigern bestellt; ebenso macht er es bei Heldmann. So erhalten auch sie ihre Vergütung aus der Staatskasse – anders als Wahlverteidiger. Die vier Angeklagten können sie nicht bezahlen. Sie sind mittellos. Meinhofs Wahlverteidiger Franz Josef Degenhardt, der Liedermacher (»Spiel nicht mit den Schmuddelkindern«), ist erst gar nicht nach Stuttgart angereist.

Als sich am ersten Prozesstag Manfred Künzel, Ensslin-

Die Vertrauensanwälte kommen: Marieluise Becker, Rupert von Plottnitz, Otto Schily

Verteidiger ohne deren Vertrauen, in dem Labyrinth des Mehrzweckgebäudes verläuft und ausgerechnet im Raum der Vertrauensverteidiger landet, mustert ihn Otto Schily »mit verhaltenem Zorn«, berichtet Künzel später. Schily hätte ihm nahegelegt zu gehen, »wenn ich etwas Vernünftiges für die Mandantin tun wolle«. Von Angeklagten und Vertrauensanwälten werden sie wie Aussätzige behandelt; als »Anwälte des Gerichts« geschmäht, gedemütigt und geschnitten. Baaders Devise – gebetsmühlenartig wiederholt er sie im Gerichtssaal: »Die haben die Fresse zu halten.«

So beschränken sich Manfred Künzel und die sieben anderen »Zwangsverteidiger«,[143] von wenigen Ausnahmen abgesehen, aufs Zuhören im Gerichtssaal. Der einzige »Kampf«, den sie dort gelegentlich führen, ist der, sagt Künzel, »gegen den Schlaf«.

Die Nicht-Vertrauensanwälte begeben sich in die Rolle der »Ersatz-Verteidiger« – ähnlich den Ersatzspielern beim Fußball: Von außerhalb des Spielfeldes betrachten sie das Geschehen; auf das Ergebnis haben sie keinen Einfluss. Im Gegensatz zu den Ersatzfußballern hoffen sie auf keinen Einsatz. Anders Künzel – ein bisschen jedenfalls. Er stellt vier Beweisanträge

von einer Vielzahl von Anträgen, die ihm notwendig oder
sinnvoll erscheinen. Von ihnen nimmt er Abstand, »weil die
Gefahr, das Konzept der Angeklagten zu durchkreuzen, einfach zu groß war«. Es bedurfte »einer eigenartigen Dickhäu-
tigkeit«, sagt er rückblickend, »wie ein schwarzer Rabe vor
aller Öffentlichkeit monatelang auf der Stange zu sitzen und
nicht einmal krächzen zu können«.

Aber dann, am Ende des Verfahrens, retten doch die
»Zwangsverteidiger« den Prozess: Im März 1977, nach über
180 Verhandlungstagen und mehreren Affären – Akten, Anruf, Abhören –, erscheinen die Vertrauensanwälte nicht mehr
zu den Sitzungen. So halten die »Zwangsverteidiger« die Plädoyers. Natürlich eine Farce. Aber ohne sie wäre das Verfahren geplatzt, kurz vor Schluss. Das Stammheim-Verfahren
hätte noch einmal von vorne beginnen müssen.

Durch die geänderte Strafprozessordnung hatte sich die
Zahl der Vertrauensanwälte deutlich reduziert: Standen den
Angeklagten 1974 noch »25 gewählte Verteidiger zur Seite«,[144]
waren zum Prozessauftakt ganze vier im Gerichtssaal, bald
darauf mit Heldmann fünf.

Das Spektrum der RAF-Anwälte ist im Jahr 1977 facettenreich. Unter den Verteidigern in Stammheim ist der Star Otto
Schily: rhetorisch brillant, schlagfertig und souverän. Der
Kopf der Verteidigung. Niemand käme auf die Idee, dass er
sich mit den politischen Zielen seiner Mandantin Ensslin identifiziert.

Die Anwälte Becker und von Plottnitz sind ausgeschieden.
Auch andere haben sich von der RAF verabschiedet, die Nase
voll. Der in Stammheim ausgeschlossene Croissant ist Testa-
mentsvollstrecker von Ulrike Meinhof und verficht auf zahlreichen Veranstaltungen die These, sie sei in ihrer Zelle ermordet worden. Vor der drohenden Festnahme flüchtet er im Juli
nach Frankreich und beantragt politisches Asyl. Arndt Müller
und Armin Newerla schmuggeln Kassiber, Waffen und einiges

mehr nach Stammheim, alles, was sich
die Häftlinge wünschen. Baaders Ex-
Vertrauensanwalt Siegfried Haag sitzt
im Gefängnis. Ebenso Eberhard Becker,
der für Raspe vorgesehen war, dann
aber in den Untergrund ging, zur Gruppe »4. 2.« Und einer von Baaders früheren Vertrauensanwälten ist spurlos
verschwunden: Jörg Lang, Croissant-
Sozius, war bereits im September 1974
abgetaucht, kurz vor dem Termin seines
eigenen Strafprozesses. Vorwurf: Unterstützung einer kriminellen Vereinigung. Mit einer Pressemitteilung meldete er sich ab. Seine letzten Worte:
»FREIHEIT FÜR DIE RAF«.

*Star der Verteidigung:
Otto Schily*

35. Aktenaffäre

Das Jahr 1977 beginnt in Stammheim mit der »Aktenaffäre«:
eine Durchstecherei unter Richtern. Ein Bundesrichter sinnt
auf publizistische Rache für Urteilsschelte im *Spiegel*. Dessen
beispiellose Chuzpe schockiert viele in der Republik. Rechtsstaat geht anders.

Den Vorgang deckt Rechtsanwalt Otto Schily auf. Es beginnt mit einem Befangenheitsantrag: Schily stellt ihn für Gudrun Ensslin gegen Prinzing – 171. Verhandlungstag, 10. Januar
1977. Schilys Begründung: Prinzing hätte ohne Wissen der übrigen Senatsmitglieder Aktenteile aus dem Stammheimer Verfahren an Bundesrichter Albrecht Mayer geschickt. Mayer ist
stellvertretender Vorsitzender des dritten Strafsenats des Bun-

desgerichtshofs in Karlsruhe. Und dieser Senat ist die »Rechtsaufsicht« für das Stammheimer Verfahren: zuständig für alle
Beschwerden gegen Beschlüsse und auch für das Urteil insgesamt im Falle einer Revision. Die gilt als sicher.

Was herauskommt: Nachdem in Stammheim »Kronzeuge«
Gerhard Müller, letzter Begleiter von Ulrike Meinhof, im Juli
1976 erklärt hatte, nach seinem Kenntnisstand sei Rechtsanwalt Otto Schily Transporteur des Ensslin-Kassibers gewesen,[145] rief Bundesrichter Mayer beim Vorsitzenden Prinzing
in Stuttgart an: »Uns«, so sagt er, würde, »der den ›Ensslin-Kassiber‹ betreffende Teil der Aussage Müllers interessieren.« »Uns« – also seinen Senat. So versteht es Prinzing. Also
kein Pluralis Majestatis.

Unter Vorsitz von Albrecht Mayer hatte vier Jahre zuvor der
dritte BGH-Senat den Schily-Beschluss gefällt: Mit ihm bestätigte er den vom BGH-Ermittlungsrichter verfügten Ausschluss von Otto Schily »als Verteidiger von Gudrun Ensslin«
wegen des »Ensslin-Kassibers«. Diesen Beschluss kassierte ein
halbes Jahr später das Bundesverfassungsgericht, mit der – aus
Perspektive der Bundesrichter – ohrfeigenartigen Begründung,
sie hätten verkannt, dass es für den Ausschluss überhaupt keine
Rechtsgrundlage gab.

In dem Telefonat im Sommer 1976 sagt Prinzing seinem
»Aufsichtsrichter« Mayer »die Übersendung der entsprechen-
den Aussageteile« zu. Von seiner Geschäftsstelle lässt er noch
Fotokopien der drei entscheidenden Seiten[146] aus dem BKA-
Vernehmungsprotokoll von Müller dazulegen – es ist einge-
stuft als »VS-Vertraulich«. Den Umschlag schickt die Se-
nats-Geschäftsstelle mit Dienstpost an »Herrn Richter am
Bundesgerichtshof A. Mayer, Karlsruhe, 3. Strafsenat«.

Die »Dienstpost« aus Stuttgart legt der Bundesrichter aber
nicht seinen Senatskollegen vor, sondern schickt Kopien weiter an Herbert Kremp, den Chefredakteur der Tageszeitung
Die Welt. »Lieber Cartellbruder Kremp!«, beginnt Mayer, er-

innert an ein Telefonat über das Ensslin-Kassiber, erläutert die in Kopie beigefügten Müller-Aussagen und fragt:»Möchte sich die ›Welt‹ nicht unter dem Aspekt dieser neuen Erkenntnisse noch einmal mit dem Aufsatz im *Spiegel* vom 4.9.1972 (Nr. 37) Seite 67 befassen?« Vielleicht könne »diese Aufgabe gar einen Chefredakteur reizen«?

Dieser *Spiegel*-Artikel hatte den Bundesrichter gewurmt. Maßlos. Das Nachrichtenmagazin hatte den Schily-Beschluss scharf kritisiert und geschrieben, Deutschlands oberste Strafrichter böten ein »eindringliches Beispiel dafür, wie zu Lasten des Betroffenen eine schwerwiegende Entscheidung auch allein auf Verdachtsmomente gestützt werden kann, wenn nur die richtige Richtung eingeschlagen wird«. Maßgeblich beteiligt an dieser Entscheidung sei Bundesrichter Albrecht Mayer gewesen, »ein Mann, der seiner rechten Gesinnung kaum richterliche Zurückhaltung anlegt«. Oben auf der Seite im *Spiegel* prangte ein Foto von ihm mit der Bildunterschrift:»Bundesrichter Mayer – Gesinnung statt Beweis«.

Für diesen Artikel sinnt Mayer nun auf Rache – scheinheilig schreibt er seinem »Cartellbruder Kremp«, ihm gehe es ausschließlich um die Sache.»Nicht um meinetwillen« solle *Die Welt* berichten,»sondern um einmal wieder die Haltung und die Praktiken dieses Blattes deutlich werden zu lassen, das sich seinerzeit mit eilfertiger Bereitwilligkeit die – wie sich nun zeigt – von Ströbele und Müller ausgeheckte Entlastungslegende zu eigen machte und das den Baader-Meinhof-Leuten sowie publizistische, gelegentlich sogar materielle Unterstützung (Honorare für Interviews aus der Untersuchungshaft) zuteil werden ließ«. Es wäre ihm »lieb, wenn die übersandten Unterlagen … nach Ausgebrauch vernichtet würden« – Mayers schlechtes Gewissen ist nicht zu überlesen. Der »Übersendung eines Belegexemplares« bedürfe es nicht – denn:»ich habe die ›Welt‹ abonniert«. Und »solltest Du in der Sache noch eine Frage haben: ich bin im allgemeinen … von 9 bis 12 Uhr …

BAADER/MEINHOF

Richtige Richtung

Platzt der Mahler-Prozeß? Der fragwürdige Beschluß des Bundesgerichtshofs in der Kassiber-Affäre gegen Rechtsanwalt Schily bringt jetzt auch die Berliner Justiz in ein Dilemma.

Joachim Stancke, Rechtsanwalt und Bundesgeschäftsführer der FDP, qualifizierte den hohen Richterspruch als „geradezu unglaublich". „Massives Unbehagen" empfand in München die liberale „Süddeutsche Zeitung", die „Frankfurter Rundschau" notierte „Willkür".

Die Urteilsschelte gilt einer Entscheidung dreier Richter vom 3. Strafsenat des Bundesgerichtshofs, die letzte Woche eine Beschwerde des Berliner Strafverteidigers Otto Schily verwarfen und ihn weiterhin von der Verteidigung seiner Mandantin Gudrun Ensslin ausschlossen.

Bundesrichter Mayer
Gesinnung statt Beweis

ten zusammen waren und überdies die „absolut perfekten" Sicherheitsmaßnahmen (NRW-Justizminister Neuber-

zuwider — nicht geräumt, sondern wochenlang mit bis zu sechs Insassinnen belegt war und deshalb ein Kassiber von Zellenfenster zu Zellenfenster hätte „gependelt" werden können, übergehen die hohen Richter mit einem Satz.

Die Möglichkeit schließlich, Gudrun Ensslin habe die Botschaft von ihrem Zellenfenster per Sichtkontakt zu dem etwa 130 Meter entfernten, für jedermann zugänglichen Korridor des benachbarten Landgerichts übermittelt, taten die Karlsruher Bundesrichter mit einem Argument aus dem vorigen Jahrhundert ab: Der Empfänger hätte die umfangreiche Botschaft ablesen und mühevoll „wieder zu Papier gebracht haben" müssen.

Daß er den Inhalt des mit einem Feldstecher auf diese Entfernung gut lesbaren Schriftstücks gleich auf Tonband gesprochen haben oder — noch einfacher — das Papier mit einem Teleobjektiv (bei einer Brennweite von 800 mm auf 130 Meter Entfernung sind

beim BGH, ab 16 Uhr … in meiner Wohnung erreichbar.« Letzter Hinweis in diesem Schreiben: »Ich sah dich im übrigen kürzlich zu mitternächtlicher Stunde in Jahn's Keller nach dem Festkommers in München und wechselte, neben Dir stehend, mit Franz Josef Strauß ein paar Worte.« Zeilen, die überraschend wichtigtuerisch klingen für den stellvertretenden Vorsitzenden des »politischen« Senats in Deutschlands höchstem Strafgericht.

Kremp reizt die Geschichte nicht. In der *Welt* erscheint kein Artikel. Aber Schily bekommt Mayers Kremp-Schreiben gesteckt.

Zu Schilys Befangenheitsantrag erklärt Prinzing, vorzuwerfen sei ihm nichts. »Mir ging es allein um die objektive innerdienstliche Unterrichtung des 3. Strafsenats, der daran ein berechtigtes Interesse hat«, schreibt er in einer »Dienstlichen Erklärung« am 10. Januar 1977. Ob er seine Senatskollegen davon unterrichtet habe, wisse er nicht mehr. Aber das sei auch egal – weil: »Über solche Dinge kann der Vorsitzende allein entscheiden.« Prinzings Kollegen verwerfen Schilys Ablehnungsgesuch. Bei ihrem Vorsitzenden sehen sie keine »Besorgnis der Befangenheit«.

Anders ist das Ergebnis für Bundesrichter Mayer – Schily hatte den Präsidenten des Bundesgerichtshofs Robert Fischer am 7. Januar 1977 über den Sachverhalt informiert. Mayer wird umgehend umgesetzt in einen anderen Strafsenat.

Beim Bundesgerichtshof zieht niemand ernsthaft in Zweifel, dass Mayers Schreiben ein unzweifelhafter Beleg für die »Besorgnis der Befangenheit« bei ihm ist. Zu den Aufgaben der Medien, der »vierten Gewalt« im Staate, wie sie oft charakterisiert werden,[147] gehört, sich mit Entscheidungen der drei Staatsgewalten kritisch auseinanderzusetzen. Nach der funktionalen Rollenverteilung im Grundgesetz verbietet es sich deshalb, dass nach einer Urteilsschelte ein Richter, Teil der dritten Gewalt, dienstliche Unterlagen an eine Redaktion schickt, damit diese seine Kritiker kritisiert. Und eine ganz besonders herbe Enttäuschung aus Sicht eines funktionierenden Rechtsstaates ist, dass ausgerechnet der Richter die *Welt* für eine persönliche Regung mit Dienstmaterial zu munitionieren versuchte, der an zentraler Stelle über die Einhaltung der rechtsstaatlichen Grundsätze im Stammheim-Verfahren zu wachen hatte. Durch Mayers Machenschaften dürften Baaders übelste Fantasien vom Rechtsstaat übertroffen worden sein: eine Sache unter »Cartellbrüdern«, die Mitternacht um Franz Josef Strauß herumstehen.

36. Anrufaffäre

Im Januar 1977 geht es weiter mit Ablehnungsanträgen gegen Prinzing. Seine Nerven haben durch die 20 Monate strapaziöse Sitzungen spürbar gelitten. Zum ersten Mal stellt auch ein »Zwangsverteidiger« einen Befangenheitsantrag gegen ihn, Ensslin-Anwalt Manfred Künzel. Es geht um das aus seiner

Sicht noch immer unzureichend geklärte Verhältnis zwischen den beiden Vorsitzenden in Stuttgart und Karlsruhe, Prinzing und Mayer. Einen solchen Antrag hatte Prinzing nicht erwartet. Denn mit Künzel, den er zum Pflichtverteidiger bestellt hatte, verbindet ihn ein besonderes Verhältnis: Künzel war bei ihm zur Ausbildung als Referendar. Und so erblickt Prinzing in ihm seinen »Vertrauensanwalt«, jedenfalls am Abend des 13. Januar 1977.

Nach Feierabend ruft er bei ihm in Waiblingen an: »Herr Künzel, Ihr Antrag ist für mich das Schlimmste, was ich in zwei Jahren mitgemacht habe«, bricht es aus dem Vorsitzenden heraus, er klingt erschöpft: Für ihn mache es einen Unterschied, von welcher Seite der Verteidigerriege ein solcher Antrag käme. »Nun wird wieder die Presse über mich herfallen«, bemitleidet sich Prinzing am Telefon. Schon wieder! Seine Presse ist schlecht.

Künzel erwidert, Prinzings Antwort auf die Frage nach seinem Verhältnis zu Bundesrichter Mayer sei unverständlich gewesen, nicht nur für ihn: Prinzing hatte erklärt, über private Gespräche sage er nichts, auch wenn sie sich mit Rechtsfragen befassten. Künzel bittet Prinzing, »sich doch einmal in die Lage der Frau Ensslin zu versetzen«: Die müsse sich doch nun sagen, »dass eine zukünftige Revision sinnlos« sei, weil »ja ein Austausch zwischen den beteiligten Senaten stattgefunden habe mit dem Ziel, ein revisionssicheres Urteil zu erstellen«.

»Das ist doch der Frau Ensslin egal«, erwidert Prinzing, »das kommt doch alles von Rechtsanwalt Schily.« Künzel überzeugt das nicht. »Wenn ich das nicht durchstehe, Herr Künzel …«, jammert sein früherer Ausbilder.

»Ein Richter, der diese Sorge hat«, fast Künzel bald darauf seine Sicht gegenüber dem Senat zusammen, »sie einem anderen gegenüber äußert und dies gegenüber einem Verteidiger, der gerade einen Ablehnungsantrag gegen ihn gestellt hat, will auf die Verteidigung einwirken.«

Wegen des Nach-Feierabend-Telefonats stellt Baader-Verteidiger Heldmann eine Woche später, am 20. Januar 1977, dem 174. Verhandlungstag, einen Befangenheitsantrag; es ist der 85. gegen Prinzing: »Seine Äußerungen begründen die Besorgnis seiner Befangenheit gegenüber dem Angeklagten Baader«, erklärt Heldmann, »dass er Anträge der von den Angeklagten gewählten Verteidiger gegenüber denen der anderen Verteidiger von vornherein geringer bewertet.«

Prinzing unterbricht die Sitzung um 9.11 Uhr. Der Senat berät. Um 16.45 Uhr eröffnet die Sitzung Eberhard Foth, einer der bisherigen Beisitzer. Prinzing fehlt, nun sitzt einer der vier Ergänzungsrichter mit am Richtertisch. »Ich habe folgenden Beschluss zu verkünden«, beginnt Foth: »Die Ablehnung des Vorsitzenden Richters Dr. Prinzing ist begründet.« Nicht entscheidend sei, ob Prinzing tatsächlich befangen sei oder sich befangen fühle, sagt der neue Vorsitzende: »Maßgebend ist, ob aus der Sicht der Angeklagten vernünftigerweise Misstrauen in die Unparteilichkeit des Richters gesetzt werden kann.« Diese Befürchtung sei nicht ganz von der Hand zu weisen, weil aus Sicht der Angeklagten die Befürchtung nicht unbegründet erscheine, Prinzing messe bestimmten »Anträgen eine geringere Bedeutung bei, als ihnen sonst zukäme«.

Zeitenwende der Atmosphäre im Gerichtssaal – Januar 1977: Die Verhandlungsführung von Foth unterscheidet sich deutlich von Prinzings. Foth ist moderat, ausgesprochen zuvorkommend, vermeidet Schärfen. Gelassenheit ist seine Stärke. Aber zu heilen ist nichts mehr. Und der Anrufaffäre folgt die Abhöraffäre.

37. Abhöraffäre

Wanzen in Stammheim? Vom Staat belauschte Verteidiger-
gespräche? Abwegig, völlig abwegig – denken viele zunächst.
Aber es entpuppt sich als noch schlimmer. 184. Verhandlungstag in Stammheim – 15. März 1977. Enss-
lin-Verteidiger Otto Schily beantragt, »die Hauptverhandlung
zu unterbrechen und Herrn Bundesinnenminister Maihofer
zu vernehmen: zur Klärung der Frage, ob Gespräche zwischen
den Angeklagten dieses Verfahrens einerseits und Gespräche
zwischen den Angeklagten und ihren Verteidigern andererseits unzulässigerweise heimlich abgehört, auf Tonband aufge-
zeichnet und Staatsschutzbehörden oder anderen Dienststel-
len zur Auswertung überlassen worden sind«. Über Schilys
Worte schüttelt Oberstaatsanwalt Peter Zeiss den Kopf und
spricht von einem »haltlosen Antrag«. Foth und seine Richterkollegen weisen den Antrag zurück.

Dann aber – zwei Tage später, völlig überraschend, erfolgt
ein Geständnis von zwei Ministern. Ein Staatsgeständnis: In
Stuttgart treten Baden-Württembergs Innenminister Karl
Schiess und Justizminister Traugott Bender, beide CDU, vor
die Presse und erklären,[148] dass in den Jahren 1975 und 1976
»in zwei Fällen rechtfertigenden Notstands im Sinne des Paragrafen 34 StGB in der Vollzugsanstalt Stuttgart-Stammheim
Gespräche zwischen Verteidigern und Mitgliedern der Baader-
Meinhof-Bande abgehört« worden seien.

Das erste Mal sei »mit vorheriger Zustimmung beider Minister« nach dem Anschlag auf die deutsche Botschaft in
Stockholm am 24. April 1975 abgehört worden – dabei seien
»am 29.4.1975 Hinweise auf einen Kinderspielplatz und eine
möglicherweise dort geplante Geiselnahme« erlangt worden;
das zweite Mal nach der Festnahme von Rechtsanwalt Siegfried Haag am 30. November 1976. »Es musste damit gerech-

Innenminister Karl Schiess und Justizminister Traugott Bender

net werden«, heißt es in der Minister-Erklärung, »dass die noch in Freiheit befindlichen mindestens acht Gruppenmitglieder auch nach der Festnahme Haags die bisherige Planung spontan in die Tat umsetzen werden.«

Rechtlich sei nichts Verbotenes geschehen, betonen beide Minister. In beiden Fällen habe es sich um rechtfertigenden Notstand[149] gehandelt: »Nach den vorliegenden Informationen« hätte »mit Aktionen der Baader-Meinhof-Bande in allernächster Zeit unter Gefährdung des Lebens unschuldiger Dritter gerechnet werden« müssen. Zwar habe die »Vertraulichkeit des nicht-öffentlich gesprochenen Wortes nach Paragraf 201 StGB strafrechtlich einen hohen Rang«. Aber einen noch höheren Rang hätte »der Schutz des Lebens unschuldiger Bürger«. Deshalb müsse diesem bei einer »Güterabwägung der Vorrang« zukommen. Abschließend versichern beide Minister, diese Entscheidungen würden sie »in vergleichbaren Situationen in gleicher Weise treffen«.

Rechtlich ist das Belauschen von Verteidigergesprächen ein schwerer Eingriff in fundamentale Positionen eines Rechtsstaats – es tangiert gleich zwei wichtige Regelungen: Die »Vertraulichkeit des Wortes« – nach § 201 Strafgesetzbuch darf das

nicht öffentlich gesprochene Wort eines anderen grundsätzlich
nicht auf Tonträger aufgenommen werden – und den unausge-
spähten »mündlichen Verkehr« zwischen Beschuldigtem und
seinem Verteidiger im Strafverfahren (§ 148 Strafprozessordnung).[150]

Im Gerichtssaal beteuern Richter und Staatsanwälte, nichts
von den verwanzten Besucherzellen in der Justizvollzugsanstalt nebenan gewusst zu haben. »Mich hat das maßlos geärgert«, sagt Eberhard Foth rückblickend.

Otto Schily ist erbost über das, was die beiden Minister ver-
anlassten – das Vertrauensverhältnis zwischen Anwalt und
Mandant ist Grundvoraussetzung für eine Verteidigung im
Rechtsstaat, und deshalb verbietet es sich grundsätzlich, dieses
Verhältnis durch Wanzen auszuforschen. »Was hier in diesem
Verfahren stattfindet, kann man nicht anders benennen als die
systematische Zerstörung aller rechtsstaatlichen Garantien«,
zürnt Schily im Gerichtssaal. »Die Verteidigung kann es unter
keinen Umständen verantworten, hier nur eine Minute länger
in dem Verfahren mitzuwirken, um hier noch vielleicht als
eine Art Alibi aufzutreten.« Schily packt seine Sachen, steht
auf und geht. Zurück kehrt er nicht mehr.

Ebenfalls entsetzt über das staatliche Lauschen ist »Zwangsverteidiger« Manfred Künzel. Deshalb beantragt er beim Senatsvorsitzenden Foth, seine Bestellung als Pflichtverteidiger
für Ensslin aufzuheben. Durch »heimliches Abhören von Verteidigergesprächen« habe der Staat »in Gestalt der Exekutive
in schwerwiegender Weise rechtswidrig« in ein justizielles
Verfahren eingegriffen«, schreibt er in seinem Entpflichtungs-
antrag am 16. April 1977. Diese Verletzung »wohl auch grund-
rechtlich verbürgter strafprozessualer Rechte sowohl der Angeklagten als auch der Verteidigung kann nicht mehr geheilt
werden«. Doch der Senat verwirft Künzels Antrag; er muss
Ensslin weiter verteidigen. Trotzdem betritt der Anwalt den
Gerichtssaal nicht wieder. Er könne es »aus Gewissensgrün-

den nicht mehr«, erläutert Künzel seinen Anwalts-Ungehor-
sam: »Für jemanden, der von Verteidigung auch nur eine leise
Ahnung hat, ist es selbstverständlich, dass man nach einem
Lauschangriff nicht mehr tätig sein kann.« Wenn angesichts
dessen die Wahlverteidiger, die in dem Verfahren die »vorran-
gige Bedeutung« hätten, in »legitimer und legaler Weise« ihre
Tätigkeit einstellten, sei »für das Verbleiben des gegen den
Willen des Angeklagten bestellten Verteidigers im Verfahren
kein Raum mehr«. Der »Zwangsverteidiger« gegen den Willen
von Gudrun Ensslin ist bitter enttäuscht vom Rechtsstaat. »In
Fällen, in denen staatliche Organe die Verteidigung zerschlagen haben, wie es in Stammheim geschehen ist«, lautet sein
Fazit, »muss der Staat den Vorwurf hinnehmen, dass eine Verteidigung am Verfahren nur zeitweise oder überhaupt nicht
beteiligt war.«

Schnell kommt im März 1977 heraus, was zwei Jahre zuvor
auf der siebten Etage der Justizvollzugsanstalt Stammheim
passierte: Zwei Techniker des Bundesamtes für Verfassungsschutz bauten als »technische Amtshilfe« für das Landeskriminalamt Baden-Württemberg am 1., 2. und 3. März 1975 in
fünf Zellen Wanzen ein. Und im Mai 1975 installierten Techniker des Bundesnachrichtendienstes aus Pullach in »zwei nicht
belegten Zellen« Abhöreinrichtungen. Der Chef des Bundeskanzleramtes, Staatssekretär Manfred Schüler, genehmigte den
BND-Inlandseinsatz in Stammheim. Nach offizieller Darstellung wurde an insgesamt 22 Tagen abgehört. Die erste Abhör-
welle ging über zehn Tage, zwischen dem 24. April und dem 9.
Mai 1975, die zweite über 12 Tage, zwischen dem 6. Dezember
1976 und dem 21. Januar 1977.

Einzelheiten dieser in der Geschichte der Bundesrepublik –
hoffentlich – bislang einmaligen Staatslauscherei liegen bis
heute im Dunkeln, weil, so seinerzeit die Auskunft des baden-württembergischen Justizministers Bender, die Mitschnit-
te bereits gelöscht waren, als der Vorgang im März 1977 auf-

flog. Zudem existieren auch keine sonstigen Dokumente
(mehr) über das staatliche Handeln, die es nachvollziehbar
machen könnten.

Auskunft erteilt Justizminister Bender dem Senatsvorsitzenden Foth in einem Brief vom 28. März 1977, den er mit
»Sonderboten« nach Stammheim bringen lässt:[151] Er betonte,
»dass die beiden Abhöraktionen in der Vollzugsanstalt Stuttgart als Mittel der vorbeugenden Verbrechensverhütung rein
präventiver Natur waren« und im Mehrzweckgebäude »keine
Gespräche abgehört worden« seien. Demnach wurde »nur« in
JVA-Zellen abgehört – zum Umfang schrieb der Justizminister: »Es war angeordnet worden, dass die Gespräche zwischen
den Angeklagten Baader, Ensslin, Meinhof und Raspe und den
von ihnen gewählten Verteidigern befristet abgehört werden
sollen. Nach dem Besucherbuch der Vollzugsanstalt Stuttgart
sind die Angeklagten in den beiden fraglichen Zeiträumen von
den Verteidigern Becker, Chotjewitz, Dr. Croissant, Düx,
Haag, Köncke, Müller, v. Plottnitz, Riedel, Ripke, Ströbele,
Temming, Tilgener, Schily und Weidenhammer besucht worden.« Ob alle abgehört wurden, lasse sich »heute nicht mehr
feststellen«: Die Aufzeichnungen seien »weisungsgemäß unverzüglich nach dem Abhören gelöscht worden«, weil sie keine Hinweise auf »möglicherweise geplante schwere Straftaten
enthielten«.

Das Landeskriminalamt sei »lediglich noch im Besitz der
Tonbandaufzeichnung eines Gesprächs vom 29. April 1975
zwischen Ulrike Meinhof und einem inzwischen aus anderen
Gründen gemäß § 138a StPO vom Verfahren ausgeschiedenen
Verteidiger« – er meint Croissant: »Dabei hat Ulrike Meinhof
die Möglichkeit der Geiselnahme eines Kindes erwähnt.« Das
Innenministerium beabsichtige aber nicht, »diese Aufzeichnung dem von ihr Betroffenen zur Verfügung zu stellen, zu-
mal das Gespräch am Verfahren nicht mehr beteiligte Personen betrifft«. Später ist auch dieses Band verschwunden.

Einiges ist nicht plausibel, betrachtet man die Darstellungen von Staatsseite. Schon der Anlass für die Stammheimer Verwanzung leuchtet nicht ein. Bereits sieben Wochen vor dem Anlass für die erste »Abhörung« waren die Mikrofone installiert worden: Anfang März 1975. Der Stockholm-Überfall erfolgt am 24. April 1975. So dürfte es sich um eine »Vorratsverwanzung« gehandelt haben.

Die Tonbandaufzeichnung, von der Bender berichtet, es geht um ein Gespräch zwischen Meinhof und Croissant, ist heute nicht mehr in den Unterlagen zu finden, die das Hauptstaatsarchiv in Stuttgart vom Innenministerium übernommen hat; auch nicht ein Transkript. *Der Spiegel*[152] berichtet von einer fragmentarischen Abschrift eines Gespräches zwischen Ulrike Meinhof und Rechtsanwalt Croissant zum Thema Kinder-Geiselnahme, vieles auf dem Band sei »unverständlich«. »Es könnte ja auch ein Kind sein, das die Terroristen nehmen«, soll danach Rechtsanwalt Croissant gesagt haben. »Ein Kind, ja. Dann ist die Entscheidung genauso schwierig für die Regierung. Es kann ja auch ein Kind sein, vom Spielplatz …« Meinhof soll erwidert haben: »Wenn also wirklich wer ein Kind, uns auszulösen, ich bitte dich, dann sollte man es tun.«

Diese Äußerungen passen überhaupt nicht in das RAF-Bild: Baader & Co. entwickelten ein breit gefächertes Spektrum an Befreiungsideen – aber eine »Kinder-Geiselnahme« war nie dabei. Schwer fällt die Vorstellung, dass ausgerechnet die sensible Ulrike Meinhof, Mutter von Zwillingstöchtern, die ihre »Mäuse« über alles liebte und in der Haft sehnlichst vermisste, tatsächlich dafür votierte, irgendein Kind von einem Spielplatz zu entführen. Und noch schwerer fällt die Vorstellung, dass RAF-Schlüsselanwalt Croissant tatsächlich die Befreier der RAF-Führungscrew »Terroristen« nannte. Nach ihrem Verständnis führte die RAF einen legitimen »bewaffneten Kampf«. Deshalb bezeichnete kein RAF-Mitglied Komplizen als »Terroristen« – weder intern noch gegenüber Dritten. Das belegen

Tausende Seiten Dokumente aus dieser Epoche. Die RAF-Logik verbot es geradezu, einen »bewaffneten Kämpfer« als »Terroristen« zu bezeichnen.[153] Üblich war die Formulierung »Genossen«[154]. Den Ausdruck »Terroristen« verwandten Strafverfolger, Gerichte und ein Teil der Medien. So spricht einiges dafür, dass es sich bei der angeblichen »Abschrift« um die Erfindung von jemandem handelt, der sich mit der Vorstellungswelt und dem Duktus der RAF nicht besonders gut auskannte.

Ganz besonders verwundert in der Rückschau die Intransparenz des staatlichen Handelns: Dokumente wurden vernichtet oder womöglich erst gar nicht gefertigt, um eine »Aktenlage« zu vermeiden. So ist nicht nachvollziehbar, auf welche – von beiden Ministern behaupteten – »konkreten Tatsachen« sie ihre Entscheidung stützen. Also, aus welchem Grund tatsächlich die Wanzen in Stammheim eingebaut wurden. Ebenso wenig ist nachvollziehbar, wer wann wo tatsächlich abgehört wurde. Und das einzige, nach dem Auffliegen der ganzen Abhörerei angeblich noch existente Tonband wurde vernichtet. Die angebliche Abschrift bietet in der Gesamtschau Anlass zu der Vermutung, dass es sich um einen Fake handelt.

Nachdem die Abhöraffäre aufgeflogen ist, bleiben neben Schily auch die anderen Vertrauensanwälte der Verhandlung fern. Sie halten ihre Plädoyers im Stuttgarter Park-Hotel: juristisch irrelevant, für die Medien interessant.

Nachdem die Vertrauensanwälte Stammheim verlassen haben, verlaufen die letzten sechs Verhandlungstage vergleichsweise konfliktfrei. Am vorletzten Verhandlungstag, dem 191., Donnerstag, 21. April 1977, plädieren die Nicht-Vertrauensanwälte – die Angeklagten sind nicht erschienen und im Hungerstreik. Um 9.00 Uhr beginnen die fünf Rest-Verteidiger, um 11.50 Uhr sind sie fertig. Ensslins Anwalt Oswald Augst brauchte ganze drei Minuten – nach über 190 Verhandlungstagen. Alle forderten die Einstellung des Verfahrens, unter anderem wegen des Lauschangriffes und des befangenen Bundesrichters. Keiner der Anwälte hatte jemals mit einem der Angeklagten gesprochen.

Am Morgen des 28. April 1977, dem Tag der Verkündung, bringt ein Polizeikonvoi den Vorsitzenden Eberhard Foth ins Mehrzweckgebäude nach Stammheim – unterwegs schließen sich zwei Motorräder an. Genau drei Wochen zuvor war Generalbundesanwalt Buback ermordet worden. Der Mann, der mit seiner Unterschrift das Mammutverfahren in Gang gebracht hatte. Weil die Polizei weitere RAF-Motorradattacken fürchtet, schickt sie eigene Motorräder zum Zwecke der Verteidigung mit.

Dass das Urteil im Ergebnis zutreffend ist, bestreitet wohl niemand, abgesehen vom RAF-Freundeskreis: Ernsthaft lässt sich nicht bestreiten, dass die drei Angeklagten Baader, Ensslin und Raspe für die Mai-Offensive verantwortlich waren und deshalb auch für die Morde und Mordversuche. Aber! Dass die neuen Strafverfahrensvorschriften mit Blick auf ein bestimmtes anstehendes Verfahren geschaffen wurden, hat zumindest einen gewissen Hautgout. Verfassungsrechtlich allerdings war das nicht verboten. Denn das Rückwirkungsverbot des Grundgesetzes – Artikel 103 Absatz 2: »Eine Tat darf nur bestraft werden, wenn die Strafbarkeit gesetzlich bestimmt war, bevor die Tat begangen wurde« – gilt nur für Vorschriften im Strafrecht, nicht im Strafverfahrensrecht.[155] So wurden die neuen Regelungen auch höchstrichterlich nicht beanstandet, sondern angewendet.[156]

Anders aber die drei Stammheimer A-Affären: Bei keiner ging es mit rechten Dingen zu. So liegen diese Affären in der Rückschau wie ein Schmutzfilm über dem »großen Baader-Meinhof-Prozess«.

38. Befreiungsmodelle

Von seinem »Lebenslänglich«-Urteil erfährt Andreas Baader durch Amtsinspektor Horst Bubeck. Bubeck ist Schwabe, 44, stellvertretender Leiter des uniformierten Vollzugsdienstes in Stammheim und für die siebte Etage zuständig. Für die Entscheidung interessiert sich Baader aber nicht sonderlich, nimmt das, was ihm Bubeck erläutert, beiläufig zur Kenntnis. »So, wie wenn Sie zu jemandem sagen: Fahren Sie mit Ihrem Auto doch mal weg, Sie behindern da vorn jemanden«, schildert Bubeck später Baaders Reaktion.

Für Baader ist die Entscheidung keine Überraschung. Für ihn läuft schon längst Plan B. B wie Befreiung. Der vierte Anlauf ist in Arbeit.

Seit fast fünf Jahren sitzt er nun im Gefängnis. Von Anfang an brannte er darauf, dass ihn Genossen aus dem Gefängnis holen. In Kassibern fordert er sie auf, zu handeln: Er drängt auf einen Neuaufbau der RAF mit der vorrangigen Aufgabe der Gefangenenbefreiung.

So schildert er in einem Kassiber aus der Justizvollzugsanstalt Schwalmstadt, verfasst vermutlich Ende 1973, den Genossen draußen, wie man Sprengstoff aus Tresoren in Steinbrüchen stehlen und optimal mischen kann und dass sie »ein klares politisches und darin bestimmtes militärisches Ziel« haben sollten: »Im Zusammenhang Knast heißt das die Gefangenen rausholen, heißt das für euch solang ihr so schwach seid und weil ihr so schwach seid, alle Kräfte auf diesen Job zu konzentrieren.«[157]

Baader entwickelt zwei Befreiungsmodelle. Das eine ist die direkte Befreiung aus dem Gefängnis. Für ihn zunächst »die beste« Lösung: »nachts auf das dach. Paar ziegel abheben (wenn an der aussenseite keine luke ist) reinkriechen, die ziegeln wieder einhängen, sich durch die decke in den raum neben dem klo sägen.« Dies dauere »höchstens ne halbe stunde, wenn du das richtige werkzeug hast. (stemmeisen, stichsäge (kuhfuß, bohrer) für holz, fuchsschwanz vielleicht.)« Für die Flucht erwartet er mindestens zwei Autos, »weil ich natürlich umsteigen muss« – »in allen ... muss guter polfunk sein«.[158]

Zweite Variante: Freipressung durch eine Entführung. Sie rückt im Lauf der Zeit in den Vordergrund seiner Überlegungen: »irgendein austausch«, kassibert Baader, »ist einfacher zu organisieren, euer risiko ist kleiner mit minimalen eigenen kräften.« Er empfiehlt »bundestagsabgeordnete« oder »landtagsabgeordnete (mindestens zwei) ... aus den richtigen ausschüssen«.[159] Baader drängt in seinen Kassibern die Genossen draußen, endlich zur Tat zu schreiten: »das beste z u e r s t die aktion die den gefangenenaustausch bringt.« Er verweist auf sein »operatives wissen« und bietet an: »ihr müsstet nur sagen ne offensive auf der linie so und so viele Kommandos + wir können euch ein konzept entwickeln.«[160]

Vor 1977 hatte es drei Anläufe gegeben, Baader zu befreien, zwischen 1973 und 1976. Alle ohne Erfolg: Die ersten acht, die sich zusammenfanden, um Baader & Co. zu befreien, überrumpelt die Polizei im Schlaf. Am 4. Februar 1974 um vier Uhr stehen schwer bewaffnete Beamte in zwei konspirativen Wohnungen in Hamburg, Bartholomäusstraße 20, und in Frankfurt, Eleonore-Sterling-Straße 56. Unter den Verhafteten sind Margrit Schiller und Helmut Pohl, beide bereits verurteilt wegen Unterstützung einer kriminellen Vereinigung, weil sie Baader-Meinhof halfen. Auch dabei ist Eberhard Becker, Rechtsanwalt und Ex-Kanzleipartner von Siegfried Haag. Die Gruppe hat sich hochgerüstet: In den Zimmern finden die Beamten 14 Pistolen und Revolver, 18 Handgranaten, vier Maschinenpistolen, zwei Gewehre, fünf Tretminen, ein Kilo Plastiksprengstoff und jede Menge Chemikalien, aus denen sich Bomben herstellen lassen. Außerdem stellen sie acht Exemplare des rororo-Thrillers *Die Mörder von morgen*

```
euere sache,aber ich denke a - wenn nicht so,irgendein austausch,ist
einfacher zu organisieren,euer risiko ist kleiner ' mit minimalen
eigenen kräften .. '
bundestagsabgeordnete - wo sie sicher ausserhalb bonns in ihren kreisen
                        treffen - aber die richtige fraktion innerhalb
                        der spd - oder aus ihren häusern.
landtagsabgeordnete (mindestens 2) wie die mdb aus den richtigen aus-
                        schüssen.
nur als beispiel: typen die gruppen repräsentieren auf deren loyalität
                  die regierung angewiesen ist - möglicherweise auch
                  richter -wobei gar nicht mal so wichtig ist,dass sie
                  mit unseren verfahren befasst sind,solange ihr
                  mehrere schnappen könnt.Nach der vereinbarung der
                  innenministerkonferenz hat das leben der geisel vor-
                  rang - naja,was das schon heisst - vor strafrechtlicher
                  verfolgung.
```

Baader-Kassiber: »eure sache«

von Jennie Melville sicher. Tatsächlich! Das Codebuch der Gruppe.

Formiert hatte sie sich von September 1973 an,[161] geeint von dem »Willen, die Gefangenen herauszuholen«, berichtet Margrit Schiller später. In den fünf Monaten hatte sie fünf konspirative Wohnungen beschafft, Garagen und 150 000 Mark bei einem Banküberfall in Hamburg. In der Frankfurter Wohnung finden die Ermittler einen Kassiber von Baader, er drängt die Gruppe, loszuschlagen: »Überhaupt wird es absolut zeit, das man erfährt, dass es euch gibt: ihr in erscheinung tretet. es ist auch wichtig für die komitees und die prozesse.«[162]

Den Text sieht Alfred Klaus nach den Verhaftungen im Februar 1974 zum ersten Mal. Bei keiner der Razzien zuvor sind seine Kollegen auf ihn gestoßen. Damit ist für Klaus klar: Baader hat Kommunikationskanäle, die die Ermittler nicht kennen.

Die Verhaftungen[163] sind für die RAF-Häftlinge ein herber Rückschlag. Manfred Grashof kassibert an Baader am 4. November 1974: »es ist schon zum kotzen, aber sei mal sicher: mit dem, was am 4.2. hoch ging: truppen, material, know how hätten wir 3x lange raus sein können.«[164] Über Monate hatten Dutzende Beamte des Hamburger Verfassungsschutzes die Gruppe observiert. Fortan ist sie für die Stammheimer Häftlinge das abschreckende Beispiel dafür, wie man durch Zögern und Zaudern mit dem Projekt »Neu-RAF« scheitert.

Auch der zweite Anlauf zur zweiten Baader-Befreiung klappt nicht: Die Stockholmer Botschaftsbesetzer scheitern im April 1975, weil es zunächst Helmut Schmidt kategorisch ablehnt, RAF-Häftlinge ausfliegen zu lassen, und dann die von ihnen angebrachten Sprengladungen explodieren. Von den RAF-Neueinsteigern verlieren durch die Explosion zwei ihr Leben, die anderen vier verurteilt das Oberlandesgericht Düsseldorf[165] zu lebenslanger Haft. »Stockholm wäre die Aktion gewesen«, sagt einer von ihnen, Karl-Heinz Dellwo, rückblickend, »die die Niederlage von 1972 aufgehoben hätte, also die Verhaftung fast der gesamten RAF.« Aus Stockholm zieht die RAF die Konsequenz, nie wieder an einem Ort greifbar zu operieren.

Der nächste Anlauf startet drei Wochen nach Stockholm. Baaders bester Bursche geht in den Untergrund: Siegfried Haag gelingt es in anderthalb Jahren, ein Dutzend junger Menschen um sich zu scharen und mit ihnen die »Offensive« zur Gefangenenbefreiung vorzubereiten.

Als Andreas Baader in Stammheim von Haags Verhaftung hört, flucht er, vor allem darüber, dass der neue RAF-Kopf nicht die Pistole zog. »Das ist doch ein klarer Mangel an Loyalität uns gegenüber«, schäumt er und nennt seinen einstigen Vertrauensanwalt einen »Oberbullen«. »Überhaupt, die da draußen«, zetert er, »denen fehlt doch die erforderliche Härte für Aktionen, die uns hier herausholen.« Allen in der siebten Stammheimer Etage ist klar: Ohne Haag sind die draußen ohne Führung. So startet Baader den vierten Anlauf, um befreit zu werden.

39. Mohnhaupt

Mit seiner Freundin Gudrun Ensslin bespricht Baader, dass
Brigitte Mohnhaupt die Führung der Gruppe draußen übernehmen soll. Noch zwei Monate, dann wird sie entlassen. Seit
einem knappen halben Jahr ist sie auf der siebten Etage in
Stammheim, seit dem 3. Juni 1976. Dorthin verlegt hatte sie die
Justizverwaltung nach dem Tod von Ulrike Meinhof im Mai
1976, um dem Vorwurf der »Isolationshaft« Wind aus den Se-
geln zu nehmen; ebenso Ingrid Schubert. Im Januar 1977 folgt
Irmgard Möller. Fast jeden Tag sitzt Mohnhaupt mit Baader,
Ensslin und den anderen zusammen, bis zu vier Stunden. Baader und Ensslin instruieren sie über Wochen – für die beiden
stehen zwei Ziele im Vordergrund: Die Illegalen sollen motiviert und die Kommunikation mit ihnen optimiert werden.
Mohnhaupt ist ein Wirbelwind: klein, 1,60 Meter groß, zäh,
beinhart in der Sache und souverän in der Diskussion. Baader
ist von ihr begeistert: von ihrem Engagement für die gemeinsame Sache, von ihrer Entschlusskraft und ihrer unnachgiebi-
gen Härte. Baader und Bundeskriminalamt sind sich bei
Mohnhaupt einig: Für BKA-Analyst Kommissar Klaus ist sie
eine »ganz besonders Harte«.

Sieben Wochen nach ihrer Ankunft in Stammheim hatte sie
im Verhandlungssaal nebenan gezeigt, wie sie mit der Justiz
umgeht – umspringt! Die 26-Jährige sollte als Zeugin etwas
sagen zur Struktur der RAF in der Baader-Meinhof-Ära.

Kampfeslustig betritt sie den Saal, 22. Juli 1976, 129. Verhandlungstag.

»Quatsch« und »lächerlich« nennt sie gleich zu Beginn der
Vernehmung, was der Vorsitzende über sie sagte, als er die Angaben zu ihrer Person fürs Protokoll machte: »... früher Studentin, JVA Stuttgart«. Mit der Bezeichnung »berufslos« ist
sie einverstanden.

Dann erklärt sie, »dass ich hier von Ihnen von dem Gericht
und von der Bundesanwaltschaft sowieso keine Fragen beantworten werde. Das wäre völlig absurd, weil so ist das Verhältnis nicht. Für das Verhältnis zwischen uns, dem Gericht, der
Justiz, der Bundesanwaltschaft ist der genaue Begriff ›Krieg‹.«
Deshalb würde sie »nur die Fragen der Verteidigung beantworten«. Der Vorsitzende sagt, dass dies »kein hinreichender
Grund« für eine Auskunftsverweigerung nach § 55 der Strafprozessordnung sei, wenn sie erkläre, nur Fragen der Verteidigung zu beantworten. »Mich interessiert das aber überhaupt
nicht«, erwidert Mohnhaupt unbeeindruckt, »ich habe das
wirklich satt hier.«

Vorsichtig setzt Prinzing an, fragt Mohnhaupt, ob sie »Mitglied der RAF gewesen« sei.

Mohnhaupt: »Das ist erklärt worden, dass ich Ihnen keine
Antwort gebe.«

Prinzing: »Unter Berufung auf § 55 …«

Mohnhaupt: »Und ich werde dieses Ritual jetzt nicht bei
jeder Frage wiederholen, also das ist unmöglich.«

Prinzing: »Wollen Sie mir Antwort geben auf die Frage, ob
Sie …«

»Nein, natürlich nicht.«

Dann spricht Mohnhaupt über das von den Vertrauensanwälten gewünschte Thema »Struktur« der Gruppe. Es geht um
die Frage, ob die Rote Armee Fraktion Anfang der 70er-Jahre
eine hierarchische Struktur besaß. Das hatte der »Zeuge der
Anklage« Gerhard Müller Wochen zuvor in Stammheim behauptet – und zwar »führender Kopf«: Baader, »Kern«: Meinhof, Raspe, Ensslin, Meins, »Randmitglieder«: etliche. Mohnhaupt widerspricht wortreich. Quintessenz: Es hätte »einzelne
Einheiten« in der Republik gegeben, die »autonom« gewesen
seien und über ihre Operationen eigenständig entschieden hätten. Sie sei in Berlin gewesen. Damals, vor fünf Jahren.

»Frau Mohnhaupt«, hakt Beisitzer Kurt Breucker nach, »Sie

Versteckte Kamera in Stammheim: Baader, Ensslin, Mohnhaupt

sagten, zu dieser Zeit seien ...« »Sie können es ruhig lassen«, unterbricht sie ihn, »ich werde da sowieso nichts drauf sagen.« Breucker fragt, ob auch Jan-Carl Raspe dort gewesen sei. Mohnhaupt: »Ich habe schon gesagt, also das ist wirklich nicht hier meine Angelegenheit, Ihre Fragen zu beantworten.« Doch, »Ihre Angelegenheit« sei es, wirft der Vorsitzende ein, »dem Gesetz nach«. Die Ermahnung weist die Zeugin zurück: Sie wisse wohl »am besten, was ich hier mache«. Prinzing erwidert, ihr Verhalten hätte »Züge an sich, die kann man wirklich unter Erwachsenen nicht recht begreifen«. »Ihre Unverschämtheiten können Sie ruhig lassen«, ermahnt Mohnhaupt den Vorsitzenden.

Der weist sie darauf hin, dass sie nach Paragraf 70 der Strafprozessordnung »zur Erzwingung des Zeugnisses bis zu sechs Monaten in Haft genommen werden« könnte. »Ja, ja«, winkt Mohnhaupt ab. »Ich kenn die Bestimmung; aber das interessiert mich wirklich absolut nicht.«

Oberstaatsanwalt Zeiss erhält das Wort. Er setzt zu einer Frage an. Mohnhaupt unterbricht ihn – Zeiss versucht, sie zu unterbrechen: »Sind Sie doch mal ruhig, Frau Mohnhaupt, wenn ich spreche.« Mohnhaupt zeigt sich empört: »Ach, hören Sie doch auf, an mir rumzuquatschen, wirklich!«

Regierungsdirektor Werner Widera von der Bundesanwaltschaft beanstandet, dass es sich bei Mohnhaupts ellenlanger Erklärung zur RAF-Struktur um »eine vorbereitete Aussage«

handle, die sie verlesen hätte. Der Vorsitzende sieht es anders, meint, zwar hätte sie »schriftliche Unterlagen« vor sich, aber nach seinem Eindruck seien Mohnhaupts Antworten »nicht verlesen«.

Mohnhaupt zu den Bundesanwälten: »Das ist der spezifische Kretinismus.« Prinzing reicht's. Er erklärt, das Gericht sei nicht mehr bereit, ihre »Ausfälligkeiten, die Sie schon wiederholt trotz Abmahnungen nicht unterlassen haben« hinzunehmen – gegen sie kämen Ordnungsmaßnahmen in Betracht. Er fragt, ob sie sich dazu äußern wolle. »Ich bleibe dabei, das ist wirklich der spezifische Kretinismus, dass natürlich die Bundesanwaltschaft überhaupt nicht glauben kann, denken kann, dass einer von uns das wirklich im Kopf hat und nicht auf dem Papier.« Gleichgültig-entspannt fährt sie fort: »Natürlich, da machen Sie doch eine Ordnungsstrafe, sehr gerne.«

Kurz darauf verkündet der Vorsitzende: »Der Senat hat beschlossen, es wird gegen Sie eine Ordnungsstrafe von drei Tagen wegen Ungebühr verhängt. Sie haben in Bezug auf Ausführungen der Bundesanwaltschaft von Kretinismus gesprochen und trotz ...« – Mohnhaupt fällt ihm ins Wort: »spezifischen!« Prinzing korrigiert sich: »... spezifischen Kretinismus – und trotz Abmahnung davon nicht abgelassen.«

Baaders Vertrauensanwalt Heldmann fragt die Zeugin: »Gibt oder gab es Rechtsanwälte als Mitglieder der RAF?« »Rechtsanwälte sind Rechtsanwälte«, antwortet sie. »Und als Rechtsanwälte sind sie keine RAF-Mitglieder. Und ganz sicher wollen wir auch keine Rechtsanwälte in der RAF haben oder hatten je welche.« Später erkundigt sich Oberstaatsanwalt Zeiss: »Haben Sie dabei auch an die Herren Rechtsanwälte Mahler, Haag, Lang und Becker gedacht?«[166]

Zwei Vertrauensanwälte beanstanden die Frage. Prinzing erklärt die Frage für zulässig. Mit einer Handbewegung und einem »Bitteschön« fordert er Mohnhaupt auf zu sprechen. »Also die Frage ist einfach so dumm, dass eigentlich schon

Studentin Mohnhaupt

wieder ganz gut ist, darauf zu antworten.« Prinzing unterbricht sie: »Sie können sich jetzt dazu äußern, dass eine erneute Ordnungsstrafe gegen Sie zu erwägen ist, wegen Ihrer beleidigenden Form. Wollen Sie sich dazu äußern?« Mohnhaupt lacht. Damit ist für sie alles gesagt.

Eine kurze Umfrage am Richtertisch, dann verkündet Prinzing: »Der Senat hat beschlossen: Gegen die Zeugin wird eine erneute Ordnungsstrafe in Form einer Ordnungshaft von drei Tagen verhängt. Sie hat sich einer Ungebühr schuldig gemacht, indem sie eine korrekte und zugelassene Frage der Bundesanwaltschaft als so dumm bezeichnet hat, dass darauf keine Antwort zu geben sei.« Das nun gerade hatte Mohnhaupt nicht gesagt.

Anschließend gibt es keine Fragen mehr. Ende der Vernehmung. Mit den Mitteln des Strafprozessrechts vermochte der Stuttgarter Staatsschutzsenat Brigitte Mohnhaupt nicht beizukommen.

Geboren wurde Brigitte Mohnhaupt am 24. Juni 1949 im niederrheinischen Rheinberg. Ihr Vater ist Verlagskaufmann, ihre Mutter arbeitet als Sekretärin. Die Ehe wird 1960 geschieden. Brigitte wächst bei der Mutter auf. Nach dem Abitur in Bruchsal beginnt sie im Wintersemester 1967/68 an der Philosophischen Fakultät I der Ludwig-Maximilians-Universität in München zu studieren. Ihr Studienziel ist »Journalistin«, auch ihr Freund Rolf Heißler möchte Journalist werden.

Ende 1969 trennen sie sich. Mohnhaupt bekommt Kontakt zu Baader und Ensslin. Im Frühjahr 1971 schließt sie sich der ersten RAF-Generation an, wird deren Statthalterin in Berlin.

Die Polizei schnappt sie am 9. Juni 1972 in Berlin-Tiergarten, in der Nähe des U-Bahnhofs Hansaplatz – zwei Tage nach Gudrun Ensslin und sechs Tage vor Ulrike Meinhof. In ihrer Handtasche steckt eine schussbereite Pistole FN, Kaliber 9 mm, mit 14 Schuss, daneben ein Reservemagazin mit zwölf Schuss Munition. Ihr Begleiter hat eine Pistole und eine Handgranate dabei. Das Landgericht Berlin[167] verurteilt sie zu vier Jahren und sechs Monaten Gefängnis – wegen Beteiligung in einer kriminellen Vereinigung, Urkundenfälschung und unerlaubtem Waffenbesitz. Im Gefängnis kämpft sie weiter: In der Berliner Frauenhaftanstalt Lehrter Straße schlägt Mohnhaupt im April 1973 einer Schließerin ins Gesicht. Deswegen muss sie zwei Monate länger sitzen. Tag ihrer Entlassung ist der 8. Februar 1977. Für die letzten 12 Tage verlegt sie die Justizverwaltung in die Vollzugsanstalt Bühl. So als ob sie dort vom Stammheimer Gedankengut »desinfiziert« werden könnte.

40. Generalbevollmächtigte

Ohne Brigitte Mohnhaupt wäre die »Offensive 77« nicht so gelaufen, wie sie lief: Nach dem Buback-Mord ist Mohnhaupt für das Kommando der Ansprechpartner in der Amsterdamer Wohnung, in die sich die Illegalen zurückgezogen haben. Bei Ponto fährt sie selbst mit nach Oberursel, um den Dresdner-Bank-Chef als Geisel abzuholen. Und als während der Schleyer-Entführung die Bundesregierung auf Zeit spielt, reist sie nach Bagdad und gibt bei Palästinensern die Entführung einer Lufthansa-Maschine in Auftrag. Alle RAF-Selbstbezichtigungsschreiben des Jahres 1977 tragen die Handschrift der ehemaligen Journalismusstudentin.[168]

Als Brigitte Mohnhaupt am Morgen des 8. Februar 1977 aus

der Gefängnispforte in Bühl in die Freiheit hinaustritt, erwarten sie Volker Speitel und Elisabeth von Dyck, Mitarbeiter aus dem »Büro«, der Rechtsanwaltskanzlei Croissant in Stuttgart. Klaus Croissant gilt damals in der Bundesrepublik als Terroristenanwalt par excellence. Bei etlichen Veranstaltungen, bei Pressekonferenzen, in Universitäten und in Jugendzentren spricht er über »Isolationsfolter« und »Vernichtungshaft« und wirbt um Sympathien für die RAF-Mandantschaft.

Bevor der Schwabe zu einer Symbolfigur in der RAF-Struktur wurde, war er ein gefragter Scheidungsanwalt des Stuttgarter Establishments und bekennender FDP-Sympathisant. Der Sohn eines Drogisten, geboren 1931 in der schwäbischen Kleinstadt Kirchheim/Teck, hatte sich schnell zu einem erfolgreichen Anwalt am Neckar hochgearbeitet. In den frühen 70ern stößt er zu der RAF-Verteidigerfront und übernimmt PR-Aufgaben. Mit dem Habitus eines gestandenen Rechtsanwalts ist er dafür prädestiniert, unterscheidet sich von den heißspornigen Junganwälten. Den Bundesgerichtshof nennt Croissant »einen braunen Gangsterhaufen«. Im Februar 1977 fühlt er sich vom jahrelangen politischen Kampf ausgebrannt. Er ist ein Auslaufmodell, weiß es nur noch nicht so richtig.

Mohnhaupts erstes Ziel ist, dieses »Büro« auf Zack zu bringen. Sie will es in ein effizient funktionierendes Bindeglied zwischen Illegalen und Stammheimer Häftlingen verwandeln; ebenso als Anlaufstelle für Unterstützer und Sympathisanten der RAF.

Schon am ersten Tag brennt in der Langen Straße 3 die Luft zwischen Croissant und ihr. Anlass ist ein Telefonat des »Alten«. Nebenan diskutiert Mohnhaupt mit Mitarbeitern der Kanzlei und mischt sich dabei in das Telefonat ein – Mohnhaupt liebt es, mindestens zwei Sachen gleichzeitig zu tun. Telefonieren ist Croissants Hauptbeschäftigung in dieser Zeit. Er hasst es, wenn ihn jemand dabei stört.

Und so will er es nicht hinnehmen, dass ihm Mohnhaupt in

Stuttgart, Lange Straße 3: Anwalt Klaus Croissant

sein Telefonat hineinquatscht: Es ist seine Kanzlei, und er ist 45; sie ist 27 und verbrachte mehr als zwei Drittel ihres volljährigen Lebens im Gefängnis. Für Mohnhaupt ist Croissants Position inakzeptabel. Erzürnt nennt sie ihn ein »unbrauchbares bourgeoises Schwein« und verkündet, sie werde ihn aus dem »Büro« rausschmeißen. Der Alte ist sichtlich verstört.

Die gerade erlangte Freiheit hätte auf »die sowieso schon nicht gerade phlegmatische Mohnhaupt wie ein Aufputschmittel« gewirkt, berichtet Volker Speitel über ihren Start im »Büro«: »Sie konnte zwei Tage überhaupt nicht pennen, quasselte ununterbrochen.«

Alle in der Kanzlei wissen, dass sie die »Legitimation der Gefangenen« besitzt, »im Auftrag der Stammheimer« handelt, berichtet Speitel: Das hätten die via Kassiber dem »Büro« mitgeteilt. Mohnhaupt ist aber auch deswegen für alle eine Respektsperson, weil sie zusammen mit Baader, Ensslin und Raspe über ein halbes Jahr auf der siebten Etage inhaftiert war; ebenso wegen ihrer Rolle in der ersten RAF-Generation und nicht zuletzt der Tatsache, dass Baader sie zur Statthalterin in Berlin gemacht hatte. Und dann ist da natürlich auch noch ihr resolutes Wesen. Sie lässt sich von niemandem sagen, wo es langgeht – abgesehen natürlich von Baader und Ensslin. Legitimation, Stallgeruch, Resolutheit – das sind die Faktoren, die der Mohnhaupt in der Gruppe eine besondere Macht verleihen.

Innerhalb weniger Tage krempelte sie das »Büro« um und erschafft die »neue Ordnung«: »Legaler Öffentlichkeitstyp« wird Croissant, »Postanwälte« werden seine beiden Kollegen, die Rechtsanwälte Müller und Newerla. In erster Linie sind sie für den Transport von Kassibern und anderem von und nach Stammheim zuständig. Den Kontakt zu den Illegalen und RAF-Sympathisanten halten »Kuriere«. Zu ihnen gehören Elisabeth von Dyck, Volker Speitel, bald auch Ralf Baptist Friedrich, Hans-Joachim Dellwo und Christof Wackernagel. Daneben gibt es Uneingeweihte, Sekretärinnen und ihre Hilfskräfte. »Unklare Typen« müssen das »Büro« sofort verlassen.

Mohnhaupts »neue Ordnung« stellt die bisherige Hierarchie in der Kanzlei auf den Kopf. Nun rangieren die Anwälte ganz unten, die Gefangenen ganz oben. »Man kann sagen, ab Februar 1977 wurden alle zentralen Entscheidungen des Büros, die gesamte politische Linie bis hin zur Organisierung der Tätigkeit der Anwälte durch uns oder die Gefangenen bestimmt«, blickt Volker Speitel zurück, er war Mohnhaupts persönlicher Betreuer im »Büro«. Croissant wird nur noch geduldet, ähnlich ist es bei Müller und Newerla: Bei ihnen wird, so formuliert Speitel die Stammheimer Perspektive, »das, was sie an Scheiße machen, durch ihre Funktion aufgehoben«.

Mohnhaupts Machtergreifung führt auch zu einer verstärkten Abschottung des RAF-Helfer-Treibens, einer erhöhten Konspiration und deshalb auch zu einer »neuen Postordnung« mit vier Kategorien: »Sicherheitsstufe Nr. 1« haben Briefe von den Gefangenen zu den »Illegalen« – das sind die, die mit Falschidentitäten im Untergrund leben – und umgekehrt. Die Briefe sind verschlossen, sodass die Transporteure keine Kenntnis vom Inhalt bekommen können. Um Verwechslungen auszuschließen, ist »am Umschlag eine Ecke umgeknickt«, erinnert sich der damalige Kurier Hans-Joachim Dellwo, und »bei mit Tesafilm verschlossenen Briefen unter dem Tesafilm ein Haar eingeklebt«. Stufe 2 sind Mitteilungen der Gefangenen an Volker Speitel oder einen anderen Betreuer im »Büro«. Sie sind verschlossen; häufig auch »so codiert, dass die Anwälte, die sie transportierten, ihren Inhalt nicht verstanden«, berichtet Speitel. Dritte Kategorie sind die internen Diskussionen der Gefangenen untereinander: Sie werden von den Anwälten in den Verteidigerunterlagen ohne besondere Sicherheitsmaßnahmen transportiert. Keine besonderen Sicherheitsmaßnahmen gibt es für Papiere über Strategie und Politik der Gefangenen, die in ausgewählten legalen Unterstützerkreisen verteilt wurden.

Höchste Vorsicht gilt für die Kuriere auf den Wegen zu den Illegalen. Unterwegs tun sie alles nach den Regeln der »Schüttel-Kunst«, um mögliche Verfolger auffliegen zu lassen oder abzuhängen. So bauen sie sich »aus den legalen Notwendigkeiten ein ›Cover‹ zusammen, das einen in die Richtung oder in die Nähe des Treffpunkts« führt, berichtet Volker Speitel, später Kronzeuge in Sachen RAF. Dann setzen sie sich vorsichtig und schnell ab zu ihrem Treff. Nicht viel später sind sie wieder in ihrem »Cover«, ihrer Legende. Häufig sind die Treffs in Gaststätten. Beliebt bei der RAF ist der »Wienerwald«, eine Brathendlkette. Unterwegs benutzen die Kuriere »ausschließlich öffentliche Verkehrsmittel und Taxis«, berichtet Dellwo, weil sie davon ausgehen, dass ihre Fahrzeuge überwacht werden. Um es Verfolgern schwer zu machen, starten sie aus Stuttgart häufig in eine verkehrte Richtung. Unterwegs steigen sie mehrfach um und schauen, ob ihnen jemand auf den Fersen ist. »Ich beispielsweise fuhr nach Ulm, wenn ich nach Frankfurt wollte«, berichtet Dellwo. Absolutes Tabuthema ist für die Kuriere bei allen Treffs, was die RAF macht oder vorhat – es gilt das konspirative Need-to-know-Prinzip: Bei den Treffs wurde »über die Tätigkeit der Illegalen« nicht gesprochen, blickt Dellwo zurück, es hätte der Grundsatz gegolten, »dass man nur das wissen müsse, was für den Job notwendig war«. So laufen die Strippen des RAF-Terrors durch die Kanzlei in Stuttgarts Langer Straße 3.

Ihr zweites Ziel verwirklicht Mohnhaupt knapp drei Wochen nach der Haftentlassung: Ende Februar 1977 taucht sie ab und stößt zu den Illegalen. Mit den vorhandenen Planungen zum Buback-Mord ist sie einverstanden, bei der Umsetzung macht sie sofort mit. Ihre Rolle bei der RAF im Jahr 1977 ist ähnlich einer Regisseurin, die kurz vor der ersten Premiere einer Spielzeit zum Ensemble stößt und von da an bis zu deren Ende alle Aufführungen gestaltet. Vom ersten Tag an genießt sie Achtung und Autorität, nicht nur aufgrund ihrer »Legitimation«. Boock, Wisniewski, Klar, Folkerts und andere RAF-Mitglieder schätzen, wie sie die Dinge steuert und koordiniert. Sie finden es »stark«, dass Mohnhaupt zu ihnen gestoßen ist. Selbst der robuste Wisniewski ordnet sich ihr unter. Bei einem Treffen in den Niederlanden ist er unaufmerksam, da herrscht sie ihn an: »Hör zu, dann kannst du was lernen.« Wisniewski hört zu.

Zwischen ihr und Peter-Jürgen Boock funkt es. Sie werden ein Paar. Der ehemalige Heimzögling und die ehemalige Journalismusstudentin. Mohnhaupt hat das Sagen.

In den ersten fünf Monaten im Untergrund reist Mohnhaupt viel umher, im In- und Ausland. Sie ist in Amsterdam, Utrecht, Brüssel, Köln, Paris, Luxemburg, Lüttich, Gießen, Düsseldorf, Frankfurt und anderswo. Über die Kuriere steht sie in ständigem Kontakt zu den Stammheimer Häftlingen.

So wächst Mohnhaupt rasch nach ihrer Entlassung in die führende Rolle bei der RAF hinein. Ihr Kopf bleibt sie fünf Jahre lang. Bis zur Verhaftung 1982.

SOMMER

DRITTER ABSCHNITT.
PONTO

41. Susi

Susanne Albrecht ist die »gefährlichste Terroristin« der Bundesrepublik für die Medien ab Ende Juli 1977. Sechs Jahre zuvor, nach ihrem Abitur, war sie ein unsicheres Mädchen aus einer großbürgerlichen hanseatischen Familie. Ihr Blick ist zumeist traurig und oft scheu wie der eines Rehs. »Susi« wird sie in ihrer Familie genannt, wirkt schüchtern und ziemlich groß: durch ihre Schlaksigkeit deutlich größer, als sie tatsächlich ist, 1,76 Meter. »Sie war gleichzeitig tapsig wie ein Bär und lässig wie eine Giraffe«, erinnert sich ihre Schwester Julia.

Damals, nach dem Abitur, hatte sie viele Voraussetzungen, um eine arrivierte Elbvorort-Hanseatin zu werden: Aufgewachsen im feinen Hamburger Elbvorort Othmarschen, der Vater ist erfolgreicher Seerechtsanwalt, passt sie genau ins Höhere-Tochter-Beuteschema der Hamburger Gesellschaft mit Söhnen im heiratsfähigen Alter in den Elbvororten entlang der Elbchaussee – Othmarschen, Nienstedten, Blankenese, Iserbrock, Rissen. Aber dorthin will Susanne nicht.

Sie will sich sozial engagieren, Menschen helfen; am Ende sogar den RAF-Häftlingen aus den Gefängnissen heraus. In die RAF schlittert sie nicht hinein, über Jahre bewegt sie sich auf sie zu. Hausbesetzerszene. Sympathisantenszene. Unterstützerszene. Illegalität. Ihr Helfersyndrom bringt sie über mehrere Stationen in den Untergrund.

Geboren wurde Susanne Albrecht am 1. März 1951 in Hamburg, als zweites von vier Kindern. Ihr Vater Hans-Christian war Abgeordneter in der ersten Hamburger Bürgerschaft von 1946 bis 1948 und Mitglied der CDU; ihre Mutter Bibliothekarin.

Susanne fehlt es an nichts. Sie wächst so auf, wie in den 50er- und 60er-Jahren Mädchen in den feinen Elbvororten aufwachsen: Klassische Musik gehört dazu – sie lernt Geige und Klavier, ebenso Sport – sie spielt Tennis. Gelegentlich geht sie angeln.

Susanne entwickelt sich zu einem in sich gekehrten, grüblerischen Mädchen – einem Mädchen voller Traurigkeit. Sie zieht sich zurück, meidet immer mehr den Kontakt zu ihren Geschwistern, den Eltern und Freunden. Sie wirkt immer etwas blasser als ihre Geschwister. In der zweiten Hälfte der 60er-Jahre hockt sie oft tagelang in ihrem Zimmer, sinniert über den Sinn des Lebens; sieht alles nur noch schwarz. In der Schule wird sie mäßig und noch schlechter. 1969 entscheidet ihre Mutter: »So geht das mit dir nicht weiter.«

Susanne kommt ins Internat Solling nach Holzminden. Dort stört sie das ganze Gehabe: Morgenandacht, Schulkleidung, eine strenge Trennung von Jungen und Mädchen. Sie freundet sich mit Sabine und Markus an, eine Klasse tiefer. Alle drei sind in derselben Verfassung: So erwachsen werden wie ihre Eltern wollen sie nicht, können mit deren Idealen nichts anfangen.

Im Mai 1971 schafft sie das Abitur. Nachdem sie das Internat verlassen hat, nimmt sich ihr Freund Markus das Leben. Sie ist erschüttert. »Der Bruch schlechthin«, sagt ihre Mutter Christa. Es ist der zweite große Bruch im Leben der Susanne Albrecht, nach dem Bruch mit den großbürgerlichen Idealen ihrer Eltern. Susanne Albrecht, so skizziert später das Oberlandesgericht Stuttgart – »schon immer mehr von Emotionen als vom Intellekt gesteuert – lastet die Schuld am Tod des Freundes der Welt der Erwachsenen an und im weiteren Sinne ihrem Vater«. Sie mag dessen Geld nicht, nicht dessen Erfolg,

nicht dessen Verankerung in der Hamburger Gesellschaft und erst recht nicht
seine CDU-Mitgliedschaft. »Meine
Herkunft war mir peinlich«, sagt sie
später über ihr Elternhaus.

»Hinter den zahlreichen Bildungsbe-
mühungen der Eltern stand nicht nur
das Angebot, sondern auch eine starke
Erwartungshaltung«, dies habe Susanne
Albrecht als Druck empfunden, charakterisiert ihre Entwicklung das Oberlandesgericht Stuttgart. »Die Erziehung
war streng; gelegentlich gab es Schläge.«
Das Spannungsverhältnis zu ihren
Eltern, vor allem zu ihrem Vater, macht
ihr zu schaffen. Auf der einen Seite deren konservative Vorstellungen, auf der

Susanne Albrecht

anderen ihre Hoffnungen: Sie will in ih-
rem Leben einen völlig anderen Weg gehen als ihre Eltern.

Ihr Herz schlägt für die Benachteiligten. Ihr Gewissen plagt
sie gegenüber anderen, denen es nicht so gut geht wie ihr. Den
Wunsch ihrer Eltern, dass sie und ihre Geschwister ihre Freunde möglichst aus der gleichen gesellschaftlichen Schicht aus-
wählen, erachtet sie »als unangemessen und sozial nicht gerechtfertigt«, konstatiert das Oberlandesgericht Stuttgart.

Nach dem Abitur arbeitet sie einige Monate als Aushilfe im
Krankenhaus Altona. Dann beginnt sie, Pädagogik und Sozio-
logie in Hamburg zu studieren, Wintersemester 1971/72. Mit
21 zieht sie bei ihren Eltern aus. Ab November 1972 lebt sie in
Wohngemeinschaften. Fünf Jahre lang.

Sie engagiert sich an einem sozialen Brennpunkt in Hamburg. Im Osdorfer Born, einer grauen Plattenbausiedlung im
Westen der Hansestadt, betreut sie zusammen mit Soziolo-
gie-Kommilitonen milieugeschädigte Kinder und Jugendliche.

Spielnachmittage gestaltet sie mit ihnen, redet mit den Eltern. Durch das, was sie in dieser Zeit erlebt, fühlt sie sich in ihrem Ziel bestärkt, sich für mehr Gerechtigkeit in der Gesellschaft einzusetzen. Dann die Enttäuschung. Die Jugendlichen zerschlagen ihren Pavillon. Ende des Projekts.

Susanne Albrecht engagiert sich in der Hausbesetzerszene, in der Ekhofstraße 39. Das heruntergekommene Haus in Hamburg-Hohenfelde hatten am Gründonnerstag 1973 50 junge Menschen besetzt. Sie wollen einen Neubau durch die Bewo-Bau verhindern. Eine Tochter der »Neuen Heimat«.

»Hausbesetzungen« greifen in der Republik um sich, damals, in der ersten Hälfte der 70er-Jahre. Erstmals in Deutschland wird ein Haus im Herbst 1970 im Frankfurter Westend besetzt, erstmals in Hamburg zweieinhalb Jahre später: in der Ekhofstraße. Ein großes Thema in den Hamburger Zeitungen. Die Besetzer sind gegen Abriss und Mietwucher und für mehr sozialen Wohnraum in Hamburg.

Nach fünf langen Wochen spitzt sich dort die Lage zu. Die Räumung droht. Susanne Albrecht gesellt sich aus Solidarität dorthin – wie Karl-Heinz Dellwo, Bernhard Rößner, Wolfgang Beer und Christa Eckes. Alle später RAF-Mitglieder. Bei der Räumung am 23. Mai 1973 wird sie festgenommen und gefesselt, zu hart, wie sie meint. Auf der Polizeiwache folgt eine erkennungsdienstliche Behandlung. Ein Schlüsselerlebnis für sie. Durch das Vorgehen der Beamten – sie fühlt sich unschuldig – habe sie »erstmals ein negatives Erlebnis in Bezug auf die Staatsgewalt«, gibt sie später zu Protokoll. Das Erlebnis ist für sie »ein totaler Schock«. Niemals hätte sie gedacht, »dass die Polizei gegen friedliche Menschen so brutal vorgehen würde«.

42. Komitees

Sie macht mit beim »Komitee Ekhofstraße«. Thema: das »brutale Vorgehen der Polizei gegen friedliche Hausbesetzer«, so Albrechts Sicht, und die Freilassung der Festgenommenen. Wochen später wechselt ein Teil dieses Komitees in das »Komitee gegen Folter an politischen Gefangenen in der BRD«. Albrecht geht mit. Im Frühjahr 1973 waren in 23 westdeutschen Städten derartige »Folterkomitees« gegründet worden, initiiert von RAF-Anwälten und Personen aus dem RAF-Freundeskreis – unter anderem in Frankfurt, München, Stuttgart, Berlin, Heidelberg, Tübingen, Kassel und Hamburg. Ziel der Komitees ist, eine breite Öffentlichkeit zu mobilisieren, die sich gegen die Haftbedingungen der RAF-Häftlinge ausspricht und sie dadurch verändert. Eine von RAF-Anwälten straff organisierte Kampagne zu den Haftbedingungen, letztlich ein Sympathiefeldzug für die RAF-Häftlinge.

Aus den Gefängnissen teilen sie mit, sie würden »gefoltert« – Grundtenor der Schreiben: Wir sterben, wenn ihr uns nicht helft. Ulrike Meinhof spricht vom »Foltercharakter der Isolationshaft«. »meine auschwitzphantasien darin waren, kann ich nur sagen, realistisch«, kassibert sie über den »Toten Trakt« in der Justizvollzugsanstalt Köln. »ich habe mich ziemlich lange gewehrt, das folter zu nennen, weil ich immer dachte, die tupas[1], die sie fixen, würden immer noch sofort mit mir tauschen, bis ich begriffen habe, dass das ja nur 'ne frage der zeit, von monaten ist.«[2] Bevor stehe, so teilt Meinhof aus der Zelle ihren Anhängern draußen mit, die »liquidation der antiimperialistischen linken, wie der neue faschismus sie vorhat«.[3] Und Gudrun Ensslin schickt die Nachricht: »Unterschied toter Trakt und Isolation: Auschwitz zu Buchenwald, der Unterschied ist einfach: Buchenwald haben mehr überlebt als Auschwitz.«[4]

Den Foltervorwurf transportieren die Komitees in die Öffentlichkeit: durch Demonstrationen, Flugblätter, »Informati-
onsveranstaltungen«, Stände in Fußgängerzonen, Gespräche
mit Journalisten, »Sit-ins« und Publikationen wie »Der Tote
Trakt ist ein Folterinstrument« (43 Seiten), »Die Systematik
der Folter« (35 Seiten) und »Der Kampf gegen die Vernichtungshaft« (285 Seiten).

Zentrales Rekrutierungsargument ist das KZ-Mord-Ver-
hinderungspostulat: das Ansinnen, alles zu tun, damit nicht
wieder Häftlinge wie im Dritten Reich ermordet werden. Die
Strategie erläutert Komitee-Vordenker Christian Sigrist auf
der zentralen Komitee-Auftakt-Veranstaltung am 11. Mai
1973 in Frankfurt. Die »spezifischen Erscheinungsformen der
aktuellen Kommunistenverfolgungen« könne man nur erklären durch die »Transformation der faschistischen Justiz in die
formal rechtsstaatliche Justiz unter Wahrung der imperialistischen Kontinuität«, sagt der Soziologieprofessor aus Münster.
Daher sei es nun »Aufgabe aller demokratischen Kräfte, diese
mit den Blutmalen des Faschismus befleckte Justiz daran zu
hindern, die Vernichtungsstrategie der herrschenden Klasse zu
Ende zu führen und an diesen antiimperialistischen Kämpfern
ein Exempel zu statuieren«. Denn dies könne »auf Jahre hinaus zur Lähmung des Widerstandspotenzials in Westdeutschland führen«.

Über die »wissenschaftliche« Grundlage der Komitee-Agi-
tation diskutiert Susanne Albrecht mit ihren Genossen in der
Hamburger Gruppe. Zentrales Papier ist der Aufsatz des niederländischen Psychiaters Sjef Teuns »Isolation/Sensorische
Deprivation: die programmierte Folter«, erschienen im *Kursbuch* im August 1973 und in etlichen Fotokopien im Umlauf.
Kernaussagen: In Deutschland würden Häftlinge gefoltert;
der Entzug von Sinneseindrücken könne als wirkungsvolle
Foltermethode eingesetzt werden. Mit Blick auf die RAF-Köpfe schreibt Teuns – 1973 waren sie noch nicht in Stammheim,

sondern in verschiedenen Haftanstalten in Einzelhaft untergebracht: »Unter sensorischer Deprivation verstehen wir eine
drastische *Einschränkung* – Deprivation – der sinnlichen
Wahrnehmung – des Sensoriums –, durch die der Mensch sich
in seiner Umgebung orientiert, also Isolation von der Umwelt
durch *Aushungerung* der Seh-, Hör-, Riech-, Geschmacks-
und Tast-Organe.« Zusammenfassend lasse sich sagen, »dass
sensorische Deprivation durch das Versetzen Einzelner in eine
total künstliche, gleichbleibende Umgebung wohl das zur Zeit
geeignetste Mittel zur Zerstörung spezifisch *menschlicher* Vi-
talsubstanz ist«. Durch »Aushungerung im herkömmlichen
Sinne« könne man ebenso »wie durch Erschießen oder Verga-
sen sowohl menschliches als auch tierisches Leben vernichten«. Über Monate und Jahre angewendet, sei sie »der sprich-
wörtliche ›perfekte Mord‹, für den *keiner* – oder *alle,* außer
den Opfern – verantwortlich ist«.

Susanne Albrecht engagiert sich mit großer Hingabe in diesem Komitee, geht zu den Veranstaltungen, verteilt Flugblätter, beteiligt sich an Demonstrationen und nächtlichen Farb-
sprühaktionen, hilft im Büro des Hamburger Rechtsanwalts
Kurt Groenewold, Steuermann des Komitees in der Hansestadt. Die »Komitee-Arbeit« sei ein »full-time-Job« gewesen,
blickt Albrechts Freundin Sigrid Sternebeck zurück, die sich
mit ihr im Hamburger »Folterkomitee« engagierte. Sie kämpfen für bessere Haftbedingungen der »politischen Gefangenen« im Allgemeinen und im Besonderen für die Freilassung
»der Gefangenen aus der RAF«. Einer der Höhepunkte der
Kampagne ist die Besetzung des Büros von Amnesty International in Hamburg 1974.

Albrechts Fokus verändert sich. Ihr Freundeskreis kommt
nun immer mehr aus dem Komitee-Umfeld. Zentrales Thema
in ihrem Leben wird das des Komitees: die Folterhaft! Zu einem Radikalisierungsschub führt bei der 23-Jährigen der
Hungertod von Holger Meins. Für ihren terroristischen Wer-

degang ein Schlüsselerlebnis. Dieser Tod sei »das Schlimmste«
für sie gewesen, berichtet sie später:»Diese gesamte Situation
führte in meinem Bewusstsein zu einer Eskalation, zu einer
ohnmächtigen Wut, ja man könnte sagen, zu Hass.«
  In Wahrheit ist der Foltervorwurf nichts anderes als eine
dreiste Propagandalüge. Gefoltert im klassischen Sinne wurde
kein RAF-Häftling in den bundesdeutschen Gefängnissen. Einige von ihnen, wie Ulrike Meinhof, Gudrun Ensslin und Astrid Proll, saßen über Monate in strenger Einzelhaft. Eine Reaktion der Justiz darauf, dass die Gefangenenbefreiung erklärtes Ziel des »bewaffneten Kampfes« war.[5] In ihren Zellen
hatten die Häftlinge Radios, Schreibmaschinen, Zeitungen
und Literatur. Zahlreiche Besuche bekamen sie von Rechtsanwälten und Verwandten – mehr als Untersuchungshäftlinge
üblicherweise. Ulrike Meinhof zum Beispiel erhielt innerhalb
der ersten neun Monate 48 Besuche – 18 von Angehörigen, 30
von Anwälten. Die meisten RAF-Häftlinge durften die Runden im Gefängnishof jeweils mit anderen Häftlingen drehen.
Aber das lehnten sie ab. BKA-Kommissar Alfred Klaus, der
die Haftbedingungen aus eigener Anschauung kennt, nennt
die Vorwürfe »unsinnig und böswillig«.
  Im Laufe des Jahres 1974 werden die RAF-Köpfe Baader,
Raspe, Ensslin und Meinhof in die siebte Etage nach Stammheim verlegt. Dort haben sie – gemessen am üblichen Vollzug
der Untersuchungshaft – privilegierte Bedingungen: nicht nur
eine ganze Etage für sich. Sondern auch zwei »eiserne Prinzipi-
en« des U-Haft-Rechts werden in Stammheim außer Kraft gesetzt: Für sie gilt nicht die Regel, dass mutmaßliche Mittäter
getrennt voneinander untergebracht werden. Sie dürfen sich
gemeinsam auf das Verfahren vorbereiten und absprechen.
Und auch der strikte Grundsatz der Trennung von männlichen
und weiblichen U-Häftlingen gilt für die RAF-Köpfe nicht.
  Die Mär von der »Isolationsfolter« hat zwei strategische
Ziele. Zum einen sollte sie die ins Auge gefassten brutalen Be-

freiungsaktionen rechtfertigen, zum anderen Sympathisanten und Unterstützer akquirieren. Der Foltervorwurf zielt darauf, »die Linke in der Bundesrepublik moralisch zu erpressen und Faschismus vorzutäuschen, um die brutalisierten Kampfformen der RAF zu legitimieren«, erklärte schon 1978 Horst Mahler, Gründungsmitglied der ersten RAF-Generation.

Die Komitees erhalten regen Zulauf. 450 Menschen engagieren sich in ihnen 1974. Und sie werden – wie von Baader & Co. und ihren Anwälten geplant – tatsächlich Rekrutierungsbecken für die RAF. Susanne Albrechts Fall ist das beste Beispiel.

Während ihrer »Komitee«-Aktivitäten betreibt sie ihr Studium nebenher. Die »Erste Staatsprüfung für das Lehramt an Volks- und Realschulen« besteht sie Anfang 1976. Anschließend immatrikuliert sie sich für ein sozialpädagogisches Zusatzstudium. Aber das tritt sie nicht mehr an.

43. Handlangerdienste

Vom September 1973 bis November 1975 lebt Susanne Albrecht in einer Wohngemeinschaft in St. Georg, damals ein Schmuddel-Stadtteil, heute schon lange nicht mehr, wenige Minuten zu Fuß hinterm Hauptbahnhof, Steindamm 26. Dort wohnt sie zusammen mit ihrem Freund Karl-Heinz Dellwo. Bis der abtaucht, Anfang 1975. Er schließt sich dem »RAF-Kommando Holger Meins« an, beteiligt sich an dem Überfall auf die deutsche Botschaft und zwei Morden. Auch sein Komplize Bernhard Rößner war in der Steindamm-WG.

In der Steindamm-Zeit erbringt Susanne Albrecht Handlangerdienste für die sich formierenden Möchtegernnachfolger von »Baader-Meinhof«, die Gruppe »4.2.«.

Erwischt wird sie an der niederländischen Grenze am 11. November 1973, als sie versucht, fünf Sprengzünder nach Deutschland zu schmuggeln.

Vier Wochen später findet die Polizei ihren Reisepass bei Ilse Stachowiak, Mitglied beim »4.2.« – mit Stachowiaks Lichtbild. Den Pass hatte Albrecht einem »Michael« vom »Folterkomitee« gegeben, ihn anschließend als gestohlen gemeldet und einen neuen beantragt.

Mit der Zeit rutscht sie immer tiefer in die RAF-Helferszene ein. Sie stiehlt Personal- und Kfz-Papiere. Am liebsten ganze »Kollektionen«. In einer Studentenkneipe zieht sie Kommilitonen die Papiere aus der Tasche. »Sie war hoch motiviert«, sagt Silke Maier-Witt, die mit ihr auf Beutezug war. An der Grenze zu den Niederlanden und Dänemark späht sie für die Illegalen Wege über die grüne Grenze aus.

Nach der Auslieferung Dellwos besucht sie ihn im Gefängnis. Wahrheitswidrig gibt sie sich als dessen Verlobte aus. In dem Strafverfahren gegen ihn und seine Komplizen in Stockholm vor dem Oberlandesgericht Düsseldorf erscheint sie im Mai 1976 als, so das Sitzungsprotokoll, »Sekretärin Fräulein Albrecht« von Rechtsanwalt Croissant, einem der Dellwo-Verteidiger.

In dieser Zeit glaubt Albrechts Vater Hans-Christian, dass seine Tochter »nur einen Fuß vor dem Abgrund« steht. Er hat »große Befürchtungen« und hofft, dass sie nicht versucht, »die Welt mit Bomben zu retten«.[6]

Anfang Juni 1977 trifft Susanne Albrecht in Stuttgart den RAF-Kurier Volker Speitel und berichtet ihm, wenige Tage zuvor hätte sie bei der Familie Ponto in Oberursel übernachtet; auf der Rückreise von Basel nach Hamburg – es war der 31. Mai 1977. Der Ponto?, will Speitel wissen. Albrecht bestätigt: der Ponto. Das Schicksal nimmt seinen Lauf. Das von Jürgen Ponto, Susanne Albrecht und ihren beiden Familien. Später sagt Susanne Albrecht, das Gespräch sei »der Anfang vom

Ende« gewesen, und sie hätte nicht gewusst, dass Speitel »Kurier zwischen Gefangenen und Aktiven war«.

44. Freunde

Jürgen Ponto ist Vorstandssprecher der Dresdner Bank und die Nummer eins unter Westdeutschlands Bankern. »Prominente Industrielle sehen in ihm bereits den Nachfolger von Hermann Josef Abs«, schreibt *Der Spiegel* im August 1976. Abs ist 75 und Doyen des deutschen Bankenwesens. Das Nachrichtenmagazin attestiert dem 53-jährigen Ponto, »mit einem auf seine Person ausgerichteten Führungsstil« das Institut »zu ungewöhnlichen Wachstumsraten« getrieben zu haben.

Auch in Übersee bekommt Ponto gute Noten. Das US-Magazin *Time* nennt ihn einen von denen, die »Europas neuen Führungsstil repräsentieren«. *Newsweek* porträtiert ihn als erfolgreichen Bankier, der zu denen zähle, »die in Deutschland wirklich etwas darstellen«.

Bei Jürgen Ponto laufen etliche Fäden aus der deutschen Wirtschaft zusammen. Er ist Aufsichtsratsvorsitzender der Bank für Handel und Industrie, der Deutschen Länderbank und von AEG-Telefunken; stellvertretender Aufsichtsratsvorsitzender bei der Deutsch-Südamerikanischen Bank, der Hapag-Lloyd AG, der Friedrich Krupp GmbH und der Münchner Rückversicherungsgesellschaft. In etlichen Aufsichtsräten sitzt er, kreuz und quer in der Republik: bei der Allianz in München, Daimler-Benz in Stuttgart, Degussa und der Metallgesellschaft in Frankfurt, dem Rheinischen-Westfälischen Elektrizitätswerk in Essen und der August-Thyssen-Hütte in Duisburg.

Ponto

Geboren wurde Jürgen Ponto am 17. Dezember 1923 in Bad Nauheim. Er entstammt einer liberalen hanseatischen Kaufmannsfamilie. Die Kinderjahre bis zur Einschulung verbringt er im südamerikanischen Ecuador. Dort betreibt sein Vater Handel.

Jürgens Onkel ist der Schauspieler Erich Ponto: einer der ganz Großen auf den Kinoleinwänden in den 30er-, 40er- und 50er-Jahren. Vom »Geiger von Meißen« (1921) bis zum »Stern in Afrika« (1957). Heute kennen ihn noch viele aus der »Feuerzangenbowle« (1944) als Heinz Rühmanns Gegenspieler Professor Crey (»Schnauz«) mit dem viel zitierten Satz »Jeder nor einen wenzigen Schlock!« und als Dr. Winkel in »Der dritte Mann« (1949) von Orson Welles.

Notabitur macht Jürgen Ponto am Hamburger Wilhelm-Gymnasium, März 1942. Nach einer kurzen militärischen Ausbildung muss er als Panzerjäger in den Russlandfeldzug. Bei Stalingrad trifft ihn ein Granatsplitter am Kopf. Erst Wochen später erlangt er das Gedächtnis wieder. Die Verletzung ist so schwer, dass ihn die Wehrmacht entlässt. Nach einem längeren Lazarettaufenthalt in Dresden beginnt er im April 1944 in Göttingen Rechts- und Staatswissenschaften zu studieren; als Nebenfächer belegt er Philosophie und Kunstgeschichte. Er ist 20.

Als der Krieg vorüber ist, wechselt er nach Hamburg. Er ist vielseitig interessiert und talentiert: Er schreibt für die *Hamburger Akademische Rundschau* und spielt Theater auf der »Studentenbühne«. Dort nennt man ihn »Ponto Nummer zwei« – wegen seines berühmten Onkels.

Im Juristischen Seminar an der Rothenbaumchaussee lernt

er Mitte der 40er-Jahre den Jurastudenten Hans-Christian Albrecht kennen. Er ist drei Jahre älter und musste die deutsche Wehrmacht verlassen, nachdem bekannt geworden war, dass er Vierteljude ist: Im Sinne der Rassengesetze war sein Großvater väterlicherseits Jude, obwohl in der dritten Generation getauft.

Die Jurastudenten Ponto und Albrecht verstehen sich. Beide interessieren sich für Politik, engagieren sich für den Wiederaufbau der Universität, diskutieren gerne und spornen sich gegenseitig an. Geprägt sind sie vom Zeitgeist der Nachkriegsjahre, der Aufbruchsstimmung. Hamburg ist vom Krieg gezeichnet, in weiten Teilen zerbombt. Sie haben – so formuliert es Hans-Christian Albrecht später – »die gleichen Vorstellungen darüber, was aus den Kriegstrümmern entstehen sollte«. Beide wohnen in Alsternähe, Jürgen in der Magdalenenstraße, Hans-Christian in der Heilwigstraße. Es entsteht eine Freundschaft, die über 30 Jahre hält. Sie heirateten, Hans-Christian 1949 die Bibliothekarin Christa, Jürgen 1950 die Pianistin Ignes.

Nach seinem zweiten Staatsexamen 1952 macht Ponto rasch Karriere bei der Dresdner Bank. Zunächst in der Rechtsabteilung in Hamburg. 1964 wechselt er in die Zentrale nach Frankfurt. Er ist nicht der graue Banker alten Schlages: Er besitzt einen ausgeprägten Humor, ist kulturell umfassend gebildet, interessiert sich für Ausstellungen, Aufführungen und Konzerte mehr als für Bilanzen, ist ein brillanter Redner.

Hans-Christian Albrecht baut die Hamburger Sozietät »Hasche Albrecht Fischer« auf. Eine Top-Kanzlei für Schifffahrts- und Seerecht. Und er wird Vorsitzender des Deutschen Vereins für Internationales Seerecht. Er ist so, wie man sich einen hanseatischen Advokaten nicht unbedingt vorstellt: locker, witzig, hochintelligent und sensibel.

Die Freunde kreuzen die Patenschaften ihrer Kinder: Pontos Tochter Corinna wird Albrechts Patenkind, dessen jüngste

Tochter Julia Albrecht Pontos Patentochter. »Äußerlich hätten die beiden Männer unterschiedlicher nicht sein können«, sagt Julia Albrecht. »Jürgen groß und eindrucksvoll in seinem Auftreten. Mein Vater klein, drahtig, mit immer freundlichem Gesichtsausdruck.« Nach dem Umzug der Pontos 1966 wird der Kontakt zwischen den beiden Freunden, zwischen den beiden Familien weniger, reißt aber nicht ab.

Ponto wird mit 45, im Juni 1969, Sprecher des Vorstandes der Dresdner Bank als Nachfolger des legendären Erich Vierhub. Ponto, den Deutschen bis dahin ziemlich unbekannt – ein »unbeschriebenes Blatt« nennt ihn *Die Zeit*, als er sein Amt antritt –, strukturiert die Bank neu, beendet die Rivalitäten unter den Führungsstäben in Hamburg, Düsseldorf und Frankfurt und richtet das Haus als Universalbank aus. Das Unternehmen wird internationaler, eröffnet Niederlassungen in Singapur, New York, London, Tokio, Los Angeles und Chicago. Unter Pontos Führung verdoppelt sich die Bilanzsumme. Sie steigt von 25 Milliarden Mark 1970 auf 54 Milliarden Mark 1976. Und so gilt Ponto 1977 als Deutschlands erfolgreichster Banker. Er ist noch nicht einmal Mitte 50.

45. Vorbereitungen

Speitels Nachricht, dass Susanne Albrecht Zugang zur Familie Ponto besitzt, löst bei den Illegalen helle Begeisterung und hektische Aktivitäten aus. Sie sind sich sicher, dass einen Mann von Pontos Ruf und weitverzweigtem Einfluss Helmut Schmidt und seine Kabinettskollegen nicht preisgeben werden. Die Bundesregierung wird ihn austauschen, sind sich Mohnhaupt & Co. sicher: gegen die Stammheimer, die Stockholmer und einige mehr!

Die RAF pirscht sich an Susanne Albrecht heran: Sieglinde Hofmann und Stefan Wisniewski übernehmen ihre »Bearbeitung«.

Beim zweiten Treffen sagen sie ihr, dass Ponto entführt werden soll. Die beiden fordern Susanne Albrecht auf, mitzumachen. Mit dem Ziel ist sie einverstanden – Häftlinge freipressen. Aber sie will nicht in den Untergrund gehen. »Illegale unterstützen war für mich eine Sache«, sagt sie später, »abtauchen eine andere.« Auch sträubt sie sich, gegen »Onkel Jürgen« vorzugehen. Beim dritten Treff machen ihr Hofmann und Wisniewski klar, dass die Illegalen so oder so Ponto kidnappen werden – falls sie nicht mitmache, werde die Aktion brutal auf der Straße mit Blutvergießen durchgeführt.

Psychisch setzen sie die labile Albrecht mit dem Argument unter Druck, es gehe um die Befreiung der Gefangenen, für die sie sich ja auch schon seit Langem einsetze. »Wenn du nicht mitmachst, sterben noch mehr Gefangene«, bekommt sie zu hören und: »Wenn du nicht mitmachst, bist du ein Schwein.« Dabei rücken die beiden Illegalen die Frage in den Mittelpunkt, wie politisch konsequent Albrecht ist, insbesondere ob bei ihr nicht ein eklatanter Widerspruch zwischen Worten und Taten bestünde. »Die Gespräche trafen den wunden Punkt bei mir von Verantwortlichkeit und Schuld«, sagt Susanne Albrecht als Angeklagte vor dem Oberlandesgericht Stuttgart fast anderthalb Jahrzehnte später. Quintessenz für sie ist, »dass ich mich selbst schuldig machen musste, um dem inneren Anspruch gerecht zu werden«.

Noch zwei Treffs. Dann fruchtet die Gehirnwäsche. Susanne Albrecht ist bereit, bei der Aktion Ponto mitzumachen. Ende Juni 1977 taucht sie ab, quartiert sich in einer konspirativen Wohnung der RAF in Frankfurt ein, Birminghamstraße 93. Angemietet hatte das Ein-Zimmer-Appartement Adelheid Schulz unter dem Falschnamen »Ingrid Schiller«, als weitere Operationsbasis für die Ponto-Vorbereitungen mietete sie als

»Christa Ziegler« in der Wiener Straße 63 in Frankfurt eine
konspirative Wohnung.

Susanne Albrecht bekommt von den Illegalen, wie jeder
Einsteiger als Zeichen der Zugehörigkeit, gefälschte Ausweise
und einen Revolver. Christian Klar geht mit ihr in den Wald
und zeigt ihr, wie man schießt. Im Appartement in der Birminghamstraße trifft sie Brigitte Mohnhaupt, Christian Klar,
Peter-Jürgen Boock, Elisabeth von Dyck, Sieglinde Hofmann
und Adelheid Schulz. Ihre Eintrittskarte für den Untergrund
ist ihre familiäre Bindung zu Jürgen Ponto.

Ihre erste Aufgabe: auskundschaften, welche Sicherheitsvorkehrungen im Hause Ponto bestehen. In Oberursel erscheint sie unangemeldet am 1. Juli, lügt zu Pontos Ehefrau
Ignes: In Frankfurt suche sie eine Wohnung und schaue deshalb mal vorbei. Ignes Ponto kann sich an diesem Nachmittag
nicht um sie kümmern, weil sie Besuch hat: Mit einem jungen
Cellisten übt sie Bach-Sonaten. Vorbereitungen für ein gemeinsames Konzert. Später geht mit ihr Corinna Ponto durch
den Park: Sie ist 20, sechs Jahre jünger als Susanne. Die ist an
diesem Abend zurückhaltend, wirkt ruhig und ein bisschen
fahrig. Ebenso beiläufig wie mit besorgtem Unterton fragt sie
Corinna nach Sicherheitsvorkehrungen, nach Hunden, nach
Alarmanlagen. Corinna kann zum Thema Sicherheit wenig
berichten. Es gibt keine Alarmanlage, und »die Hunde«, sagt
sie, waren »verspielte Begrüßer jedes neuen Besuchers«.

Corinna Ponto und ihre Eltern ahnen nichts von Albrechts
Nähe zur Hamburger Hausbesetzerszene, nichts von ihrem
Freund, dem Stockholmer Doppelmörder Dellwo, und auch
nichts von den Fangarmen der RAF, die sie umschlungen haben. Natürlich waren die »Terroristen« im Haus Ponto Gesprächsthema gewesen. Eines von vielen – wie in allen Famili-
en seinerzeit. Nach dem Mord an dem Berliner Kammerge-
richtspräsidenten von Drenkmann 1974 hatte Jürgen Ponto
empört von der »Perfidie der Täter« gesprochen, ihrem Opfer

Ignes und Jürgen Ponto

einen Blumenstrauß zu bringen. Nach der Lorenz-Entführung ist die »Nachgiebigkeit den Terroristen gegenüber« ein Gesprächsthema bei den Pontos. Jürgen Pontos Position war stets, »dass man Entführern nie nachgeben dürfe«, berichtet seine Tochter Corinna. Im elterlichen Freundeskreis hätte es eine spürbare Empörung gegeben – viel mehr als Angst: »Die nachfolgenden Attentate etwa auf die deutsche Botschaft in Stockholm 1975 oder auf den Generalbundesanwalt Siegfried Buback und seine Begleiter im Frühjahr 1977 wurden auch als Folgen jener Nachgiebigkeit in der damaligen Regierung empfunden.«

Susanne Albrecht bleibt zum Abendessen. Im Kühlschrank liegt eine Forelle zu wenig, weil sie unangemeldet kam. Ignes Ponto teilt ihre Forelle mit ihr.

Vier Wochen später meldet sich Susanne Albrecht wieder. Am 29. Juli 1977. Freitag. Gegen 18.30 Uhr ruft sie an. Ignes Ponto hebt ab, sie ist in Urlaubsvorfreude. Am nächsten Abend wollen sie und ihr Mann zu einer Südamerika-Reise aufbrechen. Corinna fliegt von London direkt dorthin. Mehrere Wochen soll die Exkursion zu Jürgens Kindheitswurzeln dauern; seit mehr als vier Jahrzehnten war er nicht mehr dort. Susanne Albrecht sagt, sie wolle mit »Onkel Jürgen« sprechen, unbedingt noch vor der Abreise. Deshalb möchte sie am Abend vorbeikommen. Ignes Ponto erwidert, sie erwarte ihren Mann gegen halb neun. Dann möge Susanne noch einmal anrufen.

Die Nachricht von der mehrwöchigen Urlaubsreise führt bei dem Kommando zu einer längeren Diskussion: Brigitte Mohnhaupt, Christian Klar, Peter-Jürgen Boock, Willy Peter Stoll und Susanne Albrecht beratschlagen in der Birminghamstraße. Ergebnis: Die Gruppe will nicht mehrere Wochen lang warten, sondern noch in dieser Nacht zuschlagen. Mohnhaupt brennt innerlich. Ihre Devise: Handeln, nicht zögern. Unter ihrer Ägide soll es mit der »Big Raushole« zügig vorangehen. Letzte Vorbereitungen für das Kidnapping erfolgen in Windeseile.

Gegen halb elf ruft Susanne Albrecht bei den Pontos an. Jürgen Ponto nimmt ab, er sitzt an seinem Schreibtisch. Susannes Ansinnen verwundert ihn, er geht ans Klavier zu Ignes. »Merkwürdig«, sagt er ihr, dass Susanne jetzt »in der Nacht« noch vorbeikommen wolle. Ignes greift zum Hörer: »Susanne, mein Schätzchen, du wolltest um halb neun anrufen, jetzt gehen wir zu Bett.« Susanne könne am nächsten Tag zu einer Tasse Tee vorbeikommen. Halb fünf. Susanne sagt zu. Lange Gesichter beim Kommando. Es bleibt nichts anderes übrig, als die Aktion zu verschieben.

46. Heckenrosen

Im Leben eines jeden Menschen gibt es zumindest einen Moment, oftmals nicht länger als wenige Sekunden, der den gesamten weiteren Weg bestimmt. Dieser Moment ist im Leben von Susanne Albrecht am Samstag, 30. Juli 1977, um 17.10 Uhr. Sie steht vor Pontos Villa in Oberursel, Oberhöchstadter Straße 69, und klingelt an dem Gartentor ohne Namensschild. Ein heiterer schöner Sommertag. Hätte sie nicht auf den Klingelknopf gedrückt, wäre anderen viel erspart geblieben; ebenso ihr. »Hier ist Susanne«, meldet sie sich. Drinnen, in der Küche, drückt Pontos Fahrer *Klaus Naumann* auf den elektrischen Türöffner.

Aus dem Küchenfenster sieht er, dass Susanne Albrecht nicht alleine kommt, sondern mit zwei anderen Personen durch den Park auf das Haus zugeht. Er meldet den Pontos, dass Susanne in Begleitung »zweier Herrschaften« sei. Die beiden sitzen schon bei einer Tasse Tee auf der Terrasse hinterm Haus; Susanne wollte bereits vor mehr als einer halben Stunde da sein. »Wie sehen die denn aus?«, fragt Ignes Ponto. »Sehr manierlich«, antwortet *Naumann*.

Susanne Albrecht trägt eine hellbraune Jacke, Blümchenbluse und braunen Rock, Brigitte Mohnhaupt einen gelben Hosenanzug und gelbes Kopftuch. Auch Christian Klar sieht »manierlich« aus: Er kommt im Feincordanzug mit weißem Hemd. Wegen des besonderen Anlasses hat er sich sogar eine Krawatte umgebunden.

Naumann lässt die Gäste ins Haus und führt sie ins Herrenzimmer. In der Garderobe stehen die gepackten Koffer.

Jürgen Ponto kommt, begrüßt jeden mit Handschlag: »Na ja, das ist ja ein großes Komitee!«, sagt er und bittet auf die Terrasse. Dort sagt Ignes Ponto den Besuchern kurz Guten Tag und geht ins Wohnzimmer. Sie hat den Eindruck, dass die drei

Oberursel: Zufahrt Ponto-Villa

Sorgen plagen und darüber mit ihrem Mann noch dringend vor der Abreise sprechen wollen.

Auf der Terrasse bemerkt Jürgen Ponto, dass Susanne Albrecht einen Strauß Heckenrosen in der Hand hält, sie sind schon fast verwelkt. »Ach, da wollen wir mal eine Vase holen!«, sagt er und geht zurück ins Haus. Christian Klar folgt ihm ins Speisezimmer. Dort ist es ziemlich finster, weil, keine Stunde vor der Abreise, die Fensterläden vor den türhohen Scheiben schon geschlossen sind. Schmale Lichtstrahlen fallen nur durch die Ritzen in den Läden und durch die offen stehende Terrassentür.

Klar zieht einen Colt, richtet ihn auf den Hausherrn und sagt ihm, jetzt werde er entführt. »Sie sind wohl wahnsinnig!«, erwidert Ponto seelenruhig. Er packt Klars Arm und drückt ihn nach oben weg. Klar drückt ab.[7] Mohnhaupt stürzt herein, eine Pistole in der Hand. Fünfmal schießt sie auf Ponto. Zwei Projektile treffen ihn aus nächster Nähe in den Kopf. »Fangschüsse«, sagt später ein Ermittler. Tödlich getroffen stürzt Jürgen Ponto vornüber auf den Boden. Seine Ehefrau Ignes bekommt alles mit. Sie sitzt nebenan im Wohnzimmer, in der Dunkelheit nicht sichtbar, hinter einem Kaminvorsprung, sieben Meter entfernt, und telefoniert mit ihrer Schwester Renate – die Verbindungstür steht offen. Ihr bleibt »das Herz stehen«.[8] Sehen kann sie nichts. Überall ist Pulverdampf.

Vorbei an dem sterbenden Ponto stürmen die drei nach draußen. Durch die Diele, durch den Park, durch das Gartentor. Mit quietschenden Reifen stoppt ein Ford Granada. Am Steuer sitzt Peter-Jürgen Boock. Das RAF-Trio springt rein. Hinter ihm bremst ein VW-Bus. Willy Peter Stoll ist der Len-

ker. Blümchenvorhänge verhindern einen Blick ins Innere des
Wagens – in ihm sollte Ponto abtransportiert werden. Im La-
deraum liegen eine Narkosespritze und ein Tränengasspray.
Ignes Ponto bettet, mithilfe des Fahrers, ihren Mann auf
Kissen. Er liegt in seiner Blutlache, bewegt sich nicht mehr.
Mit 48 wird sie Witwe.

47. Geheimnis

Anschließend trifft sich das Kommando in der achten Etage
einer Wohnanlage in Hattersheim. Eine knappe halbe Autostunde vom Tatort entfernt, Südring 3a. Ein Katzensprung
von der A 66, Ausfahrt Hattersheim. Die Dreizimmerwohnung hatte am 16. Juli ein bis heute nicht identifizierter Mann
unter dem Falschnamen Norbert Probst gemietet. Die Miete
überweisen später Christian Klar und Silke Maier-Witt.
Das geplante Ponto-Versteck. Von der Tiefgarage fährt der
Fahrstuhl vor die Wohnungstür im achten Geschoss. In einem
Zimmer steht ein zwei Meter hoher Schrank. Daneben liegen
Schaumstoffmatten. An einem Fenster haben die neuen Mieter
schwere lichtundurchlässige Gardinen angebracht. Alles ähnlich wie bei Schleyer, keine sechs Wochen später. Geplant war,
Ponto betäubt in dem VW-Bus in der Tiefgarage liegen zu lassen, hinter den Blümchenvorhängen, und ihn erst nach Mitter-
nacht hochzubringen. Das war der Plan.
Die Stimmung in der achten Etage ist schlecht. Schon unterwegs auf der Autobahn hatte es im Granada Streit über den
Fluchtweg gegeben. Weil Boock befürchtete, dass die Polizei
die Autobahn sperrt, fuhr er an der Ausfahrt Höchst ab und
parkte den Wagen in einer schmalen Seitenstraße, vor dem
Haus Inselbergstraße 11. Die Gruppe teilt sich auf. Vom Bus-

RAF-Fluchtwagen

bahnhof in Höchst fährt Boock mit Susanne Albrecht nach Hattersheim.

Dort heult sie ununterbrochen. Ununterbrochen. Weinkrämpfe schütteln sie. Der Gruppe erscheint sie als Sicherheitsrisiko. »Nicht auszuschließen«, berichtet Peter-Jürgen Boock, »dass sie schreiend aus der Wohnung« rennt. Christian Klar muss sich harsche Kritik anhören, weil er nach Ansicht seiner Komplizen durch den Schuss die Entführung vermasselt hat. Es war »ein absichtlicher Schuss«, berichtet später Susanne Albrecht. Alle halten ihm vor, der Schuss sei nicht nötig gewesen.

Das Kommando diskutiert, wie es in der Kommunikation nach außen damit umgeht, dass eine Entführung geplant und misslungen war. Mohnhaupt & Co. wollen der Öffentlichkeit Erfolge mitteilen, keine Niederlagen. Es soll vorangehen. Auch publizistisch. Dazu passt nicht eine gescheiterte RAF-Operation. Deshalb beschließt die Gruppe, für sich zu behalten, dass nicht alles nach Plan lief. RAF-Neueinsteiger Susanne Albrecht wird dazu vergattert, mit niemandem über die Panne zu sprechen. Das »erste Geheimnis« der RAF, das ihr 1977 anvertraut wurde, sagt sie später. Zweites Geheimnis seien »die Selbstmorde in Stammheim« gewesen und drittes die »Drogensucht« von Peter-Jürgen Boock.

Von einem Tag auf den anderen wird Susanne Albrecht deutschlandweit zum fiesesten Gesicht der RAF. In der achten Etage in Hattersheim färbt ihr Boock die Haare blond. Am Tag nach dem Ponto-Mord fährt er mit ihr über Wiesbaden und Mainz nach Köln. Dort unterschreibt sie auch das Selbstbezichtigungsschreiben. Später bringt Rolf-Clemens Wagner sie nach Amsterdam. Die RAF hat Angst, dass Susanne Al-

brecht gefasst und von ihr alles ausgeplaudert wird. Für die
Gruppe ist sie das größte Sicherheitsrisiko.

48. Selbstbezichtigung

Manöverkritik und »Wording« schleppen sich über etliche
Tage. Erst zwei Wochen nach dem Mord an Ponto trifft das
Selbstbezichtigungsschreiben bei der Deutschen Presse-Agen-
tur in Hamburg ein – per Eilbrief. Kopien gehen an den Nord-
deutschen Rundfunk und an *Bild* in Hamburg, die *Frankfurter
Rundschau* und Agence France-Press in Bonn.

Eigenhändig unterzeichnet hat die Selbstbezichtigung Susanne Albrecht – es ist das einzige Geständnis der RAF, unter
das ein Mitglied seine Unterschrift setzte. So naiv wie sie war
keiner. Weder in den sieben Jahren zuvor, seit Gründung der
RAF, noch in den 21 Jahren danach. Es war ein schriftliches
Mordgeständnis! Ein größeres Geschenk kann der Täter den
Ermittlern nicht machen.

Auf die Formulierungen in dem Papier hätte sie keinen Einfluss genommen, sagt später Susanne Albrecht. Als heulendes
Häufchen Elend war sie in diesen Tagen wohl dazu auch gar

das staatsschutzgeschmier vom 'big money' ist dreck wie alles,
was zu der aktion gesagt worden ist.
es geht natürlich immer zuerst darum, das neue gegen das alte
zu stellen und das heisst hier : den kampf, für den es keine
gefängnisse gibt gegen das universum der kohle, in dem alles
gefängnis ist.

Susanne Albrecht

14.8.77

aus einem kommando der RAF

Ponto-Mord: Das einzige RAF-Selbstbezichtigungsschreiben mit Unterschrift nicht in der Lage. »Brigitte Mohnhaupt hat die Tatbekennung formuliert«, erklärte sie später: »Ich musste sie unterschreiben. Vom Inhalt hatte ich nicht einmal Kenntnis genommen.«[9] Das Schreiben trägt das Datum »14.8.77« und beginnt mit den Worten: »wir haben in der situation, in der bundesanwaltschaft und staatsschutz zum massaker an den gefangenen ausgeholt haben, nichts für lange erklärungen übrig.«

Mit »Situation« sind offenkundig die Beschränkungen für die Stammheim-Häftlinge gemeint, die nach einer Schlägerei am 8. August 1977 auf der siebten Etage in der Justizvollzugsanstalt angeordnet worden waren. »Die Formulierung, dass ›bundesanwaltschaft und staatsschutz zum massaker an den gefangenen ausgeholt haben‹«, bemerkt BKA-Kommissar Alfred Klaus in seinem Bericht, »deckt sich mit der Äußerung, die Rechtsanwalt Newerla am 16.08.1977 auf einer Pressekonferenz in Hamburg gemacht hat.«

Bei dieser Pressekonferenz hatte der Croissant-Sozius Armin Newerla erklärt, es habe »ein Massenmord an politischen Gefangenen hier in der Bundesrepublik begonnen und die Verantwortlichkeit ist klar«. Sie liege »in entscheidender Linie … bei dem seit einem Monat im Amt befindlichen Generalbundesanwalt Rebmann«. Damit ist nicht nur das nächste Anschlagsziel der RAF umschrieben, sondern mit »Massaker« und »Massenmord« sind zwei Wörter in die Welt gesetzt, auf die sich der RAF-Freundeskreis zwei Monate später stürzt und stützt – nach der Todesnacht in Stammheim.

Das Tatbekenntnis in dem Schreiben ist eindeutig. Aber den Grund für den Mord, dass nämlich das RAF-Kommando mit Pontos Reaktion nicht gerechnet hatte und dass deshalb der RAF-Plan scheiterte, vernebelt Mohnhaupt: Zu »ponto und den schüssen, die ihn jetzt in oberursel trafen, sagen wir, dass uns nicht klar genug war, dass diese typen, die in der dritten welt kriege auslösen und völker ausrotten, vor der gewalt wenn sie ihnen im eigenen haus gegenübertritt fassungslos stehen«.

Über diese Zeilen ist die Witwe Pontos entsetzt. Bis dahin, in den ersten zwei Wochen nach der Tat, hatte sie angenommen, »Susanne müsse außer sich geraten sein und Mörder gedungen haben«. Nun steht sie fassungslos vor der von Susanne unterschriebenen Erklärung, die der Öffentlichkeit klarmachen soll, »dass Jürgen den Tod verdient habe aus politischen Gründen«. Der RAF-Entführungsplan war naiv. Ponto war kräftig, resolut und schon immer ausgesprochen selbstbewusst. Als Chef eines 25 000-Mitarbeiter-Unternehmens gab er tagaus, tagein Weisungen. Angesichts seines Naturells ist schlicht unvorstellbar, dass er zum Befehlsempfänger in seinen eigenen vier Wänden wird, weil der schmächtig-blasse Klar und die kleine Mohnhaupt meinen, ihn mit vorgehaltener Waffe zu etwas zwingen zu können – und das auch noch in Gegenwart von »Susi«. Ponto war ein Kämpfer. Unvorstellbar ist ebenso, dass der dynamische Erfolgsmensch mit erhobenen Händen über den 80 Meter langen Weg seines Parks zur Pforte geht, seine Frau Ignes zurücklassend, und dort in den blümchenverhangenen VW-Bus einsteigt. Der Entführungsplan konnte nicht gelingen. Ein Mann wie Ponto lässt sich nicht entführen. Jedenfalls nicht so.

Personenfahndungsraster

Personalien:

Albrecht
Susanne
1. 3. 1951
Hamburg

Aliasnamen:

ALBRECHT, Susanna,
28. 4. 1949 Radolfzell
FELGENDRESS, Susanne
HEUSER, Felicia Maria,
31. 10. 1951 Nieuwer-Amster

23.6.1975   ca. 1972   23.5.1973

Personenbeschreibung

Besondere Auffälligkeiten:	Muttermal links am Kinn, Augenlider wulstig, Leberfleck unter dem linken Auge, Sommersprossen, rechtes Auge erscheint kleiner
Größe:	176 cm
Gestalt:	schlank (ca. 55 kg)
Haare:	dunkelblond, braun
Augen:	grünbraun
Augenbrauen:	gebogen, dünn
Nase:	eingebogen
Mund:	klein, wulstige Lippen
Zähne:	vollständig
Beruf:	Studentin
Sprachen:	Englisch, Französisch
Eigenarten:	Nymphomanin, raucht Haschisch, trägt bevorzugt Jeans und Clogs
Kenntnisse:	Pädagogik, gutes Organisationstalent
Ortskenntnisse Ausland:	Dänemark, Frankreich, Belgien, Niederlande, Luxemburg

Januar 1979   Febr. 1976

BKA-Personenfahndungsraster Albrecht: Solche DIN-A6-große Karten bekamen damals Streifenpolizisten, damit sie gesuchte RAF-Mitglieder erkennen

49. Paulskirche

Viele von denen, die vier Monate zuvor in der Karlsruher Stadtkirche beim Staatsbegräbnis für Generalbundesanwalt Buback waren, sehen sich am 5. August 1977 in der Frankfurter Paulskirche wieder. Sechs Tage nach dem Mord findet dort die offizielle Trauerfeier für Jürgen Ponto statt. Erschienen sind 900 geladene Gäste aus Politik, Wirtschaft und Öffentlichkeit. Bundespräsident Walter Scheel, Bundeskanzler Helmut Schmidt, Bundestagspräsident Karl Carstens, Bundesratspräsident Bernhard Vogel, Bundesinnenminister Werner Maihofer, Bundesaußenminister Hans-Dietrich Genscher, Bundestagsoppositionsführer Helmut Kohl, CSU-Vorsitzender Franz Josef Strauß und der hessische Ministerpräsident Holger Börner. Auch Arbeitgeberpräsident Hanns Martin Schleyer ist erschienen. Nicht da sind die Albrechts.

»So wenig wie die Mörder eine Ahnung von der Wirklichkeit unseres Systems haben, das sie zu zerstören suchen«, schreibt *FAZ*-Redakteur Günther Gillessen über die Trauerveranstaltung für Ponto, »so wenig hatten sie wohl auch eine Vorstellung von der Person dieses Mannes, den sie zerstörten, und von dem Leid, das sie anrichteten.«

Ignes Ponto sitzt zwischen Bundeskanzler Schmidt und Bundespräsident Scheel. Sie ist ohne Tränen. »Ich bin ein Stein in der Paulskirche«, berichtet sie über ihre Gefühle in dieser Stunde. »Die Feier gleicht einem Staatsbegräbnis, die Menschen sind wie ein Wall vor der Kirche – ich spüre nichts mehr.«

Anschließend, bei einem Essen, erreicht sie die Horrornachricht: »Es brennt bei Ihnen zu Hause!« Während der Trauerfeier in der Frankfurter Paulskirche ist in einer Holzhütte in ihrem Garten in Oberursel ein Sprengsatz explodiert; außerdem stahlen Einbrecher Freunden, die im Haus über-

Trauerfeier Ponto: »Stein in der Paulskirche«

nachteten, Wertsachen – und das, obwohl mehrere Polizisten zum Schutz des Anwesens vor Ort waren. Bei dem anschließenden Essen zum Gedenken an ihren Mann verliert Ignes Ponto die Nerven:»Diese Schweine!«, bricht es aus ihr heraus. »Diese Schweine! Diese Schweine!« Sie kann nicht mehr. Helfer tragen sie in ein Hotelzimmer. Beruhigungsspritzen. Dann schläft sie. Als sie wieder erwacht, hat sie nur noch einen Gedanken:»Fort, fort, fort aus diesem kranken Land, aus diesem Wahnsinn!« Sie fürchtet um ihre Sicherheit. Kurz entschlossen packt sie ihre Sachen. Am nächsten Abend ist sie in London, mit ihrem Bruder, einem Arzt, ihren Kindern Corinna und Stefan – auf dem Weg in die Vereinigten Staaten.

50. Opfer

Der Mord führt zum Ende des Zuhauses der Pontos nicht nur in Oberursel, sondern in Deutschland insgesamt. Die Familie verlässt das Land. Mutter Ignes (Jahrgang 1929) zieht in ein Haus auf Long Island. Tochter Corinna (Jahrgang 1957) geht nach New York, versucht den Schicksalsschlag zu vergessen, wird Opernsängerin und gründet eine Familie. Ihr Bruder Stefan (Jahrgang 1951) studiert in Denver Geologie, damit hatte er schon ein paar Monate vor dem Mord an seinem Vater begonnen. Später arbeitet er bei der Chase Manhattan Bank in New York und bei der Dresdner Bank in Frankfurt. Nach der Übernahme durch die Commerzbank ist er für das Unternehmen noch zwei Jahre in New York tätig. Dann wird er entlassen. Mutter und Tochter kehren Jahre später in die Bundesrepublik zurück. Sie ziehen nach Süddeutschland.

Der Mord beendet auch die Verbindungen zwischen den Familien Ponto und Albrecht. Susannes Verrat zerriss die freundschaftlichen Bande. Die Pontos können nicht verwinden, sagt Corinna Ponto, »dass die Eltern Albrecht die Biografie ihrer Tochter sehr gut kannten« und dann im Mai 1977 am Telefon um eine Übernachtungsmöglichkeit für sie baten, »ohne auch nur eine Andeutung oder einen Hinweis auf ihre politischen Aktivitäten zu geben«.

Die Stille nach den Schüssen zwischen den Familien beendet nach mehr als 30 Jahren Julia Albrecht, Susannes kleine Schwester. Im Frühjahr 2008 schreibt sie an Corinna Ponto, Tochter von Jürgen und Patentochter von Julias mittlerweile verstorbenem Vater Hans-Christian: »1977 war auch für mich der Einbruch in meinem Leben.« Damals war sie 13, nun ist sie 43, Journalistin und Juristin. »Nicht nur wegen des unglaublichen Schreckens, den das Verbrechen an Ihrem Vater auch für mich bedeutete. Sondern auch wegen der schieren Unmöglichkeit, verstehen zu können, dass meine Schwester das möglich gemacht hatte. Ihr Vater war mein Patenonkel und hatte insofern für mich eine große Bedeutung.« Die beiden schreiben sich, treffen sich und veröffentlichen 2010 das Buch *Patentöchter*. Es schildert aus der Perspektive beider Familien, mit welcher Skrupellosigkeit und Naivität zugleich eine Tochter aus großbürgerlich hanseatischen Kreisen zur Mörderin des Freundes ihres Vaters wurde.[10] In bedrückender Weise veranschaulicht die Korrespondenz zwischen den beiden Frauen, dass Opfer der RAF nicht nur die von ihr Ermordeten und Verstümmelten sind, nicht nur deren Familien – der Mord ist nicht nur für die Witwen und Waisen ein Trauma, das sie ihr Leben lang begleitet, sondern auch für die Familienmitglieder der Täter. Eltern und Geschwister fragen sich, wie es kommen konnte, dass ausgerechnet einer aus ihren Reihen aus ideologischer Verblendung zum Mörder wurde. Auch »Täterfamilien« können Opfer der RAF sein.

So die Albrechts: Nach Susannes Mordtat ist ihr Vater Hans-Christian ein anderer Mensch. Er erstarrt, innerlich und äußerlich. Er bekommt Herzrhythmusstörungen und stellt immer wieder dieselbe Frage: »Wieso hat sie nicht mich umgebracht?« Er versteht »die Tat als Vernichtung seiner selbst«, berichtet seine Tochter Julia – als »einen Angriff, dem er schutzlos ausgesetzt war, weil er keine Erklärung für die Tat, für den Verrat hatte«. Schlimmer hätte Susanne Albrecht ihren Vater nicht treffen können. Den Mann, der stets um sie besorgt war und stets »das Beste« für sie wollte.

Seinen Schmerz verarbeitet Hans-Christian Albrecht in Briefen an seinen toten Freund Jürgen, die er – nicht mehr abschicken kann. Fünfzehn Jahre nach dem Mord erinnert er sich daran, »was Du mir bedeutet hast, wie ich Dich gern gehabt und wie ich Dich geachtet habe«. Der 72-Jährige denkt an viele Momente aus den gemeinsamen Tagen, er denkt »an den Abend, als Ignes gerade Corinna geboren hatte, sie lag in der

Dringend gesuchte Terroristen

Im Zusammenhang mit dem
- dreifachen Mord an Generalbundesanwalt Buback und zwei seiner Begleiter am 7. 4. 1977 in Karlsruhe
- Mord an Jürgen Ponto am 30. 7. 1977 in Oberursel
- vierfachen Mord und der Entführung von Hanns-Martin Schleyer am 5. 9. 1977 in Köln

werden gesucht:

BKA-Fahndungsplakat

Mittelwegklinik, und wir saßen bei Dir zu Hause in der Magdalenenstraße«, er denkt an »die Taufen Deiner und unserer Kinder«, an »Gespräche über Berufschancen, an Silvesterabende mit und ohne Feuerwerk, an Skilaufen mit Ignes und den Kindern in Hochgurgl, an politische Gespräche, an Gespräche über den Sinn des Lebens und an die Neujahrsspaziergänge von eurem Waldhäuschen aus«. Der Brief befand sich im Nachlass von Hans-Christian Albrecht. Er starb im Dezember 2007.

Für Susannes Mutter Christa ist »alles von A bis Z nicht vorstellbar«. Als sie wenige Tage nach der Tat mit dem Hund Walja im Jenischpark an der Elbchaussee spazieren geht, hört sie ihren Familiennamen. Sie sieht Menschen beieinanderstehen, die erschüttert über ihre Tochter und deren Familie sprechen ...

Für ihre jüngste Schwester Julia war Susanne Albrecht nach der Tat einerseits »aus der Welt gefallen«, spurlos verschwunden; andererseits aber zugleich »allgegenwärtig«: »Überall in der Stadt, an jedem Bahnhof, jeder Post, in Schaufenstern und Banken und an den Litfaßsäulen hing sie.« Die Fahndungsplakate wechseln. Susannes Platz bleibt derselbe: oben links. Kein Nachname der anderen »in der Fahndung« aus der zweiten RAF-Generation fängt mit A an. Am meisten stört die damals 13-Jährige das Fahndungsplakat an der Litfaßsäule in der Waitzstraße, der Einkaufsstraße in Othmarschen. Am Eingang zur S-Bahn! Jeder aus diesem Stadtteil kommt hier regelmäßig vorbei. Und alle sehen das Foto von Julias großer Schwester, eine der »Dringend gesuchten Terroristen«. Julia vermisst ihre Schwester Susanne und sehnt sich »nach einer Erklärung, was passiert war«.

Ihr Bruder Matthias empfindet sich »als Opfer«, aber »als Opfer zweiter Klasse«. Das sei was »ganz, ganz Blödes«, erläutert er: »Du bist zwar zum Opfer geworden, aber da kümmert sich keiner drum.«

51. Rezeption

Haben RAF-Opfer einen Anspruch darauf, dass ihre Geschichte richtig in den Medien dargestellt wird? Mehr als 30 Jahre nach dem Mord an Jürgen Ponto erhebt sich diese Frage.

Der Streit dreht sich um eine Sequenz in Bernhard Eichingers Film »Der Baader Meinhof Komplex« von 2008. Ponto-Witwe Ignes und ihre Tochter Corinna sprechen von einem »geschichtsfalschen Film«. Bei dem Streit geht es zum einen um die Rechtsfrage, ob bei einem Streifen, der reale Ereignisse, wie den Mord in Oberursel, schildert, die Opfer, egal ob sie überlebten oder nicht, einen Anspruch auf präzise Darstellung haben. Darüber hinaus geht es aber auch um die historisch bedeutsame Frage, wie präzise die Speisung der kollektiven Erinnerung zu erfolgen hat. So fragt sich mit Blick auf die Rezeption des Ponto-Mordes – Gleiches gilt für die anderen Schlüsselereignisse des Jahres 1977: Wie viel Unwahrheit ist bei der Darstellung zulässig?

»So gut wie alles falsch« sei bei der Darstellung des Mordes an ihrem Vater, sagt Corinna Ponto. Ihre Mutter hätte nicht, »wie im Film dargestellt, während des Attentats ladylike unbeteiligt beim Tee auf der Terrasse« gesessen, sondern »im ziemlich abgedunkelten Raum erstarrt am Telefon, sieben Meter von ihrem Mann entfernt, als er erschossen wurde«. Auch sei Pontos Fahrer *Naumann* völlig verkehrt als »hochherrschaftlicher Butler dargestellt« worden – er sei der Firmenfahrer der Bank gewesen. Und der »wohl unverzeihlichste Fehler« sei die Darstellung des Todes ihres Vaters: »Es war ein lautloser, fast geräuschloser, unheimlich stiller Tod, denn die Pistolen hatten Schalldämpfer und es ging alles sehr schnell. Das lärmende Knallen der Pistolen, das ausgekostete Röcheln und der brutalisierte Todeskampf sind von den Filmemachern effekthascherisch erfunden worden.«

Es kommt zu keiner außergerichtlichen Verständigung. Ignes Ponto beantragt beim Landgericht Köln eine einstweilige Verfügung gegen die Produktionsfirma Constantin Film. Sie möchte dem Unternehmen untersagen lassen, die Sequenz in dem Streifen vom Betreten der Terrasse bis zur Flucht des Trios aus dem Wohnraum zu veröffentlichen. Ignes Ponto begründet das mit sechs Abweichungen in dem Film gegenüber den tatsächlichen Ereignissen, denn sie habe die Tat mit angesehen: Ihr Mann sei vor ihren Augen zusammengebrochen; die Räume seien nahezu vollständig verdunkelt gewesen; ihr Mann sei nicht nach hinten weg auf die Seite gefallen, sondern vornüber, und die Frisur von Brigitte Mohnhaupt sei durch eine Kopfbedeckung vollständig verdeckt gewesen, sodass sie, Ignes Ponto, die Attentäterin nicht bei der ersten Fotovorlage sofort als Täterin erkannt habe.

Sie brauche nicht hinzunehmen, dass die Ermordung ihres Mannes »zum Zwecke der Unterhaltung gezeigt« und »in nahezu jedem Punkt falsch dargestellt« werde, argumentiert Ignes Ponto, weil dadurch ihr eigenes Persönlichkeitsrecht und auch das postmortale Persönlichkeitsrecht ihres verstorbenen Mannes verletzt würden. Der Film zeige Jürgen Ponto »als bloßes passives Opfer der Tat in einer durch laute Ballerei auf Effekthascherei ausgelegten Szene«. Und sie selbst müsse es nicht dulden, »im Film erkennbar gezeigt zu werden«,

ebenso wenig, dass die Szene der Ermordung ihres Mannes
»ihr eigenes Schicksal grob verfälsche und verharmlose«.
Constantin Film sieht die Dinge anders. Das Unternehmen
bestreitet eine Persönlichkeitsrechtsverletzung und beruft sich
auf die Kunstfreiheit. Es argumentiert, es handle sich um »einen Spielfilm im Genre des inszenierten Dramas«. Deshalb
habe »eine kunstspezifische Betrachtungsweise« zu erfolgen
mit dem Ergebnis, dass »die Vermutung für Fiktionalität«
spreche.

Das Landgericht Köln[11] weist den Antrag von Ignes Ponto
zurück, als unbegründet, weil der Film den Schutz der Kunstfreiheit genieße, gewährleistet von Artikel 5 Absatz 3 des
Grundgesetzes – »Kunst und Wissenschaft, Forschung und
Lehre sind frei«. Zur Begründung schreiben die Richter: »Es
handelt sich um einen Spielfilm, der auf historischen Tatsachen
beruht und der in dramatisierter Form, wenn auch realitäts-
nah, die Darstellung realer und zudem historisch belegbarer
Geschehnisse zum Gegenstand hat.« Zwar sei die Sequenz, um
die es gehe, »nicht rein fiktiver Natur«, sodass der Produktionsfirma »keine ganz weite Freiheit der Darstellung« zu-
gestanden habe. Aber »im Rahmen der realitätsnahen Darstellung« hätte sie »die Möglichkeit, mit den Mitteln der
künstlerischen Gestaltung des Stoffs und insbesondere seiner
Einbeziehung in das Gesamtkonzept eine bestimmte Darstel-
lungsweise zu wählen« – und diesen Rahmen würde die Sequenz nicht überschreiten.

Einen »Erfolg dieses Verfahrens« nennt Ignes-Ponto-
Rechtsanwalt Christian Schertz, dass das Landgericht in seinen Urteilsgründen festgestellt habe, »dass die Darstellung der
Ermordung von Jürgen Ponto insoweit unrichtig ist, als sie die
Anwesenheit unserer Klientin im Haus nicht wiedergibt«. Damit hätte das Gericht eindeutig gesagt, »dass die Darstellung in
der Szene des Films nicht der Wahrheit entspricht«.

Rechtliche Quintessenz des Landgerichtsurteils – höchstrichterliche Rechtsprechung existiert nicht: Für RAF-Opfer gibt es keinen absoluten Wahrheitsschutz.

Vor dem Eichinger-Film existierten von dem Ponto-Mord keine öffentlichen Bilder. »Das war für uns immer ein gewisser Trost und auch ein Schutz«, sagt seine Tochter Corinna. Nun aber sei das anders. Die »falsche Überschreitung der Film-Version ins Private« empfindet sie »als besondere Perfidie«.

Wirtschaftlich ist der Film ein Riesenerfolg: Im Kino sehen ihn zweieinhalb Millionen Menschen, Premiere war am 16. September 2008 in München. Im November 2009 läuft er als Zweiteiler in der ARD, um 14 Minuten verlängert. Bis heute wird er in Schulen gezeigt.

Schon ein Vierteljahr vor der Gerichtsentscheidung hatte Ignes Ponto aus Protest gegen die Finanzierung des Filmes ihr Bundesverdienstkreuz an Bundespräsident Köhler zurückgeschickt. Erhalten hatte sie die Auszeichnung 1988, noch in der Bonner Republik, für ihr Engagement bei der »Bundesbewegung ›Schulen musizieren‹«. Zwanzig Jahre später will die mittlerweile 79-Jährige das Kreuz nicht mehr haben, weil der Film für sie eine »öffentliche Demütigung« und vom Staat »teilfinanziert« worden sei »mittels der von ihm gebildeten Institutionen«, erklärt ihre Tochter Corinna: Öffentlich-rechtliche Rundfunkanstalten und öffentlich-rechtliche Filmförderfonds hatten einen erheblichen Teil der Produktionskosten übernommen. »Es ist kein Beitrag zur Aufklärung und Aufarbeitung des RAF-Terrorismus«, sagt RAF-Opfer Corinna Ponto, »sondern ein Spiel- und Unterhaltungsfilm, auf Kosten der historischen Fakten.«

Auch Brigitte Mohnhaupt scheiterte vor Gericht mit ihrem Versuch, zwei Szenen über sich aus dem Film entfernen zu lassen. Die eine zeigt sie, kurz nach ihrer Haftentlassung, im Gespräch mit Peter-Jürgen Boock. Nadja Uhl, die sie in dem Film darstellt, sagt: »Fast fünf Jahre Knast ...« – »... ist 'ne lange Zeit«, ergänzt Vinzenz Kiefer, der den Boock gibt. Sie antwor-

tet: »So lange hab ich mit keinem Mann gefickt.« Anschließend zeigt der Film beide im Bett. Auch diese Szene möchte
Mohnhaupt aus dem Film geschnitten haben. Aber das Oberlandesgericht Hamburg[12] bestätigt 2008 die Abweisung ihres
Antrags in dieser Sache auf Prozesskostenhilfe, weil angesichts
»des hohen Informationsinteresses der Öffentlichkeit an den
internen Strukturen der RAF« das Berichterstattungsinteresse
und die »Freiheit der Kunst« aufseiten von Constantin Film
Mohnhaupts Persönlichkeitsrecht überwögen.

Auch hier ist die juristische Quintessenz – nicht anders als
bei der Ponto-Entscheidung des Landgerichts Düsseldorf:
Nimmt eine Filmproduktion für sich eine »hohe Authentizität« der Darstellung in Anspruch, bedeutet das rechtlich nicht,
dass die Einzelheiten stimmen müssen.

52. Urteile

Als Mittäter des Mordes an Jürgen Ponto werden Brigitte
Mohnhaupt, Christian Klar[13], Peter-Jürgen Boock[14]und Susanne Albrecht[15] verurteilt.[16] Alle erhalten »lebenslänglich« mit
Ausnahme von Susanne Albrecht. Durch die Kronzeugenregelung kommt sie 1991 mit einer »Gesamtstrafe« von zwölf
Jahren davon. Sieglinde Hofmann erhält 15 Jahre Freiheitsstrafe wegen versuchten gemeinschaftlichen erpresserischen
Menschenraubes und versuchter gemeinschaftlicher Geiselnahme.[17]

Anders als von vielen Medien behauptet, war Susanne Albrecht nie die »gefährlichste Terroristin« der Bundesrepublik.
In der RAF spielte sie keine eigenständige Rolle. Auch war sie
nicht aus dem harten Holz wie Brigitte Mohnhaupt, Sieglinde
Hofmann und Verena Becker. Die RAF benutzte sie, instru-

mentalisierte sie als Türöffner zu Ponto. Hernach war die
schusslige Heulsuse für die RAF Ballast, kein Gewinn. Ein la-
tentes Sicherheitsrisiko.

Empörung fand in der kollektiven Wahrnehmung die Nie-
dertracht ihres Verrates. Susanne Albrecht war die Einschlei-
cherin, die freundschaftliche Bande skrupellos für Terror-Zie-
le ausnutzte. Ihrem »Onkel Jürgen«, der sie als Freund ihres
Vaters empfing, brachte sie die RAF-Mörder ins Haus. Diese
Infamie führte republikweit zu dem Entsetzen über Susanne
Albrechts Tun. Tatsächlich aber war sie, wenn man die wahre
Geschichte sieht, Täterin und Opfer der RAF zugleich.

VIERTER ABSCHNITT.
BUNDESANWALTSCHAFT

53. Stalinorgel

Drei Wochen nach dem Ponto-Mord macht die RAF den nächsten Hausbesuch. Theodor Sand freut sich auf den Besuch. Er ist Kunstmaler, 68 Jahre alt und wohnt in der Karlsruher Blumenstraße 9. Seine Wohnung liegt im zweiten Stock und achtzehn Meter Luftlinie entfernt von der Rückfront der Bundesanwaltschaft in der Herrenstraße 45a.[18]

25. August 1977, kurz vor zehn. Der Künstler erwartet das »Ehepaar Ellwanger«. Potenzielle Kunden. Am Tag zuvor hatte bei seiner Ehefrau Paula (74) eine junge Frau angerufen und gesagt, sie suchten »ein Wandbild für den neuen Bungalow in Bergzabern«. Deshalb wollte sie mit ihrem Mann vorbeikommen. So verabreden sie sich für 10 Uhr am nächsten Tag. Die »Ellwangers« sind pünktlich und geben sich kunstbeflissen: Sie trägt eine blaue Kostümjacke, Größe 40, und einen rehbraunen Rock; er dunkelblonde kurze Haare und einen grauen Anzug. Sie sehen ebenso manierlich aus wie das Pärchen, das Jürgen Ponto besuchte. Über die schönen Dinge des Lebens plaudernd, gehen sie zu viert durch die Wohnung und betrachten des Künstlers Gemälde.

Kurz nach zwölf betreten sie das Atelier. Durch das große Fenster mustern die »Ellwangers« die Rückseite der Bundesanwaltschaft. Staatsanwälte sitzen an ihren Schreibtischen, studieren Akten. Zwischen beiden Grundstücken verläuft eine Steinmauer. Drei Meter hoch. Herr »Ellwanger« fragt nach der Toilette. Das ist das Stichwort. Die Besucher stürzen sich auf

Theodor Sand

die Senioren. Der Maler glaubt, ein Schwach-
sinniger malträtiere ihn, und wehrt sich nach
Kräften. Beide stürzen auf den Boden, der junge Mann liegt auf dem Rentner und hält ihm
den Mund zu. Paula Sand will ihrem Mann helfen. Aber die Frau drückt sie mit Gewalt in ihren Lehnstuhl und hält ihr den Mund zu. Dann
ziehen die »Ellwangers« Pistolen und richten
sie auf die Sands. Die geben ihre Gegenwehr
auf – aus Angst, erschossen zu werden.

Den Senioren erklären die Täter, ihnen geschehe nichts, wenn sie sich ruhig verhielten.
Es handle sich um eine »Aktion der Roten Ar-
mee Fraktion«. Sie sei nicht gegen sie gerichtet, sondern gegen
die Bundesanwälte im Gebäude gegenüber. Die »Ellwangers«
ziehen sich Handschuhe an und fesseln die Senioren mit
Schnüren und breiten Klebebändern an die Sessel. Mehrfach
umwickeln sie Arme und Beine. Dann binden sie die beiden an
den Sesseln fest, stellen sie mit den Rückenlehnen aneinander
und wickeln ihren Opfern Schnüre um ihre Oberkörper. Sie
können sich nicht mehr rühren.

An der Wohnungstür klingelt es. Frau »Ellwanger« geht in
den Flur und öffnet die Wohnungstür. Die Sands bekommen
mit, dass schwere Sachen hereingeschleppt werden und dass
über Stunden nebenan im Atelier montiert und geschraubt
wird. Die »Ellwangers« bewachen sie, jeder eine Schusswaffe
in der Hand, und erklären, sie hätten eine wichtige Aufgabe zu
erfüllen: Es gehe um ein »Signal für die gefangenen Genossen
in Stammheim«.

Die gefesselten Sands haben Angst. In Karlsruhe gelten sie
als aufgeschlossene Künstler – »progressiv« hieß das damals.
In Diskussionen zeigten die beiden viel Verständnis dafür, dass
junge Menschen aufbegehren. Mit einem solchen Überfall hätten sie nicht gerechnet.

Herr »Ellwanger« bemerkt die Be-
unruhigung der Alten und bietet ihnen zur Beruhigung einen Schluck an
aus der mitgebrachten Flasche Remy
Martin. Aber die Sands wollen keinen Cognac. Frau »Ellwanger« sagt –
fast so, als ob sie die wehrlosen Sands
beruhigen wolle: Nicht auszuschließen sei, dass in der Wohnung etwas
beschädigt werde. Dabei blättert sie
fünf 100-Mark-Scheine auf einen
Tisch und fügt hinzu: »Wir tun
nichts, nehmen Sie das Geld!«

RAF-»Stalinorgel«:
Achtzehn Meter neben der
Bundesanwaltschaft

Nach endlos langen dreieinhalb
Stunden scheinen die »Ellwangers«
und ihre Komplizen die »wichtige
Aufgabe« erfüllt zu haben. Um halb vier verkleben sie den
Sands die Münder mit Klebestreifen und stopfen ihnen Watte
in die Ohren. Dann verschwinden sie. Das Letzte, was die
Sands von ihnen mitbekommen, ist, dass sie die Wohnungstür
mit Schlüsseln, die sie in der Wohnung gefunden hatten, von
außen abschließen. Theodor und Paula Sand leiden Todesängs-
te.[19] Sie schließen mit ihrem Leben ab und nehmen voneinander Abschied. Sie glauben, dass dieser Nachmittag der letzte in
ihrem Leben ist.

Nach sieben Stunden in Fesseln, gegen 19 Uhr, gelingt es
ihnen, sich zu befreien und die Wohnungstür aufzuschließen.
Ein Reserveschlüssel.

Minuten später ist die Wohnung grün vor Polizisten. Sie
stellen fest: Im Atelier, vor dem Fenster, baute die RAF auf
einem Tisch aus deutschem Eichenholz eine Stalinorgel auf –
42 Abschussrohre, 80 Zentimeter breit, 70 Zentimeter hoch,
60 Zentimeter tief und 150 Kilo schwer.

Jedes der Geschosse zerlegt sich beim Aufprall in ungefähr

100 Splitter. Bereits einer kann tödlich sein. Die Attentäter öffneten die beiden Fensterflügel. Damit die Mordmaschine nicht von der Bundesanwaltschaft gegenüber zu sehen war, verdeckten sie das Gerät zum Fenster hin mit Packpapier. In die Wohnung angeliefert worden war die Stalinorgel zerlegt – in einem Pappkarton »12 × 30 Pampers TAG NORMAL« und drei großen Taschen. Als Zünder für die Ladungen in den Rohren diente ein »Alka«-Wecker. Er war so eingestellt, dass er um 16 Uhr die Zündung auslöst. Aber nichts passierte – weil das Läutwerk nicht aufgezogen war.

Im Hinterhof der Blumenstraße entdeckten Polizisten das Fahrzeug, mit dem die Täter die Stalinorgel gebracht hatten: ein weißer Renault 4. Drei Tage zuvor hatte ihn ein Mann in Viernheim gebraucht gekauft – bis heute ist er unbekannt. Auf die Heckklappe hatte die RAF Plastikbuchstaben geklebt: »A. KRIEG SOFORT-KUNDENDIENST«. Krieg! »der schlüssel ist krieg« lautete eine der Devisen, die Baader für den Prozess in Stammheim ausgegeben hatte.[20]

Acht Jahre später stellt das Oberlandesgericht Stuttgart[21] fest, dass der Mann an der Stalinorgel Peter-Jürgen Boock war, und Brigitte Mohnhaupt entweder mit ihm zusammen oder später in die Wohnung gekommen war. Außerdem stellte es fest, dass, wenn alles nach Plan gelaufen wäre, »mindestens fünf Personen getötet, das Gebäude der Bundesanwaltschaft schwer beschädigt und weitere Personen in höchste Lebensgefahr gebracht worden« wären[22] – um 16 Uhr arbeiteten Bundesanwalt Manfred Bruns und die Oberstaatsanwälte Holland, Schulte, Lampe und Pieper in ihren Büros auf der Nordseite.

54. Boock

Peter-Jürgen Boock ist der Techniker der Gruppe. Für den Buback-Mord hatte er Haftbomben konstruiert und getestet, für die Ponto-Entführung den VW-Bus für den Abtransport des Opfers hergerichtet. Die Stalinorgel für die Bundesanwaltschaft sollte sein Meisterwerk werden.

Geboren wurde Peter-Jürgen Boock am 3. September 1951 in Garding, plattdeutsch: Garn, im heutigen Kreis Nordfriesland, in der Nähe von St. Peter-Ording. Hinterm Deich. Flach, regnerisch und windig. Tristesse. Sein Vater Gustav ist Gastwirt und froh, als er Mitte der 50er-Jahre in Hamburg Postbeamter wird. Die Familie zieht in die Hansestadt, nach Billstedt, in ein Reihenhaus in der Dudenstraße 7b. Dort erlebt Boocks Vater, ein »überzeugter Nazi«, wie sein Sohn sagt, die Tragödie, den »beinharten Zusammenbruch seines Lebens«: Der einstige Berufssoldat im Dritten Reich kann nicht verwinden, dass ihn die Bundeswehr nicht genommen hat und er bei der Post gelandet ist. Er beginnt zu trinken und bringt, so sagt es Peter-Jürgen Boock, »den Kasernenhof einfach nach Hause«. Der Vater erwartet Gehorsam von seinem Sohn. Dazu ist der nicht bereit. Der Vater schlägt zu. Mit 16, März 1968, macht Peter-Jürgen Boock den Realschulabschluss in Hamburg-Billstedt an der Realschule Oststeinbeker Weg. Gymnasium hätten die Eltern besser gefunden. Aber die Aufnahmeprüfung versiebte ihr Sohn 1962. So beginnt er eine Lehre als Maschinenschlosser bei Heidenreich & Harbeck, baut an Drehbänken mit. Zu Hause knallt es, weil Peter-Jürgen an linke Studenten gerät und durch sie in die Gewerkschaftsjugend der IG Metall. Er demonstriert gegen Springer und die Notstandsgesetze. Die Reibereien mit seinem Vater Gustav führen dazu, dass er die Lehre schmeißt.

Schon in dieser Zeit ist Boock mehrfach auf der Flucht. 1967 radelt er mit dem Fahrrad in die DDR. Er glaubt, dort sei alles besser, und will zu Verwandten nach Dessau. Aber DDR-Posten stoppen ihn und sorgen dafür, dass er zu seinen Eltern zurückkommt. Ein Jahr später flüchtet er nach Den Haag. Über Monate lebt er in einer Kommune. Dort gehörte »der Genuss von Haschisch und LSD zur Tagesordnung«, stellt später das Oberlandesgericht Stuttgart[23] fest. Boock nennt diese Zeit 20 Jahre später »die glücklichste« in seinem Leben.

Nach seiner Rückkehr in die Hansestadt beantragen seine Eltern »freiwillige Erziehungshilfe«. So hießen damals Maßnahmen des Jugendamtes in Absprache mit den Eltern. Die Hamburger Jugendbehörde diagnostiziert bei dem 17-Jährigen Schwererziehbarkeit. Im Februar 1969 schickt sie ihn nach Schleswig-Holstein in das »Landesfürsorgeheim Glückstadt«. Ein geschlossenes Heim. Er beteiligt sich an einem Aufstand, ein Gebäudeflügel steht in Flammen. Boock kommt ins »Burschenheim Beiserhaus« im hessischen Rengshausen, Juni 1969.

Dort hat er nach wenigen Wochen sein erstes großes politisches Aha-Erlebnis. Die »Kaufhausbrandstifter« kommen zu Besuch. Die »Kaufhausbrandstifter«! Die, die 1968 im Kaufhaus Schneider an der Frankfurter Zeil Brandbomben hochgehen ließen – um »gegen die bewusste Gleichgültigkeit der Bevölkerung gegenüber dem Krieg in Vietnam« zu protestieren. Jeder kennt sie. Mittlerweile sind sie Frankfurter Szenestars. Tatsächlich! Andreas Baader und Gudrun Ensslin kommen in das Kaff in der Nähe von Knüllwald und Kassel. Vorübergehend auf freiem Fuß, haben sie sich zusammen mit Frankfurter Pädagogikstudenten in der »Heimkampagne« organisiert. Sie mobilisieren gegen den »Erziehungsterror« in den Heimen. Im »Burschenheim« sprechen sie von der »Ausbeutung der Fürsorgezöglinge durch die Erzieher«, nennen die Heime »faschistoide Anpassungslager des Spätkapitalismus« und fordern die Zöglinge zum Widerstand auf – gegen ihre Erzieher, die Heimleitung und den Rest der Welt; natürlich: auch zum

Ausbruch aus dem Heim. Gemeinsam diskutieren sie über Heimerziehung. Gemeinsam rauchen sie einen Joint. »So etwas verbindet«, sagt Peter-Jürgen Boock.

Für ihn ist es »Liebe auf den ersten Blick«. Von beiden ist er schwer begeistert. So schwer, dass er am 5. August 1969 aus dem Burschenheim ausbüxt und nach Frankfurt trampt. Dort wohnt er in Wohngemeinschaften, alles organisieren APO-Studenten. Schnell wird Boock einer von Baaders »Lehrlingen«, bald sogar sein Lieblings-»Lehrling«. Nach zwei Monaten holt ihn Baader in seinen Clan, er darf zu ihm und Ensslin in die Wohngemeinschaftsvilla in der Freiherr-vom-Stein-Straße. In dieser Zeit wird Baader für den 18-Jährigen »so etwas wie eine Vaterfigur«, auch »zu seinem Vorbild«.[24] Ein »Vater«, den er mag. Endlich.

Boock ist fasziniert von dem acht Jahre älteren Baader: von seinem obercoolen Auftreten, seiner schwarzen Lederjacke und seinem weißen Mercedes 220 SE, mit dem er durch Frankfurt heizt – obwohl er niemals einen Führerschein besaß, seiner heißen Braut Gudrun und der Villa im Frankfurter Westend. Ebenso angetan hat es ihm Baaders Art, »gerade auf das Ziel zuzugehen und es umzusetzen und dabei eigentlich alles, was man hat, darauf abzustellen«. Von Baaders Radikalität ist Boock begeistert. Die »Brandstifter« verhelfen dem abgängigen Fürsorgezögling zu zwei wichtigen Erkenntnissen in seiner Jugend: »Erstens kann man sich wehren, und zweitens, wenn man zusammenhält, kann man sogar durchsetzen, was man durchsetzen will«, blickt Boock zurück. Und dazu gehöre auch die Erfahrung: »Keine Angst vor großen Tieren!«

Abrupt endet der Ausflug von Baader und Ensslin in die Sozialarbeit – November 1969. Sie müssen ihre Reststrafe aus dem Brandstifter-Urteil antreten. Der Bundesgerichtshof hat ihre Revision gegen die Entscheidung des Landgerichts Frankfurt[25] verworfen. Damit ist die Drei-Jahres-Zuchthausstrafe rechtskräftig. Vierzehn Monate haben sie schon abgesessen.

Zweiundzwanzig sind noch offen. Selbst bei guter Führung wären es noch zehn – aber Baader und »gute Führung« passen überhaupt nicht zusammen. So steht für Baader und Ensslin die Ladung zum Haftantritt bevor. Sie setzen sich nach Paris ab. Dort machen sie sich schöne Wochen, leben in der geräumigen Wohnung des französischen Revolutionstheoretikers Régis Debray auf der Île de la Cité, nicht weit vom Quartier Latin mit Blick auf die gotischen Kuppeln von Notre-Dame. Feinstes Paris. Ein Fest für ihre Sinne.

Boock bleibt in Frankfurt. Er lebt von Sozialhilfe und Gelegenheitsarbeiten. Er trägt Zeitungen aus, sortiert Schallplatten und arbeitet in staubigen Lagern. An Drogen lässt er nichts aus – nur vom Heroin die Finger. Mit seinen Mitbewohnern in der Wittelsbacherallee 130 raucht er regelmäßig Haschisch, er snifft ab und zu Kokain, wirft LSD-Trips und »Speeds« ein. Es gibt Tage, in denen Boock »und seine Freunde nichts anderes taten, als sich dem Drogengenuss hinzugeben und sich darüber zu unterhalten, wie man die Gesellschaft am besten verändern könne«, stellt später das Oberlandesgericht Stuttgart fest.[26]

So richtig bergab geht es mit ihm ab September 1971, nach dem Ende mit seiner Freundin Jane: Er hat keine Wohnung mehr und wird Dealer in Frankfurt. Er verkauft Haschisch und – seine Spezialität – einen Mix aus LSD, Ephedrin und Amphetaminen für 20 Dollar an US-Soldaten. Mit 20, April 1972, kommt er ins Frankfurter Jugendwohnheim Kleemannstraße. Ein Arzt attestiert ihm Arbeitsunfähigkeit, Entzugserscheinungen nach Drogengebrauch und ein sanierungsbedürftiges Restgebiss. Er vermittelt Boock eine Therapie. Aber die bricht er ab, weil er sich, so sagt er, als einziger »Hascher« unter Fixern nicht wohlfühlt.

Zwei Monate später, im Juni 1972, hat Peter-Jürgen Boock sein zweites großes politisches Aha-Erlebnis: Im Fernsehen sieht er, wie Andreas Baader verhaftet wird. Er ist entsetzt. Für ihn ist klar: »Die haben mich rausgeholt, also hole ich sie raus.«

Er lebt in Wohngemeinschaften, heiratet im April 1973 die Tierarzthelferin Waltraud, kifft und kokst unverändert. Auch Amphetamine und LSD wirft er ein. Spätestens Anfang 1975 geht er in den Untergrund, um seine »Lebensaufgabe« in Angriff zu nehmen: Baaders Befreiung. Er und seine Komplizen beschaffen Waffen, Sprengstoff, Kraftfahrzeuge, Ausweise und Wohnungen. Finanziert wird alles von Banken. Boock selbst war, so sagt er, »an circa 20 Banküberfällen beteiligt«. Seine Komplizen Klaus Dorff und Jürgen Tauras schnappt die Polizei im Februar 1976. Boock ist klar, dass er mit den kampf-bereiten »Resten« aus dieser Gruppe – seiner Ehefrau Waltraud und Rolf Clemens Wagner – viel zu schwach ist, um Baader & Co. zu befreien. So kommt nur eine Fusion in Betracht. Die drei schwanken zwischen den Revolutionären Zellen (RZ)[27] und der RAF. Die RZ gehören zur »Sachschaden-Fraktion«, die nicht mordet, sondern sich auf Sachschäden beschränkt. Zu wenig für Boock und seine Komplizen. Sie entscheiden sich für den »Anschluss an die RAF«. Ausschlaggebend ist, so sagt später Boock, »dass die RAF ihre Gefangenen befreien wollte«. Genau sein Ziel. Und so stoßen die drei »Frankfurter« in der zweiten Jahreshälfte 1976 zu der sich formierenden Neu-RAF um Siegfried Haag. Ihre Mitgift ist beträchtlich. Fünfzig Schusswaffen – Boock und seine Kumpane hatten über ihrem tatsächlichen Bedarf angeschafft: Sturmgewehre, Kalaschnikows, Schrotflinten, Maschinenpistolen. Aus diesem Fundus stammt das Sturmgewehr HK 43, mit dem kein Jahr später die RAF die Begleiter Schleyers erschießt.

Beim Eintritt in die RAF ist Peter-Jürgen Boock 25 – und »trotz beträchtlicher Intelligenz eine gescheiterte Existenz«, charakterisiert ihn später das Oberlandesgericht Stuttgart.[28] Anders als die abgebrochenen Studenten, die zur RAF stoßen, wie Sonnenberg und Klar, hat er aber schon zwei Karrieren hinter sich: eine schwer kriminelle, nicht nur als Bankräuber und Sprengstoffattentäter. Und eine als Junkie. Seine Drogen-

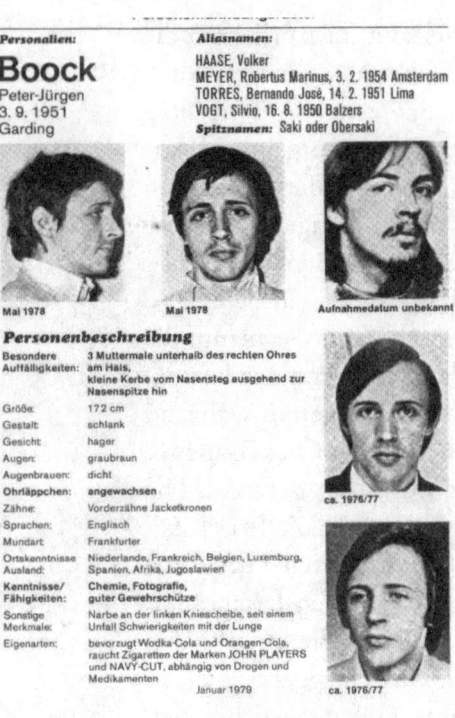

Personalien:

Boock
Peter-Jürgen
3. 9. 1951
Garding

Aliasnamen:
HAASE, Volker
MEYER, Robertus Marinus, 3. 2. 1954 Amsterdam
TORRES, Bernando José, 14. 2. 1951 Lima
VOGT, Silvio, 16. 8. 1950 Balzers
Spitznamen: Saki oder Obersaki

Mai 1978   Mai 1978   Aufnahmedatum unbekannt

Personenbeschreibung

Besondere Auffälligkeiten:	3 Muttermale unterhalb des rechten Ohres am Hals, kleine Kerbe vom Nasensteg ausgehend zur Nasenspitze hin
Größe:	172 cm
Gestalt:	schlank
Gesicht:	hager
Augen:	graubraun
Augenbrauen:	dicht
Ohrläppchen:	angewachsen
Zähne:	Vorderzähne Jacketkronen
Sprachen:	Englisch
Mundart:	Frankfurter
Ortskenntnisse Ausland:	Niederlande, Frankreich, Belgien, Luxemburg, Spanien, Afrika, Jugoslawien
Kenntnisse/ Fähigkeiten:	Chemie, Fotografie, guter Gewehrschütze
Sonstige Merkmale:	Narbe an der linken Kniescheibe, seit einem Unfall Schwierigkeiten mit der Lunge
Eigenarten:	bevorzugt Wodka-Cola und Orangen-Cola, raucht Zigaretten der Marken JOHN PLAYERS und NAVY-CUT, abhängig von Drogen und Medikamenten

ca. 1976/77

Januar 1979   ca. 1976/77

Boock: »Personenfahndungsraster« (1979)

sucht hält er innerhalb der RAF geheim. So gut es geht.

Boocks Rolle in der RAF ist einzigartig – bestimmt von vier Faktoren: Unverzichtbar für die Gruppe ist der ehemalige Metallbaulehrling und begnadete Tüftler wegen seiner handwerklichen Fähigkeiten; hochtrabende Strategiediskussionen und Feinheiten in Kommandoerklärungen sind nicht sein Ding. Zweitens ist er in der Gruppe der Einzige, der das kollektive Befreiungsziel Baader persönlich kennt – natürlich abgesehen von Mohnhaupt. Aus der RAF-Innensicht ist es mehr als ein Ritterschlag, dass Baader ihn zu seinem Lieblings-»Lehrling« auserkoren hatte. Außerdem unterscheidet Boock von allen in der 77-RAF-Formation, dass er bereits mehr als zwei Jahre Untergrundpraxis besitzt: Er kann Ausweise fälschen, Autos klauen, Waffen reparieren und ist ein Routinier im »Banken machen«. Und schließlich, vierter Aspekt, stärkt seine Liaison mit Mohnhaupt, entstanden, kurz nachdem sie zu der Truppe gestoßen war, seine Position erheblich. In gewisser Weise ist er dort, wo Baader in der ersten Generation war: mit der Frau an der RAF-Spitze im Bett. Mohnhaupt hat das Sagen. Und Boock ist 1977 in der RAF ein »rastlos tätiger Vollstrecker«.[29]

55. Selbstbezichtigung

Elf Tage nach dem Überfall auf die Sands geht das erste Selbstbezichtigungsschreiben bei der Deutschen Presse-Agentur in
Frankfurt ein, 5. September 1977 – es trägt das Datum
»3.9.1977«. Die RAF schreibt um den heißen Brei herum, um
eine Antwort auf die Frage, warum die Mordmaschine nicht
losging.

»alle interpretationen der maschine« seien »falsch«, beginnt
sie ihre Erklärung und behauptet, die Bundesanwälte hätten
durch sie nur daran gehindert werden sollen, »im komfort ihrer büros weiter darüber zu grübeln, wie sie den nächsten
mord an einem politischen gefangenen arrangieren«. Es sei
auch nicht »um irgendein blutbad« gegangen, auch »nicht um
einen anschlag auf rebmann«, sondern »ganz einfach um eine
warnung in der situation, in der über 40 politische gefangene
im hungerstreik waren, weil rebmann die zusage, sie in gruppen zu 15 zu konzentrieren, die er als ministerialdirigent im
baden-württembergischen justizministerium ausgesprochen
hat, als generalbundesanwalt bricht und hintertreibt«.

Die Erklärung, Zweck des Ganzen sei lediglich eine »Warnung« gewesen, ist nicht plausibel angesichts des Aufwandes,
den das RAF-Kommando in der Wohnung Sand betrieb: Wäre
das Ziel tatsächlich gewesen, dass die »Maschine« nicht losgeht, hätten sie die Täter gewiss nicht stundenlang, am hell-
lichten Tag mit erheblichem Risiko zusammengebaut und sie
anschließend unter Packpapier versteckt. Ebenso sinnwidrig
wäre es bei dieser Intention gewesen, den Sands Watte in die
Ohren zu stopfen. Ohren zustopfen macht nur Sinn, wenn es
tatsächlich knallen soll.

Überraschend für ein Selbstbezichtigungsschreiben ist die
Erklärung der Illegalen, sie hielten »die entscheidung der gefangenen, ihren hunger- und durststreik jetzt zu unterbre-

alle interpretationen der maschine, mit der wir die bundesanwälte daran hindern wollten, im komfort ihrer büros weiter
darüber zu grübeln, wie sie den nächsten mord an einem politischen gefangenen arrangieren, oder die menschenjagd, die
schauprozesse, die razzien auf bürger und anwälte, denen wir
sympathischer sind, die lügen und die hetze der 'offensiven
information' zu rügen – sind falsch.

RAF-Selbstbezichtigungschreiben: »alle interpretationen ... sind falsch.«

chen ... für richtig«. Am Tag zuvor, am 2. September 1977, hatte in Stammheim Jan-Carl Raspe unerwartet den fünften Hungerstreik der RAF-Häftlinge für beendet erklärt – gekämpft hatten sie für eine Zusammenlegung in »Gruppen von mindestens 15 Gefangenen«. Den Abbruch begründete Raspe damit, dass die »Situation verhärtet ist«.[30] Das ist kein nachvollziehbares Argument. Die Fronten zwischen den RAF-Häftlingen und der Justiz waren stets völlig verhärtet.

Auch für den BKA-Analysten Alfred Klaus besteht kein Zweifel daran, »dass der Hungerstreik aus anderen Gründen abgebrochen worden war«. Er vermutet, so schreibt er in seiner Auswertung des RAF-Selbstbezichtigungsschreibens, dass sich die RAF-Häftlinge zum Abbruch des Hungerstreiks entschlossen hätten, »nachdem Gudrun ENSSLIN von RA Arndt MÜLLER bei dessen vorangegangenen Besuch am 01.09.77 über die bevorstehende Geiselnahmeoperation informiert worden war«. Mit »Geiselnahmeoperation« meint Klaus die Schleyer-Entführung.

Bemerkenswert an dieser Erklärung ist auch, dass die RAF, die sich im Jahr 1977 in ihren Erklärungen politisch fast ausschließlich mit den Gefangenen und ihrer Befreiung beschäftigte,[31] auch einmal etwas zu ihrem allgemeinen Befund der politischen Situation in der Bundesrepublik erklärt: »die politische gewalt in diesem staat« sei »nicht ›faschistoid‹ oder von ›faschistischen tendenzen‹ bedroht«, erklärt sie, sondern »mitten in der transformation zu einem neuen faschismus«, der sich vom Nationalsozialismus nur dadurch unterscheide, »dass er amerikanische und deutsche monopole repräsentiert und damit aggressiver, mächtiger und subtiler auftreten kann als der kapitalismus in deutschland während seiner barbarischen nationalen geschichte.«

Mit der Behauptung, Deutschland sei auf dem Weg zu einem Faschismus schlimmer als das Dritte Reich, lässt sich im Sommer 1977 gewiss nicht das »revolutionäre Bewusstsein der Massen«[32] wecken – das Ziel nach dem Masterplan der RAF zur Revolution: Bei der Bundestagswahl im Jahr zuvor erreichte die CDU fast die absolute Mehrheit mit 48,6 Prozent der Stimmen, mit ihr zusammen kamen SPD und FDP auf über 98 Prozent. Höher hätte die Zustimmung der Bevölkerung zum bestehenden System kaum ausfallen können, der »freiheitlich-demokratischen Grundordnung«.

Überraschend sind auch zwei Prophezeiungen auf der letzten der drei Seiten langen RAF-Erklärung. Zum einen kündigt die Gruppe eine Art Überraschung an; eine ganz besondere Aktion, die den Staat ins Mark trifft: »worüber sie nicht lange lachen werden, sind wir«, schreibt sie an die Adresse der »verfetteten Eliten« in Justiz, Exekutive, Parteien, Konzernen, Medien: »wir fordern jetzt noch nichts, und kontinuität und solidarität der raf werden auch nicht Gegenstand von Erklärungen sein.«

Außerdem behauptet die RAF, Staatsdiener planten, die Häftlinge zu ermorden – ähnlich wie in dem Ponto-Selbstbezichtigungsschreiben.[33] Für den Fall, »dass »andreas, gudrun und jan getötet werden« oder dass »einer der gefangenen ermordet« wird, kündigt die RAF im letzten Absatz ihrer Erklärung an, als »Schlusswort« gewissermaßen, dass es dann »sofort im in- und ausland antworten« gebe und »dass ihr Schmerz unserem entsprechen wird«.

Sieht man, dass es nicht den geringsten tatsächlichen Anhaltspunkt für eine derartige Mordvorbereitung durch Staatsdiener gibt, fragt sich, warum die RAF schon wieder mit diesem Thema kommt, ausgerechnet auch noch an so prominenter Stelle. Nicht fern liegt die Vermutung, dass es zwischen »drinnen« und »draußen« eine Absprache für den Fall gab, dass die finale Aktion der »Big Raushole« scheitert – und deshalb durch die Thematisierung an dieser Stelle weiter das Fundament für die Mord-These gelegt werden sollte.

56. Erkenntnisse

Warum ging die Höllenmaschine nicht los? Warum war das Läutwerk nicht aufgezogen? Auf der Anklagebank behauptet Peter-Jürgen Boock Jahre später, er habe den Wecker bewusst nicht aufgezogen, um den Anschlag zu vereiteln, weil er im gegenüberliegenden Gebäude »Sekretärinnen, Justizbeamte, vielleicht Angestellte« gesehen habe. Das Oberlandesgericht Stuttgart[34] glaubt ihm kein Wort. Vielmehr stellt es fest, »dass ihm in der Hektik der Tatvorbereitungen lediglich ein Fehler unterlaufen« sei. Viel spricht dafür, dass Boock das Aufziehen des Läutwerks vergaß, weil er fahrig im Drogennebel hantierte. Schon in der Kneipe in Karlsruhe, in der er auf den Anruf der »Ellwangers« aus der Wohnung Sand wartete, hatte er sich eine Dolantin-Spritze gesetzt. Ein starkes Schmerzmittel. Es macht schläfrig, außerdem süchtig. Über die Spritze in der Kneipe waren Boocks Begleiter entsetzt und wütend. Sie warfen ihm vor, dass er in den nächsten 20 Minuten erst einmal völlig außer Gefecht gesetzt sei. So schritt er benebelt zur Tat.

Erklärtes Ziel des Anschlags für die RAF war, möglichst viele Bundesanwälte umzubringen.[35] Weil sie anschließend aber nicht zugeben wollte, dass sie nach Ponto schon wieder ihr Ziel verfehlt hatte, und noch weniger, dass ihr ein kapitaler

Fehler mit dem Läutwerk unterlaufen war, log sie in der Erklärung, ihr sei es lediglich um eine »Warnung« gegangen.

In der Gesamtschau der Taten, die die RAF 1977 beging, ist der gescheiterte Anschlag auf die Bundesanwaltschaft die Straftat, bei der die Gerichte – relativ betrachtet – am wenigsten unmittelbare Tatbeteiligungen feststellen konnten. Bis zum heutigen Tag ist juristisch ungeklärt, wer die »Ellwangers« waren.[36] Die Gerichte gingen von mindestens vier Tätern in der Sand-Wohnung aus[37] – fest verschnürt im Wohnzimmer, konnten die Sands nicht sehen, wie viele Personen durch die Eingangstür kamen. Der fünfte Senat des Oberlandesgerichts Stuttgart[38] urteilte, dass Boock und Mohnhaupt in der Wohnung waren. Folgt man den Gerichtsentscheidungen, sind noch zwei Täter offen. Mindestens.

Dreißig Jahre nach der Tat versucht die Bundesanwaltschaft noch einmal, Licht ins Dunkel der Wohnung Sand zu bringen. In dem Ermittlungsverfahren gegen Stefan Wisniewski lädt sie als Zeugen Mohnhaupt, Klar und Sonnenberg, um sie »zur Planung, Vorbereitung und Durchführung« dieses Anschlags zu befragen. Alle drei verweigern die Aussage. Sie berufen sich auf ein umfassendes Auskunftsverweigerungsrecht nach Paragraf 55 der Strafprozessordnung.[39] Die Bundesanwaltschaft hält dies rechtlich für unzutreffend und beantragt Ordnungsgeld und Erzwingungshaft. Der Ermittlungsrichter erlässt den Erzwingungsbeschluss, der dritte Strafsenat des BGH[40] kassiert diese Entscheidung, weil die Rechtsansicht der Ex-RAF-ler zutreffend sei – im Gegensatz zu der der Bundesanwaltschaft und des BGH-Ermittlungsrichters. Wegen der »konkreten Gefahr einer weiteren Strafverfolgung« stünde Mohnhaupt, Klar und Sonnenberg ein »umfassendes Auskunftsverweigerungsrecht nach § 55 StPO« zu, schreibt der Senat.

So wird ein Teil der Geschichte in der Wohnung Sand wohl weiter im Dunkeln bleiben. Sachbeweise gibt es nicht, beispielsweise Fingerabdrücke an Türen. Und Personalbeweise bei einstigen RAF-Mitgliedern, durch die die Sand-Besucher enttarnt werden könnten, darf die Bundesanwaltschaft nicht erheben.

Die Stalinorgel konstruiert und montiert hatte Peter-Jürgen Boock in einer konspirativen Wohnung der RAF in Hannover, Ihmepassage 10. Eine Dreizimmerwohnung in der fünften Etage. Das Kinderzimmer ist Boocks Werkstatt. Ein grässliches Waschbetonsilo im Stil der sterilen 70er. Bei der Konstruktion war sich Boock nicht sicher, mit welcher Wucht ein Geschoss aufschlägt. Deshalb reist er mit RAF-Mitgliedern zu einem Praxistest in die Nähe von Göttingen. In einer Kiesgrube feuert er aus nur einem Rohr – und ist begeistert: Er sieht, dass die Explosion wesentlich stärker ist als von ihm erwartet. Die Gruppe sei »sehr angetan« gewesen »von der von mir konstruierten Waffe«, sagt später der Ex-Metallbaulehrling. Schon sieht er die Bundesanwaltschaft in Schutt und Asche liegen, schon träumt er davon, dass die RAF seine Konstruktion anderen Gruppen im Ausland zur Verfügung stellt. Weil die Rohre nicht einfach zu bekommen sind, wenn es unauffällig geschehen soll – 1 ¼ Zoll, schickt Boock RAF-Mitglieder zum Rohrkauf nach Norderstedt, Hamburg-Fuhlsbüttel und in die Karstadt-Filiale in Hannover.

An der Stalinorgel, zurückgelassen im Atelier des Malers in der Blumenstraße, entdeckten die Ermittler einen Fingerabdruck von Susanne Albrecht,[41] auf der Verpackung neben den Abdrücken von Christian Klar auch einen Fingerabdruck von Silke Maier-Witt.

Vom Tatort flüchteten die Täter mit einem grünen VW Passat TS Automatik. Die Polizei fand ihn am Hauptbahnhof in Karlsruhe. Von dort aus hätten sie einen »Bummelzug« nach Heidelberg genommen, berichtet Boock 15 Jahre nach der Tat. Als Quartier hätte dem Kommando dieselbe Wohnung in Mannheim »in den Quadraten« gedient, die auch die Buback-

Attentäter vier Monate zuvor genutzt hätten. Bis zum heutigen Tag wurde sie nicht entdeckt.

Den Raketenwerferanschlag hatte die RAF als zusätzliche Aktion in ihr Programm aufgenommen. In Aden war er noch nicht im Plan. Grund für die Programmerweiterung: Die Stammheimer drängten, dass die Anschläge nun endlich erfolgen. Um den Druck zu erhöhen, kassiberten sie den Illegalen, wenn sie es nicht bald schafften, sie zu befreien, würden sie ihr Schicksal selbst in die Hand nehmen. Und für noch mehr Druck sorgt Baader während des laufenden Hungerstreiks – am 9. August hatte er begonnen: Er wirft den Illegalen vor, tatenlos zuzuschauen, während die Häftlinge von der Justiz kaputt gemacht würden. Das war der Anlass, warum sich die Illegalen kurzfristig[42] zu dem Raketenwerferanschlag entschlossen, das Rentnerehepaar Sand Höllenqualen ertragen musste und die Bundesanwaltschaft in Schutt und Asche gelegen hätte – wenn nicht der Junkie Boock alles versaubeutelt hätte. Entscheidend ging es den Illegalen darum, der siebten Etage in Stammheim ein positives Signal zu senden, um dem Vorwurf von Tatenlosigkeit entgegenzuwirken. Und natürlich passte die Aktion auch ideal in das »Offensive 77«-Konzept der RAF. So wollte sie noch einmal ihre Macht und Gefährlichkeit demonstrieren – wenige Tage vor Beginn des Showdowns.

HERBST

FÜNFTER ABSCHNITT.
SCHLEYER

57. Herbstanfang

Ein schöner Septembertag. Der Deutsche Herbst beginnt am
5. September 1977 um 17.29 Uhr im Kölner Stadtteil Brauns-
feld. Auf der schmalen Vincenz-Statz-Straße liegen zwei Leichen, über einem Lenkrad lehnt eine dritte: durchsiebt von
Schüssen, jede von mindestens 20. Ein Mann hängt halb aus
einem blauen Mercedes 450 SEL und stöhnt. Noch lebt er.
Drei Fahrzeuge sind ineinandergeschoben: Quer zur Fahrbahn steht ein gelber Mercedes. In seinen Kofferraum ist ein
blauer Mercedes 450 SEL gekracht. Und auf ihn aufgefahren
ist ein weißer Mercedes 280 E. Umgestürzt auf der Fahrbahn
liegt ein blauer »Hartan«-Kinderwagen.

Die ersten beiden Streifenwagen treffen um 17.35 Uhr am
Tatort ein. Ein Beamter erkennt bei den Leichen Dienstmar-
ken und dass es Kollegen von ihm waren, aus Baden-Württemberg – die Körper sind noch warm, fast 37 Grad: Reinhold
Brändle (41), Helmut Ulmer (24) und Roland Pieler (20). Der
Mann, der in diesen Augenblicken auf dem Asphalt stirbt, ist
der Chauffeur Heinz Marcisz (41). Die rechte Fondtür seines
Wagens steht weit offen. Dort hinten saß ein Mann, berichtet
ein neunjähriger Junge den Beamten. Er habe gesehen, wie er
von zwei Erwachsenen weggeschleift worden sei: »Der Mann
konnte nicht richtig laufen. Er trippelte.« Mit ihm sind die Täter über alle Berge.

Die Hörer vom *Echo des Tages*, ausgestrahlt vom Nord-
und Westdeutschen Rundfunk, erfahren als Erste von der Tat,

Köln, Vincenz-Statz-Straße: hinten das »Sperrfahrzeug«, davor Schleyers Wagen und der Wagen seiner Leibwächter. Auf dem Boden: erschossene Begleiter Schleyers

18.49 Uhr: »Meine Damen und Herren, aus Köln wird soeben gemeldet, dass auf den Vorsitzenden der Bundesvereinigung der Deutschen Arbeitgeberverbände, Hanns Martin Schleyer, heute Abend ein Attentat verübt worden ist«, verkündet der Sprecher. »Die Schüsse wurden aus einem VW-Kombi heraus abgegeben. Nach dem Auto wurde eine Großfahndung ausgelöst. Die Feuerwehr hat nach ersten Informationen vier Todesopfer geborgen. Noch immer steht nicht fest, ob Schleyer sich unter den Opfern befindet. Inzwischen hat sich das Bundeskriminalamt in Wiesbaden in die Ermittlungen eingeschaltet.«

Für die Ermittler wird schnell klar, dass die Täter Schleyer auflauerten, als er auf dem Weg in seine Kölner Wohnung in der Raschdorffstraße 10 war. Seine Dreizimmerwohnung liegt in einer Einbahnstraße, die auf die breite Friedrich-Schmidt-Straße stößt. Weil von dort die Einfahrt verboten ist, passierte

Schleyers Konvoi diese Einmündung – er kam von Osten, vom Gebäude der Bundesvereinigung der Deutschen Arbeitgeberverbände am Oberländer Ufer 72 – und bog eine Straße weiter nach rechts ab, in die schmale Vincenz-Statz-Straße. Nur über sie und die Aachener Straße ist aus dieser Richtung in einem Bogen das Haus in der Raschdorffstraße zu erreichen. Und genau dort, in der schmalen, nicht einmal 5,20 Meter breiten Zufahrtsstraße, hatten die Täter dem Arbeitgeberpräsidenten aufgelauert: Als sich sein Wagen näherte, ließen sie den gelben Mercedes rückwärts auf die Fahrbahn rollen. Die Durchfahrt war versperrt: Das Hinterteil des Wagens ragte so weit auf die Fahrbahn, dass Heinz Marcisz keine Chance hatte, dran vorbeizukommen.

Schon bald wimmelt es am Tatort von wichtigen Leuten und solchen, die sich für wichtig halten: Politiker und Beamte des Bundes, des Landes Nordrhein-Westfalen und der Stadt Köln – die Vincenz-Statz-Straße liegt keine 45 Minuten im Auto vom Bonner Regierungsviertel entfernt. Sie trampeln über Patronenhülsen, irgendjemand sammelt »sicherheitshalber« alle Waffen zusammen und legt sie auf den Kofferraum des Polizei-Mercedes. Und für alle, die sich für wichtig genug halten, werden die Planen über den Leichen hochgehoben, weil sie sich ein »eigenes Bild« machen wollen. Die, die die Arbeit zu machen haben, die Beamten der Tatortgruppe, ärgern sich über die zahlreichen Gaffer.

Diese Auftaktszene ist Sinnbild für den größten Polizeieinsatz aller Zeiten in Deutschland: Etliche Vertreter des Bundes, eines Landes und einer Stadt stehen herum, teilweise sogar sich gegenseitig im Wege – und gucken, gucken, gucken. Das ist alles. Eine Gulaschkanone wird aufgebaut. Diesel-Stromaggregate brummen. Scheinwerfer tauchen den Tatort in gleißendes Licht. Währenddessen liegen die Hintergründe der Bluttat völlig im Dunkeln. Von Hanns Martin Schleyer keine Spur.

58. »Doppelpräsident«

Hanns Martin Schleyer ist zweiundsechzig und für die Deutschen »der Unternehmer« schlechthin. Sein breites Gesicht
signalisiert Durchsetzungskraft und Freude am Genuss.
Seit Anfang des Jahres 1977 ist er der »Doppelpräsident« der beiden großen Unternehmerverbände: der Bundesvereinigung
Deutscher Arbeitgeberverbände (BDA) und des Bundesverbandes der Industrie (BDI). Das hatte es in Deutschland noch
nicht gegeben. Nun sprechen die beiden wichtigsten Unternehmerverbände mit einer Stimme. Den »sicherlich mächtigs-
ten ›Wirtschaftsführer‹« Deutschlands nennt die *Frankfurter
Rundschau* Schleyer nach seiner Wahl zum BDI-Chef.

Geboren wurde Hanns Martin Schleyer am 1. Mai 1915 in
Offenburg. Sein Vater Ernst ist Landgerichtsdirektor. In Heidelberg studiert er Rechts- und Staatswissenschaften und wird
Mitglied in der dort ältesten Verbindung Suevia. Im Mai 1938
besteht er das erste juristische Staatsexamen. Im Dritten Reich
setzt er auf den Führer: Im Juli 1933 tritt er in die SS ein, im
Mai 1937 in die NSDAP – und macht Karriere: 1938 wird er
Leiter des Studentenwerks in Innsbruck. Dort promoviert er
1939 zum Dr. jur. nach österreichischem Recht. Anders als in
Deutschland braucht er keine Dissertation zu schreiben. Das
spart Zeit.

Im Sommer 1940 beteiligt er sich als Gebirgsjäger am Frank-
reich-Feldzug. Für die Operation »Seelöwe«, Hitlers Traum
von einer Invasion in Großbritannien, wird seine Einheit in
die Normandie verlegt. Beim Klettertraining stürzt er ab und
verletzt sich sein Schultergelenk schwer. Deshalb wird er als
nicht mehr verwendungsfähig eingestuft und im Mai 1941 aus-
gemustert. 1942 erhält er seine Ernennung als Leiter des Studentenwerks der deutschen Karls-Universität in Prag. Mit siebenundzwanzig ist er Vorgesetzter von 130 Menschen.

Sein Referendariat will er an den Nagel hängen, er hatte sich beurlauben lassen. Weil die Beurlaubung ausläuft, schreibt er am 14. Mai 1942 an den Reichsinnenminister und bittet aus dem Vorbereitungsdienst für Regierungsreferendare ausscheiden zu dürfen, weil er nicht »Beamter werden« wolle. »Ich bin alter Nationalsozialist und SS-Führer und darf für mich in Anspruch nehmen, dass mich keine äußerlichen Beweggründe hier festhalten«, erläutert er seine Position: »Ich versehe gleichzeitig die Arbeit von 2 eingerückten Juristen,

Hanns Martin Schleyer

für die keinerlei Ersatz vorhanden ist und habe dazu neue Aufgaben übernommen. Der Präsident des Zentralverbandes der Industrie in Böhmen und Mähren und der Leiter der kriegswirtschaftlichen Abteilung haben mich aufgefordert, im Rahmen der Protektorats-Wirtschaft mitzuarbeiten und mich damit auch kriegswirtschaftlichen Arbeiten zur Verfügung zu stellen.« Er habe »diesen Auftrag« angenommen, »um als junger Jahrgang wenigstens hier meine Pflicht nach Kräften zu erfüllen, nachdem ich keine Möglichkeit mehr habe, wieder k. v. zu werden.« »K. v.« ist das Kürzel für »kriegsverwendungsfähig«.

Den Gedanken, das zweite Staatsexamen noch abzulegen, habe er aufgegeben – ein klares Ziel vor Augen: »Die uns in jungen Jahren in der Kampfzeit anerzogene Bereitschaft, Aufgaben zu suchen und nicht auf sie zu warten, der ständige Einsatz für die Bewegung auch nach der Machtübernahme, haben uns früher als sonst üblich in die Verantwortung gestellt. Wir haben unser Studium nicht so sehr aufgefasst, als die Vorbereitung für einen bestimmten Beruf, der uns dann die innere und äußere Sicherheit geben würde, sondern haben stets eine Aufgabe gesucht, der wir dienen können.« Und diese Aufgabe glaube er, »obwohl ich aus dem Westen stamme, hier im Protektorat gefunden« zu haben. Er bittet den Reichsinnenminister, ihn »für diese Aufgaben frei zu geben«. Seinem Antrag wird entsprochen. 1943 ist er in Prag Leiter des Präsidialbüros des »Zentralverbandes der Industrie für Böhmen und Mähren«. Im Mai 1945 rücken die Russen an. Er flieht zu seinen Eltern nach Konstanz. Dort verhaften ihn die Franzosen, 18. Juli 1945. Fast drei Jahre sitzt er in französischen Internierungslagern in Baden-Württemberg: in Konstanz, in Hüflingen und in Freiburg. Auch dort macht er Karriere, wird Chef einer Baustelle.

Sein Entnazifizierungsverfahren endet damit, dass ihn die Kammer als »Mitläufer« einstuft – es gibt fünf Kategorien: Hauptschuldige, Belastete, Minderbelastete, Mitläufer und Entlastete.

Schleyer beginnt seinen Aufstieg im Nachkriegsdeutschland 1949 als Referent bei der Industrie- und Handelskammer Baden-Baden. Er ist 34. Das Wirtschaftswunder kommt, Schleyer ist in der ersten Reihe: 1951 fängt er beim Automobilkonzern Daimler-Benz in Stuttgart als Sachbearbeiter an. Schnell wird er Assistent des Vorstandsvorsitzenden Fritz Koenecke, Leiter der Personalabteilung, 1959 stellvertretendes und 1963 ordentliches Vorstandsmitglied. Zudem ist er Vorsitzender des Verbandes der Metallindustrie Baden-Württemberg. 1963 macht Schleyer bundesweit Schlagzeilen, weil der Verband auf einen Streik der Gewerkschaft mit Aussperrung reagiert. 300 000 Arbeiter sind betroffen.

1970 tritt Hanns Martin Schleyer in die CDU ein. Sein politisches Credo legt er 1973 in dem 356-Seiten-Buch *Das soziale Modell* ab. »Das Bekenntnis zur persönlichen Freiheit, die die Grundlage auch der sozialen Ordnung bleiben muss, ist verbunden mit der Forderung nach Toleranz, die mit der Freiheit unlösbar zusammenhängt«, resümiert er. »Alle Fortschritte, die wir erzielen, sind für den Menschen wertlos, wenn sie ihn in ein Kollektiv zwingen, wo seiner Entfaltung enge Grenzen gesetzt sind und der Sinn des Lebens nicht mehr in seiner Selbstverwirklichung liegt, sondern von anderen vorgegeben wird.« Der enge Zusammenhang zwischen Sozialpolitik und Wirtschafts- und allgemeiner Politik zwinge uns, »darauf zu achten, dass unser gesamtes politisches Handeln bestimmt wird durch die Begriffe Freiheit, Toleranz, Leistung« und einiges mehr.

1973 rückt er auf in die »Bundesliga« der Wirtschaftspolitik: Die Bundesvereinigung Deutscher Arbeitgeberverbände wählt ihn zu ihrem Präsidenten. Schleyers Aufstieg bedauert der Gewerkschaftsfunktionär Willy Bleicher, sein Gegenspieler in all den Jahren im Tarifbezirk Württemberg und im Dritten Reich Häftling im KZ Buchenwald: Sein Weggang sei »aus Gewerkschaftssicht unbedingt ein Verlust für die Tarifverhandlungen«. Auf sein Wort hätte man sich immer verlassen können. Schleyer gilt als harter, aber fairer Verhandler.

In der Öffentlichkeit, in Diskussionen und Interviews, wehrt sich Schleyer gegen eine Buhmannrolle der Wirtschaft: Er legt Wert auf die Feststellung, dass für den Wohlstand der Menschen in der Bundesrepublik nicht nur die Gewerkschaften gesorgt hätten. Man dürfe nicht vergessen, sagt Schleyer 1976 in einem *Spiegel*-Interview, »dass unter all den Abkommen, die wir in den letzten Jahren geschlossen haben, die 40-Stunden-Woche oder der freie Samstag, das Urlaubsgeld oder was auch immer, stets zwei Unterschriften standen«. Deshalb hätten auch die Arbeitgeber »den Fortschritt in Gang gesetzt«.

Den BDA-Arbeitgebern gefällt ihr neuer Präsident: bullig, durchsetzungsstark, kumpelhaft. Aber auch bärbeißig, wenn es sein soll. Ein Wirtschaftsführer wie aus dem Bilderbuch. In der Post-68er-Zeit gibt er den Arbeitgebern wieder Selbstbewusstsein. »Man trägt wieder Unternehmer«, beschreibt das

BDA-Verbandsblatt das neue Selbstverständnis. »Binnen weniger Monate« macht Schleyer aus »dem vergleichsweise harmlosen Arbeitgeberverband eine wirksame Unternehmer-Lobby«, urteilt *Der Spiegel* im Dezember 1975.

Einen solchen Präsidenten möchte auch der BDI haben. Seine Mitglieder wählen Schleyer 1976 zum neuen Präsidenten als Nachfolger von Hans-Günter Sohl. So bezieht er Anfang Januar 1977 sein zweites Präsidentenbüro am Rhein, Oberländerufer 84, ganz in der Nähe des ersten, Oberländer Ufer 72. Meistens ist er in seinem alten Büro. In seinem neuen Büro beim BDI stehen italienische Designermöbel. Die mag er nicht. Er liebt es rustikal.

59. Kanzleramt

Am Abend des Attentats bittet Bundeskanzler Schmidt für 21 Uhr sieben Männer zu sich ins Kanzleramt, um die Lage zu beratschlagen: Bundesaußenminister Hans-Dietrich Genscher, Bundesinnenminister Werner Maihofer, Bundesjustizminister Hans-Jochen Vogel, Kanzleramtsminister Hans-Jürgen Wischnewski sowie die Kanzleramts-Staatssekretäre Manfred Schüler und Klaus Bölling. BKA-Präsident Horst Herold ist auf dem Weg.

Ihn erreichte die Nachricht von der Schleyer-Entführung über Autotelefon vor einem Hotel im oberbayerischen Lenggries. Sein Chauffeur Herbert Häuser war gerade dabei, die Koffer auszuladen: Herold wollte den ehemaligen Bundesverfassungsschutzpräsidenten Günther Nollau besuchen, der dort in der Nähe wohnt. Mit ihm pflegt Herold einen konstanten Gedankenaustausch – Nollau ist in den 70er-Jahren einer der scharfsinnigsten Analytiker der inneren Sicherheit.

Doch statt eines Gedankenaustausches jagt nun Herold über die Autobahn Richtung Bonn. Die Tachonadel tänzelt um die »220«. Mit im Wagen sitzt der Kommandoführer seines Personenschutzes Franz Harant. Seit dem Buback-Mord begleiten mehrere Leibwächter Herold rund um die Uhr.

Aber nicht an diesem Abend, weil die Fahrer der beiden BKA-Begleitfahrzeuge nicht so schnell vor dem Hotel starten konnten wie Herolds Fahrer Häuser. Bis Bonn schaffen sie es nicht, die Präsidentenlimousine einzuholen. Unterwegs telefoniert Herold ununterbrochen. Macht sich schlau, fragt nach, denkt laut, erteilt erste Weisungen. Via Autotelefon sagt ihm Bundesinnenminister Maihofer, dass er ihm für den Fall das »Oberkommando« übertrüge: Das Bundeskriminalamt sei in dieser Sache allen Länderpolizeien übergeordnet. Das hat es in der Geschichte der Bundesrepublik noch nie gegeben – und darauf war die Republik auch nicht vorbereitet. Denn Polizei ist Ländersache; und die Kommunikation mit Stadtpolizeien oft so eine Sache in der alten analogen Welt. Herold ist klar, dass die Aufgabe etliche organisatorische Risiken birgt: komplizierte Meldewege, aufgeblasene Hierarchiestufen, zänkisches Wirrwarr und einiges mehr. Aber den alten Strategen freut die Aufgabe. Für ihn ist es eine persönliche Herausforderung, obwohl er weiß: »Damit haben wir auch die gesamte Verantwortung am Arsch.«

In der Bundeshauptstadt eilt der Kanzler kurz vor halb zehn ins ARD-Studio. Aufzeichnung einer »Fernsehansprache« – anschließend strahlen sie ARD und ZDF aus. Der Kanzler setzt sich an den Tisch vor der Kamera. »Macht doch mal die zwei Scheinwerfer weg«, maunzt er. »Ich kann überhaupt nicht geradeaus sehen. Ich muss die Leute doch auch mal angucken können, zu denen ich spreche.« Die Scheinwerfer werden umgesetzt. Um halb zehn Uhr geht das Rotlicht an. »Die Nachricht vom Mordanschlag auf Hanns Martin Schleyer und die ihn begleitenden Beamten und Mitarbeiter hat mich tief

»Fernsehansprache«:
Kanzler Schmidt

betroffen, nicht anders als die Nachricht, die erst wenige Wochen zurückliegt, vom Mord an Jürgen Ponto, nicht anders als die Morde an Buback, Wurster und Göbel.« Mit ernster Miene blickt er tief in die Kamera – direkt den Zuschauern in ihren Wohnstuben in die Augen, so scheint es: »Vier tote Bürger unseres Staates verlängern seit heute Abend die Reihe der Opfer von blindwütigen Terroristen, die – wir waren uns darüber stets im Klaren – noch nicht am Ende ihrer kriminellen Energie sind.« Schmidts Blick ist resolut, seine graue Mähne liegt perfekt, sein Scheitel sitzt akkurat. Der Staat müsse »darauf mit aller notwendigen Härte antworten«, sagt er; andererseits mahnt er, dass »wir alle trotz unseres Zorns einen kühlen Kopf behalten«. Schmidt spricht staatsmännisch: Auch wenn die Täter »in diesem Augenblick ein triumphierendes Machtgefühl« empfänden, habe der »Terrorismus auf die Dauer keine Chance«. Denn gegen ihn stünde nicht nur »der Wille der staatlichen Organe, gegen den Terrorismus steht der Wille des ganzen Volkes«. Helmut Schmidt bittet die Bevölkerung um Mithilfe, auch um den »kleinsten sachdienlichen Hinweis«, und schließt mit den Worten: »Die blutige Provokation in Köln richtet sich gegen uns alle. Wir alle sind aufgefordert, den staatlichen Organen beizustehen, wo immer das dem Einzelnen möglich ist.«

Die Vier-Minuten-40-Sekunden-Ansprache[1] ist ein rhetorisches Meisterwerk: Schmidts Betroffenheit wirkt authentisch, seine Entschlossenheit vermittelt Zuversicht. Den Text hat er selbst formuliert, sagt er später. Bemerkenswert ist, dass ihm dies neben den sich überschlagenden Meldungen des laufenden Geschäfts innerhalb von drei Stunden gelang; die Nachricht von dem Anschlag hatte er nach 18 Uhr erhalten.

Gegen 23 Uhr berichtet ihm Bundesjustizminister Vogel, dass es eine erste Nachricht von den Entführern gibt – gefunden in dem VW-Bus, mit dem Schleyer vom Tatort fortgeschafft worden war: »an die bundesregierung sie werden dafür sorgen, dass alle öffentlichen fahndungsmaßnahmen unterbleiben oder wir erschießen schleyer sofort, ohne dass es zu verhandlungen über seine freilassung kommt. raf.«

Die Polizei entdeckte den Zettel, nachdem ihr ein Hausmeister mitgeteilt hatte, der von ihr gesuchte VW-Fluchtbus stehe in einer Tiefgarage in Köln-Junkersdorf, Wiener Weg 1 b. Der Mann hatte bei ZDF-*heute* gehört, dass nach einem weißen VW-Bus mit dem Kennzeichen K–C 3849 gefahndet wird. Genau dieses Kennzeichen hatte er sich am Tag zuvor notiert, weil der Bus seit mehreren Tage in der Tiefgarage parkte und er klären wollte, ob er das darf.

Zwei Minuten nach seinem Anruf ist der erste Streifenwagen vor dem Appartementhaus. In der Tiefgarage steht tatsächlich der VW-Bus. In ihm finden die Ermittler die erste von insgesamt 25 Mitteilungen der Entführer. Die Mieterin des Parkplatzes hat in der sechsten Etage das Appartement 2065 gemietet. Eine konspirative RAF-Wohnung. »Lisa Ries«, so nannte sie sich, ist auf und davon. Jemand hat alle Spuren professionell beseitigt.

Hans-Jochen Vogel schlägt dem Kanzler vor, dass er gleich mit Generalbundesanwalt Rebmann über die Forderung der Entführer spricht und ihn bittet – entgegen ihrem Verlangen – von Fahndungsmaßnahmen nicht abzusehen. Schmidt ist einverstanden. Dann telefoniert der Kanzler mit den Partei- und Fraktionsvorsitzenden der Parteien im Bundestag, soweit er sie erreicht, und unterrichtet sie über den Sachverhalt und das Telefonat Vogels. Alle sind einverstanden.

So werden schon am ersten Abend drei entscheidende Weichen im Bundeskanzleramt gestellt: Oberster Ermittlungsführer der Republik ist der BKA-Präsident, alle haben seinem Amt zuzuarbeiten. Einigkeit besteht darin, dass der Forderung der Entführer nicht nachgegeben wird – das bleibt der Kurs für die nächsten sieben Wochen. Durch die Anrufe bei den Partei- und Fraktionsvorsitzenden gleich am ersten Abend holt er alle für ihn wichtigen Politiker schon am Anfang mit ins Boot.

60. Sicherheitsnetz

Am Tag 1 nach der Entführung wird es eng im Bundeskanzleramt: Helmut Schmidt hat das Kabinett zu einer Sondersitzung zusammengerufen – gemeinsam mit dem »großen Politischen Beratungskreis«: Die Vorsitzenden der im Bundestag vertretenen Parteien Willy Brandt (SPD), Helmut Kohl (CDU) und Franz Josef Strauß (CSU) – der FDP-Parteivorsitzende Hans-Dietrich Genscher sitzt bereits als Außenminister in der Runde. Außerdem die Fraktionsvorsitzenden des Bundestages: Herbert Wehner (SPD) und Wolfgang Mischnick (FDP) sowie die Vertreter der vier Bundesländer, in denen RAF-Häftlinge einsitzen, um deren Freilassung es geht: Hamburg, Nordrhein-Westfalen, Baden-Württemberg und Bayern. Auch die Vorsitzenden der Konferenzen der Innen- und Justizminister sind in der Runde, ebenso Joachim Zahn, Vorstandsvorsitzender der Daimler-Benz AG. Das ist das »Sicherheitsnetz« von Helmut Schmidt, das er bereits am Tag 1 nach Schleyer knüpft, um alle einzubinden. Schmidt ahnt: Seine Mission ist heikel. Aber wer von Anfang an eingebunden ist, der wird später nur schwerlich seine Stimme gegen des Kanzlers Entscheidungen erheben können. Genauso kommt es.

Die Sitzung beginnt 27 Minuten vor Mitternacht. Militärisch knapp berichtet Schmidt über die Lage. Er referiert, dass sich die Entführer mit ihren Forderungen gemeldet hätten: Das Schreiben steckte im Briefkasten eines evangelischen Dekans in Wiesbaden. Um 15.20 Uhr entdeckte es dessen Tochter. Den Inhalt der Erklärung hatte die Bundesregierung bislang unterm Deckel gehalten; Schmidt will politische Freunde und Gegner auf einen gemeinsamen Kurs einschwören. Er berichtet, die Entführer verlangen, im Austausch gegen Schleyer Andreas Baader, Gudrun Ensslin, Jan-Carl Raspe, Verena Becker und sieben andere Häftlinge freizulassen. Sie nennen sich »Kommando Siegfried Hausner« – nach dem RAF-Mann, der nach dem RAF-Überfall auf die deutsche Botschaft in Stockholm an seinen Brandverletzungen gestorben war.[2] Das Kommando verlangt, dass die RAF-Häftlinge in »ein land ihrer wahl« ausreisen dürfen, bis »mittwoch, 8 uhr früh, auf dem Flughafen Frankfurt zusammenzubringen« sind und jedem »100.000 dm mitgegeben« werden. Bis dahin sind es noch rund acht Stunden. Überrascht sind die Ermittler, dass auf der Liste nicht Siegfried Haag steht, der Spiritus Rector der »Offensive 77«. Sie vermuten, dass Baaders einst »bester Bursche« bei ihm nachhaltig in Verschiss geraten ist, weil er sich vor zehn Monaten widerstandslos festnehmen ließ.

Die Forderungen sind der Lorenz-Entführung nachgebildet: Ebenso wie die Kidnapper vom »2. Juni«, zwei Jahre zuvor, fordert die RAF ein Flugzeug, mit dem die Freigepressten ausgeflogen werden, und die sofortige Einstellung der Fahndung. Aber das RAF-Projekt ist deutlich größer dimensioniert: Die RAF schlug nicht einen Fahrer mit einem Knüppel nieder, sondern ermordete vier Begleiter; sie verlangt die Freilassung von elf statt von sechs Häftlingen, ein Handgeld für jeden von 100 000 Mark – beim »2. Juni« waren es noch 20 000 Mark. Und die RAF fordert nicht einen Begleiter für die Freigepressten, sondern zwei »in der funktion öffentlicher kontrolle«: Payot,

- 103 -

am montag, den 5.9.77 hat das kommando siegfried hausner
den präsidenten des arbeitgeberverbands und des bundes-
verbands der deutschen industrie, hanns-martin schleyer,
gefangengenommen..

zu den bedingungen seiner freilassung wiederholen wir
nochmal unsere erste mitteilung an die bundesregierung,
die seit gestern von den sicherheitsstäben wie wir das
inzwischen kennen unterschlagen wird.
das ist die sofortige einstellung aller fahndungsmassnahmen –
oder schleyer wird sofort erschossen.
sobald die fahndung gestoppt wird, läuft schleyers freilassung unter folgenden bedingungen :

1. die gefangenen aus der raf – andreas baader
                                gudrun enslin
                                jan-carl raspe
                                verena becker
                                werner hoppe
                                karl-heinz dellwo
                                hanna krabbe
                                bernd rösner
                                ingrid schubert
                                irmgard möller
werden im austausch gegen schleyer freigelassen und reisen
aus in ein land ihrer wahl.   günter sonnenberg,
der seit seiner festnahme wegen seiner schussverletzung
haftunfähig ist, wird sofort freigelassen. sein haftbefehl
wird aufgehoben. günter wird zusammen mit den 1o gefangenen,
mit denen er sofort zusammengebracht wird und sprechen kann,
ausreisen..

2. die gefangenen sind bis mittwoch, 8 uhr früh, auf dem
flughafen frankfurt zusammenzubringen.. sie haben bis zu ihren
abflug um 12 uhr mittags jederzeit und uneingeschränkt die
möglichkeit, miteinander zu sprechen. um 1o uhr vormittags
wird einer der gefangenen des kommando in direktübertragung
durch das deutsche fernsehen über den korrekten ablauf ihres
abflugs informieren..

- 104 -

3. in der funktion öffentlicher kontrolle und garantie für das
leben der gefangenen während des transports bis zur landung und
aufnahme sollen die gefangenen - wie wir vorschlagen würden -
von payot, dem generalsekretär der internationalen föderation
für menschenrechte bei der uno, und pfarrer niemöller begleitet werden. wir bitten sie, sich in dieser funktion dafür einzusetzen, dass die gefangenen dort, wo sie hinwollen, lebend
ankommen.
natürlich sind wir auch mit einem alternativvorschlag der
gefangenen einverstanden.

4. jedem der gefangenen werden 1oo ooo dm mitgegeben.

5. die erklärung, die durch schleyers foto und seinen brief
als authentisch identifizierbar ist, wird heute abend um
2o.oo uhr in der tagesschau veröffentlicht, und zwar ungekürzt
und unverfälscht.

6. den konkreten ablauf von schleyers freilassung legen wir
fest sowie wir die bestätigung der freigelassenen gefangenen
haben, dass sie nicht ausgeliefert werden, und die erklärung
der bundesregierung vorliegt, dass sie keine auslieferung
betreiben wird.

wir gehen davon aus, dass schmidt, nachdem er in stockholm
demonstriert hat, wie schnell er seine entscheidungen fällt,
sich bemühen wird, sein verhältnis zu diesem fetten magnaten
der nationalen wirtschaftscreme ebenso schnell zu klären.

am 6.9.77

          KOMMANDO SIEGFRIED HAUSNER

               R A F

*Selbstbezichtigungsschreiben »RAF-Kommando Siegfried Hausner«:
Schleyer »gefangengenommen«*

»generalsekretär der internationalen föderation für menschenrechte bei der uno«, und Pfarrer Martin Niemöller. Der bekannte Theologe wurde im KZ Sachsenhausen zum Wider-
standskämpfer gegen den Nationalsozialismus.

In der 20-Uhr-*Tagesschau* hatte das Bundeskriminalamt den
Entführern hinhaltend geantwortet: Ihr Brief sei »der örtlichen Polizei erst am späten Nachmittag zugegangen«, verliest
Karl-Heinz Köpcke. Von dort sei er dem Bundeskriminalamt
übergeben worden und dieses hätte »den Brief unverzüglich
an die Bundesregierung weitergeleitet«. Dort würde er »erst
am späten Abend vorliegen«.

Schmidt erteilt Justizminister Vogel das Wort. Würden die
Häftlinge freigelassen, referiert er die Rechtslage, sei dies keine
»normative Entscheidung«, durch die die verhängten Haftstrafen entfielen. Sondern »eine rein tatsächliche Handlung«,
die angesichts der bestehenden Situation rechtlich zulässig sei.
Deshalb gehe es um eine »politische Ermessensentscheidung«.
Eine Stunde nach Mitternacht sind sich die Teilnehmer einig.
Der Kanzler fasst das Ergebnis der Beratungen zusammen, an
denen sich die zu treffenden Entscheidungen zu orientieren
haben: Erstens soll die Geisel Schleyer befreit werden. Zweitens sollen die Entführer gefasst und vor Gericht gestellt werden. Und drittens soll »die Handlungsfähigkeit des Staates
und das Vertrauen in ihn im In- und Ausland nicht« gefährdet
werden. Einigkeit besteht in der ersten großen Abstimmungs-
runde auch darüber, dass »diese Ziele gleichzeitig und nebeneinander verfolgt werden sollen«. Konsequenz: Die Gefangenen werden nicht freigelassen.

»Niemals gegenüber Terroristen nachzugeben« ist für
Schmidt die Lehre aus der Lorenz-Entführung.[3] Von dieser
Überzeugung hätte ihn »auch niemand in der Bonner Repu-
blik wieder abbringen können«, sagt er in der Rückschau. Die
Freilassung der fünf Häftlinge bei der Lorenz-Entführung war
für ihn ein schwerer politischer Fehler: Damals, am Tag der

Entscheidung, zweieinhalb Jahre zuvor, lag er mit 40 Grad Fieber im Kanzlerbungalow, fühlte sich »denk- und verhandlungsunfähig«. Seine Frau Loki rief aus dem Bundeswehrkrankenhaus in Koblenz einen Arzt. Der spritzte den Kanzler wieder verhandlungsfähig. Und dann passierte es: »Ich habe zugestimmt – und das war falsch.«

Natürlich sei es furchtbar, erläutert Schmidt später seine Position, bei einer derartig rigiden Haltung auch in Kauf nehmen zu müssen, dass »unschuldige Menschen« zu Schaden kommen können. Aber für ihn sei das »unausweichlich«. »Hätte man wieder ausgetauscht, wäre man an anderer Stelle Verursacher des Todes von Menschen geworden.« Für ihn ist Stockholm »der Beweis dafür, dass die Terroristen ihre mörderischen Aktivitäten zur Freipressung weiterer Inhaftierten fortsetzen – und weiter fortsetzen würden«.

61. Weltwirtschaftsarchiv

Dass die Vertreter des Landes Baden-Württemberg bei der »Mitternachtskonferenz« im Kanzleramt auffallend blass aussahen, lag nicht nur an der späten Stunde. Auch nicht am Licht. Evident war, dass das Landeskriminalamt Baden-Württemberg in Stuttgart den Arbeitgeberpräsidenten unzureichend geschützt hatte angesichts der Erkenntnisse, die dort vorlagen. Nach dem Ponto-Mord, fünf Wochen vor der Schleyer-Entführung, war den Sicherheitsbehörden schlagartig klar geworden, dass die RAF Schleyer als Opfer ins Visier genommen hatte. Die Aussagen einer Mitarbeiterin des Hamburger Weltwirtschaftsinstituts waren eindeutig: Nach dem Ponto-Mord hatte *Anke Freitag* ein Foto des Tatverdächtigen Willy Peter Stoll in der *Tagesschau* gesehen. Der Mann war bei ihr gewesen, im Archiv am Neuen Jungfernstieg 21 in Hamburg. Er nannte sich »Gerhard Fall« und kopierte zwei Akten: die von Jürgen Ponto und von Hanns Martin Schleyer. Das war am 6. und 7. Juli. Drei Wochen vor dem Ponto-Mord. Das meldet sie umgehend der Polizei, gleich nach dem Ponto-Mord. Die Beamten stellen fest, dass es die auf dem Leihschein angegebene Adresse »HH 63, Beisserstraße 61« nicht gibt. Die Straße endet mit der Hausnummer 55. Außerdem stellen sie fest, dass »Fall« alias Stoll in Begleitung von Knut Folkerts kam. Er nannte sich »Müller«. Und das alles passt exakt ins Bild der »Haag-Mayer-Papiere«: »H. M. auschecken mit Marie diskutieren, wo den Typ bunkern → vorbereiten, a«. »H. M.«: Hanns Martin! Daran gibt es nun keinen Zweifel, Anfang August 1977.

Schnell wissen alle Verantwortlichen, dass die RAF Schleyer ins Visier genommen hat: Im Rechtsausschuss des Deutschen Bundestages nennt Generalbundesanwalt Rebmann im August 1977 Hanns Martin Schleyer als potenzielles Opfer. Und Horst Herold erklärt am 1. September 1977 im Innenausschuss des Bundestages, wenn man, so wie seine Ermittler, die Initialen »H. M.« im »Who is who?« »gründlich durchwälzt«, und sich frage, wer von diesen Leuten »mit ›Big Money‹ zu tun haben« könne, dann komme man »auf eine bestimmte Person, deren Namen ich jetzt nicht nennen will«. Allen im Saal ist klar, wer gemeint ist.

Und bereits am 4. August, einen ganzen Monat vor dem Anschlag in Köln, hatte *Bild* die Kunde in einer Schlagzeile auf der Titelseite der Nation mitgeteilt: »Schleyer sollte der nächste sein«. In der Zwei-Spalten-Meldung steht, dass der »Präsident der Deutschen Arbeitgeberverbände« »offenbar das nächste Opfer der BM-Terroristen werden« sollte – unter Hinweis auf das Archivmaterial, das ein »angeblicher Student« beschafft habe, der »höchstwahrscheinlich zum Täterkreis« der Ponto-Mörder gehöre.

Die »gute« Nachricht am Ende der Meldung: »Schleyer wurde sofort gewarnt.« Stärker hätte man der Republik die Gefährdung Schleyers nicht mitteilen können – als auf der Titelseite der auflagenstärksten Tageszeitung. Schleyer ist die Gefahr bewusst, in der er lebt. »Ich bin wohl der nächste für die RAF«, sagt er zu seinem Freund Kurt Biedenkopf, damals Bundestagsabgeordneter und bis vor Kurzem CDU-Generalsekretär, später erster Ministerpräsident des Freistaates Sachsen. Biedenkopf besuchte seinen Freund »Ham« im August 1977 in seinem Domizil am Bodensee: Auf dem Tisch lag eine Zeitung mit der Meldung über Pontos Ermordung. Schleyer bemerkt dazu, er werde wohl das nächste RAF-Opfer sein, erinnert sich Biedenkopf – für ihn war es »ein bedrückendes Erlebnis«: der Arbeitgeberpräsident und seine Vorahnung.

Schleyer sollte der nächste sein

rb. Bonn, 4. August Der Präsident der deutschen Arbeitgeberverbände, Hans-Martin Schleyer, soll offenbar das nächste Opfer der BM-Terroristen werden. Erst nach dem Mord an Ponto erfuhren die Sicherheitsbehörden: Anfang Juni kam ein etwa 30jähriger Mann in das Kieler Weltwirtschaftsinstitut und bat um Material über Ponto und Schleyer — angeblich für eine Doktorarbeit. Erst nach den tödlichen Schüssen auf Ponto wurde die Sicherheitsbehörde unterrichtet. Aus der Beschreibung des Unbekannten schließen sie, daß der angebliche Student höchstwahrscheinlich zum Täterkreis gehört. Schleyer wurde sofort gewarnt.

Bild, *Titelseite vom 4. August 1977*

Sofort nach der Information der Archivmitarbeiterin vom Westufer der Hamburger Binnenalster ordnet der baden-württembergische Innenminister Karl Schiess für Schleyer »Sicherheitsstufe 1« an, am 2. August. Die höchste Gefährdungsstufe. Bedeutet: »erheblich gefährdet; mit einem Anschlag ist zu rechnen«. Seitdem wird Schleyer auf Schritt und Tritt von mindestens drei Leibwächtern begleitet. Das Landeskriminalamt Baden-Württemberg stellte drei Kommandos für seinen Begleitschutz zusammen: eines für Stuttgart, eines für Schleyers Ferienort Meersburg am Bodensee und das dritte für Köln. Dort ist der Arbeitgeberpräsident regelmäßig am Montag und Dienstagvormittag. Außerdem steht ein Doppelposten Schupos vor seinen drei Wohnungen.

Das Dutzend Polizisten, das die Leibwache Schleyers bildet, wurde in Sieben-Tage-Crashkursen auf die neue Aufgabe

Reinhold Brändle   Helmut Ulmer   Roland Pieler   Heinz Marcisz

vorbereitet. Reinhold Brändle, am Steuer von Schleyers Begleitfahrzeug, war elf Jahre bei der Motorradstaffel und mit 41 froh, nicht mehr bei Wind und Wetter auf einer BMW durchs Ländle fahren zu müssen. Neben ihm, auf dem Beifahrersitz, Helmut Ulmer: Der 24-Jährige ist ein Leibwächter wie aus einem französischen Thriller. Ein Brocken. 1,89 Meter groß. 96 Kilo schwer. Gelernt hatte er Autoelektriker und die mittlere Reife in Ludwigsburg nachgeholt, weil er zur Polizei wollte. Vor ihm auf dem Boden im Wagen liegt griffbereit seine Maschinenpistole Heckler & Koch.

Roland Pieler, auf dem Rücksitz, war mit 20 der Benjamin in der Leibwächtergruppe. Er hatte sich darauf gefreut, herumzukommen: Gerade war er mit seiner Ausbildung bei der Bereitschaftspolizei in Göppingen fertig geworden. Von Schleyer war er begeistert: »Der ist ein Pfundskerl«, sagte er seiner Mutter nach einem Abend, an dem ihn Schleyer zu sich nach Hause eingeladen hatte. Ein schlichtes Einfamilienhaus mit zwei Stockwerken im Stadtteil Gablenberg, Ginsterweg 17 – alles andere als eine »Bonzenvilla«. »Jetzt mache ich einen Benimm-dich-Kurs, damit ich mit den Herren umgehen kann«, erklärte Roland Pieler seiner Mutter. Aber dazu kam er nicht mehr.

In der Rückschau erscheint es nicht nur unerklärlich, sondern geradezu verantwortungslos, dass das Stuttgarter Landes-

kriminalamt Schleyer und seinen Begleitern keine gepanzerten, »sondergeschützten« Fahrzeuge zur Verfügung stellte.[4]
Offenkundig war Anfang August 1977, einen Monat vor dem
Tod der vier Schleyer-Begleiter, dass die RAF den Arbeitgeberpräsidenten als nächstes Opfer auserkoren hatte; und ebenso offenkundig war durch den Buback-Mord, dass die RAF
schwere Waffen einsetzt, durch die das Opfer in einem Serien-
fahrzeug praktisch keine Überlebenschance hat. So glich der
Schleyer-Konvoi einem Himmelfahrtskommando.

62. Lagen

Helmut Schmidt mag das Wort »Krisenstab« nicht – »Begriff-
lichkeiten« sind für ihn nicht unwesentlich. Deshalb gibt er
den beiden Beratungsgremien, die er ins Leben ruft, andere
Namen: »Kleine Lage« und »großer Politischer Beratungskreis«. Gleichwohl spricht bald die halbe Republik vom »kleinen« und »großen Krisenstab«; andere von der »Kleinen« und
der »Großen Lage«:
Die »Kleine Lage« kommt mindestens einmal pro Tag zusammen. Unter Schmidts Leitung beratschlagen Bundesinnenminister Maihofer, Bundesaußenminister Genscher oder
einer seiner Staatssekretäre, Bundesjustizminister Vogel, sein
Staatssekretär Erkel, Staatsminister Wischnewski und Staatssekretär Schüler aus dem Bundeskanzleramt, Regierungssprecher Bölling sowie BKA-Präsident Herold und Generalbundesanwalt Rebmann. Bundesverteidigungsminister Leber sitzt
mit in der Runde, als es um Transportfragen während der
Flugzeugführung geht. Gelegentlich ist auch Burkhard
Hirsch da, Innenminister in Nordrhein-Westfalen. Nicht mit
am Tisch sitzt der Verfassungsschutz. Seinem Präsidenten

Richard Meier – einem schneidigen Mann mit scharfer Stimme und scharfem Verstand, »Ritchie« nennen ihn seine Freundinnen – fehlt es an Kompetenz, er ist Spionageabwehrmann, und an Quellen: Die Kölner haben 1977 keine einzige in der RAF und auch keine drum herum. So findet die »Offensive 77« ohne Verfassungsschutz statt.

Über die Ergebnisse unterrichtet der Kanzler nach jeder Sitzung die entscheidenden Leute in Bonn: die Vorsitzenden der Bundestagsfraktionen und die Parteivorsitzenden, den Bundespräsidenten und den Präsidenten des Deutschen Bundestages.

Der »große Politische Beratungskreis«, vulgo: »Große Lage«, tagt ein- bis zweimal pro Woche. Dort sitzen die Partei- und Fraktionschefs, die Männer der »Kleinen Lage« und die Regierungschefs der vier Bundesländer, in denen die RAF-Häftlinge einsitzen: aus Baden-Württemberg Hans Filbinger, aus Bayern Alfons Goppel, aus Nordrhein-Westfalen Heinz Kühn und aus Hamburg Hans-Ulrich Klose.

Die Sitzungen sind straff gegliedert – regelmäßig gibt es vier Tagesordnungspunkte: Sie beginnen mit einem »Bericht zur Lage« – es geht um »Ergebnisse von Fahndungen und Ermittlungen«, die »Kräftelage bei den Sicherheitsorganen«, die »Justizlage«, die »Auswärtige Lage«, die »Medienlage« und den »Stand des Nachrichtenaustausches mit den Entführern«. Zweiter Tagesordnungspunkt ist die »Beurteilung der Lage«. Es folgen die »Entscheidungen«. Letzter Tagesordnungspunkt: »Vereinbarungen über die Unterrichtung solcher Persönlichkeiten, die an den jeweiligen Lagebesprechungen nicht beteiligt waren«. Helmut Schmidt führt zackig durchs Programm. Vor mehr als 30 Jahren war der ehemalige Verteidigungsminister Oberleutnant der deutschen Wehrmacht.

Bei beiden Einrichtungen handelte es sich nicht um Entscheidungsgremien, sondern um Beratungskreise mit der Aufgabe, den Austausch von Informationen und Bewertungen zu ermöglichen.[5] Drei Gründe gab es für Schmidt, den »großen Politischen Beratungskreis« ins Leben zu rufen: Zum einen wollte er, bevor er seine Entscheidungen trifft, »verschiedene Meinungen im Rahmen einer Diskussion« hören. So sei er auch in der Politik aufgewachsen. Zweitens war es für ihn »geradezu selbstverständlich«, die »Opposition einzuladen«. Denn das Ganze sei keine Angelegenheit gewesen, die nur die Regierung anginge. Von vornherein sei klar gewesen, dass »die Entführung zu tief greifenden Konsequenzen und Veränderungen in der seelischen Lage des Volkes insgesamt führen konnte«. Und schließlich hatte er mit einem solchen Gremium in der Vergangenheit gute Erfahrungen gemacht, bei der Lorenz-Entführung und der Botschaftsbesetzung in Stockholm.

Ein kluger Schachzug: Durch die »Große Lage« gelingt es ihm einerseits, vor seiner Entscheidung ein breites Meinungsspektrum zu hören – Argumente, die ihm gewichtig erscheinen, lässt er durch Rede und Gegenrede in der Runde abklopfen. Andererseits hat er die gesamte Bonner Opposition mit im Boot. 1977 sind das CDU und CSU. So braucht er politischen Gegenwind kaum zu fürchten, weil alle politischen Kräfte im Bundestag und auch die vier beteiligten Länder eingebunden sind.

63. Herold

Zum Feldherrn der Bundesregierung macht der Kanzler den BKA-Präsidenten: Schnell wird Horst Herold der Star in beiden »Lagen«. Er ist der kriminaltaktische Denker; Schmidt der staatspolitische Lenker. Herold ist, schon als er zum ersten Mal am »Lagetisch« im Kanzleramt Platz nimmt, die Symbol-

figur für die Bekämpfung des bundesdeutschen Terrorismus in
den 70er-Jahren.

Er ist der Einzige in den beiden Runden, der etwas von dem
Phänomen Terrorismus versteht. Er referiert, wie die Gegenseite tickt – mit zahlreichen Zitaten aus RAF-Papieren. In den
vergangenen sechs Jahren hatte er nächtelang die Schriften von
Baader, Meinhof, Mahler & Co. studiert. Er versteht es, fes-
selnd vorzutragen. Die Zuhörer hängen an seinen Lippen.
»Man muss sich gedanklich in den Gegner hineinarbeiten«,
erläuterte er eine seiner zentralen kriminalistischen Überzeu-
gungen. »Wenn man den Katechismus der Gegenseite kennt,
weiß man, dass sie so und nicht anders handeln wird.« Und so
versetzt er sich in die »psychologische Lage« der RAF, schildert die Situation aus deren Perspektive – oder das, was er dafür hält. Über Wochen hat Herold stets klare Vorstellungen
von dem, was zu tun ist, und ebenso klare Begründungen dafür. In den Sitzungen strahlt Herold eine große Ruhe aus – viele sind aufgeregt und unsicher, weil sie eine solche Situation
noch nicht erlebt haben.

Geboren wurde Horst Herold 1923 am Südrand des Thü-
ringer Waldes, in Sonneberg, der »Spielwarenstadt«. Er ist der
einzige Sohn einer vermögenden Puppenfabrikantenfamilie.
Den wirtschaftlichen Ruin bringt für seine Eltern die Welt-
wirtschaftskrise 1928/29. Auf einmal sind sie mittellos.

1931, Horst ist acht, zieht die Familie nach Nürnberg, in
eine winzige Mansardenwohnung. 1941 macht er Notabitur
und rückt als Rekrut bei der deutschen Wehrmacht ein. Er ist
17 und die nächsten vier Jahre Soldat. 1942 wird er bei der
Don-Offensive schwer verletzt. Eine russische Artilleriegra-
nate zerschmettert den Turm seines Panzers. Fahrer und Fun-
ker sterben, Herold klettert schwer verletzt heraus und landet
direkt vor einem Sanitätspanzer. Eine Notoperation rettet sein
Leben. In seiner Lunge sind über 100 Splitter, die ihn fortan
quälen.

Zum Kriegsende gerät er in sowjetische Gefangenschaft. Die Flucht gelingt ihm in der Nähe von Lemberg. Drei Wochen lang schlägt er sich von den Karpaten durch Richtung Westen. Am 14. Juni 1945 erreicht er Nürnberg. Die Stadt liegt in Schutt und Asche. Seine Eltern haben überlebt.

Horst Herold will Medizin studieren und bewirbt sich an der Universität in Erlangen. Genommen wird er aber nicht, weil sein Name auf einer »Relegationsliste« steht. Ablehnungsgrund: Offizier der deutschen Wehrmacht. Doch die juristische Fakultät nimmt 1946 jeden – und so studiert Herold Rechtswissenschaften in Erlangen.

1948 macht er das erste Staatsexamen, drei Tage nach der Währungsreform; 1952 das zweite mit der Note »gut«. 1951 promoviert er in Erlangen über das völkerrechtliche Thema »Der fehlerhafte rechtsgeschäftliche Staatsakt im Völkerrecht«. Dr. Herold. Die beiden Buchstaben verleihen ihm im Bundeskriminalamt und dessen politischem Umfeld die Aura des Wissenschaftlers, mitunter des exaltierten Forschers. Eine ganz wichtige Facette im Wirken des BKA-Präsidenten. Sein Name ist Programm.

Seine Berufslaufbahn beginnt er als Verkehrs-Staatsanwalt in Nürnberg – das Anfangsgehalt beträgt 250 Mark. Nebenher hört der junge Staatsanwalt an der Hochschule für Wirtschafts- und Sozialwissenschaften in Nürnberg Betriebswirtschaft. Dort engagiert er sich im Sozialistischen Deutschen Studentenbund (SDS) und gegen die Wiederbewaffnung.

1964 wird er Leiter der Nürnberger Kriminalpolizei, mittlerweile ist er ÖTV- und SPD-Mitglied, und 1967 Nürnberger Polizeipräsident. Herold ist 43. Bald darauf ist er bekennender Sympathisant der 68er-Bewegung. Seinen Beamten verordnet er Schulungen, in denen ihnen erläutert wird, so berichtet er, »dass Demokratie keine konfliktlose Harmonie ist und Demonstrationen völlig legal sind«.

Außerdem lässt er seinen Leuten verklickern, dass »wir uns

nicht als Obrigkeit fühlen«. Die Nürnberger sind anderen Polizeien weit voraus.

Zu einem Zehn-Meter-Sprungbrett für Herold wird die BKA-Reformkommission, der er 1970 und 1971 angehört. Sie soll Verbesserungsvorschläge für das verschlafene Amt am Wiesbadener Neroberg erarbeiten. Herold setzt auf die elektronische Datenverarbeitung: den Auf- und Ausbau eines Systems zwischen Bund und Ländern. Von seinen Analysen und seinem Auftreten ist Bundesinnenminister Genscher beeindruckt. Am 1. September 1971 wird Herold Präsident des Bundeskriminalamtes. Er ist 48, untersetzt und – wie er selbst sagt – »linker Sozialdemokrat«. In Windeseile verwandelt er die schwerfällige Briefkastenbehörde in eine moderne Polizeizentrale. Die Kriminaltechnik in Wiesbaden macht Riesensprünge.

Herold ist seiner Zeit weit voraus. Er setzt auf den Computer; in einer Epoche, in der die EDV im Büro noch weitgehend unbekannt ist. Sein Credo: »Kriminalitätsbekämpfung ist Informationsverarbeitung – aufnehmen, speichern, verarbeiten.«

Die kiloschweren Fahndungsbücher der Polizei, am Tag ihres Erscheinens bereits nicht mehr auf dem neuesten Stand, ersetzt er durch Bildschirme. Er schwört auf den – unbestechlichen – Sachbeweis. Seine Wissenschaftler lässt er zu der »Objektivierung des Sachbeweises« forschen: Alles, was an Tatorten und in konspirativen Wohnungen gefunden wird, will er analysieren können, um die Spur zu seiner Herkunft zurückzuverfolgen. Das gilt für ihn im wahrsten Sinne des Wortes bis zum letzten Nagel, wenn der Aufschluss geben kann. Der ehemalige Staatsanwalt kennt die Schwächen des Personalbeweises: Aus seiner Zeit als Sitzungsvertreter in den Gerichtssälen weiß er, wie leicht sich Zeugen vertun können.

Seine erste große Aufgabe nach Amtsantritt ist, »Baader-Meinhof« zu schnappen. An ihr wird er gemessen – von der Politik und von den Medien. Denn viele in der Republik

Im »BKA-Labor«: BKA-Chef Herold und Bundesinnenminister Maihofer

fragen sich im Herbst 1971, wieso es der Polizei trotz des ganzen Aufwandes nicht gelingt, die »Anarchisten« zu fassen. Herold hat Erfolg, nun ja, zumindest Glück: In weniger als einem Jahr nach seinem Amtsantritt sitzen Baader, Meinhof & Co. komplett hinter Gittern. Schon bald gilt Horst Herold als »Wunderwaffe« im Kampf gegen den Terrorismus.

Sein zentraler Gedanke für die Zukunft der deutschen Polizei ist, die Datenverarbeitung zur Verbrechensbekämpfung einzusetzen. Schnell führt er das INPOL-System ein, eine elektronische Datenverarbeitung, gespeist von den Polizeien der Länder und des Bundes. Es geht um gesuchte Personen und Sachen. Ein Recherchetool. Zugriff haben die Polizeien der Länder und des Bundes sowie der Zoll. Eine Suchmaschine. Damals, in der ersten Hälfte der 70er, ein Quantensprung für die Polizeiarbeit. Herolds Kritiker sagen, nun sei »1984« nicht mehr fern.

Seine stets in die Zukunft gerichtete Perspektive beeindruckt

viele. Die einen nennen ihn respektvoll »Kommissar Computer«; andere despektierlich »Dr. Mabuse der Kriminaltechnik«,
»Prophet des totalen Überwachungsstaates« und »größen-
wahnsinniger Technokrat«. Von seinen Kritikern fühlt sich
Herold missverstanden, mitunter auch verleumdet. Denn er
versteht sich als überzeugten Humanisten, der für den liberalen Rechtsstaat eintritt. Durch den Einsatz moderner Kriminaltechnik will er mehr Freiheit für die Menschen schaffen,
und zwar eine möglichst große Freiheit von Verbrechen. »Es
geschieht doch alles nur zum Schutz der Gesellschaft«, erklärt
er sein geistiges Wirken, »für ein Höchstmaß an Gerechtigkeit.«

Im Amt hat er den Ruf eines »Obersachbearbeiters« – teils
anerkennend gemeint, teils mäkelnd. Hält er einen Vorgang
für wichtig, saugt er jedes Detail in Windeseile auf. Nicht sel-
ten vermittelt er dem Sachbearbeiter kurz darauf das Gefühl,
dass er die Akte besser kennt als dieser. Nicht jeder Sachbearbeiter mag das.

Dem scharfsinnigen Analytiker Herold behagt es überhaupt
nicht, wenn er den Eindruck gewinnt, dass Mitarbeiter ihm
gedanklich nicht zu folgen vermögen, seinen zukunftsorien-
tierten Blick nicht nachvollziehen können. Wenn es besonders
schlimm kommt, zieht er anschließend vor seiner Entourage
die Hände theatralisch vors Gesicht und jammert: »Ich bin nur
von Dilettanten umgeben!«

Herold ist ein Großmeister darin, seine Auftritte zu insze-
nieren. Ein wichtiger Teil seines Wirkens als B-7-Beamter findet für ihn auf einer riesengroßen Bühne statt. »Staatsschau-
spieler« nennen ihn viele in seinem Amt, die ihn live erlebten.
Mitarbeiter hatten diesen Titel für ihn nach einer Tagung der
»AG Kripo« geprägt: Im großen Sitzungssaal des Bundeskriminalamtes saß Herold zusammen mit den Präsidenten der
Landeskriminalämter. Ihnen stellt er ein Konzept zur »Bekämpfung anarchistischer Gewaltkriminalität« vor. Es ist sein

Konzept – und nach seinem Verständnis ein Musterbeispiel kreativer kriminalistischer Fantasie. Doch die LKA-Chefs winken ab, weil sie einen Teil der Aufgaben übernehmen sollen und meinen, ihnen fehle es an Kapazitäten. Herold argumentiert mit großer Leidenschaft, mit immer größer werdender Leidenschaft. Aber seine Kollegen vermag er nicht umzustimmen. Auf einmal, ganz plötzlich, lässt er seinen Kopf auf die Tischplatte sinken und ruft verzweifelt:»Ich kann nicht mehr!«

Stets versteht es Herold, alle Register zu ziehen. Jammern ist Teil seiner Rhetorik. Meistens tut er das mit Gewinn – anders als auf der AG-Kripo-Sitzung. Beispielsweise wenn es um neue Stellen geht. Im Laufe seiner Amtszeit gelingt es ihm, den jährlichen Haushalt seines Amtes mehr als zu verfünffachen – von 55 Millionen Mark 1971 auf 290 Millionen Mark 1981.

64. Doppelstrategie

Horst Herold ist 53, als ihn Helmut Schmidt in der ersten Septemberwoche 1977 zum Chefstrategen in Sachen Schleyer beruft. Er quartiert sich in der BKA-Dependance in Bonn-Bad Godesberg ein und fährt eine Doppelstrategie – ausgehend von Schmidts Kernsatz, der Staat dürfe sich nicht erpressbar zeigen: Während er die größte Fahndungsaktion in der Geschichte der Bundesrepublik steuert, lautet sein Schlüsselwort für den Umgang mit den Entführern:»Zeitgewinn«.

Polizeibeamte durchsuchen Hunderte Wohnungen und überprüfen Tausende verdächtige Personen. Besonders im Blick haben sie Hochhäuser, weil, so Herold,»das Hochhaus wegen seiner Anonymität Verschleierungscharakter besitzt«. Schwerpunkt sind zunächst Köln und Umgebung. Denn der

BKA-Präsident meint, angesichts des »enormen Fahndungsdrucks im Kölner Raum« könnte sich Schleyer in »noch nicht
allzu großer Entfernung vom Tatort befinden«. Im Kölner Po-
lizeihochhaus am Waidmarkt wird die »SOKO 77« eingerichtet. Auf den Gängen stehen Schreibtische, Feldtelefone und
zusammengeklappte Schlafpritschen. Notizzettel hängen an
Fenstervorhängen, angepikst mit Stecknadeln; Pinnborde fehlen. Die Beamten kontrollieren alles, was ihnen in Köln und
Umgebung verdächtig erscheint – ein Anruf aus der Nachbar-
schaft genügt: Personen, Autos, Wohnungen, etliche Wohngemeinschaften, Häuser, ganze Gebäudekomplexe. Viele Polizisten wurden aus anderen Städten und vom Bundeskriminalamt in Wiesbaden zusammengezogen. Faustformel für
sie – das Navi ist noch lange nicht erfunden: »Hast du den
Dom vor dir, bist du auf dem Weg ins Zentrum. Hast du den
Dom im Rückspiegel, bist du auf dem Weg raus aus der Stadt!«
Im Laufe der Zeit dehnt das BKA die Fahndung immer massiver auf die gesamte Republik aus. Dann auch auf Nachbarlän-
der.

Die Ermittler sind sich ziemlich sicher, eine Finte der RAF
durchschaut zu haben: Am 7. September 1977 entdecken Polizeibeamte in Lörrach an einem Waldrand einen grün-beigen
VW-Bus mit Münchner Kennzeichen unverschlossen. Dreihundert Meter von der Schweizer Grenze entfernt. Auf dem
Boden vor dem Beifahrersitz liegt eine Krawatte – Schleyer
trug sie am Tag seiner Entführung – und auf der ersten Sitzbank hinten ein Lederetui mit fünf Schlüsseln: Schleyers
Hausschüssel für Stuttgart und Köln. Angesichts dessen könnte man glauben, die RAF hätte ihre Geisel in die Schweiz verschleppt. Aber Herold glaubt es nicht. Ihm ist die Sache zu
plump. Viel zu plump. Er bleibt dabei: Schleyer muss noch im
Kölner Raum oder drum herum sein.

An diesem Bus lernen die Ermittler etwas in Sachen RAF-
Schlüsselwesen: Im rechten vorderen Radkasten ist ein Ma-

gnetkästchen, in dem Tür- und
Zündschlüssel liegen.[6]

Herold arbeitet mit Hypo-
thesen: Er entwirft sie in der
Theorie und lässt sie in der Praxis überprüfen. So die Vermutung, Schleyer könnte in der
Praxis eines linken Kölner Arztes gefangen gehalten werden.
Eine Liste Verdächtiger wird er-
stellt. Auf rund drei Dutzend
Namen kommen die Ermittler.

Polizeifahndung Oktober 1977

Polizisten in Zivil gehen in die Sprechstunden und schauen
sich um. Ohne Erfolg. Oder die Hypothese: Die Entführer
fänden Unterstützung durch einen linken Rechtsanwalt im
Raum Köln. Das trauen die Ermittler rund zwei Dutzend Anwälten zu. Bei ihnen lässt das Bundesamt für Verfassungsschutz Telefonüberwachungen schalten. Alle G-10-Anträge
seien formal korrekt unterzeichnet gewesen, berichtet ein leitender Verfassungsschützer, der 1977 im Bundesamt arbeitete – von »Unterschriftsbefugten« für derartige Abhörmaßnahmen. Ob tatsächlich rechtlich hinreichender Anlass für mehr
als zwei Dutzend Abhöraktionen gegen Anwälte bestand,
lässt sich heute nicht mehr feststellen. Jedenfalls brachten sie
nichts. Die Unterlagen wurden vernichtet. Fristgerecht.

Auch nicht weiter führte Herolds Hypothese, Schleyer
werde in einem ehemaligen Westwallbunker versteckt. Polizeihundertschaften durchsuchen über 10 000 Bunker und Stol-
len. Ohne Erfolg. Alles ohne Erfolg. Die Ermittler finden keine heiße Spur.

Währenddessen erfindet Herold ständig neue Ausreden gegenüber den Entführern, warum Bundeskriminalamt oder
Bundesregierung nicht so schnell reagieren können, wie sie es
verlangen. Er pokert auf Zeit. Hinhalten, hinhalten, hinhalten.

Um den Druck auf die Bundesregierung zu erhöhen, schicken die Entführer mehrere Fotos von ihrem Opfer mit dem Schild »Gefangener der RAF«. Jedes dieser Bilder ist nicht nur eine Demütigung für Hanns Martin Schleyer, sondern auch für Herold, Schmidt, Bonn und den Rest der Republik. Alle wirken hilflos.

Innerhalb von sechs Wochen, zwischen dem 5. September und dem 14. Oktober 1977, gibt es 25 Nachrichten von den Entführern an die Bundesregierung und 25 Mitteilungen des Bundeskriminalamtes an sie. Zu einem Ergebnis führen sie nicht. Insgesamt ein Katz-und-Maus-Spiel.

65. Payot

Schon kurz nach Übernahme seiner Aufgabe überlegte Horst Herold, wie es ihm gelingen kann, den Entführern durch ihre Kommunikation auf die Schliche zu kommen. In den ersten Tagen der Entführung kommunizierte die RAF über unbeteiligte Dritte, steckte Schreiben in deren Briefkästen oder rief sie an und gab ihnen Meldungen zum Mitschreiben durch, wie zum Beispiel bei dem evangelischen Pastor Friedrich Schuster in Mainz. Immer verstrich unnütz Zeit, bis die Information im Bundeskriminalamt und im Kanzleramt angekommen war – Telefax gab es noch nicht. Und auch die Kommunikation des Staates über die Medien ist aus Herolds Sicht unbefriedigend. Nicht nur zeitraubend, sondern vor den Ohren der Öffentlichkeit auch alles andere als ideal. Zudem sind Trittbrettfahrer unterwegs. Beamte müssen die Spreu vom Weizen trennen. Herold überlegt: Wenn seine Männer künftig wüssten, wo sich die Entführer melden, könnten sie sich auf die Lauer legen. Seine Idee: Gleich in seiner zweiten Mitteilung, am Tag 1 nach der Entführung, hatte das »Kommando Siegfried Hausner« den Namen des Genfer Anwalts Denis Payot genannt. Er sollte die Häftlinge auf ihrem Flug in die Freiheit begleiten. Vorgestellt hatte ihn die RAF als »generalsekretär der internationalen föderation für menschenrechte bei der uno«. Was im Unterschied zur RAF Herold weiß: Der »Maître« ist nicht Offizieller der UNO, sondern Präsident der »Schweizerischen Liga für Menschenrechte«. Offensichtlich hatte das »Kommando Siegfried Hausner« geglaubt, durch Nennung seines Namens einen Offiziellen der Vereinten Nationen ins Spiel bringen zu können – passend zu der RAF-These, bei den einsitzenden RAF-Häftlingen handle es sich um Kriegsgefangene, sodass es nun gelte, ein völkerrechtliches Problem zu lösen.

Deshalb veranlasst Herold am Tag 4 nach der Entführung, am 9. September 1977, dass um 15 Uhr in den Hörfunknachrichten zwei Meldungen verlesen werden. Zunächst, dass wieder einmal ein von den Entführern gesetzter Termin nicht hätte eingehalten werden können – wegen der Postlaufzeiten: Als die Bundespost den Brief der Entführer abgestempelt hätte, sei der von ihnen gesetzte Termin »bereits um drei Stunden überschritten« gewesen. »Und jetzt bringen wir die Mitteilung des Bundeskriminalamtes«, fährt der Nachrichtensprecher fort. »Der Ablauf belegt erneut die Notwendigkeit der Einschaltung einer Kontaktperson zwecks Entgegennahme und Weiterleitung von Nachrichten. Hierfür akzeptiert das Bundeskriminalamt Herrn Rechtsanwalt Payot, Genf, der sich grundsätzlich dazu bereit erklärt hat. Das Bundeskriminalamt teilt mit, dass der als Kontaktperson akzeptierte Rechtsanwalt Payot heute ab 18 Uhr in Genf für die Entgegennahme und Übermittlung von Nachrichten erreichbar ist.«

Begeistert von dieser Nachricht ist Denis Payot – seine Kanzlei liegt im alten Genfer Uhrmacherviertel am Boulevard Georges Favon: Umgehend lädt er zu einer Pressekonferenz.

Payot

Anders als so mancher in Deutschland vermutet, ist der 35-Jährige mit der dicken Hornbrille und dem Krauskopf kein Staranwalt. Seine Einnahmen sind bescheiden – er bezieht sie aus Asylverfahren chilenischer und bulgarischer Flüchtlinge – und seine Plädoyers leidenschaftlich, kämpferisch bis ungestüm.

»Ich werde das Mandat akzeptieren«, erklärt er im gleißenden Scheinwerferlicht vor den Fernsehkameras. Eine schönere PR-Veranstaltung hätte er sich nicht wünschen können. Von nun an laufen die Verhandlungen weitgehend über ihn, aber nicht ausschließlich. Herold jubelt. Er nennt Payot einen »Glücksfall«.

Sofort startet der BKA-Chef die größte Telefonabhöraktion aller Zeiten in Deutschland. Deckname: »Alaska«. Umgehend laufen alle Telefonate nach Genf über den »Stern« im Frankfurter Fernmeldehochhaus. Wird Payots Nummer gewählt, leuchtet eine rote Lampe auf. Herolds Männer hören und schneiden mit. Von Frankfurt aus lässt sich zurückverfolgen, von wo aus angerufen wurde – mehrere Verbindungen führen zu Telefonzellen in Paris sowie im Kölner Hauptbahnhof und drum herum. Ein Indiz für Horst Herold, dass sich Schleyer auch noch in der Nähe befindet – er vermutet, dass den Tätern ein Transport Schleyers angesichts der sensibilisierten Öffentlichkeit und Polizei zu riskant erscheint.

Und dann der technische Clou – 1977! In der Godesberger Einsatzzentrale hören BKA-Beamte die Anrufe der Entführer in Echtzeit mit. In Echtzeit! Der Schweizer Bundesanwalt Rudolf Gerber und der Schweizer Bundesrat für das Justiz- und Polizeidepartment Kurt Furgler haben die »internationale Amtshilfe« möglich gemacht. Aber man könnte auch sagen:

alles auf dem kleinen Dienstweg zurechtgezurrt. Die Telefon-
überwachung des Anschlusses am Boulevard Georges Favon
in Genf wird zur zentralen Einsatzleitung nach Bad Godesberg weitergeleitet. Herold hört RAF live. Von dort aus werden Polizeibeamte, ein Teil Bereitschaftspolizisten in Zivil, zu
Telefonzellen in Köln dirigiert, von denen aus bei Payot in
Genf angerufen wird. Doch stets kommen sie zu spät. Die Telefonzellen sind leer.

66. Meinungsumschwung

Austauschen? Oder nicht? Das Thema wird in diesen Tagen
allerorts in der Republik diskutiert. Die einen warnen vor einem Polizeistaat, der alsbald den liberalen Rechtsstaat ablösen
könnte; die anderen vor einem Nachtwächterstaat, unfähig,
seine Bürger vor Terroristen zu schützen.

Der Publizist Golo Mann, Sohn des Schriftstellers Thomas
Mann, sagt in der ARD-Sendung *Panorama,* der Moment
könne kommen, »in dem man jene wegen Mordes verurteilten
Terroristen, die man in sicherem Gewahrsam hat, in Geiseln
wird verwandeln müssen, indem man sie den Gesetzen des
Friedens entzieht und unter Kriegsrecht stellt«. Aber ob der
Moment nach dem »Kölner Verbrechen« gekommen sei, kön-
ne er nicht entscheiden. Dagegen warnt der liberale Berliner
Justizsenator Jürgen Baumann vor »Vogelfreiheit«.

Einen Meinungswandel der Bundesdeutschen zeigt eine
Spiegel-Blitzumfrage zwei Tage nach der Schleyer-Entführung. 71 Prozent der Befragten sind dagegen, auf die Forderungen der Schleyer-Entführer einzugehen. Zwei Jahre zuvor,
bei der Lorenz-Entführung, hatten sich in einer *Spiegel*-Um-
frage 24 Prozent der Befragten dagegen ausgesprochen, die

sechs Häftlinge freizulassen, um Lorenz' Leben zu retten.[7] Die
Zahl der Neinsager hat sich verdreifacht. Der Grund? Wohl
die Taten der RAF seither: der Doppelmord in der deutschen
Botschaft in Stockholm, die Morde an Buback und seinen beiden Begleitern sowie der Ponto-Mord. Innerhalb von zwei
Jahren hat sich das Bewusstsein der Westdeutschen grundlegend gewandelt.

67. Zeitspiele

Zu Herolds Spiel auf Zeit gehört es auch, Aktivitäten an den
Tag zu legen, die aus Sicht der Entführer erfolgen müssen,
wenn es die Regierung mit einem Austausch ernst meint. Er
rückt die Frage in den Mittelpunkt, wohin die Reise der Häftlinge gehen soll.

Seine Riesenchance für ein Zeitspiel wittert er am Tag sieben
nach der Entführung, am 12. September: Kurz vor 15 Uhr hatte ein RAF-Mann bei der Familie Schleyer in Stuttgart angerufen – die elfte Nachricht der Entführer. Mit ruhiger Stimme
erklärte er, langsam zum Mitschreiben: »Die möglichen Ziel-
länder können der Bundesregierung nur von den Gefangenen
selbst genannt werden.« Ohne »konkrete Schritte vonseiten
der Bundesregierung« aber werde das »Kommando Siegfried
Hausner« nicht mehr reagieren.

Herold beginnt das Zeitspiel. Er schickt Alfred Klaus nach
Stammheim, damit er Baader und andere fragt, wohin sie flie-
gen möchten. Am Abend des 12. September erläutert der
BKA-Präsident dem Ersten Kriminalhauptkommissar seine
Strategie – auf Klaus wirkt er mitgenommen. Gerade hatte
Herold das Tonband abgehört, das das »Kommando Siegfried
Hausner« im Parkhotel in Düsseldorf abgegeben hatte. Ein

Appell von Hanns Martin Schleyer an seinen, wie er sagt, »politischen Freund« Helmut Kohl – viele wissen, dass Kohl und Schleyer auch persönlich befreundet sind: »Lieber Helmut Kohl, die Situation, in der ich mich befinde, ist auch politisch nicht mehr verständlich«, beginnt er und berichtet, dass ihn am 31. Juni 1977 Bundesinnenminister Maihofer an seinem ersten Urlaubstag in Meersburg angerufen und ihm mitgeteilt hätte, dass er nun in die »Gefahrenstufe 1« eingeteilt worden wäre. Der Minister hätte ihn gebeten, »mich allen Anordnungen, die die Polizei treffen müsse, zu beugen«. Dies hätte er getan. Aber: »Wie stümperhaft das ganze gemacht wurde, beweist der Ablauf des 5. September.« Die Kenntnisse, die er heute besitze, zeigten ihm, »wie wenig die Verantwortlichen in Wirklichkeit über den Terrorismus wissen«. Und dann ein Seitenhieb auf den BKA-Chef: »Man kann sich nicht nur auf den Computer verlassen, man muss den Computer durch menschliche Gehirne speisen, wenn man von ihm richtige Erkenntnisse erwartet.«

Schleyer erklärt Helmut Kohl, er habe »nie um mein Leben gewinselt«. Aber was sich seit Tagen abspiele, sei »Menschenquälerei ohne Sinn«. Er sei nicht bereit, »lautlos aus diesem Leben abzutreten, um die Fehler der Regierung, der sie tragenden Parteien und die Unzulänglichkeit des von ihnen hochgejubelten BKA-Chefs zu decken«. Ein weiterer Hieb des RAF-Opfers auf den BKA-Präsidenten.

Am nächsten Morgen landet um 7.45 Uhr neben der Justizvollzugsanstalt Stammheim ein BGS-Hubschrauber. Alfred Klaus klettert heraus. Anstaltsleiter Hans Nusser sagt ihm, am Abend zuvor hätte Andreas Baader dringend um ein Gespräch mit einem Verantwortlichen gebeten, da »eine schwerwiegende Entscheidung« anstehe, die »nicht rückgängig zu machen« sei. Eine Duplizität der Ereignisse, sich »kreuzende Erklärungen«: Baader will mit dem Staat sprechen und der Staat mit Baader. Bundesanwalt Löchner werde in einer Stunde aus

Karlsruhe eintreffen, sagt Nusser. Klaus entschließt sich, auf
ihn zu warten. So nimmt er das Angebot des Anstaltsleiters für
ein Frühstück gerne an; seit drei Stunden ist er auf den Beinen.
Bei Amtsinspektor Bubeck, dem Verantwortlichen für die
siebte Etage, erkundigt er sich nach der Stimmung der Gefangenen:

Auf der siebten Etage besteht seit einer Woche die »Kontaktsperre«. Noch am Abend der Entführung hatte das Lage-
zentrum im Stuttgarter Innenministerium Stammheim-Direk-
tor Nusser angewiesen, sofort den Kontakt der RAF-Häftlinge
zur Außenwelt und untereinander zu unterbinden. Rund-
funk- und Fernsehgeräte, Plattenspieler wurden konfisziert,
der Schriftverkehr untersagt und die Zeitungen gestrichen.[8]
Zwei Tage später hatte das Ministerium[9] die Anwalts-»Kontaktsperre« verhängt, und zwar nach Ersuchen des Bundeskriminalamtes und des Bundesjustizministeriums.[10]

Bubeck antwortet Klaus an diesem Morgen, alle Häftlinge
seien nervös und gereizt. Baader sei »fahrig und noch aggressiver als sonst«, Gudrun Ensslin »gereizt und flatterhaft«, Raspe
»depressiv«. Zeitweise hätte er Tränen in den Augen. Dieses
Mal war kein Reisefieber im siebten Stock ausgebrochen. Anders als zwei Jahre zuvor beim RAF-Überfall auf die deutsche
Botschaft in Stockholm.

Gegen neun sitzen der Kommissar und der Bundesanwalt in
der Besucherzelle neben der Wachtmeisterkabine im siebten
Stock. Andreas Baader wird hereingeführt. Er ist nervös, spürbar, und versucht, den beiden Beamten Informationen zu entlocken. Vergeblich. Durch die Kontaktsperre scheint es ihm an
Informationen zu mangeln. »Von seiner ehedem anmaßenden
Haltung war nichts mehr zu spüren«, berichtet Klaus über seinen Eindruck in diesem Augenblick. Baader sagt, er wolle zwei
Fragen mit den Beamten erörtern. »Wenn ein Austausch erfolge, dann könne die Bundesregierung damit rechnen, dass die
Freigelassenen nicht in die Bundesrepublik zurückkehrten«,

notiert Klaus. »Die Wiederauffül-
lung des (terroristischen) Poten-
zials sei nicht beabsichtigt.«

Baader nimmt einen tiefen Zug
aus seiner Zigarette – selbst gedreht,
Marke: »Schwarze Hand« – und
fährt fort: »Die Bundesrepublik hat
nur die Wahl, die Gefangenen umzubringen oder sie irgendwann zu
entlassen!« Erst blickt er Klaus in
die Augen, dann dem Bundesanwalt – so als ob er herausfinden will,
wie ernst sie seine Botschaft nehmen. »Umzubringen ...?«, hakt
Klaus nach. »Durch die tödlichen
Haftbedingungen«, entgegnet Baa-

*Baaders Flugziele:
seine Antwort ans BKA*

der mit gequälter Miene. »Und entlassen natürlich wegen Haft-
unfähigkeit ...«

Zweiter Punkt in Baaders Ansage an die Bundesrepublik
Deutschland: Ihn und seine Genossen auszufliegen »würde
eine Entspannung für längere Zeit bedeuten«. Und das liege
doch sicherlich im Interesse der Bundesregierung, sagt er –
»eine weitere Eskalation zu vermeiden, oder?«. Deshalb müsse
sich die Regierung um ein Aufnahmeland bemühen. Klaus legt
ihm einen Fragebogen vor, er stammt von Herold. Die erste
Frage, »Sind Sie bereit, sich ausfliegen zu lassen?«, beantwortet Baader mit »Ja«. Bei der zweiten, ob er ein »Flugziel nennen« könne, hühnert er rum. Klaus gewinnt den Eindruck,
Baader fürchte, Informationen preiszugeben. Aber schließlich
gelingt es ihm, den RAF-Häftlingschef zum Schreiben zu
bringen. »Algerien/Vietnam«, notiert der 34-Jährige. Dann
fügt er hinzu: »Wir meinen, dass die Bundesregierung die Länder, die infrage kommen, um die Aufnahme ersuchen muss.
Ja.« Und schließlich ergänzt er: »Lybien, VR Jemen / Irak.«

Anschließend spricht der Kommissar mit den anderen RAF-Häftlingen auf der siebten Etage: Gudrun Ensslin, Jan-Carl Raspe, Verena Becker und Irmgard Möller. Alle wollen ausgeflogen werden. Aber keiner von ihnen schreibt, wohin.

Über das Ergebnis von Klaus' Stammheim-Besuch ist Herold hoch erfreut. Bis sich die Häftlinge für ein Ziel entschieden hätten, vergehe Zeit, sagt er optimistisch zu Klaus. Und noch mehr Zeit vergehe, bis man geklärt habe, welches Land bereit sei, die Gefangenen aufzunehmen, frohlockt er.

Am nächsten Morgen, um neun, es ist der neunte Tag seit der Entführung, beginnt Kanzleramtsminister Wischnewski damit, die von Baader genannten Staaten abzuklappern. Als erstes fliegt er nach Algerien und Libyen. Scheinsondierungen. Die dort »geführten Verhandlungen dienten ausschließlich dazu, Zeit zu gewinnen«, sagt Hans-Jürgen Wischnewski in der Rückschau. Vom ersten Tag an sei klar gewesen, »dass sich die Bundesregierung nicht würde erpressen lassen«.

In den nächsten fünf Wochen kommt Alfred Klaus noch sechs Mal nach Stammheim, um mit RAF-Häftlingen zu sprechen. »Big Hinhalte« gegen »Big Raushole«.

68. Gedankenspiele

Schon frühzeitig hatte Schmidt bei seinen Beratern angeregt, »das Undenkbare zu denken«. Er bat um Alternativvorschläge für ein weiteres Vorgehen, ausdrücklich auch um »exotische«. Vorschläge kamen viele. Je länger die Entführung dauerte, desto exotischer wurden sie. Hans-Jürgen Wischnewski, Schmidts Kanzleramtsminister, schlägt vor, die RAF-Häftlinge in ein anderes Land ausreisen zu lassen und sie dort später festzunehmen. Er denkt an Togo und hofft, dort »das notwendige

Verständnis für ein solches Vorhaben« zu finden. Er meint, sicher sei es möglich, »deutsche Sicherheitskräfte als Touristen getarnt in das Land zu bringen, damit sie gemeinsam mit den Sicherheitskräften Togos die Überwachung der Terroristen übernehmen und sie später verhaften«. Mit dem Staatspräsidenten Etienne Eyadema kann er gut. Der ist Militärdiktator. Doch Helmut Schmidt ist der Plan »viel zu kompliziert«.

Horst Herold hat eine ganz ähnliche Idee – aber wesentlich aufwendiger: Man könnte die Häftlinge in die israelische Wüste Negev fliegen, nachdem man dort den gewünschten Zielort nachgebaut habe. Auch der »Theaterkulissenplan« überzeugt den Kanzler nicht.

Schmidt beauftragt Staatssekretär Siegfried Fröhlich aus dem Bundesinnenministerium, mit seinen Leuten »das Undenkbare zu denken«. Er zieht sich mit Ministerialbeamten und Nachrichtendienstlern zur Klausur ins Ministerium zurück. Die Ergebnisse aus der »Spinnstube« diskutiert der »große Politischen Beraterkreis«. Als Ergebnis verzeichnet das Protokoll neun »Modelle«. Diskutiert werden »Drohungen gegenüber Terroristen mit ›Repressalien‹, auch gegen nahe Angehörige«, falls Schleyer nicht freigelassen werde; ebenso eine Grundgesetzänderung: die Abschaffung der Abschaffung der Todesstrafe. Der Bundestag könne, so die Idee, Artikel 102 – »Die Todesstrafe ist abgeschafft« – durch eine Verfassungsänderung einen anderen Wortlaut geben, nach dem »solche Personen erschossen werden« können, »die von Terroristen durch menschenerpresserische Geiselnahme befreit werden sollen«: »Durch höchstrichterlichen Spruch wird das Todesurteil gefällt. Keine Rechtsmittel möglich.«[11]

Fantasie gegen Ohnmacht. An diesem Abend war es spät geworden. Nicht alle hatten sich an alkoholfreie Getränke gehalten wie der Kanzler. Er trank Coca-Cola aus kleinen Flaschen und rauchte Mentholzigaretten. In den langen Nächten macht sich eine Art Frontstimmung breit. Beißende Rauchschwaden hängen über dem Tisch, die Sakkos über den Stuhllehnen und die meisten Krawatten auf halb acht. Viele der Männer, die Stunde um Stunde zusammensitzen – Schmidt, Strauß, Zimmermann, Vogel, Fröhlich – waren im Zweiten Weltkrieg Soldaten an der Front und fühlen sich an diese Zeit erinnert. Jetzt haben sie das Gefühl, den Staat, den sie nach all dem Grauen aus Trümmern und Ruinen aufgebaut hatten, mit allen Mitteln verteidigen zu müssen. Die Schleyer-Entführung ist für sie der erste Ausnahmezustand der Bonner Republik. Nerven liegen blank.

Nach den »Alternativ«-Vorschlägen ruft Bundesjustizminister Vogel die »Große Lage« zur verfassungsmäßigen Ordnung: Er warnt vor Repressalien gegen Angehörige von RAF-Häftlingen – eine »Sippenhaft« wie im Dritten Reich dürfe es nicht geben. Niemand würde das verstehen, sagt er – und: »Die Welt würde sagen, die Deutschen sind irrsinnig geworden.«

Am 21. September plädiert Egon Franke, innerdeutscher Minister und gelernter Tischler aus Hannover, einmal mehr für die Todesstrafe – »nicht allgemein, aber doch für Terroristen«, sagt er. Das sei »die Stimmung in der Bevölkerung«, begründet er seine Forderung: »Die sind dann weg.« Abermals erläutert Bundesjustizminister Vogel die Rechtslage. Seine Kurzfassung: »Standgerichte gibt es nur im Krieg.«

»Manchmal hätte uns«, sagt Kanzleramtsminister Wischnewski in der Rückschau, »ein wenig mehr Gelassenheit durchaus gutgetan.«

69. Versuche

Horst Herold und seine Kollegen kommen nicht voran. Am Tag 17 nach der Schleyer-Entführung, dem 22. September 1977, erreicht sie eine Nachricht von der Polizei in den Niederlanden, aus Utrecht: Sie verhaftete Knut Folkerts. Herold geht davon aus, dass er einer der Buback-Mörder ist und zum harten Kern der RAF gehört.

Geschnappt worden war Folkerts, weil sich in Utrecht Polizisten bei einer Autovermietung auf die Lauer gelegt hatten. Die Vorgeschichte: Drei Tage zuvor hatte es eine Schießerei in Den Haag gegeben, siebzig Kilometer von Utrecht entfernt. Dort war einem Autovermieter die Mieterin eines Ford Granada merkwürdig vorgekommen. Weil er sich um Karosse und Gulden sorgt, fragt er bei der Polizei nach, ob gegen seine Kundin etwas vorliege: »Ursula Dietrich, Paulinenallee 50, 2000 Hamburg«. Der Beamte in Den Haag stellt fest, durch Rücksprache mit dem BKA, dass der Ausweis gefälscht ist, und bittet den Vermieter, sofort anzurufen, wenn die Frau auftaucht. Das macht der Vermieter, als die Frau kommt, um den Vertrag zu verlängern – und hält die Kundin hin. Als sie durch die große Fensterscheibe sieht, wie ein Streifenwagen vorfährt, stürzt sie aus dem Geschäft. Der 21-jährige Polizist Randy Siersema sprintet hinterher. Nach 250 Metern erreicht er sie und packt sie an der Schulter. In diesem Augenblick taucht hinter ihm ein Mann auf. Ohne Vorwarnung schießt er auf den Beamten, trifft ihn in Schulter und Leiste. Schwer verletzt bricht Siersema zusammen. »Ursula Dietrich« und der Schütze flüchten.

Kurz nach diesen Schüssen meldet sich bei der Polizei in Den Haag der Kneipier der »Cactus-Bar« in der Trompstraat, der Straße, in der die Schüsse fielen. Er berichtet: Kurz bevor es knallte, hätte ein Gast, ein hagerer Mann mit Schnauzer, einen Kellner gebeten, auf seine schwarze Reisetasche für einen

Folkerts: Polizeifoto
nach Festnahme

Moment aufzupassen. In der Nähe hätte er etwas zu erledigen. Aber der Mann sei nicht wieder gekommen. Und so stünde nun die Tasche bei ihm in der »Cactus-Bar«. Die Beamten schauen hinein und sehen ein »Uher 4000 Report IC«-Tonbandgerät, ein Sennheiser-Mikrofon, Tonbänder und Lebensmittel aus Deutschland, außerdem Marlboro- und Camel-Zigarettenpackungen. Könnten die Schießerei und die zurückgelassene Tasche im Zusammenhang mit der Entführung des Arbeitgeberpräsidenten im Nachbarland stehen?, fragen sich die Polizisten in Den Haag. Deshalb erkundigen sie sich in den ganzen Niederlanden bei Autovermietern nach deutschsprachigen Mietern. Von einem kleinen Autoverleih in Utrecht, Rent A Car, Croeselaan 74, kommt die Antwort: Vor knapp zwei Wochen mietete eine Deutsche einen roten Taunus 1600 L, am 10. September. Ihr Ausweis – »Astrid Winter, Walddörferstraße 234, 2000 Hamburg« – entpuppt sich als gefälscht. Um es dieses Mal besser zu machen, legen sich Polizisten vor Ort, bei der Autovermietung, auf die Lauer. Beamte in Zivil beobachten von außen das Gebäude. Drinnen sitzen zwei, neben dem Tresen: Brigadier Arie Kranenburg (46) und Hauptwachtmeister Leendert Cornelius Pieterse (37). Die beiden sind ein eingespieltes Verhaftungsteam. Ihre Methode: Der zu verhaftenden Person nähern sie sich so unauffällig wie möglich von zwei Seiten. Im selben Augenblick packt jeder ein Handgelenk von ihr. Erst dann geben sie sich als Polizisten zu erkennen. Die Methode hat bislang immer funktioniert, auch bei der Verhaftung von Schwerkriminellen. Aber sie funktioniert nicht am 22. September 1977, zehn vor sechs, als sie einen hageren Mann mit Hornbrille und Oberlippenbart festnehmen wollen. Er war mit dem roten Taunus bei der Autovermietung vorgefahren. Er ist schneller als die Polizisten, reißt einen Revolver Colt Combat Commander hervor und feuert – die Waffe erbeutete er bei dem Raubüberfall auf den Frankfurter Waffenhändler Fischlein zwei Monate zuvor. »Ich sah eine enorme Flamme an der linken Seite des Mannes, hörte einen Knall und bekam sofort enorme Schmerzen im Bauch«, erinnert sich Pieterse. »Ich stand dabei einen halben bis einen Meter von ihm entfernt.«

Kranenburg

Noch einmal schießt der hagere Mann auf Pieterse. Dann richtet er die Waffe auf Kranenburg, drückt zweimal ab und stürzt aus dem Geschäft. Draußen überwältigen ihn Polizisten. Kranenburg, in der Brust getroffen, schleppt sich nach nebenan, in das Lokal »De Bonte Koe«, zwei Häuser weiter. Kurz darauf stirbt er in der Universitätsklinik. Pieterse überlebt – schwer verletzt durch zwei Bauchschüsse.[12]

In den Taschen des Verhafteten stecken eine Handgranate und gefälschte Papiere auf den Namen Siegfried Fries. Schnell stellt sich heraus, dass Siegfried Fries im Gefängnis in Bochum gestorben und Knut Folkerts mit der Identität des Toten unterwegs war.[13] Ebenfalls in einer Tasche von Folkerts steckt ein karierter Zettel mit handschriftlichen Notizen. Unter anderem steht dort gekritzelt »D H cleanen«. »Cleanen« bedeutet im RAF-Jargon, eine Wohnung von Spuren zu säubern. Aus Indizien wird für Herold und seine Männer eine Vermutung: Das Pflaster in Den Haag könnte der RAF durch die Schießerei drei Tage zuvor zu heiß geworden sein. Deshalb räumte sie ihren Unterschlupf, und Folkerts sollte ihn nun »cleanen«. Wenn es so wäre, überlegen Herold und seine Männer weiter, spräche vieles dafür, dass die RAF Schleyer in den Niederlanden versteckt, zumindest versteckte – und Knut Folkerts das Versteck kennt.

Herold wittert seine Chance. Er will Folkerts knacken. Folkerts könnte der Schlüssel zu Schleyers Versteck sein. Herold braucht dringend einen Erfolg – zweieinhalb Wochen sind seit der Entführung verstrichen. Viel hat er den beiden Stäben in Bonn erklärt und erläutert. Aber tatsächlich erreicht bislang noch nichts. Deshalb schnürt er ein großes Paket für Folkerts – ein Angebot: eine Million Mark, eine neue Identität, keine Strafverfolgung und die Ausreise in die Vereinigten Staaten – wenn er verrät, wo Schleyer steckt und er anschließend als Kronzeuge zur Verfügung steht. Mit den Amis ist schon alles abgesprochen. Der Präsident ruft seinen »RAF-Chefermittler« Georg Pohl zu sich und bespricht mit ihm die Einzelheiten. Pohl fährt zu Folkerts, niederländische Kollegen begleiten ihn zur Zelle. »Er hockte ganz in der Ecke«, erinnert sich Pohl. Auf ihn macht der 25-Jährige einen »deprimierten Eindruck«. U-Haft statt Untergrund. Pohl stellt einige Fragen, Folkerts beantwortet sie nicht. Dann macht Pohl ihm das Angebot: eine Million, neue Identität, freies Geleit … Aber Folkerts lehnt ab. Der Leitende Kriminaldirektor des Bundeskriminalamtes ist überrascht: »Die Typen sind wirklich auf ihren Kurs eingeschworen«, resümiert er. »Völlig unbestechlich.«[14]

Den entscheidenden Hinweis bekommt die Polizei vier Tage nachdem Folkerts Kranenburg erschoss. Grund ist ein Artikel in *De Haagsche Courant* am 26. September 1977 über die Schießerei in der Autovermietung mit einem Foto der Granada-Mieterin Ursula Dietrich alias Angelika Speitel. Bei der Polizei meldet sich noch an diesem Tag ein Ehepaar und gibt zu Protokoll, das sei die Frau, der die beiden vor knapp zwei Wochen ihr Zehn-Zimmer-Haus in der Stevinstraat 266 vermietet hät-

ten. Polizisten legen sich dort auf die Lauer.
Aber ohne Erfolg. Sie sind zu spät. Und Folkerts' Zettelchen mit »D H cleanen« lässt sie
vermuten, dass die RAF das Haus aufgegeben
hat. Quintessenz in Bad Godesberg für Horst
Herold und seine Leute: Alles spricht dafür,
dass die RAF Schleyer in Den Haag versteckt –
oder versteckte. Die NL-Spur: klar ab dem Tag
21 nach Schleyers Entführung.

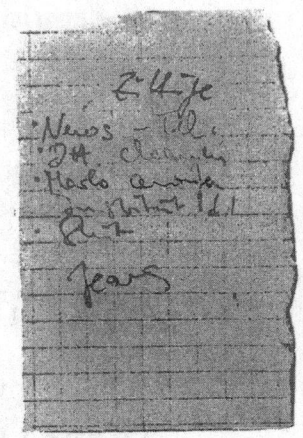

Auch die Wirtschaft startet einen Versuch,
Schleyer auszulösen. Gedanklich angestoßen
hatte Hans-Jürgen Wischnewski Schleyers
Freund Eberhard von Brauchitsch. Er ist Ver-   *Folkerts' Zettel*
trauter des Milliardärs Friedrich Karl Flick.
Der Kanzleramtsminister besuchte von Brauchitsch in seiner
Wohnung und erklärte ihm, »keine Möglichkeit« solle »ausgelassen werden«, um Schleyers Befreiung zu erreichen. Deshalb
hätte die Regierung auch Verständnis, »wenn die deutsche
Wirtschaft unabhängig von der Bundesregierung versuchen
würde, durch finanzielle Leistungen« ihren »obersten Repräsentanten« freizubekommen.

Von Brauchitsch fragt, ob die Bundesregierung die »finanzi-
ellen Leistungen« übernehmen würde. Wischnewski verneint.
Von Brauchitsch möchte wissen, ob die aufzubringende Summe von der Steuer absetzbar sei. Die Frage überrascht Wischnewski. Er sagt zu, die Antwort vom Bundesfinanzministeri-
um prüfen zu lassen.

Kurz darauf fliegt Eberhard von Brauchitsch nach Genf und
spricht mit Payot. Ohne Erfolg. Der Flick-Mann stellt fest,
dass in dieser Sache mit Geld nichts zu machen ist. Bekannt
wurde dieser Vorstoß von Brauchitsch im Krisenstab, weil er
bei Payot angerufen hatte – und der Anruf durch die Telefon-
überwachung von BKA-Beamten in Bad Godesberg mitge-
hört wurde.

70. Nachrichtenpolitik

In den Wochen der Entführung arbeiten die Medien in der Bundesrepublik unter Ausnahmebedingungen, die es noch nicht gab: Gezielt steuert die Regierung Informationen an die Journalisten und damit die Öffentlichkeit. »Man mag es ›Nachrichtensperre‹ nennen oder nicht«, schreibt der Bonner Korrespondent Gunter Hofmann in der *Zeit* im Oktober 1977. Heute sprechen die Medien von »Nachrichtensperre«. Der Begriff hat sich eingebürgert. Aber er gibt nicht wieder, was damals tatsächlich passierte. Die Wirklichkeit war komplexer. Drei Aspekte spielen eine Rolle:

Erstens betrieb die Regierung eine gezielte Informationspolitik – vorneweg ihr Sprecher Bölling: Zum Schleyer-Komplex sagte sie eine Menge. Aber nicht alles. Angesichts dessen »sperrte« der Staat nicht Nachrichten generell – aber das bedeutet »Nachrichtensperre«: überhaupt keine Informationen von Staatsseite zu einem Thema. So geschehen während der Entführung von Jan Philipp Reemtsma 1996 und anderen. Im Herbst 1977 gab die Regierung viele Informationen an Medienvertreter. Allerdings selektiv – und das, jedenfalls teilweise, aus gutem Grund. Das gilt vor allem für die beiden »Lagen«. Aus ihnen blieben zahlreiche Informationen »unter Verschluss«, wie Fahndungsansätze und Erkenntnisse über die Täter. Das ist bei keiner Entführung anders: Solange die Polizei nach Opfer und Täter fahndet, verrät sie der Öffentlichkeit nicht, wie sie beide finden will. Ins Knie kann man sich auch direkt schießen.

Wäre beispielsweise am Tag 1 nach der Entführung den Medien mitgeteilt worden, in Bonn sei beschlossene Sache, dass Schleyer definitiv nicht ausgetauscht wird, hätten sich die Staatsstrategen alle weiteren Bemühungen für ein unblutiges Ende sparen können. Nicht minder kontraproduktiv wäre es gewesen, wenn aus der »Kleinen Lage« Herolds Hypothese nach draußen gedrungen wäre, Schleyer werde in einem von über 10 000 Bunkern des Westwalls versteckt, und dass in den nächsten Tagen Polizeihundertschaften die ganze Festungskette durchsuchen. Hätte sich das »Volksgefängnis« der RAF tatsächlich dort in einer Hinterlassenschaft des Dritten Reiches befunden, wären die Entführer mit der Geisel bei Anmarsch der Polizei längst über alle Berge gewesen.

Zweitens gaben in den Ausnahmewochen Bölling & Co. Informationen an die Medien, von denen sie wussten, dass sie unwahr sind. Klassische Desinformation. So schon die erste Mitteilung des Bundeskriminalamtes an die Entführer am Tag nach dem Überfall in Köln: eine Stellungnahme zum ersten Brief der Entführer, der an diesem Nachmittag im Postkasten eines Dekans in Wiesbaden lag. Diese Meldung des BKA verliest am Abend in der *Tagesschau* Karl-Heinz Köpcke: Der Brief werde der Bundesregierung »erst am späten Abend vorliegen«, sodass der »Termin für die von Ihnen gewünschte Veröffentlichung« nicht eingehalten werden könne. Die Entführer hatten gefordert, dass »heute abend um 20.00 uhr in der tagesschau« ein Foto Schleyers, das sie von ihm gemacht hatten, zusammen mit einem Schreiben von ihm veröffentlicht werden, »und zwar ungekürzt und unverfälscht«.

Das Schreiben Schleyers hatte die RAF ihrer Erklärung beigefügt. Er schreibt, von seinen Entführern sei ihm erklärt worden, »dass die Fortführung der Fahndung mein Leben gefährde«. Gleiches gelte, »wenn die Forderungen nicht erfüllt und die Ultimaten nicht eingehalten werden«. Er »glaube, dass ich freigelassen werde, wenn die Forderung erfüllt werden«. Aber das sei »jedoch nicht meine Entscheidung«.

Helmut Schmidt fürchtet, eine Veröffentlichung dieser Zeilen zusammen mit dem von der RAF mitgeschickten Schleyer-Foto – es zeigt den »Doppelpräsidenten« im Unterhemd, offener Trainingsjacke und verschwitzt – könne bei der

Bevölkerung zu Mitleid und der Auffassung führen, dem hilflosen Mann müsse dringend geholfen werden. Aber auf diese Weise wollen sich Schmidt und seine Berater nicht unter Druck setzen lassen. Deshalb das Märchen von dem noch nicht in Bonn eingegangenen Brief, das der *Tagesschau*-Sprecher verliest – obwohl im ARD-Hauptstadtstudio längst bekannt ist, dass die Bonner Strategen den Inhalt beider Schreiben seit Stunden kennen. Mit diesem Manöver beginnt die »gezielte Steuerung des Nachrichtenflusses mit Elementen der Teil-, Falsch- und Desinformation sowie der zum Teil vollständigen Unterdrückung von Informationen«, urteilt der Hamburger Politikwissenschaftler Wolfgang Kraushaar.[15]

Drittens – auch das hat es in der Bundesrepublik noch nicht gegeben: Die Regierung bittet alle Journalisten, durch ihre Berichterstattung nicht die Anstrengungen der »Sicherheitsorgane« zu durchkreuzen. Alle wichtigen deutschen Chefredakteure bekommen Post vom Regierungssprecher, abgeschickt in Bonn am 8. September 1977. Klaus Bölling unterrichtet sie davon, dass er mit dem ARD-Vorsitzenden Hess, dem ZDF-Intendanten von Hase sowie den Chefredakteuren der Deutschen Presse-Agentur und des Deutschen Depeschendienstes verabredet habe, dass diese Medien »in der Berichterstattung über die Entführung von Dr. Hanns Martin Schleyer mit größter Behutsamkeit vorgehen und Nachrichten, die tatsächlich oder dem Anschein nach von den Terroristen oder ihren Helfern stammen, erst nach Konsultationen mit der Bundesregierung verwenden wollen«. Aus Gründen, »die ich Ihnen nicht weiter zu erläutern brauche«, bittet er die Chefredakteure »dringlich«, »in Ihrer Berichterstattung nichts zu tun, was die Anstrengungen der Sicherheitsorgane des Bundes in irgendeiner Weise beeinträchtigen und dazu beitragen könnte, die Gefahrenlage zu verschärfen«. Für Rückfragen stünden zwei Mitarbeiter im »Pressereferat des Bundesinnenministeriums« zur Verfügung. Telefonnummer: 02221-785203.

Begleitet wird dieser Vorstoß vom Presserat – dem Zusammenschluss großer Verleger- und Journalistenverbände. In einem »Appell«, ebenfalls vom 8. September 1977, bittet sein Sprecher, »Chefredakteur Werner Hill, Speyer« die Redaktionen, bei der Berichterstattung über den Entführungsfall »Zurückhaltung zu üben, ohne die grundsätzliche Informationspflicht zu vernachlässigen«: »Einzelheiten über laufende Verhandlungen und von Krisenstäben eingeleitete Maßnahmen« sollten »möglichst nur nach Rücksprache mit dem Pressereferat des Bundesinnenministeriums« veröffentlicht werden, rät der Chefredakteur seinen Kollegen.

Für Journalisten sprudeln in Bonn während des Ausnahmezustandes diverse Quellen zum jeweils aktuellen Stand: Minister, Staatssekretäre, Politiker, Beamte. Kaum einer hält den Mund. Bonn ist geschwätzig. Kommunikativ gesehen war die Bundeshauptstadt schon immer ein Dorf. Seit Adenauers Zeiten. Informationskanäle sind über viele Jahre entstanden.

Dass es keine Rinnsale sind, sondern Ströme an Informationen, die zu den Journalisten fließen, zeigt ein Blick in die vier großen überregionalen Zeitungen der Republik 1977 – *Frankfurter Allgemeine Zeitung, Frankfurter Rundschau, Süddeutsche Zeitung* sowie *Die Welt* – und das Nachrichtenmagazin *Spiegel* im September und Oktober 1977. Alle sind ausgesprochen gut im Bilde über das, was im Kanzleramt hinter verschlossenen Türen besprochen wurde und sonst so von Belang ist in Sachen Schleyer. Beispielsweise berichtet *Der Spiegel* in seinem Heft[16] eine Woche nach der Entführung über die Tat und ihre Hintergründe fakten- und facettenreich über 17 Seiten.

»Es sickerte viel raus«, sagt 40 Jahre später Gunter Hofmann – im Herbst 1977 war er innenpolitischer Redakteur bei der *Zeit* im Bonner Büro. Die Erklärungen Böllings hätte er als einen »Appell ans Kooperieren« von der Regierung an die Journalisten verstanden.

Schleyer am Tag nach der Entführung

Nicht funktionierte die von Bölling gewünschte Blockade der Medien gegenüber RAF-Fotos vom entführten Schleyer. Sie bricht, nachdem die französische Nachrichtenagentur Agence France-Presse sein Foto vom ersten Tag in der Geiselhaft veröffentlicht hatte. Anschließend, fünf Tage nach der Entführung, bringt es *Bild* auf der Titelseite mit der Schlagzeile »Schleyer – Ein Bild, bei dem man weinen möchte«. Zwei Tage später folgte der *Spiegel*.

Ein Foto, das die Republik erschüttert. Ganz herrschende Auffassung: maßlos demütigend für das wehrlose RAF-Opfer. Mitleidspunkte für Schleyer. Hingegen veröffentlichen die deutschen Medien keine Erklärungen der RAF im Zuge der Schleyer-Entführung.

Über das Bonner Vorgehen sind die Meinungen unter Journalisten geteilt, wie die Radiodiskussion *Brennpunkt* vom Südwestfunk (SWF) in Baden-Baden am 21. September 1977 zeigt: Für *Stern*-Chefredakteur Henri Nannen haben »menschliche Interessen« absoluten Vorrang – er meint das Überleben Schleyers. Werner Birkenmeier von der *Stuttgarter Zeitung* nennt die Finessen der Regierung »gerechtfertigt, soweit sie den Ermittlungen« dienen. Und der Bonner SWF-Korrespondent Wolfgang Wiedemeyer hält sich an die Beschränkungen, sie selbst aber »nur für bedingt tauglich«. Nicht von einer »Nachrichtensperre« sprechen möchte in dieser Runde am 16. Tag nach der Schleyer-Entführung der stellvertretende Bonner Regierungssprecher Armin Grünewald, sondern von einer »Nachrichtenzurückhaltung«.

Viele Linke sind verärgert über das Informationsgebaren

der Bundesregierung. Sie meinen, so formuliert es später
taz-Mitbegründer Jürgen Gottschlich,[17] dass im Herbst 1977
bundesdeutsche Medien »die Vorgaben der Bundes umsetzten
und alle Nachrichten unterdrückten, die die unnachgiebige
Haltung der Bundesregierung gegenüber den Forderungen
der Entführer von Arbeitgeberpräsident Schleyer hätten infrage stellen können«. Diese Verärgerung in der Szene führt 1978
zur Gründung der *Tageszeitung (taz)*. Die erste Ausgabe erscheint im April 1979. Sie ist eine Konsequenz aus der Informationspolitik der Bundesregierung während der Schleyer-
Entführung.[18] Ohne sie würde es die *taz* heute wohl nicht geben.

71. Angst

Jeden Morgen erhalten Mitglieder der beiden »Lagen« die
neuesten Erkenntnisse aus dem Hause Herold – um die zwei
Dutzend Seiten stark. So erfahren sie, dass die ersten Schreiben
des Kommandos auf sechs verschiedenen Maschinen getippt,
14 Briefe in Paris, am Gare du Nord, aufgegeben und von dem
Videogerät, mit dem die Entführer Schleyer aufgenommen
hatten, 10 000 Stück verkauft wurden.

Selbst Hintergrundgeräusche analysierten die BKA-Fach-
leute: Auf dem Tonband, das Schleyer für Helmut Kohl besprochen hatte, hörten Techniker ein Geräusch, das sie als Motor interpretieren. So entsteht die Vermutung, Schleyer könnte
auf einem Schiff gefangen gehalten werden. Polizeihundertschaften durchkämmen Häfen, Flugzeuge donnern über das
Ijsselmeer und die Nordsee. Aber die Spur erweist sich als
kalt. Und bei Schleyers Worten auf dem Tonband »hochgejubelten BKA-Chef« machen seine Mitarbeiter ein Papier-

rascheln aus. Sie interpretierten es als Hinweis darauf, dass sich Schleyer von der Formulierung distanziere.

Mit jedem Tag, der ergebnislos verstreicht, mit jedem Fahndungsansatz, der sich als unergiebig erweist, mit jeder vergeblichen Hausdurchsuchung wird allen Beteiligten auf Staatsseite klarer, dass ein guter Ausgang der Schleyer-Entführung immer unwahrscheinlicher wird – insgesamt dauert sie 44 Tage. Die Sorge wächst mit jedem Tag. Am Anfang dachten viele, der umtriebige BKA-Chef durchblicke die Situation voll, und es sei nur eine Frage der Zeit, bis seine Leute Schleyers Versteck entdecken.

Trotz größter Anstrengungen kommt die Polizei dem Versteck nicht näher. Derweil spielt Herold immer ungenierter auf Zeit. Seine Vorwände sind immer leichter zu durchschauen. Und der RAF reicht's. Genervt erklärt ein RAF-Anrufer Rechtsanwalt Payot am 1. Oktober 1977, Tag 26 nach der Entführung, »dass das BKA offensichtlich auch in Kürze die gestellten Forderungen nicht erfüllen will und dass auf dieser Basis keine Verhandlungen mehr geführt werden können«. Bis auf Weiteres werde es vom Kommando »kein neues Lebenszeichen von Herrn Schleyer geben«. Danach legt die RAF eine Meldepause von fast zwei Wochen ein. Lediglich einen Brief von Hanns Martin Schleyer an seine Frau schickt sie an Payot – abgesendet in Paris. Beigelegt ist eine Polaroid-Aufnahme von Schleyer hinter dem Schild »Seit 31 Tagen Gefangener«.

Unverändert herrscht in Bonn in beiden »Lagen« Einigkeit, auf jeden Fall am Kurs festzuhalten. Aber gleichzeitig steigt dort die Angst, dass die RAF den Druck auf die Bundesregierung erhöht durch eine zweite Aktion. Beide »Lagen« fürchten, dass ein weiterer »Repräsentant des Systems« entführt oder gar ermordet wird. Womöglich jemand aus ihren Reihen. Das Bonner Regierungsviertel befindet sich im Belagerungszustand. Panzerwagen des Bundesgrenzschutzes blockieren die Straßen, Polizisten haben sich mit Maschinenpistolen hin-

ter Sandsäcken und Stacheldraht
verschanzt.

Alle Spitzenpolitiker werden
auf Schritt und Tritt von Leibwächtern begleitet. Optisch betrachtet ist Bonn mehr eine Festung als eine Hauptstadt. Boll-
werk Bonn. Nicht einmal zwei
Dutzend junge Menschen haben
die Bundesrepublik das Fürchten gelehrt. In diesen Wochen

Kanzleramt, September 1977

spielen die anderen politischen
Themen dieses Sommers kaum mehr eine Rolle – Steuerre-
form, Neutronenbombe, Kreditaufnahme, Arbeitslosenquote
4,5 Prozent, Tendenz: sinkend.

Siebenunddreißigster Tag nach der Entführung, 12. Oktober. Nach der »Kleinen Lage« bittet der Kanzler Herold zu
einem Vier-Augen-Gespräch. Es ist Viertel nach sechs. Er fragt
Herold direkt, ob er noch an »den Erfolg unserer Bemühungen« glaube. »Es sieht nicht gut aus!«, antwortet der BKA-
Chef unumwunden. Irgendetwas in »unseren Planungen und
Vorkehrungen« müsse schon »ganz zu Anfang in verhängnis-
voller Weise schiefgelaufen sein«. Was, vermag er nicht zu sagen. Nun jedenfalls sei Schleyer »mit Sicherheit schon im Ausland, und seine Befreiung rückt zunehmend in die Ferne«. Die
Prognose des BKA-Chefs: Die RAF werde versuchen, aus der
Defensive herauszukommen und die »Initiative mit einem
spektakulären Akt wiederzugewinnen«.

Die befürchtete Eskalation tritt ein. Aber anders als erwartet.

72. Routenabweichung

Die erste Meldung kommt einen Tag später, am 38. der Schleyer-Entführung, um 14.38 Uhr. Donnerstag, 13. Oktober 1977. Aus Aix-en-Provence in Südfrankreich meldet die Flugsicherung, die Lufthansa-Boeing 737 »Landshut« sei auf dem Flug von Mallorca nach Frankfurt »von der Route abgewichen«. An Bord: 82 Passagiere und fünf Besatzungsmitglieder.[19]

Keine vier Stunden nach der Meldung über die »Routenabweichung« kommt in Bonn die »Kleine Lage« zusammen, 18.15 Uhr. Betretene Gesichter beim Kanzler und seinen Vertrauten. Anlass für die sorgenvollen Blicke im Schmidt-Rottluff-Zimmer ist die Vermutung, dass es einen Zusammenhang zwischen der Schleyer- und der »Landshut«-Entführung gibt. Häufiger als sonst nimmt der Kanzler eine Prise »Export Snuff« aus seiner Schnupftabakdose.

In der Nacht wird die Befürchtung Gewissheit. Aus Genf übermittelt Rechtsanwalt Payot drei Erklärungen der »Landshut«-Entführer und eine der Schleyer-Entführer. In einem »Ultimatum an den Kanzler der Bundesrepublik Deutschland« fordern die Flugzeugentführer, sie nennen sich »Organisation für den Kampf gegen den Weltimperialismus«, dass neben der bisherigen Forderung der RAF – Freilassung von elf Häftlingen mit jeweils 100 000 Mark – zusätzlich die »palästinensischen Genossen« Mahdi und Hussein aus dem »Gefängnis in Istanbul« freizulassen sind und 15 Millionen Dollar »gemäß beigefügten Anweisungen« in verschiedenen Währungen zu zahlen sind. Der Betrag entspricht 35 Millionen Mark. Überbracht werden soll das Geld von Schleyers ältestem Sohn Hanns-Eberhard, und zwar in »3 schwarzen Koffern der Marke ›Samsonite‹«, die Schlösser »auf die Zahlenkombination 000« justiert. Mit dem Lösegeld und einem Pass soll Schleyers

Sohn, verlangen die Entführer, am 15. Oktober 1977 um 12 Uhr im Frankfurter Hotel »Intercontinental« erscheinen. Er solle »einen beigen Anzug tragen. Sonnenbrille in der obersten Tasche der Jacke. Das Gestell der Brille sollte von außen auf der Tasche deutlich erkennbar sein. Er sollte die letzte Ausgabe von ›Der Spiegel‹ in der Hand mit sich führen.« Dort werde er weitere Anweisungen erhalten. An »einem Punkt seiner Reise« werde er von einem »Vertreter« der Gegen-den-Weltimperialismus-Kampf-Organisation angesprochen mit den Worten »Let us save your father«. Dann solle er antworten »We shall save my father« und »den Anweisungen unseres Vertreters gehorchen«.

Schleyer, am 38. Tag nach seiner Entführung

Würden ihre Forderungen nicht erfüllt, teilen die Flugzeugentführer mit, »werden Hanns Martin Schleyer und alle Passagiere sowie die Besatzung der Lufthansa-Maschine 737, Flug LH 181, augenblicklich getötet«. Gleiches gelte für jede Art von »Verzögerungs- oder Täuschungsversuch«. Würden die Anweisungen erfüllt, würden »alle freigelassen«.

Außerdem verlangen die Entführer, dass die Bundesregierung »mit einem der folgenden Länder die Aufnahme der Genossen, die freigelassen wurden« vereinbart: »Demokratische Republik Vietnam, Republik Somalia, Demokratische Volksrepublik Jemen.«

Payot telefoniert in dieser Nacht – angebrochen ist der 39. Tag der Schleyer-Entführung –, nach zwei Uhr, eine Nachricht des »Kommandos Siegfried Hausner« nach Bonn durch. Es ist seine 22. Nachricht mit dem sechsten Ultimatum. Die Entführer erklären, sie hätten »Helmut Schmidt jetzt genug Zeit gelassen«. Der für Schmidt und Herold fatale Schlüsselsatz: »Das Ultimatum der Operation ›Kofre Kaddum‹ des Kommandos Matyr Halimeh und das Ultimatum des Kommandos Siegfried Hausner der RAF sind identisch.«

Herolds Leute finden schnell heraus – mehr als zwei Jahrzehnte vor Google: »Kofre Kaddum« ist ein von den Israelis zerstörtes Palästinenserdorf; »Halimeh« der Nom de guerre der Deutschen Brigitte Kuhlmann[20]: Die ehemalige Anwaltsgehilfin und Studentin an der Pädagogischen Hochschule in Hannover hatte sich den Revolutionären Zellen in Frankfurt angeschlossen. Zusammen mit ihrem Lebensgefährten Wilfried Böse und zwei Palästinensern entführte sie im Juni 1976 eine Air-France-Maschine nach Entebbe. Dort wurden sie von israelischen Soldaten erschossen und umgehend in Uganda beerdigt.

Außerdem erklären Schleyers Entführer: »Das Ultimatum läuft am Sonntag, dem 16. Oktober 1977 um 8.00 Uhr Greenwich ab« – das entspricht neun Uhr mitteleuropäischer Zeit: »Wenn bis zu diesem Zeitpunkt die elf geforderten Gefangenen ihr Ziel nicht erreicht haben, wird Hanns Martin Schleyer erschossen.« Nach 40 Tagen »Gefangenschaft« von Schleyer werde es »eine Verlängerung des Ultimatums nicht mehr geben«.

Am nächsten Morgen gibt Denis Payot ein »Pressekommuniqué« heraus, 8.45 Uhr. Er erklärt, dass er nun schon seit dem 9. September sein Mandat »als Kontaktperson zwischen den Behörden der Bundesrepublik Deutschland und dem Kommando Siegfried Hausner« wahrnehme und er in der vergangenen Nacht wichtige Erklärungen erhalten und sie unverzüglich an die Behörden der Bundesrepublik weitergeleitet habe. Er berichtet von dem Ultimatum in zwei Tagen und weist darauf hin, »dass er dieses Mandat aus ausschließlich humanitären Gründen angenommen« habe. Nachdrücklich appelliere er »an alle beteiligten Parteien, alles in ihrer Kraft Stehende zu

unternehmen, um ein Blutbad
zu vermeiden«. Verschwiegen-
heit ist nicht gerade die Stärke
des Vermittlers, anders als von
Herold erhofft. Der »Advocat«
Payot sieht in dem Auftrag eine
riesengroße PR-Chance, die er
zu nutzen versucht.

Und: »Aus ausschließlich humanitären Gründen« – klingt
gut. Keiner ahnt damals, dass
Payot für das Mandat, es dauert

»Landshut« in Dubai,
14. Oktober 1977

keine sechs Wochen, fast 500 000 Franken aus Bonn kassiert,
einschließlich Spesen. Er ist der Gewinner der Schleyer-Entführung.

An diesem Freitag jagt in Bonn eine Sitzung die nächste. Für
Kanzler Schmidt beginnt es mit der »Kleinen Lage«. Um 10.45
Uhr folgt eine Sondersitzung des Kabinetts. Um kurz vor halb
eins tritt die »Große Lage« zusammen. Mittlerweile steht die
entführte Maschine in Dubai – um 5.51 Uhr landete sie dort.
Die Landebahn war gesperrt worden, in letzter Sekunde wurde sie geräumt.

Zuvor hatte die »Landshut« Zwischenstopps in Larnaca auf
Zypern und in Rom gemacht. Unterwegs hatten mehrere
Flughäfen der Maschine die Landeerlaubnis verweigert.

Die Situation ist heikel. Nun geht es um 92 Menschenleben.
Für die Bonner Strategen sind die Flugzeugentführer unbere-
chenbar. Über das weitere Vorgehen besteht in den drei Runden des Kanzlers an diesem Vormittag Konsens: Alles, was
möglich ist, soll unternommen werden, um die Geiseln zu retten. Das heißt einerseits, alle Verhandlungsmöglichkeiten aus-
zuschöpfen, aber, falls unumgänglich, auch eine gewaltsame
Befreiungsaktion. Nur eines ist definitiv ausgeschlossen: Die
Freilassung der RAF-Häftlinge.

Im Laufe des Vormittags wird Kanzleramtsminister Wischnewski immer unruhiger. Während der Sitzung der »Großen Lage« schiebt er dem Kanzler einen Zettel zu: »Sollte ein Flug nicht schon technisch vorbereitet werden?« Der Kanzler antwortet mit Kanzlergrün: »Ja, für Dich.« Das ist der »Marschbefehl« für »Ben Wisch« – den Spitznamen hatte ihm Bundeskanzler Willy Brandt verpasst wegen seiner guten Kontakte in den arabischen Staaten. Um 15.50 Uhr hebt »Ben Wisch« in einer Lufthansa-Sondermaschine in Frankfurt ab. Richtung Dubai.

73. Geldkoffer

Am Abend dieses dramatischen Freitags, 14. Oktober 1977, erklärt sich Hanns-Eberhard Schleyer bereit, mit dem Lösegeld auf die unbekannte Reise zu gehen. Er ist der älteste der vier Söhne Schleyers, 34 und Rechtsanwalt in einer Stuttgarter Wirtschaftskanzlei. Mit einem BKA-Beamten fährt er nach Frankfurt zur Bundesbank. Dort werden die 35 Millionen Mark in drei Koffer gepackt – in US-Dollar, Schweizer Franken, niederländischen Gulden und D-Mark. Sie wiegen 130 Kilo.

Am Sonnabend bekommt Hanns-Eberhard Schleyer um 9.30 Uhr einen Anruf von Bundesjustizminister Vogel. Er sagt, deutlich verhalten, die »Kleine Lage« sei zu der Auffassung gelangt, dass ihm das Geld nicht ausgehändigt werden könne, weil durch eine »Indiskretion« Startzeit und -ort seiner Mission bekannt geworden seien. Zu groß sei die Gefahr für ihn und das Geld.

Zehn Minuten später, 9.40 Uhr, meldet die Deutsche Presse-Agentur an die Redaktionen: »schleyer-sohn eberhard soll 15

millionen dollar uebergeben«: Aus diplomatischen Kreisen in
Bonn sei bekannt geworden, dass Schleyer »das geforderte
geld um 12.00 uhr im hotel intercontinental auf dem frankfurter flughafen uebergeben soll«. So wimmelt es dort um zwölf
in der Hotelhalle nur so von Journalisten. Über 100 sind erschienen. Nicht aber Hanns-Eberhard Schleyer.

Anschließend, am Nachmittag und am Abend, erhält
Hanns-Eberhard Schleyer drei Anrufe eines höflichen Herrn
von der RAF, im »Intercontinental« in Frankfurt und später
auch zu Hause in Stuttgart. Der Mann will ihn doch noch zu
einem Flug mit dem Lösegeld überreden. »Wir sind absolut
fixiert auf diesen Weg«, sagt die freundliche Stimme. »Da die
Lieferung des Lösegeldes ein fester Bestandteil des Ihnen bekannten Ultimatums ist, weisen Sie die Bundesregierung
nochmals darauf hin, dass sie die Konsequenzen bei Nichter-
füllung voll und ganz zu tragen hat.« Der RAF-Telefonist
spricht ruhig und geschäftsmäßig: »Herr Schleyer, wir werden
keine Änderung vornehmen, und das ist auch mein letztes
Wort. Das werden Sie bitte der Bundesregierung genauso mitteilen. Ich darf mich von Ihnen verabschieden.« Sein freundlicher Ton ist makaber.

Aber das »letzte Wort« für diesen Tag des RAF-Mannes ist
es dann doch noch nicht. Acht Minuten nach elf meldet er sich
zum letzten Mal bei Hanns-Eberhard Schleyer. »Aufgrund des
Gespräches mit Ihnen sind wir nun damit einverstanden, wenn
den Gefangenen das Lösegeld mitgegeben wird.« Damit hat
sich die Mission für Schleyers Sohn definitiv erübrigt.

Was damals keiner ahnt: Quelle der »Indiskretion« ist
Schmidts Regierungssprecher Bölling. In der »Kleinen Lage«
hatte sich Herold mit Nachdruck gegen Schleyers Reise ins
Unbekannte ausgesprochen, weil für ihn klar war, dass er bei
der mutmaßlichen Weltreise nicht für seine Sicherheit sorgen
konnte. So erwuchs die Befürchtung, nach Schleyer und der
»Landshut« könnte nun auch noch Schleyers Sohn in die Hän-

de von Entführern fallen – und ebenso die 35 Millionen Mark. Das wäre der GAU gewesen für Schmidt und seine »Kleine Lage«. Diese Blamage wollte niemand.

So ruft Klaus Bölling einen dpa-Redakteur an und erzählt ihm die Geschichte – »ohne Gewissensbisse«, wie er später sagt, weil ihm das Ganze mit den Geldkoffern »abenteuerlich« schien. Als die Wahrheit ans Tageslicht kommt, fühlt sich der Journalist durch den Regierungssprecher »benutzt« und ist ihm böse. Für Bölling rechtfertigte der Zweck das Mittel.

74. Bundesverfassungsgericht

Dreieinhalb Stunden nach dem für Hanns-Eberhard Schleyer enttäuschenden Anruf von Bundesjustizminister Vogel startet er einen neuen Anlauf, um das Leben seines Vaters zu retten.

Um 13 Uhr geht in Karlsruhe sein Antrag auf Erlass einer einstweiligen Anordnung beim Bundesverfassungsgericht ein – der Schriftsatz lag vorbereitet in Schleyers Kanzlei in Stuttgart. Als Vertreter seines Vaters verlangt er, Andreas Baader und die zehn anderen RAF-Häftlinge aus der Bundesrepublik ausreisen zu lassen. Er fordert, dass das höchste deutsche Gericht die Antragsgegner – das sind die Bundesregierung und die vier Regierungen der Länder, aus denen RAF-Häftlinge freigelassen werden sollen[21] – verpflichtet, »den Forderungen der Entführer des Dr. Hanns Martin Schleyer auf Freilassung und Gewährung freier Ausreise aus der Bundesrepublik Deutschland von namentlich von den Entführern benannten Häftlingen« nachzukommen – »als unabdingbare Voraussetzung zur Abwendung gegenwärtiger drohender Gefahr für das Leben des Antragstellers«.

Das Leben Hanns Martin Schleyers würde, argumentiert

sein Sohn, »vernichtet werden, falls die Antragsgegner sich nicht zur antragsgemäßen Freilassung und Gestattung der Ausreise der bezeichneten Gefangenen bekennen«. Die Bundesregierung und die vier Landesregierungen nähmen »die Ermordung des Antragstellers … wissentlich hin, obwohl sie in der Lage wären, diesen Mord abzuwenden«. Die Freilassung sei geboten, »um das Leben des Antragstellers zu schützen«.

Für die Bundesregierung erwidert der Bundesjustizminister …. nein! Auch nicht sein Staatssekretär. Sondern »in Vertretung des Staatssekretärs« Kai Bahlmann, Leiter der Abteilung für Öffentliches Recht im Bundesjustizministerium. Im Bundesverfassungsgericht war er wissenschaftlicher Mitarbeiter von 1958 bis 1960. Die Kartoffel ist heiß. Außerordentlich heiß. Es scheint so, als ob niemand an der Spitze des Bundesjustizministeriums seinen Namen unter einen Schriftsatz in der heiklen Sache setzen will, der womöglich zu einer juristischen Niederlage führt.

Bahlmann schreibt, den Antrag halte er »nicht für begründet«: Die »elf inhaftierten Terroristen« seien »gefährliche Verbrecher«. Die Lorenz-Entführung hätte gezeigt, zu rechnen sei damit, »dass sie nach ihrer Freilassung in ein anderes Land« gingen und »von dort aus in die Bundesrepublik zurückkehren, um ihr verbrecherisches Tun fortzusetzen«. Würden die Gefangenen freigelassen, sei »das Leben weiterer Unbeteiligter in höchstem Maße gefährdet«. Ein Nachgeben gegenüber den Forderungen lähme den abwehrbereiten Staat in seinen ureigensten Funktionen auf das Empfindlichste. Deshalb hätte die Bundesregierung rechtlich »einen Spielraum für pflichtgemäßes Ermessen«.

Das ist exakt die verfassungsrechtliche Argumentation, die Bahlmanns Chef, Bundesjustizminister Hans-Jochen Vogel, knapp sechs Wochen zuvor, am Tag 1 nach der Schleyer-Entführung, in der »Großen Lage« vortrug. Freie Hand für die Entscheidung der Regierung!

Entscheidung vor dem Morgen-
grauen: Benda verkündet das
Schleyer-Urteil

Der erste Senat des Bundes-
verfassungsgerichts berät die
Nacht durch. Vom 15. auf den
16. Oktober 1977. Zwei der acht
Richter konnten so kurzfristig
nicht in der »Residenz des
Rechts« erscheinen. So bespricht
der Senat die Eilsache in einer
Ausnahmebesetzung von sechs
Richtern. Der entscheidende
Aspekt betrifft eine heikle ver-
fassungsrechtliche Frage. Was
wiegt schwerer: das Leben eines
Menschen oder die Staatsräson

mit dem Ziel, weitere Erpressungsversuche zu verhindern?
Die Verfassungsrichter entscheiden für die »Staatsräson«.
Um Viertel vor sechs am Sonntagmorgen verkündet der Präsident Ernst Benda mit roten Augen: »Der Antrag auf Erlass
einer einstweiligen Anordnung wird abgelehnt.«
Zur Begründung erklärt er, »die Eigenart des Schutzes gegen lebensbedrohende terroristische Erpressungen« sei dadurch gekennzeichnet, »dass die gebotenen Maßnahmen der
Vielfalt singulärer Lagen angepasst sein müssen«. Deshalb
könne nichts »generell im Voraus normiert« werden. Maßgeblich sei vielmehr: »Das Grundgesetz begründet eine Schutz-
pflicht nicht nur gegenüber dem Einzelnen, sondern auch gegenüber der Gesamtheit aller Bürger.« Eine wirksame Wahrnehmung dieser Pflicht setze voraus, dass der Staat in der Lage
sei, »auf die jeweiligen Umstände des Einzelfalls angemessen
zu reagieren«. Deshalb könne das Bundesverfassungsgericht
»den zuständigen staatlichen Organen keine bestimmte Ent-
schließung vorschreiben«. Vielmehr sei es Sache der Regierungen zu entscheiden, »welche Maßnahmen zur Erfüllung der
ihnen obliegenden Schutzpflichten zu ergreifen sind«. Damit

hatte Helmut Schmidt seine Rechtsansicht vom höchsten deutschen Gericht bestätigt und freie Hand für sein weiteres Vorgehen bescheinigt bekommen. Am 41. Tag nach der Schleyer-
Entführung.

75. Zuspitzung

Keine Stunde nach Ende der Urteilsverkündung rollen in
Bonn über ein Dutzend schwarze Mercedes-Limousinen vors
Kanzleramt, Adenauerallee 139. Die Politiker werden von
Dutzenden Leibwächtern begleitet, viele halten Maschinenpistolen in den Händen. Für Helmut Schmidt beginnt ein Sitzungsmarathon: zunächst die »Kleine Lage«, 6.45 Uhr. Dann
die »Große Lage« ab 7.38 Uhr. Und um 8.30 Uhr beginnt eine
Sondersitzung des Kabinetts. Im Vordergrund steht in allen
Runden, dass um 9.00 Uhr das Ultimatum der »Landshut«-
und Schleyer-Entführer abläuft.

In allen Gremien berichten Schmidt und Vogel über das Urteil aus Karlsruhe und das Neueste von der entführten Maschine: Die »Landshut« steht noch immer in Dubai, schon seit
zwei Tagen. Durch die Affenhitze in dem Emirat herrschen in
der Boeing furchtbare Zustände, es ist der dritte Tag der Entführung. Tagsüber steigt die Temperatur auf 50 Grad, die WCs
funktionieren schon lange nicht mehr.

Aus dem Cockpit hat Flugkapitän Jürgen Schumann dem
Kanzler ein Telegramm geschickt:»Das Leben von 91 Männern, Frauen, Kindern an Bord des Flugzeuges hängt von Ihrer
Entscheidung ab. Sie sind unsere letzte und einzige Hoffnung.
Im Namen der Besatzung und der Passagiere Schumann.«

Schmidt berichtet, dass sich dreieinhalb Stunden vor Ablauf
des Ultimatums der Anführer der Entführer, er nennt sich

»Captain Mahmoud«, aus der Maschine per Funk beim Tower in Dubai gemeldet hatte. Er wirkte erschöpft und forderte mit heiserer Stimme, dass die Maschine bis sechs Uhr aufgetankt wird. Geschehe dies nicht, werde der Flugkapitän erschossen. Als er ein zweites Mal drohte – dieses Mal: Erst werde der Flugkapitän erschossen, dann zwei Passagiere und anschließend alle fünf Minuten ein weiterer Passagier –, kommt der Tankwagen.

Trotz der Verschärfung der Situation in Dubai besteht in Bonn in allen Gremien Einigkeit, von der bisherigen Linie nicht abzuweichen. Das Kabinett beschließt, dass die Gefangenen nicht zusammengeführt, die Bemühungen für eine polizeiliche Befreiung der Geiseln in Dubai fortgesetzt und ab sofort verstärkte Sicherungsmaßnahmen gegen weitere Flugzeugentführungen getroffen werden. So verstreicht das Ultimatum der Entführer. Sonntag, 9 Uhr MEZ.

Gegen Mittag erhält die »Kleine Lage« die Meldung aus Dubai, dass die »Landshut« mit Kurs auf das Sultanat Oman gestartet ist; dort aber der Flughafen Massira gesperrt wurde. Die »Landshut« dreht ab Richtung Aden. Kurz darauf erfährt Schmidt, dass auch dort die Maschine keine Landeerlaubnis bekam. Panzer und Lkws blockieren die Landebahn. Neben ihr landet die »Landshut«. Im Wüstensand. Auf einer Sandpiste. Kurz darauf erhält der Kanzler die Nachricht, dass der Anführer der Entführer Lufthansa-Kapitän Schumann erschoss. Die Hintergründe sind unklar.

Am nächsten Tag, es ist der 42. der Entführung, tritt die »Kleine Lage« vor dem Morgengrauen zusammen, um 6.30 Uhr – Montag, 17. Oktober. Der Kanzler berichtet, dass in der vergangenen Nacht Kopilot Jürgen Vietor mit der »Landshut« in Aden gestartet und um 4.34 Uhr in der somalischen Hauptstadt Mogadischu gelandet ist.

Auch an diesem Montag lässt der Kanzler die Scheinverhandlungen mit Andreas Baader weiterlaufen. Alfred Klaus ist

zum siebten Mal in Stammheim – in fünf Wochen. Er begleitet
Ministerialdirigent Hans-Joachim Hegelau aus dem Kanzleramt; Baader hatte mehrmals um ein Gespräch mit Staatssekretär Manfred Schüler gebeten, den Leiter des Bundeskanzleramtes. Der aber wollte nicht zu Baader in die Besucherzelle,
ohne zu wissen, worum es geht. Deshalb kommt als sein Vertreter der Ministerialdirigent. Sein Auftrag von der »Kleinen
Lage«: in einem eingehenden Gespräch mit Baader herausfinden, was er dem Chef des Bundeskanzleramtes sagen möchte.

In der Besucherzelle bietet Alfred Klaus Baader eine Zigarette an. Er lehnt ab, dreht sich während des Gespräches mehrere Zigaretten aus seiner Tabaktüte »Schwarze Hand«. Baader »schien mir innerlich erregt, nervös und war akustisch
zum Teil schlecht zu verstehen«, schreibt Hegelau anschließend in seinem Bericht, »weil er nach meinem Eindruck phy-
sische Artikulationsschwierigkeiten hatte«.

»Eigentlich ist es zu spät für dieses Gespräch«, beginnt Baader. »Die Möglichkeit der Einflussnahme auf die Entwicklung
wurde versäumt. Hätte man uns früher freigelassen, hätten wir
die jetzige brutale Entwicklung verhindern können. Die RAF
jedenfalls hat diese Form des Terrorismus, den Kampf gegen
Zivilisten, bis jetzt immer abgelehnt.« Baader redet über Ziele
und Strategien der RAF. Alles, was er sagt, sind Argumente für
seine sofortige Freilassung. Tenor: In dieser vertrackten Situation wäre es das Beste für die Bundesregierung, ihn und seine
Gesinnungsgenossen laufen zu lassen. Nach ihrer Freilassung
würden sie »in der Bundesrepublik Deutschland keine Anschläge mehr verüben«, fasst Baaders Worte Hegelau in seinem Bericht zusammen – auch nicht im Ausland. Baader redet
so, als wäre er über Nacht vom Saulus zum Paulus geworden.
Das Gespräch dauert gut eine Stunde. Als Ergebnis notiert
Hegelau: »Keine neuen Informationen.«

Um 17.45 Uhr kommt im Kanzleramt die »Große Lage«
zusammen. Alle wissen, dass es eine lange Nacht wird. Am

vierten Tag der »Landshut«-Entführung will der Kanzler die
Entscheidung. Noch vor Anbruch des Morgengrauens.

76. Spindy

Für die RAF war die Schleyer-Aktion die mit Abstand auf-
wändigste Operation ihrer Geschichte. Vieles von dem, was
sie tat, lag lange Zeit im Dunkeln. Die letzte Gerichtsentscheidung erging fast zwanzig Jahre nach dem Überfall[22] – Aussagen von RAF-DDR-Aussteigern sorgten für Erhellung.

Schon bei den ersten Überlegungen zur »Offensive 77« in
Aden 1976 stand fest, dass Schleyer der ideale Kandidat für die
»Big Raushole« ist.[23] Für die RAF-Mitglieder war er so etwas
wie der Frankenstein des Spätkapitalismus, entsprungen dem
NS-Faschismus. »Schleyer, so wie er sich präsentiert in der
Öffentlichkeit, in Interviews, in all seinen Auftritten, war einfach ein Magnet«, blickte Stefan Wisniewski zurück, operativer Chef der Schleyer-Entführung. Der Arbeitgeberpräsident
sei ein »naheliegender Gedanke« gewesen. Natürlich hätte es
auch andere Überlegungen gegeben. Beispielsweise Hans Filbinger, Baden-Württembergs Ministerpräsidenten. Aber, so
die RAF-Überlegungen laut Wisniewski: »Filbingers Vergangenheit als Nazi-Marinerichter war damals noch nicht öffentlich bekannt.[24] Aber bekannt war, dass er nach der NS-Zeit
praktisch ungebrochen zum Landesvater geworden war. In
seinem Fall sind wir sehr schnell zum Ergebnis gekommen,
dass wir da den ganzen Landtag stürmen mussten.« Das sei
jedoch nicht in Betracht gekommen. So sei Schleyer »dann übrig geblieben«.

Ideal ist Schleyer aus Sicht der RAF zum einen wegen seiner
Tripelfunktion als Präsident von BDA und BDI sowie als Vor-

standsmitglied von Daimler-Benz. Zudem ist er nach ihrem
Verständnis auch Bindeglied zwischen dem Dritten Reich und
der Gegenwart. Ein Mann – so diese Perspektive –, der nach
einer Karriere im Dritten Reich ebenso im Wirtschaftswunder
eine steile Karriere hingelegt hat. Ein besseres Opfer gibt es
für die RAF nicht.

Hinzu kommt: In der linken Szene, deren Sympathien die
RAF schon immer gewinnen wollte, gilt Schleyer als der Mann
mit einer furchtbaren Vergangenheit. Für diesen Eindruck gesorgt hatte Bernt Engelmann mit seinem »Tatsachenroman«
Großes Bundesverdienstkreuz.

Das Werk des linken Erfolgsautors prägt ab Mitte der 70er-
Jahre für viele Bundesbürger Schleyers Bild. Das 236-Seiten-
Buch erscheint im Herbst 1974, wird zum Dauerbestseller,
mehr als eine halbe Million Mal verkauft und noch wesentlich
häufiger verliehen. Der »Tatsachenroman« Engelmanns, eine
ebenso bunte wie hemmungslose Mixtur aus Fakten – teilweise präzise recherchiert aus Dokumenten des Westberliner Do-
cument Center und des Münchner Instituts für Zeitgeschichte –, Fiktionen und Vermutungen bringt den Leser um den
klaren Blick für eine Unterscheidung zwischen Erfundenem
und historischen Realitäten.

In der fiktionalen Rahmenhandlung geht es um den jungen
amerikanischen Rechtsanwalt Donald Hartnell aus einer re-
nommierten New Yorker Anwaltskanzlei. Er kommt nach
Europa, um für einen jüdischen US-Klienten herauszufinden,
wo ein Gemälde von Caspar David Friedrich hingekommen
ist. Der 27-Jährige sieht blendend aus, ist alert und besitzt beste Manieren. Ein echter Schwiegersohntyp. Bei seinen – von
Engelmann ausgedachten – Recherchen stößt er auf jede Menge NS-Akten und Sachverhalte aus dem Dritten Reich – es
geht um Arisierung, Zwangsarbeit und Korruption. Im Mittelpunkt steht der deutsche Unternehmer Fritz Ries, Jahrgang
1907. Ihn gibt es tatsächlich: Er ist in den 70er-Jahren Vor-

standsvorsitzender und Mehrheitsaktionär der Pegulan-Werke, eines großen Herstellers von Linoleum und anderen Bodenbelägen in der Bundesrepublik. Und dieser Fritz Ries war 40 Jahre zuvor – auch das stimmt – Schleyers »Fuchsmajor« in der Heidelberger Suevia. So eine Art großer Bruder mit Erziehungsaufgaben in Sachen Verbindungswesen.

Bei den – von Engelmann erfundenen – Recherchen Hartnells nach dem Gemälde stellt sich heraus, dass Schleyer einer der übelsten Typen der bundesdeutschen Wirtschaft ist. Die Schlüsselszene spielt in einer stillen Hotelbar.[25] Der junge Anwalt sitzt bei einem »schottischen Whisky, *on the rocks*« zusammen mit seiner Dolmetscherin »Fräulein Dr. Trütschler«, einer promovierten Historikerin vom »Institut für Zeitgeschichte«. Er nennt sie Christa, und sie trinkt einen »Gin-Tonic mit viel Eis«. Der Barkeeper poliert die Gläser. Mit halbem Ohr verfolgt er die Spätnachrichten in einem kleinen Fernseher: »Der Präsident der Bundesvereinigung deutscher Arbeitgeber, Dr. Hanns Martin Schleyer, erklärte zu dem Gesetzentwurf der Bundesregierung, dass dieser von keinem verantwortungsbewussten deutschen Unternehmer gebilligt werden könnte«, sagt der Sprecher. »Die von der sozialliberalen Koalition offenbar angestrebte weitere Beschneidung der unternehmerischen Freiheit und Stärkung der Macht der Gewerkschaften, so erklärte Schleyer, werde auf den entschlossenen Widerstand der Arbeitgeber stoßen ...«

Christa erläutert dem amerikanischen Anwalt, dass es sich bei Schleyer um »den sehr energischen und aggressiven Anführer der bundesdeutschen Arbeitgeber« handle, »der der Regierung Brandt das Leben sauer zu machen bemüht ist ...« Christa berichtet über Schleyers NS-Vergangenheit. Aufgrund der gemeinsamen Recherchen hat sie über ihn eine Akte dabei – in der Bar. Sie berichtet von Schleyers Mitgliedschaft in der SS und sagt, dass diese Organisation »nach dem Londoner Abkommen vom August 1945 und dem Kontrollratsgesetz

Nr. 10«, ebenso wie auch die Gestapo, »für verbrecherisch erklärt« worden sei. Der Amerikaner wundert sich, »dass ein ehemaliges Mitglied einer verbrecherischen Organisation zum Präsidenten des Spitzenverbands der Arbeitgeber aufsteigen konnte«. Christa berichtet, Schleyer sei bis »zum Zusammenbruch der deutschen Herrschaft über die Tschechoslowakei« der »Leiter des Prager Präsidialbüros« gewesen und »daneben der zuständige Mann für ›Verlagerung‹ kriegswichtiger Industriebetriebe«. So könne er auch Fritz Ries bei einer Verlagerung von »wertvollen Maschinen nach Böhmen« unterstützt haben; möglicherweise hätte er von ihm eine große Kiste aus Trzebinia mit dem gesuchten Bild erhalten. Und heute, schließt Christa ihren Bericht, sei Schleyer auch »stellvertretender Aufsichtsratsvorsitzender des Ries-Konzerns«.

So zeichnet Engelmanns Mixtur aus Erfundenem und Tatsachen Schleyer als Kriegsorganisator an der Heimatfront und Kriegsgewinnler, dessen Verbindungen aus der NS-Zeit bis heute für ihn Früchte tragen.

Nach dem Erscheinen des Buches, aber nicht deswegen, geraten Mitte der 70er-Jahre die Pegulan-Werke in wirtschaftliche Schwierigkeiten. 1976 gibt Fritz Ries seinen Vorstandsvorsitz auf. Im Juli 1977 erschießt er sich in seinem Haus in Frankenthal in der Pfalz – sieben Wochen vor der Schleyer-Entführung.

Schleyer stand seiner NSDAP-Vergangenheit später sehr kritisch gegenüber. Sein entscheidendes Motiv sei gewesen, auf bessere Zeiten hinzuarbeiten, berichtet aus Gesprächen mit ihm sein Sohn Hanns-Eberhard Schleyer – er hätte ihm gesagt: »Ich wollte wie viele andere auch einen Beitrag leisten, dass wir aus der großen wirtschaftlichen Krise, aus der großen Arbeitslosigkeit herauskommen.« Aber rückblickend müsse er sagen: »Wir haben uns oft, ohne zu hinterfragen, durch die Nazipropaganda beeinflussen lassen.«

Schleyer war nie der Nazi, den sich die RAF gewünscht

hatte – und der heute noch immer durchs Internet geistert nach dem Motto: Als übler Altnazi sei er nicht unverdient RAF-Opfer geworden. Im Entnazifizierungsverfahren wurde Schleyer als »Mitläufer« eingestuft – die unterste von vier Stufen, vor dem »Entlasteten«.[26]

Die Planungen für die Schleyer-Entführung laufen bei der RAF unter dem Decknamen »Spindy«. Warum, lässt sich später nicht mehr eindeutig klären: Weil er in einen Schrank – »Spind« eingesperrt werden sollte, meint später das Oberlandesgericht Stuttgart[27]; hingegen erklärt Monika Helbing[28] nach ihrer Verhaftung 1990, die Bezeichnung sei vom Wort Spindel abgeleitet gewesen: »Er sollte der Gegensatz zu spindeldürr sein, was er nicht war.«

Die Entscheidung für eine Entführung ist für die RAF eine Konsequenz aus dem Desaster in Stockholm. Dort saß das Kommando auf einem Gelände fest. Polizeitaktisch idiotisch aus Sicht der RAF. Auch ist ihr klar, dass es für den finalen Befreiungsschlag eines größeren Drucks auf die Regierung bedarf als in Stockholm, sie geht davon aus, so formulierte es später Wisniewski, »dass eine Botschaft nicht reicht«.

Dass die RAF sich für den Anschlagsort Köln entschied, und nicht für Stuttgart, ergab sich aus ihren Observationen: In Stuttgart waren die Tagesabläufe von Schleyer unregelmäßig. In Köln hingegen gab es einen festen Tagesablauf. Nach der Landung aus Stuttgart in Köln-Wahn am Montagmorgen hatte Schleyer sein erstes Treffen um neun Uhr, die Besprechung mit wissenschaftlichen Mitarbeitern. Und nach Feierabend fuhr er stets in seine Wohnung in der Raschdorffstraße.

77. Verstärkung

Von den elf Akteuren, die nach den »Haag-Mayer-Papieren« im November 1976 die »Offensive 77« vorbereiteten, waren seither, im vergangenen Dreivierteljahr, fast die Hälfte verhaftet worden. So sind von der RAF-Startcrew für die »Big Raushole« nur noch sechs im Spätsommer 1977 mit dabei: Rolf Heißler, Peter-Jürgen Boock, Christian Klar, Rolf Clemens Wagner, Stefan Wisniewski und Sieglinde Hofmann. Seither hatte die Gruppe neue Mitglieder rekrutiert. Ihr ist klar, dass sie – abgesehen von dem »natürlichen Schwund« durch Verhaftungen – für das Schleyer-Projekt, ihr Finale der »Offensive 77«, mehr Leute braucht, als sie jemals zuvor hatte. Am Vorabend des Deutschen Herbstes stehen ihr zwanzig Personen zur Verfügung[29] – im Alter zwischen 20 und 33.

Chefin ist Brigitte Mohnhaupt. Sie ist »die RAF«. Sie ist die Domina. Sie hat die Autorität als »alte Kämpferin« der ersten Generation und den Stammheim-Stallgeruch. Ihr Führungsstil ist stark emotional geprägt. Beinhart sein kann sie genauso wie lieblich-süß. Das 1,60 Meter kleine Energiebündel kann große Kerle massiv beschimpfen und in den Senkel stellen wie auch ausgelassen sein wie ein Kind, das vergnügt Späße macht und dabei viel lacht. Alles Facetten Mohnhaupts breiter Palette.

Sieglinde Hofmann (Jahrgang 1945) ist ihre Vertraute und eine Art Stabschefin. In der Hierarchie folgen die Kämpfer: Stefan Wisniewski (Jahrgang 1953), der brutalste, ebenfalls ziemlich hemmungslos ist Christian Klar (Jahrgang 1952), Knut Folkerts (Jahrgang 1952), Klars WG-Kumpel aus Karlsruher Tagen, Peter-Jürgen Boock (Jahrgang 1951), der Techniker der Gruppe und Geliebter der Chefin, Rolf Clemens Wagner (Jahrgang 1953), der hagere Beau Willy Peter Stoll (Jahrgang 1950), Adelheid Schulz (Jahrgang 1955), »Heidi«: Klars langjährige Freundin und WG-Mitbewohnerin in Karlsruhe,

Angelika Speitel (Jahrgang 1952) und Rolf Heißler (Jahrgang 1948), einer von Mohnhaupts Ex.

Dann folgen die, denen – noch – kein Einsatz an der antiimperialistischen Front zugetraut wird: Friederike Krabbe (Jahrgang 1950), Tochter eines Textilfabrikanten im niedersächsischen Bad Bentheim, will ihre Schwester Hanna aus der Justizvollzugsanstalt Köln freipressen. Die ist fünf Jahre älter, gehörte zum Stockholmer RAF-Kommando und wurde gerade, am 20. Juli 1977, vom Oberlandesgericht Düsseldorf »zu lebenslanger Freiheitsstrafe« verurteilt wegen »gemeinschaftlichen Mordes in zwei Fällen« und einiger anderer Straftaten. Hanna steht auf Platz 6 der RAF-Wunschliste, die am Tag nach der Schleyer-Entführung in einem Postkasten in Wiesbaden steckte.[30]

Elisabeth von Dyck (Jahrgang 1951) kommt aus der »Betreuungsmannschaft« der Stammheimer Häftlinge in der Kanzlei Croissant. Ihr Pré in der Neuformation ist ihre Nähe zu Baader und den anderen auf der siebten Etage. Ebenfalls aus dem »Büro« stammt Christof Wackernagel (Jahrgang 1951). Als Kurier zwischen Stuttgart und den Illegalen waren sie auf ihn aufmerksam geworden. Zuvor hatte er eine beachtliche Karriere als Schauspieler hingelegt: In *Tätowierung* von Johannes Schaaf spielte er 1967 die Hauptrolle des Benno, anschließend drehte er unter der Regie von Michael Verhoeven, Franz Peter Wirth und Rolf von Sydow – den »»deutschen James Dean‹ der späten 60er Jahre« nennt ihn *Der Spiegel* später.

Wackernagels Freund Gert Schneider (Jahrgang 1948), Ex-AStA-Referent für Hochschulfragen in Kaiserslautern, Ex-Mathestudent und Ex-SPD-Mitglied, taucht erst im September 1977 ab. Die pfälzische Pfarrerstochter Christine Kuby (Jahrgang 1957) kommt aus Kaiserslautern. Ihr Vater ist Leiter der pfälzischen Evangelischen Akademie. Der Schritt in die Illegalität war für sie, so sagt die Arzthelferin später, »eine to-

tal befreiende Entscheidung, wirklich das zu machen, wofür
ich mich entschieden habe«.

Am Ende der RAF-Hierarchie stehen die »Hamburger Tanten«. Nach Meinung der anderen RAF-Mitglieder sind sie zu
wenig zu gebrauchen: Susanne Albrecht (Jahrgang 1951), ihre
Freundin Silke Maier-Witt (Jahrgang 1950) und Sigrid Sternebeck (Jahrgang 1949). Allesamt abgebrochene Studentinnen.
Über die Sozialarbeit kamen sie zu den Folterkomitees und
von dort zur RAF. Sie stehen für das »Doppel-Z«: »Zögern
und zaudern«.

Sigrid Sternebeck, Tochter eines Bundeswehroffiziers, war
in ihrer Jugend Pfadfinderin und machte nach der mittleren
Reife eine Fotografenlehre. Silke Maier-Witt, Mitbewohnerin
von Susanne Albrecht in Hamburger Tagen, brach ihr Medizinstudium ab und arbeitete als Teilzeitkraft im Fernmeldeamt
I in Hamburg. Angeschlossen hatte sie sich der RAF im April
1977 binnen Stunden, nachdem sie nach Amsterdam gefahren
war und im Brathendlrestaurant »Wienerwald« mit Brigitte
Mohnhaupt und Sieglinde Hofmann gesprochen hatte.

Der »harte Kern« nimmt die »Hamburger Tanten« »nicht
allzu ernst«, urteilt 1991 das Oberlandesgericht Stuttgart.[31] Sie
waren die Putzfrauen und Botengängerinnen der RAF. Sie hatten Wohnungen zu »cleanen«, Banküberweisungen vorzunehmen, Briefe zum Postkasten zu tragen und »Depotarbeiten«
zu machen: RAF-Utensilien in Verstecke zu tragen und dort
wieder abzuholen. Gelegentlich durften sie auch mal eine
Wohnung oder ein Auto anmieten, weil sie so harmlos wirkten. Eine ähnliche Rolle spielte in der RAF im Herbst 1977
Monika Helbing (Jahrgang 1953) aus Flein bei Heilbronn. Die
Lehre zur Krankenpflegehelferin hatte sie abgebrochen, weil
ihr die »Komiteearbeit« sinnvoller erschien.

Zwanzig gegen den Rest der Republik: 61 Millionen Menschen.

78. Vorbereitungen

Im Mai beginnt die Gruppe mit den Vorbereitungen in Köln
für die Aktion »Spindy«: Sie beschafft vier Wohnungen, sechs
Kraftfahrzeuge und späht Schleyers Fahrtrouten aus.
Die Wohnungen besorgen Frauen: Als Erstes mietete am
10. Mai 1977 Angelika Speitel unter dem Falschnamen »Cor-
nelia Busse« in Köln-Meschenich in der Wohnanlage Auf dem
Kölnberg 5 das Apartment 1010, gleich für ein Jahr. Es wird
zur ersten Operationsbasis für die Vorbereitungen des
»Spindy«-Projekts.
Monika Helbing mietet als »Annerose Lottmann-Bück-
lers«, von Beruf »Modeschneiderin«, die sich selbstständig
machen möchte, am 18. Juli in Erftstadt-Liblar in der dritten
Etage des Hochhauses Zum Renngraben 8 die Wohnung
Nummer 104. Sie wird Schleyers erstes Versteck. Die drei
Zimmer sind aus Sicht der RAF ideal: Sie liegen keine halbe
Stunde vom Tatort entfernt – über die Autobahn. Aus der
Tiefgarage führt der Aufzug bis fast vor die Wohnungstür.
»Entscheidend war, dass die Wohnung anonym war«, sagt
Mieterin Helbing in der Rückschau.
Friederike Krabbe unterschreibt am 27. Juli einen Mietver-
trag für das Apartment 2065 in der sechsten Etage des Hoch-
hauses Wiener Weg 1b in Köln-Junkersdorf, zehn Minuten
mit dem Auto von der Vincenz-Statz-Straße entfernt. Ihr
Falschname: »Lisa Ries«. Er dürfte in Anbetracht der Freundschaft Schleyers zu Fritz Ries[32] kein Zufall gewesen sein. Der
Vertrag beginnt am 15. August. Bereits ab Vertragsunterzeich-
nung darf sie ihren Wagen in der Tiefgarage abstellen – irgendwo. Es gibt keine festen Plätze. Sie kann sich einen der 262
Abstellplätze aussuchen. Willy Peter Stoll und Stefan Wisniewski parken dort zwei Autos: das Sperrfahrzeug, den gelben Mercedes, und das Fluchtfahrzeug, den VW-Bus. Die

Wohnung hatte die RAF einzig und allein wegen ihrer Tiefgarage mit einer Schranke und ihrer Lage auf halbem Weg zwischen dem Tatort und der Wohnung in Erftstadt-Liblar angemietet. Strategisch wichtig ist die Tiefgarage für die RAF, weil sie hier unbeobachtet mit ihrem Opfer das Fluchtfahrzeug wechseln kann.

Die vierte Wohnung für die Operation »Spindy« mietet Adelheid Schulz als »Barbara Marquardt« am 10. August 1977 im Kölner »Uni-Center«, Luxemburger Straße 124 bis 136: eines der größten Wohnhäuser Europas. Treppenwitz der RAF-Geschichte: Zum Thema RAF wurden hier zwei Jahre zuvor Teile des Films »Die verlorene Ehre der Katharina Blum« nach dem Roman von Heinrich Böll gedreht; Regie: Volker Schlöndorff und Margarethe von Trotta. Die Wohnung mit der Nummer 2601 wird die Zentrale für die Vorbereitung der Schleyer-Entführung. Sie ist logistische Basis und Quartier der meisten Täter. Silke Maier-Witt erledigt die Einkäufe für die Crew. Auch sie versucht, Wohnungen anzumieten, hat aber keinen Erfolg.

Die Männer besorgen die Autos: Als »Konrad Binder« kauft Rolf Heißler am 23. Juli 1977 einen blauen Alfa Romeo Giulia 1600 Super. Boock schraubt das Kennzeichen mit den Anfangsbuchstaben »GL« – für Bergisch Gladbach, Verwaltungssitz des Rheinisch-Bergischen Kreises – ab und ein Kölner Kennzeichen an. Diesen Wagen nutzen Mohnhaupt, Schulz, Wisniewski, Boock und Hofmann vor allem zur Observation Schleyers.

Willy Peter Stoll kauft als »Peter Borge« am 25. Juli 1977 den weißen VW-Bus, in dem später Schleyer vom Tatort verschleppt wird. Das Kennzeichen K – C 3849 bringt Stoll dem Sohn der Verkäuferin zurück – und lässt exakt dieses Kennzeichen bei einem Schilderdienst noch einmal prägen. Auch so entstehen Dubletten. Peter-Jürgen Boock baut die erste Rücksitzbank aus und montiert Vorhänge an die Fenster.

Den gelben Mercedes 300 D, mit dem später das RAF-Kommando Schleyers Konvoi stoppt, stiehlt ein RAF-Mitglied in Köln-Porz am 30. Juli 1977. Die RAF stattet es mit dem Kennzeichen K–LZ 589 aus, das ein von außen identisches Fahrzeug in Köln hat.

Knut Folkerts kauft in München als »Bernd Feldmann, Paulinenallee 24, Hamburg-Altona« einen gebrauchten VW-Bus. Der Verkäufer wundert sich an einem Hochsommersamstag auf einem Gebrauchtwagenmarkt darüber, dass sich der schlanke Mann aus Hamburg nicht die Handschuhe auszieht, als er ihm die zwanzig 100-Mark-Scheine hinblättert.[33] Nach Schleyers Entführung steht der Wagen in Lörrach dreihundert Meter vor der Schweizer Grenze, um die Ermittler auf eine falsche Fährte zu lenken.[34]

Und schließlich kauft Willy Peter Stoll als »Martin Klas« am 6. August in der Nähe von Köln einen dunkelgrauen Mercedes 230/8. Der Wagen wird das zweite Fluchtfahrzeug der Täter. Unter den Deckel des Kofferraums und an die Seitenwände klebt Peter-Jürgen Boock Dämmplatten. In die Lehne des Rücksitzes und die Trennwand zum Kofferraum schneidet er eine 26 Zentimeter breite und 40 Zentimeter hohe Öffnung, durch die Luft in den Kofferraum kommt. Dort, in der Reserveradmulde, in der kein Reserverad liegt, finden später die Ermittler einen Manschettenknopf Schleyers.

RAF-Mitglieder beobachten Schleyers Fahrtrouten – sie spähen zu Fuß, aus dem Alfa Romeo und von zwei Fahrrädern aus, die Silke Maier-Witt an der Uni gestohlen hat. An den Ausspähungen beteiligen sich Brigitte Mohnhaupt, Adelheid Schulz, Sieglinde Hofmann, Stefan Wisniewski, Peter-Jürgen Boock und Maier-Witt. Sie stellten fest, dass Schleyer sich in der Regel montags in den Gebäuden der Bundesvereinigung der Deutschen Arbeitgeberverbände und des Bundesverbandes der Deutschen Industrie aufhält. Ebenso finden sie heraus, dass der Arbeitgeberpräsident meist die Nacht von Montag auf Dienstag in seiner Wohnung in der Raschdorffstraße 10 verbringt und dass weder Schleyers Wagen noch der seines Begleitkommandos gepanzert ist. Und sie sehen, dass Schleyers Fahrer Marcisz vom Oberländer Ufer meistens über den Raderthalgürtel zur Friedrich-Schmidt-Straße fährt, vorbei an der Einmündung Raschdorffstraße, und dann in die wenig befahrene Vincenz-Statz-Straße einbiegt, um in einem Bogen zu Schleyers Wohnung zu gelangen.

Anfang September hat die RAF ihre Vorbereitungen weitgehend abgeschlossen. Die Logistik steht. Sie hat alles herausgefunden, was sie herausfinden wollte. Sonntagabend, am ersten Septemberwochenende, sitzen in der sechsten Etage des Wiener Wegs auf dem Fußboden Rolf Heißler, Adelheid Schulz, Sieglinde Hofmann und Willy Peter Stoll. Der Raum ist kahl, Möbel gibt es in der konspirativen Wohnung nicht. In der Mitte liegt ein Deckel, der als Aschenbecher dient. Einzige Lichtquelle ist eine funzlige Nachttischlampe. Vor Mitternacht treffen Peter-Jürgen Boock und Stefan Wisniewski ein. Sie kommen aus Wuppertal von einem Treffen mit Kurieren aus Stuttgart. Boock hat einen Kassiber der RAF-Häftlinge bekommen. Ein »definitives Ultimatum«, erklärt er mit sorgenvoller Miene. Wenn die Illegalen nicht innerhalb von 14 Tagen handelten, sprächen ihnen die Stammheimer das Recht ab, sich noch »RAF nennen zu dürfen«. Und für den Fall, dass es so weit käme, kündigten die Häftlinge an, dass sie »ihr Schicksal selber in die Hand« nähmen. Allen sechs ist klar: Sie müssen »handeln«. Alle sind bereit, sich dem Druck der Stammheimer zu beugen. Keiner will, dass ihnen der Name »RAF« entzogen wird.

Und so fällt die endgültige Entscheidung nach Mitternacht, noch an diesem Tag loszuschlagen. Vorausgesetzt natürlich, dass Schleyer tatsächlich nach Köln kommt.

Jedem in der Runde ist klar, dass nur dann die Möglichkeit besteht, Schleyer zu entführen, wenn, so sagt es Peter-Jürgen

Boock später, »alle seine Begleiter noch auf der Straße erschossen« würden. »Gespenstisch« sei die Atmosphäre der Diskussion gewesen: Alle »Beteiligten waren sich der Ungeheuerlichkeit des von uns Geplanten bewusst«. Die Diskussion zieht sich noch lange hin. Alle sind übermüdet und aufgekratzt zugleich. Für Boock ist die Diskussion »das Brutalste, was ich je in der Gruppe erlebt und selbst mitgemacht habe«. Rolf Heißler zweifelt auf einmal, ob es wirklich richtig ist, dem Druck der Gefangenen nachzugeben. Ihm kommen Skrupel – er ist für das Überfallkommando vorgesehen. Er gibt zu bedenken: Vielleicht wäre es ja durch bessere Checks möglich, die Entführung unblutig durchzuführen, ohne Schleyers Begleiter zu erschießen. Das ist aus Sicht der anderen nicht die richtige Einstellung für den gerade angebrochenen Tag. Deshalb tritt Boock an Heißlers Stelle – als Fahrer des Fluchtfahrzeugs, wie schon vor fünf Wochen bei Ponto. Ursprünglich war vorgesehen, dass Boock Schleyer verhört und dies auf Video aufnimmt. In diesen frühen Stunden des 5. September 1977 war er, so sagt er es später, bereit, »jede Rolle bei der Aktion durchzuführen«: »Meine Beteiligung an dieser Aktion war für mich das Einlösen meines Versprechens zugunsten der Stammheimer Gefangenen. Sie hatten mich aus Rengshausen herausgeholt, ich fühlte mich verpflichtet, sie aus Stammheim herauszuholen.«[35]

So steht am Ende der »Mitternachtsdiskussion« erst weit nach Mitternacht fest, wer zu dem Mordkommando gehört: Peter-Jürgen Boock, Sieglinde Hofmann und Willy Peter Stoll, operativer Chef ist Stefan Wisniewski. Keiner kann schlafen gehen. Letzte Vorbereitungen werden getroffen. Einer spannt einen Bogen Papier in eine Schreibmaschine und tippt: »an die bundesregierung sie werden dafür sorgen, dass alle öffentlichen fahndungsmaßnahmen ...«

79. Mendocino

Nach 16 Uhr haben die Beobachter der RAF Schleyers Fahrt-
route im Blick: Angelika Speitel und Adelheid Schulz stehen
in der Nähe vom Gebäude des Arbeitgeberverbandes; Silke
Maier-Witt und Rolf Heißler neben einer Telefonzelle am Raderthalgürtel. Das Kommando sitzt bei Kaffee und Kuchen im
»Café Stass«, Aachener Straße 507. Ein Kilometer vom geplanten Tatort entfernt. Boock trinkt Kakao, der Magen …
    Das Telefon klingelt. Der Wirt ruft »Herr Müller« und
schaut in die Runde. Wisniewski nickt und übernimmt den
Hörer. Am anderen Ende der Leitung hört er das Wort »Mendocino« – und antwortet »Mendocino«. Das Codewort:
Schleyer fährt über den Raderthalgürtel – und so wird er auch
durch die Vincenz-Statz-Straße kommen …»Mendocino« war
die Idee von Willy Peter Stoll. Er trällert den Hit von Michael
Holm aus dem Jahr 1969 gern, und Wisniewski stimmt oft ein:
»Auf der Straße nach San Fernando, da stand ein Mädchen,
wartend in der heißen Sonne, ich hielt an und fragte, wohin …«
    Die vier zahlen und brechen auf. Sieglinde Hofmann steigt
zu Boock in den weißen VW-Bus. Sie ist 22, relativ klein, 1,57
Meter, und eine der »alten Kämpferinnen« in der 77er-Forma-
tion. Schon in Aden war sie mit dabei, vor einem Jahr – die
beiden anderen Frauen, die dort waren, sind längst verhaftet:
Verena Becker und Waltraud Liewald. Sie entstammt den Heidelberger Wurzeln der 77er-RAF-Truppe, war dort beim Sozialistischen Patientenkollektiv.
    Geboren wurde sie 1945 in Königstein in Unterfranken. Ka-
tholische Mädchenschule, staatliche Mittelschule, 1961 Lehre
als Arzthelferin für innere Medizin, ab 1970 Sozialarbeiterin
bei der Drogenberatung der Erzdiözese Freiburg. 1971 beginnt sie mit dem Medizinstudium in Heidelberg. Nachdem
Siegfried Haag im Mai 1975 abgetaucht ist, bereitet sie ihren

Weg in die Illegalität vor. Zum Sommersemester 1976 meldet sie sich nicht mehr zum Studium zurück. Zum letzten Mal besucht sie ihre Mutter im November 1975. Im nächsten Jahr stößt sie zur RAF, taucht unter anderem im Arbeitsplan der »Haag-Mayer-Papiere« auf.[36] Bald darauf gehört sie »zum harten Kern« der Gruppe, urteilt später das Oberlandesgericht Frankfurt[37].

Vor ihr fährt der gelbe Mercedes, Wisniewski sitzt am Steuer. Er ist 24 und ein »alter Freund« von ihr aus Heidelberger Tagen. Er stammt aus dem Schwarzwald, geboren wurde er 1953 in der Nähe von Freudenstadt. Nach der Volksschule lernt er ab August 1968 Elektroinstallateur. Seiner Mutter, der Vater ist früh verstorben, bereitet die Erziehung große Schwierigkeiten. Die freiwillige Erziehungshilfe bringt ihn in ein Heim, nicht anders als Boock[38]. 1970 wird er dort entlassen. Die »erzieherischen Schwierigkeiten« bestehen fort.

Mit 17 bricht er seine Lehre endgültig ab. Anschließend, 1971, fährt er als Motorenhelfer von Hamburg aus zur See. Mit Gelegenheitsarbeiten als Lagerarbeiter und Kraftfahrer hält er sich in Hamburg und Berlin über Wasser. In den frühen 70er-Jahren bekommt er Kontakt mit linksradikalen Kreisen, in Hamburg lebt er mit Karl-Heinz Dellwo zusammen – einem der Stockholmer Botschaftsstürmer und zuvor Freund von Susanne Albrecht. Mit 21 demonstriert Wisniewski gegen »Isolationsfolter an politischen Gefangenen in der BRD«. Auch bei der Amnesty-Besetzung in Hamburg ist er dabei. Sein Arbeitslosengeld lässt er auf das Bankkonto des »Komitees gegen Folter an politischen Gefangenen in der BRD« überweisen.

Beim RAF-Überfall in Stockholm 1975 ist Wisniewski »Reservist«, kommt aber nicht zum Einsatz. Nach der Verhaftung des »RAF-Kommandos Holger Meins« ist er der letzte »Übriggebliebene« und steht, wie er es formuliert, »quasi vor dem Nichts«. 1975 taucht er ab.[39] In der Gruppe wird er »Fury«

genannt, weil er oft ungestüm ist wie ein junges Fohlen. Man kann es auch anders formulieren: Er ist der gnadenlose Vollstrecker mit dem besonderen Härtegrad und nun der operative Einsatzleiter der RAF bei der Operation »Spindy«.

Neben ihm sitzt Willy Peter Stoll. Er ist siebenundzwanzig, kommt aus Stuttgart-Vaihingen. Sein Vater betrieb eine Küferei, stellte Bottiche her. In seiner Jugend war er ähnlich rabaukenhaft wie Wisniewski: In der achten Klasse fliegt er vom Hegel-Gymnasium. Auf einer privaten Handelsschule besteht er mit neunzehn die Steuergehilfenprüfung. In dem Steuerbüro in Möhringen läuft es gut. Sein Chef will ihn zum Partner machen. Aber dann bekommt Stoll über die »Rote Hilfe« Kontakt mit einem »Folterkomitee« und Rechtsanwalt Klaus Croissant. Der Tod von Holger Meins ist ein Wendepunkt in seinem Leben, wie bei so vielen, die zur RAF stoßen. Mit Angelika Speitel und deren Mann Volker verabredet er, sich dafür einzusetzen, dass nicht noch mehr Gefangene sterben. Stoll schmeißt seinen Job als Steuergehilfe und arbeitet in der Kanzlei von Klaus Croissant. »Ohne diesen Kontakt«, sagt seine Schwester Gerda später, »wäre mein Bruder nicht bei der RAF gelandet.«

Wisniewski biegt mit dem gelben Mercedes nach rechts ab, in die Vincenz-Statz-Straße. Rund zwanzig Meter weiter parkt er den Wagen auf dem rechten Bürgersteig – quer, im rechten Winkel zur Fahrbahn. Stoll steigt aus.

Boock biegt nicht ab, sondern parkt den VW-Bus zehn Meter hinter der Einmündung auf dem Gehweg der Friedrich-Schmidt-Straße. Eine ideale Fluchtposition. Von hier aus kann er sich sofort in den Verkehrsstrom auf der Ausfallstraße einfädeln. Boock öffnet die Schiebetür zur Ladefläche. Zusammen mit Sieglinde Hofmann hebt er einen blauen Kinderwagen auf die Straße. So steht ein völlig unverdächtig erscheinendes Pärchen um die dreißig mit einem Kinderwagen an der Straßenecke. Der dichte Feierabendverkehr rauscht an ihnen vorbei.

Als Hofmann Schleyers dunkelblauen Mercedes erspäht, schiebt sie mit dem Kinderwagen los in die schmale Vincenz-Statz-Straße, links auf dem Bürgersteig. Das ist das vereinbarte Achtung-Zeichen für Wisniewski. Kurz nachdem Schleyers Limousine in die Straße eingebogen ist, stößt er mit seinem gelben Mercedes urplötzlich zurück. Die Limousine rutscht gegen den Kofferraum, von hinten kracht der weiße Polizei-Mercedes auf sie.

Fast direkt neben diesem Wagen stehen auf dem Bürgersteig der Fahrerseite Hofmann und Boock, drei Meter entfernt. Aus dem Kinderwagen haben sie ihre Heckler & Koch-Schnellfeuergewehre hervorgerissen und das Feuer auf das Fahrzeug eröffnet. Die Polizisten sind völlig perplex, ihre Gegenwehr ist mäßig: Ulmer schießt aus seiner Maschinenpistole achtmal, Pieler aus seiner Dienstpistole dreimal. Dann sind sie tot. Wie im Blutrausch springt Stoll auf die Motorhaube des Polizeifahrzeugs, geht in die Combat-Stellung und feuert mit seiner polnischen Maschinenpistole »WZ 63« durch die Frontscheibe – feuert, feuert, feuert. Mehr als 50-mal insgesamt.

Die Täter geben 107 Schüsse ab – 39 davon Sieglinde Hofmann. Die drei Polizeibeamten werden – so formuliert es später das Oberlandesgericht Stuttgart[40] – »von Geschossen geradezu durchsiebt«. Polizeimeister Ulmer treffen 24 Projektile, Polizeimeister Pieler 20, Polizeihauptmeister Brändle 23 und Schleyers Fahrer Marcisz fünf. Bei ihm ging das Kommando, so sagt es später Boock, »davon aus, dass er ebenfalls ein Leibwächter sei und deswegen sollte er ebenfalls gleich erschossen werden«. Schon der erste Schuss auf ihn machte Marcisz' Frau zur Witwe.

Nachdem die Schüsse verhallt sind, schaut sich Wisniewski die drei Polizisten an. Er sieht, dass von keinem mehr Widerstand zu erwarten ist. Er rennt zur Beifahrerseite von Schleyers Wagen, reißt die Fondtür auf und zerrt den Arbeitgeberpräsidenten heraus. Schleyer ist schwer geschockt, benommen.

Aber von keiner Kugel getroffen. Als dem schmächtigen Wisniewski der schwergewichtige Präsident zu entgleiten droht, springt Sieglinde Hofmann zu Hilfe. Beide packen Schleyer unter die Arme und schleppen ihn in Richtung Friedrich-Schmidt-Straße. Er macht Trippelschritte. Boock kommt ihnen mit dem VW-Bus rückwärtsfahrend entgegen. Die Schiebetür fliegt auf und Schleyer auf die Ladefläche. Stoll springt auf den Beifahrersitz. Boock jagt los. Über Bürgersteige und Bordsteine durch den Feierabendverkehr. Das Ganze dauerte nicht länger als zwei Minuten.[41] Schleyer liegt auf dem Boden, die Arzthelferin Sieglinde Hofmann zieht eine Spritze hervor. »Das tut doch nicht nötig«, wehrt er ab. Vom Fahrersitz raunzt ihn Boock an: »Was hier nötig ist, bestimmen wir!« Gleich zu Beginn der Beziehung will der gescheiterte Maschinenschlosserlehrling dem Arbeitgeberpräsidenten klarmachen, wer hier das Sagen hat. Seine kleine Ansage zur großen Machtfrage. Hofmann schiebt die Nadel durch Schleyers Jacke und drückt ab: ein Kurzzeit-Narkotikum. Schleyer ist apathisch. Aber nicht bewusstlos.

Gut zehn Minuten später erreicht der VW-Bus die Tiefgarage im Wiener Weg. Fluchtwagenwechsel in der Tiefgarage: Die Entführer zwingen Schleyer, sich in den Kofferraum des dunkelgrauen Mercedes 230 zu legen, den Boock präpariert hat. Zu ihm in den Kofferraum steigt der schlanke Wisniewski, die Pistole in der Hand. Am Steuer wieder Peter-Jürgen Boock, neben ihm Sieglinde Hofmann. Willy Peter Stoll legt sich auf der Rückbank quer. So ist von außen nur zu sehen, dass in dem Mercedes ein Pärchen unterwegs ist. Als um 19.23 Uhr im ZDF der *heute*-Sprecher mitteilt, dass die Täter mit ihrem Opfer in einem weißen VW-Bus mit dem Kennzeichen K – C 3849 unterwegs sein könnten, sitzen Boock und seine Komplizen schon längst in dem dunklen Mercedes[42]. Der gesuchte VW-Bus steht in der Tiefgarage. Abstellplatz 108.

80. Erftstadt-Liblar

Erst nach Mitternacht bringt das RAF-Kommando Schleyer in sein Versteck. Bis dahin muss er narkotisiert und eingepfercht im Kofferraum neben Wisniewski ausharren. Der hatte dem Arbeitgeberpräsidenten, Seite an Seite liegend, einen Vorschlag gemacht: Verhalte er sich ruhig, bekomme er keine weitere Spritze. Schleyer nimmt den Vorschlag an.

Der Wagen mit den beiden Männern im Kofferraum steht in der Tiefgarage des Hochhauses Zum Renngraben 8 in Erftstadt-Liblar. Ein Neubaugebiet, fünfundzwanzig Kilometer vom Tatort entfernt. Hochhäuser mit bis zu zwanzig Stockwerken. Schleyers Versteck liegt in der dritten Etage. Eine Wohnung für die Einkindfamilie: 78 Quadratmeter. Ein Wohn-, ein Schlaf- und ein Kinderzimmer; Flur, Küche und Bad. Erst weit nach Mitternacht wird der Arbeitgeberpräsident im Aufzug nach oben gebracht – nachdem Boock, Hofmann und Stoll an Türen und Wänden gehorcht und sich vergewissert hatten, dass bei ihren neuen Nachbarn schon alles ruhig ist. Boock bleibt vor der Wohnungstür stehen und lauscht im Treppenhaus. Stoll und Hofmann fahren in die Tiefgarage und holen Schleyer und Wisniewski aus dem Kofferraum. Einer geht voran. Zwei greifen dem benommenen Arbeitgeberpräsidenten unter die Arme. Damit er wirklich nichts sieht, haben sie ihm eine Schweißerbrille aufgesetzt. Als er sie abnehmen darf, erblickt er das Wohnzimmer der Kleinfamilienwohnung. Es ist 23 Quadratmeter groß. An den Fenstern hängen dunkle Filzvorhänge. Auf dem Boden liegt eine Matratze mit einem Stapel für die Geisel: Decke, Kopfkissen, frische Unterhose, frisches Unterhemd. Der Arbeitgeberpräsident muss sich auf die Matratze hocken.

Das Kommando hat vorgesorgt. Der Kühlschrank ist voll mit Babynahrung, »Alete«-Fläschchen. »Die verträgt jeder«, erklärt Boock später, »auch wenn er einen kaputten Magen hat oder vor Aufregung noch so kotzt.«

Boock zeigt dem Arbeitgeberpräsidenten seinen »Haftraum«. In einem Durchgang, neben der Diele, öffnet er einen dunkelbraunen Wandschrank: 1,60 Meter breit, 71 Zentimeter tief und 2,50 Meter hoch. An den Innenwänden sieht Schleyer dicke Schaumgummimatten. Die Grundfläche beträgt 1,10 Quadratmeter. Andreas Baaders Zelle in Stammheim ist 20-mal so groß. Zweiundzwanzig Quadratmeter.

An der Breitseite des kleinen Verlieses baumelt, einen halben Meter über dem Boden an der Wand festgeschraubt, eine Kette mit einer Handschelle. »Da hört dich niemand«, erklärt der einstige

Erftstadt-Liblar: Schleyer-Versteck – dritte Etage, links

Sozialhilfeempfänger seinem Opfer, das 36 Jahre älter ist und sein Vater sein könnte: »Wenn du dich normal verhältst, setzen wir dich nicht da rein.«

Später erklärt Boock, Schleyer habe ihm gehorcht, sodass es für die RAF nicht notwendig gewesen wäre, den Arbeitgeberpräsidenten in den Schrank zu sperren. Aber das Oberlandesgericht Düsseldorf[43] stellte das Gegenteil fest, nämlich dass »die Täter ihr Opfer zumindest zeitweise im Wandschrank angekettet haben«. Denn ein Sachverständiger entdeckte an einer Schaumstoffmatte aus dem Schrank 108 Haare, die denen Schleyers entsprachen. Die Düsseldorfer Richter urteilten: »Die sichergestellten Haaranhaftungen haben sich an jener Stelle der Schaumstoffmatte befunden, an der sich der Kopf eines im Schrank angekettet sitzenden Opfers befindet.«

In den ersten Tagen in Erftstadt-Liblar gehören zum Schleyer-Bewachungskommando Peter-Jürgen Boock, Christian Klar, Stefan Wisniewski, Brigitte Mohnhaupt und Willy Peter Stoll. Stoll ist mit den Nerven am Ende. Er ist entsetzt über sich selbst: über seine Brutalität am Tatort. Außerdem hagelte es für ihn Gruppenschelte, weil er durch seinen tollkühnen Satz auf die Motorhaube des Polizeiwagens in Boocks Schusslinie gesprungen war. Reiner Zufall, dass ihm nichts passierte. Das Nervenbündel wird weggeschickt. An seine Stelle tritt Angelika Speitel. Den Landsmann Arbeitgeberpräsident begrüßt sie mit den Worten: »Geh, desch hättsche net gedacht, das de disch mal in 'nem Volksgefängnis wiederfindescht.«

Schleyer, immer ein Kämpfer- und zugleich Kumpeltyp, demonstriert Gelassenheit und erklärt, dass er »ja nicht das erste Mal gefangen ist« – er spielt auf die drei Jahre Internierung nach dem Krieg bei den Franzosen an. Schleyer bekommt Zeitschriften. Allerdings fand bei Tageszeitungen, berichtet Boock später, »von uns eine gewisse Zensur statt«. Schleyer tritt seinen Entführern mit Respekt gegenüber, ohne sich mit ihnen gemeinzumachen.

Schon vor der Entführung hatte Boock in Schleyers Raum zwei Mikrofone versteckt. Gespräche schneidet er mit auf einem Uher-Tonbandgerät und einem Kassettenrekorder.

Am zweiten Tag beginnen die Verhöre. Sie führen Mohnhaupt, Boock und Angelika Speitel. Die drei wollen von Schleyer Herrschaftswissen erlangen, hoffen auf entlarvende Antworten, die sie veröffentlichen und dadurch den Arbeitgeberpräsidenten vorführen können.

Doch die Verhöre laufen anders als von den RAF-Vernehmern erwartet. Sie hatten Widerstand von Schleyer erwartet. Aber den leistete er nicht, sondern zeigte sich auskunftsfreudig – sagte viel, ohne etwas zu verraten. »Die Verhörsituation drehte sich regelmäßig am Ende um«, berichtet Boock. »Während wir zu Anfang scharfe Fragen stellten, gab er uns am Ende das Gefühl, wie wenn ein weiser Vater sagt: ›Na Kinder, das versteht ihr ja alles nicht richtig.‹« Boock ist von Schleyers Antworten überrascht – er hätte »in keiner Weise unseren Klischees und unseren Vorstellungen über ihn entsprochen«. Er ist jovial. Verbindlich. Macht Witze. Kommt die Rede auf seine NS-Vergangenheit, wirkt er auf seine »Vernehmer« ausgesprochen selbstkritisch.

Die heimlichen Aufnahmen sind »kein Ruhmesblatt für die Gruppe«, befindet Silke Maier-Witt. Sie hörte einige Bänder zwei Jahre später ab, um sie abzutippen. »Schockiert« ist sie, »weil sich die Fragen recht konzeptionslos anhörten und deshalb die ganze Befragung eher unbeholfen klang«. Die RAF-Interviewer hätten versucht, »Schleyer mit Fragen Äußerungen zu entlocken, die in das gängige Bild vom Imperialisten passen«. Aber die kamen nicht. Er antwortete eloquent. So hätte die Gruppe »ziemlich dumm da gestanden«. Anders als geplant seien deshalb die Bänder nicht zur »Agitation« verwendbar gewesen, »um die Machenschaften und den Einfluss des Unternehmerverbandes aufzudecken«. Maier-Witt brach die Tipperei ab.

Nach einigen Tagen wird Boock als Bewacher in Erftstadt-Liblar abgelöst; er hatte versagt: Als am frühen Morgen ein Gruppenmitglied in Schleyers Zimmer schaute, sah es neben dem Arbeitgeberpräsidenten seinen »Bewacher« Boock schlafend – die Maschinenpistole im Arm. Der ewige Junkie hatte mal wieder zu viel eingeworfen. Der Gruppe erscheint er zu unzuverlässig fürs Wachkommando.

Er erhält den Auftrag, in den Niederlanden eine Wohnung zu suchen. Von Anfang an war den Entführern klar, dass Schleyer nicht auf Dauer in Erftstadt-Liblar bleiben kann. Nun, einige Tage nach der Entführung, hatten sie mitbekommen, dass die Polizei auf der Suche nach dem Arbeitgeberpräsidenten in Köln und Umgebung mit starken Kräften systematisch Häuser abklappert, mit einem besonderen Augenmerk auf Hochhäuser. Deshalb fährt Boock als Vorhut nach Den Haag.

81. Den Haag

Bislang waren die Niederlande für die RAF ein sicheres Rück-
zugsgebiet, ein »sicheres Hinterland«[44]. Straftaten verübte sie
dort nicht, um die Polizei nicht auf ihre Fährte zu locken –
ausgenommen natürlich die Benutzung von Falschpapieren.
Ihr zentraler Rückzugsort ist in dieser Zeit Amsterdam. Dort
hat sie zwei konspirative Wohnungen: eine im Baden-Powell-
Weg 217, eine Maisonette unterm Dach über zwei Etagen.
Rolf Clemens Wagner hatte sie am 16. Dezember 1976 als
»Otmar Fehr« angemietet: Von hier aus wird ab der zweiten
Septemberwoche die Schleyer-Entführung koordiniert. Es ist
der »Hauptstützpunkt« der RAF.[45] Die zweite Unterkunft
liegt in der Eastonstraat 227. RAF-intern heißt sie »Doku-
Wohnung«, weil sie vor allem dazu genutzt wird, Dokumente
zu fälschen. Dunkelkammer ist das Bad.

In Den Haag mietet am 13. September 1977 »Carola Stöhr«
ein Zehnzimmerhaus in der Stevinstraat 266 für 2500 Gulden.
Das entspricht 2800 Mark. 1977 ist das eine Monatsmiete, die
sich nur Spitzenmanager und vermögende Erben leisten – und
natürlich die RAF. Ihr war die Enge der Kleinfamilienwohnung in Erftstadt-Liblar auf die Nerven gegangen. Deshalb
nun zehn Zimmer über drei Etagen. Für jeden ein eigenes
Zimmer. Die Möbel kauft Boock in Windeseile zusammen.
Seine Bedingung: Lieferung sofort. Es klappt. RAF-intern
heißt das Quartier »Haus Etna« nach dem Tarnnamen der An-
mieterin Angelika Speitel.

»Angeliefert« in Den Haag wird Schleyer am 16. September
in einem riesengroßen Weidenkorb. In ihn musste er in Erftstadt-Liblar einsteigen. Umgeladen wurde er an der grünen
Grenze bei Aachen: In einer zwei Meter tiefen Senke des
Gleisbetts einer ehemaligen Lorenbahn hält ein Wagen mit
bundesdeutschen Kennzeichen, von der anderen Seite fährt

ein Wagen mit NL-Nummer vor. Der Weidenkorb wird umgeladen. Es geht ganz schnell. Beide Fahrzeuge fahren zurück
in die Richtung, aus der sie gekommen sind.

In Schleyers zweitem Versteck gibt es für alle wesentlich
mehr Platz, ansonsten ist die Situation ähnlich wie zuvor. In
seinem Zimmer in der zweiten Etage hat er nun ein richtiges
Bett, außerdem eine chemische Toilette. Er pflegt weiter das
persönliche Verhältnis zu seinen Bewachern, das »Du« ist
längst selbstverständlich. Zum Zeitvertreib spielt er sogar
Monopoly mit seinen Bewachern – und verliert! Weitere »Verhöre« folgen. Mit demselben Misserfolg wie zuvor.

Zum Wachkommando gehören Peter-Jürgen Boock, Stefan
Wisniewski, Brigitte Mohnhaupt, Angelika Speitel, Sigrid
Sternebeck und Elisabeth von Dyck.

Auch nicht anders als zuvor: Die Verhandlungen über die
Freilassung der zehn RAF-Häftlinge ziehen sich weiter in die
Länge, bringen kein Ergebnis. Einige RAF-Mitglieder sind ir-
ritiert: Sie hatten zwar damit gerechnet, dass der Austausch
nicht von heute auf morgen vonstattengeht, aber nicht damit,
dass die Bundesregierung so ungeniert auf Zeit pokert.

Zur RAF-Telefonistencrew zählen Rolf Heißler, Rolf Clemens Wagner und später auch Sieglinde Hofmann. Sie telefonieren mit Rechtsanwalt Payot, aber auch mit allen möglichen
anderen – etwa wenn die RAF mitteilt, dass ein Schreiben an
einer Hotelrezeption hinterlegt oder in einen Hausbriefkasten
geworfen wurde.

Schlagartig ändert sich die Situation für die RAF am Abend
des 19. September – nach der Schießerei bei der Autovermietung Trompgarage in Den Haag: Montag, genau zwei Wochen
nach der Entführung.

In dem Geschäftslokal wollte »Ursula Dietrich« alias Angelika Speitel den Mietvertrag für den Ford Granada verlängern;
neun Tage zuvor hatte sie ihn gemietet. Der Vermieter hält sie
hin. Durch die Fensterscheibe sieht sie, wie ein Streifenwagen

vorfährt. Sie nimmt Reißaus. Nach 250 Metern holt sie ein Polizist ein, packt sie an der Schulter. Die Flucht gelingt ihr nur, weil in diesem Augenblick ein RAF-Mann auftaucht, der den Polizisten niederschießt.

Und dann, an diesem Abend nach den Schüssen, ereilt die Gruppe noch die Hiobsbotschaft, dass Knut Folkerts nach der Schießerei seine Tasche nicht mehr aus der »Cactus-Bar« abholen will.

Helle Aufregung im »Haus Etna«. Allen ist klar: Zählt die Polizei alles zusammen – die gefälschten »Ursula Dietrich«-Papiere bei der Autovermietung, die Schießerei und den Inhalt der zurückgelassenen Tasche mit Tonbandgerät, Tonbändern und Lebensmitteln aus Deutschland –, kommt schnell heraus, dass Schleyer ganz in der Nähe stecken könnte. Und genauso ist es ja. Ebenso bitter ist es aus Sicht der Gruppe, dass der Wagen nicht »gecleant« wurde. Angelika Speitel wollte ihn ja nicht zurückgeben, sondern die Mietzeit verlängern.

Von der Autovermietung bis zum »Haus Etna« in der Stevinstraat sind es keine drei Kilometer. So fürchtet das Schleyer-Wachkommando, dass es nur eine Frage der Zeit ist, bis die Polizei vor der Tür steht. Die Entscheidung fällt schnell: Wenige Stunden nach der Schießerei muss Schleyer wieder in den Weidenkorb. Noch in der Nacht zum 20. September 1977 startet ein Wagen mit ihm Richtung Süden.

So kommt die Polizei zu spät, als sie am 26. September damit beginnt, das Haus in der Stevinstraat zu observieren.

82. Brüssel

Schleyers drittes und letztes Versteck liegt in Brüssel – bis heute wurde es nicht entdeckt. Schon vor der Entführung war die Wohnung als »Fluchtpunkt« angemietet worden. Vermutlich eine Dreizimmerwohnung, vermutlich in einem Hochhaus, vermutlich zwischen dem siebten und dem zehnten Stock, vermutlich wieder mit einem Aufzug von der Tiefgarage bis vor die Wohnungstür, vermutlich in einem Neubaugebiet. »Es gab dort mehrere rote Backsteinblöcke mit vier bis fünf Geschossen und am Rande drei bis vier Hochhäuser auf Grünflächen«, sagt Peter-Jürgen Boock, der einmal in der Wohnung war, bevor Schleyer kam. »Im ersten Hochhaus, wenn man von der Stadt kam, war unsere Wohnung.« Mehr bekam er nicht zusammen.

Vier Wochen lang blieb Schleyer in diesem Versteck. Bis zum 18. Oktober 1977. Nach den Erkenntnissen der Bundesanwaltschaft bewachten ihn dort Rolf Clemens Wagner, Stefan Wisniewski, Rolf Heißler, Sieglinde Hofmann und Angelika Speitel. Der harte Kern. Keiner von ihnen verriet bislang, was in Brüssel passierte.

83. Fluchtlinien

Auch der Rest der Truppe setzt sich aus den Niederlanden ab. Allen ist klar, dass nach dem Montagabend in Den Haag eine massive Fahndungswelle nach ihnen anrollt.

Schon drei Tage später zeigt es Folkerts' Festnahme: Als er in Utrecht bei dem Autovermieter einen roten Ford Taunus abgeben will, erwarten ihn dort fast ein Dutzend Polizeibeamte. Gegen diese Übermacht hat er, obwohl er noch einen Polizisten erschießt und einen schwer verletzt, keine Chance und wird überwältigt. Elisabeth von Dyck, die kurz zuvor aus dem Taunus ausgestiegen war, gelingt die Flucht. Anschließend bekommt sie heftige Vorwürfe aus der Gruppe, weil sie nichts gegen die Festnahme Folkerts' getan hatte. Denn es gehört zu den RAF-»Sicherheitsregeln«, wenn nicht auszuschließen ist, dass es brenzlig wird wie bei der Mietwagenrückgabe: Ein RAF-Mitglied bleibt im Hintergrund, um – das Überraschungsmoment ausnutzend – dem anderen zu helfen, notfalls mit Schüssen. Genauso war drei Tage zuvor Angelika Speitel ihrer Festnahme entronnen.

Ein Teil der Gruppe setzt sich nach Hamburg ab. Unter ihnen Christian Klar, Willy Peter Stoll und Adelheid Schulz. Dort verfügt die RAF über zwei Wohnungen, im Eilbeker Weg 14 und in der Breiten Straße 159.

Der größte Teil fliegt nach Bagdad, um sich dem anstehenden Fahndungsdruck zu entziehen – eine Reihe von Reisepapieren hatten Friederike Krabbe und Sigrid Sternebeck noch in Amsterdam gefälscht: Brigitte Mohnhaupt, Peter-Jürgen Boock, Susanne Albrecht, Elisabeth von Dyck, Gert Schneider, Christine Kuby, Monika Helbing und Friederike Krabbe. Sie fliegen in Kleingruppen, um nicht aufzufallen. Zu zweit oder zu dritt.

84. Bagdad

Brigitte Mohnhaupt und Peter-Jürgen Boock landen am 25. September 1977 in der irakischen Hauptstadt. Die RAF-Mitglieder wohnen in einem schmucklosen Haus in einem bescheidenen Vorstadtviertel. Gäste sind sie wieder von Wadi Haddad, wie vor einem Jahr in Aden.

Die RAF-Chefin steckt in einer verzwickten Situation – fast viertausend Kilometer von Schleyer entfernt: Einerseits hat ihre Truppe den Arbeitgeberpräsidenten in der Hand, und auch die Flucht nach Brüssel hat geklappt – offensichtlich von der Polizei unbemerkt. Andererseits scheint die Grundidee der »Big Raushole« nicht zu funktionieren, nämlich dass die Bundesregierung bereit ist, im Austausch gegen Schleyer ein knappes Dutzend RAF-Häftlinge laufen zu lassen. Was tun? Auf Dauer kann es so nicht bleiben …

Wegen des Fahndungsdrucks, der nach dem Ende der Entführung weiter zunehmen wird, wollen Mohnhaupt und Boock bei den Palästinensern ausloten, ob sie bereit sind, RAF-Mitgliedern sicheren Unterschlupf für längere Zeit zu bieten. Wadi Haddad empfängt beide mit ausgebreiteten Armen und Bruderküssen. Herzlich gratuliert er zur Schleyer-Aktion und sagt, sie werde »bestimmt Eingang finden in die Liste der großen revolutionären Taten dieser Epoche«. Schnell kommt er zur Sache: Als »Verbündeter« biete er ihnen an, »eurer Aktion mit einem weiteren, von uns durchgeführten Kommandounternehmen zu helfen«. Anbieten könne er zwei Aktionen, die seine Leute schon vor einiger Zeit vorbereitet hätten, sodass sie jetzt schnell handeln könnten: »Die erste Aktion wäre eine Besetzung der deutschen Botschaft in Kuwait durch eines unserer Kommandos«, sagt er in seinem altertümlichen Englisch, seine schwarzen Augen funkeln: »Die zweite wäre die Entführung einer Lufthansa-Maschine.«

Vor dem Gespräch hatten Boock und Mohnhaupt verabredet, über mögliche Vorschläge von Haddad nicht in dessen
Gegenwart zu diskutieren. Sie bedanken sich, dass er sich »so
solidarisch« verhalte, und bitten um Verständnis, dass sie über
die beiden Alternativen zunächst mit ihren Genossen sprechen
möchten. »Natürlich, das kann ich verstehen«, lächelt Haddad.

Die RAF diskutiert in Bagdad. Dort ist jetzt die Schaltstelle,
die noch bis vor Kurzem in Amsterdam war – nichts von alledem wissen die deutschen Sicherheitsbehörden. Argumente
gibt es gegen beide Vorschläge. Aber allen ist klar: Haddads
Initiative ist die allerletzte Chance, um Baader und die anderen
aus den Gefängnissen zu pressen. Angesichts der Erfahrungen,
die die RAF vor zwei Jahren in Stockholm gemacht hat, verbietet sich eine Botschaftsbesetzung. »Die Lösung sein« könnte das »Angebot« der Flugzeugentführung in der sich nun
schon seit Wochen dahinschleppenden Situation, fasst Stefan
Wisniewski später die Überlegungen in der RAF zusammen –
er war seinerzeit nicht in Bagdad, sondern mutmaßlich in
Brüssel. »Wir sind davon ausgegangen, dass die Bundesregierung durch die Flugzeugentführung die Gelegenheit bekam zu
sagen: O. K., wir sind hart geblieben bei Schleyer, aber jetzt
können wir nicht mehr, jetzt müssen wir austauschen.« Nach
längeren Diskussionen entscheiden sich die RAF-Mitglieder
in Bagdad für die Entführung eines deutschen Passagierflug-
zeugs.[46]

Wieder einmal greifen die Palästinenser der RAF unter die
Arme. Hätte es die Palästinenser nicht gegeben, hätte es auch
die RAF nicht gegeben, jedenfalls nicht so – weder die erste
noch die zweite Generation: Die erste Generation war im
Sommer 1970, vor der Aufnahme des »bewaffneten Kampfes«
in der Bundesrepublik, in ein Camp der El Fatah in Jordanien
gereist. Dort hatten die militärisch völlig unbeleckten RAF-
Mitglieder Baader, Meinhof, Ensslin, Raspe, Mahler und ein

Dutzend mehr im Wüstensand für den Kampf in den westdeutschen Metropolen trainiert. In der Gebirgswüste, eine
knappe Autostunde von der Hauptstadt Amman entfernt,
lernten sie den Umgang mit Waffen und Sprengstoff, den Nah-
und Fernkampf. Ohne diese Ausbildung wären sie nicht in der
Lage gewesen, im September 1970 den bewaffneten Kampf in
Westdeutschland aufzunehmen – mit Banküberfällen, Schießereien und Bombenanschlägen.

Dass Baader und Meinhof bei der El Fatah eine besondere
Wertschätzung genießen, zeigt sich drei Monate nach ihrer
Verhaftung, als der Fatah-Arm »Schwarzer September«[47] während der Olympischen Spiele in München im September 1972
das Wohnquartier der israelischen Mannschaft stürmt und elf
israelische Mannschaftsmitglieder als Geiseln nimmt – auf den
Tag genau fünf Jahre vor der Schleyer-Entführung: Die Gruppe fordert die Freilassung nicht nur von 232 Palästinensern,
sondern auch von Baader und Meinhof. Die Geiselnahme endet als Massaker – elf Israelis und ein deutscher Polizist sterben.

Zwei Monate später, im November 1972, bedankt sich Ulrike Meinhof aus dem Gefängnis heraus mit einer Eloge auf
»Die Aktion des ›Schwarzen September‹ in München«.[48] Lo-
bend nennt sie das Massaker »antiimperialistisch, antifaschis-
tisch und internationalistisch«.

Den Nachfolgern von »Baader-Meinhof« bieten die Palästinenser in der »Findungsphase« im Spätsommer 1976 Unterkunft, Ausbildung und Diskussionsraum. Allerdings nicht
mehr die Fatah, weil sie unter Jassir Arafat auf eine Verständigung mit Israel setzt und nichts mehr mit »Terroristen« zu
tun haben will.[49] Sie verweist an Haddads PFLP-SC – und so
treffen sich die Vordenker der »Offensive 77« im Sommer
1976 in dem Ausbildungscamp bei Aden. Einige Monate später, vermutlich im November 1976, notierte Roland Mayer, so
zeigen die »Haag-Mayer-Papiere«, bei den Überlegungen für

die »Offensive 77« unter »Zusammenarbeit mit Bündnispartnern«: »P's«.

BKA-Chefauswerter Alfred Klaus konnte sich auf »P's«
keinen Reim machen. In seinem Auswertungsbericht schrieb
er »›P's‹: = sog. ›Spontis‹?« Tatsächlich aber hatten Siegfried
Haag und die anderen Planer der »Offensive 77« als »Bündnispartner« nicht auf undogmatische linke Gruppen in
Deutschland gesetzt, sondern von vornherein auf die Palästinenser. Kein Jahr später schlüpft ein Teil der RAF bei ihnen
unter, bei der PFLP-SC.

Zur PFLP, Popular Front for the Liberation of Palestine,
hatten sich 1967 mehrere palästinensische Widerstandsorgani-
sationen zusammengeschlossen, unter Führung des Kinder-
arztes Georg Habbash. Ihr Ziel ist es, den Staat Israel zu zerstören. Als Mittel politischer Erpressung entdecken Habbash
und seine Leute die Luftpiraterie.

Als Untergruppe dieser PFLP gründet 1974 Wadi Haddad
das »Special Command« für spektakuläre Terroraktionen.[50]
Die PFLP-SC baut mehrere Stützpunkte auf, unter anderem
im Südjemen wie das Camp bei Aden und in Bagdad.

Haddads Kommandos verüben blutigste Terrorüberfälle.
Unter anderem entführen sie 1976 eine vollbesetzte Maschine
der französischen Fluggesellschaft Air France nach Entebbe/
Uganda. Ein israelisches Kommando beendet die Entführung,
erschießt alle Täter. Unter ihnen sind die Deutschen Wilfried
Böse und Brigitte Kuhlmann.

Haddad hat für seine beiden Unterstützungsangebote an die
RAF drei Motive: gewiss, eine Art von Solidarität. Auch
möchte er bei dieser Gelegenheit zwei palästinensische Häftlinge aus türkischen Gefängnissen freipressen lassen.[51] Aber
vor allem geht es ihm darum, schnell Kasse zu machen. Für
seine RAF-Unterstützung soll die Bundesregierung um-
gerechnet 35 Millionen Mark zahlen – und Schleyers Sohn
ihm das Geld bringen. In diesem Zusammenspiel ist Aufgabe

der RAF, ihn auf die Reise mit den drei Geldkoffern zu schicken.

Die Aufgabe übernimmt später Rolf Clemens Wagner: Im Lufthansa-Büro des Flughafens Paris-Orly ordert er am 13. Oktober einen Flugschein und lässt ihn am Frankfurter Flughafen bei der Lufthansa hinterlegen – für »E. Schlier, Frankfurt, Kaiserstraße 56 a«. Eine Reise um die halbe Welt in zwei Tagen: Frankfurt – Paris – Algier – Damaskus – Karatschi – Frankfurt.[52] Preis: 6075 Franc. Rund 3000 Mark. Abflug in Frankfurt ist an jenem Sonnabend um 21.05 Uhr. Unterwegs, das haben Haddads Leute ausbaldowert, werden die Koffer in Algier bei der Gepäckkontrolle in einem Durchleuchtungsgerät gegen andere ausgetauscht. Aber daraus wird nichts, weil Regierungssprecher Bölling mit einer Scheininformation die Deutsche Presse-Agentur desinformiert und im Lichte dessen Bundesjustizminister Vogel Schleyer sagt, er bekäme das Lösegeld nicht, sodass sich für Schleyer der Flug erübrigt.[53] Deshalb erfährt Hanns-Eberhard Schleyer nicht einmal, dass für ihn am Counter in Frankfurt ein Flugticket für eine halbe Weltreise bereitliegt – auf den Namen »E. Schlier«.

Rolf Clemens Wagner setzt nach, als die Radionachrichten an diesem Sonnabend, 15. Oktober 1977, um 15.00 Uhr melden, dass »eine angeblich für Mittag geplante Übergabe der von den Entführern verlangten gut 35 Millionen Mark offenkundig gescheitert« sei, weil der Übergabeort im Frankfurter »Intercontinental«-Hotel bekannt geworden und dadurch der »Handel« gescheitert sei. Wagner ruft Schleyer an, auch zu Hause in der Stuttgarter Melittastraße 13. Dreimal spricht er mit ihm, um ihn doch noch zur Abreise zu bewegen. Wagner ist ein routinierter Telefonist: Er spricht ruhig und geschäftsmäßig. Bevor er in den Untergrund ging, arbeitete er bei einem »g-u-t«-Reisebüro in Eschborn und telefonierte viel mit Geschäftsleuten. Seine berufliche Laufbahn hatte der abgebrochene Jurastudent begonnen bei »NUR« im Mai 1970 als Sachbe-

»Captain Mahmoud«: Zohair Yousif Akache

arbeiter in der telefonischen Kundenberatung.[54] Aber Hanns-Eberhard Schleyer bringt er nicht zum Reisen.

In Bagdad erteilt Mohnhaupt den Flugzeugentführungs-»Auftrag« Haddad – die Entführung sei »ausschließlich eine Sache der Palästinenser gewesen«, erklärt sie später.[55] Eine »Auftragsentführung«. Haddad beginnt sofort mit den Vorbereitungen. Ende September, Anfang Oktober ruft er vier junge Kämpfer aus Camps zu sich: Das Kommando führen soll Zohair Yousif Akache (23).

Der Student der Flugzeugtechnik wuchs in einem Flüchtlingslager in Beirut auf und hat seine »Bluttaufe« vor einem halben Jahr bestanden: Im Auftrag Haddads erschoss er am Ostersonntag 1977 drei Menschen in London, den früheren Ministerpräsidenten des Nordjemen, dessen Frau und einen jemenitischen Diplomaten. Außerdem reisen zu Haddad an Nabil Harb (23) und die beiden Frauen Hind Alameh (22) und Souhaila Andrawes Sayeh (24). Alle sind Judo- und Karatekämpfer und ausgebildet an der russischen Kalaschnikow, der israelischen Uzi-Kompaktmaschinenpistole, der Panzerfaust RPG 7 und mehreren Pistolen.

»Es ist eine große Ehre für euch, für diese Aktion auserwählt worden zu sein«, erklärt er den vier mit gönnerhafter Miene. Sie fühlen sich tatsächlich geehrt. Haddad erläutert, dass die Flugzeugentführung in Palma de Mallorca beginnt und in Aden im Südjemen endet. Allerspätestens nach einer Woche. Dort würde er sie zusammen mit anderen PFLP-Leuten erwarten, und die Geiseln würden gegen die Häftlinge ausgetauscht.

Dann bestimmt Haddad Namen: »Kofre Kaddum« hieße
die Operation zur Erinnerung an ein umkämpftes palästinen-
sisches Dorf, »Martyr Halimeh« das Kommando im Gedenken an Brigitte Kuhlmann, die den Kampfnamen »Halimeh«
trug. Und während der Entführung solle sich der Kommando-
anführer Akache »Mahmoud«[56] nennen – der Kampfname von
Kuhlmanns Partner Wilfried Böse.[57]

85. »Landshut«

Eine halbe Stunde nach dem Start in Mallorca bringen die vier
Entführer die Lufthansa-Boeing »Landshut« in ihre Gewalt –
13. Oktober 1977, 38. Tag nach der Schleyer-Entführung. Kein
Problem war es für sie gewesen, die Waffen an Bord zu bringen: Die Pistolen und Handgranaten steckten in Kosmetik-
koffern – beide mit doppeltem Boden, der eine blau, der andere rosa – und in einem Transistorradio. Die Kontrollen auf
dem Flughafen Mallorca waren lax.

Drei Tage später ahnen die vier, dass Haddads Plan mit dem
Endziel Aden nicht aufgeht. Aden verweigert die Landeerlaubnis. Kein Bitten von Flugkapitän Schumann hilft. Es bleibt
dabei: »Airport is closed, no landing.« Vor sich sieht Schumann, dass der Treibstoffanzeiger tief im roten Bereich ist und
der Sprit für nicht einmal mehr zehn Minuten reicht; unten,
dass auf die Landebahn Panzer gerollt sind. Hinter ihm, auf
dem Observer-Seat, sitzt der Chef der Entführer. Vorgestellt
hat er sich als »Captain Mahmoud« und legt großen Wert auf
die Anrede mit »Captain«. Er erkennt den Ernst der Lage.
Schweiß rinnt über sein Gesicht. »Captain Mahmoud« befiehlt
Schumann, in Aden zu landen. Vor Todesangst aber kann er
keinen Finger mehr bewegen. Kopilot Jürgen Vietor schnallt

ihn an. Jürgen Schumann hat keine andere Wahl als eine Crash-
landung. Per Handschlag verabschiedet er sich von seinem
Kopiloten. Um 15.55 Uhr setzt die Boeing 737 in Aden auf –
neben der Rollbahn auf einer Sandpiste. Kein Verletzter. Eine
Meisterleistung.

Gerade hat Schumann die Triebwerke abgeschaltet, da fordern ihn die Jemeniten auf, sofort wieder zu starten. Erst müsse er sehen, erwidert er, »ob die Maschine noch flugfähig ist«.
»Captain Mahmoud« lässt ihn aussteigen. Schumann schaut
sich das Fahrwerk an und verschwindet für eine Weile – was er
in diesen vielleicht 20 Minuten tut, ist bis heute ungeklärt.

Im Cockpit hörte Mahmoud im Funk die Aufforderung der
Jemeniten, so schnell wie möglich zu verschwinden. Damit ist
nun endgültig klar, dass Endstation nicht Aden ist. Schlagartig
verschwindet für ihn das Ziel der ganzen Megaoperation. Seit
drei Tagen hat er kaum geschlafen. Er ist bitter enttäuscht, rat-
los und wird aggressiv. Als Schumann zurückkommt, zwingt
er ihn, sich vor ihm niederzuknien, auf dem Gang an der
Trennwand zwischen der ersten und zweiten Klasse. »Guilty
or not guilty?«, brüllt er ihn an. Schumann versucht zu erklären, es hätte Schwierigkeiten gegeben … Davon will Mahmoud
nichts hören. Aus seiner Pistole schießt er ihm aus nächster
Nähe ins Gesicht. Schumann ist sofort tot. Mahmoud schlägt
sich vor Begeisterung auf die Oberschenkel.

Die Leiche bleibt im Gang liegen. Über Stunden. Schon
nach kurzer Zeit ist der Verwesungsgeruch bestialisch. An
Bord herrscht eine Hitze von fast 60 Grad. Die Klimaanlage
läuft nicht, weil die Treibstofftanks leer sind. Einen unerträgli-
chen Gestank verbreiten das ausströmende Blut und die aus-
tretende Gehirnmasse. Entführer Harb kommt mit einer
Schaufel und trägt die Gehirnmasse in die erste Klasse. Erst
nach Stunden legt er, mithilfe eines Passagiers, die Leiche
Schumanns in einen Garderobenschrank.

In der Nacht fliegt Kopilot Jürgen Vietor die 737 allein nach

Mogadischu. Die Maschine setzt er dort
gegen halb fünf auf die Landebahn –
ohne Vorankündigung, weil er nicht
noch einmal Panzer auf der Piste sehen
wollte.

Der Showdown beginnt am Vormittag. Vierter Tag der Entführung. »Captain Mahmoud« stellt ein Ultimatum bis
15.00 Uhr: Wenn bis dahin nicht die elf
Gefangenen aus deutschen und die zwei
Gefangenen aus den türkischen Gefängnissen freigelassen würden, erklärte er
Vertretern Somalias, würde er das Flugzeug mit allen Insassen sprengen.

Den ganzen Tag über steht die Ma-
schine in der prallen Sonne. 95 Prozent   *Jürgen Schumann*
Luftfeuchtigkeit. Drinnen ist es nicht
auszuhalten. Wieder eine irre Hitze und ein unerträglicher
Gestank: eine Mischung aus Schweiß, Erbrochenem und ver-
stopften Toiletten.

Anderthalb Stunden vor Ablauf des Ultimatums beginnen
die Entführer mit den Vorbereitungen für den Massenmord.
Allen Passagieren fesseln sie die Hände auf dem Rücken – mit
Strümpfen, die die Frauen schon in Dubai ausziehen mussten.
Dann schnallen sie alle 86 Passagiere mit ihren Sicherheitsgur-
ten fest. So kann sich keiner mehr bewegen. Die festgezogenen
Nylonfesseln schneiden sich bei allen tief in die Haut ein und
verursachen furchtbare Schmerzen.

Mahmoud bringt Plastiksprengstoff in der Kabine an. Über
den Köpfen von Passagieren schütten die anderen Entführer
Alkohol- und Parfümflaschen aus und erklären, dies geschehe,
damit sie bei der Sprengung »besser brennen«. Dann werfen
sie die Ausweise und Pässe ihrer Geiseln aus dem Flugzeug,
verkünden: damit man später weiß, wer alles an Bord war. Die

Geiseln sind völlig verzweifelt, die meisten schließen mit dem Leben ab.

Kurz vor Ablauf des Ultimatums meldet sich per Funk im Cockpit Michael Libal, bundesdeutscher Geschäftsträger in Somalia. »Ich habe eine wichtige Nachricht für Sie«, funkt er an Mahmoud und berichtet, gerade hätte er die Nachricht bekommen, »dass die Häftlinge in deutschen Gefängnissen, die Sie freilassen haben möchten, hier nach Mogadischu geflogen werden«. Aber wegen der Entfernung würde es natürlich noch einige Stunden dauern. Mahmoud ist hocherfreut. Von da an plant er die Übergabe von Geiseln gegen Häftlinge – er teilt seine Opfer in elf Gruppen mit jeweils sieben Geiseln ein, die dann einzeln gegen einen der »Genossen« ausgetauscht werden. Außerdem bittet er die Passagiere, ihr Handgepäck auf Vollständigkeit zu überprüfen. Es soll schon alles korrekt ablaufen … Zwei Stunden nach Mitternacht, er sitzt im Cockpit, fällt sein Blick auf ein Feuer, 300 Meter von der Maschine entfernt. Drum herum stehen somalische Soldaten.

In diesem Augenblick hört Mahmoud einen ohrenbetäubenden Knall und kann nichts mehr sehen. Blendgranaten gleißen. Es ist fünf nach zwei Ortszeit, in Deutschland fünf Minuten nach Mitternacht: Durch sechs Türen stürmen GSG-9-Männer in die Maschine, brüllen »Köppe runter, Köppe runter«. Sie erschießen drei Geiselnehmer. Als Einzige überlebt Souhaila Andrawes Sayeh – Passagiere hatten sie »die Dicke« genannt. Als Sanitäter sie auf einer Bahre wegtragen, spreizt sie die Finger zum »Victory«-Zeichen und brüllt: »Tötet mich, bitte tötet mich! Lang lebe Palästina!«

Siebzehn Jahre später wird sie in Oslo verhaftet, 1994, mittlerweile hat sie eine neunjährige Tochter: Drei Jahre zuvor war sie mit einem gefälschten brasilianischen Pass nach Norwegen eingereist. Mit ihren richtigen Personalien beantragt sie politisches Asyl – bekommen hat sie es noch nicht, als sie verhaftet wird. Das Hanseatische Oberlandesgericht Hamburg[58] verurteilt sie 1996 zu zwölf Jahren Freiheitsstrafe wegen Mordes, erpresserischen Menschenraubs, Geiselnahme und Angriffs auf den Luftverkehr – unter Anwendung der Kronzeugenregelung.

86. Adenauerallee

Über sechstausend Kilometer nördlich von Mogadischu: Bonn, das Kanzleramt. Adenauerallee. Zwölf Minuten nach Mitternacht am 18. Oktober 1977, 43 Tage nach der Schleyer-Entführung. Die »Große Lage«. Seit über sechs Stunden sitzen über drei Dutzend Männer und einige Frauen beieinander und hoffen, beten, bangen. So angespannt wie in dieser Nacht war die Stimmung hier noch nie. Rauchschwaden hängen über dem Besprechungstisch. Vieles wird getan, um die Nerven zu beruhigen. Schmidt spielt mit Hamburgs Bürgermeister Hans-Ulrich Klose Schach – Schmidt gewinnt. Und der SPD-Fraktionschef Herbert Wehner erzählt aus den Zeiten, in denen er in der Illegalität lebte. Aus Mogadischu wird Staatsminister Hans-Jürgen Wischnewski mit einer komplizierten Telefonschaltung über Rom zugeschaltet. Die Leitung ist lausig. Der Kanzler übernimmt das Gespräch.

»Schmidt hier! – Schmidt hier! Ich höre!«

»Hallo!«

»Sprich langsam und laut bitte!«

»… Das Flugzeug ist geknackt!«

»Nicht verstanden.«

»Die Arbeit …«

»Die Arbeit ist erledigt.«

»Drei tote Terroristen.«

»Drei tote Terroristen.«

»Ein GSG-9-Mann verwundet.«

»Nicht verstanden.«

»Ein GSG-9 Mann verwundet.«

»Einer.«

»Ein ...«

»Ein GSG 9-Mann verwundet.«

»Sonst keine weiteren Erkenntnisse.«

Alle Passagiere sind gerettet! Der Kanzler fängt an zu heulen – vor Glück. Er kann es nicht fassen und geht aus dem Raum, damit keiner seine Tränen sieht. Für ihn ist es »wohl der dramatischste Augenblick meines Lebens seit dem Krieg«. Ein paar Minuten später umarmt er seine Sekretärin Lieselotte Schmarsow. So überschwänglich hat sie den kühlen Norddeutschen noch nie erlebt. Schmidt rechnete »mit Toten«. Sein Rücktrittsschreiben hatte er im Kopf, und zwar »für den Fall, dass es eine unverhältnismäßig hohe Zahl von Toten gegeben hätte«, beispielsweise »50«: »Dann hätte jemand für diesen Fehlschlag die Verantwortung übernehmen müssen. Und das musste ich sein.«

Den Erfolg in Mogadischu hatte sein Kanzleramtsminister möglich gemacht: Hans-Jürgen Wischnewski war der »Landshut« hinterhergeflogen und hatte in Somalias Hauptstadt die Weichen gestellt, dass die GSG 9 dort landen und eingreifen durfte. Staatspräsident Siad Barre hatte Wischnewski mit den Worten überzeugt, dass sich eine Hilfe »auf unsere Beziehungen auswirkt« – später kamen aus Bonn 100 Millionen Mark Entwicklungshilfe. Um von vornherein bei den sensiblen Somalis jeden Zweifel in Sachen Souveränität auszuschließen, sagt er ihm: »Herr Präsident, wenn wir bei dem Einsatz der GSG 9 Gefangene machen, dann sind das natürlich Ihre Gefangenen!« Barre antwortet erstaunt: »Was, Gefangene wollen Sie auch machen?«

Zwanzig Minuten nach Mitternacht ist die Stimmung in der »Großen Lage« zum ersten Mal richtig gut. Klaus Bölling ist hoch konzentriert: Er arbeitet an der »gemeinsamen Erklärung der Bundesregierung, der Vorsitzenden der SPD, der CDU, der CSU und der FDP, der Vorsitzenden der Bundestagsfraktionen der CDU/CSU, der SPD und der FDP sowie der Ministerpräsidenten der Landesregierungen von Baden-Württemberg, Bayern, Hamburg und Nordrhein-Westfalen«. Einträchtiger könnte es in einer Allparteienkoalition nicht zugehen.

»Die Geiseln von Mogadischu sind frei«, beginnt er und dankt »den tapferen Männern der Gruppe 9 des Bundesgrenzschutzes, die für die Geiseln, für die Besatzung der Lufthansa-Maschine und in Wahrheit für die Gesamtheit der Bürger dieses Staates ihr Leben gewagt haben«. Er fährt fort: »Die Bundesregierung hatte in diesem Fall nur scheinbar die

Ankunft in Frankfurt: befreite »Landshut«-Geiseln

Wahl. Hätte die Bundesrepublik Deutschland die elf terroristischen Täter freigelassen, so wären sie alle zurückgekommen, genau wie jene Terroristen, die Peter Lorenz entführt haben. Und wie diese hätten sie neue schreckliche Mordtaten begangen. Wir hatten das Risiko so gewissenhaft abgewogen, wie es nur möglich war. Gleichwohl blieb ein hohes Risiko.«

Das ist das Credo aller, die in den vergangenen Wochen mit am Tisch im Kanzleramt saßen. Das Schlüsselwort ist »scheinbar«. Angesichts dessen war ein Austausch RAF-Häftlinge gegen Arbeitgeberpräsident ausgeschlossen. Alle Verhandlungen erfolgten nur zum Schein.

In Mogadischu hebt fünf Stunden nach der Aktion »Feuer-

zauber« die »Landshut« ab. Ziel – wie schon vor fünf Tagen:
Frankfurt. Die Stimmung an Bord ist wie beim Ausflug eines
Kegelvereins. Alle sind überglücklich und aufgekratzt. Sie haben überlebt! Für jeden von ihnen kaum zu fassen. Nach 106
Stunden fand die Odyssee ein Ende. Aus dem Lautsprecher
kommt eine Ansage: »Hier spricht Captain Martyr Mahmoud …« Mehr aber hören die Passagiere nicht. Es knackt im
Lautsprecher. Der neue Flugkapitän hat Jürgen Vietor das Mikrofon aus der Hand gerissen – entsetzt über den »Ulk«.

87. Mythen

Keiner, der diesen Tag bewusst erlebt hat, wird ihn je vergessen – 18. Oktober 1977, der 43. Tag nach der Schleyer-Entführung: am Morgen die frohe Botschaft aus dem Radio, alle Geiseln in Mogadischu befreit. Die Republik atmet auf. Und dann
am Mittag meldet dasselbe Radio, dass die Stammheim-
Häftlinge Andreas Baader, Gudrun Ensslin und Jan-Carl Raspe tot sind. Das baden-württembergische Justizministerium
erklärt, sie hätten sich »am Dienstagmorgen in der Vollzugsanstalt Stuttgart-Stammheim das Leben genommen«.
    Wie konnte das geschehen?, fragen sich viele. Im »sichersten
Gefängnis der Welt«? Trotz aller Sicherheitsmaßnahmen?
Trotz der Kontaktsperre, die sogar unter den Häftlingen schon
seit sechs Wochen bestand? Auf den Irritationen der öffentlichen Meinung blühen Verschwörungstheorien: Behauptet
wird, ein Killerkommando hätte in der siebten Etage gemor-
det, eine Polizeieliteeinheit. Andere sagen, eine Geheimdienst-
operation. Behauptet wird auch, durch einen bewusst herbei-
geführten Stromausfall kurz vor der Tat seien die Überwa-
chungsanlagen in Stammheim lahmgelegt worden, sodass eine

Todesschwadron unbemerkt in die siebte Etage gelangt sei. Alles falsch, sagen manche – es sei doch alles eindeutig: An Baaders Schuhen sei Sand entdeckt worden, der stamme aus Somalia. Damit sei klar, was in der Nacht passierte: Baader sei zum Schein nach Mogadischu geflogen worden, um die »Landshut«-Entführer zu täuschen – denn dort sei er ja dem Entführungskommando vom deutschen Geschäftsträger Michael Libal angekündigt worden. Nachdem die »Landshut« gestürmt worden sei, hätte man Baader wieder zurück nach Stammheim geflogen – und ihn dann dort erschossen, damit die Wahrheit nicht herauskommt. Wieder andere erklären, die Häftlinge seien in diesen Tagen in ihren Zellen abgehört worden, sodass die Selbstmorde »unter staatlicher Aufsicht« erfolgt wären. Die Frage »Selbstmord oder Mord?«[59] wird für viele zu einer politischen Glaubensfrage. Über Jahre ist sie eine Art »Bekenntnisfrage«.[60]

Die Legende von den »Morden in Stammheim« wurde im RAF-Umfeld und im linksextremistischen Milieu intensiv gepflegt, weit bis in die 90er-Jahre. So zogen am 13. Todestag von Baader, Ensslin und Raspe 1990 über 500 RAF-Anhänger durch Berlin und skandierten: »Nichts ist vergessen, nichts ist vergeben.« Und heute gibt es noch immer Zeitgenossen, die von den »ungeklärten Todesfällen« in Stammheim sprechen.

»Kronzeugin« für sie ist die einzige »Überlebende von Stammheim« Irmgard Möller. »Sie wollten uns tot«, erklärte Möller noch im Jahr 2002. »Ich war und bin davon überzeugt, dass es eine Geheimdienstaktion war.« Die Todeslegende von Stammheim wird auch zum Rekrutierungsinstrument für neue RAF-Kämpfer, zum Beispiel für Werner Lotze, der 1978 bei der RAF einstieg: »Bei den Gesprächen innerhalb der Gruppe, an denen ich beteiligt war, war es eine Selbstverständlichkeit, dass Baader, Ensslin und Raspe in Stammheim genauso ermordet wurden wie Ulrike Meinhof«, blickt er zurück.

Die unglaubliche Geschichte beginnt, als am 18. Oktober

1977 zwei Justizbeamte in Stammheim Jan-Carl Raspe das Frühstück bringen wollen. Um 7.41 Uhr öffnen sie die Türklappe zu seiner Zelle 716: Raspe sitzt mit blutigem Gesicht auf seinem Bett, sein Rücken lehnt an der Wand, der Kopf ist nach rechts geneigt. Die rechte Hand umfasst eine Pistole. Ein Kopfschuss. Ein Notarztwagen bringt ihn ins Katharinenhospital. Wenige Minuten nach acht öffnen die Beamten die Zellen von Baader und Ensslin – für sie kommt jede Hilfe zu spät: Baader liegt in der Mitte seiner Zelle auf dem Boden, um seinen Kopf herum eine große Blutlache, in ihr eine FEG-Pistole ohne Griffschalen. Gudrun Ensslin hat sich am Gitter des Zellenfensters erhängt. Um 8.10 Uhr öffnen die Beamten die Zelle von Irmgard Möller. Sie liegt auf ihrer Matratze mit mehreren Stichverletzungen in der linken Brust. Ein Notarztwagen bringt sie ins Robert-Bosch-Krankenhaus. Jan-Carl Raspe stirbt um 9.20 Uhr.

Die »Besichtigung der Leichenfundorte« beginnt am Nachmittag in den Zellen. Bis dahin bleiben sie abgeschlossen. Amtsrichterin Rebsam-Bender hatte angeordnet, so lange zu warten, damit Gutachter aus dem Ausland anreisen können. Die baden-württembergische Justiz hatte eine Sachverständigengruppe mit »internationaler Beteiligung« verfügt: Zu zwei anerkannten Rechtsmedizinern aus Stuttgart und Tübingen, den Professoren Joachim Rauschke und Hans-Joachim Mallach, wurden drei Kapazitäten aus Zürich, Wien und Lüttich gerufen.

Ab 15.00 Uhr wird es eng in der siebten Etage in Stammheim, so eng wie noch nie – am Ende drängen sich dort über zwei Dutzend Menschen vor und in den Todeszellen: Neben den Gutachtern zwei Staatsanwälte, Kriminaloberrat Textor vom Landeskriminalamt Baden-Württemberg mit mehreren Kollegen, auch Kriminaloberkommissar Lux von der Landespolizeidirektion Stuttgart II ist mit mehreren Beamten erschienen, von der Anstaltsleitung sind die Herren Nusser,

Erschossen: Baader in seiner Zelle

Schreitmüller und Buchert erschienen – noch an diesem Tag
werden Nusser und Schreitmüller versetzt –, aus dem Justizministerium Baden-Württemberg Ministerialdirigent Rau-
schenbach und Ministerialrat Keck. Im Laufe der Zeit trudeln
auch vier Rechtsanwälte ein, aus Darmstadt Rechtsanwalt
Heldmann, aus Berlin Rechtsanwalt Schily, aus Frankfurt
Rechtsanwalt Weidenhammer und als Letzte gegen 18.00 Uhr
aus Bremen Rechtsanwältin Bahr-Jendges. Alle sind sprachlos
über das, was passierte. Als Gerichtsärzte im Sinne der Strafprozessordnung sind die beiden deutschen Professoren im
Einsatz – ihre drei Kollegen aus dem Ausland haben die Rolle
»sachverständiger Beobachter«.

Um 16.00 Uhr wird Baaders Zelle aufgeschlossen: Die Untersuchungen ergeben nichts, was auf eine Fremdtötung hin-
deutet. »In den Kopfhaaren der Mittelliniengegend zeigen sich
zwei Lochdefekte der Kopfschwarte«, protokolliert die Rich-
terin.

Weitere Verletzungen seien »nicht zu erkennen«. Um 17.45
Uhr wird Ensslins Zelle geöffnet. Vor dem Fenster hängt eine

Wolldecke, gehalten von zwei Nägeln. Einer wird gelöst, »sichtbar wird die bei geöffnetem Fenster am Fenster runter-hängende Leiche«, notiert die Amtsrichterin. »Die Leiche hängt frei.« Auch hier entdecken die Ermittler nichts, was auf eine Fremdtötung hindeuten könnte.

Um 21.50 Uhr beginnen die »Leichenöffnungen« in der Leichenhalle des Bergfriedhofs auf dem Galgenberg in Tübingen. Gudrun Ensslin wird als Erste obduziert. Das »vorläufige Gutachten« kommt zu dem Ergebnis, nichts spräche dagegen, »dass die vorgefundene Erhängungssituation von eigener Hand bewerkstelligt werden konnte«. Deshalb spreche auch »nichts gegen eine Selbsttötung durch Erhängung«.

Eine halbe Stunde nach Mitternacht ist Andreas Baader dran. Die Rechtsanwälte Schily und Heldmann bestätigen, dass es sich bei der Leiche auf dem Sektionstisch um Andreas Baader handelt. Er wurde 34 Jahre alt. Die Leiche hat eine Länge von 178 Zentimetern und wiegt 61 Kilo, hält das Proto-koll unter Ziffer 4. fest. Insgesamt hat es 52 Ziffern – so als ob es der rechtsmedizinischen Wahrheitsfindung dienen könnte, hält der Protokollant unter Ziffer 19. fest: »Ziemlich großes männliches Glied mit langer Vorhaut, kleinere Eichel.«

Ergebnis: Die Obduktion ergibt »einen einzelnen Schädel-durchschuss« mit »Einschussöffnung im Nacken oberhalb der Nacken-Haar-Grenze«. Außer diesem »Kopfdurchschuss« seien keine »weiteren Gewalteinwirkungsspuren nachweis-bar«. Quintessenz des »vorläufigen Gutachtens«: »Schussver-letzungen und Schussspuren im gegenwärtigen Fall sprechen für eine Beibringung von eigener Hand.«

Ab 3.00 Uhr wird Jan-Carl Raspe obduziert. Heraus kommt: »Ein Schädeldurchschuss von rechts nach links mit Einschussöffnung im Sinne eines absoluten Nahschusses spricht für Selbstbeibringung, sofern es sich um einen Rechts-händer handelt.« Um halb fünf packen die Sektionsgehilfen ihr Werkzeug zusammen. Feierabend.

Die exakte Bestimmung des Todeszeitpunkts bereitet Schwierigkeiten, weil die Professoren Mallach und Rauschke mit ihren Untersuchungen bis zum Eintreffen der ausländischen Sachverständigen warten mussten und so erst um 17.00 Uhr beginnen konnten. Als »frühestmöglicher Zeitpunkt« des Todes am 18. Oktober 1977 wird bei Gudrun Ensslin die Zeit »zwischen 1.15 und 1.25 Uhr« ermittelt, bei Andreas Baader zwischen »00.15 bis 00.30 und 2.15 Uhr«.

88. Kontaktsperre

Schon der Todeszeitpunkt gibt der Republik Rätsel auf: Wenige Stunden nach der Befreiung der Geiseln in Mogadischu – wussten womöglich die Häftlinge, was dort geschah? Seit sechs Wochen bestand für sie in der siebten Stammheim-Etage »Kontaktsperre«: keine Besuche mehr, auch keine Anwälte, kein Radio, kein Fernseher, keine Post und auch keine Gespräche mehr untereinander. Gar nichts mehr. Jetzt saßen sie wirklich in der Isolation, dachten viele. Dachten.

Weil rechtlich umstritten ist, ob eine derartige Kontaktsperre von einem Justizministerium angeordnet werden darf, verabschiedet der Bundestag das Kontaktsperregesetz. In Kraft tritt es am 2. Oktober 1977.[61] In der Vollzugsanstalt Stammheim verfügt umgehend der stellvertretende Leiter Regierungsdirektor Ulrich Schreitmüller[62] nach der neuen Regelung, dass es »zur Abwehr der gegenwärtigen Gefahr für Leib und Leben von Hanns Martin Schleyer geboten« sei, bei den Gefangenen »jedwede Verbindung untereinander und mit der Außenwelt einschließlich des schriftlichen und mündlichen Verkehrs mit den Verteidigern zu unterbrechen«.

Die Stammheimer Gefängnisleitung hatte die vier auseinandergelegt – so weit es im siebten Stock ging: Baaders Zelle 719 ist die letzte auf der linken Seite des Ganges. Davor eine leere Zelle und ein Treppenhaus. Dann Raspes Zelle, 716. Gegenüber, auf der rechten Seite des Flures, sitzt in der hintersten Zelle, 720, Gudrun Ensslin. Genau gegenüber Baaders Zelle. Vier unbelegte Zellen trennten sie von Irmgard Möllers Zelle, der 725. Jeden Abend werden dicke Schaumgummimatten als »Schallschutz« vor die Zellentüren gestellt. Damit die Häftlinge sich nichts zurufen können.

Doch die Kontaktsperre funktioniert nicht. Das hatte Alfred Klaus schon bei seinem Gespräch mit Jan-Carl Raspe am 27. September 1977 mitbekommen, Tag 22 nach der Schleyer-Entführung. Der Beamte war mit einem Polizeihubschrauber in Stammheim eingeschwebt, weil Raspe am Nachmittag erklärt hatte, er habe eine Mitteilung zu machen und wolle ein Schriftstück übergeben.

Raspe sagt dem Beamten, er hätte eine Ergänzung zu seiner vor zwei Wochen gegebenen Antwort auf die Frage nach einem Zielort zu machen. »Für den Fall, dass die Bundesregierung wirklich den Austausch versucht und vorausgesetzt, die bereits genannten Länder – Algerien, Libyen, Vietnam, Irak, Südjemen – lehnen die Aufnahme ab«, liest er einen mit Maschine getippten Text vor, »nennen wir noch eine Reihe weiterer Länder: Angola, Mosambique, Guinea-Bissau, Äthiopien. 20.9.1977 Raspe.«

Alfred Klaus ist perplex. Denn erstens hatte Raspe vor zwei Wochen bei der Frage nach einem Flugziel keines genannt, sondern erklärt, er wolle sich mit anderen Gefangenen darüber beraten. Aber das ging ja nun nicht wegen der Kontaktsperre. Baader war es, der die fünf möglichen Ziele genannt hatte. Also, woher wusste Raspe von Baaders Angaben? Und zweitens sprach Raspe in seiner vorformulierten Erklärung von »wir«, die weitere Länder »nennen«. Wenn »wir« stimmt, müssten die Häftlinge die vier neuen Vorschläge gemeinsam besprochen haben, denkt sich der Kommissar. So hält er dem 33-Jährigen vor unter Hinweis »auf den Gebrauch des Fürwortes ›wir‹« und die »Aufzählung der von Baader genannten fünf Aufnahmeländer«, dass sie sich wohl untereinander verständigt hätten.

Raspe wird verlegen. Sagt nichts. Er unterschreibt seinen Text und eine Kopie und bittet den BKA-Mann, die Seiten an den »Krisenstab« weiterzuleiten.

Dass trotz Kontaktsperre unter den Häftlingen fleißig kommuniziert wird, stellt Alfred Klaus auch bei einem Gespräch mit Gudrun Ensslin fest, am 9. Oktober 1977. An diesem Sonntagmorgen hatte sie um acht Uhr gebeten, dass Klaus sie in Stammheim aufsucht. Schon am Tag zuvor war er dort bei Andreas Baader gewesen, auch er hatte um einen kurzfristigen Besuch gebeten: Wenn das »jämmerliche Spiel« nicht bald ein Ende finde, sagt der 34-Jährige im Besucherraum der siebten Etage und meint die Kontaktsperre, dann würden »die Gefangenen entscheiden«. Das »polizeiliche Kalkül« werde nicht aufgehen. Die Sicherheitsorgane würden zu »betrogenen Betrügern«. Die Häftlinge beabsichtigten nicht, die gegenwärtige Situation länger hinzunehmen, die Bundesregierung werde »künftig nicht mehr über die Gefangenen verfügen können«.

Einundzwanzig Stunden später nun sitzt Klaus wieder in demselben Raum, und nun trägt ihm Gudrun Ensslin denselben Gedanken vor – die Ex-Doktorandin hat es etwas schöner und umfangreicher formuliert: »Wenn diese Bestialität hier, die ja auch nach Schleyers Tod nicht beendet sein wird, andauert«, liest sie aus der von ihr getippten Zwei-Seiten-Erklärung ab, »dann werden wir, die Gefangenen in Stammheim, Schmidts Entscheidung aus der Hand nehmen, indem wir entscheiden, und zwar wie sie jetzt noch möglich ist, als Entscheidung über uns.«

Welcher Art die Entscheidung sei, fragt Klaus, die die Gefangenen dem Kanzleramt abnehmen wollten. Das sei ja wohl unmissverständlich, erwidert die 37-Jährige. »Nach den Umständen ist anzunehmen, dass die Selbsttötung gemeint ist«, notiert Alfred Klaus anschließend in seinem Vermerk. Und: »Frau Ensslin gab an, von meinem gestrigen Gespräch mit Baader erfahren zu haben.« Das ist ein dicker Hund. Wie denn – erfahren? In der Justizvollzugsanstalt geht Klaus zu Justizwachtmeistern und sagt ihnen erstaunt, dass »offensichtlich Kontaktmöglichkeiten zwischen den Gefangenen« bestehen. Aber für die Wächter der Justiz scheint das kein großes Thema zu sein: Sie erklären dem Kripomann, die Isolation der Häftlinge sei »keineswegs total«. Tagsüber bestehe »eine Verständigungsmöglichkeit untereinander mittels Zuruf durch die Zellentür«, vermerkt Alfred Klaus über das Gespräch, da die Schallschutzmatten nur nachts angebracht werden könnten.

Aber auch diese Matten verhindern in der siebten Etage nicht die Kommunikation bei Nacht. Denn Amtsinspektor Horst Bubeck, verantwortlich dort für die Sicherheit, berichtet, dass Beamte mehrfach »regelrechte Unterhaltungen in der Nacht« zwischen den Zellen wahrgenommen hätten:[63] »Stundenlang unterhielten sie sich miteinander über den Gang hinweg, was nicht ganz mühelos war.« Mehrfach hätten seine Kollegen die Häftlinge »ermahnt, das zu unterlassen. Aber ohne Erfolg.«

Wie sehr die Bundesbürger mit ihrer Vorstellung von der totalen »Kontaktsperre« damals hinterm Mond lebten, zeigt ein Dokument, dessen Inhalt erst mehr als 25 Jahre nach den Vorgängen in Stammheim bekannt wurde.[64] Es ist die Mitschrift eines Justizbeamten von dem, was er auf dem Gang zwischen den Zellen der RAF-Häftlinge in der Nacht vom 13. zum 14. September 1977 hörte. Amtsinspektor Bubeck hatte die Mitschrift angewiesen, weil ihm seine Kollegen berichtet hatten, fast jede Nacht hallten laute Rufe durch die siebte Etage – und er zu der Einschätzung gekommen war, ihnen würde es nicht gelingen, das zu unterbinden. So sitzt der Beamte am Eingang zum Zellenflur. Direkt vor der verschlossenen Gittertür: Durch die Stahlstreben kann er alles hören. Nur öffnen kann er sie nicht, weil er keinen Schlüssel hat und seit 17 Uhr die »Telemat«-Alarmanlage scharf geschaltet ist.

Der Gedankenaustausch auf der siebten Etage beginnt um 19.15 Uhr:

»Was hört ihr, was hab ihr gehört? Leer unter mir!«

»Leer unter mir ...«

»Jahn,[65] und du, nichts?«

»Gestern Abend auch nichts erfahren ...«

»Doch, verstehe nichts ...«

»Sag doch mal ...«

»Versteh nichts. Sitzungen und so, wer kocht hier Kohl?«

Um 19.20 Uhr verwarnt der Justizbeamte die Häftlinge und fordert sie auf, die Zurufe einzustellen. Fünf Minuten später machen sie weiter:

»He, Gudrun, Jahn antwortet an alle Gabi ...«

»Die Länderreihenfolge: Algerien, Lybien, Jehmen und Irak ...«

Dann notiert der Beamte: »Weitere Unterhaltung schlecht zu verstehen.« Um 19.30 Uhr versteht er wieder, was gesagt wird:

»Provozierende Verordnung ...«

»... eine sehr lange Woche!«

»... auf der anderen Seite das Gegeifer ...«

Dann dreht sich die Unterhaltung darum, notiert der Beamte, ob in Stammheim ein »Hubschrauber gelandet ist oder nicht«.

»kann sein ...«

Um 19.35 Uhr schreibt der Beamte: »Baader spricht über Auslieferung, diktiert den anderen« – aber er kommt nicht mit, notiert: »zu schnell zum mitschreiben«. Offensichtlich können die von der RAF schneller schreiben als der Justizbeamte. Als er wieder mitkommt, bringt er zu Papier:

»Unglaublich, Wehner spricht von ›Perversion‹ ...«
Weiter geht's um 23. 35 Uhr:
»He, Jahn, gibt es diese Krisenstäbe noch?«
»... heute Abend findet das Gespräch mit Schmidt statt ...«
»Wer ist das alles?«
»Europakommission erklärt sich der BRD solidarisch ...«
»Ach, sie sagen, sie sind sich einig! Jahn, das geht endlos.«
»Habe von Standrecht, Todesstrafe gehört ...«
»Der Typ unter mir hört immer den Kommentar ... Kommentare waren dagegen ...«
Um 23.50 Uhr verwarnt der Beamte »nochmals«, wie er notiert, die Häftlinge. Aber wieder nutzt es nichts, belegt seine Mitschrift – 0.30 Uhr:
»Gewerkschaft soll sich mit Schleyer solidarisiert haben ...«
»Hab dich nicht verstanden ...«
»Gleich noch mal lauter ...«
Die Notizen enden mit den Worten: »Bis Dienstende keine Vorkommnisse mehr und ruhig.«
Auch wenn der Horcher auf dem Gang nicht alles verstehen konnte, so belegt die Mitschrift doch, dass es einen regen Gedankenaustausch der Häftlinge während der »Kontaktsperre« gab. An diesem Tag über fünf Stunden.
So nahmen es die Justizbeamten in Stammheim mit der »Kontaktsperre« nicht so ernst, wie es Politiker und Bürger sechs Wochen lang annahmen. Ihre Einstellung, so jedenfalls der Eindruck: Wenn die RAF-Häftlinge das Schwatzen trotz Ermahnung nicht lassen – was soll denn dann die Justiz noch dagegen tun? Für Horst Bubeck, damals stellvertretender Chef des Stammheimer Vollzugsdienstes, ist die »Kontaktsperre« eine Art gedanklicher Fehler: »Jeder, der ein Gefängnis kannte, wusste: So eine ›Kontaktsperre‹ lässt sich nur nach außen, nicht nach innen durchsetzen.«
Auch dass Baader und Ensslin unmissverständlich davon sprechen, dass sie sich das Leben nehmen könnten, teilt der

BKA-Mann Alfred Klaus der Gefängnisleitung mit. Aber die Nachricht bringt niemanden dazu, etwas zu veranlassen. Die Zellen waren x-mal gefilzt worden, mindestens dreimal die Woche – und nichts entdeckt worden, was als gefährliches Werkzeug hätte dienen können.

89. Waffen

Und die Waffen? Wie kamen sie nach Stammheim? Mitarbeiter der Croissant-Kanzlei hatten eine Lücke im Stammheimer Sicherheitssystem erspäht: den Zugang zum Prozessgebäude. Nebenan, in der Vollzugsanstalt, waren die Kontrollen streng, nicht aber die im 150 Meter entfernten Prozessgebäude, in das die Anwälte zur Gerichtsverhandlung kamen. Denn dort kontrollierten nicht erfahrene Justizwachtmeister, sondern Polizisten, die für die Einlasskontrolle abkommandiert worden waren – der »Grabbeldienst« war bei ihnen alles andere als beliebt. Deshalb erfolgte die Abordnung auch jeweils nur für einige Wochen. Dadurch konnten die Kontrolleure, so urteilte später das Oberlandesgericht Stuttgart[66], keine »ausreichende Routine und damit die nötige Selbstsicherheit im Auftreten gegenüber Verteidigern erwerben«. Zudem waren sie vom Gerichtsvorsitzenden Prinzing angewiesen worden, bei Akten »strengstens darauf zu achten, dass von ihrem Inhalt keine Kenntnis genommen werden kann« – und ergänzend in seiner Verfügung erläutert: »Bei Leitz-Ordnern kann es u. U. genügen, sie zu schütteln.«

So schüttelten die Beamten bei der Einlasskontrolle häufiger Akten. Nie fiel eine Pistole heraus. So wurde, wie es einer von ihnen formulierte, »eher zurückhaltend« kontrolliert. Mit den Strafverteidigern wollte keiner von ihnen unnütz Ärger bekommen, erst recht nicht mit dem Senatsvorsitzenden aufgrund einer Verteidigerbeschwerde. Und so kam es, dass eine Reihe von Beamten »die Kontrolle der Handakten verhältnismäßig großzügig handhaben«, stellte das Oberlandesgericht Stuttgart[67] 1978 fest, »und es zum Beispiel zuließen, dass die Verteidiger die Handakten nicht aus der Hand gaben, sondern sie nur vor den Augen der Kontrolleure selbst kurz durchblätterten«.

Die Transporte in die Festung Stammheim über den Prozessgebäude-Eingang übernehmen die beiden »Postanwälte« der Croissant-Kanzlei Arndt Müller und Armin Newerla. Präpariert werden die Akten von den beiden »Stammheim-Betreuern« im »Büro«, Volker Speitel und Elisabeth von Dyck: Ausgehöhlt wird das Papier an der linken Längsseite, dort, wo die Seiten in die Akte eingeheftet sind, der Gegenstand eingelegt und anschließend alles verleimt, sodass die rechte Seite der Akte bei der Kontrolle »vorgeblättert« werden kann. Und so gelangt an Verhandlungstagen alles Mögliche ins Prozessgebäude – alles, was sich die Häftlinge wünschen: Es beginnt mit Heizspiralen, Asbestplatten und einem Bügeleisenunterteil. Dann folgen einige kleine Werberadios, Minox-Kameras und ein Miniradio der Marke Sanyo. Und schließlich: Pistolen, Munition und Sprengstoff.[68]

Im Prozessgebäude übergeben die Anwälte ihre Mitbringsel den Häftlingen, die sie in die siebte Etage tragen. Kein Problem, weil es auf dem Weg keine Kontrollen gibt – noch eine Sicherheitslücke in der Festung Stammheim. Für ihre Schmuggeltouren werden die Rechtsanwälte Arndt Müller und Armin Newerla 1980 vom Oberlandesgericht Stuttgart wegen Unterstützung einer terroristischen Vereinigung verurteilt: Rechtsanwaltssohn Müller zu vier Jahren und acht Monaten Freiheitsstrafe, Richtersohn Newerla zu drei Jahren und sechs Monaten.

90. Todesnacht

Im Lichte der Kommunikation auf der siebten Etage, der Waffen und des handtellergroßen Sanyo-Radios sowie allem anderen, was seither bekannt geworden ist, lässt sich die letzte Nacht von Andreas Baader, Gudrun Ensslin und Jan-Carl Raspe so weit rekonstruieren:

Kurz vor 17.00 Uhr reichen ihnen Justizbeamte das Abendessen durch die Klappen in ihre Zellen. Besonderheiten an diesem Abend seien ihnen nicht aufgefallen, berichten später Beamte des Tagesdienstes, die nach der Essensausgabe Feierabend haben. Lediglich Baader hätte sich darüber mokiert, dass die Zusatzverpflegung gestrichen worden sei. Anschließend werden die Zellentüren abgeschlossen und die Schalldämmung vor sie gestellt: Schaumstoff auf einer Holzplatte.

Um Viertel vor elf meldet sich Raspe aus seiner Zelle über die Sprechanlage bei Justizassistent Rudolf Springer, »dem Stockwerkbeamten« in der »Aufsichtskabine«. Raspe verlangt, ihm bei der Medikamentenausgabe eine Rolle Toilettenpapier mitzubringen. Wie gewöhnlich bekommen die Häftlinge die Medikamente gegen 23.00 Uhr. Sanitäter Kühl, begleitet von Justizassistent Springer und drei anderen Beamten, betritt den Sicherheitstrakt in der siebten Etage. Über den Monitor der Hauptwache beobachtet ein Justizhauptsekretär das Geschehen im Flur vor den Zellen.

Die Beamten nehmen die Schalldämmung vor Raspes Zelle zur Seite, öffnen die Klappe, geben ihm das angeforderte Toilettenpapier sowie die Schmerzmittel Dolviran und Optipyrin, außerdem Paracodin-Hustensaft. Raspe dankt. Justizassistent Springer schließt die Klappe.

Anschließend nehmen die Beamten vor Baaders Zelle die Schalldämmung weg, Springer öffnet die Klappe: Baader sitzt auf dem Fußboden neben der Schamwand und isst. Er erhebt sich langsam und verlangt vom Sanitäter eine Dolviran-Tablette und eine Tablette Adalin, ein Schlafmittel. Beides erhält er. Springer schließt die Klappe wieder. Die Beamten stellen wieder die Schalldämmung vor die beiden Zellen und verlassen den Sicherheitstrakt.

Springer notiert in der »Nachtdienstmeldung«: »17./18.10. 1977: 23.00 Uhr Medikamentenausgabe an Baader und Raspe sonst keine Vorkommnisse!«

Um 0.40 Uhr sendet das »Gemeinsame Nachtprogramm der ARD«, es kommt in dieser Nacht vom Sender Freies Berlin, die erste Meldung über die Befreiung der »Landshut«-Geiseln. Dieses Programm strahlt in Stuttgart SDR 1 aus, eine Welle des Süddeutschen Rundfunks. Eingestellt ist sie auf dem Sanyo-Radio von Jan-Carl Raspe, das die Beamten am nächsten Tag in seiner Zelle entdecken.

Nach dieser Meldung muss er, es gibt keine andere Erklärung, die drei anderen unterrichtet haben. Wie? Der Untersuchungsausschuss »Vorfälle in der Vollzugsanstalt Stuttgart-Stammheim« des Landtags von Baden-Württemberg kam zu dem Ergebnis,[69] dass die Häftlinge Leitungen des Rundfunknetzes in der Haftanstalt, die bei ihnen abgeklemmt worden waren, »zur Installation einer Wechselsprechanlage benutzt« hätten: »Die erforderlichen Lautsprecher bzw. Kopfhörer waren in allen Zellen vorhanden. Lautsprecher und Kopfhörer sind auch als Mikrofone verwendbar.« Mithilfe der ebenfalls in allen Zellen vorhandenen Schallplattenverstärker sei es möglich gewesen, »die erzeugten elektrischen Signale auf sehr klare Kopfhörerwiedergabe zu verstärken«. Ein Sachverständiger hatte den Abgeordneten demonstriert, wie es geht.

Dass es tatsächlich so war, ist unwahrscheinlich. Erstens gibt es keinen tatsächlichen Anhaltspunkt dafür, dass das Quartett in dieser Nacht wirklich so kommunizierte – technische Veränderungen, die darauf hindeuten, wurden nicht entdeckt. Zweitens passt die Hypothese der Abgeordneten nicht in das Gesamtbild der Stammheim-Situation im Oktober 1977: Trotz der »Kontaktsperre« gab es nachts »regelrechte Unterhaltungen«, die die Justizbeamten nicht unterbanden. »Fast jede Nacht«, sagt Amtsinspektor Bubeck – so berichteten es ihm seine Nachtwachen. Dieser Umstand zeigt auch, dass die Schalldämmung vor den Zellen ihren Zweck nicht erfüllt – der Abstand der Zellentüren von Baader und Ensslin betrug ganze 4,60 Meter. Die Breite des Gangs. Nicht anders bei den Zellentüren von Raspe und Möller. Die Luftlinie zwischen den Türen von Baader und Raspe beträgt ungefähr 17 Meter. Nicht anders bei Ensslin und Möller. Einzige Konsequenz der Schalldämmung, die die Justizbeamten Nacht für Nacht vor die Zellentür räumten: Die Häftlinge mussten lauter rufen, brüllen.

Und von dem Gerufe bekommt der Beamte, der in der Nacht den siebten Stock auf Monitoren überwacht, nichts mit, weil er in einem Raum außerhalb des Zellentrakts sitzt. Hinter drei verschlossenen Türen. So sieht er zwar, was in diesen Nächten auf dem Gang vor den Zellen passiert: praktisch nichts. Aber er hört nichts. Deshalb spricht zudem gegen die Wechselsprechanlagentheorie, dass nicht nachvollziehbar ist, warum die Häftlinge, die sich, wie nun heute bekannt ist, über Wochen durch Zurufe verständigt hatten, auf einmal auf eine technisch aufwendige Methode umgestiegen sein sollten. So deutet in der Gesamtschau alles darauf hin, dass die Mogadischu-Nachricht auf der siebten Etage von Mund zu Mund ging, nachdem Raspe die Meldung über die Befreiung der »Landshut«-Geiseln im Radio gehört hatte. Und dann taten die Häftlinge das, was sie vorher für das Scheitern der Befreiungsaktion verabredet hatten: den kollektiven Selbstmord – unmissverständlich waren die Andeutungen, die Baader, Ensslin und Raspe in den Tagen zuvor gegenüber Alfred Klaus gemacht hatten.

Die Wechselsprechanlagentheorie sei in Baden-Württemberg damals »die politisch gewollte Erklärung« gewesen, sagt ein ehemaliger Beamter aus dem Stuttgarter Strafvollzug: Nur durch sie konnte damals der erstaunten Republik erklärt werden, auf welche Weise die Häftlinge von der Befreiung der »Landshut«-Geiseln erfuhren – ohne zugeben zu müssen, dass sie über viele Wochen trotz Kontaktsperre kommunizierten: vor den Ohren etlicher Stuttgarter Justizbeamter, die das Gebrülle nicht zu unterbinden vermochten. So spricht heute auch alles dafür, dass die Häftlinge gegenüber der Öffentlichkeit raffinierter dargestellt wurden, als sie tatsächlich waren – zum Schutze der Justiz.

Durch die Nachricht aus Mogadischu war für die Häftlinge die Hoffnung verflogen, aus dem Gefängnis zu kommen. »Lebenslänglich« lautet das Urteil für alle drei. Zwar hat der Bundesgerichtshof noch nicht über die Revision entschieden. Aber keiner kann sich vorstellen, dass das weitere Verfahren mit Freisprüchen endet.

Auch gescheitert war der letzte Versuch des Trios, den Staat zu ihrer Freilassung mit dem Argument zu bewegen, dadurch könne er ihren kollektiven Suizid verhindern. Die Argumentation war ebenso verzweifelt wie lächerlich.

Zudem ist für Baader und Ensslin klar, dass ihre gemeinsamen Tage auf einer Etage gezählt sind. Denn nach Rechtskraft der Entscheidung, die nach der Entscheidung des Bundesgerichtshofs über die Revision eintritt, möglicherweise innerhalb weniger Monate, werden für sie die allgemeinen Regeln des Strafvollzugs gelten. Nach ihnen erfolgt der Strafvollzug für Männer und Frauen getrennt.

So holen Baader und Raspe ihre Pistolen aus den Verstecken: Raspe zieht seine »HK 4« von Heckler & Koch aus einem Hohlraum hinter einer Fußleiste hervor, Baader die FEG-Pistole mutmaßlich[70] aus seinem Plattenspieler. In ihm wird später eine Haltevorrichtung entdeckt. Baader hat Glück gehabt. Denn nach der Schleyer-Entführung hatte der »Sicherheitsbeauftragte« der Anstalt Schreitmüller dafür gesorgt, dass aus allen Zellen Fernseher, Radios und Plattenspieler geholt wurden. Ein Kriminalbeamter machte, ähnlich wie seine Kollegen am Eingang zum Prozessgebäude, bei Baaders Plattenspieler den »Schütteltest«. Weil keine Pistole herausfiel und dem Beamten sonst auch nichts auf, war damit für ihn die Sache erledigt. So bekommt Baader den Plattenspieler zurück – zuvor hatte es der Senatsvorsitzende Foth telefonisch genehmigt.

Gegen 1.30 Uhr hören zwei Justizbeamte, die mit Medikamenten auf dem Weg zu einem Häftling sind, einen »dumpfen Knall«. Sie glauben, dass ein Fenster im Zellenbau zugeschlagen wurde. So schenken sie dem Knall keine weitere Beachtung.

Nach den Berechnungen der Gerichtsmediziner trat der Tod bei Baader nicht vor 0.15 Uhr und bei Ensslin nicht vor 1.15 Uhr ein.

Um 7.41 Uhr finden Justizbeamte Raspe.

Von den Toten in Stammheim erfahren Mohnhaupt und andere in Bagdad aus einem Weltempfänger. Mohnhaupt »machte sich Vorwürfe, dass es nicht gelungen sei, die Gefangenen zu befreien«, berichtet Monika Helbing. Viele schreien aus Wut und Verzweiflung. »Schnauze, haltet verdammt noch mal für einen Augenblick die Fresse«, brüllt Mohnhaupt mittendrin: »Was wird das hier, eine Trauerfeier mit Klageweibern? Könnt ihr die Stammheimer wirklich nur als Opfer sehen? Das war eine Aktion, habt ihr verstanden, eine Aktion! Ihr könnt aufhören zu flennen, ihr Arschlöcher!« Eine klare Ansage. Allen ist klar, dass es sich um »kollektive Selbstmorde« handelte.

Dreizehn Jahre später berichten Monika Helbing und Susanne Albrecht, nachdem sie 1990 in der DDR gefasst worden waren, dass es RAF-intern für das Geschehen in dieser Nacht den Begriff »suicide action« gegeben hätte – natürlich sei das Ganze nach außen ein Geheimnis gewesen. Von den »Selbstmorden in Stammheim« hätten »nur wir, die damals in Bagdad waren« gewusst, gibt Albrecht zu Protokoll:[71] »Die Wahrheit von Selbstmorden hätte nicht in das politische Selbstverständnis der ›RAF‹ gepasst.« Und Monika Helbing berichtet,[72] von Mohnhaupt gehört zu haben, dass die Stammheimer für den Fall, dass die Freipressung nicht klappe, vorgehabt hätten, Selbstmord zu begehen. »Aus meiner Sicht war diese Lüge über den angeblichen Mord an den Gefangenen in Stammheim allein durch den Selbstzweck begründet, die Politik der RAF fortsetzen zu können und in der Öffentlichkeit glaubwürdig zu machen«, sagt sie 13 Jahre nach der Todesnacht von Stammheim. Insbesondere hätte man mit der »Behauptung der Morde den Eindruck der Reaktion eines faschistischen Staates erwecken wollen«. Die Lüge als Mittel zur Existenzsicherung.

In Stuttgart entbrennt der Streit über ein Grab für die drei RAF-Köpfe. Ensslins Vater, er ist Pfarrer und wohnt in Stuttgart, möchte, dass seine Tochter dort zusammen mit Andreas Baader und Jan-Carl Raspe beerdigt wird, auf dem Dornhaldenfriedhof. Der Aufschrei ist groß. Zahlreiche Stuttgarter protestieren. Sie wollen die drei nicht in ihrer Stadt haben, fürchten, der Friedhof könne zu einer Wallfahrtstätte werden. Einige drohen, ihre Angehörigen umbetten zu lassen, falls auf den Dornhaldenfriedhof tatsächlich die »Terroristen« kommen. Gegen die herrschende Auffassung in der Stadt spricht Stuttgarts Oberbürgermeister Manfred Rommel ein Machtwort: Er ordnet drei nebeneinanderliegende Gräber an. Er will »durch eine gewisse Großzügigkeit sichtbar machen, dass mit dem Tod die Feindschaft endet«, erklärt er später, und »einen kleinlichen Zank über die Frage verhindern, wer in Stuttgart überhaupt Recht auf ein Grab hat«. Am 27. Oktober werden sie dort beerdigt, für die drei gibt es einen Grabstein. Die Zukunft zeigt: Der Dornhaldenfriedhof wird nicht zum RAF-»Wallfahrtsort«.

Groß ist das Entsetzen in den Medien und der Bevölkerung über das, was die Beamten in Stammheim alles nicht mitbekamen – die Polizeibeamten am Eingang zum Prozessgebäude, die Justizwachtmeister bei ihren regelmäßigen Razzien in den Zellen, mindestens dreimal die Woche, und auch die LKA-Beamten, die immer wieder »anlassbezogen« die Zellen auf den Kopf stellten.

Aber es kommt noch schlimmer. Ungefähr vier Wochen nach der Todesnacht berichtet Volker Speitel dem Oberstaatsanwalt bei der Bundesanwaltschaft Lampe, dass noch eine Pistole unentdeckt in Stammheim liegen müsse. Volker Speitel war am 3. Oktober 1977 im Skandinavienexpress in Puttgarden verhaftet worden und zuvor »Betreuer« der Stammheimer im »Büro«. Er habe, so sagt er dem überraschten Lampe, einen verchromten Revolver, Kaliber 38, für Rechtsanwalt Arndt Müller »verpackt« und ihm zum Transport ins Prozessgebäude übergeben. Aber die Waffe sei ja wohl noch nicht aufgetaucht ...[73] Und tatsächlich: Nach diesem Hinweis finden LKA-Beamte am 18. November 1977 einen »Colt Detective Special« in der Zelle 723.

Die siebte Etage wird demoliert, alle nicht tragenden Wände eingerissen. Zum Vorschein kommen insgesamt 17 Verstecke – hinter Putzleisten, in Wänden und sonstigen Hohlräumen,[74] 650 Gramm Sprengstoff, Patronen und Rasierklingen. Nichts von alledem hatten die Justizbeamten mitbekommen.

Und noch eine weitere Schwachstelle im »sichersten Gefängnis der Welt« fliegt auf: eine ungesicherte Baustelle. Vier Monate vor der Todesnacht fanden im RAF-Trakt Umbauarbeiten statt. Zwei Wochen lang. Zehn Hausarbeiter führen die Arbeiten durch, die RAF-Häftlinge schauen zu. Auf dem Gang vor ihren Zellen sieht es aus wie auf einer Großbaustelle: Gipssäcke, Holzleisten, Farbeimer, Tüten mit Füllmasse stehen herum, Pinsel, Zangen, Schraubenzieher, Spachtel, ganze Werkzeugkästen – kurzum alles, was das Herz eines Heimwerkers höherschlagen lässt. Die RAF-Häftlinge bedienen sich; erst als der Amtsinspektor Bubeck Jan-Carl Raspe eine »Zellenkontrolle durch das LKA« androht, rückt er zwei

Schraubenzieher wieder raus. Keiner aus dem Justizvollzug war auf die Idee gekommen, dass sich die Häftlinge dort selbst bedienen könnten. Noch so eine Schlamperei.

Die Staatsanwaltschaft Stuttgart kommt in dem Ermittlungsverfahren wegen des Todes von Baader, Ensslin und Raspe zu dem Ergebnis, dass sich die drei »selbst getötet haben, die Gefangene Möller sich selbst verletzt hat und eine strafrechtlich relevante Beteiligung Dritter nicht vorliegt«. Deshalb stellt sie das Verfahren im April 1978 ein. Anhaltspunkte dafür, dass es anders gewesen sein könnte, haben sich seither nicht ergeben – weder in den Untersuchungen[75] des Parlamentarischen Untersuchungsausschusses in Stuttgart noch in zwei Gerichtsverfahren vor dem Oberlandesgericht Stuttgart[76], die sich mit dem Schmuggel der Waffen beschäftigten.

Verschwörungstheorien sind in der medialen Wahrnehmung häufig stärker als die Wirklichkeit. Aber zur Wirklichkeit gehört auch, dass die Mord-Legende von Stammheim auch von ehemaligen RAF-Mitgliedern widerlegt wurde.

91. Hinrichtung

»Hier RAF«, meldet sich die Anruferin im Büro der Deutschen Presse-Agentur in Stuttgart am 19. Oktober 1977, 16.21 Uhr – rechtzeitig vor dem Redaktionsschluss der Tageszeitungen: Tag 1 nach dem glücklichen Ende der »Landshut«-Entführung, Tag 44 nach der unglücklichen Schleyer-Entführung und 33 Stunden nachdem Justizbeamte den sterbenden Raspe in seiner Zelle in Stammheim fanden. Die Frau liest eine Erklärung vor – zum Mitschreiben: »Wir haben nach 43 Tagen Hanns Martin Schleyers kläglich und korrupte Existenz beendet. Herr Schmidt, der in seinem Machtkalkül von Anfang an mit Schleyers Tod spekulierte, kann ihn in der Rue Charles Péguy in Mülhausen in einem grünen Audi 100 mit Bad Homburger Kennzeichen abholen. Für unseren Schmerz und unsere Wut über die Massaker von Mogadischu und Stammheim ist sein Tod bedeutungslos. Andreas, Gudrun, Jan, Irmgard und uns überrascht die faschistische Dramaturgie der Imperialisten zur Vernichtung der Befreiungsbewegungen nicht. Wir werden Schmidt und den ihn unterstützenden Imperialisten nie das vergossene Blut vergessen. Der Kampf hat erst begonnen. Freiheit durch bewaffneten anti-imperialistischen Kampf!«

Schnell entdeckt die französische Polizei den Audi 100 mit dem Kennzeichen HG–AN 460. Vorsichtig nehmen ihn Sprengstoffexperten unter die Lupe. Sie fürchten eine Sprengfalle. Um 20.50 Uhr öffnen sie den Kofferraum. Nichts explodiert. Vor sich sehen sie die eingepferchte Leiche von Hanns Martin Schleyer. Das Gesicht entstellt. Die grauen Haare kurz geschoren. Derselbe Anzug wie am Tag seiner Entführung.

Ungeklärt ist bis heute, wer damals bei der Deutschen Presse-Agentur in Stuttgart anrief. Fest steht, dass den Audi Christian Klar besorgte.[77] Vier Tage vor dem Leichentransport kaufte er ihn in Neu-Anspach bei Frankfurt. Am 15. Oktober 1977 für 2900 Mark.

Nimmt man das zusammen, was bis heute bekannt ist, spricht alles dafür, dass das Leben von Hanns Martin Schleyer so endete: In der Dreizimmerwohnung in Brüssel ist er seit über vier Wochen. Siebte Etage oder höher. Fünf RAF-Mitglieder bewachen ihn – nach den Erkenntnissen der Bundesanwaltschaft sind es Rolf Clemens Wagner, Stefan Wisniewski, Rolf Heißler, Sieglinde Hofmann und Angelika Speitel. Zu einem herben Stimmungsdämpfer bei ihnen führt die Nachricht, dass die »Landshut« in Aden wieder starten musste. Aden sollte die Lösung sein, den Austausch bringen. Aber es funktionierte nicht. Keiner weiß, wieso. Damit steht – zwei Tage vor dem grausamen Spektakel im Elsass – für die RAF fest, in Brüs-

Mülhausen: der Audi mit Schleyers Leiche im Kofferraum

sel wie auch in Bagdad, dass es ihr nicht gelingen wird, ihre Häftlinge freizupressen – 42. Tag nach der Schleyer-Entführung, Montag, 17. Oktober. Einen Tag später melden die Radionachrichten ab 9 Uhr den Tod von Baader und Ensslin. Daraufhin beschließt das Brüssler Kommando, einstimmig, ohne längere Diskussion, Schleyer zu erschießen. Bagdad stimmt zu. Telefonisch oder telegrafisch. »Es gab in Brüssel öffentliche Fernschreiber, die standen im Postamt«, sagt Peter-Jürgen Boock 30 Jahre später.[78] Und so sei gekabelt worden – in etwa: »Wir müssen das Geschäft jetzt zum Abschluss bringen. Die letzte Ladung ist verdorben. Seht ihr das auch so?« Die Antwort hätte aus nur einem einzigen Wort bestanden, meint Boock sich zu erinnern: »Okay.« Schleyers Todesurteil. Vier Buchstaben.

Die schmutzige Aufgabe übernehmen zwei RAF-Männer. Um leichtes Spiel zu haben, gaukeln sie Schleyer vor, seine Freilassung stünde bevor. So klettert er guter Stimmung in den Kofferraum. An solche Touren hat sich der einstige Fondfahrer in den vergangenen Wochen gewöhnt. Von Brüssel aus geht es Richtung Südosten. Irgendwo unterwegs stoppt der Audi. Der Arbeitgeberpräsident darf aus dem Kofferraum. Pinkelpause. Alles wirkt entspannt. Doch auf einmal feuert einer der Männer mit einer Smith & Wesson Schleyer in den Hinterkopf. Zwei weitere Schüsse fallen. Entfernung: zwischen 20 und 50 Zentimeter. Hanns Martin Schleyer erleidet eine zentrale Atem- und Kreislauflähmung und eine Luftembolie im Herz. Sein Todeskampf dauert Minuten.[79] Auch nicht auszuschließen ist, dass der zweite Mann einen oder gar zwei der Schüsse abgab.

Alles spricht dafür, dass dieser Mord in einem Wald geschah, gut möglich: im Elsass – Gras, Baumrinde und Fichtennadeln deuten darauf hin, die im Mund von Schleyers Leiche gefunden wurden. Im Todeskampf biss er in den Boden. Todeszeitpunkt nach den Feststellungen der Gerichtsmediziner: zwischen dem 18. Oktober, 13.00 Uhr, und dem 19. Oktober, 1.00 Uhr. Also auf jeden Fall, nachdem der Tod von Baader und Ensslin aus Stammheim im Radio gemeldet worden war.

Schleyers letzte Begleiter nehmen von dem ursprünglichen Plan der RAF Abstand, den Wagen mit der Leiche nach Bonn zu bringen und in der Nähe des Bundeskanzleramtes abzustellen. Unterwegs verlässt die Mörder der Mut – in diesen Tagen ist das Regierungsviertel Hochsicherheitszone. Und so fahren sie den Audi nach Mülhausen. Über die deutsche Grenze trauen sie sich nicht.

Wer waren die beiden? Bis heute juristisch ungeklärt. Angebote gibt es mehrere: Stefan Wisniewski und Willy Peter Stoll, sagt Susanne Albrecht in Vernehmungen nach ihrer Verhaftung 1990.[80] Herold-Biograf Schenk[81] bietet Wisniewski und Rolf Clemens Wagner. Und Peter-Jürgen Boock behauptet 2007 in der ARD,[82] es seien Rolf Heißler und Stefan Wisniewski gewesen: Heißler hätte ihm gesagt, »es sei von beiden geschossen worden, von ihm und von Stefan Wisniewski«. Das wiederholt Boock gegenüber der Bundesanwaltschaft. Zu Protokoll gibt er, Heißler hätte es ihm in Bagdad Ende 1977 erzählt. Eine bizarre Szene: Danach hätte sich der Ex-Lebensgefährte der RAF-Chefin gegenüber ihrem aktuellen Lebensgefährten damit gebrüstet, die RAF-Hassfigur erschossen zu haben.

Nach Boocks Aussage zu Protokoll leitet die Bundesanwaltschaft ein Ermittlungsverfahren gegen Heißler ein, am 7. Dezember 2007. Der ist mittlerweile 59 und könnte noch wegen des Schleyer-Mordes verurteilt werden – kein »Straf-

klageverbrauch«, weil er 1982 seine »Lebenslänglich«-Strafe
für den Mord an zwei niederländischen Zöllnern 1978 be-
kam.[83] Seit sechs Jahren ist er aus dem Gefängnis. Aber für
Boocks Behauptung finden die Ermittler nichts Stichhaltiges.
Deshalb stellt die Bundesanwaltschaft nach sechs Jahren das
Ermittlungsverfahren gegen Heißler ein: im August 2013 – 36
Jahre nach dem Schleyer-Mord.

Ebenso nicht gefunden wurde bislang die Smith & Wesson,
mit der Schleyer erschossen wurde. Gut möglich, dass sie nun
in einem der noch nicht entdeckten Erddepots mit RAF-Hin-
terlassenschaften liegt. Neun Jahre nach dem Schleyer-Mord
setzte die RAF die Waffe abermals ein: Im Oktober 1986 erschießt sie mit ihr, mittlerweile ist die dritte Generation am
Drücker, in Bonn-Ippendorf Gerold von Braunmühl, Abteilungsleiter im Auswärtigen Amt und politischer Ziehsohn von
Hans-Dietrich Genscher. Blutige Traditionspflege der RAF.

92. Pannenbericht

Es ist kein schöner Bericht[84] für Horst Herold und seine Strategen, den Hermann Höcherl am 31. Mai 1978 in Bonn vor-
legt. Die Bundesregierung hatte den ehemaligen CSU-Bun-
desinnenminister beauftragt, »Fahndungspannen im Mord-
und Entführungsfall Schleyer« zu analysieren.

Der Kracher: Schon am zweiten Tag nach der Entführung
kannte die Polizei die Wohnung, in der die RAF Schleyer gefangen hielt: Erftstadt-Liblar, Zum Renngraben 8, dritte Etage, Wohnung 104. Aber kein Polizist schaute vorbei.

Auf die Dreizimmerwohnung in dem Hochhaus war Polizeihauptmeister Ferdinand Schmitt gestoßen. Wie Hunderte
seiner Kollegen in Köln und Umgebung war er am 7. Septem-

ber losgeschickt worden, um nach dem Versteck Schleyers Ausschau zu halten. In dem Hochhaus Zum Renngraben 8 verweist ihn der Hausmeister an die Angestellte einer Maklerfirma. Und die berichtet ihm von einer neuen Mieterin, mit der sie vor zwei Monaten einen Mietvertrag über die Wohnung in der dritten Etage abschloss: Diese »Annerose Lottmann-Bücklers« hätte, erinnert sich die Angestellte, als sie die 800 Mark Kaution zahlte, aus ihrer Handtasche »ein Bündel mit 50-, 100- und 500-Mark-Scheinen« gezogen – und sofort nach Einzug das Schloss in der Wohnungstür ausgetauscht.

Höchst verdächtig, denkt der Polizeihauptmeister. Alles passt ins Fahndungsraster: ein anonymes Hochhaus, Tiefgarage, Autobahnnähe, Barzahlung – und dann auch noch das Geldbündel! So macht Schupo Schmitt Meldung auf seinem Revier. Die Erkenntnis gibt die Polizeistation Erftstadt-Liblar per Fernschreiben um 15.00 Uhr an diesem Mittwoch, Tag 2 nach der Schleyer-Entführung, an die vorgesetzte Dienststelle weiter, zum Oberkreisdirektor in Bergheim. Dort wird diese Information – zusammen mit vielen anderen – über zwei Tage »ausgewertet« und »erörtert«. Aber nicht überprüft. Wäre das geschehen, hätte es Alarm gegeben: Schon eine Überprüfung der alten Adresse der Mieterin – Wuppertal, Bismarckstraße 8 – hätte gezeigt, dass es sie gar nicht gibt. Und hätten die Beamten den Namen »Annerose Lottmann-Bücklers« in den PIOS-Computer eingegeben, wären sie geradezu elektrisiert gewesen: Er hätte »positiv« angezeigt. Zweimal hatte die Dame ihren Ausweis als gestohlen gemeldet; Kontakte zu vier Personen in der RAF-Szene werden angezeigt. Bei der Polizei steht sie im Verdacht, RAF-Unterstützerin zu sein.

Die Beamten in Bergheim geben den Hinweis auf das Hochhaus in Erftstadt-Liblar nach zwei Tagen an den »Koordinierungsstab« im Polizeipräsidium Köln weiter – mit dem Fernschreiben »Nr. 827«. Aber ohne Hausnummer und ohne das »s« von »Bücklers«.

Nach seinem Hinweis wundert sich Polizeihauptmeister Schmitt über Tage, dass nichts passiert. Fährt er im Streifenwagen an dem Hochhaus vorbei, deutet er frustriert auf die dritte Etage und sagt zu seinem Kollegen: »Da sitzt er.« Irgendwann wird es ihm zu bunt. Er geht zu seinem Vorgesetzten und erklärt, gleich ziehe er sich Zivil an, nehme ein paar Zeitschriften unter den Arm und klingle an der Wohnungstür. Der Vorgesetzte untersagt ihm den Zivilgang.

Auch bei der Kripo in Bergheim wundert sich ein Kriminaloberrat darüber, dass in Sachen Erftstadt-Liblar nichts passiert. Er hakt bei der Sonderkommission in Köln nach. Ein leitender Soko-Beamter bittet ihn, »von weiteren Fragen abzusehen, weil sie zeitlich und organisatorisch nicht zu bewältigen sind«.

In den nächsten Tagen haben den Hinweis des Schupos noch mehrere Kriminalbeamte auf dem Tisch. Aber keiner kommt auf die Idee, auf die jeder »Tatort«-Zuschauer gekommen wäre: die Wohnung unter die Lupe zu nehmen. So bleibt Schleyer in seinem Versteck unentdeckt.

Der Polizei doch noch auf die Sprünge hilft schließlich der Hausverwalter des Hochhauses in Erftstadt-Liblar: Anfang November 1977 meldet er sich noch einmal auf dem Revier, um mitzuteilen, die Wohnung werde seit fast zwei Monaten nicht mehr genutzt; der Stromzähler stehe seit dem letzten Ablesetag, 16. September, unverändert auf 8790,4 Kilowattstunden.

Dann kommt die Polizei zum ersten Mal zu der Wohnung, gleich mit einem Großaufgebot. Zwanzig Mann. Knapp drei Monate lang observieren Beamte das Objekt. Am 2. Februar 1978 öffnen sie die Wohnungstür. Unterm Bett liegt Schleyers zweiter Manschettenknopf – der andere war in der Radmulde des Flucht-Mercedes 230.

Als die Polizei zum ersten Mal in der Wohnung steht, ist Hanns Martin Schleyer seit über einem Vierteljahr tot. Hätten die Kripoleute den Hinweis des kleinen Schupos am 7. September 1977 beachtet, hätten sie noch über eine Woche Zeit gehabt, ihn aus seinem Versteck zu befreien. Erst am 15. oder 16. September verschleppt ihn die RAF in die Niederlande.

Zur Ursache der Panne kann Gutachter Höcherl nicht viel feststellen, eigentlich nur, dass er nicht feststellen kann, warum der entscheidende Teil des »FS Nr. 827« nicht bearbeitet wurde. Der Rest ist Spekulation – so schreibt der einstige Staatsanwalt und Richter Höcherl: »Die Ursache kann in einer falschen kriminalistischen Bewertung der darin enthaltenen Hinweise liegen.« Der Hinweis auf die Wohnung 104 in dem »FS Nr. 827« ging in der Datenflut unter.

Bei seinen Untersuchungen stößt Höcherl auf jede Menge Organisationswirrwarr: So stellt er fest, die »Kompetenzverteilung in der Zentralen Einsatzleitung und zwischen ihr und der Soko 77 Köln« sei für »die örtlichen Polizeibehörden nicht klar durchschaubar« gewesen. Daneben seien »politische Beratungs- und Entscheidungsgremien gebildet« worden, »deren Funktions- und Arbeitsweise nicht hinreichend klar und bekannt waren«. Und diese Gremien hätten sich »offenbar nicht auf politische Grundsatzentscheidungen beschränkt, sondern auch auf fachliche Einzelentscheidungen der Zentralen Einsatzleitung eingewirkt«. Zudem seien die örtlichen Polizeibehörden »nicht hinreichend informiert« gewesen »über die Aufgaben und Zuständigkeitsabgrenzungen der neugebildeten Organisationseinheiten sowie über den jeweiligen Stand und die Ziele der Ermittlungen«.

Eine Ohrfeige für den Chefstrategen der Bundesregierung Horst Herold. »Alles war in PIOS«, jammert der BKA-Präsident über die Riesenpanne, »die Infrastruktur bis ins letzte Detail geregelt.« Nur eben war keiner der Beamten auf die Idee gekommen, in PIOS reinzuschauen. Das Computersystem war Herolds Entwicklung.

WINTER

WINTER

SECHSTER ABSCHNITT.
BILANZEN

93. Ergreifungsdefizit

Ein kalter Wind fegt über den Starnberger See. Am Westufer in Tutzing liegt die Akademie für Politische Bildung. Ein riesiges Wassergrundstück – einer der schönsten Flecken Deutschlands. Nikolausmorgen 1977: Die publizistischen Granden der Republik sind angereist. Von der ARD Friedrich Nowottny, Dieter Gütt und Rudolf Mühlfenzl; vom ZDF Hans-Joachim Reiche und Karlheinz Rudolph; von der *Süddeutschen Zeitung* Robert Leicht und vom Bayerischen Rundfunk Walter von La Roche – in wenigen Monaten wird er dort Hörfunk-Nachrichtenchef. Alle wollen hören, was Horst Herold kurz vor Ende des aufregenden Terrorjahres zu berichten hat, exakt sieben Wochen nach Ende des Deutschen Herbstes. Ein Blick hinter die Kulissen der Strafverfolger, der RAF-Jäger, offene Worte des Chefstrategen nach den aufregenden Wochen der Schleyer- und der »Landshut«-Entführung. Das Thema des Tutzinger Mediengesprächs heißt »N a c h r i c h t e n - s p e r r e« – es ist bewusst in Anführungszeichen und gesperrt gesetzt. Denn erstens gab es keine wirkliche Nachrichtensperre. Und zweitens verbreitete Regierungssprecher Bölling eine Reihe unzutreffender »Nachrichten«.

Um 9.30 Uhr tritt Horst Herold ans Rednerpult. Er gibt, wie er einleitend sagt, »einen kurzen, gerafften Überblick über Verlauf und Stand der polizeilichen Ermittlungen seit dem 5. September 1977, dem Tag der Entführung Schleyers«. Sein Manuskript hat sechzehn Seiten.

Gleich zu Beginn spricht er von einem »Ergreifungsdefizit, das uns alle bedrückt«. In drei Phasen teilt er das ein, was seit dem Tag des Überfalls in Köln passierte. Die erste: von »der Entführung bis zur Ermordung Schleyers«. Bestimmt worden sei sie dadurch, dass die Polizei »auf alle öffentlich wahrnehmbaren großen Fahndungsmaßnahmen verzichten musste«. Ziel sei gewesen »die Verhinderung jedweder Publizistik à la Lorenz über die Medien« sowie »die Verhinderung und Unterdrückung der terroristischen Propaganda« – verbunden mit dem Wunsch, »diesen Informationsfluss hin und her zu kanalisieren auf ein Medium Payot, das polizeilicherseits erreichbar war, terroristischerseits aber die Überwindung verschiedener Barrieren bedeutete«.

Zudem sei es Ziel gewesen, durch die Nachrichtenpolitik »den Gegner zu zwingen, selbst Spuren zu produzieren zur eigenen Überführung und auch deren Ermittlung selbst beizutragen«. Das hätte funktioniert. »Immerhin 185 Papiere« der Entführer lägen nun der Polizei vor. »Die produzierten Papiere beweisen die Existenz von insgesamt sieben Schreibmaschinen, und die Tatsache, dass auf diesen sieben Schreibmaschinen mit einem sicherlich einheitlich vorhandenen Papierreservoir und Reservoir von Kuverts geschrieben wurde, lassen den Rückschluss zu, dass mindestens sechs dieser Maschinen in einem einheitlichen Raum gestanden haben müssen.« Diese Spuren gestatteten »weitere Auswertungen«, während hingegen – der Kriminalist spricht eine seiner Lieblingsthesen an – »der Zeuge ein höchst unvollkommenes Beweismittel« sei.

Er lese »in vielen kritischen Äußerungen immer wieder« von »der Erfolglosigkeit der Polizei«, fährt er fort – dabei lässt er seinen Blick durch den Raum über die Spitzenjournalisten schweifen und macht eine kleine Pause, »insbesondere der Erfolglosigkeit des Bundeskriminalamtes«. Er schüttelt den Kopf. Akzeptieren könne er das nicht. Denn in »allen Kapitalfällen vergleichbarer Dimension« sei die Aufklärung »erst nach

Monaten, nach Jahren erfolgt«. Er erwähnt den Postraub in
Großbritannien – »The Great Train Robbery«, 1963, Ronald
Biggs, Beute damals: 2,6 Millionen Pfund – ins Jahr 2017 umge-
rechnet: rund 60 Millionen Euro. Es gebe »ja gar keinen Zweifel, dass wir Terroristen auch noch ergreifen werden«, zeigt er
sich optimistisch, nur sei das »angesichts der grenzüberschrei-
tenden Natur und der Internationalität der Erscheinung für die
deutsche Polizei außerordentlich schwierig«.

Die »zweite Phase« für die Polizei hätte mit dem Tod
Schleyers begonnen: Gekennzeichnet gewesen sei sie »durch
eine massive Öffentlichkeitsfahndung«, »durch die Medien
und durch Plakate«, wie sie die Republik noch nicht erlebt
habe. Tatsächlich war die Polizeipräsenz in den Wochen nach
Ende der Schleyer-Entführung üppigst. Straßensperren, Polizisten mit Maschinenpistolen, Auto- und Ausweiskontrollen,
Wohnungsdurchsuchungen.

Vom 20. Oktober bis heute, fährt der BKA-Chef fort, also in
den vergangenen sechs Wochen, seien eineinhalb Millionen
Menschen kontrolliert worden. »Dabei wurden etwa 1500 Personen verhaftet, aber leider alle nicht von Rang, kein einziger
Terrorist.« Die »Öffentlichkeitsfahndung« hätte »etwa 30 000
Hinweise gebracht«, 3000 müssten »noch aufgearbeitet werden«. Aber »erfolgsträchtig« seien sie nicht. Auf Hochdeutsch:
viel Wirbel um nichts. Ein Schlag ins Wasser nach dem nächsten.

Jetzt stünde die Polizei vor der »dritten Phase«, sagt der
Präsident, »nämlich vor einer Neustrukturierung der polizeilichen Arbeit«. Nun gehe es – »Ergreifungsdefizit ade« – um
einen »relativ hohen Aufklärungserfolg«. Und der stehe »uns
theoretisch bevor«. Wie das im Einzelnen gehen soll, verrät
Herold am Nikolausmorgen nicht. Vielmehr endet er mit dem
Ausblick, Aufgabe werde es sein, »das Wasser, in dem die Fi-
sche Maos schwimmen, eben transparenter zu machen: Das
wird die Aufgabe der nächsten Monate sein.«

Die, wie Herold es formuliert, »Ergreifungsdefizite« sind in diesen Wochen in der Republik ein riesengroßes Thema. Der Bundesbürger versteht nicht, warum es der Polizei nicht gelingt, die Mörder von Buback und seinen Begleitern, von Jürgen Ponto und von Hanns Martin Schleyer und seinen Begleitern zu fassen. Sie rätseln: Fehlt es am Köpfchen bei den Polizisten? Sind womöglich die »Terroristen« cleverer als die Polizei? Oder mangelt es womöglich gar am Verfolgungseifer?

Die Fahndungsbilanz kurz vor Jahresschluss ist aus Staatssicht in der Tat lausig: Als der Deutsche Herbst[1] am 19. Oktober 1977 vorüber war, haben die Strafverfolger neun Personen als »Tatverdächtige« identifiziert, gegen die der Ermittlungsrichter des Bundesgerichtshofs wegen des Überfalls in Köln oder den Vorfällen in den Niederlanden Haftbefehle erlassen hatte:[2] Friederike Krabbe[3], Willy Peter Stoll[4], Christian Klar[5], Silke Maier-Witt[6], Adelheid Schulz[7], Rolf Heißler[8], Knut Folkerts[9], Angelika Speitel[10] und Brigitte Mohnhaupt[11].

Ein einziger von ihnen war gefasst, Knut Folkerts – von der niederländischen Polizei, nicht der deutschen. Außerdem waren zwei RAF-Mitglieder vom »unteren Fußvolk« verhaftet worden, Christof Wackernagel und Gert Schneider – Botengänger und Drohungskuriere für den ewigen Junkie Boock. Auch sie waren in den Niederlanden geschnappt worden, in Amsterdam. So beträgt das »Ergreifungsdefizit« der deutschen Polizei zwischen der Schleyer-Entführung und Jahresende 1977 100 Prozent. Die RAF-Fluchtburg ist Bagdad. Kein Strafverfolger weiß es.

Für Kanzler Helmut Schmidt war am Ende des Jahres 1977 der springende Punkt, dass er den Erpressungen des Deutschen Herbstes nicht nachgegeben hatte. Die »Flugzeugerstürmung« in Mogadischu hätte der RAF klargemacht – sagte er mehr als 30 Jahre später: »Diese Regierung gibt nicht nach. Daraufhin haben sie Schleyer umgebracht. Auch dieses übri-

gens in einer Weise, welche die moralische Qualität eindeutig
erkennen lässt: Es waren gewissenlose Mörder, besessen von
der politischen Idee, dass man mit Gewalt bessere Verhältnisse
erschaffen kann.«[12] Mogadischu als für die Zukunft gestellte
Weiche – die Perspektive des Staatsmannes.

Für Alfred Klaus lautet das Fazit für das Jahr 1977, dass
»unser Rechtsstaat« derartigen Bedrohungen gewachsen sei.
Mit dem Ende des »Deutschen Herbst« endet auch seine Zeit
als Ermittler. Er wird Berater im Bundesinnenministerium
und 1980 mit dem »Verdienstkreuz am Bande des Verdienstor-
dens« in die Pension entlassen. Aus seinem reichen Erfah-
rungsschatz heraus schreibt er eine 210-Seiten-Analyse *Aktivitäten und Verhalten inhaftierter Terroristen.*

Führt man auf Staatsseite die Sichtweisen gegen Jahresende
1977 auf einem kurzen Nenner zusammen, lautet das Fazit:
Der Blutzoll war hoch. Aber nur so ließ sich künftiges Unheil
vermeiden. Der Staat hat die Herausforderung bestanden. Perspektive: »Aufklärungserfolg« statt »Ergreifungsdefizit« – alsbald. Über die klaren Zeichen der RAF in Sachen Hanns Martin Schleyer vor der Entführung spricht kaum einer.

94. Scherbenhaufen

Vor Jahresende 1977 sind über die Hälfte der RAF-Mitglieder
in Bagdad. Die Stimmung ist schlecht, desolat. »Der entscheidende Bruch«, berichtet Gert Schneider später, damals als
RAF-Neueinsteiger in der irakischen Hauptstadt, »war der
18. Oktober.« Nach Mogadischu, dem Tod der Stammheimer
und dem Mord an Schleyer »herrschte eine bodenlose Resi-
gnation«. Die Deutschen seien in Defätismus versunken. Das
sei mehr gewesen »als nur die Deprimiertheit über eine ge-

scheiterte Aktion, über tote Genossen«. »Im Grunde« sei es
»die Aufgabe von Politik« gewesen.

Alle sind niedergeschlagen, ernüchtert und verunsichert.
Die »Offensive 77« ist gescheitert; nicht geklappt hat das »militärische« Ziel, die »RAF-Gefangenen« zu befreien. Schlimmer noch: Die RAF-Köpfe in Stammheim sind tot; gerade
deren Schicksal hatte die RAF unter Mohnhaupt geeint. Nicht
mehr erreichbar auch das strategische Ziel, gemeinsam mit den
Häftlingen »auf die ursprünglichen Ziele der RAF zurückzukommen«, wie es Stefan Wisniewski 20 Jahre später formuliert, »– die Ziele, die schon während der 68er-Revolte entstanden«. »Die Gefangenen zu befreien war unser wichtigstes und
nächstes Ziel«, sagt Rolf Clemens Wagner 30 Jahre danach.
Von der Offensive hatte sich die Gruppe versprochen, »den
revolutionären Prozess in Gang zu setzen«, erläuterte Christian Klar später auf der Anklagebank in Stammheim.

Ein Scherbenhaufen. Die Mitglieder leben resigniert vor
sich hin – es findet keine Aufarbeitung der 77er-Ereignisse
statt: nicht in Bagdad, und auch nicht in den Jahren danach.

Erst fünf Jahre später melden sich die Köpfe der »Offensive
77« mit einer Bilanz »zu 77« zu Wort, und zwar im Mai 1982
in der einzigen »Kampfschrift« der RAF-Mohnhaupt-Ära:
Das 20-Seiten-Papier *Guerilla, Widerstand und antiimperialistische Front*[13] erscheint ein knappes halbes Jahr bevor die Polizei Brigitte Mohnhaupt, Adelheid Schulz und Christian Klar
fasst.

»wir reden von dem, was wir in den letzten jahren erfahren
haben«, beginnen Mohnhaupt & Co. und erklären unter der
Überschrift »zu 77«, in jenem Sommer hätten sie gewusst,
»dass wir den angriff zu diesem zeitpunkt aus einer relativen
politischen schwäche heraus machen würden«. Aber sie hätten
ihn gewollt, um einen Krieg gegen die Bundesrepublik zu führen, »weil krieg nicht einfach als zustand zwischen uns und
ihnen existiert, sondern nur, wenn er materiell entwickelt wird

als machtfrage«. Seit Stockholm sei »der kampf um die gefangenen zu einer kernfrage in der auseinandersetzung guerilla – staat geworden«. Der »kristallisationspunkt«.

Ihr Gedanke sei es gewesen, »der spd die frage des austauschs an den beiden figuren zu stellen, die die ökonomische weltmacht des brd-kapitals direkt verkörpern«: »ponto für die internationale finanzpolitik« und »schleyer für die nationale wirtschaftspolitik«. »entschärft« worden sei die »politische eskalation der aktion« zunächst dadurch, »dass die entführung von ponto schiefging und so der eine fuß in der ganzen taktischen und politischen bestimmung fehlte.«

Dann aber Schleyer – fünf Wochen später: »unser entscheidender fehler« sei es gewesen, erklären Mohnhaupt & Co., »die aktion nicht noch mal von grund auf neu zu bestimmen, nachdem die bundesregierung das erste ultimatum hatte verfallen lassen,[14] also klar war, dass sie schleyer aufgegeben hatten und auf seinen tod warteten, der ihre schnelle konsolidierung hätte bringen sollen.« An »schleyers anstrengungen, doch noch den austausch zu erreichen« hätte die RAF gesehen, dass »seine connections und sein einfluss einen dreck wert waren gegen die macht der geschlossenen imperialistischen strategie«.

In der »eskalierten situation« hätte »das kommando martyr halimeh sich entschlossen zu intervenieren«[15] – es folgen Schlüsselsätze der Selbstkritik: »über die taktisch und strategisch falschen bestimmungen dieser aktion, die der brd erst die chance gegeben hat, selbst in die gegenoffensive zu gehen, ist viel geredet worden. die verantwortung dafür liegt bei uns.« Verkehrt gewesen sei die Flugzeugentführung, weil sie die, »die in dem flugzeug saßen, zwangsläufig in die gleiche objektsituation gedrückt hat, wie es der imperialistische staat sowieso und immer mit den menschen macht, worin aber das ziel einer revolutionären aktion gebrochen ist«.

Mit den Worten, es sei »viel geredet worden«, meint die

RAF, dass ihr scharfe Kritik von vielen Linken entgegenge-
schlagen war, deren Herzen sie gerade mit der »Offensive 77«
gewinnen wollte. Keiner hatte für die Entführung des Touris-
tenfliegers Verständnis. »Wir halten diese und ähnliche Aktionen prinzipiell für falsch«, schrieb beispielsweise die Rote
Hilfe Westberlin, weil »sie gegen zufällig betroffene Menschen
gerichtet sind.« »Hier wurde das Volk angegriffen«, rügte später Karl-Heinz Dellwo, Mitglied im RAF-Stockholm-Kom-
mando, unter Hinweis auf die RAF-Parole »Dem Volke dienen«, Leitmotto der dritten RAF-Kampfschrift *Stadtguerilla
und Klassenkampf* im April 1972.

Hätte die RAF die Flugzeugentführung »zu Ende gedacht«,
analysiert mehr als 20 Jahre später die Perspektive der Gruppe
Stefan Wisniewski, »hätten wir ihr nicht zustimmen können«.
Die RAF hätte »tatsächlich nur an den guten Fall« gedacht,
nämlich dass die Regierung die RAF-Häftlinge gegen die
Flugzeuginsassen austauscht, und zudem »auf die Erfahrung
gebaut, dass die Palästinenser bei Flugzeugentführungen immer verantwortungsbewusst gehandelt haben.« Für die RAF
sei es »ein Problem« gewesen, »die Mallorca-Urlauber und
Schleyer auf eine Stufe zu stellen«, blickt Wisniewski zurück.
Aber das Kalkül sei nun eben gewesen, dass die Regierung, die
bei Schleyer hart geblieben war, bei den Mallorca-Urlaubern
weich wird. Quintessenz der RAF-Denke: Der revolutionäre
Zweck heiligte das schäbige Mittel.

Zudem hätte in dieser RAF-Haltung »ein grotesker Widerspruch« gesteckt, resümiert Wisniewski: »Wir haben einerseits
geglaubt, die Bundesrepublik befinde sich in einer Entwicklung hin zum Faschismus und haben deshalb der politischen
Klasse alles mögliche zugetraut. Aber genau an diesem Punkt
haben wir unsere eigene Analyse nicht ernst genommen und
gesagt: So jetzt müssen sie austauschen, das können sie sich
nicht leisten. Warum eigentlich nicht?« Kurzum: Strategischer
Fehler der RAF sei es gewesen, bei ihren Überlegungen unbe-

rücksichtigt zu lassen, dass die Bundesregierung auch trotz der Flugzeugentführung bei ihrem Nein zum RAF-Häftlingsaustausch bleiben könnte. Die RAF hatte Schmidts Rigidität bei seinem Kernpostulat[16] unterschätzt, der Staat dürfe sich nicht erpressbar zeigen – weil sich eben nur so weitere Erpressungen verhindern ließen.

Ebenso stießen die Morde auf nachhaltige Kritik in der Szene. Nach der Schleyer-Exekution kam keiner auf die Idee, seine »klammheimliche Freude« zu bekunden. Anders noch ein halbes Jahr zuvor, als dies in seinem »Buback-Nachruf«[17] ein Göttinger Student aus der Sponti-Anarcho-Bewegung »Undogmatischer Frühling« tat. Vielmehr wirft nun die Frankfurter Alternativzeitung *Pflasterstrand* der RAF vor, »Genossen« seien zu »Killern« geworden. Geiselerschießungen kommen nie gut an.

Ausgehend von den Worten der RAF fragt man sich in der Tat, warum sie Schleyer ermordete und die Aktion nicht noch einmal »neu bestimmte«, nachdem ihr klar geworden war, dass die Bundesregierung nicht austauscht. Nach der Befreiung der »Landshut«-Geiseln und den drei Toten in Stammheim sei es für sie keine Option gewesen, Schleyer nach Hause zu schicken, sagt Stefan Wisniewski, mutmaßliches Mitglied beim Schleyer-Erschießungskommando, zwei Jahrzehnte nach dem Mord. Denn »das hätte aus unserer damaligen Sicht bedeutet, dass wir die Politik des Krisenstabes bestätigen und legitimieren. Eine Freilassung ohne politische Gegenleistung wäre nicht als eine menschliche Geste verstanden worden, sondern als Eingeständnis der Niederlage, als voller Erfolg für den Krisenstab, nach dem Motto: Härte zahlt sich aus.« Aus »heutiger Sicht« – 20 Jahre später – sehe er aber »auch unsere verpassten Chancen, die politischen Interventionsmöglichkeiten, die auch Schleyer den Weg nach Hause hätten ebnen können«. Die RAF sei »unheimlich konsequent« gewesen, »als es darauf angekommen wäre, menschliche Stärke und Großzügigkeit zu zeigen«.

So erschossen Wisniewski & Co. Hanns Martin Schleyer, obwohl sie wussten, dass sie ihr Ziel nicht mehr erreichen konnten – die Gefangenenbefreiung. Für die Linke in der Bundesrepublik hatte sich die RAF »nach Schleyer« weitgehend erledigt. Viele radikale Linke machen sich auf den Weg zurück in die Gesellschaft, aus der sie ausgebrochen waren[18] – es entstehen alternative Projekte: Tischler-, Bäcker-, Kurier-, Taxikollektive und auch die *taz*.

Im Lichte all dessen überrascht das Fazit der RAF zur »Offensive 77« nicht: »Wir haben 77 Fehler gemacht, und die Offensive wurde zu unserer härtesten Niederlage.«

Eine vierfache Niederlage der RAF: militärisch, strategisch, politisch und moralisch. Die Machtfrage ist entschieden.

SPÄTER

SIEBTER ABSCHNITT.
RÜCKSCHAU

95. Karriereende

Von den zweiundzwanzig RAF-Akteuren des Jahres 1977 sind am Jahresende fünf verhaftet. Als Einzige bereits verurteilt wurde **Verena Becker,** drei Tage vor Silvester: »lebenslänglich« – wegen der Schüsse in Singen auf Polizeibeamte.[1] 1989 begnadigt sie der Bundespräsident. Sie arbeitet als Heilpraktikerin, wird 2004 »befristet berentet« und bezieht Hartz-IV-Leistungen.

Günter Sonnenberg, ihr Komplize bei der Schießerei, bekommt, anders als von der Bundesanwaltschaft zunächst geplant,[2] wegen seiner eingeschränkten Verhandlungsfähigkeit aufgrund seines Kopfschusses ein eigenes Verfahren: 1978 verurteilt ihn das Oberlandesgericht Stuttgart[3] für die Schüsse auf die beiden Singener Polizeibeamten Jacobs und Seliger »zu lebenslanger Freiheitsstrafe« wegen »zweier Verbrechen des versuchten gemeinschaftlichen Mordes«. Mit fünfunddreißig, am 15. Mai 1992, wird er auf Bewährung entlassen. Er sei berufslos und »nicht vermittelbar«, sagt er 2011 über sich, und lebe von rund 350 Euro Hartz IV im Monat.

Knut Folkerts, im September 1977 von der Polizei in Utrecht vor der Autovermietung gefasst, verurteilt das Landgericht Utrecht[4] im Dezember 1977 für seine Schüsse auf die beiden Polizeibeamten zu zwanzig Jahren Gefängnis – wegen Mordes, versuchten Mordes und anderer Delikte. 1978 wird er an die Bundesrepublik überstellt: für das Strafverfahren wegen der Morde an Buback und seinen Begleitern.

Das Oberlandesgericht Stuttgart[5] verurteilt ihn deswegen 1980 zu lebenslanger Freiheitsstrafe. Fünfzehn Jahre später wird Folkerts aus der Haft entlassen, im Oktober 1995. Er ist dreiundvierzig. Während seiner Bewährungszeit führt er sich tadellos. So erlässt ihm das Gericht die Strafe am 13. November 2000. Folkerts arbeitet als Buchhalter in Hamburg.

Doch dann, fünf Jahre später, holt ihn seine Vergangenheit ein: Die niederländische Justiz verlangt seine Auslieferung, weil von den zwanzig Jahren Freiheitsstrafe, zu denen ihn das Landgericht Utrecht verurteilt hatte, neunzehn noch abzusitzen sind. Das Verlangen betrieb Joke Kranenburg, die Frau des ermordeten Polizeibeamten Arie Kranenburg: Als Folkerts ihren Mann ermordete, war sie hochschwanger. Verwinden kann sie nicht, dass sie ihre beiden Söhne allein aufziehen musste. Geheiratet hat sie nicht wieder. So sind Auslandsreisen für Folkerts risikobehaftet, weil die Niederländer den mittlerweile 53-Jährigen mit einem internationalen Haftbefehl suchen.

Von einem »exzeptionellen Fall« spricht Hamburgs Justizsenator Roger Kusch (CDU). Juristisch spannend ist die Rechtsfrage, um die sich alles dreht: Muss die Bundesrepublik Folkerts an die Niederlande ausliefern, damit er dort die noch offene Haftstrafe antritt – fast zwei Jahrzehnte?

Der Hintergrund: Verurteilt ein Gericht jemanden wegen mehrerer Straftaten, addiert es nicht die Einzelstrafen, sondern bildet eine »Gesamtstrafe«. Sie fällt für den Angeklagten immer deutlich günstiger aus als die Summe der Einzelstrafen. Das ist in den Niederlanden nicht anders als in der Bundesrepublik. Hätte also 1980 das Oberlandesgericht Stuttgart auch Folkerts' Schüsse in Utrecht mit in sein Urteil einbezogen, hätte es als Gesamtstrafe höchstens eine lebenslange Freiheitsstrafe verhängen können. Also nicht mehr, als es ohnehin urteilte. So stehen zwei Urteile nebeneinander und nur aus dem deutschen wurde die Strafe vollstreckt.

Folkerts wird nicht ausgeliefert, beschließt das Oberlandesgericht Hamburg am 16. Juni 2011. Entscheidendes Argument ist für die Richter nicht, dass in derartigen Fällen eine Auslieferung unzulässig ist; sondern, dass sie eher hätte erfolgen müssen – denn mittlerweile ist Folkerts seit 16 Jahren aus dem Gefängnis entlassen und hat sich tadellos geführt. So befinden die Richter aufgrund einer »Gesamtwürdigung aller Umstände«, dass für ihn, er ist mittlerweile neunundfünfzig, die Vollstreckung der Freiheitsstrafe aus dem Urteil des Landgerichts Utrecht »unerträglich hart sowie unter jedem Gesichtspunkt schlechthin unangemessen« wäre und deshalb gegen den Verhältnismäßigkeitsgrundsatz verstoße.

Christof Wackernagel und **Gert Schneider** schnappt die Polizei in Amsterdam am 10. November 1977. Dorthin waren die beiden gereist, um für den ewigen Junkie der RAF Peter-Jürgen Boock Marihuana und Kokain zu besorgen – er gaukelte den RAF-Mitgliedern vor, an Darmkrebs zu leiden.[6] Deshalb machte Mohnhaupt für ihn eine Ausnahme von dem generellen Drogenverbot für ihre Kämpfer.

Eine Stunde vor Mitternacht kommen die beiden aus der RAF-Wohnung im Baden-Powell-Weg 217 und gehen zu einer Telefonzelle. Was sie nicht wissen: Der Unterschlupf ist aufgeflogen. Polizeibeamte liegen auf der Lauer: Von einem Nachbarhaus aus beobachten sie die Fenster der Wohnung und den Hauseingang. Außerdem hören sie das Telefon ab.

Zivilpolizisten reißen die Tür der Telefonzelle auf: »Hände hoch, Polizei!« Schüsse fallen, Polizisten schießen, die beiden RAF-Kuriere auch, Schneider schmeißt eine sowjetische Eierhandgranate. Anschließend liegen fünf Menschen verletzt auf dem Boden: Wackernagel, Schneider und drei Polizisten. Kollegen von ihnen verhaften die Deutschen. Zehn Beamte sind im Einsatz, unter ihnen auch Fahnder des Bundeskriminalamtes.

Das Oberlandesgericht Düsseldorf[7] verurteilt Wackernagel und Schneider 1980 wegen Mordversuchs und Mitgliedschaft

Siebter Abschnitt. Rückschau

in einer terroristischen Vereinigung zu 15 Jahren Freiheitsstrafe. Drei Jahre später, 1983, distanzieren sich beide von der RAF. Nachdem sie zwei Drittel ihrer Strafe verbüßt haben, werden sie 1987 aus der Haft entlassen. Schneider arbeitet als Filmkaufmann – bis zur Rente. Wackernagel wirkt wieder als Filmschauspieler, spielt zusammen mit Barbara Rudnik in dem ZDF-Film »Ins Blaue«, in der RTL-Serie »Abschnitt 40« den stellvertretenden Dienstgruppenleiter Polizeihauptkommissar Wolfgang Dudtke, Musterexemplar eines oberbürokratischen Polizeibeamten, und in »Der bewegte Mann« von Sönke Wortmann den Schwaben in der Männergruppe.

Fast 40 Jahre nach seinem Engagement bei der RAF sagt Wackernagel, bedeutet hätte sie für ihn damals »alles oder nichts«. Er verweist darauf, gewesen sei er »von allen Mitgliedern das mit der kürzesten aktiven Zeit, nämlich gerade mal zwei Monate«. Zwei Monate, für die er zehn Jahre im Gefängnis saß.

Christine Kuby wird am 21. Januar 1978 in Hamburg verhaftet. Auch sie war auf Drogenbeschaffungstour für Peter-Jürgen Boock – ausgestattet mit einem Pass als »Frances Mary Hayden« aus Melbourne. In der »Glocken-Apotheke« am Winterhuder Marktplatz legt sie ein Rezept für jeweils dreißig Ampullen »Fortral« und »Valoron« vor, Schmerzmittel. Das Rezept erscheint dem Apotheker suspekt. Er glaubt an einen »Verordnungsschwindel« eines Drogenabhängigen und ruft die Polizei. Auch die beiden Schutzpolizisten glauben an einen Routinefall originärer Beschaffungskriminalität und bitten die Frau mit auf die Wache. Auf einmal, mitten in der Apotheke, reißt sie eine Pistole aus ihrem langen hellen Wollmantel und feuert auf die Beamten. Der Apotheker verschwindet hinterm Tresen. Einen Beamten trifft sie in den Oberkörper. Sein Glück: Die Kugel geht durch sein Notizbuch in der Jacke und verliert dadurch einen erheblichen Teil ihrer Wucht. Sein Kol lege schießt zurück. Von zwei Kugeln getroffen, bricht Christine Kuby zusammen und wird verhaftet.

Kuby schweigt eisern. Das Oberlandesgericht Hamburg verurteilt sie 1979 wegen des versuchten Polizistenmordes zu lebenslanger Freiheitsstrafe. Nach siebzehn Jahren Haft wird sie entlassen, am 21. Februar 1995. Sie lässt sich in Hamburg nieder.

Vier Monate nach ihr wird **Stefan Wisniewski** gefasst. Am 11. Mai 1978 steht ein schlanker 1,85-Meter-Mann in einem dunkelgrauen Flanellanzug auf dem Flughafen Paris-Orly in der Schlange für den Air-France-Flug nach Zagreb, um 14.15 Uhr. Dem Grenzbeamten zeigt er einen österreichischen Reisepass auf den Namen »Karl Lagger«. Auf einmal ist er von Polizisten umstellt. »Sie haben mich erwartet«, sagt Wisniewski später.

Stimmt. Ein ganzes Fahndungskommando des Bundeskriminalamtes stand bereit, um ihn zu schnappen. Auf die Schliche gekommen waren ihm die BKA-Männer über die »Einreisekarte«, die damals jeder Passagier bei internationalen Flügen ausfüllen musste. Horst Herold hatte seinen »gesamten Handschriften-Erkennungsdienst« zu den Flughäfen in Westeuropa geschickt, damit die Beamten die »Ein-« und »Ausreisekarten« durchschauen. In Orly entdeckten die Beamten auf einer »Einreisekarte« von »Karl Lagger« Wisniewskis Handschrift: Am 4. Mai 1978 war er aus Belgrad in Paris gelandet. Und wer dort landet, der könnte von dort wieder wegfliegen, vermuten Herolds Männer – und haben recht: Eine Woche später bucht dieser »Karl Lagger« einen Flug nach Zagreb. So ahnen sie, wer kommt. In Wisniewskis Gepäck finden sie 44 Ampullen des Morphiumersatzpräparates Dolosal. Gedacht als Mitbringsel für Boock.

Noch an diesem Donnerstag wird Wisniewski in die Bundesrepublik gebracht. Auch im Gefängnis gibt der ungestüme »Fury« den »Fighter«: Als ihm BGH-Ermittlungsrichter

Horst Kuhn in der Haftanstalt Frankenthal den Haftbefehl eröffnet, schlägt er ihm auf die Nase. Später versucht Wisniewski zu fliehen, fesselt und knebelt einen Vollzugsbeamten, nimmt ihm die Schlüssel ab. Und dann prügelt er auch noch den Gefängnisdirektor. Das bringt ihm vorab ein Extra von sechs Jahren und acht Monaten Haft.[8]

Am 4. Dezember 1981 verurteilte ihn das Oberlandesgericht Düsseldorf[9] zu lebenslanger Freiheitsstrafe wegen Mordes in zwei Fällen, und zwar wegen der Erschießung der Schleyer-Begleiter und der Erschießung Schleyers. Ob Wisniewski an der Schleyer-Erschießung »aktiv beteiligt war, hat sich nicht feststellen lassen«, erklärt der Senat in seiner Urteilsbegründung. Aber er hätte mit Täterwillen daran mitgewirkt, weil zuvor eine kollektive Willensbildung erfolgt sei, die »auch die Tötung der Geisel im Falle des Fehlschlages der Aktion einschloss«.

Noch aus der Haft heraus greift Wisniewski öffentlich seinen einstigen Kampfgefährten Peter-Jürgen Boock an: In einem *taz*-Interview[10] hält er 1997 Boock vor, dass er »wie ein Tanzbär durch die Talkshows tapst«. Er lehne es ab, »die jeweils neuesten Varianten von Boock zu kommentieren«, und zitiert einen Satz des Revolutionstheoretiker Régis Debray über die Guerillabewegung in Lateinamerika: »Die größten Militaristen werden die besten Renegaten.«

Nach 21 Jahren im Gefängnis wird Stefan Wisniewski am 1. März 1999 aus der Haftanstalt Euskirchen unter Auflagen entlassen. Er ist fünfundvierzig. Nach Ansicht der Düsseldorfer Richter hat er sich glaubhaft davon distanziert, politische Ziele mit Gewalt durchzusetzen. Anschließend macht er das Gleiche wie vor seinem RAF-Beitritt vierundzwanzig Jahre zuvor: Er lebt von Gelegenheitsjobs und von Sozialleistungen.

Der Tag, an dem Wisniewski in Paris verhaftet wurde, der 11. Mai 1978, wird zum schwarzen Donnerstag für Mohnhaupts RAF: In Zagreb werden auch sie, Hofmann, Wagner und Boock von der Polizei verhaftet. Sie sind unterwegs nach Ost-Berlin: In der Charité haben die Palästinenser für den anscheinend todkranken Boock eine gründliche Untersuchung organisiert. In Zagreb machten sie einen Zwischenstopp, weil sie Direktflüge meiden, um ihre Spur zu vernebeln. Dort sollte Wisniewski aus Paris zu ihnen stoßen. Aber nichts klappte. Nun verhandelt Bonn mit Belgrad über eine Auslieferung. Ohne Erfolg. Im November lassen die Jugoslawen das Quartett in den Südjemen ausreisen.

Vier Monate nach der Wisniewski-Verhaftung stellen Polizeibeamte **Willy Peter Stoll:** den Mann, der bei dem Überfall auf Schleyers Konvoi auf die Motorhaube des Polizeiwagens gesprungen war und wie in einem Blutrausch auf die Polizeibeamten mit seiner Maschinenpistole gefeuert hatte. Bei der Polizei in Düsseldorf geht am 6. September 1978 der Hinweis ein, im Chinarestaurant »Shanghai« sitze ein Terrorist. Zwei Zivilstreifenbeamte wollen den Mann überprüfen. Er sitzt allein an einem Tisch und greift, wie die beiden Beamten später erklären, zu seiner Pistole. Ein Polizist erschießt Stoll.

Als die Gruppe von dem Tod erfährt, ist sie geschockt. Bei ihr entsteht »ein völliges Durcheinander«, berichtet Monika Helbing. Alles sei »sehr chaotisch« geworden. Die RAF besaß zu dieser Zeit – Herbst 1978 – in Düsseldorf zwei konspirative Wohnungen. In ihnen hielten sich Christian Klar, Willy Peter Stoll, Adelheid Schulz, Angelika Speitel, Monika Helbing und der RAF-Neuling Michael Knoll auf. Sofort begibt sich die Gruppe, so formuliert Helbing, auf die »Flucht«. In Windeseile werden die Wohnungen geräumt und »gecleant«. Alle machen sich Vorwürfe, weil Stoll »wie ein wandelndes Fahndungsplakat herumlief«, berichtet Helbing – und wohl deshalb auch erkannt worden sei. Konsequenz für die anderen: Sie achten ab sofort mehr auf ihr Aussehen, und zwar darauf, dass nichts an ihnen an ihr Foto auf den Fahndungsplakaten erinnert.

Keine drei Wochen später wird **Angelika Speitel** nach einer wilden Schießerei an der Lichtung in einem Wald bei Dortmund verhaftet. Dort war sie am 24. September 1978 zu einem »Übungsschießen« mit den beiden RAF-Neueinsteigern Werner Lotze und Michael Knoll. Zwei Polizeibeamte überraschen sie. Es folgt eine wüste Schießerei. Am Ende liegen vier Menschen auf dem Boden: Polizeimeister Hans-Wilhelm Hansen (26) stirbt noch am Tatort, Michael Knoll (31) zwei Wochen später. Polizeiobermeister Schneider (45) überlebt nur, weil die RAF-Mitglieder glaubten, er sei tot, und das Feuer einstellen. Angelika Speitel (26), Mitglied des Schleyer-Bewachungskommandos, liegt im Laub mit einem Trümmerbruch im Oberschenkel. Lotze (26) entkommt.

Wegen Mordes an dem Polizeibeamten verurteilt das Oberlandesgericht Düsseldorf[11] Angelika Speitel 1979 zu lebenslanger Freiheitsstrafe. In der Haft wendet sie sich von der RAF und dem »bewaffneten Kampf« ab, macht eine Schneiderlehre und arbeitet als Schneidergesellin bei den städtischen Bühnen in Köln – ohne Aufsicht. Bundespräsident Richard von Weizsäcker begnadigt sie zum 30. Juni 1990 mit einer fünfjährigen Bewährungszeit. Er attestiert ihr, alle im Strafvollzug in ihrer Sache Befragten stimmten darin überein, dass sie »sich seit Jahren nachhaltig vom Terrorismus abgewandt hat, sich ihres schweren Verbrechens zutiefst bewusst ist und ihre Tat aufrichtig bereut«. So kommt sie nach zwölf Jahren Haft wieder auf freien Fuß.

Als Nächstes verliert die Gruppe **Elisabeth von Dyck**. Sie spielte eine wichtige Rolle bei den Banküberfällen im Frühjahr 1979: Die RAF füllt mal wieder ihre Kriegskasse auf. Am 19. März 1979 erbeutet von Dyck zusammen mit Christian Klar, Adelheid Schulz und Werner Lotze bei der »Bank für Gemeinwirtschaft« in Darmstadt 49 000 Mark: Sie holt das Geld, indem sie ihre Pistole auf den Kassierer richtet und ihn anherrscht: »Geld her, Überfall!« Der Verängstigte wirft ihr die Geldscheine aus seiner Kassenbox zu.

Vier Wochen später, am 17. April 1979, raubt sie 220 000 Mark aus einer Filiale der Schmidt Bank in Nürnberg – zusammen mit Klar, Heißler und Adelheid Schulz. Elisabeth von Dyck steuert den Fluchtwagen. Nach wenigen 100 Metern verlassen die vier den Peugeot 204 Break. Später treffen sie sich in der konspirativen Wohnung in der Stephanstraße 40. Von hier aus hatten sie die Bank und Fluchtwege ausgespäht, drei Wochen lang. Sofort nach dem Überfall »cleant« die Gruppe das Eineinhalb-Zimmer-Apartment, sie will es aufgeben und nach Frankfurt übersiedeln, in eine konspirative Wohnung im Sachsenlager 11. Doch dort bereut sie zwei Wochen später die Aufgabe der Wohnung in Nürnberg. Elisabeth von Dyck übernimmt es, nach Nürnberg zu fahren und zu schauen, ob die Wohnung noch unentdeckt ist. Unauffällig steigt sie in der Nähe im Stadtteil Sankt Peter am 4. Mai 1979 aus einem Omnibus. Um 21.55 Uhr schließt sie die Wohnungstür auf. Drinnen, im schmalen Flur, hört sie »Hände hoch, Polizei« und greift zu ihrem Holster, berichten später drei SEK-Leute, die sie in der Wohnung erwartet hatten. Zwei Polizeikugeln treffen Elisabeth von Dyck. Um 23.15 Uhr stirbt sie. In ihrem Holster steckt eine großkalibrige belgische FN.

Nicht mitbekommen hatte sie beim Gang in das Apartmenthaus, dass auf der Straße gegenüber ein Bauwagen stand, aus dem Kriminalbeamte die Haustür der Nummer 40 beobachteten. Über Funk teilten sie dem SEK-Greiftrupp in der Wohnung mit, dass jemand kommt: Sie sprachen von einem »Er«, weil die Person kurze Haare hatte, Hosen trug und in der Dunkelheit nicht mehr zu erkennen war. Auch gerade angesichts dieser Vorwarnung bleibt es ein Rätsel, warum es den drei durchtrainierten SEK-Männern nicht gelang, den Überraschungsmoment ausnutzend, die 1,68 Meter große Frau zu überwältigen. Ein BKA-Beamter nennt den Zugriff seiner bayerischen Kollegen »ziemlich dilettantisch«.

Als in Frankfurt Heißler, Adelheid Schulz, Monika Helbing und Sigrid Sternebeck aus dem Radio von dem Tod von Dycks hören, geraten sie in Panik. Aus ihrer Wohnung im Sachsenlager 11 war Elisabeth von Dyck nach Nürnberg aufgebrochen. »Der Tod von Elisabeth von Dyck hat alle sehr mitgenommen«, erinnert sich Sigrid Sternebeck. Gesprochen wird nicht viel. In Windeseile »cleanen« sie die Wohnung und »flüchten«, schon wieder Hals über Kopf, in eine andere konspirative RAF-Wohnung in Frankfurt: Textorstraße 79.

Aber genau auf diese Wohnung stößt die Polizei durch die »Rasterfahndung«: Bei ihr gleicht Kommissar Computer Datenbestände nach sogenannten Rastern ab: Kriterien, von den Ermittlern nach Erfahrungswerten zusammengestellt, von denen sie annehmen, dass sie ihr gesuchtes Ziel aufweist – so bei einer konspirativen RAF-Wohnung: dass die Miete nicht von einem Konto per Dauerauftrag überwiesen wird, sondern als Bareinzahlung, dass dort kein Auto angemeldet und auch kein Kindergeld kassiert wird. So bleiben von den über 100 000 Wohnungen in Frankfurt nach etlichen Datenabgleichen ganze zwei verdächtige Wohnungen übrig. In der einen fasst die Polizei einen Rauschgifthändler. Die andere liegt im Erdgeschoss der Textorstraße 79.

Dort kommt ein eigentümlicher Anruf an – Rufnummer 618461: Ein Mann will wissen, ob »die Wohnung schon vermietet ist«. »Ja«, antwortet ein RAF-Mitglied. Der Gruppe schwant Böses. Denn Heißler hatte die Wohnung bereits acht Monate zuvor gemietet, unter dem Namen »Karl Riem«. »Völlig widersinnig« sei der Anruf gewesen, fasst Sigrid Sternebeck die anschließenden Überlegungen zusammen. Wieder einmal »flüchtet« die Gruppe so schnell es geht. Nun zurück ins Sachsenlager.

Nach der überstürzten Flucht fährt **Rolf Heißler** am Morgen
des 9. Juni 1979 noch einmal in die Textorstraße, um noch einige Sachen zu holen. Dort erwarten ihn vier Beamte eines
Sondereinsatzkommandos. Aus der Dienstwaffe eines Polizeibeamten trifft ihn ein Steckschuss im rechten Schläfenmuskel.
Später sagen die Polizisten, sie hätten gesehen, wie der Mann
zum Revolver am Hosenbund gegriffen habe. Heißler behauptet, er habe die Waffe »weder gezogen noch versucht zu ziehen«. An seiner Hüfte steckt in einem »Insideholster« ein Revolver der Marke »Colt« aus der Beute beim Waffenhändler
Fischlein. Die RAF spricht von »Kill-Fahndung«, die Polizei
von Notwehr.

Das Oberlandesgericht Düsseldorf verurteilt Heißler am
10. November 1982 wegen »gemeinschaftlichen Mordes in
zwei Fällen« zu lebenslanger Freiheitsstrafe: Nachdem ihn bei
einem illegalen Übertritt an der grünen Grenze von Deutschland in die Niederlande am 1. November 1978 niederländische
Zöllner bei Kerkrade gestellt hatten, hatte er zusammen mit
seiner Begleiterin Adelheid Schulz das Feuer auf sie eröffnet.
Zwei Zöllner starben im Kugelhagel, Dionysius de Jong und
Johannes Goemans.

Nach 22 Jahren Haft wird Heißler am 25. Oktober 2001 aus
dem Gefängnis auf Bewährung entlassen. Er hat keinen Beruf
und lebt von Hartz IV.

Dreißig Jahre nach dem Deutschen Herbst, im Oktober
2007, kommt Heißler in die Galerie. Sie heißt »after the but-
cher«, ist eine frühere Metzgerei und liegt in Berlin-Lichten-
berg. »Beschlagnahmt« heißt die Ausstellung. Zu sehen sind
Gegenstände, die Heißler ins Gefängnis geschickt, aber nicht
ausgehändigt bekam, weil sie von der Justiz beschlagnahmt
worden waren: Briefe, Flugblätter, Fotos, Armbändchen und
einiges mehr. Auf einem Lehnstuhl ganz vorne sitzt Rolf Heißler, mittlerweile 59 – er trägt eine rote Schottenmütze. Das Pu-
blikum darf ihn befragen. Eine Frau will wissen, wie er und sei-

ne Kampfgefährten mit dem Tod Unbeteiligter umgegangen
seien, beispielsweise dem von Schleyers Fahrer. »Das war eine
militärische Entscheidung, wie wir den in die Hände kriegen«,
antwortet Heißler – und meint mit »den« den damaligen Arbeitgeberpräsidenten. Auf die Frage, ob er versucht habe, mit
Hinterbliebenen Kontakt aufzunehmen, antwortet er mit der
Gegenfrage: »Warum sollte ich?« Auch warnt er vor einer falschen Perspektive, weil mit der »Opferdebatte die Entpoliti-
sierung betrieben« werde.

Nach der Heißler-Verhaftung verübt die RAF ihren ersten
Anschlag seit Ende der »Offensive 77«: Bei dem Bombenanschlag am 25. Juni 1979 in Obourg/Belgien bleibt NATO-
Oberbefehlshaber Alexander Haig unverletzt; verletzt werden
drei seiner Leibwächter. Noch zwei weitere Anschläge der
zweiten RAF-Generation folgen: Im Hauptquartier der US-
Luftstreitkräfte in Europa in Ramstein/Pfalz verletzt am 31.
August 1981 eine Autobombe siebzehn Menschen. Zwei Wochen später entgeht US-General Frederick Kroesen in Heidelberg nur knapp der Rakete aus einer RAF-Panzerfaust.

Rolf Clemens Wagner, die freundliche Telefonstimme der
RAF, wird am 19. November 1979 auf einer Bank in Zürich
verhaftet, an der Tramhaltestelle »Bahnhofquai«. An diesem
Morgen hatte er zusammen mit Christian Klar, Peter-Jürgen
Boock und Neueinsteiger Henning Beer aus der Filiale der
»Schweizerischen Volksbank« in der Bahnhofstraße 548 000
Franken geraubt. Sie flüchten mit Fahrrädern. Kassierer und
Passanten nehmen die Verfolgung auf.

Im »Shopville«, einer unterirdischen Ladenpassage am
Hauptbahnhof, kommt es zu einer wüsten Schießerei – über
100 Menschen werfen sich auf den Boden. Aus drei unter-
schiedlichen Richtungen nehmen Klar, Beer und Wagner einen
Polizeibeamten unter Feuer. Er hat keine Chance. Von zwei
Kugeln getroffen, bricht er schwer verletzt zusammen.

Ein Querschläger aus einer RAF-Waffe tötet Edith Kletz-händler, eine 56-jährige Passantin, die sich in einer Schaufens-terauslage Kostüme anschaute. Die drei RAF-Männer rennen aus der Ladenpassage. Wagner kann nicht mehr. Deshalb setzt er sich erschöpft auf die Bank an der Tramstation, will mit der Bahn weiter. Kurz darauf verhaften ihn Beamte der Züricher Stadtpolizei. Auf seinem Schoß liegt eine Segeltuchtasche mit 335 000 Franken aus der Beute.

Wegen der Taten in Zürich verurteilt ihn das Geschwore-nengericht des Kantons Zürich[12] zu lebenslanger Zuchthaus-strafe. Am 30. September 1982 wird er nach Deutschland ge-bracht.

Das Oberlandesgericht Düsseldorf[13] verurteilte Wagner im März 1987 zu lebenslanger Freiheitsstrafe »wegen Mordes an vier Menschen in Tateinheit mit erpresserischem Menschen-raub, mit Geiselnahme, mit zwei tateinheitlich versuchten schweren räuberischen Erpressungen und mit versuchter Nö-tigung eines Verfassungsorgans sowie wegen eines weiteren Mordes«: die Strafe für die Erschießungen von Schleyers Be-gleitern und Schleyer sowie die Verschleppung Schleyers und die Erpressung der Bundesrepublik.

Bundespräsident Johannes Rau begnadigt Wagner. Nach 24 Jahren Haft wird er am 9. Dezember 2003 aus der Justizvoll-zugsanstalt Schwalmstadt entlassen. Er ist 59. Der ehemalige Volkswirtschafts- und Jurastudent ist erwerbslos.

Vier Jahre später sorgt er bundesweit für Furore: In einem Interview mit der *Jungen Welt*[14] erklärt er, manche Ergebnisse »unserer Überlegungen« in der RAF 1977 blieben auch aus heutiger Sicht richtig, wie »die Entscheidung, Hanns Martin Schleyer zu entführen« – denn: »Der wurde mit seiner SS-Ge-schichte als Wehrwirtschaftsführer in besetzten Gebieten und seiner aktuellen Funktion als Ausbilder und Präsident des Un-ternehmensverbandes ja nicht zufällig ausgesucht.«[15] »Hellauf entsetzt« erklärt sich FDP-Chef Guido Westerwelle über

Wagners Worte, weil »auf die Gnade des Staates mit der Recht-
fertigung der eigenen Barbarei geantwortet wird«. Erneut zeige sich, dass es keine Gnade ohne Reue geben dürfe. Wagner
stirbt am 11. Februar 2014 in Bochum. Das erste Mitglied der
77er-RAF-Crew, das eines natürlichen Todes stirbt.

Ein halbes Jahr nach Wagners Verhaftung in Zürich wird
Sieglinde Hofmann in Paris festgenommen: die Frau, die bei
dem Schleyer-Überfall mit ihrem Schnellfeuergewehr aus dem
Kinderwagen Schleyers Personenschützer unter Beschuss
nahm. Gendarme schnappen sie in einer konspirativen Wohnung in der Rue Flatters 4 – zusammen mit vier Frauen von
der »Bewegung 2. Juni«. Es geht so schnell, dass sie keine
Chance hat, zu ihrer Neun-Millimeter-Pistole zu greifen.

Der Tipp zu der Wohnung in der Nähe des Jardin du Lu-
xembourg war von einem Araber gekommen. Sieglinde Hofmann telefonierte regelmäßig mit den »palästinensischen
Freunden«. Und einer der »Freunde« verriet der Polizei ihre
Telefonnummer. Der Rest war Routine. Zur Festnahme reist
BKA-Präsident Herold nach Paris. In der Wohnung und in
drei anderen konspirativen Wohnungen entdecken seine Männer jede Menge Unterlagen, Waffen, Waffenteile und Munition. Der BKA-Chef spricht von »Pharaonengräbern« und
nennt Hofmann die »Stabschefin der Mohnhaupt«.

Das Oberlandesgericht Frankfurt[16] verurteilte die »Stabschefin« im Juni 1982 aufgrund des Ponto-Sachverhalts wegen
»versuchten gemeinschaftlichen erpresserischen Menschenraubs und versuchter gemeinschaftlicher Geiselnahme sowie
wegen mitgliedschaftlicher Beteiligung an einer terroristischen
Vereinigung« zu 15 Jahre Freiheitsstrafe. Eine Verurteilung
wegen Mordes war durch die Vorgaben der französischen Regierung für die Auslieferung ausgeschlossen.[17]

Kurz bevor Sieglinde Hofmann die 15 Jahre im Mai 1995
abgesessen hat, klagt die Bundesanwaltschaft sie ein zweites

Mal an. Dieses Mal geht es um die Ermordung der Schleyer-Begleiter, die Erpressung der Bundesregierung und die Ermordung Schleyers – Hofmanns Rolle in diesem Komplex zeichnete sich erst nach den Aussagen der RAF-Aussteiger ab.

In dem Verfahren bekennt sie sich – nach anderthalb Jahrzehnten im Gefängnis – noch immer zum »bewaffneten Kampf« und bezeichnet sich als »Gefangene aus der RAF«. Sie beteiligte sich an zwölf kollektiven Hungerstreiks der Häftlinge, auch noch kurz vor Beginn der Hauptverhandlung im August 1995.

Auf der Anklagebank zitiert sie den chilenischen Schriftsteller Pablo Neruda (1904–1973): »Vergeblich lauern, die von mir erwarten, dass ich an die Straßenecke mich stelle, meine Waffen zu verkaufen, meine Vernunft und meine Hoffnungen. Tagtäglich höre ich nur Drohung, Lockung, Wut und Lüge, und ich wich nicht ab von meinem Stern.«

Das Oberlandesgericht Stuttgart[18] verurteilt sie wegen des Schleyer-Komplexes »zu lebenslanger Freiheitsstrafe als Gesamtstrafe«, unter Einbeziehung der Strafe aus dem Jahr 1982.

Aus der Haft entlassen wird sie 1999, vorzeitig, auf Bewährung. Seither lebt sie zurückgezogen; seit 2010 ist sie – Jahrgang 1945 – Rentnerin.

Als Nächstes ist **Peter-Jürgen Boock** an der Reihe. Am 22. Januar 1981 verhaftet ihn ein mobiles Einsatzkommando in Hamburg-Wilhelmsburg. Dort wohnt er mit seiner Freundin *Angelika Schmiester* im zweiten Stock eines ehemaligen Fabrikgebäudes, Neuhöferstraße 23. 150 Quadratmeter: Wohnräume und eine Tischlerwerkstatt. Boock ist unbewaffnet. Aus RAF-Zeiten hat er zwei gefälschte Reisepässe bei sich. In der Wohnung entdecken die Beamten 33 Cannabispflanzen, eingetopft in Plastikbechern.

Hinter der biederen Maske von »Charly«, dem talentierten Allroundhandwerker, der für wenig Geld vieles macht, ver-

Boock

kehrte er ein Jahr lang in der linken Szene der Hansestadt. Er hilft bei Renovierungsarbeiten in einem Altenheim in Schnelsen, arbeitete bei einer Sonnenschutz- und bei einer Plakatwerbefirma. Lohnsteuerkarte und Versicherungsnachweis bekam er von einem Bekannten, einem Theaterbeleuchter. Und sonnabends verkaufte er manchmal Trödelwaren auf einem Hamburger Flohmarkt. Aus der linken Szene landet die Kunde beim Hamburger Staatsschutz, bei dem feinfühligen »Charly« könne es sich um einen der meistgesuchten »Terroristen« der Republik handeln.

Von der RAF hatte sich Boock ein Jahr zuvor, im Januar 1980, nach Hamburg abgesetzt. Er war der »Absteiger« in der Gruppe ab 1977. Alle waren sauer auf ihn, nachdem herausgekommen war, dass er ihnen das Märchen vom Darmkrebs erzählt hatte, um seine Drogensucht zu kaschieren. Die Beschaffung von Drogen, Schmerzmitteln und anderen Medikamenten absorbierte viel Energie in der Gruppe und führte zu sieben Verhaftungen und einem Todesfall.

An seine Stelle im Führungsgeflecht der RAF trat Christian Klar. Ende 1979 darf Boock aus seinem Junkie-Exil im Jemen zu der Gruppe nach Paris reisen. Dort gilt er als »unsicherer Kandidat«. In Paris steht er – so beschreibt Boock später die Situation – »unter ständiger Bewachung«. Nach zwei Wochen türmt er in einem günstigen Augenblick. Er sei, so sagt er, »aus dem Fenster gesprungen – Hochparterre«.

In Hamburg lernt er die Lehrerin *Angelika Schmiester* kennen. Sie lebt von Ehemann und Kind getrennt. Boock zieht zu ihr. Regelmäßig raucht er Haschisch.

Für das Strafverfahren kommt er nach Stuttgart-Stammheim, in die – mittlerweile halbierte – Zelle von Andreas Baader. »Das ist schon ein seltsames Gefühl«, blickt er zurück.
»Da wollte ich sie rausholen. Stattdessen saß ich drin.«

Im Mai 1984 verurteilt ihn der zweite Strafsenat des Oberlandesgerichts Stuttgart[19] wegen sechs Morden und vier Mordversuchen zu »dreimal lebenslanger Freiheitsstrafe sowie zu
15 Jahren Freiheitsstrafe«: Die gemeinschaftliche Ermordung
von Ponto, der vier Schleyer-Begleiter und von Schleyer sowie
der versuchte Granatwerferanschlag auf das Gebäude der Bundesanwaltschaft ergeben vier Mordversuche.

Aber der Bundesgerichtshof hebt das Urteil im Strafausspruch auf: Für einen Verfahrensfehler hält er, dass die Hamburger Richter eine verminderte Schuldfähigkeit infolge
Boocks Drogenabhängigkeit ausschlossen, »ohne ausreichend
sachverständig beraten gewesen zu sein«.

So muss der fünfte Strafsenat des Oberlandesgerichts das
Ausmaß von Boocks Drogenkonsum ermitteln. Heraus kommt,
dass er ihn im Jahr 1977 konstant gesteigert und sich ab
Spätherbst zu einem Junkie entwickelte hatte – pro Tag spritzte er sich mindestens vier Ampullen Dolantin. Zusätzlich kon-
sumierte er Amphetamine, Kokain, Valium und Barbiturate.

Der Senat stellt in seinem Urteil 1986 für den »Tatzeitraum«
Schleyer fest,[20] Boocks Einsichtsfähigkeit »in das Unrecht seiner Tat« sei »infolge drogenbedingter, krankhafter seelischer
Störungen erheblich vermindert« gewesen. Neue Strafe: »lebenslange Freiheitsstrafe als Gesamtstrafe«.

In all den Jahren, von 1981 bis 1989, stilisiert sich Boock zu
einem von der Justiz maßlos Verfolgten: »Ich bin kein Mörder,
ich habe niemanden verletzt«, erklärt er in seinem ersten Strafverfahren. »Ich war an keinem Kommando beteiligt, bei dem
Menschen getötet worden sind.« Und in seinem zweiten Verfahren flötet er in seinem Schlusswort: »Ich habe niemals auf
einen Menschen geschossen. Ich war niemals dabei, als Men-

schen getötet wurden oder auf sie geschossen worden ist.« An der publizistischen Front unterstützt ihn sein Verteidiger Hans-Wolfgang Sternsdorff: »Herr Boock war auch nicht der Fahrer des Fluchtwagens, mit dem Herr Schleyer am 5. September 1977 entführt worden war«, erklärt er 1988 in der *Hamburger Morgenpost*[21]. Boock gehöre »nicht zu den Personen, die Herrn Schleyer damals in Köln entführt und seine Begleiter erschossen haben«. Und Boock selbst erklärt im selben Jahr zu dem Anschlag in Köln im *Spiegel*[22]: »Ich war nicht dabei, und ich habe auch nicht geschossen.«

So avanciert Boock in den 80er-Jahren für viele in der Republik zu einem exemplarischen Fall, bei dem die Justiz unter dem Rubrum »Terrorist« einen Menschen gnadenlos verfolgt. »Gnade statt Rache« fordert *Zeit*-Herausgeberin Marion Gräfin Dönhoff 1988 für Boock und erklärt: »Ein Gnadenakt für Peter-Jürgen Boock, der das ›lebenslang‹ in eine Zeitstrafe umwandelt und so eine Entlassung nach zwei Drittel der Verbüßung ermöglicht, könnte ein solches Signal werden.«[23]

Boock schreibt an den Bundespräsidenten Richard von Weizsäcker, bittet um Begnadigung und versichert: »An meinen Händen klebt kein Blut.« Der Präsident antwortet, »gegenwärtig« – 1989 – könne er dem Gnadengesuch nicht entsprechen. Aber »zu gegebener Zeit« werde er erneut über das Gesuch befinden. Hätte von Weizsäcker dem Gesuch entsprochen, wäre es die allerschnellste Begnadigung eines ehemaligen RAF-Mitglieds gewesen – zwei Jahre nach Rechtskraft des Urteils.

Nach der Wende in der DDR kommt auch die Wende für Boock, 1990: Aussagen dort gefasster RAF-Aussteiger ergeben, dass er bei der Operation Ponto Fahrer des Mörder-Trios war und bei der Erschießung der vier Schleyer-Begleiter mitfeuerte, ebenso, dass er den Flucht-VW-Bus mit dem Arbeitgeberpräsidenten auf der Ladefläche lenkte. Blut spritzte bei den Morden jede Menge. Am 29. März 1992 schreibt Boock von Weizsäcker: Er stelle anheim, »mein bei Ihnen anhängiges Gnadengesuch niederzuschlagen«, da es »auf unzutreffenden Voraussetzungen« beruhe. Boock, der Lügner! Überführt!

Nachdem die Sache aufgeflogen war, sitzt Dönhoff, die »Gräfin«, wie sie im Pressehaus am Speersort in Hamburg genannt wird, gut gelaunt hinter ihrem Schreibtisch, berichtet der Journalist Michael Sontheimer[24], und schlägt ihre himmelblauen Augen auf: »Da hat der Boock uns also alle angelogen«, sagt sie. Nachdenklich hätte sie gelächelt und hinzugefügt: »Aber vielleicht hätte ich das ja auch so gemacht, an seiner Stelle. Wer weiß?«

Weil die Aussagen der DDR-Aussteiger auch zutage fördern, dass Boock bei dem Überfall auf die Schweizerische Volksbank in Zürich 1979 dabei war, klagt ihn die Bundesanwaltschaft noch einmal an. Das Oberlandesgericht Stuttgart[25] verurteilte ihn 1992 wegen Raubes mit Todesfolge »zu lebenslanger Freiheitsstrafe als Gesamtstrafe«, unter Einbeziehung des Strafausspruchs in dem Urteil von 1986.

Vor Beginn der Hauptverhandlung flüchtet Boock nach vorne: Er legt seine »Lebensbeichte« ab, bei BGH-Oberstaatsanwalt Klaus Pflieger, im April und Mai 1992. Bislang sei er »zu feige« gewesen, sich »vollständig zu offenbaren«, beginnt er. Er »bedauere« es, »bisher zu den mörderischen Anschlägen wie Ponto und Schleyer die Unwahrheit gesagt zu haben«. Die Aussagen über seine RAF-Erlebnisse füllen über 150 Blatt Protokoll.

Nach 17 Jahren Haft wird Boock am 13. März 1998 entlassen, auf Bewährung. Erst lebt er bei Freiburg. Später zieht er nach Italien.

Boock ist ohne Frage der schwierigste Charakter unter den RAF-Akteuren des Jahres 1977. Bei dem, was er seither zur RAF sagte, scheint es drei Kategorien zu geben: Bis zu seiner Lebensbeichte[26] log er dreist und unverfroren – ein »taktisches Verhältnis zur Wahrheit« attestierte ihm seine Ehefrau Waltraud, BKA-Ermittler nannten ihn den »Karl May der RAF«. Aber bei dem, was er in seiner »Lebensbeichte« zu Protokoll gab, wurde er bislang noch keiner Lüge überführt – vermutlich sah Boock im Frühjahr 1992, nachdem aufgeflogen war, dass er den Bundespräsidenten belogen hatte, seine letzte Chance auf eine möglichst rasche Haftentlassung darin, reinen Tisch zu machen.

Und dann gibt es die dritte Boock'sche Dimension: zeitgeschichtlich und teilweise auch juristisch erhebliche Aussagen in Medien, die ihm Honorare zahlen. Beispielsweise bei seinen Behauptungen über die Todesschützen – im Fall Buback: Wisniewski[27], im Fall Schleyer: Heißler[28]. Belastbares für seine Behauptungen fand sich nicht. Stets viel Lärm für nichts.

Wegen seiner Aussagefreudigkeit bei Medien und Justiz[29] hassen ihn seine einstigen »Genossen«. Für sie ist er nicht nur ein Verräter, sondern ein Judas. Sie nennen ihn »Betrüger« und Talkshow-»Tanzbär«. Er ist der Einzige aus der 77er-Truppe, der die RAF als Geschäft entdeckt hat.

Einundzwanzig Monate nach Boocks Verhaftung beginnt die Aktion »Eichhörnchen«: Für die zweitausend eingesetzten Beamten bedeutet sie Bibbern und Zittern über Wochen – Polizisten, Bundesgrenzschützer und Zöllner. Teilweise bei Temperaturen um den Gefrierpunkt beobachten sie RAF-Depots in Wäldern.

Die Vorgeschichte: Am 26. Oktober 1982 war das BKA auf das »Zentraldepot« der RAF gestoßen, in einem Wald bei Heusenstamm, südlich von Frankfurt – ein Hinweis von Pilzsammlern, sagen Ermittler. BKA-Männer graben bei Nacht aus dem Waldboden zwei große Plastikkisten voller RAF-Utensilien: Waffen, Ausweise, 55 000 Mark bar und eine Menge von verschlüsselten Unterlagen. Wiesbadener Terrorismusbekämpfer entschlüsseln sie weitgehend und stellen fest, dass die RAF ihren Hausstand in 18 Depots zwischen Schleswig-Holstein und Baden-Württemberg vergraben hat – allerdings

gelingt es ihnen nicht, sechs Depots zu
finden. Bei Nacht räumen sie die De-
potkette ab. In die Hände fallen ihnen
sechs Maschinenpistolen, fünf Gewehre,
17 Pistolen, fünf Handgranaten,
über 5000 Schuss, 3,6 Kilo Sprengstoff
und über 2000 Ausweise, Fälscheruten-
silien und Skizzen von 22 Pfaden über
die grüne Grenze ins Ausland. Und so
liegen nun Beamte an einem Dutzend
Depots rund um die Uhr auf der Lauer:
im Waldboden eingegraben, versteckt
hinter Sträuchern und Bäumen, getarnt
als Spaziergänger.

Mohnhaupt

Am Zentraldepot bei Heusenstamm verhaften GSG-9-Beamte
am 11. November 1982 **Brigitte Mohnhaupt** und **Adelheid
Schulz.**

Am Depot »Daphne« im Sachsenwald bei Aumühle, östlich
von Hamburg, schnappen fünf Tage später Polizeibeamte
Christian Klar. 16. November 1982 – ein historisches Datum:
Der letzte Kopf der 77er-RAF ist gefasst.

Zur Sache sagen die drei Verhafteten nichts. Adelheid
Schulz erklärt in ihrem Schlusswort vor dem Oberlandesgericht Düsseldorf 1985: »Organisierte Illegalität ist notwendig, um revolutionäre Ideen umzusetzen.« Dies gehe nur,
»indem man die Machtfrage stellt, indem man den Staat an seinen Pfeilern trifft – solche Pfeiler waren Schleyer, Ponto und
Buback«. Ihr Fazit: »Alternativen für unsere Aktion, der Guerilla aus der RAF, gegen den Staat zur Befreiung der Gefangenen, gibt es nicht.«[30] So uneinsichtig zeigte sich kein anderer auf der Anklagebank. Das Gericht verurteilt Adelheid
Schulz zu »lebenslanger Freiheitsstrafe« als Mittäterin wegen

der Morde an den vier Schleyer-Begleitern und Hanns Martin
Schleyer.[31]

In der Haft bleibt sie Hardlinerin, erklärt sich beispielsweise
1994 als in der Haft gefoltert aufgrund von »Folterkriterien
nach internationaler Anti-Folter-Konvention«. Nach 14 Jahren Haft wird sie wegen ihres schlechten Gesundheitszustan-
des aus der Justizvollzugsanstalt Köln-Ossendorf auf freien
Fuß gesetzt. 2002 begnadigt sie Bundespräsident Johannes
Rau. Anschließend lebt sie in Frankfurt, krank und arbeits-
unfähig.

Drei Wochen nach der Entscheidung gegen Adelheid Schulz
in Düsseldorf folgt in Stuttgart-Stammheim das Urteil gegen
Mohnhaupt und Klar. Auch sie sagen nichts zu den Vorwürfen
der Anklage, geben aber politische Erklärungen ab. »Der
Kampf um die Gefangenen hatte den politischen Zweck in
sich«, meint Christian Klar. Und Mohnhaupt erläutert, für sie
gehe es »um den revolutionären Krieg und wie wir ihn auf das
Niveau bringen, dass er die Kraft hat, dieses System tatsächlich
zum Zusammenbruch zu bringen«. In dem Verfahren tritt sie
kompromisslos und radikal auf. »Was mir unheimlich zu
schaffen gemacht hat«, erinnert sich an sie Günther Grebe, einer der beisitzenden Richter, »war dieses Potenzial an Hass
und Menschenverachtung.«

Nach 14 Monaten Verhandlung verkündet der Vorsitzende
Klaus Knospe am 2. April 1985 das Urteil[32]: für beide »fünfmal lebenslange Freiheitsstrafe« und noch einmal 15 Jahre extra. Verurteilt werden sie wegen neun Morden und Mohnhaupt wegen fünf Mordversuchen im Jahr 1977, Klar wegen
sieben Mordversuchen 1977.[33] Ihre Opfer: Siegfried Buback,
Wolfgang Göbel, Georg Wurster, Jürgen Ponto, Heinz Marcisz, Reinhold Brändle, Helmut Ulmer, Roland Pieler und
Hanns Martin Schleyer. Die Verurteilungen wegen der Mordversuche erfolgten wegen des gescheiterten Anschlags auf das
Gebäude der Bundesanwaltschaft, in dem zu diesem Moment,

keine 20 Meter von der Stalinorgel entfernt, Bundesanwalt Manfred Bruns sowie die Oberstaatsanwälte Klaus Holland, Rainer Schulte, Joachim Lampe
und Klaus-Gerhard Pieper arbeiteten.
Bei Klar kamen noch zwei Mordversuche hinzu, weil er bei einer Ausweis-
kontrolle in Riehen in der Schweiz am
5. Januar 1977 auf zwei Menschen
schoss. Das Gericht verurteilte Mohnhaupt als Rädelsführerin der terroristischen Vereinigung RAF, weil sie eine
»herausgehobene, auch geistig überle-
gene Stellung innerhalb der Vereini-

Klar

gung« gehabt habe – anders als Klar.³⁴
Mohnhaupt ist seit 24 Jahren im Gefängnis. Zum 27. März
2007 setzt das Oberlandesgericht Stuttgart³⁵ die Vollstreckung
der lebenslangen Freiheitsstrafe auf Bewährung aus. Der Senat
erklärt in seinem 16-Seiten-Beschluss, dass Mohnhaupt eine
»Überzeugungstäterin« und »insgesamt für den Tod von neun
Menschen verantwortlich« sei. Zudem fehle es an einer »offenen Distanzierung von den Straftaten«; »das Bewusstsein begangenen Unrechts, klare Worte des Bedauerns oder irgend-
welche Sühnebemühungen in Richtung der Angehörigen ihrer
Opfer« vermochte der Senat bei ihr nicht zu erkennen. Aber
andererseits glauben die Richter Mohnhaupts Erklärung, sie
werde »künftig keine Straftaten mehr begehen«.

Entgegen so mancher Argumentation in den Wochen der
hitzigen »Mohnhaupt«-Debatte verlangt das Gesetz³⁶ für die
Strafaussetzung nicht, dass sich der Verurteilte zu der Tat bekennt oder gar Reue zeigt: Maßgeblich ist die Prognose seines
zukünftigen Verhaltens unter »Berücksichtigung der Sicher-
heitsinteressen der Allgemeinheit«. Ergebnis der Stuttgarter
Richter: Aufgrund einer »Gesamtwürdigung aller zur Krimi-

*2016: Klar-Debatte
im Bundestag –
CDU-Abgeordneter
Albert Weiler*

nal- und Sozialprognose« relevanten Umstände »schließt der Senat eine Rückfallgefahr« bei Mohnhaupt aus.

Nach ihrer Haftentlassung im Frühjahr 2007 lebt Brigitte Mohnhaupt zurückgezogen in Süddeutschland.

Als letzter der 77er-Akteure kommt Christian Klar im Dezember 2008 aus dem Gefängnis. Vorangegangen war eine lebhafte Debatte darüber, ob er gnadenwürdig sei. Nachdem Bundespräsident Köhler mit Klar gesprochen hat, entscheidet er im September 2007, »von einem Gnadenerweis für Herrn Christian Klar abzusehen«.

Ein Jahr später entscheidet auf Antrag Klars das Oberlandesgericht Stuttgart[37], dass der Rest seiner lebenslangen Freiheitsstrafe »mit Wirkung zum 3. Januar 2009 zur Bewährung ausgesetzt« wird. Das war der früheste mögliche Zeitpunkt für seine Entlassung, weil der Senat schon 1998 bestimmt hatte, »dass die besondere Schwere der Schuld« Klars »mindestens 26 Jahre Freiheitsstrafe« gebiete.[38] Das Gericht stellte fest, ähnlich wie bei Mohnhaupt, dass es Klar bislang nicht vermochte, »das außerordentlich schwere Unrecht seiner Straftaten einzusehen und sich von ihnen zu distanzieren«. Aber bei der rechtlich entscheidenden Frage sei festzustellen, dass »konkrete Anhaltspunkte für eine Rückfälligkeit« nicht erkennbar seien.

Klar zieht nach Berlin, arbeitet als Kraftfahrer. Für Furore bundesweit sorgt im Februar 2016 die Nachricht, dass Diether Dehm, Bundestagsabgeordneter der Partei Die Linke, Klar seit mehreren Jahren als freien Mitarbeiter für die technische Betreuung seiner Abgeordnetenwebsite beschäftigt. »Skandal«, findet der innenpolitische Sprecher der Unionsfraktion im Bundestag Stephan Mayer. »Die Beschäftigung eines der schlimmsten Terroristen, die unser Land je erlebt hat, ist eine Verhöhnung der Opfer, aber auch des Deutschen Bundestages und damit unseres Staates insgesamt.« Dehm hält dagegen: Klar habe »seine Strafe vollständig verbüßt« – und er halte »den Gedanken eines ›Berufsverbotes‹ mit dem Gedanken der Resozialisierung in einem Rechtsstaat für inkompatibel«. Die Bundestagsverwaltung verweigert Klar den von Dehm für ihn beantragten Hausausweis für den Bundestag, weil es sich »um eine besondere Schutzzone mit besonders schutzbedürftigen Personen« handle.

Die lebhafte Diskussion Anfang 2016 zeigt, dass auch fast 40 Jahre nach 1977 beim Thema RAF noch immer die Emotionen hochschlagen.

Zurück zu 1977: Die von BKA-Chef Herold in der Phase der »Ergreifungsdefizite« vor Jahresschluss in Aussicht gestellten »hohen Aufklärungserfolge«[39] treten im Laufe der Zeit tatsächlich ein. Fünf Jahre später sind alle führenden Köpfe und der größte Teil der Crew der RAF gefasst. Siebzehn von 22. Aber fünf fehlen noch. Susanne Albrecht und die anderen scheinen nicht zu fassen zu sein. Wie vom Erdboden verschluckt.

96. Staatssicherheit

Acht Jahre nach der Verhaftung von Mohnhaupt und Klar, 13 Jahre nach den Morden an Schleyer und Ponto: 7. Juni 1990. Die Meldung kommt aus Ost-Berlin. Eine Sensation in der an Überraschungen nicht armen Wendezeit: **Susanne Albrecht** ist wieder da! Seit dem Mord an Jürgen Ponto wurde sie mit

Susanne Albrecht
1991

Haftbefehl und zahlreichen Steckbriefen gesucht. Verhaftet in der Hauptstadt der DDR! Dort? Stimmt das? In den vergangenen Jahren hatten Medien und Nachrichtendienste die Albrecht überall auf der Welt vermutet, aber nicht in Berlin. Das *Hamburger Abendblatt* fragte: »Susanne Albrecht in der Türkei?«, *Bild* »Susanne Albrecht in Stockholm?«. Die *Hamburger Morgenpost* titelte »Susanne Albrecht in USA«, die *Frankfurter Rundschau* »Britische Polizei fahndet nach Susanne Albrecht« und *Die Welt* »Terroristin Albrecht zeltete in den Vogesen«. Nach den Informationen des Bundesnachrichtendienstes befand sie sich im Jemen (Herbst 1980), in Beirut/Libanon (Juni 1981), in Damaskus/Syrien (Oktober 1983), in Baalbek/Libanon (Februar 1987) und in Sidon/Libanon (Oktober 1987).

Nun also nichts von alledem, sondern die Hauptstadt der DDR. Niemand hätte Albrecht eine gute halbe Autostunde vom Brandenburger Tor entfernt vermutet. Marzahn: Rosenbeckerstraße 3, Wohnung Nummer 0201. Hier steht Plattenhochhaus an Plattenhochhaus. »Arbeiterschließfächer«. Schlag auf Schlag geht es weiter in den nächsten elf Tagen: In der DDR werden, keine vier Monate vor ihrem Ende, noch neun weitere ehemalige RAF-Mitglieder verhaftet – Inge Viett, Werner Lotze, Christine Dümlein, Ekkehard von Seckendorff-Gudent, Ralf Baptist Friedrich, Henning Beer sowie drei weitere Frauen aus der 77er-RAF-Crew: **Monika Helbing, Sigrid Sternebeck** und **Silke Maier-Witt.** So sind 13 Jahre später 21 der 22 RAF-Aktivisten des Jahres 1977 gefasst. Nur Friederike Krabbe noch nicht.

Viele Menschen in Deutschland-West und Deutschland-Ost rätseln, wie es ihnen gelingen konnte, unerkannt in der DDR unterzutauchen. Stückchenweise kommt die irre Wahrheit ans Tageslicht, es dauert acht Jahre.[40] Das Ergebnis ist eine atemberaubende Geschichte aus der Zeit, in der Deutschland noch zweigeteilt war.

Sie beginnt mehr als zehn Jahre zuvor, in Paris, 1979. Die Stadt ist die Fluchtburg der RAF. Für die Gruppe spielt sie eine ähnliche Rolle wie Amsterdam 1977 als Rückzugs- und Planungsrefugium; die RAF besitzt dort mehrere konspirative Wohnungen. Die Stimmung ist schlecht. Die halbe Mannschaft hat die Nase vom »bewaffneten Kampf« voll und will aussteigen. Acht Mitglieder. Zu ihnen gehören auch die »Schnellzugänge«[41] für den Höhepunkt der »Offensive 77«: Susanne Albrecht, Silke Maier-Witt, Sigrid Sternebeck und Monika Helbing.

Susanne Albrecht ist zu der Einsicht gekommen, dass der »bewaffnete Kampf« nichts für sie ist. Seither fragt sie sich, wie es ihr gelingen kann, aus der Gruppe »herauszukommen, ohne von der Polizei festgenommen zu werden«. Für ihre Freundin Maier-Witt kam die geistige Wende mit dem Tod der Passantin in Zürich nach dem RAF-Banküberfall im November 1979. Sie empfindet es als »Widerspruch, dass die Frau allein für eine Geldbeschaffung erschossen wurde«. Maier-Witt fühlt sich »schuldig«.

Sigrid Sternebeck, die dritte »Hamburger Tante«, erscheint der »politische Kampf sinnlos«, weil er »nur zerstört, nichts Positives bewirkt« habe. Ihr Resümee: »Unter dem Strich gab es zu viele Tote auf beiden Seiten und volle Knäste.« Ebenso als »sinnlos« empfindet Monika Helbing »den Kampf solch einer kleinen bewaffneten Gruppe«.

»Fehler« nennt die RAF-Führungscrew in Paris die acht Aussteigewilligen – zu ihr gehören Brigitte Mohnhaupt, Christian Klar, Sieglinde Hofmann und Adelheid Schulz. Aber

beide Lager wollen eine »einvernehmliche Scheidung«. Mohnhaupt & Co. akzeptieren den Wunsch zu gehen; versuchen
nicht, irgendjemanden umzustimmen. Ihre Devise: Wer aussteigen will, der soll es jetzt tun. Der Gedanke dahinter: Ob
jetzt fünf oder zehn gehen – der Aufwand ist der gleiche.

Auch wollen sie einen zweiten Fall Boock vermeiden, nachdem er Anfang 1980 aus einer RAF-Wohnung in Paris getürmt
war. Allen ist klar: Schnappt ihn die Polizei, ist der Junkie ein
unkalkulierbares Risiko für die Gruppe.

Die acht, die die Nase voll haben, leben in drei konspirativen Wohnungen in Paris. Alle haben ihre Pistolen an die ver-
bliebenen RAF-Mitglieder zurückgegeben. Symbol innerhalb
der RAF dafür, dass man sich vom »bewaffneten Kampf« verabschiedet hat. Geld fürs tägliche Leben erhalten sie von der
RAF-Führung. Die hat ihnen auch zugesagt, sich um ein »or-
ganisiertes Exil« zu kümmern. Im Gespräch sind Mosambik
und Angola. Frühere portugiesische Kolonien. Und so lernen
die Ausstiegswilligen schon Portugiesisch. Aber so richtig
Freude kommt bei ihnen nicht auf angesichts der Lebensper-
spektive: »Irgendwo in Afrika«. Sie sind zwischen Ende 20
und Ende 30.

Aber dann – auf einmal alles anders: In Paris sprechen
Mohnhaupt und andere RAF-Köpfe mit Inge Viett vom
»2. Juni« über eine mögliche Fusion, und dabei auch über ihr
größtes Problem: die Suche nach einem sicheren Exil für ihre
»Fehler«. Viett denkt, ihr Kontaktmann bei der DDR-Staatssicherheit könne einen Rat geben, wie man ein solches Exil am
besten angeht. Und so reist sie Ende Mai 1980 nach Ost-Berlin, um mit ihm die Frage zu klären: Wie versteckt man über
ein halbes Dutzend Weiße in Schwarzafrika – ohne dass sie
auffallen, bis an ihr Lebensende?

Oberst Harry Dahl ist Leiter der »Terrorabwehr« im Ministerium für Staatssicherheit (MfS): Seine Abteilung XXII ist
eine vergleichsweise junge Einheit der Staatssicherheit. Ge-

gründet wurde sie 1975, weil Erich Mielke
fürchtet, auch in der DDR könnte es Ter-
roranschläge geben; weltweit boomt der
Terrorismus. 1980 hat diese Abteilung 140
Mitarbeiter[42] – eine relativ hohe Anzahl
angesichts der Tatsache, dass es in der
DDR keine einzige Terrorgruppe gibt.
Die Abteilung dient primär der Prophyla-
xe – nach dem Sicherheitsdenken von
Mielke: Sie soll erkunden, was anderswo
an »Terror« passiert, um zu prognostizie-
ren, was in die DDR davon hineinschwap-
pen könnte. So bedeutete »Terrorabwehr«
für Helmut Voigt, er war Chef der Unter-
abteilung XXII/8 und für die RAF zuständig, »dass wir uns um alle Terrorgrup-
pen gekümmert haben, bei denen nicht
auszuschließen war, dass sie die DDR betreten«.

Helmut Voigt

Zur Begrüßung trinkt Dahl mit Viett Cognac. Einige Gläser.
Sie duzen sich, wie schon immer. Die Stimmung ist gelöst, der
»Klassenfeind« nach wie vor derselbe. Am nächsten Tag
spricht Viett mit Günter Jäckel, Dahls künftigem Stellvertreter. Er kennt Afrika, war auf MfS-Außenposten in Kairo und
Addis Abeba – und sieht Probleme: die politischen Verhältnisse insgesamt dort unten. Die westlichen Geheimdienste allerorten. Und er befürchtet, dass dort acht Weiße zwangsläufig
für Aufmerksamkeit sorgen. So gebe es, sein Resümee, für sie
»keine dauerhafte Sicherheit in Schwarzafrika«. Und dann
fragt er Viett: »Habt ihr nicht mal daran gedacht, die
demobilisierten Kämpfer zu uns zu bringen?«[43]

Die Idee nimmt Viett mit nach Paris. Die RAF-Spitze findet
sie gut. So reisen Christian Klar und Henning Beer Ende Juli
1980 zu Sondierungsgesprächen in die DDR. Dahl hat grünes
Licht bekommen: Nach dem Viett-Gespräch hatte er Gerhard

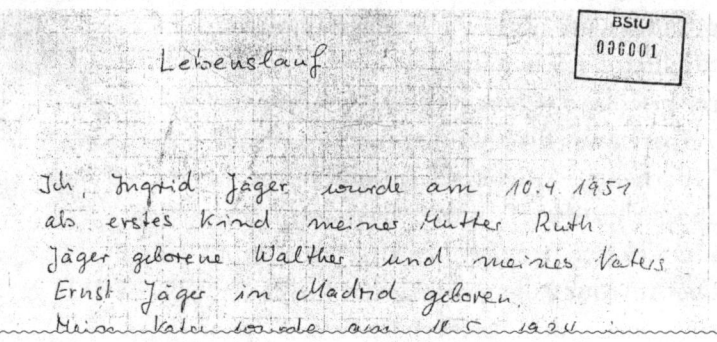

Susanne Albrechts erfundener Lebenslauf

Neiber, ersten Stellvertreter des Ministers für Staatssicherheit Erich Mielke, über das Anliegen der RAF informiert und um Entscheidung gebeten. Neiber setzte Mielke in Kenntnis – und der war einverstanden.[44]

Über eine künftige Zusammenarbeit sprechen RAF- und Stasi-Vertreter in einem Bungalow an einem See bei Groß Köris, in der Nähe von Königs Wusterhausen, dem »Objekt 75« der Staatssicherheit. Für Dahl haben die beiden RAF-Männer Berichte der acht Aspiranten mitgebracht: Angaben über sich und ihre Beteiligung an RAF-Straftaten. Dahl nennt die Bedingungen der Staatssicherheit für die Aufnahme: »Endgültige Abwendung vom Terrorismus« und das »Verschweigen der Beteiligung des MfS an der Einbürgerung«. Die RAF-Emissäre stimmen zu.

So entsteht die RAF-Stasi-Verbindung Ende Juli 1980. Eingefädelt von Inge Viett, ausgehandelt von Klar und Beer für die RAF und Abteilungsleiter Dahl für das MfS, abgesegnet von Minister Mielke und seinem Stellvertreter Neiber.

Als Erste treffen auf dem Flughafen Berlin-Schönefeld Sigrid Sternebeck und Ralf Baptist Friedrich ein, am 18. August 1980. Die »Fehler«-Vorhut. Susanne Albrecht steigt im September 1980 im Berliner Ostbahnhof aus einem Zug aus Prag.

Auf das Leben im real existierenden Sozialismus werden die

acht DDR-Einsteiger von Stasi-Offizieren im »Forsthaus an der Flut« vorbereitet, dem »MfS-Objekt 74«: Idyllisch im Wald in der Nähe von Briesen gelegen, direkt an der Spree mit einem Bootsanleger und nur über einen kilometerlangen Sandweg zu erreichen – er beginnt in der Nähe der Autobahnabfahrt Briesen zwischen Berlin und Frankfurt/Oder. In dem »Forsthaus« pauken die RAF-Aussteiger die in der DDR gängigen Abkürzungen für ihr neues Leben: KWV, EOS, POS, SW, NSW, AWG – Kommunale Wohnungsverwaltung, Erweiterte Oberschule, Polytechnische Oberschule, Sozialistisches Wirtschaftsgebiet, Nichtsozialistisches Wirtschaftsgebiet, Arbeiterwohnungsbaugenossenschaft.

Alle bekommen neue Namen. Albrecht heißt nun »Ingrid Jäger«, Silke Maier-Witt »Angelika Gerlach«. Stasi-Hauptmann Gerd Zaumseil, »Mädchen für alles«, erarbeitet mit jedem eine »glaubhafte Legende«: Fingierte Lebensläufe – eine »Übersiedlung« aus der BRD ist für DDR-Bürger erklärungsbedürftig. Susanne Albrecht schreibt in ihrem neuen »Lebenslauf«, auf die Welt gekommen sei sie in Madrid als erstes Kind ihrer Mutter Ruth Jäger und ihres Vaters Ernst, eines Textilkaufmanns … Die acht erhalten Staatsbürgerurkunden der DDR. Dann werden sie über die Republik verteilt – die RAF ist von ihren »Fehlern« befreit. Hauptmann Zaumseil bringt Susanne Albrecht nach Cottbus. An der Ingenieurhochschule fängt sie als wissenschaftliche Mitarbeiterin an. 1981 beginnt sie das Fernstudium »Englisch als Lehramt« an der Karl-Marx-Universität in Leipzig, 1983 machte sie den Abschluss »Diplomlehrer Englisch (extern)«. In Cottbus lernt sie *Christoph* Becker kennen, Physiker und ein Jahr älter als sie. Sie heiraten. So wird aus »Ingrid Jäger« »Ingrid Becker«. Über ihre Vergangenheit verrät sie *Christoph* nichts. 1984 kommt ihr Sohn *Friedrich* auf die Welt. Beide arbeiten an der Ingenieurhochschule Köthen, zwischen Halle und Magdeburg. »Ingrid« unterrichtet »Deutsch für Ausländer«.

Sechs Jahre nach ihrer Einreise holen Albrecht die Schatten ihrer Vergangenheit ein. Am 4. November 1986 findet sie in ihrem Briefkasten einen anonymen Zettel mit Druckbuchstaben: »Wie kann man nur mit so einer Vergangenheit in der DDR leben?«

Die Nachricht von diesem Zettel löst bei der Staatssicherheit Alarm aus. Sie stellt fest, dass im September im ZDF[45] über das Buch *Der Baader-Meinhof-Komplex* von Stefan Aust berichtet worden und dabei auch ein Foto von Susanne Albrecht zu sehen war. In Köthen ist der »Westempfang« gut. Die »Terrorabwehr« entscheidet, dass Albrecht sofort aus Köthen verschwindet. Zusammen mit ihrem Sohn wird sie in eine konspirative Wohnung der »Terrorabwehr« nach Berlin gebracht. Im Februar 1987 kommen die beiden nach Wandlitz, vierzig Kilometer nördlich von Berlin, in das Stasi-Objekt »Herbert«: ein kleines Einfamilienhaus auf einem Wassergrundstück. In Köthen lässt die Stasi verbreiten, dringend hätte der Junge einen Klimawechsel gebraucht.

In ihrem Kollegenkreis wird über die »Terroristin aus der BRD« getuschelt. Ein Foto der »Terroristin Albrecht« macht die Runde. Die, die am lautesten getuschelt haben, bekommen Besuch von der Staatssicherheit. »Sie haben sich fraglos geirrt«, wird ihnen gesagt, verbunden mit der nachdrücklichen Bitte, »unwahre Behauptungen zu unterlassen«. Zwischenzeitlich hat die Staatssicherheit auch eine Vermutung, von wem das Schreiben stammt: Eine Kollegin von »Ingrid«, eine Lehrerin, von der zuvor ein Reiseantrag »aus Sicherheitsgründen« abgelehnt worden war – sie wollte zu ihrem schwerkranken Vater nach Westdeutschland.[46]

Weitere Konsequenz: »Ingrids« Mann *Christoph*, der am Zentralinstitut für Kernforschung in Rossendorf bei Dresden arbeitet, wird im Februar 1988 nach Dubna »delegiert« – »Ingrid« kommt mit. Dubna liegt 100 Kilometer nördlich von Moskau und 1700 Kilometer östlich von Berlin. Dort, in der

Kaffeekränzchen: Susanne Albrecht mit Kolleginnen aus Köthen 1986

Hauptstadt der Republik, haben die Beckers als »Heimat-stützpunkt« eine Dreiraumwohnung in der Rosenbecker Straße. 72 Quadratmeter, 124,10 Mark. Die Staatssicherheit hat ihr Ziel erreicht: Susanne Albrecht ist von der DDR-Bildfläche verschwunden, jedenfalls fast ganz.

Ein Vierteljahr nach dem Mauerfall macht Oberst Pauleit aus dem Zentralen Kriminalamt (ZKA) in Ost-Berlin seinen Antrittsbesuch im Bundeskriminalamt in Wiesbaden. Ein BKA-Beamter schiebt ihm einen Aktendeckel rüber: »Zur Abklärung für Sie.« Der Inhalt ist ein Rätsel in Wiesbaden. Im BKA waren im Laufe der Jahre zum Aufenthalt von Susanne Albrecht 194 Hinweise eingegangen. Drei hatten einen signifikant ähnlichen Informationskern, obwohl sie aus drei Quellen stammen, die miteinander nichts zu tun hatten: Den ersten Hinweis erhielt die Polizei in Saarbrücken von einem Besucher aus der DDR im November 1986. Der zweite ging bei der Polizei in Berlin im November 1987 ein, und der dritte stammt aus dem August 1988 von einem ehemaligen DDR-Bürger. Der Kern: In Köthen gab es eine Lehrerin namens »Ingrid

Becker«, die eine große Ähnlichkeit mit Susanne Albrecht hat. Diese Frau verschwand sofort nach einer Fernsehsendung, in der ein Foto von Albrecht gezeigt wurde.

Mehrere Anläufe hatte das BKA unternommen, um die Fährte dieser Frau aufzunehmen. Alle vergeblich. Als es beispielsweise um verdeckte Ermittlungen in der DDR ging, für das BKA waren sie verboten, erklärten Verfassungsschutz und Bundesnachrichtendienst, auch sie könnten da nichts machen.

Die Unterlagen aus Wiesbaden bekommt Kriminalrat Jürgen Oelsner im ZKA auf den Tisch. Er schickt zwei Kriminalisten nach Köthen mit einem Foto von Susanne Albrecht. Schnell stellen sie fest, dass »Ingrid Becker« kein Hirngespinst ist, sie nun in Dubna lebt und in drei Wochen zum Heimaturlaub nach Berlin kommt.

Oelsners Kriminalisten sehen im Zentralen Aufnahmeheim (ZAH) Röntgental bei Berlin, durch das alle DDR-Einwanderer mussten, dass Beckers Einbürgerungsakte auffallend dünn ist: nur acht Seiten. Dreißig sind üblich. Gleiches stellen sie bei ihrem zweiten Verdachtsfall fest, dem von »Angelika Gerlach« – so heißt Silke Maier-Witt jetzt, nach einem Namenswechsel 1986, um einer Enttarnung zu entgehen. So ziehen die Kriminalisten aus den 30 000 Einbürgerungsakten im Archiv nur die dünnen hervor und betrachten sie näher, wenn der Neubürger im Ausland geboren ist und seine Eltern verstorben sind. Am Ende haben sie 20 Akten zusammen. Die Hälfte sind die von den RAF-Aussteigern. So holt die deutsch-deutsche Geschichte die RAF-Aussteiger in der DDR ein.

Als Susanne Albrecht kurz nach ihrer Rückkehr aus Dubna am 6. Juni 1990 verhaftet wird, fällt *Christoph* Becker aus allen Wolken – er ahnte nichts von der RAF-Vergangenheit seiner Ehefrau. Besuch bekommt Susanne Albrecht im Untersuchungsgefängnis in der Berliner Keibelstraße von ihrer Schwester Julia. Als Susanne verschwand, war sie 26 und Julia 13 Jahre alt. Nun ist Julia 26. »Susanne sprach sächsisch«, stellte sie

überrascht fest. »Original sächsisch. Da war nichts Hamburgi-
sches in ihrer Stimme.« »Meine Schwester war also ein Ossi«,
konstatierte sie und fand es kurios, weil sie ihre Schwester »in
libanesischen oder palästinensischen Lagern vermutet« hatte –
»arabisch sprechend vielleicht«.

Die verhafteten RAF-Aussteiger lockt Generalbundesanwalt Alexander von Stahl mit einem Strafnachlass nach der
Kronzeugenregelung: Sie ist erst vor einem Jahr in Kraft getreten, wurde bislang noch nie angewandt und natürlich auch
nicht gemacht mit Blick auf DDR-RAF-Aussteiger. Aber für
sie gelte die Regelung auch, versichert der Generalbundesanwalt. Entscheidend sei, dass die Beschuldigten ihr »gesamtes
Wissen über das Tatgeschehen« offenbaren.

Die »Kronzeugenregelung« bietet für die Aussteiger eine
erhebliche Verkürzung der Haft, weil durch sie auch bei Mord
die »Halbstrafenregelung« möglich ist: Verhängt das Gericht
bei einem Kronzeugen statt des ansonsten obligatorischen »lebenslänglich« – bedeutet: mindestens 15 Jahre – eine Zeitstrafe,
kann er bei guter Führung schon nach der Hälfte aus der
Haft entlassen werden. Beispiel Silke Maier-Witt: Wegen des
Schleyer-Mordes und einigem anderem kommt sie durch die
Kronzeugenregelung mit zehn Jahren davon, nach fünf Jahren
endet ihre Haft: also fünf statt 15 Jahre. Zusätzlich garniert
werden kann das Ganze noch mit einer großzügigen »Freigän-
ger-Regelung«, durch die der Häftling nur noch zum Schlafen
ins Gefängnis muss. So ist es möglich, dass er bereits nach einem Viertel der im Urteil festgesetzten Freiheitsstrafe nicht
mehr im Regelvollzug ist.

Die vier in der DDR verhafteten RAF-Frauen, die bei »Offensive 77« mit dabei waren, entscheiden sich, Kronzeuginnen
zu werden, und packen bei den Ermittlern aus. Umfassend.

Für alle lohnt es sich: Susanne Albrecht wird vom Oberlandesgericht Stuttgart[47] zu einer Gesamtfreiheitsstrafe von zwölf
Jahren verurteilt, wegen Mordes (Ponto) und versuchten Mor-

des in drei Fällen (Anschlag Haig). Bei Sigrid Sternebeck erkennt das Oberlandesgericht Stuttgart[48] auf eine Gesamtfreiheitsstrafe von acht Jahren und sechs Monaten wegen Beihilfe zur Geiselnahme (Schleyer) und des versuchten Mordes in drei Fällen (Anschlag Haig). Silke Maier-Witt bekommt eine Gesamtfreiheitsstrafe von zehn Jahren, das Oberlandesgericht Stuttgart[49] verurteilt sie wegen Geiselnahme (Schleyer), Mordes (Schleyer), des versuchten Mordes in drei rechtlich zusammentreffenden Fällen (Anschlag Haig) und des schweren räuberischen Diebstahls (Überfall auf die Volksbank in Zürich). Bei Monika Helbing erkennt das Oberlandesgericht Stuttgart[50] auf eine Gesamtfreiheitsstrafe von sieben Jahren wegen Beihilfe zur Geiselnahme (Schleyer), des Mordes (Schleyer), der Beihilfe zur schweren räuberischen Erpressung und einigem mehr.

Später macht die Justiz großzügig Gebrauch von der Halbstrafenregelung – durch das Jahrzehnt im »Arbeiter-und-Bauern-Staat« sind die vier Frauen vorbildlich »resozialisiert«: Monika Helbing wird am 12. Dezember 1993 aus dem Gefängnis entlassen, Sigrid Sternebeck am 14. September 1994, Silke Maier-Witt am 16. Juni 1995 und Susanne Albrecht am 7. Juni 1996. Zuvor waren die Freigänger-Regelungen großzügig getroffen worden. So war Susanne Albrecht bereits ab 1993 Freigängerin.

Der Ausflug der vier in den Sozialismus lohnte sich unter dem Gesichtspunkt der Haftdauer auf jeden Fall: Wären sie bald nach 1977 verhaftet worden, hätten vermutlich alle »lebenslänglich« oder eine Zeitstrafe in der Größenordnung von 15 Jahren bekommen – die Kronzeugenregelung existierte, wie gesagt, damals noch nicht; die Stimmung in RAF-Verfahren war rau, völlig anders als in den DDR-Aussteiger-Verfahren ab 1991. Und so sind die DDR-RAF-Aussteigerinnen, trotz ihrer späten Verhaftung, schon längst alle wieder auf freiem Fuß, als ihre Komplizen von einst aus den Gefängnissen entlassen werden, wie Rolf Clemens Wagner, Sieglinde Hofmann, Peter-Jürgen Boock und Rolf Heißler. Die vier Frauen traf die »Gnade« der späten Verhaftung.

Schon 1993 arbeitet Susanne Albrecht, die »DDR-Lehrerin«, im Freigang als Lehrerin in Bremen für einen freien Träger. In Grundschulen gibt sie Sprachunterricht für Kinder mit schlechten Deutschkenntnissen. Vierzehn Jahre später wird sie zum Wahlkampfthema in der Hansestadt, 2007. Zwei Wochen vor der Bürgerschaftswahl titelt *Bild:* »RAF-Terroristenlehrerin an deutscher Grundschule« und erklärt, es sei »eines der bestgehüteten Geheimnisse in Bremens Justiz- und Schulbehörden«: »Seit Jahren arbeitet eine verurteilte RAF-Mörderin mit Kindern der Stadt!«[51]

Einen »skandalösen Vorgang« nennt Thomas Röwekamp »die Sonderbehandlung für die RAF-Aussteigerin«. Er ist Bremer Innensenator und CDU-Spitzenkandidat für die Bürgerschaftswahl. Ein Freigang aus dem Gefängnis könne unmöglich in eine Schule führen: Kinder seien »keine Versuchsobjekte bei der Resozialisierung«.

Alles »Wahlkampf-Propaganda«, erwidert Henning Scherf, Justizsenator, als Albrecht Lehrerin in der Hansestadt wurde. »Der Fall Albrecht« sei »ein gelungener Fall von Amtshilfe im Strafvollzug«, sagt er, und dass alles »ohne irgendeinen Ärger« gelaufen sei – »bis jetzt«. Bei der Wahl verliert die CDU über vier Prozentpunkte und ihre Regierungsbeteiligung. Röwekamp ist nicht mehr Innensenator. Susanne Albrecht bleibt Lehrerin.

Nach ihrer Haftentlassung studiert Silke Maier-Witt Psychologie in Oldenburg, arbeitet in der psychologischen Beratung, macht eine »Ausbildung als Friedensfachkraft« – beworben hatte sie sich mit einem Empfehlungsschreiben von Generalbundesanwalt Kay Nehm. Als »Friedensfachkraft« ist sie im Kosovo im Einsatz, von 2000 bis 2005.

Sigrid Sternebeck arbeitet nach dem Gefängnis wieder als

Fotografin, wie in der DDR und auch schon vor ihrem RAF-Beitritt. In der Untersuchungshaft hatte sie Ralf Baptist Friedrich geheiratet, ebenfalls DDR-RAF-Aussteiger. Vor der Wende hatten die beiden ein Jahrzehnt lang zusammen als Ehepaar »Ulrike« und »Jürgen Eildberg« in Schwedt an der Oder gelebt, 1983 war ihre Tochter auf die Welt gekommen, *Nadine Eildberg*. Weil aber die Heiratsurkunde aus einer Stasi-Fälscherwerkstatt stammt, bleibt ihnen nichts anderes übrig, als in der Untersuchungshaft 1991 »richtig« zu heiraten.

Dies bleibt Monika Helbing erspart, weil sie in der DDR richtig geheiratet hatte, und zwar im März 1981 den RAF-Aussteiger und Arzt Ekkehard Freiherr von Seckendorff-Gudent, eingebürgert in die DDR als »Horst Winter« – beide arbeiteten im selben Krankenhaus. So wurde im März 1981 aus »Elke Köhler«, einst Monika Helbing, durch Heirat mit »Horst Winter« »Elke Winter« – Trauzeugen waren die Stasi-Offiziere Günter Jäckel und Gerd Zaumseil.

Das Verstecken der RAF-Aussteiger lief bei der DDR-Staatssicherheit unter dem Decknamen »Stern 2«. Daneben gab es einen »Operativvorgang Stern 1« – von ihm wussten die RAF-Aussteiger nichts: ein Erholungs- und Trainingsprogramm der Staatssicherheit für die aktive RAF. In den Jahren 1980 bis 1984 reisen Christian Klar, Adelheid Schulz, Inge Viett, Henning Beer und andere RAF-Mitglieder mehrfach zur Staatssicherheit in die DDR, ein- oder zweimal im Jahr, um sich, befreit vom Fahndungsdruck, in Stasi-Objekten zu erholen und für den »bewaffneten Kampf« zu trainieren. Sie schießen mit Pistolen, Armeekarabinern, Maschinenpistolen und sogar einer Panzerfaust; auf Truppenübungsplätzen der Nationalen Volksarmee, aber auch in einem Schießkino.[52] Um nicht aufzufallen, tragen die RAF-Mitglieder NVA-Uniform. Ausgerechnet. Die RAF verkleidet als NVA-Soldaten!

Dieses Erholungs- und Trainingsprogramm der DDR-Staatssicherheit endete 1984 »auf natürliche Weise«, weil alle, die von der RAF dort gewesen waren, zu diesem Zeitpunkt verhaftet worden waren – Mohnhaupt und Adelheid Schulz bereits 1982. Zum »letzten Mal dorthin gefahren« sind nach Angaben des RAF-Mitglieds Helmut Pohl[53] »im Frühjahr 84« Ingrid Jakobsmeier und Christa Eckes – und die wurden am 2. Juli 1984 in einer konspirativen Wohnung in der Frankfurter Berger Straße 344 verhaftet, zusammen mit Helmut Pohl. Kräftig geknirscht hatte es am Ende der Beziehung zwischen aktiver RAF und der »Terrorabwehr«: Die RAF-Mitglieder konnten mit dem »realen Sozialismus« und den Lobreden der Stasi-Leute auf ihn nichts anfangen, und den dogmatischen Stasi-Leuten war ihr undogmatischer Westbesuch zu flippig.

Die Verhaftungen in der Frankfurter Berger Straße im Juli 1984 waren das Ende der »Nachzügler« der zweiten RAF-Generation. Eine neue Gruppe, um Birgit Hogefeld und Wolfgang Grams, ging in den Untergrund. In den Stasi-Hinterlassenschaften findet sich nichts, was darauf schließen lässt, dass es zu einer Zusammenarbeit mit der »neuen RAF« kam. Auch ansonsten gibt es keine Indizien dafür, dass nach 1984 der teuflische Pakt zwischen RAF und MfS erneuert wurde.

Aber könnte die Rolle der Staatssicherheit bei der RAF im Jahr 1977 und danach eine größere gewesen sein als bislang bekannt? Könnte es so gewesen sein, wie Ignes Ponto nach den Worten ihrer Tochter Corinna[54] meinte, dass bei der »Offensive 77« »alles aus dem Osten« kam? Von der Staatssicherheit? Natürlich ist bei der RAF so gut wie nichts auszuschließen, und erst recht nicht, wenn es auch noch um die DDR-Staatssicherheit geht.

Aber in den Hinterlassenschaften der Staatssicherheit, die heute in der Stasi-Unterlagenbehörde in der Karl-Liebknecht-Straße in Berlin eingesehen werden können, findet sich kein Hinweis darauf, dass wesentlich mehr lief, als bislang zu den »Operativvorgängen« »Stern 1« und »Stern 2« bekannt wurde: das Erholungs- und Trainingsprogramm für die aktive RAF zwischen 1980 und 1984 und die Integration und Betreuung von zehn RAF-Aussteigern zwischen 1980 und 1990. Auch gibt es keinen Anhaltspunkt dafür, dass es zwischen MfS und Mohnhaupts RAF zuvor eine Verbindung gab – sie entstand erst im Sommer 1980 durch Viett, Klar und Beer, wie geschildert. Von den mutmaßlich 35 Aktenbänden, die es zu den beiden »Stern«-Vorgängen bei der »Terrorabwehr« gab, existieren heute noch drei. Natürlich ist das ein Nährboden für Spekulationen. Allerdings verschwanden in der Wendezeit viele Akten der Staatssicherheit. Und – wie gesagt: Weder in den sonstigen Stasi-Hinterlassenschaften noch anderswo, beispielsweise in Zeugenaussagen, findet sich ein Anzeichen dafür, dass es noch einen dritten »Stern« gab oder Ähnliches.

Warum schloss die DDR-Staatssicherheit die unheilige Allianz mit der RAF? Nur ein einziges Motiv gibt es nicht. Nach der Wende erklärte Helmut Voigt, Chef der XXII/8, er und seine Männer hätten es getan, um der Bundesrepublik zu helfen: »In der BRD wurde immer davon gesprochen, dass man den RAF-Leuten einen Weg zum Ausstieg aufzeigen muss.« Und so hätten sie gedacht, »es wäre eine Möglichkeit, die Leute vom Terrorismus wegzubringen und aus dem Teufelskreis ›Untergrund-Aktion-Untergrund-Aktion‹ herauszuholen«. Dieses altruistische Motiv ist scheinheilig. Weder war es Aufgabe des MfS, noch entsprach es der Mentalität seiner Tschekisten, ein Problem des »Klassenfeindes« zu lösen. Der »Klassenfeind« war stets der verhasste Gegner.

Ausschlaggebend für das Entstehen der Verbindung dürfte vielmehr gewesen sein, dass sie für die »Terrorabwehr« die Möglichkeit bot, ihren ungeheuren Wissensdurst zu stillen. Im Referat 1 saßen Mitarbeiter, die Tag für Tag nichts anderes taten, als alles über die RAF zusammenzutragen, was sie in Erfahrung bringen konnten – sie werteten Berichte aus Westmedien, von Informanten und von der 2500 Mitarbeiter starken Stasi-»Funkaufklärung« aus. Im Vergleich dazu ist es ein

Quantensprung, sich von den einstigen Akteuren schildern zu lassen, wie sie den »Terror« in der BRD machten.

Im Laufe der Zeit kam bei den Stasi-Leuten die »diebische Freude« dazu, dem verhassten »Klassenfeind« eins auswischen zu können – typische Geheimdienstdenke. Die Stasi »hatte« die »Terroristen«, die der Westen ebenso händeringend wie vergeblich suchte. Alle am »Operativvorgang Stern 2« Beteiligten waren stolz darauf, was ihnen gelungen war – übrigens auch noch nach der Wende. Ein Coup! Motto: Wir sind nun eben besser!

Die Zustimmung von Stasi-Chef Erich Mielke dürfte für ihn ein Akt von Solidarität mit den Gegnern seines Hauptfeindes gewesen sein, zum anderen aber auch eine Reminiszenz an seine jungen Jahre – 1980 war er dreiundsiebzig: Als er vierundzwanzig war, suchte auch ihn die Polizei als Mörder mit einem Fahndungsplakat. Es ging um die »Todesschüsse am Bülowplatz«[55] im Berliner Wedding 1931. Mielke, Mitglied im Parteiselbstschutz der KPD (PSS), einer paramilitärisch organisierten und bewaffneten Gruppe, hatte zusammen mit einem Komplizen zwei Berliner Polizisten hinterrücks erschossen;[56] er flüchtete in die Sowjetunion. Kurzum: In seiner Jugend war auch der Minister der DDR-Staatssicherheit Terrorist.

Machten sich Harry Dahl und die anderen Stasi-Offiziere durch das Verstecken der RAF-Aussteiger strafbar? Ja, meint die Staatsanwaltschaft in Berlin 1997 und erhebt Anklage gegen Dahl, Jäckel und Zaumseil wegen »versuchter Strafvereitelung«: Sie hätten versucht zu verhindern, dass die westdeutsche Polizei Albrecht & Co. fasst.

Am 19. Februar 1997 beginnt in Berlin der historische Prozess im Kriminalgericht Moabit: Mittlerweile ist es siebzehn Jahre her, dass die Angeklagten die RAF-Aussteiger in den Sozialismus eingliederten. Alle sind mittlerweile aus den Gefängnissen entlassen, Monika Helbing ist seit über drei Jahren wieder in Freiheit.

Harry Dahl:
Landgericht Berlin

Der Angeklagte Harry Dahl, promovierter Diplomjurist, versteht den Vorwurf der Staatsanwaltschaft nicht und meint, »auch der BRD genützt zu haben«. Die »Resozialisierung« der RAF-Aussteiger durch die Staatssicherheit sei »erfolgreich« gewesen, sagt er: ein »Beitrag zur Befriedung und Bekämpfung des Terrorismus«.

Doch seine Worte überzeugen das Landgericht nicht. Am 7. März 1997 verurteilte es die Angeklagten wegen versuchter Strafvereitelung – Begründung: »Sie haben durch aktives Tun verhindert, dass die Bundesrepublik Deutschland ihre Strafansprüche gegenüber den RAF-Aussteigern nicht wie beabsichtigt durchsetzen konnte.« Bundesdeutsches Recht sei anwendbar, auch wenn die drei nur in der DDR gehandelt hätten: »Tatort« sei die Bundesrepublik gewesen, weil eine Bestrafung »durch bundesdeutsche Gerichte verhindert werden sollte«. Das Landgericht verhängt aber keine Strafen, sondern »verwarnt« die drei lediglich. Milder geht es nach bundesdeutschem Strafrecht nicht.

Zu Unrecht, entscheidet der Bundesgerichtshof. Am 5. März 1998 spricht er die drei ehemaligen Stasi-Offiziere frei. Angesichts der schwierigen Rechtslage sei ihnen nicht zu widerlegen, dass sie sich »bezüglich einer nach dem Recht der Bundesrepublik strafbaren Strafvereitelung in einem unvermeidbaren Verbotsirrtum« befunden hätten. Die Kosten des Verfahrens trägt die Staatskasse. Einmal mehr: Außer Spesen nichts gewesen. So hatte der teuflische Pakt aus RAF und Stasi strafrechtlich keine Konsequenzen. Aber paradox bleibt – »Stern 1«: Über Jahre hat die DDR-»Terrorabwehr« BRD-Terroristen geschult.

97. Gesamtschau

Blickt man auf die achtundzwanzig Jahre RAF-Geschichte zurück, von 1970 bis 1998, so überrascht, dass trotz des Scheiterns der »Offensive 77« die RAF anschließend nicht aufhörte, sondern weiter mordete – und das, weil sie glaubte, durch weitere Anschläge die »Massen« in dieser Republik auf ihre Seite ziehen zu können. Gerade die Linken, deren Sympathien die RAF gewinnen wollte, wandten sich 1977 entsetzt von ihr ab. »Killer« wollten sie nicht als »Genossen« haben.

Im Frühjahr 1977 glaubte sich die RAF stark genug, dem Staat die Machtfrage stellen zu können. Sie hatte sich maßlos überschätzt. Sie scheiterte nicht nur an ihrem Ziel der Gefangenenbefreiung. Die von ihr angezettelte »Offensive 77« wurde zu ihrer, wie sie es formulierte, »härtesten Niederlage«.

Verblüffend ist angesichts dieses klaren Befundes der 77er-Generation, dass, nachdem 1982 Mohnhaupt und die anderen Köpfe hinter Schloss und Riegel saßen, tatsächlich eine völlig neue Generation im Sommer 1984 in den Untergrund aufbrach, abermals beseelt von dem irren Glauben, durch neue Morde eine Revolution in Deutschland einläuten zu können. Die Frontfrau dieses Aufbruchs, Birgit Hogefeld, erklärte später selbstkritisch, dass bei der RAF »eine Selbstreflexion allerspätestens 77 hätte einsetzen müssen«. Das sagte sie 1996 auf der Anklagebank vor dem Oberlandesgericht Frankfurt. Aber eine derartige Selbstreflexion setzte nicht ein. So ermordet das letzte Aufgebot der RAF zehn weitere Menschen, zwischen 1985 und 1993 – unter ihnen den Vorstandschef der Deutschen Bank Alfred Herrhausen, Siemens-Vorstand Karl Heinz Beckurts und Treuhand-Chef Detlev Karsten Rohwedder.

Einundzwanzig Jahre nach der blutigen »Offensive 77« löste sich die RAF auf. Im April 1998 teilte sie der Nachrichtenagentur Reuters mit: »Heute beenden wir das Projekt.« Die

RAF sei »nun Geschichte«. Diesen Schritt machten Mohnhaupts und Klars Nachfolger, weil sie erkannt hatten, sich, so
wörtlich, »in einer Sackgasse« zu befinden. Und in dieser
Sackgasse standen sie politisch völlig isoliert. Niemand wollte
mit ihnen etwas zu tun haben. In ihrem Abgesang erklärt die
RAF in ihrer letzten Eigenanalyse zum Anschlagsjahr 1977:
Damals hätte sich gezeigt, dass sie »weder die politische noch
die militärische Kraft« gehabt hätte, um den »inneren Krieg …
noch bestimmen zu können«. So konnte die RAF schon nach
ihrem eigenen Verständnis ihr politisches Ziel nicht erreichen,
Revolution durch blutige Anschläge. Aber ihrer eigenen Erkenntnis folgte sie nicht. Leider. Hätte sie es getan, hätte sie
spätestens Ende 1977 den »bewaffneten Kampf« beendet. Das
war die historische Chance in ihrer Geschichte. Die Gruppe
hat sie vertan. Das kostete zehn weitere Menschen das Leben.

Überraschend ist in der Gesamtschau auch, wie wenig damals, Ende 1977, der Staat über die Hintergründe der »Offensive« wusste. Der entscheidende Mann war der Palästinenser
Wadi Haddad. Nur durch ihn war diese »Offensive« überhaupt möglich: In seinem Camp wurde sie erdacht. In seinem
Camp trainierten die späteren Mörder das Morden. Er organisierte die Entführung der »Landshut«. Er gewährte Mohnhaupt und der Hälfte ihrer Truppe sicheres Versteck. Aber
seinen Namen sucht man vergeblich im Verfassungsschutzbericht 1977. Er hat 163 Seiten.

Bedrückend ist, wenn man heute sieht, wie deutlich die Anzeichen im Spätsommer 1977 standen, dass Hanns Martin
Schleyer nächstes Opfer der RAF wird. Aber niemand auf
Staatsseite kam auf die Idee, etwas Vernünftiges zu tun, um
sein Leben und das seiner Begleiter zu schützen. Trotz Buback. Trotz Ponto. Trotz der Tatsache, dass sich Schleyers
Akte Willy Peter Stoll im Hamburger Weltwirtschaftsarchiv
geholt hatte. Und trotz des bekannten RAF-Planungspunkts
»H. M. auschecken«.

Nicht minder bedrückend ist, wenn man heute nachvollzieht, mit welch platten Lügen und Verdrehungen rhetorisch versierte Anwälte wie Klaus Croissant die Mär von der »Isolationsfolter« verbreiteten und damit das Herz von naiven Gutmenschenmädchen wie Susanne Albrecht erweichten: Erst jammerten die dann öffentlich und kollektiv in den »Folterkomitees«. Anschließend erbrachten sie Handlangerdienste für die RAF, klauten ihren Kommilitonen Ausweise. Und schließlich verschwanden sie im Untergrund. Ohne eine Vorstellung, auf was sie sich eingelassen hatten. Ein Dutzend junger Menschen ruinierte auf diese Weise ihr Leben. Ihr Weg brachte sie für viele Jahre ins Gefängnis.

Auch interessant ist in der Gesamtschau zu sehen, wie trotz des von BKA-Chef Herold im Dezember 1977 beklagten »Ergreifungsdefizits« im Laufe der Jahre von den zweiundzwanzig RAF-Akteuren des Jahres 1977 alle gefasst wurden – nur eine nicht: Friederike Krabbe. Anfang 1978, als die RAF-Mitglieder aus Bagdad wieder nach Europa zurückflogen, blieb sie zurück. Dort verliert sich ihre Spur. Sollte sie noch leben, wäre sie, Jahrgang 1950, jetzt im Rentenalter. Noch immer besteht der Haftbefehl des BGH-Ermittlungsrichters. Das letzte Foto, das die Polizei von ihr besitzt, stammt vom September 1975. Es zeigt eine junge Frau mit langen dunkelbraunen Haaren, 25 Jahre alt, die freundlich blickend Flugblätter verteilt.

Außer ihr wurden, natürlich abgesehen von den beiden RAF-Mitgliedern, die bei ihrer Festnahme das Leben verloren, alle RAF-Akteure des Jahres 1977 verurteilt – wenn auch nicht jeder für alles, was er tatsächlich tat. Das letzte Urteil erging 35 Jahre nach dem Buback-Mord, im Jahr 2012 – gegen dieselbe Frau, gegen die das erste Urteil, noch 1977, wegen der RAF-Verbrechen in diesem Jahr ergangen war: Verena Becker.

Die RAF-Sachverhalte des Jahres 1977 sind im Wesentlichen geklärt – auch wenn immer wieder Zeitgenossen von »ungeklärten Morden« oder »Fehlurteilen« orakeln. Man braucht die Entscheidungen nur zu lesen. Und Tatsache ist auch, dass kein einziges von zwei Dutzend rechtskräftigen Urteilen zu den 77er-RAF-Ereignissen aufgehoben wurde. Natürlich, ungeklärt sind eine Reihe von »Täterdetails«. Aber das ist bei Fällen von Schwerkriminalität keine Besonderheit, sondern die Regel – seitdem die Inquisition und auch die Stasi-Verhörmethoden wie in Berlin-Hohenschönhausen abgeschafft wurden. So ist in der RAF-Geschichte noch offen, wer Schleyer erschoss. Aber ob es nun Wisniewski, Wagner, Heißler oder Stoll war, mag zeitgeschichtlich von einem gewissen Reiz sein, juristisch ist es praktisch unerheblich. Stoll ist seit 1978 tot. Die anderen drei bekamen »lebenslänglich« wegen einer RAF-Straftat und saßen ihre Strafe ab. Jeder über mehr als zwanzig Jahre. So scheint es wenig wahrscheinlich, selbst falls einem von ihnen heute tatsächlich noch die Schüsse in Schleyers Hinterkopf nachgewiesen werden könnten, dass er noch einmal ins Gefängnis muss.[57]

Seit 1977 hat sich der »Terror«, den wir in der Bundesrepublik erleben, grundlegend gewandelt. Zum Beispiel durch die Erkenntnisse über den Nationalsozialistischen Untergrund (NSU). Drei Monate bevor die RAF sich auflöste, tauchte das Trio Beate Zschäpe, Uwe Mundlos und Uwe Böhnhardt im Januar 1998 von Jena aus in den Untergrund ab. Als dreizehn Jahre später die Republik erfuhr, dass die braune Terrortruppe zehn Menschen ermordet und fünfzehn Raubüberfälle begangen hatte, gab es den NSU schon nicht mehr. Mundlos und Böhnhardt waren bereits tot. Der NSU agierte ähnlich wie die RAF mit kriminalistisch ausgeklügelten Methoden, publizistisch aber völlig anders: Die »Propaganda der Tat« nutzte er nie für eine politische Erklärung. Er schwieg. Nach jedem der zehn Morde. Das »stumme Kommando«.

Ein Schwerpunkt der Sicherheitsbehörden liegt heute bei den Gefahren des islamistischen Terrorismus. Seine Anschläge zielen auf möglichst hohe Schäden »in der Breite«. Anders als bei der RAF geht es nicht um einzelne Menschen, sondern um Dutzende, um Hunderte oder um Tausende, wie am 11. September 2001. Diesen Terror macht besonders gefährlich, dass hinter ihm eine Basisbewegung steht. Davon hatten Baader, Ensslin, Mohnhaupt und Klar immer geträumt.

Auch wenn uns heute, in Zeiten des internationalen Terrorismus, die Zahl der RAF-Todesopfer 1977 als vergleichsweise gering erscheint, so bereitete die Anschlagsserie damals den Bundesbürgern albtraumhafte Erfahrungen: Der Terror schien kein Ende zu nehmen. Die Blutspur, die die RAF durch das Jahr 1977 zog, ist auch in der Rückschau noch Furcht einflößend – elf Menschen mussten für die kruden Vorstellungen von Mohnhaupt & Co. sterben: Siegfried Buback, Wolfgang Göbel, Georg Wurster, Jürgen Ponto, Reinhold Brändle, Helmut Ulmer, Roland Pieler, Heinz Marcisz, Arie Kranenburg, Jürgen Schumann und Hanns Martin Schleyer. Zu Opfern macht die RAF 1977 wesentlich mehr Menschen, Hunderte: die Frauen, Eltern, Geschwister und Kinder der von ihr Erschossenen; aber auch etliche Menschen in den Familien der Täter.

Doch das politische System der Bundesrepublik, diesen Staat vermochte die RAF durch ihre Gewalttaten nicht ins Wanken zu bringen, auch nicht »an den Rande des Staatsnotstandes«. Zu keinem Zeitpunkt. Die Bürger standen zu ihrer Republik. Und es war eine Allparteienkoalition, die der RAF in den heißen Wochen des Herbstes geschlossen Paroli bot.

Und noch etwas zeigt diese Zeitreise durch vierzig Jahre: Die deutsche Seele hat die RAF noch nicht verwunden.

QUELLEN

Für diese Darstellung dienten als Grundlage Gerichtsentscheidungen, die zu den RAF-Sachverhalten 1977 ergingen (die jüngste stammt aus dem Jahr 2012), Erklärungen der RAF zu den Geschehnissen im Jahr 1977, auch in späteren Jahren rückblickend (die letzte Bewertung der RAF zu ihren Taten 1977 erfolgte 1998), Berichte von Tätern, Zeugen, Opfern und Ermittlern. Ebenso als Quellen genutzt habe ich Unterlagen von Ermittlungsbehörden – wie Tatort-, Auswertungs- und Abschlussberichte sowie Anklageschriften – und natürlich auch von anderen Behörden, beispielsweise zur Abhöraffäre in der JVA Stammheim und den Fahndungspannen während der Schleyer-Entführung. Überraschend aufschlussreich für die Arbeit waren die Hinterlassenschaften der Stasi-»Terrorabwehr« zum Thema RAF und die Kassiber von RAF-Häftlingen. Allen, die mir bei meinen Recherchen bereitwillig Auskunft gaben, danke ich. Ohne sie wäre dieses Buch nicht möglich gewesen.

Veröffentlichte Quellen

Bücher und Aufsätze

Albrecht, Julia/Ponto, Corinna: *Patentöchter. Im Schatten der RAF – ein Dialog*, München 2012.
Amzoll, Stefan: *Ich bin nicht bereit, die RAF als Kriminalfall zu besprechen. Im Gespräch: Das ehemalige RAF-Mitglied Christian Klar*, der Freitag, 21. Dezember 2007.
Aust, Stefan: *Der Baader-Meinhof-Komplex*, Hamburg 1985; München 1998.

Bäcker, Hans Jürgen/Mahler, Horst: *Die Linke und der Terrorismus, Gespräch mit Stefan Aust,* in: *Die Linke im Rechtsstaat,* Band 2: *Bedingungen und Perspektiven sozialistischer Politik von 1965 bis heute* (Rotbuch 175), Berlin 1979.

Von Baeyer-Katte, Wanda/Claessens, Dieter/Feger, Hubert/Neidhardt, Friedhelm: *Gruppenprozesse (Analysen zum Terrorismus,* Band 3), Opladen 1982.

Von Bagge, Erik/Houver, Roland/Preuss, Ulrich K./Zimmermann, Reinhard: *Plädoyers in der Strafsache gegen Rechtsanwalt Kurt Groenewold,* Göttingen 1978.

Bakker Shut, Pieter H.: *Stammheim – Der Prozess gegen die Rote Armee Fraktion,* Kiel 1986.

Bakker Shut, Pieter H. (Hrsg.): *das info, briefe von gefangenen aus der raf, aus der Diskussion 73–77,* Kiel 1987.

Baum, Gerhart/Mahler, Horst: *Der Minister und der Terrorist, Gespräche zwischen Gerhart Baum und Horst Mahler,* Reinbek 1980.

Baumann, Bommi: *Wie alles anfing,* Duisburg 1988.

Bauß, Gerhard: *Die Studentenbewegung der sechziger Jahre in der Bundesrepublik und in Westberlin,* Köln 1977.

Becker, Jillian: *Hitlers Kinder? Der Baader-Meinhof-Terrorismus,* Frankfurt 1977, 2. Auflage 1978.

Binder, Sepp: *Terrorismus – Herausforderung und Antwort,* Bonn 1978.

Boock, Peter-Jürgen: »*Mit dem Rücken zur Wand ...*« – *Ein Gespräch über die RAF, den Knast und die Gesellschaft,* Bamberg 1994.

Boock, Peter-Jürgen: *Die Entführung und Ermordung des Hanns-Martin Schleyer,* Frankfurt 2002.

Boeden, Gerhard: *Wirksame Bekämpfung des Terrorismus durch die Polizei – Welche Voraussetzungen müssen geschaffen werden?,* in: Böhme, Wolfgang (Hrsg.): *Terrorismus und Freiheit,* Heidelberg 1978.

Boeden, Gerhard: *Aktueller Stand terroristischer Bewegungen und ihre Bekämpfung in der Bundesrepublik Deutschland,* in: Der Bundesminister des Inneren (Hrsg.): *Der Terrorismus – eine akute Bedrohung der Menschenrechte (Texte zur Inneren Sicherheit),* Bonn 1985.

Boeden, Gerhard: *Die Herausforderung unseres demokratischen*

Rechtsstaates durch den linksextremistischen Terrorismus, in: Der Bundesminister des Inneren (Hrsg.): *Extremismus und Terrorismus,* Bonn 1989.

Böll, Heinrich: *Die verlorene Ehre der Katharina Blum,* Köln 1974.

Von Braunmühl, Brüder des Gerold: *»Ihr habt unseren Bruder ermordet«,* Reinbek 1987.

Von Braunmühl, Carl Christian/Hogefeld, Birgit/Janssen, Hubertus, u. a.: *Versuche, die Geschichte der RAF zu verstehen. Das Beispiel Birgit Hogefeld,* Gießen, 3. Auflage 1997.

Breloer, Heinrich: *Todesspiel. Von der Schleyer-Entführung bis Mogadischu. Eine dokumentarische Erzählung,* Köln 1997.

Brückner, Peter: *Die Mescalero-Affäre – Ein Lehrstück für Aufklärung und politische Kultur,* Hannover 1978.

Brückner, Peter: *Über die Gewalt – Sechs Aufsätze zur Rolle der Gewalt in der Entstehung und Zerstörung sozialer Systeme,* Berlin 1979.

Brückner, Peter: *Ulrike Meinhof und die deutschen Verhältnisse,* Berlin 2001.

Buback, Michael: *Der zweite Tod meines Vaters,* 2. Auflage, München 2009.

Buchmeister, Frank: *RAF-Terrorist Willy Peter Stoll,* stuttgarter-zeitung.de, 10. September 2013.

Bundeskriminalamt: *Das Bundeskriminalamt,* Wiesbaden 1989.

Bundesminister des Inneren (Hrsg.): *Dokumentation über Aktivitäten anarchistischer Gewalttäter in der Bundesrepublik Deutschland,* Bonn (ohne Jahresangabe, vermutlich 1974).

Bundesminister des Inneren (Hrsg.): *Hat sich die Republik verändert? – Terrorismus im Spiegel der Presse,* Bonn 1978.

Bundesministerium des Inneren (Hrsg.): *Verfassungsschutz und Rechtsstaat,* Köln, Berlin, München, Bonn 1981.

Bundesminister des Inneren (Hrsg.): *Verfassungsschutzbericht,* Bonn 1974 bis 2015.

Busche, Jürgen: *Die 68er – Biographie einer Generation,* Berlin 2003.

Conrad, Gert: *Starbuck Holger Meins – Ein Porträt als Zeitbild,* Berlin 2001.

Damerow, Peter/Furth, Peter/von Greift, Otto/Jordan, Maria/d'Eaubonne, Françoise: *Feminismus und »Terror«*, München 1978.

Dellwo, Karl-Heinz: *Das Projektil sind wir. Der Aufbruch einer Generation, die RAF und die Kritik der Waffen*, Hamburg 2007.

Der Bundesbeauftragte für die Unterlagen des Staatssicherheitsdienstes der ehemaligen Deutschen Demokratischen Republik: *Das Wörterbuch der Staatssicherheit*, Nr. 1/93, Berlin 1993.

Der Generalbundesanwalt: *Halbjahrespressekonferenzen*, Juli 1983 bis Mai 1990 (Manuskripte).

Edschmid, Ulrike: *Frau mit Waffe – Zwei Geschichten aus terroristischen Zeiten*, Frankfurt am Main 2001.

Engelmann, Bernt: *Großes Bundesverdienstkreuz. Tatsachenroman*, Darmstadt 1974.

Ensslin, Gudrun/Vesper, Bernward: *Gegen den Tod – Stimmen deutscher Schriftsteller gegen die Atombombe*, Stuttgart 1964 (Reprint Stuttgart 1981).

Faller, Heike: *Christa Klar, Mutter*, Die Zeit 20/2000.

Fetscher, Iring: *Terrorismus und Reaktion*, Köln, Frankfurt 1977.

Fetscher, Iring/Rohrmoser, Günter: *Ideologien und Strategien (Analysen zum Terrorismus*, Band 1), Opladen 1981.

Fichter, Tilmann/Lönnendonker, Siegward: *Kleine Geschichte des SDS. Der Sozialistische Deutsche Studentenbund von 1946 bis zu seiner Selbstauflösung*, Berlin 1977.

Fischer, Thomas: *Strafgesetzbuch*, München, 63. Auflage 2016.

Fricke, Karl Wilhelm: *Die DDR-Staatssicherheit – Entwicklung, Struktur, Aktionsfelder*, Köln 1989.

Fricke, Karl Wilhelm: *MfS intern – Macht, Strukturen, Auflösung der DDR-Staatssicherheit. Analyse und Dokumentation*, Köln 1991.

Frisch, Peter: *Die Herausforderung unseres demokratischen Rechtsstaates durch Linksextremisten*, in: Der Bundesminister des Inneren (Hrsg.): *Extremismus und Terrorismus*, Bonn 1989.

Geiger, Tim: *Die »Landshut« in Mogadischu*, Vierteljahreshefte über Zeitgeschichte, 3/2009, Seite 413.

Geißler, Heiner (Hrsg.): *Der Weg in die Gewalt – Geistige und ge-*

sellschaftliche Ursachen des Terrorismus und seine Folgen, München, Wien 1978.

Gill, David/Schröter, Ulrich: *Das Ministerium für Staatssicherheit – Anatomie des Mielke-Imperiums,* Berlin 1991.

Göbel, Rüdiger/Rau, Peter/Richter, Wera/Schumann, Gerd: *»Wir wollten den revolutionären Prozess vorantreiben«. Ein Gespräch mit Helmut Pohl und Rolf Clemens Wagner,* junge Welt, 18. Oktober 2007.

Groenewold, Kurt: *Angeklagt als Verteidiger,* Göttingen 1978.

Hachmeister, Lutz: *Schleyer. Eine deutsche Geschichte,* München 2004.

Hager, Jens: *Die Rebellen von Berlin – Studentenpolitik an der Freien Universität,* Köln, Berlin 1967.

Hannich, Rolf (Hrsg.), *Karlsruher Kommentar zur Strafprozessordnung,* 7. Auflage, München 2013.

Hannover, Heinrich: *Das Prinzip Kollektivität – oder wer wusste was in der RAF?,* in: Komitee für Grundrechte und Demokratie (Hrsg.): *Der Prozess – Justiz in der Bundesrepublik Deutschland am Beispiel Peter-Jürgen Boock 1983/1984 zu Stuttgart-Stammheim,* Sensbachtal 1985.

Hannover, Heinrich: *Terroristenprozesse – Erfahrungen und Erkenntnisse eines Strafverteidigers (Terroristen und Richter,* Band 1), Hamburg 1991.

Hartung, Klaus, u. a.: *Der blinde Fleck: Die Linke, die RAF und der Staat,* Frankfurt 1987.

Haus der Geschichte Baden-Württemberg (Hrsg.): *RAF – Terror im Südwesten,* Stuttgart 2013.

Hauser, Dorothea: *Baader und Herold – Beschreibung eines Kampfes,* Berlin 1997.

Hein, Peter: *Stadtguerilla/bewaffneter Kampf in der BRD und Westberlin – Eine Bibliographie,* Berlin 1990.

Hermann, Kai/Koch, Peter: *Entscheidung in Mogadischu – Die 50 Tage nach Schleyers Entführung,* Hamburg 1977.

Hessler, Klaus: *Brief an einen Freund – den mutmaßlichen Terroristen D.,* Hamburg 1978.

Hobe, Konrad: *Zur ideologischen Begründung des Terrorismus – Ein*

Beitrag zur Auseinandersetzung mit der Gesellschaftskritik und der Revolutionstheorie des Terrorismus, Bonn 1979.

Hogefeld, Birgit: *Ein ganz normales Verfahren ... – Prozesserklärungen, Briefe & Texte zur Geschichte der RAF,* Berlin, Amsterdam 1996.

Horchern, Hans Josef: *Die verlorene Revolution – Terrorismus in Deutschland,* Herford 1988.

ID-Archiv im Internationalen Institut für Sozialgeschichte/Amsterdam (Hrsg.): *»wir haben mehr fragen als antworten« RAF-Diskussionen 1992–1994,* Berlin 1995.

ID-Verlag (Hrsg.): *Rote Armee Fraktion, Texte und Materialien zur Geschichte der RAF,* Berlin 1997.

Jäger, Herbert/Schmidtchen, Gerhard/Süllwold, Lieselotte: *Lebenslaufanalysen (Analysen zum Terrorismus,* Band 2*),* Opladen 1981.

Janisch, Wolfgang: *Auf der Suche nach der Wahrheit,* süddeutsche. de, 8. November 2014.

Kahl, Werner: *Vorsicht Schußwaffen! Von kommunistischem Extremismus, Terror und revolutionärer Gewalt,* München 1989.

Kellerhoff, Sven Felix: *Was stimmt? RAF. Die wichtigsten Antworten,* Freiburg im Breisgau 2007.

Klaus, Alfred: *Verhalten und Aktivitäten inhaftierter links- und rechtsextremistischer Terroristen – Zur Kampagne gegen die Justiz,* Manuskript, 1983.

Klaus, Alfred: *Aktivitäten und Verhalten inhaftierter Terroristen,* Bonn 1985.

Klaus, Alfred/Droste, Gabriele: *Sie nannten mich Familienbulle – Meine Jahre als Sonderermittler gegen die RAF,* Hamburg 2008.

Kleine-Brockhoff, Thomas/Sommer, Theo: *Ex-Terroristen die Hand reichen? Nein!/Gespräch mit Helmut Schmidt über den deutschen Herbst 1977 und die Folgen,* Die Zeit, 4. Juli 1997.

Knobbe, Martin/Schmitz, Stefan: *Terrorjahr 1977 – Wie die RAF Deutschland veränderte,* München, 2. Auflage 2007.

Koenen, Gerd: *Das rote Jahrzehnt. Unsere kleine Kulturrevolution 1967–1977,* Köln 2001.

Koenen, Gerd: *Vesper, Ensslin, Baader – Urszenen des deutschen Terrorismus,* Köln 2003.

Kopp, Ferdinand/Ramsauer, Ulrich: *VwVfG –Verwaltungsverfahrensgesetz,* 17. Auflage, München 2016.

Kraushaar, Wolfgang (Hrsg.): *Die RAF und der linke Terrorismus,* Zwei Bände, Hamburg 2006.

Kraushaar, Wolfgang: *Verena Becker und der Verfassungsschutz,* Hamburg 2010.

Kraushaar, Wolfgang/Reemtsma, Jan Philipp/Wieland, Karin: *Rudi Dutschke, Andreas Baader und die RAF,* Hamburg 2005.

Krebs, Mario: *Ulrike Meinhof. Ein Leben im Widerspruch,* Reinbek 1988.

Kropotkin, Peter: *Worte eines Rebellen,* Reinbek 1972.

Kunzelmann, Dieter: *Leisten Sie keinen Widerstand! – Dieter Kunzelmann. Bilder aus meinem Leben,* Berlin 1998.

Landtag von Baden-Württemberg: *Bericht und Antrag des Untersuchungsausschusses Vorfälle in der Vollzugsanstalt Stuttgart-Stammheim,* 1977 (Landtags-Drucksache 7/3200).

Von Lang, Jochen: *Erich Mielke – Eine deutsche Karriere,* Berlin 1991.

Langguth, Gerd: *Die Entwicklung der Protestbewegung in der Bundesrepublik 1968–1975,* Bonn 1975.

Langguth, Gerd: *Protest von links – die Studentenbewegung in der Bundesrepublik Deutschland,* in: Manfred Funke (Hrsg.): *Extremismus im demokratischen Rechtsstaat (Schriftenreihe der Bundeszentrale für politische Bildung,* Band 122), Düsseldorf 1978.

Laqueur, Walter: *Terrorismus,* Kronberg im Taunus 1977.

Laqueur, Walter: *Terrorismus – Die globale Herausforderung,* Frankfurt, Berlin 1987.

Lindner, Jan-Eric: *Es begann wie ein Routine-Einsatz – dann fielen Schüsse,* Hamburger Abendblatt, 3. März 2006.

di Lorenzo, Giovanni: *»Ich bin in Schuld verstrickt«. Ein Gespräch mit dem damaligen Bundeskanzler Helmut Schmidt über die Grenzerfahrungen seines Lebens,* Die Zeit, 30. August 2007, Seite 17.

Marat, Jean Paul (Hrsg.): *widerstand heißt angriff! erklärungen, redebeiträge, flugblätter und briefe 1977–1987*, Amsterdam 1988.

Marenssin, Emile: *Stadtguerilla und soziale Revolution – Über den bewaffneten Kampf und die Rote Armee Fraktion*, Freiburg 1998.

Marighella, Carlos: *Mini-Handbuch des Stadtguerilla*, Berlin 1970.

Matz, Ulrich/Schmidtchen, Gerhard: *Gewalt und Legitimation (Analysen zum Terrorismus, Band 411)*, Opladen 1983.

Mehlich, Andreas: *Der Verteidiger in den Strafprozessen gegen die Rote Armee Fraktion – Politische Justiz und politische Strafverteidigung im Lichte der Freiheit der Advokatur*, Berlin 2012.

Meinhof, Ulrike: *Dokumente einer Rebellion – 10 Jahre »konkret«-Kolumnen*, Hamburg 1972.

Meinhof, Ulrike Marie: *Die Würde des Menschen ist antastbar – Aufsätze und Polemiken*, Berlin 1980, 2004.

Meyer, Thomas: *Am Ende der Gewalt? Der deutsche Terrorismus – Protokoll eines Jahrzehnts*, Frankfurt/M., Berlin und Wien 1980.

Meyer-Goßner, Lutz/Schmitt, Bertram: *Strafprozessordnung*, 59. Auflage, München 2016.

Miermeister, Jürgen: *Rudi Dutschke*, Reinbek 1986, 6. Auflage 2003.

Mosler, Peter: *Was wir wollten, was wir wurden – Zeugnisse der Studentenrevolte*, Reinbek 1988.

Müll, Diana/Bode, Christine: *Mogadischu – Meine Befreiung aus Terror und Todesangst*, Fernwald 2007.

Müller, Michael/Kanonberg, Andreas: *Die RAF-Stasi-Connection*, Berlin 1992.

Oesterle, Kurt: *Stammheim – Die Geschichte des Vollzugsbeamten Horst Bubeck*, Tübingen 2003.

Ohne Namen: *Der Baader-Meinhof-Report – Aus den Akten des Bundeskriminalamts, der »Sonderkommission Bonn« und des Bundesamts für Verfassungsschutz*, Mainz 1972.

Ohne Namen: *Juristische Unterlagen zum Prozess gegen Rechtsanwalt Kurt Groenewold* (ohne Ort und Jahr).

Ohne Namen: *Zu der angeblichen Auflösung der Bewegung 2. Juni – Dokumentation*, Berlin 1980.

Peters, Butz: *RAF – Terrorismus in Deutschland,* Stuttgart 1991, aktualisierte Ausgabe: Stuttgart 1993.

Peters, Butz: *Tödlicher Irrtum – Die Geschichte der RAF,* Berlin 2004.

Peters, Butz: *Der letzte Mythos der RAF. Das Desaster von Bad Kleinen – Wer erschoss Wolfgang Grams?,* Berlin 2006.

Pflieger, Klaus: *Die Aktion »Spindy«,* Baden-Baden 1997.

Pflieger, Klaus: *Die Rote Armee Fraktion – RAF –,* Baden-Baden 2004.

Piegler, Hannelore: *Entführung – Hundert Stunden zwischen Angst und Hoffnung,* Wien, München, Zürich, Innsbruck 1978.

Ponto, Ignes: *Sie kamen mit Rosen ... Lebenseinschnitte,* 40. Druck, Zollikon/Schweiz 1991.

Presse- und Informationsamt der Bundesregierung: *Dokumentation zu den Ereignissen und Entscheidungen im Zusammenhang mit der Entführung von Hanns Martin Schleyer und der Lufthansa-Maschine »Landshut«,* Bonn 1977.

Prinz, Alois: *Lieber wütend als traurig. Die Lebensgeschichte der Ulrike Marie Meinhof,* Weinheim, Berlin, Basel 2003.

Proll, Astrid: *Hans und Grete, Die RAF 67–77,* Göttingen 1998.

Proll, Thorwald: *Mein 68 – Aufzeichnungen, Briefe, Interviews,* Hamburg (ohne Jahresangabe).

Proll, Thorwald/Dubbe, Daniel: *Wir kamen vom anderen Stern – Über 1968, Andreas Baader und ein Kaufhaus,* Hamburg 2003.

RAF: *texte: der RAF,* Lund/Schweden 1977.

Raubald, Reinhard: *Die Baader-Meinhof-Gruppe,* Berlin 1972.

Reinders, Ralf/Fritzsch, Ronald: *Die Bewegung 2. Juni,* Berlin 1995, 4. Auflage 2003.

Reinecke, Stefan: *Otto Schily. Vom RAF-Anwalt zum Innenminister,* Hamburg 2003.

Reinecke, Stefan: *Ströbele. Die Biografie,* Berlin 2016.

Ridder, Winfried: *Verfassung ohne Schutz – Die Niederlagen der Geheimdienste im Kampf gegen den Terrorismus,* München 2013.

Rieß, Peter: *Die »Anti-Terrorismusgesetzgebung« in der Bundesrepublik Deutschland,* in: Bundeszentrale für politische Bildung (Hrsg.): *Freiheit und Sicherheit. Die Demokratie wehrt sich gegen den Terrorismus,* Bonn 1979.

Röhl, Klaus Rainer: *Fünf Finger sind keine Faust,* Köln 1974.

Rollnik, Gabriele/Dubbe, Daniel: *Keine Angst vor niemand,* Hamburg 2004.

Rommel, Manfred: *Trotz allem heiter – Erinnerungen,* Stuttgart 1998.

Rossi, Marisa Elena: *Untergrund und Revolution – Der ungelöste Widerspruch für Brigate Rosse und Rote Armee Fraktion,* Zürich 1993.

Russell, Bertrand: *Plädoyer für einen Kriegsverbrecherprozess,* Frankfurt 1968.

Sack, Fritz/Steiner, Heinz: *Protest und Reaktion (Analysen zum Terrorismus,* Band 412), Opladen 1984.

Salewski, Wolfgang/Lanz, Peter: *Die neue Gewalt und wie man ihr begegnet,* Locarno und Zürich 1978.

Schenk, Dieter: *Der Chef – Horst Herold und das BKA,* Hamburg 1998.

Schiller, Margrit: *Es war ein harter Kampf um meine Erinnerung – Ein Lebensbericht aus der RAF,* München 2001.

Schleyer, Hanns Martin: *Das soziale Modell,* Stuttgart 1973.

Schneider, Christiane (Hrsg.): *Ausgewählte Dokumente der Zeitgeschichte: Bundesrepublik Deutschland (BRD) – Rote Armee Fraktion (RAF),* Schkeuditz (ohne Jahresangabe).

Schwan, Heribert: *Erich Mielke – Der Mann, der Stasi war,* München 1997.

Schwind, Hans-Dieter (Hrsg.): *Ursachen für den Terrorismus in der Bundesrepublik Deutschland,* Berlin, New York 1978.

Sichtermann, Kai/Johler, Jens/Stahl, Christian: *Keine Macht für Niemand – Die Geschichte der Ton Steine Scherben,* Berlin 2001, 2003.

Siemens, Anne: *Für die RAF war es das System, für mich der Vater,* München, 3. Auflage 2007.

Sontheimer, Michael: *»Natürlich kann geschossen werden« – Eine kurze Geschichte der Roten Armee Fraktion,* München 2010.

Stern, Klaus/Hermann, Jörg: *Andreas Baader – Das Leben eines Staatsfeindes,* München, 3. Auflage 2007.

Straßner, Alexander: *Die dritte Generation der »Roten Armee Fraktion« – Entstehung, Struktur, Funktionslogik und Zerfall einer terroristischen Organisation,* Wiesbaden 2003.

Streithofen, Heinrich Basilius: *Briefe an die Familie Schleyer,* Stuttgart-Degerloch 1978.

Stuberger, Ulf G.: *»In der Strafsache gegen Andreas Baader, Ulrike Meinhof, Jan-Carl Raspe, Gudrun Ensslin wegen Mordes u. a.«,* Frankfurt 1977.

Stuberger, Ulf G.: *Die Akte RAF. Taten und Motive,* München 2008.

Teuns, Sief/Seifert, Jürgen, u. a.: *Folter in der BRD – Zur Situation der Politischen Gefangenen (Kursbuch 32),* Berlin 1973.

Tolmein, Oliver: *»RAF – Das war für uns Befreiung« – Ein Gespräch mit Irmgard Möller über bewaffneten Kampf, Knast und Linke,* Hamburg, 3. Auflage 2002.

Tolmein, Oliver: *Vom Deutschen Herbst zum 11. September – Die RAF, der Terrorismus und der Staat,* Hamburg 2002.

Veiel, Andreas: *Black Box BRD – Alfred Herrhausen, die Deutsche Bank, die RAF und Wolfgang Grams,* Stuttgart, München 2003.

Viett, Inge: *Nie war ich furchtloser. Autobiographie,* Reinbek 1999.

Vinke, Hermann: *Mit zweierlei Maß – Die deutsche Reaktion auf den Terror von rechts,* Reinbek 1978.

Vinke, Hermann/Witt, Gabriele: *Die Anti-Terror-Debatten im Parlament, Protokolle 1974–1978,* Reinbeck 1978.

Vogel, Hans-Joachim: *Möglichkeiten und Grenzen der strafrechtlichen Terrorismusbekämpfung,* in: Bundeszentrale für politische Bildung (Hrsg.): *Freiheit und Sicherheit. Die Demokratie wehrt sich gegen den Terrorismus,* Bonn 1979.

Wassermann, Rudolf (Hrsg.): *Terrorismus contra Rechtsstaat – Kritische Abhandlungen zur Rechtsstaatlichkeit in der Bundesrepublik,* Darmstadt, Neuwied 1976.

Weidenhammer, Karl-Heinz: *Selbstmord oder Mord? Das Todesermittlungsverfahren: Baader/Ensslin/Raspe,* Kiel 1988.

Werthebach, Eckhard: *Lehren aus der politischen Gewalt,* in: Der Bundesminister des Inneren (Hrsg.): *Demokratie und politisch motivierte Gewalt,* Bonn 1989.

Wilhelm, Frank: *RAF im Osten – Terroristen unter dem Schutz der Stasi,* Neubrandenburg 2016.

Winkler, Willi: *Die Geschichte der RAF*, Berlin 2007.

Wischnewski, Hans-Jürgen: *Mit Leidenschaft und Augenmaß – in Mogadischu und anderswo. Politische Memoiren*, München 1989.

Wisnewski, Gerhard/Landgraeber, Wolfgang/Sieker, Ekkehard: *Das RAF-Phantom – Wozu Politik und Wirtschaft Terroristen brauchen*, München 1992.

Wisniewski, Stefan: *Wir waren so unheimlich konsequent ... – Ein Gespräch zur Geschichte der RAF*, Berlin, 3. Auflage 2003.

Wördemann, Franz: *Terrorismus – Motive, Täter, Strategien*, München, Zürich 1977.

Wunschik, Tobias: *Die Hauptabteilung XXII:* »*Terrorabwehr*«, in: *Anatomie der Staatssicherheit, Geschichte – Struktur – Methoden, MfS-Handbuch* (Teil III/16), Berlin 1995.

Wunschik, Tobias: *Baader-Meinhofs Kinder – Die zweite Generation der RAF*, Opladen 1997.

Wunschik, Tobias: »*Till Meyer – Ein biographisches Porträt*«, in: *Jahrbuch Extremismus und Demokratie* 10, Baden-Baden 1998.

Zachert, Hans-Ludwig: *Die Gefährdung der verfassungsmäßigen Grundordnung durch den Terrorismus in der Bundesrepublik*, in: Der Bundesminister des Inneren (Hrsg.): *Gewalt und Terrorismus*, Bonn 1990.

Zahl, Peter-Paul, *Die Glücklichen*, Berlin 1979.

Zeitungen, Zeitschriften, sonstige Druckwerke und online

Angehörigen-Info, Badische Zeitung, Berliner Morgenpost, Berliner Zeitung, Christ und Welt/Rheinischer Merkur, Das Parlament, Der Spiegel, Der Tagesspiegel, Deutsches Allgemeines Sonntagsblatt, die tageszeitung, Die Welt, Die Zeit, dpa, Frankfurter Allgemeine Zeitung, Frankfurter Rundschau, Hamburger Abendblatt, Handelsblatt, junge welt, Juristen-Zeitung, Juristische Rundschau, konkret, Kriminalistik, Kritische Justiz, Monatsschrift für Deutsches Recht, Neue Juristische Wochenschrift, Neue Zürcher Zeitung, Neues

Deutschland, Pflasterstrand, spiegelonline, stern, Süddeutsche Zeitung, Tempo, Vorwärts, Welt am Sonntag, zeitonline, Zusammen Kämpfen.

Filme

Albrecht, Julia/Gallenmüller, Dagmar: *Die Folgen der Tat*, ARD 2015.

Aust, Stefan: *Baader-Meinhof*, zwei Teile, NDR 1986.

Aust, Stefan/Büchel, Helmar: *Der Krieg der Bürgerkinder. Der Herbst der Terroristen*, ARD 2007.

Hachmeister, Lutz: *Schleyer – Eine deutsche Geschichte*, NDR 2002.

Kauth, Anne/Reufels, Bernd, *Die Geschichte der RAF*, sechs Folgen, ZDFinfo 2015.

Willemsen, Roger/Tolmein, Oliver: *Gefangene aus der RAF im Gespräch, Die Celler Gefangenen*, Premiere, 1992.

ANMERKUNGEN

Frühling. Erster Abschnitt und zweiter Abschnitt

1   Anderer Ansicht ist Ridder (Verfassung ohne Schutz, Seite 108) – unter Hinweis auf die »Haag-Mayer-Papiere« schreibt er: »Tatsache ist: Die Sicherheitsbehörden wussten spätestens seit Ende 1976, mit welchen Angriffen sie zu rechnen hatten und gegen wen sich die terroristischen Aktionen richten würden.« Welche Angriffsziele welche Sicherheitsbehörde kannte, sagt Ridder nicht.

2   KW: Kürzel für Konspirative Wohnung.

3   Waltraud Boock, Jahrgang 1951, war die Ehefrau von Peter-Jürgen Boock. Der Oberste Gerichtshof in Wien verurteilte sie am 10. Oktober 1977 zu einer Freiheitsstrafe von zwölfeinhalb Jahren. 1987 wurde sie aus der Haft in Österreich entlassen.

4   Klaus irrte: Tatsächlich war »Anton« Rolf Clemens Wagner; Sonnenberg verbarg sich hinter dem Tarnnamen »Bodo«.

5   Nach anderer Ansicht (Kraushaar, Verena Becker und der Verfassungsschutz, Seite 78) fuhr der »mit einem Automatikgetriebe ausgerüstete Wagen im Standgas an«, weil »der Fuß des Fahrers vom Bremspedal rutscht«. Gegen diese Ansicht spricht, dass nach den Feststellungen des Oberlandesgerichts Stuttgart (6 – 2 StE – Urteil vom 6. Juli 2012, Seite 218) »der Dienstwagen mit einem Schaltgetriebe ausgerüstet war« und auch Bubacks damaliger Cheffahrer Jakobi bestätigte, dass es sich bei dem Wagen um einen »Mercedes 230 E mit Schaltgetriebe« handelte (Buback, Der zweite Tod meines Vaters, Seite 384). Die Art des Getriebes hatte Bedeutung für die Feststellungen, wann die Attentäter das Feuer eröffnet hatten und wie es kommen konnte, dass Bubacks Fahrer mitten auf der Kreuzung lag (eingehend: OLG Stuttgart, a. a. O., Seite 217 ff).

6   Urteil vom 6. Juli 2012 – 6 – 2 StE 2/10, Seite 224, 58 (Strafsache gegen Becker).

7   Zu den Besetzern gehörten auch Karl-Heinz Dellwo, Bernd Rößner und Lutz Taufer, die dem »RAF-Kommando Holger Meins« angehörten, das im April 1975 die deutsche Botschaft in Stockholm überfiel und zwei Diplomaten ermordete.

8 In der Rückschau beschreibt Christian Klars Lehrer Nikolaus Cybinski – Jahrgang 1936 – die Atmosphäre in der zweiten Hälfte der 60er-Jahre an der Schule als eine Art Aufbruchstimmung: »Es waren tolle Jahre, wir schwärmten von einem neuen Lernen, einer anderen Schule, rauchten ›Reval‹ und ›Rothändle‹ wie die Irren, tranken mit Alfred *(Klar)* ganz schöne Mengen badischen Weins und diskutierten bis tief in die Nacht.«

9 Urteil vom 2. April 1985 – 5 – 1 StE 1/83, Seite 4 f (Strafsache gegen Mohnhaupt und Klar).

10 »Der genaue Zeitpunkt, zu dem sich Christian Klar der ›RAF‹ zuwandte, ließ sich nicht mehr feststellen«, urteilte neun Jahre später das Oberlandesgericht Stuttgart (Urteil vom 2. April 1985 – 5 - 1 StE 1/83, Seite 18; Strafsache gegen Mohnhaupt und Klar).

11 Ironie der Geschichte: Genau an diesem Abend verübte Christian Klar seinen ersten Mordversuch in Riehen/Schweiz, als er an der deutsch-schweizerischen Grenze das Feuer auf einen Zöllner eröffnete, der seinen Ausweis überprüfen wollte (Oberlandesgericht Stuttgart, Urteil vom 2. April 1985 – 5 – 1 StE 1/83, Seite 20 ff) .

12 Anderer Ansicht ist *süddeutsche.de* (http://www.sueddeutsche.de/politik/klar-portraet-vom-buergersohn-zum-raf-hardliner-1.776076, zuletzt aufgerufen am 31. Dezember 2015): »Ab 1979 wurde mit einem Haftbefehl nach ihm gefahndet«, heißt es in dem Artikel »Vom Bürgersohn zum RAF-Hardliner« über ihn. Dieser Ansicht kann nicht gefolgt werden, weil gegen Klar der erste Haftbefehl des Ermittlungsrichters am Bundesgerichtshof bereits am 5. Januar 1977 (II BGs 21/77) erging. Bis zu seiner Festnahme im November 1982 erließ der Ermittlungsrichter am Bundesgerichtshof fünf weitere Haftbefehle gegen ihn – jeweils entsprechend dem aktuellen Erkenntnisstand, und zwar am 10. April 1977 und 28. August 1977, 27. Januar 1978, 25. April 1979 und 11. März 1982.

13 Das Oberlandesgericht Stuttgart kam in seinem Urteil vom 31. Juli 1980 (2 – 1 StE 5/79, Seite 26; Strafsache gegen Knut Folkerts) zu dem Ergebnis, dass Folkerts »mindestens seit Anfang Dezember 1976 Mitglied der ›RAF‹« gewesen sei.

14 Nach anderer Ansicht (Winkler, Die Geschichte der RAF, Seite 293: »natürlich gilt Buback als gefährdet und wird bewacht, aber das rettet ihn nicht«) war Wurster »Polizist«. Gegen diese Ansicht sprechen unter anderem die Feststellungen des Oberlandesgerichts Stuttgart (Urteil vom 6. Juli 2012 – 6 – 2 StE 2/10, Seite 57 f: Strafsache gegen Verena

Becker), nach denen Wurster »Leiter der Fahrbereitschaft der Bundesanwaltschaft« war und »nur ausnahmsweise im Zusammenhang mit
den Startproblemen des Wagens mitfuhr«. Dieser Umstand hat Bedeutung für die Frage, ob Buback ausreichend geschützt wurde. Entgegen
Winklers Ansicht hatte Buback keinen Personenschutz. Grund dafür
dürfte gewesen sein, dass es den Ermittlern nicht gelungen war, das
Wort »Margarine« als Decknamen für Siegfried Buback zu identifizie-
ren.

15   Zwei Wochen nach dem Buback-Mord, am 20. April 1977, erscheint in
      der Zeitschrift *Motorrad* eine doppelseitige Farbanzeige des Motor-
      radherstellers mit der Schlagzeile »Suzuki – Die Sportskanone für
      Scharfschützen«. Die Aufregung in der Republik ist groß. Der deut-
      sche Werberat stellt später fest, dass die Anzeige in der Zeitschrift des
      Motor-Presse-Verlages zum Zeitpunkt des Attentates bereits gedruckt
      war, sodass »eine absichtliche Verknüpfung mit dem Mord ... auszu-
      schließen« sei. Nach Angaben des Verlages war die Anzeige am 3. März
      1977 zur Gravur geschickt worden – also fünf Wochen vor dem An-
      schlag. Gleichwohl beanstandet der Werberat die Anzeige, weil die
      »Verwendung eines derart aggressiven und militärischen Vokabulars in
      der Motorradwerbung ... zu missbilligen« sei. Die Anzeige erscheint
      nie wieder. »Marktliche« Auswirkungen hat der Buback-Mord für
      Hein Gericke, Eigentümer des Zweiradladens, in dem sich die Attentä-
      ter die Maschine ausgeliehen hatten: Einen Monat nach dem Attentat
      berichtet Gericke, dass er – seitdem bekannt wurde, wo die Täter die
      Maschine herhatten – erstmals »auf Wochen hinaus ausgebucht« sei.

16   Ob, wie vielfach geschrieben wurde, Horst Herold am Grab von Sieg-
      fried Buback ihm versprach »Ich bringe sie dir alle!«, erscheint mittler-
      weile zweifelhaft: Horst Herold erklärte dreißig Jahre später, er wisse
      nicht mehr genau, was er damals gesagt habe, weil er zur freien Rede
      übergegangen sei. Er glaube gesagt zu haben: »Wir werden jeden Stein
      aufheben und umdrehen, um deine Mörder zu finden« (Wolfgang
      Kraushaar/Jan Philipp Reemtsma, »Die entscheidende Triebkraft ...«,
      Interview mit dem ehemaligen Präsidenten des Bundeskriminalamtes
      Dr. Horst Herold, in: Kraushaar, RAF und der linke Terrorismus, Seite
      1370 [1386]). Michael Buback (Der zweite Tod meines Vaters, Seite
      278), der Sohn des Generalbundesanwalts, berichtet am »offenen Grab«
      hätte es diesen Ausspruch nicht geben können, da es »kein offenes
      Grab meines Vaters« gegeben hätte. Aber »die wesentliche Aussage«,
      schreibt Buback weiter, »dass Horst Herold mit aller Entschlossenheit

dazu beitragen wollte, die Karlsruher Mörder zu fassen, konnte sehr wohl zutreffen«.

17 Urteil vom 6. Juli 2012 – 6 – 2 StE 2/10, Seite 50, 152 f (Strafsache gegen Becker).

18 Urteil vom 6. Juli 2012 – 6 – 2 StE 2/10, Seite 50, 152 f, 200 (Strafsache gegen Becker).

19 Oberlandesgericht Düsseldorf, Urteil vom 20. Juli 1977 – VI – 15/75, Seite 137 f (Strafsache gegen Taufer, Dellwo, Rößner und Krabbe).

20 Teilweise wird geschrieben, Hausner sei am 5. Mai 1975 gestorben. Die Darstellung hier folgt den Feststellungen des Oberlandesgerichts Düsseldorf (Urteil vom 20. Juli 1977 – IV – 15/75, Seite 84, Strafsache gegen Taufer, Dellwo, Rößner und Krabbe), nach denen Hausner am 4. Mai 1975 verstarb.

21 Gemeint ist offensichtlich Mai 1972, also die Zeit der Mai-Offensive der ersten RAF-Generation mit sechs Anschlägen. Im März 1972 gab es keine »Kommandomeldungen« der RAF. Vgl. Rote Armee Fraktion, Texte und Materialien zur Geschichte der RAF, Seite 49 ff.

22 Diese Erklärung erreichte – soweit ersichtlich – kein Medienunternehmen; jedenfalls wurde sie seinerzeit in den Medien nicht veröffentlicht. Gefunden wurde das Original der Erklärung in einer Reisetasche im Heuchelbach in Bad Homburg (vgl. Oberlandesgericht Stuttgart, Urteil vom 28. April 1977 – 2 StE 1/74, Strafsache gegen Baader, Enßlin und Raspe, Seite 17). Hektographiert vervielfältigt lag die Erklärung den Mitteilungsblättern der »Roten Hilfe« in Berlin und Hamburg bei.

23 Abgedruckt in: Rote Armee Fraktion, Texte und Materialien zur Geschichte der RAF, Seite 49 ff (77).

24 »tupas« – Kurzform von Tupamaros: eine Guerillabewegung in Uruguay, die von 1963 bis in die 70er-Jahre Menschen entführte und ermordete sowie Anschläge in Großstädten verübte in der Vorstellung, eine revolutionäre Situation herbeiführen zu können. Das gelang den Tupamaros nicht. 1985 entstand aus der Gruppe eine Partei, die Bewegung für Volksbeteiligung, die bei Wahlen in Uruguay kandidierte.

25 Oberlandesgericht Stuttgart, Urteil vom 6. Juli 2012 – 6 – 2 StE 2/10, Seite 67, 240, 244 (Strafsache gegen Becker).

26 Nach anderer Ansicht (Stuberger, Die Akte RAF, Seite 290, Fußnote 15) »schoss« Becker bei ihrer Verhaftung »aus einer schweren Maschinenwaffe um sich«. Gegen diese Ansicht sprechen die Feststellungen des Oberlandesgerichts Stuttgart (Urteil vom 28. Dezember 1977 – 5 - 1 StE 1/77), das über diesen Sachverhalt und die Nutzung des »Schnell-

ladegewehrs« urteilte: »Mit der Waffe konnte sie jedoch nicht schießen, weil sie nicht durchgeladen war, und ein Durchladen wegen der Enge im Wagen und/oder des dazu erforderlichen Kraftaufwandes ihr nicht ohne weiteres möglich war. Sie warf deswegen die Langwaffe auf den Rücksitz.«

27 Der Polizei gelang es nicht, Juliane Plambeck zu fassen. Ihr Leben verlor sie bei einem Verkehrsunfall am 25. Juli 1980 auf der Landstraße zwischen Bietigheim-Bissingen und Vaihingen, rund dreißig Kilometer nördlich von Stuttgart. Am Steuer eines braunen Golf mit gefälschten französischen Kennzeichen geriet sie in einer Kurve auf die Gegenfahrbahn und fuhr frontal gegen einen Lkw, der Kies geladen hatte. Im Wrack fanden die Ermittler neben ihrer Leiche die von Wolfgang Beer, einem RAF-Mitglied. Offensichtlich hatte sich Plambeck, aus der »Bewegung 2. Juni« kommend, der RAF angeschlossen. Beer und Plambeck trugen Eheringe. In dem Fahrzeug entdeckten Polizeibeamte die Maschinenpistole PM 63, mit der Willy Peter Stoll am 5. September 1977 die Schleyer-Begleiter in Köln erschossen hatte, mehrere gefälschte Ausweise sowie RAF-Papiere.

28 Urteil vom 6. Juli 2012 – 6 – 2 StE 2/10, Seite 68, 248 f (Strafsache gegen Becker).

29 Dass der Verdacht zutreffend war, bestätigte fünfunddreißig Jahre später Verena Becker. In ihrer Einlassung vor dem Oberlandesgericht Stuttgart erklärte sie am 14. Mai 2012 zu dem Gewehr HK 43, der Buback-Mordwaffe, »dass wir sie ins nahegelegene Ausland in ein Depot bringen wollten«.

30 Zu Spekulationen führten mögliche Begleiter von Sonnenberg und Becker auf dieser Zugfahrt: Kraushaar (Verena Becker und der Verfassungsschutz, Seite 83 f) schreibt, in dieser Nacht müsse es »auf jeden Fall Beobachter gegeben haben, mit hoher Wahrscheinlichkeit solche, die im Auftrag einer staatlichen Behörde unterwegs gewesen sind«, weil »die Meldung von den drei Begleitern bereits im September 1977 Verbreitung« gefunden habe. Kraushaar verweist auf eine Darstellung von Udo Schulze bei *Kopp online* im August 2010 (»Becker-Prozess«), nach der »ein Beobachtungskommando des Bundesnachrichtendienstes Sonnenberg und Becker auf ihrer Zugreise in Richtung Bodensee unter Kontrolle gehalten« habe; Schulze berufe sich, schreibt Kraushaar weiter, »auf den Angehörigen eines Sicherheitsapparates«, von dem er »die Information erhalten haben will«.
Bemerkenswert ist in der Rückschau: Im September 1977 schrieb *Der*

Spiegel (38/1977, Seite 22 [25] – in dem Artikel ist von drei Personen die Rede), bei den Mitreisenden von Becker und Sonnenberg handle es sich um »drei ihrer Genossen«, und die Polizei rätsle nun, ob es Personen »aus Haags kodierter Besetzungsliste« seien.

In der Gesamtschau ist aber kein tatsächlicher Anhaltspunkt dafür ersichtlich, dass ein »Beobachtungskommando« des Bundesnachrichtendienstes oder einer anderen Behörde mit im Zug saß, weil die Beobachtungen über die »Begleitpersonen« vom Zugpersonal stammen:

Denn dass Becker und Sonnenberg in Begleitung reisten, ergibt sich aus Aussagen des Zugpersonals gegenüber BKA-Ermittlern in späteren Vernehmungen (Bundeskriminalamt, TE 11 – 110031/77, Seite 60). Das Zugpersonal hatte erklärt, »SONNENBERG und BECKER hätten sich in Begleitung mehrerer Personen befunden, bevor sie das Schlafwagenabteil aufsuchten«. Von diesen Personen seien ein Mann in Köln und ein Pärchen in Bonn ausgestiegen, ein weiterer Mann habe »eine Fahrkarte Essen–Karlsruhe vorgezeigt«.

Ob die »Begleitpersonen« von Sonnenberg und Becker »Mitglieder der ›RAF‹ waren«, konnte das Oberlandesgericht Stuttgart (Urteil vom 6. Juli 2012 – 6 - 2 StE 2/10, Seite 68, 251, Strafsache gegen Becker) »nicht sicher feststellen«.

Das Ergebnis des Oberlandesgerichts Stuttgart leuchtet ein. Denn der Informationsfluss zum *Spiegel* im Jahr 1977 lässt sich auch ohne »Beobachtungskommando« einer Behörde im Zug erklären: Die Quelle für den Hinweis auf die Begleiter war das Zugpersonal im »D 209«, das von BKA-Beamten vernommen wurde. So lag die Information über die Mitreisenden schon im April 1977 im Bundeskriminalamt vor. Die umfangreiche Berichterstattung des *Spiegel* im Jahr 1977 zur RAF speiste sich zu einem erheblichen Teil durch Informationen aus dem BKA.

31 1 BJs 26/77.

32 Zum Zeitpunkt der Festnahme Beckers in Singen bestand gegen sie ein Haftbefehl aufgrund ihrer Verurteilung durch das Landgericht Berlin am 12. Dezember 1974 ([500] 2 P Ks 1/74 [41/74]): Bei ihrer Freilassung im Zuge der Lorenz-Entführung hatte der Senator für Justiz in Berlin die Freilassung Beckers verfügt, der Haftbefehl bestand fort.

33 Wie der Ermittlungsrichter gingen seinerzeit auch die Ermittler davon aus, dass der Schraubenzieher – mit auswechselbarem Aufsatz für Schlitz- und Kreuzschlitzschrauben – aus dem Bordwerkzeug der von Sonnenberg angemieteten Suzuki stammt (vgl. Kraushaar, Verena Becker und der Verfassungsschutz, Seite 22 ff, 89). Diesen Umstand wer-

teten sie als Indiz dafür, dass Sonnenberg und Becker in den Buback-Mord involviert waren.

Aber 35 Jahre später konnte das Oberlandesgericht Stuttgart (Urteil vom 6. Juli 2012 – 6 – 2 StE 2/10, Seite 259; Strafsache gegen Becker) nicht feststellen, dass der in Singen sichergestellte Schraubenzieher tatsächlich aus dem Bordwerkzeug des Tatmotorrades stammt, weil der Geschäftsführer des Motorradladens in Düsseldorf, in dem die Maschine gemietet worden war, dies nicht zu bestätigen vermochte. Seine Angaben waren widersprüchlich. Unter anderem hatte er erklärt – unter Hinweis darauf, dass bei dem in Singen sichergestellten Schraubenzieher keine Gebrauchsspuren zu erkennen waren: Weil er selbst mehrfach den Schraubenzieher aus dem Bordwerkzeug der Maschine für Reparaturen verwendet hätte, halte er es für ausgeschlossen, dass der in Singen sichergestellte Schraubenzieher aus dem in Düsseldorf vermieteten Motorrad stamme.

34 Bei dem für Baumann – Jahrgang 1948, gestorben: 19. Juli 2016, Aktivist der »Bewegung 2. Juni« – in der Berliner Szene gängigen Vornamen »Bommi« handelt es sich nicht, wie von vielen vermutet, um eine Ableitung von »Bombe« oder »Bombenbauer«, sondern um eine Ableitung von der Schnapsmarke Bommerlunder – seine Mitschüler hatten ihn nach ihr schon 1960 benannt. »Und das bin ich später nicht mehr losgeworden«, erklärte Baumann als Zeuge in der Strafsache gegen Verena Becker vor dem Oberlandesgericht Stuttgart (Kraushaar, Eine Farce in Stammheim, *taz.de*, 8. Juni 2011).

35 Urteil vom 12. Dezember 1974 – (500) 2 P Ks 1/74 (41/74), Seite 11, Strafsache gegen Räther und Becker.

36 Urteil vom 12. Dezember 1974 – (500) 2 P Ks 1/74 (41/74), Seite 25 ff, Strafsache gegen Räther und Becker.

37 Beschluss vom 2. September 1975 – 5 StR 369/75.

38 Verurteilt worden waren Kröcher-Tiedemann (23) zu acht Jahren Freiheitsstrafe, Pohle (32) zu sechs Jahren und fünf Monaten, Siepmann (30) zu 12 Jahren und Heißler (26) zu acht Jahren.

39 Urteil vom 29. November 1974 – (500) 2 P KS 1/71 (2/73), Seite 3 (Strafsache gegen Meinhof, Bäcker und Mahler): unter Einbeziehung der Freiheitsstrafe aus dem Urteil des Kammergerichts vom 26. Februar 1973 – (1) 1 StE 1/72 (10/72) in der Strafsache gegen Horst Mahler.

40 Was die südjemenitische Regierung bewogen hat, Verena Becker und die anderen Häftlinge einreisen zu lassen, ist nach Ansicht von Thomas Skelton-Robinson »unklar« (in: Wolfgang Kraushaar, Die RAF und

der linke Terrorismus, Seite 828 [870]): War maßgeblich ein Kontakt, den die »Bewegung 2. Juni« vorher geknüpft hatte? Oder war es eine diplomatische Intervention der Bundesregierung? Vieles spricht dafür, dass die Bundesregierung für das »Exil« sorgte. So berichtet Hans-Jürgen Wischnewski (Mit Leidenschaft und Augenmaß, Seite 210) von einem Gespräch, das er zwei Jahre später mit dem Außenminister der Volksrepublik Jemen führte – im September 1977, als er als Kanzleramtsminister während der Schleyer-Entführung nach einem Aufnahmeland für Baader & Co. suchte: »Er erinnerte mich daran, dass sein Land auf ausdrückliche Bitte der Bundesregierung die Terroristen aufgenommen hatte, die mit Pastor Albertz ausgeflogen waren und deren Freilassung die Voraussetzung für die Befreiung von Peter Lorenz aus Berlin gewesen war. Nachdem man die Terroristen auf unsere eindringliche Bitte aufgenommen habe, sei der Jemen in übelster Weise als Terroristennest beschimpft worden.« Dies hätte der »Troubleshooter« der Bundesregierung wohl kaum unkommentiert geschrieben, wenn die Schilderung seines Gesprächspartners unzutreffend gewesen wäre.

Gleiches ergibt sich aus der Schilderung des *Stern*-Reporters Peter-Hannes Lehmann, der in Aden über den Verbleib des Quintetts recherchierte und in seinem Bericht einen Beamten aus dem Außenministerium in Aden mit den Worten zitiert: »Wenn ihr Deutschen uns nicht mehrfach um die Aufnahme dieser fünf Personen gebeten hättet, dann hätten wir sie nie genommen.« 2016 erklärte Lehmann dem Autor, dass er seither keine neuen Erkenntnisse zu dem Komplex erlangt hätte. 1969 hatte die Bundesrepublik die diplomatischen Beziehungen zu dem Land eingefroren, in Aden hoffte man 1975 auf 25 Millionen Mark Entwicklungshilfe.

41 Verena Becker erklärte in ihrer Einlassung in dem Strafverfahren vor dem Oberlandesgericht Stuttgart am 14. Mai 2012 im Hinblick darauf, dass sie 1975 »nach Aden ausgeflogen« wurde: »Es war danach lange Zeit ungewiss, wann ich nach Europa würde zurückkehren können.«

42 Urteil vom 19. Dezember 1979 – 5 – 1 StE 3/77, Seite 156 f, Strafsache gegen Haag (zweite Entscheidung).

43 Für Schmidt stand durch den RAF-Überfall in Stockholm »unser Bundesstaat vor der schwerwiegendsten Herausforderung seiner bisherigen 26-jährigen Geschichte«, sagte er in seiner Regierungserklärung am 25. April 1975. Entschieden hätte er aufgrund einer Abwägung – maßgeblich sei für ihn gewesen: »Der Rechtsstaat kann seine Funktion nur dann erfüllen, wenn die Bürger darauf vertrauen können, dass er seine

Gesetze auch durchsetzt.« Allein dem Staat weise das Grundgesetz die Verpflichtung und das Recht zu, über Strafe und über Freiheit zu entscheiden. Dies habe nach »festen gesetzlichen Regeln, nach einem gesetzlich geordneten Verfahren zu geschehen. Terroristen dürfen Entscheidungen über Leben und Freiheit anderer nicht an sich reißen …«

44   Stefan Wisniewski (Wir waren so unheimlich konsequent, Seite 35), der damals zur Heidelberger Gruppe zählte, formulierte in der Rückschau: »Es waren … zunächst verschiedene Gruppen, die erst mal nicht im RAF-Zusammenhang standen.«

45   Die Darstellung folgt den Feststellungen des rechtskräftigen Urteils des Oberlandesgerichts Stuttgart vom 6. Juli 2012 (6 – 2 StE 2/10, Seite 38 – Strafsache gegen Becker). Die Feststellungen stimmen mit den Erkenntnissen der Ermittler überein.

46   Urteil vom 6. Juli 2012 – 6 – 2 StE 2/10, Seite 40 ff (Strafsache gegen Becker): Verena Becker schilderte in ihrer Einlassung in dem Verfahren den Stand des Diskussionsprozesses in dem Camp anders, sie erklärte: »Dort wurden unter den anwesenden Gruppenmitgliedern ergebnisoffen Möglichkeiten für militante Aktionen in der Bundesrepublik Deutschland diskutiert. Definitive Entscheidungen sind nicht gefällt worden, erst recht hat niemand konkrete Anschlagsaufgaben übernommen.« Ihrer Darstellung folgte das Gericht (a. a. O.) nicht.

47   Als »Toten Trakt« bezeichnete Ulrike Meinhof einen Flügel in der Justizvollzugsanstalt Köln-Ossendorf, in dem sie vom 16. Juni 1972 bis zum 9. Februar 1973 inhaftiert war: Dort saß sie isoliert von anderen Häftlingen in einer Zelle, andere Zellen waren nicht belegt. Der Trakt war für psychisch gestörte Häftlinge hergerichtet worden und weiß getüncht. Die »strenge« Einzelhaft hatte der Ermittlungsrichter bei Meinhof angeordnet, weil sie extrem aggressiv gegenüber Vollzugsbeamten auftrat und auch das Risiko ihrer gewaltsamen Befreiung möglichst klein gehalten werden sollte – 1970 hatte sie mit Waffengewalt den Strafhäftling Andreas Baader befreit. »der politische begriff für toten trakt, köln, sage ich ganz klar ist das gas«, schrieb Ulrike Meinhof am 20. Mai 1973 an Horst Mahler. »meine auschwitzphantasien darin waren, kann ich nur sagen, realistisch.« (Bakker Shut, das info, Seite 19 [21]). Die von ihr gezogene Parallele zu den KZ im Dritten Reich verwendete auch das RAF-Umfeld bei seiner Agitation.

48   Die Darstellung folgt den Feststellungen des rechtskräftigen Urteils des Oberlandesgerichts Stuttgart vom 6. Juli 2012 (6 – 2 StE 2/10, Seite 42 – Strafsache gegen Becker). Die Feststellungen stimmen mit den Er-

kenntnissen der Ermittler überein. Nicht auszuschließen ist, dass es weitere Teilnehmer bei dieser Besprechung gab.

49   Das Oberlandesgericht Stuttgart verurteilt Siegfried Haag am 19. Dezember 1979 (5 – 1 StE 3/77, Seite 4 – Strafsache gegen Haag [zweite Entscheidung]) zu einer Freiheitsstrafe von 15 Jahren, und zwar wegen »eines Verbrechens der fortgesetzten Beihilfe zum Mord in zwei rechtlich selbstständigen Fällen, zur Geiselnahme und zur versuchten Nötigung eines Verfassungsorgans in Tateinheit mit einem Vergehen der fortgesetzten Unterstützung einer kriminellen Vereinigung«.

50   Außerdem schreibt Mayer in seinen Aufzeichnungen von »Käthe«, und zwar unter der Überschrift »2. Aufarbeiten von Ereignissen«. »Käthe« war der Deckname von Friederike Krabbe, die – spätestens – 1977 Mitglied der RAF wurde. Bis heute ist sie verschollen.

51   Oben, 2. Kapitel. Bei den Angaben in den »Haag-Mayer-Papieren« zu beiden anderen »Bündnispartnern« – »P's« und »ML« – handelt es sich um die Palästinenser und, so Alfred Klaus in seinem Auswertungsbericht vom 12. Dezember 1976 (Seite 93), um die »KPD/ML«. Nach Aussage von Volker Speitel waren mit »ML« die Revolutionären Zellen gemeint.

52   Die Darstellung folgt den Feststellungen des rechtskräftigen Urteils des Oberlandesgerichts Stuttgart vom 6. Juli 2012 (6 – 2 StE 2/10, Seite 47 – Strafsache gegen Becker). Die Feststellungen stimmen mit den Erkenntnissen der Ermittler überein.

53   Die Darstellung folgt den – rechtskräftigen – Feststellungen des Oberlandesgerichts Stuttgart (Urteil vom 6. Juli 2012 – 6 – 2 StE 2/10, Seite 47 ff, 126 ff) in der Strafsache gegen Becker. Vor Gericht hatte Verena Becker den Sachverhalt anders geschildert, und zwar erklärt, bei diesem »zweiten Treffen der Gruppe Anfang des Jahres 1977 in Holland … nur anfangs dabei« gewesen zu sein: »Während meiner Anwesenheit ging es in der Diskussion um unsere Verbindung in den Nahen Osten. Ich musste dieses Treffen damals vorzeitig verlassen, weil ich Verabredungen hatte, die sich nicht verschieben ließen.« Diese Darstellung hielt der Senat (a. a. O., Seite 126) aufgrund seiner Beweiswürdigung für »widerlegt«.

54   Bundesgerichtshof, NJW 1980, 2423, 2424; ähnlich: BGH, NJW 1967, 359, 360. Im Laufe der Zeit hat der BGH diese Formel etwas modifiziert, nun erfordert eine Verurteilung »ein nach der Lebenserfahrung ausreichendes Maß an Sicherheit, das vernünftige und nicht bloß auf denktheoretische Möglichkeiten gegründete Zweifel nicht aufkommen lässt« (BGH, NStZ 2010, 102, 103).

55 Verfügung vom 22. Juni 1977 in dem Ermittlungsverfahren 1 BJs 26/77. Das von Lampe abgetrennte – neue – Ermittlungsverfahren richtete sich »gegen Günter Sonnenberg und Verena Becker wegen Mordversuchs, Mitgliedschaft in einer terroristischen Vereinigung u. a.«.

56 Anders noch die ursprüngliche Anklageschrift der Bundesanwaltschaft gegen Sonnenberg und Becker vom 28. Juni 1977 (1 BJs 53/77, Seite 31 ff): Angeklagt wurden darin auch der »Raub des Opel Ascona« und die anschließenden Schüsse auf die Polizeibeamten.

57 5 – 1 StE 1/77, Seite 1a.

58 § 170 Strafprozessordnung – Entscheidung über eine Anklageerhebung: »(1) Bieten die Ermittlungen genügenden Anlass zur Erhebung der öffentlichen Klage, so erhebt die Staatsanwaltschaft sie durch Einreichung einer Anklageschrift bei dem zuständigen Gericht. (2) Andernfalls stellt die Staatsanwaltschaft das Verfahren ein …«

59 § 170 Strafprozessordnung – Teileinstellung bei mehreren Taten: »(1) Die Staatsanwaltschaft kann von der Verfolgung einer Tat absehen, 1. wenn die Strafe oder die Maßregel der Besserung und Sicherung, zu der die Verfolgung führen kann, neben einer Strafe oder Maßregel der Besserung und Sicherung, die gegen den Beschuldigten wegen einer anderen Tat rechtskräftig verhängt worden ist oder die er wegen einer anderen Tat zu erwarten hat, nicht beträchtlich ins Gewicht fällt oder 2. darüber hinaus, wenn ein Urteil wegen dieser Tat in angemessener Frist nicht zu erwarten ist und wenn eine Strafe oder Maßregel der Besserung und Sicherung, die gegen den Beschuldigten rechtskräftig verhängt worden ist oder die er wegen einer anderen Tat zu erwarten hat, zur Einwirkung auf den Täter und zur Verteidigung der Rechtsordnung ausreichend erscheint.«

60 Urteil vom 31. Juli 1980 – 2 – 1 StE 5/79, Seite 5, 8 (Strafsache gegen Folkerts).

61 Oberlandesgericht Stuttgart, Urteil vom 31. Juli 1980 – 2 – 1 StE 5/79, Seite 81 f (Strafsache gegen Folkerts).

62 Oberlandesgericht Stuttgart, Urteil vom 2. April 1985 – 5 – 1 StE 1/83, Seite 44, 49 (Strafsache gegen Mohnhaupt und Klar).

63 Oberlandesgericht Stuttgart, Urteil vom 2. April 1985 – 5 – 1 StE 1/83, Seite 4, 353 f, 368 (Strafsache gegen Mohnhaupt und Klar).

64 Oberlandesgericht Stuttgart, Urteil vom 31. Juli 1980 – 2 – 1 StE 5/79, Seite 49 (Strafsache gegen Folkerts). Eingehend zu Mohnhaupt: Unten, 39. Kapitel.

65 Helmut Kerscher, *Süddeutsche Zeitung* vom 20. April 2010, Zweifels-

frei dabei. Breloer, Seite 302, schreibt: »Folkerts soll der Mann gewesen sein, der … die tödlichen Schüsse abgefeuert hat.«

66   Dieter Schenk, Seite 247.

67   Statt vieler: Knobbe/Schmitz, Terrorjahr 1977, Seite 43; Thomas Moser, Anklageschrift und Gegengutachten, Deutschlandfunk, 24. November 2008; Stern/Herrmann, Andreas Baader, Seite 259; Schmitz, Die »Offensive 77« beginnt, in: *Der Stern*, 14/2007, Seite 173 (180); Buback, Der zweite Tod meines Vaters, Seite 356.

68   Ausgabe vom 18. April 2007 (Seite 2), Michael Buback: Gnade für Christian Klar. In dem Artikel in der Rubrik »Außenansicht« schreibt Buback: »Was ich nicht erwartet hatte, ist nun geschehen: Nach drei Jahrzehnten habe ich Informationen aus dem Bereich der RAF erhalten, und ich bin dankbar dafür. Es erscheint mir fast wie ein Wunder, dass die Not der Angehörigen aufgrund der unklaren Tatumstände auch dort erkannt worden ist.«

69   Für Boocks Behauptung, Sonnenberg und Wisniewski hätten auf dem Motorrad gesessen, führten mehrere Medien als weitere Quelle das damalige RAF-Mitglied Silke Maier-Witt an. So schreibt die *Frankfurter Rundschau* am 28. September 2010 (Egmont R. Koch, Ein ungeklärter Mord), Boocks Behauptung in dem Telefonat mit Michael Buback »wird später auch von der ehemaligen RAF-Frau Silke Maier-Witt bestätigt«. Maier-Witt dementiert die Behauptung, sie hätte Wisniewski als Todesschützen genannt, und erklärt: »Zu dieser Frage kann ich überhaupt nichts sagen« (Miriam Hollstein, Mordfall Buback: Zweifel an Geheimdokumenten, in: *Die Welt*, 28. September 2010). Diese Erklärung passt zu dem, was Silke Maier-Witt 20 Jahre zuvor in den Vernehmungen bald nach ihrer Verhaftung in Neubrandenburg/DDR erklärte. So antwortete sie am 6. September 1990 in der Justizvollzugsanstalt Bühl zwei BKA-Beamten auf die Frage, was sie über den Buback-Anschlag wisse: »Es entspricht dem, wie es in der Gruppe war, dass die Vorbereitung und die Täter bei den Diskussionen innerhalb der Gruppe nicht die Rolle spielten … Ich hätte auch damals nie danach gefragt, wer beteiligt war oder wie das gelaufen ist. Die Tat hatte halt die Gruppe gemacht … Ich weiß also nicht, wer die Täter waren und ich habe auch im Nachhinein nicht versucht herauszubringen, wer das war. Auch von der Gruppe hat mir keiner näheres darüber erzählt.«

70   Folkerts hatte in dem Interview (*Der Spiegel* vom 14. Mai 2007, 20/2007, Seite 58 [60]) gesagt: »Alle, die im April 1977 in der RAF waren, sind für das Attentat verantwortlich. Und alle sind – wenn auch

nicht ausdrücklich für das Attentat – zu Lebenslang verurteilt worden.« Unstreitig ist, dass Folkerts 1977 in der RAF »war«, bis zu seiner Festnahme im September.

71 § 55 Strafprozessordnung – Auskunftsverweigerungsrecht: »(1) Jeder Zeuge kann die Auskunft auf solche Fragen verweigern, deren Beantwortung ihm selbst oder einem der in § 52 Abs. 1 bezeichneten Angehörigen die Gefahr zuziehen würde, wegen einer Straftat oder einer Ordnungswidrigkeit verfolgt zu werden.«

72 Das »Verbot der Doppelbestrafung« (»ne bis in idem«) folgt aus dem »Grundsatz der Einmaligkeit der Strafverfolgung«. Deshalb macht die Rechtskraft einer strafrechtlichen Verurteilung eine neue Strafverfolgung gegen denselben Täter wegen derselben Tat unzulässig: Diese rechtskräftige Entscheidung führt verfahrensrechtlich zu einer »Sperrwirkung« und einem Verfahrenshindernis für weitere Verfahren in derselben Sache (Fischer, in: Karlsruher Kommentar, Strafprozessordnung, Einl. 483 f).

73 Vgl. Senge, in: Karlsruher Kommentar, Strafprozessordnung, § 55, Randnummer 1.

74 Beschlüsse vom 28. Dezember 2007 – 1 BGs 547/01, 1 BGs 548/07, 1 BGs 550/07. Einen entsprechenden Antrag der Bundesanwaltschaft gegen Günter Sonnenberg lehnte der Ermittlungsrichter ab (vgl. Bundesgerichtshof, Mitteilung der Pressestelle 157/2008) – Sonnenberg war im Unterschied zu den drei anderen, wie geschildert, nicht wegen des Buback-Anschlags verurteilt worden.

75 Bundesgerichtshof, StB 9 bis 11/08.

76 Seite 2, »Seit 30 Jahren nichts gehört – Zeugenaussagen nach dem Mord an Siegfried Buback sprechen für eine Frau als Täterin – die Hinweise wurden ignoriert«.

77 Oben, 3. Kapitel.

78 § 160a Strafprozessordnung enthält für derartige Gespräche ein absolutes Beweiserhebungs- und verwertungsverbot (Griesbaum, in: Karlsruher Kommentar, § 160a, StPO, Randnummer 3 ff).

79 Nach Beckers Festnahme im Mai 1977 in Singen verbüßte sie bis zum 8. Oktober 1980 den verbleibenden Rest der vom Landgericht Berlin 1974 ([500] 2 P Ks 1/74 [41/74]) verhängten sechsjährigen Jugendstrafe. Ab dem 9. Oktober 1980 wurde die vom Oberlandesgericht Stuttgart (5 – 1 StE 1/77) 1977 wegen der Singen-Schießerei verhängte Strafe vollstreckt.

80 Bundespräsident Richard von Weizsäcker begnadigte Angelika Speitel

1989 nach elf Jahren Haft und Bernd Rößner 1994 nach 19 Jahren Haft. Helmut Pohl wurde 1998 von Bundespräsident Roman Herzog nach 19 Jahren Haft begnadigt. Bundespräsident Johannes Rau begnadigte 2002 Adelheid Schulz nach 16 Jahren Haft und 2003 Rolf Clemens Wagner nach 24 Jahren Haft.

81 So die Charakterisierung der Rolle Beckers innerhalb der Gruppe durch das Oberlandesgericht Stuttgart (Urteil vom 6. Juli 2012 – 6 – 2 StE 2/10, Seite 63); ähnlich der dritte Strafsenat des Bundesgerichtshofs in seinem Haftbeschwerdebeschluss vom 23. Dezember 2009 (1 BJs 26/77-5, Seite 17): »Führungsperson der Kerngruppe der ›RAF‹«.

82 Das Auskunftsverweigerungsrecht in § 55 der Strafprozessordnung beruht auf dem rechtsstaatlichen Grundsatz, dass niemand gezwungen werden darf, gegen sich selbst auszusagen – »nemo tenetur se ipsum accussare«. Die Vorschrift soll dem Zeugen, der eine Straftat begangen hat, die seelische Zwangslage ersparen, unter dem Druck der Aussagepflicht die Tat zu offenbaren und sich der Strafverfolgung auszusetzen (Senge, in: Karlsruher Kommentar, Strafprozessordnung, § 55, Randnummer 1 mwN).

83 Erwähnt hatte *Der Spiegel* Bubacks NSDAP-Mitgliedschaft neun Jahre zuvor. In der Ausgabe vom 21. Oktober 2002 (43/2002, Seite 62 [64]) steht in dem Artikel »Dummheiten des Staates« – es geht um 40 Jahre »*Spiegel*-Affäre« und den »Ersten Staatsanwalt«, der 1962 den Polizeieinsatz in Hamburg leitete: »Staatsanwalt Buback ... war seit 1940 NSDAP-Mitglied ...« In der Sache ähnlich schrieb er 2007 (Heft 42, Seite 106 [107]) in einem Artikel über die Rolle der Frauen bei der »Offensive 77«: »Die Ermordung des einstigen NSDAP-Mitglieds Buback war der Auftakt für die ›Offensive 77‹.«

84 Für ihre Rolle bei den Planungen der RAF-Taten verurteilte das Oberlandesgericht Stuttgart (Urteil vom 11. Juli 1979 – 5 – StE 3/77) Haag und Mayer wegen eines »Verbrechens der Beteiligung an einer terroristischen Vereinigung als Rädelsführer«. Deswegen und auch wegen anderer Straftaten erkannten die Richter bei Haag auf eine Gesamtfreiheitsstrafe von vierzehn Jahren und bei Mayer auf eine Gesamtfreiheitsstrafe von zwölf Jahren.

85 Beschluss vom 30. Juni 2011 – StB 8/11.

86 Oberlandesgericht Stuttgart, Urteil vom 31. Juli 1980 – 2 – 1 StE 5/79, Seite 14 (Strafsache gegen Folkerts).

87 Auch im Fall Christa Eckes erließ das Oberlandesgericht Stuttgart eine Beugehaftanordnung, die der Bundesgerichtshof aufhob: Eckes – Ex-

RAF-Mitglied, 1974 und abermals 1984 verhaftet, zweimal verurteilt, insgesamt 15 Jahre im Gefängnis – hatte der Senat geladen, um Auskunft über ein Gespräch zwischen ihr und Verena Becker im Jahr 2008 zu erlangen. Weil Eckes, an Leukämie erkrankt, im Krankenhaus lag, vernahm sie dort ein beauftragter Richter. Ihm gegenüber verweigerte sie die Aussage und berief sich auf ein umfassendes Auskunftsverweigerungsrecht nach § 55 der Strafprozessordnung. Das Oberlandesgericht ordnete daraufhin am 1. Dezember 2011 »Haft zur Erzwingung des Zeugnisses bis zur Dauer von sechs Monaten« an. Diese Entscheidung hob der dritte Senat des Bundesgerichtshofs auf (Beschluss vom 10. Januar 2012 – StB 20/11). In seiner Begründung ließ er »dahinstehen«, ob Eckes ein Auskunftsverweigerungsrecht zusteht; er entschied, dass die Anordnung der Beugehaft »jedenfalls unverhältnismäßig« ist: Es gelte »– auch in Fällen terroristisch motivierter Tötungsdelikte – der Grundsatz, dass die Wahrheit nicht um jeden Preis – hier um den Preis der hohen Gefährdung des Lebens einer schwer erkrankten Zeugin – erforscht werden darf« (a. a. O., Umdruck, Seite 10). Christa Eckes starb am 23. Mai 2012 im Alter von 62 Jahren in Karlsruhe.

88   **Urteil vom 7. Mai 1984** (2 – 1 StE 5/81):»dreimal lebenslange Freiheitsstrafe« und »15 Jahre Freiheitsstrafe«; **Urteil vom 28. November 1986** (5 [2] – 1 StE 5/81):»lebenslange Freiheitsstrafe als Gesamtstrafe« – diese Entscheidung erging, nachdem der Bundesgerichtshof die OLG-Entscheidung vom 7. Mai 1984 nach Boocks Revision im Strafausspruch am 8. Juli 1985 aufgehoben hatte. Der BGH hatte einen Verfahrensfehler darin gesehen, dass das OLG »eine möglicherweise durch Drogenabhängigkeit bewirkte verminderte Schuldfähigkeit« ohne ausreichende sachverständige Beratung ausgeschlossen hätte; **Urteil vom 3. November 1992** (2 – 2 StE 5/91):»lebenslange Freiheitsstrafe als Gesamtstrafe« (»unter Einbeziehung der Strafen« aus dem Urteil vom 28. November 1986) – in dieser Entscheidung ging es um Boocks Beteiligung an dem Überfall auf die Schweizerische Volksbank in Zürich 1979, die in dem ersten Verfahren noch nicht bekannt war.

89   Bis zu seinem 50. Lebensjahr hatte CSU-Mitglied Pfahls, Jahrgang 1942, eine Spitzenbeamten-Bilderbuchkarriere hingelegt: Rechtswissenschaften studiert er an den Universitäten Heidelberg, Freiburg, Würzburg und München; 1971 promoviert er über »Staat, Kirche und Volksschule in Bayern«. Seine berufliche Laufbahn startet Pfahls im bayerischen Justizdienst. 1976 wird er Landtagsreferent in der Bayerischen Staatskanzlei. Der bayerische Ministerpräsident Franz Josef

Strauß macht ihn zu seinem persönlichen Referenten und später zum Leiter der Grundsatzabteilung in der Staatskanzlei. Nach fünf Jahren als Rüstungsstaatssekretär scheidet er 1992 aus dem Amt – »freiwillig«, wird Anwalt und Daimler-Benz-Bevollmächtigter. Wegen des Verdachts der Bestechlichkeit und Steuerhinterziehung als Rüstungsstaatssekretär erwirkt die Staatsanwaltschaft Augsburg im April 1999 einen Haftbefehl gegen ihn. Im Mai setzt sich Pfahls ab: Seine Flucht führt über Asien nach Paris. Dort wird er im Juli 2004 festgenommen. Nachdem ihn das Landgericht Augsburg 2005 verurteilt hatte, erklärt er sich mittellos und zahlt weder die Prozesskosten noch die Steuernachforderungen. Die Ermittler kommen ihm auf die Schliche, dass er sein Millionenvermögen verschoben und sich »künstlich arm gemacht« hat. Deshalb erfolgt die zweite Anklage. Das Landgericht Augsburg verurteilt ihn im November 2011 wegen »Bankrotts« und Betruges zu viereinhalb Jahren Gefängnis. Der Vorsitzende Rudolf Weigell erklärt ihm bei der mündlichen Urteilsbegründung: »Geiz ist eben nicht nur geil, sondern auch strafbar.« Wegen Beihilfe verurteilt das Gericht Pfahls' Ehefrau und den Lobbyisten Dieter Holzer zu unbedingten Haftstrafen.

Im Jahr 2000 schloss die CSU ihr langjähriges Mitglied aus. Aber nicht wegen der Schmiergeldzahlungen. Sondern weil Pfahls seine CSU-Mitgliedsbeiträge nicht gezahlt hatte.

90   Das Papier erschien im Mai 2010 unter der Überschrift »Etwas zur aktuellen Situation – von einigen, die zu unterschiedlichen Zeiten in der RAF waren« und ist abgedruckt in: *junge Welt,* 7. Mai 2010, Seite 3.

91   Vgl. Landgericht Berlin, Urteil vom 29. November 1974 – (500) 2 P KS 1/71 (2/73), Seite 51 ff (Strafsache gegen Meinhof, Becker, Mahler); Landgericht Berlin, Urteil vom 28. Juni 1974 – (502) 1 P KLs 5/72 (25/72), Seite 94 ff (Strafsache gegen Asdonk, Becker, Berberich, Goergens, Grusdat, Schubert); Kammergericht Berlin, Urteil vom 26. Februar 1973 – (1) 1 StE 1/72 (10/72), Seite 28 ff (Strafsache gegen Mahler); Landgericht Berlin, Urteil vom 21. Mai 1971 – (500) 2 P Ks 1/71 (50/70), Seite 72 (Strafsache gegen Schubert, Goergens und Mahler).

92   Von der Kronzeugenregelung, die ihr die Bundesanwaltschaft angeboten hatte, wollte sie nichts wissen: Für sie bestehe, erklärte sie vor Gericht, »nur die Alternative zwischen dem Lebenslänglich-Urteil und dem Verrat – dazwischen gibt es nichts«. Sie entschied sich gegen den »Verrat«. Vgl. auch Oberlandesgericht Frankfurt, Urteil vom 29. Juni 1998 – 4 - 2 StE 2/94-1/98, Seite 10 ff (Strafsache gegen Hogefeld, zwei-

te Entscheidung); Oberlandesgericht Frankfurt, Urteil vom 5. November 1996 – 5 – 2 StE 2/94-7/94, Seite 110 ff (Strafsache gegen Hogefeld, erste Entscheidung).

93   29. Oktober 1996, Schlusswort in dem Verfahren 5–2 StE 2/94-7/94.

94   Rundbrief von Rechtsanwalt Kurt Groenewold vom 11. Juli 1973: Das Schreiben erfolgte auf Groenewolds Kanzleipapier – angesichts Baaders dominierender Rolle innerhalb der Gruppe erscheint es ausgeschlossen, dass der grundlegende Schweige-»Befehl« an die RAF-Häftlinge ohne Weisung Baaders erfolgte. Mit dem grundsätzlichen Sprechverbot gegenüber Journalisten wollte Baader Äußerungen einzelner Mitglieder verhindern, die zuvor nicht den Segen der Gruppe erhalten hatten, sprich der Führungsriege. In dem »Befehl« heißt es: »Wenn ein interview, läuft das so: wir suchen über das info einen aus, es wird ein vertrag über die anwälte gemacht, die fragen sind schriftlich zu stellen und werden schriftlich beantwortet. Das manuskript fragen/antworten, läuft über das info. Wenn nur einer was dagegen hat, wird es nicht veröffentlicht.«
Zur Durchsetzung des Schweigegebots als Zeuge vor Gericht, heißt es in Baaders »Befehl«, genüge »ein Satz vor dem Tisch« – mit »Satz« ist der Hinweis auf das Auskunftsverweigerungsrecht gemeint, mit »Tisch« der Richtertisch: »Zieht das unbeteiligt ab, es ist scheisse, denen das tier zu zeigen, das sie vorführen wollen.« Genauso – im Duktus »unbeteiligt« – erklärten Mohnhaupt und andere RAF-Mitglieder in dem Becker-Verfahren 2011, dass sie sich auf ihr Auskunftsverweigerungsrecht der Strafprozessordnung berufen.

95   Eine Ausnahme bestand bei dem Kommando, das Schleyer und seine Begleiter überfiel: Nach dem Überfall verabredeten die vier, mit niemandem darüber zu reden. Eine Art »Schwur«, berichtete Peter-Jürgen Boock, einer von ihnen, der bei ihm »Assoziationen an Treueschwüre der Mafia oder anderer Gangsterkreise« geweckt hätte.

96   Ausnahmen von der Schweigefront gab es bei ehemaligen RAF-Mitgliedern in der ersten und zweiten Generation, jeweils mehrere, aber nicht in der dritten. Diese Personen erwiesen sich in den Strafverfahren als Achillesferse der Angeklagten aus der RAF, weil die Richter mit offenen Ohren zuhörten, was diese »Kronzeugen« aus der gemeinsamen Zeit im Untergrund berichteten, und entscheidende Passagen ihrer Urteile auf diese Aussagen stützten. So stellt das im April 1977 ergangene Strafurteil gegen Baader, Ensslin und Raspe ganz entscheidend auf die Aussagen der »Kronzeugen« Dierk Hoff und des Meinhof-Beglei-

ters Gerhard Müller ab (Oberlandesgericht Stuttgart, Urteil vom 28. April 1977 – 2 StE 1/74, Seite 140, 204 ff, 220 ff). Ebenso basieren beispielsweise die Feststellungen über den Aufbau einer Struktur zwischen »Illegalen« und »Legalen« der RAF im Frühjahr 1977 in der Mohnhaupt-Klar-Entscheidung auf Aussagen der »Kronzeugen« Volker Speitel und Hans-Joachim Dellwo (Oberlandesgericht Stuttgart, Urteil vom 2. April 1985 – 5 – 1 StE 1/83, Seite 176 ff). Nach ihren Aussagen tauchten Müller, Speitel und Dellwo mit neuen Identitäten vom Staat in ein komplett neues Leben ab.

97   OLG Stuttgart, Urteil vom 6. Juli 2012 – 6 – 2 StE 2/10, Seite 82 (Strafsache gegen Becker).

98   Empfangsbestätigungen sprechen dafür, dass drei Exemplare des Auswertungsberichts, den der Verfassungsschutz als »nicht gerichtsverwertbar« klassifiziert hatte, Generalbundesanwalt Rebmann und zwei seiner Mitarbeiter erhielten. Als die Rolle Beckers beim Verfassungsschutz durch die *Spiegel*-Veröffentlichung im April 2007 bekannt wurde, führten Recherchen in der Bundesanwaltschaft zu dem Ergebnis, dass sich kein Exemplar mehr bei der Behörde befand. Rebmann war zu diesem Zeitpunkt bereits seit zwei Jahren tot.

99   Als Indiz dafür sehen Buback (Der zweite Tod meines Vaters, Seite 222) und andere (Kraushaar, Verena Becker und der Verfassungsschutz, Seite 11 f; Stuberger, Die Akte RAF, Seite 15, 270, Fußnote 13) einen Stasi-Vermerk vom 2. Februar 1978. In ihm hatte Major Siegfried Jonas aus der Hauptabteilung II/2 – zuständig für die »Spionageabwehr im Operationsgebiet – festgehalten:
»Es liegen zuverlässige Informationen vor, wonach die B. seit 1972 von westdeutschen Abwehrorganen wegen der Zugehörigkeit zu terroristischen Gruppierungen bearbeitet bzw. unter Kontrolle gehalten wird. Diese Informationen wurden durch Mitteilungen der HVA von 1973 und 1976 bestätigt.«
Diese Ansicht versteht »bearbeiten« oder »unter Kontrolle halten« so beziehungsweise hält das Verständnis für möglich, dass Informationen an »westdeutsche Abwehrorgane« geliefert wurden. Dagegen spricht, dass Jonas, Jahrgang 1932, gelernter Modellbauer, später, 2007, erklärte, mit diesen beiden Begriffen hätte er die »Fahndung nach« gemeint und nicht: »als Quelle geführt«. Damit im Einklang steht, dass es in der Stasi-Akte über Verena Becker (MfS – HA XXII Nr. 18968) – sie enthält weitgehend Berichte über die Fahndungsmaßnahme im Jahr 1977 – keinen Hinweis auf Erkenntnisse über eine Zusammenarbeit von Be-

cker und Verfassungsschutz gibt. Hätte Jonas aber tatsächlich eine Information über eine Zusammenarbeit gehabt, wäre das für die
DDR-Staatssicherheit eine Sensation gewesen. Weil aber Derartiges
nirgendwo in der Akte thematisiert wird, spricht auch dieser Gesichtspunkt dafür, dass Jonas nicht davon ausging, dass Becker eine Quelle
des Verfassungsschutzes ist.

100   Die Kontroverse um die »schützende Hand« spitzt sich im Laufe des
      Verfahrens immer weiter zu. Zu einer verbalen Explosion im Gerichts-
      saal kommt es nach Michael Bubacks Plädoyer am 15. Juni 2012. In ihm
      spricht er acht Mal von der »schützenden Hand« des Staates. So sagte
      er: »Bei den bisher festgestellten Ermittlungsfehlern zeigte es sich, dass
      man das eigentlich Unbegreifliche verstehen kann, wenn man annimmt,
      dass es eine ›schützende Hand‹ für Frau Becker gab.« Sein Resümee:
      »Frau Becker hat viel Glück. Vor allem hat sie mächtigere Verbündete,
      als ich sie habe und – was noch wichtiger ist – als mein Vater sie hatte.«
      Am Ende seines anderthalbtägigen Plädoyers erklärt Buback, von der
      Bundesanwaltschaft fühle er sich »angegriffen, beleidigt und verun-
      glimpft«.
      Als Buback mit seinem Plädoyer fertig ist, verlangt Bundesanwalt
      Hemberger das Wort – ungewöhnlich in einem Strafverfahren, weil die
      Ankläger vor den Nebenklägern plädieren und üblicherweise dem eige-
      nen Plädoyer nicht »nachgesetzt« wird. »Es ist eine durch nichts zu
      rechtfertigende Unverfrorenheit, wie ein integrer Behördenleiter und
      die ihm untergebenen Beamten einer Straftat, nämlich der Rechtsbeu-
      gung, bezichtigt werden«, sagt Bundesanwalt Hemberger scharf – und
      kommt auch schon zum Ende: »Jedes weitere Wort ist der Vortrag des
      Nebenklägers nicht wert.« Das ist der Tiefpunkt in dem Verhältnis
      zwischen Bundesanwaltschaft und Nebenkläger Michael Buback, kurz
      vor dem Ende von 21 Monaten Verhandlung.

101   In der Entscheidung erklärt der Senat (Urteil vom 6. Juli 2012 – 6 – 2
      StE 2/10, Seite 280), dass von den verhängten vier Jahren Freiheitsstrafe
      aufgrund eines »Härteausgleichs« zwei Jahre und sechs Monate als be-
      reits vollstreckt gelten. Grund ist für diesen Ausgleich: Wäre bei Be-
      ckers Verurteilung 1977 bereits ihre Beihilfe beim Buback-Anschlag
      bekannt gewesen, hätte nach heutiger Rechtslage aus beiden Strafen
      eine »lebenslange Freiheitsstrafe als Gesamtstrafe« gebildet werden
      müssen. Die Bildung einer Gesamtstrafe aus Einzelstrafen bringt dem
      Verurteilten immer einen Strafrabatt (§ 54 Absatz 2 Strafgesetzbuch).
      Bei Becker war das aber 2012 nicht mehr möglich, weil ihre Strafe für

Singen bereits als vollstreckt galt: Der Bundespräsident hatte sie begnadigt und ihr später den noch nicht vollstreckten Teil der Strafe erlassen. Deshalb hatte der Senat einen angemessenen Härteausgleich vorzunehmen, der »die aus der getrennten Aburteilung folgenden Nachteile« ausgleicht. Die sich daraus »ergebende Härte« bestimmte der Senat auf zwei Jahre und sechs Monate »in Ansehung der bisherigen Vollstreckungsdauer« und anderer Gesichtspunkte (ebenda, Seite 281).

Dass Verena Becker nicht mehr ins Gefängnis muss, entscheidet der sechste Senat am 3. Februar 2014: Den Rest ihrer Strafe setzt er zur Bewährung aus, weil zwei Drittel – unter Anrechnung von Beckers fast vier Monaten Untersuchungshaft im Jahr 2009 – als verbüßt anzusehen waren und ihre Sozialprognose »günstig« ausfiel. Auch die Bundesanwaltschaft hatte beantragt, die Strafe zur Bewährung auszusetzen.

102 Rechtskräftig wurde das Urteil am 14. November 2013 durch Beschluss des Bundesgerichtshofs (3 StR 92/13). Verena Becker und die Nebenkläger hatten Revision in Karlsruhe eingelegt. Die Nebenkläger hatten beanstandet, dass Becker nicht wegen Mittäterschaft an dem Mord verurteilt worden war; Becker hatte mehrere Verfahrensrügen erhoben und die Verletzung materiellen Rechts beanstandet. Der dritte BGH-Senat stellte »keinen Rechtsfehler zu Gunsten oder zu Lasten der Angeklagten« fest und verwarf die Rechtsmittel ohne weitere Begründung.

103 Die für die Verurteilung entscheidenden Feststellungen, dass Becker die unmittelbaren Täter in ihrem Tatentschluss bestärkt habe, beruhen praktisch ausschließlich auf den Aussagen Peter-Jürgen Boocks. Dies ergibt sich aus der Beweiswürdigung des Senats zu den Komplexen »Das zweite Gesamttreffen in den Niederlanden Anfang 1977« und »Die Bestärkung der Haupttäter« (Urteil vom 6. Juli 2012 – 6 – 2 StE 2/10, Seite 126–134). In der Verhandlung hatte Becker bestritten, während der Zusammenkunft in den Niederlanden an Diskussionen über den geplanten Anschlag auf Buback mitgewirkt zu haben. In ihrer Einlassung erklärte sie am 14. Mai 2012, bei diesem Treffen »nur anfangs dabei« gewesen zu sein, weil sie es »vorzeitig verlassen« habe aufgrund anderweitiger »Verabredungen«. Diese Einlassung wurde nach Ansicht des Senats »durch die Angaben des Zeugen Boock widerlegt« (a. a. O., Seite 126 ff).

104 In seinem Plädoyer (Manuskript, Seite 190) erklärte Buback am 15. Juni 2012, dass Verena Becker »überführt ist, an der Ausführung des Karlsruher Attentats unmittelbar und aktiv beteiligt gewesen zu sein«.

105 Beispielsweise meinte Stuberger (Die Akte RAF, Seite 294): Dreißig

Jahre nach dem Anschlag »ergaben sich Hinweise auf eine denkbare Mitwisserschaft von deutschen Geheimdiensten an den Karlsruher Morden, bevor sie ausgeführt wurden. Tanja Stelzer schrieb in der *Zeit* (19. Dezember 2007): Hat man Verena Becker gegen Informationen über die RAF mit Strafe verschont? Oder war der Geheimdienst gar vorab über die Attentatspläne informiert? Einer Stasiakte zufolge soll Verena Becker schon seit 1972 für den Verfassungsschutz gearbeitet haben.« René Heilig erklärte in *Neues Deutschland* (30. August 2010) über Becker: »Man munkelt so etwas. Spätestens Anfang der 80er Jahre habe sie sich zur Zusammenarbeit mit dem Inlandsgeheimdienst entschlossen. Ober gab es die Liaison schon früher, schon vor dem Attentat auf Siegfried Buback?«

106 Wagner war bereits am 11. Februar 2014 verstorben. Das war der Bundesanwaltschaft bei Einleitung des Verfahrens nicht bekannt. Nachdem sie Kenntnis davon erlangt hatte, stellte sie das Verfahren insoweit ein.

107 Beschluss vom 14. November 2013 – 3 StR 92/13.

108 Oben, Fußnote 101.

109 Gemäß § 154 Abs. 1 Nr. 1 Strafprozessordnung: Danach kann die Staatsanwaltschaft von »der Verfolgung einer Straftat absehen«, wenn die zu erwartende Strafe neben der Strafe, »die gegen den Beschuldigten wegen einer anderen Tat rechtskräftig verhängt worden ist … nicht beträchtlich ins Gewicht fällt«.

110 Oberlandesgericht Stuttgart, Urteil vom 11. Juli 1979 – 5 – StE 3/77 (Strafsache gegen Haag und Mayer).

111 Beschluss vom 6. Juli 2015 – 6 Ws 2/15: Als »unzulässig« verwarf der Senat den Antrag, weil er unvollständig gewesen wäre, unter anderem hätte die Antragsschrift keine »in sich geschlossene Schilderung des Sachverhaltes« und auch keine Angaben zu den Beweismitteln enthalten. Gleichwohl nahm das Gericht zum Strafklageverbrauch Stellung, einem Gesichtspunkt der Begründetheit. Verfahrensrechtlich war das überflüssig, rechtspolitisch sinnvoll: Auf diesem Weg stellte der Senat klar, dass Ermittlungen gegen Haag und Mayer nicht an einer Formalie scheitern, sondern materiell-rechtlich nichts mehr zu machen war.

112 Nach Ansicht von Stuberger (Die Akte RAF, Seite 13) wurde der Mord an Buback und seinen Begleitern »bis heute nicht aufgeklärt«. Juristisch überzeugt diese Auffassung nicht angesichts der Entscheidungen in den Strafsachen gegen Folkerts, Mohnhaupt und Klar. Zutreffend ist natürlich, dass bei dem Buback-Mord die Gerichte ein-

zelne Aspekte des Tatgeschehens nicht aufklären konnten: zum Beispiel, wie ausgeführt, wer an diesem Morgen wo saß. Aber für den Schuldspruch ist das unerheblich. Denn nach der Vorschrift über die Mittäterschaft im Strafgesetzbuch (§ 25 Absatz 2) werden »im Rahmen des gemeinsamen Tatplans … jedem Mittäter die Ausführungshandlungen seiner Mittäter zugerechnet« (Fischer, Strafgesetzbuch, § 25 Randnummer 26). Deshalb können Akteure auch dann verurteilt werden, wenn feststeht, dass sie gemeinsam eine Straftat begangen haben, nicht aber, wer was im Einzelnen machte. In diesen Fällen hilft das Schweigen von Zeugen und Tätern – im Bereich der Schwerkriminalität an der Tagesordnung – dem Angeklagten nicht weiter. So hält es der Bundesgerichtshof (Urteil vom 8. April 1987 – 3 StR 91/87) bei einer Verurteilung wegen versuchten Mordes für »unerheblich, wenn offen bleibt, welcher von zwei Tätern welche Menge welchen Medikaments dem Opfer verabreicht hat« – sofern feststeht, dass beide Täter den Medikamententod des Opfers wollten und einverständlich handelten.

113 Die Angaben über die Zahl der Verletzten sind in den Darstellungen der RAF-Geschichte unterschiedlich. Das Oberlandesgericht Stuttgart »zählte« in seinem Urteil in der Strafsache gegen Baader, Ensslin und Raspe (vom 28. April 1977 – 2 StE 1/74, Seite 3) nicht die Verletzten, sondern nur noch die Fälle versuchter Morde: Es waren 34. Die oben genannte Zahl der Verletzten von 71 folgt aus den Angaben in der Anklageschrift (Generalbundesanwalt, 26. September 1974 – 1 StE 1/74, Seite 18–20) zu den einzelnen Anschlägen – Frankfurt: 14, Augsburg: 6, München: 10, Karlsruhe: 1, Hamburg: 34, Heidelberg: 6.

114 Der »kleine Baader-Meinhof-Prozess« lief parallel vor dem Landgericht Kaiserslautern gegen drei Mitglieder aus der »zweiten Reihe«: Am 2. Juni 1977 verurteilte das Gericht Manfred Grashof und Klaus Jünschke wegen Mordes zu »lebenslänglich« und Wolfgang Grundmann zu vier Jahren wegen Mitgliedschaft in einer kriminellen Vereinigung.

115 Vgl. Bundesverfassungsgericht, Beschluss vom 3. Juni 1969 – 1 BvL 7/68, abgedruckt in: Neue Juristische Wochenschrift 1969, Seite 1423 (1424).

116 Zeitschrift für Rechtspolitik 1975, 38 (42).

117 Deutscher Bundestag, Drucksache, 7. Wahlperiode, 138. Sitzung, Seite 9499 (9515).

118 »der körper, der die waffe ist«, schrieb beispielsweise Gudrun Ensslin am 13. September 1974 in einem Zellenzirkular (beginnend: Carl – der

körper…) zur Einstimmung auf den dritten und bislang härtesten Hungerstreik der RAF-Häftlinge, abgedruckt in: Bakker Shut, das info, Seite 169.

119 Erster RAF-Hungerstreik: 17. Januar bis 16. Februar 1973; zweiter RAF-Hungerstreik: 8. Mai bis 29. Juni 1973; dritter Hungerstreik: 13. September 1974 bis 5. Februar 1975.

120 Dellwo, Seite 10:»Die Gefangenenbefreiung gehört immer zum revolutionären Kampf.«

121 Marighella, Seite 59 f, 5.

122 Beschluss vom 24. März 1964 – 2 BvR 42, 83, 89/63, abgedruckt in: Neue Juristische Wochenschrift, 1964, Seite 1020.

123 Zellenzirkular, beginnend:»Das Beispiel ist also Astrid geworden …«, beschlagnahmt am 16. Juli 1973 bei der Durchsuchung der Zellen von Andreas Baader (JVA Schwalmstadt), Gudrun Ensslin (JVA Essen), Holger Meins (JVA Wittlich), Irmgard Möller (JVA Rastatt), Jan-Carl Raspe (JVA Köln) und Ulrike Meinhof (JVA Köln).

124 Bundesgerichtshof, Beschluss vom 25. August 1972 – 1 BJs 6/ 71: »Ausschließung des Rechtsanwalts Otto Schily als Verteidiger«, Umdruck, Seite 3.

125 Bundesverfassungsgericht, Beschluss vom 14. Februar 1973 – 2 BvR 667/72, abgedruckt in: Neue Juristische Wochenschrift, 1973, Seite 696.

126 Deutscher Bundestag, Plenarprotokolle, Siebte Wahlperiode, 138. Sitzung, Seite 9499 ff (9515).

127 Bundesgesetzblatt, 1974, Teil I, Seite 3686 ff: Gesetz zur Ergänzung des ersten Gesetzes zur Reform des Strafverfahrensrechts vom 20. Dezember 1974: § 137, § 138 a, § 146 und § 231a.

128 Heidelberg gehört zum Bezirk des Oberlandesgerichts Karlsruhe. Aber für ganz Baden-Württemberg besteht in Staatsschutzsachen eine besondere erstinstanzliche Zuständigkeit bei einem Strafsenat des Oberlandesgerichts Stuttgart (§ 120 Abs. 1, 2 Gerichtsverfassungsgesetz), sodass dieser Senat auch für Straftaten im Bezirk des Oberlandesgerichts Karlsruhe zuständig ist.

129 Hans Schueler, damals einer der renommiertesten rechtspolitischen Kommentatoren in der Republik, nannte in der *Zeit* den Vorgang eine »lässliche Sünde«: Mit dem Senatsvorsitzenden Prinzing hätten die Angeklagten »nicht ihren ›gesetzlichen‹, sondern einen von den politisch Verantwortlichen ausgewählten, speziell für den Prozess bestellten – und beförderten – Richter bekommen«. Sollte das zutreffend sein, wofür ja alles spricht, wäre dies mehr als eine »lässliche« Sünde gewesen,

nämlich ein klarer Verstoß gegen das fundamentale »Justizgrundrecht« des »gesetzlichen Richters«.

130 Zunächst, am 29. Juli 1974, waren Croissant, Groenewold und Ströbele vom Vorsitzenden zu Pflichtverteidigern bestellt worden. Diese Bestellung widerrief er am 3. Februar 1975, weil gegen die drei schon mehrfach in Beschlüssen des Bundesgerichtshofs und des Senats der Verdacht der Tatbeteiligung ausgesprochen worden sei. Deshalb ließe sich, so Prinzing, »nicht ausschließen, dass sie von den Bestimmungen über den Ausschluss von Verteidigern im Strafverfahren betroffen werden könnten (§§ 138a ff StPO). Die pflichtgemäße Fürsorge für die Angeschuldigten und das Verfahren« verböten es, »Verteidiger zu bestellen, deren Verbleib im Verfahren rechtlich nicht gesichert ist«. Da durch diese Entscheidung Baader als Pflichtverteidiger nur noch Eberhard Schwarz verblieb, bestellte Prinzing für ihn die Rechtsanwälte Siegfried Haag und Dieter Schnabel. Für Gudrun Ensslin bestellte er als weitere Pflichtverteidiger Otto Schily und Marieluise Becker.

131 Die drei Rechtsanwälte verlangen Zugang mit dem Argument, der Verteidigerausschluss gelte nur für Baader, und jeder würde nun einen anderen Angeklagten verteidigen, Croissant bestellte sich für Jan-Carl Raspe, Groenewold für Ulrike Meinhof und Ströbele für Gudrun Ensslin. Der Senat entscheidet, der Wortlaut des neuen § 138a Strafprozessordnung, nach dem ein Verteidiger von der Mitwirkung in einem Verfahren auszuschließen sei, besage, dass sich der Ausschluss »auf das gesamte Verfahren« erstrecke, also »an der Verteidigung aller Angeklagten dieses Verfahrens« hindere. Diese Entscheidung bestätigt später der erste Senat des Oberlandesgerichts Stuttgart, der abschließend über den Verteidigerausschluss zu befinden hat.

132 Oberlandesgericht Stuttgart, Beschluss vom 22. April 1975 – 1 ARs 25/75: Außerdem stützte das Gericht den dringenden Verdacht der Unterstützung einer kriminellen Vereinigung darauf, dass Croissant einen RAF-Häftling, der den Hungerstreik abgebrochen hätte, »durch Vorenthalten von Informationsmaterial« diszipliniert hätte und bei einem Gesprächsabend der »Kirchlichen Bruderschaft in Württemberg« die Anwesenden aufgefordert hätte, durch einen dreitägigen »Sympathiehungerstreik« die Forderungen der RAF-Gefangenen zu unterstützen, und dabei von »Isolationsfolter«, »Vernichtungshaft« und »Vernichtungsinteresse der Bundesanwaltschaft« gesprochen hätte. Diese Entscheidung bestätigte der Bundesgerichtshof (Beschluss vom 20. Mai 1975 – StB 13/75) und erklärte, dass jeder der drei Sachverhalte »für

sich gesehen ausreicht, den zum Ausschluss des Betroffenen von der Mitwirkung in dem Verfahren gegen den Angeklagten Baader führenden dringenden Verdacht zu begründen«.

133 Oberlandesgericht Stuttgart, Beschluss vom 2. Mai 1975 – 1 ARs 27/75: Der Senat begründete den Ausschluss unter anderem damit, dass Groenewold spätestens seit Februar 1973 »durch umfassende Kommunikation unter den der ›RAF‹ zugerechneten Gefangenen in verschiedenen Haftanstalten der Bundesrepublik – teilweise als Verteidigerpost getarnt – für den organisatorischen Zusammenhalt der kriminellen Vereinigung gesorgt und damit deren Ziele gefördert« hätte. Er hätte »Diskussionsbeiträge, Anfragen, Pläne und Befehle, die mit Fragen der Verteidigung wenig oder nichts zu tun hatten, unter Missbrauch seiner privilegierten Verteidigerstellung weitergeleitet«.

134 Oberlandesgericht Stuttgart, Beschluss vom 13. Mai 1975 – Ausschl. 3/75: Den »dringenden Verdacht« begründete der Senat unter anderem damit, dass Ströbele seit dem 5. Februar 1973 »durch wenigstens 19 Rundbriefe, die er verfasst und in der Regel als Verteidigerpost getarnt an die Gefangenen« versandt habe, »für den organisatorischen Zusammenhalt dieser kriminellen Vereinigung gesorgt« und »deren Ziele gefördert« hätte. Außerdem führt der Senat den »dringenden Verdacht« unter anderem darauf zurück, dass sich Ströbele »unter Androhung des Mandatsentzuges die Prozessstrategie von den Mitgliedern der kriminellen Vereinigung vorschreiben« lasse: »Er gebraucht die Sprache und Schlagwörter der Angeklagten, die er in vielen Rundbriefen mit ›liebe Genossen‹ anzureden pflegt, und lässt sich Beleidigungen gefallen (›Christian – Du bist wirklich eine Sau‹).«

135 Landgericht Stuttgart, Urteil vom 16. Februar 1979 – XII KLs 97/76: Das Gericht kam zu der Überzeugung, dass Croissant »in der Zeit von Anfang Juni 1973 bis Ende 1974 zusammen mit anderen Verteidigern die in den Vollzugsanstalten fortbestehende kriminelle Vereinigung ›RAF‹ bewusst unterstützt hat, indem er im Rahmen seiner Mitwirkung am Aufbau und Funktionieren des ›info‹-Systems der ›RAF‹ unter Missbrauch seiner Rechte als Verteidiger Zellenzirkulare und Infoschriftstücke weiterleitete, die nicht der Verteidigung, sondern der Fortsetzung der kriminellen Bestrebungen dieser Vereinigung dienten« (a. a. O., Umdruck, Seite 300).

Nach seiner Haftentlassung arbeitet Croissant als Strafverteidiger in Berlin; daneben als inoffizieller Mitarbeiter für das Ministerium für Staatssicherheit der DDR: 1981 verpflichtet er sich als »IM Thaler«. Als

IM wirbt er seine Lebensgefährtin Brigitte Heinrich, *taz*-Redakteurin und später Europaabgeordnete der Grünen. Er »führt« sie bis zu ihrem Tod 1987. Wegen »geheimdienstlicher Tätigkeit« für die DDR-Staatssicherheit verurteilt ihn 1993 das Kammergericht zu einem Jahr und neun Monaten Freiheitsstrafe. Croissant starb 2002.

136 Oberlandesgericht Hamburg, Urteil vom 10. Juli 1978 – 1 StE 2/76: Das Gericht urteilte, Groenewold hätte die kriminelle Vereinigung dadurch unterstützt, »dass er in dem von ihm betriebenen ›Info-System‹ Beiträge umlaufen ließ, die nicht mehr Verteidigungszwecken dienten, sondern für eine gegenseitige Unterrichtung und Schulung bestimmt waren«. Dadurch hätte er dazu beigetragen, »dass die Mitglieder der kriminellen Vereinigung in ihren kriminellen Zielen bestärkt wurden und weiter daran festhielten«. Ebenso hätte er die Vereinigung dadurch unterstützt, dass er »Anweisungen von Andreas Baader in Bezug auf den Hungerstreik weitergab«.

137 Landgericht Berlin, Urteil vom 9. Juli 1982 – (510) 2 P KLs 5/77 (51/82), Seite 2. Der Weg dorthin ist spannende Rechts- und heute auch nicht minder spannende Rezeptionsgeschichte:
Zunächst, 1981, hatte das Landgericht Berlin Ströbele zu einem Jahr und sechs Monaten Freiheitsstrafe auf Bewährung wegen Unterstützung einer kriminellen Vereinigung verurteilt (Urteil vom 19. Januar 1981 – [502] 2 P KLs 5/77 [35/79]). Das Gericht stützte seine Entscheidung auf zwei Sachverhaltskomplexe: die »Verbreitung von Prozesserklärungen« durch Ströbele sowie seine »Mitwirkung am Aufbau und beim Betrieb eines von den Gefangenen unterhaltenen Informationssystems«.
Der Bundesgerichtshof (Urteil vom 24. März 1982 – 3 StR 28/82) bestätigte den Schuldspruch wegen des Komplexes »Informationssystem«, kassierte aber den wegen der »Prozesserklärungen«:
Bei den »Prozesserklärungen« ging es darum, dass Ströbele von drei Angeklagten Erklärungen, die sie im Strafverfahren abgegeben hatten, später an andere weitergegeben hatte, die nach den Feststellungen des Landgerichts »das ausdrückliche Bekenntnis ... zur Fortsetzung des bewaffneten Kampfes« enthielten. So hieß es in einer Prozesserklärung von Astrid Proll: »Die Rote Armee aufbauen! Heute noch!«, in einer von Brigitte Mohnhaupt: »Die Guerilla droht nicht, sondern handelt« und in einer Erklärung von Ulrike Meinhof: »Entschlossenheit zur Revolution, zur revolutionären Gewalt, zur revolutionären Praxis, zur politisch-militärischen Aktion gegen das imperialistische Herrschaftssystem.«

Der Bundesgerichtshof befand: Derartige Parolen eines Angeklagten könnten – für sich betrachtet – »als Akt mitgliedschaftlicher Beteiligung« an einer kriminellen Vereinigung strafbar sein. Anders aber sei es, wenn er eine solche Erklärung abgebe, »um das ›politische Selbstverständnis der RAF‹ zu erläutern«. Dann sei das »noch – strafrechtlich erlaubte – Verteidigung«. Denn mit der Erklärung solle dem Strafanspruch des Staates entgegengetreten werden. Und weil nun eben eine solche Erklärung durch den Angeklagten im Prozess nicht strafbar sei, könne sich auch ein Strafverteidiger nicht strafbar machen, wenn er sie weitergebe.

Hingegen nichts zu beanstanden hatte der Bundesgerichtshof bei den Feststellungen des Landgerichts zum Komplex »Informationssystem«. Er urteilte: »Der Angeklagte hat die in der Haft bestehende kriminelle Vereinigung als Nichtmitglied dadurch unterstützt, dass er zum Aufbau und zum Betrieb des von den Gefangenen unterhaltenen Informationssystems beigetragen hat. Dieses sollte ein ›Sammel- und Verteilersystem zur Information, Kommunikation, Diskussion, gegenseitiger Kritik und Selbstkritik unter den Gefangenen und ein Instrument zur Schulung der Gefangenen durch die Gefangenen sein‹.« Gedient hätte dieses System »der Fortsetzung der kriminellen Bestrebungen der Vereinigung durch ein ›gemeinsames Lernprogramm‹, an dem die Gefangenen ›arbeitsteilig zusammenwirkten‹, um sich ›gegenseitig intensiv auf die Fortsetzung des bewaffneten Kampfes‹ vorzubereiten. Die Prozessvorbereitung war höchstens ein Nebenzweck. Das hat der Angeklagte erkannt und gebilligt.«

Außerdem hätte Ströbele, so urteilte der BGH, »das den kriminellen Zielen der Vereinigung dienende ›Aktionsprogramm für den Kampf um die politischen Rechte der gefangenen Arbeiter‹ ... in Umlauf gesetzt«: Dieses Programm hätte »nicht der Verteidigung« gedient, »sondern der Organisierung eines revolutionären Gefängnisprogramms«: »Den Verfassern ging es nicht wirklich um Reformen, sondern um eine ›Verbesserung der Kampfbedingungen einer revolutionären Gefängnisbewegung im Knast‹.«

Zudem bestätigte der Bundesgerichtshof – dritter schuldrelevanter Sachverhalt für die Verurteilung Ströbeles – den Schuldspruch, weil der Rechtsanwalt eine von Meinhof in ihrem Strafverfahren in Berlin verlesene »Hungerstreikerklärung« in ›Umlauf gesetzt« hätte: Am 13. September 1974 hatte sie den Aufruf zum dritten Hungerstreik der RAF-Häftlinge in ihrem Strafprozess wegen der Baader-Befreiung verlesen. Dieser Aufruf hätte – anders als die straflose – Prozesserklärung, so der Bundesgerichtshof, »nicht ihrer Verteidigung, sondern der Durchführung des Hungerstreiks« gedient. Und der Hungerstreik hätte »die Bedingung … für die Erreichung weiterer, nämlich revolutionärer Ziele‹ schaffen« sollen: »Es sollten Anhänger und Sympathisanten geworben und die Fortsetzung des bewaffneten Kampfes gefördert werden«, urteilte der Bundesgerichtshof. Sein Fazit: »Die Hilfe bei der Durchführung eines Hungerstreiks, der – wie hier – dem Ziel dient, den Zusammenhalt einer in der Haft bestehenden kriminellen Vereinigung aufrechtzuerhalten und die Fortsetzung ihres Kampfes zu sichern, ist Unterstützung im Sinne des § 129 StGB.«

So gelangt der Bundesgerichtshof zu dem Ergebnis, dass »der Schuldspruch des Landgerichts wegen Unterstützung einer kriminellen Vereinigung Bestand« hat. Weil sich aber der Schuldumfang vermindert hatte, hob er den Strafausspruch auf und verwies die Sache zurück nach Berlin.

Das Landgericht verhängte im zweiten Durchlauf 1982 gegen Ströbele zehn Monate Freiheitsstrafe auf Bewährung – urteilte: Durch »seine Mitwirkung am Aufbau des Info-Systems« habe Ströbele »zugleich einen für sein Funktionieren entscheidenden, bis zum Ende des Info ursächlich fortdauernden Tatbeitrag geleistet und dadurch von Mitte Juni 1973 bis Mai 1975 zusammen mindestens mit Rechtsanwalt Groenewold die in den Vollzugsanstalten neugebildete kriminelle Vereinigung unterstützt (§§ 129 Abs. 1, 25 Abs. 2 StGB)«. Dadurch hätte er »die Grenzen rechtlich zulässigen Verteidigerhandelns« überschritten.

Durch sein Handeln habe Ströbele »seine Verteidigerrechte als Rechtsanwalt in besonders einschneidender Weise missachtet«, befand das Landgericht und versagte ihm deshalb eine Entschädigung für das gegen ihn verhängte vorläufige und beschränkte Berufsverbot: »Ohne die festgestellte schwerwiegende Verletzung der Pflichten des Angeklagten als Strafverteidiger (im Zusammenspiel mit seinen Mittätern) wäre der festgestellte Zusammenhalt der RAF-Gruppe als kriminelle Vereinigung nicht möglich gewesen.« Dass Ströbele wegen der Unterstützung einer kriminellen Vereinigung in einem »besonders schweren Fall« zu verurteilen sei, begründete das Gericht mit dem Zweck und der Tätigkeit der Vereinigung, die er unterstützt habe: Sie sei darauf ausgerichtet gewesen, »Straftaten des Mordes und Sprengstoffdelikte zu begehen«. Und das hätte er auch »erkannt«.

Das Urteil des Berliner Landgerichts scheint Ströbele nicht überzeugt

zu haben. In seiner »Stellungnahme zur damaligen Tätigkeit als Strafverteidiger der RAF« erklärt er auf seiner Homepage (http://www.
stroebele-online.de/person/793974.html, letzter Aufruf: 5. Juni 2016):
»Mein besonderes Engagement als Verteidiger der Leute aus der RAF
erkläre ich aus den damaligen außergewöhnlichen Umständen. Ich
habe es damals für richtig und notwendig gehalten und sehe es heute
nicht viel anders.«

Ströbeles heutige Sicht überrascht im Lichte der klaren Worte in dem
Urteil 1982 in seiner Strafsache: Bei der Vereinigung, die er unterstützt
hatte, ging es um Mord und Sprengstoffdelikte. Ebenso überrascht
Ströbeles heutige Sicht im Lichte des Urteils des Oberlandesgerichts
Stuttgart in der Strafsache Croissant (Urteil vom 16. Februar 1979 –
XII KLs 97/76, Seite 351 f, Strafsache Croissant) – in ihr ging es auch
um die Rollen des Anwaltstrios: Croissant hätte, urteilten seine Richter, »im Gegensatz« zu Ströbele und Groenewold »beim Aufbau des
›Info‹-Systems keine führende Rolle gespielt«, weil diese »die Diskussion koordinierten und die Durchführung der von den ›RAF‹-Gefan-
genen geplanten Projekte besorgten«.

Seinerzeit befand sich die »info«-Zentrale in Groenewolds Kanzlei in
Hamburg-Eimsbüttel; Ströbele besuchte die RAF-Häftlinge in den
Haftanstalten bundesweit und transportierte Papiere. So heißt es in der
Begründung des Haftbefehls gegen ihn, den das Amtsgericht Ber-
lin-Tiergarten (Aktenzeichen: 352 Cs. 1079.75) am 22. Juni 1975 erließ:
»Wie den Besucherlisten zu entnehmen ist, besucht der Beschuldigte
laufend fast sämtliche Angehörige der Baader-Meinhof-Bande in den
Haftanstalten.«

Die Rolle Ströbeles im »info«-System der RAF-Häftlinge lässt sich
wohl am treffendsten so charakterisieren: Er war eine Art »Postbote«
der RAF-Häftlinge, sein Kollege Groenewold der »Postsortierer« in
der »info«-Zentrale in Hamburg.

138 Das Gesetz zur Ergänzung des Ersten Gesetzes zur Reform des Strafverfahrens trat am 1. Januar 1975 in Kraft (Bundesgesetzblatt I 3686
[3692]). Die Bundesanwaltschaft stellte den ersten Antrag für das Aus-
schlussverfahren beim Oberlandesgericht Stuttgart am 3. März 1975
(Oberlandesgericht Stuttgart, Beschluss vom 22. April 1975 – 1 ARs
25/75 – Croissant). Der Prozess begann am 21. Mai 1975.

In der Rückschau – aus dem Frühherbst 2016 – sind zwei Aspekte verblüffend. Erstens: Ströbele, der sich als »Obervolksaufklärer« der Nation im Bundestag in etlichen Untersuchungsausschüssen gab, wie im

Fall Snowden, und in unzähligen Fernsehauftritten, redet vernebelnd um seine eigene kriminelle Vergangenheit herum, wie geschildert. Hans-Christian Ströbele hat ein dunkles Geheimnis – denn Tatsache ist: Das Landgericht Berlin (a. a. O., Seite 161, zweiter Absatz) verurteilte ihn 1982 rechtskräftig, weil es feststellte, dass Ströbele als Rechtsanwalt in einem besonders schweren Fall die RAF unterstützte.

Zweitens ist im Lichte der Ströbele-Strafurteile bemerkenswert, dass Stefan Reinecke, ein *taz*-Autor, der über Ströbele 2016 eine 450-Seiten-Biografie veröffentlichte, kein einziges Wort aus diesen Entscheidungen zitiert. Vielmehr schreibt er – angeblich unter Bezugnahme auf die Entscheidung des Landgerichts Berlin 1981: »Ströbele habe indes nicht böswillig gehandelt.« Diese Formulierung sucht man vergebens, wenn man die 381 Seiten dieser Entscheidung vom 19. Januar 1981 liest. Ganz anderes steht dort. Beispielsweise, dass es sich bei Ströbeles Verhalten um einen »besonders schweren Fall« der Unterstützung einer kriminellen Vereinigung handle (Seite 365) – gewiss hätte die Kammer nicht so geurteilt, wenn sie tatsächlich der Auffassung gewesen wäre, Ströbele hätte »nicht böswillig gehandelt«. Ebenso heißt es in dem Urteil, Ströbele hätte »die kriminelle Vereinigung RAF gerade als Verteidiger« unterstützt, und zwar »unter Mißbrauch seiner Verteidigerrechte« (a. a. O., Seite 371). Fazit der Richter: Ohne Ströbeles Hilfe, wie auch der anderer Rechtsanwälte, »wäre die Konsolidierung und das Fortbestehen der RAF in der Haft überhaupt nicht möglich gewesen« (a. a. O., Seite 371). Und auch ein Jahr später, im »zweiten Durchgang«, urteilte 1982 das Landgericht Berlin ähnlich und erklärte, zur »Überzeugung der Strafkammer liege ein besonders schwerer Fall der Unterstützung einer kriminellen Vereinigung … vor«.

139 Beschluss vom 30. September 1975 – 2 StE 1/74: In seiner Begründung verweist der Senat auf Äußerungen der Verteidiger in den Medien, nach denen die Angeklagten »faktisch verhandlungsunfähig« wären und deshalb »täglich nur 90 Minuten lang« verhandelt werden könne. Würde man dem folgen, rechnet der Senat vor, würde er »allein zur Vernehmung der Zeugen – ohne alles andere – acht Jahre benötigen«. Und wann die Zeugenvernehmung beginnt, steht am 40. Verhandlungstag noch in den Sternen. Ihre Verhandlungsunfähigkeit hätten die Angeklagten auch verschuldet, erklärt der Senat, weil »die Hungerstreiks wenigstens mitursächlich für den heutigen Gesundheitszustand der Angeklagten« seien.

140 Beschluss vom 22. Oktober 1975 – 1 StE 1/74, Umdruck, Seite 9, 18 f:

Abschließend sagt das Gericht, auch unter rechtsstaatlichen Verhältnissen könne »es einem Angeklagten nicht erlaubt sein, sich gegen seine Aburteilung in einer Weise zur Wehr zu setzen, welche die Durchführung des Verfahrens praktisch verhindert. Das Rechtsbewusstsein der rechtstreuen Bürger, die täglich die Bestrafung Gestrauchelter wegen weit geringfügigerer Delikte erleben, als die den Beschwerdeführern zur Last gelegt werden, würde sonst unabsehbaren Schaden nehmen.«

141 Vor Beginn des Verfahrens hatten die Angeklagten beantragt, dass Prinzing die Bestellung der Pflichtverteidiger zurücknimmt, die er nicht auf ihren Vorschlag hin bestellt hatte. Das hatte er abgelehnt (Oberlandesgericht Stuttgart, Verfügung des Vorsitzenden Prinzing vom 3. Februar 1975 – 2 StE 1/74): Seine Entscheidung begründete er vor allem damit, dass in anderen Verfahren »hier tätige Verteidiger des Vertrauens in der Hauptverhandlung ferngeblieben« seien und dass angesichts des Befehlstones in »beschlagnahmtem Schriftwechsel« für das Stammheimer Verfahren die Besorgnis bestehe, dass »diese Verteidiger« nicht mehr »über die vom Gesetz vorausgesetzte Unabhängigkeit gegenüber ihren Mandanten« verfügten (a. a. O., Seite 3).

142 In die Verteidigerriege sollten nach Baaders Konzeption nur Verteidiger aufgenommen werden, die sich von vornherein dazu verpflichten, das zu tun, was die RAF-Häftlinge von ihnen verlangen. RAF-Anwalt darf nach Baaders Vorgabe nur werden, wer sich »auf unsere konzeption der verteidigung einlässt zu unseren bedingungen: blockverteidigung, die Linie nach der diskussion der gefangenen, redaktion des plädoyers durch die gefangenen« (Schreiben vom 15. April 1974 an Rechtsanwalt Croissant, beginnend mit »KAUL – muss man mal sehen …«: Baader antwortete auf den Vorschlag des Rechtsanwaltes Heinrich Hannover, dass der Ost-Berliner Strafverteidiger Friedrich Karl Kaul in Stammheim mitverteidigen soll).

Ihren Wahlverteidigern erklären die RAF-Häftlinge vor Beginn des Verfahrens zur »Prozessstrategie«, dass das, was sie im Einzelnen zu tun haben, ausschließlich von den Häftlingen festgelegt wird – ein »unabhängiges Organ der Rechtspflege« akzeptiert die RAF-Ideologie nicht. »wir bestimmen unser Verhältnis zu den anwälten nach den kriterien proletarischer bündnispolitik«, heißt es in den »grundsätzlichen bestimmungen zur prozessstrategie und zu den anwälten« der RAF-Häftlinge: »nach den kriterien – weil es bündnispolitik natürlich nicht mit den teilen des staatsapparates gibt und weil hinter den anwälten sozial oder politisch oder ideologisch nichts steht.« (»ein paar grundsätzliche bestimmungen zur prozessstrategie und zu den anwälten, abgedruckt in: texte: der raf, Seite 546 ff.)

143 Ausgesprochen skeptisch äußerte sich Manfred Künzel, einer der »Zwangsverteidiger«, über seine Rolle in dem Verfahren – Jahre nach dessen Abschluss: Verteidigung sei »nicht möglich«, erklärte er, wenn es wie in Stammheim zu keinem Gespräch zwischen Angeklagten und Verteidiger komme, wenn kein »Konzept der Verteidigung« existiere. Sein Fazit: »Verteidigung außerhalb des Vertrauens des Angeklagten kann keine Verteidigung sein.«

Das Stammheimer Verfahren zeigte, wie strategisch heikel die Aufgabe eines »Zwangsverteidigers« ist, weil seine Funktion nicht zur Rolle des Strafverteidigers passt. Der Verteidiger besitzt im Strafverfahren eine Doppelrolle: Einerseits ist er »unabhängiges Organ der Rechtspflege«; andererseits Beistand des Beschuldigten, dessen Interessenvertreter. Der Zwangsverteidiger aber hat die Funktion, so der Bundesgerichtshof in ständiger Rechtsprechung (seit: Urteil vom 24. Januar 1961 – 1 StR 132/60, veröffentlicht in: Neue Juristische Wochenschrift 1960, Seite 740 [741]), »den reibungslosen Fortgang der Verhandlung zu sichern«. Dies tut er dadurch, dass er bei Verfahren, in denen die durchgängige Anwesenheit eines Verteidigers in der Hauptverhandlung vorgeschrieben ist, anwesend zu sein hat, auch wenn Wahlverteidiger der Verhandlung fernbleiben – fehlt der »Pflichtl«, besteht ein absoluter Revisionsgrund (§ 338 Nr. 5 Strafprozessordnung). Daraus erwächst oftmals ein kaum zu überbrückender Widerspruch, so auch in dem Stammheim-Verfahren: Wie soll der Verteidiger als Interessenvertreter für den Angeklagten tätig werden, wenn der erklärt, sein Interesse sei es, dass der Verteidiger gerade nichts für ihn tut? Für Rechtsanwalt Künzel ist das eine »peinliche Situation«, sagt er rückblickend. Ensslin lehnt ihn ab, spricht nicht mit ihm. Er kommt sich vor »als Ratte für sie, Verteidiger ohne Vertrauen«.

144 Oberlandesgerichts Stuttgart, 2 ARs 17/74 (Datum unleserlich), Schreiben des Vorsitzenden Prinzing an Rechtsanwalt von Plottnitz: »Ihre Beschwerde gegen die Verfügung vom 29.7.1974 betr. Pflichtverteidigerbestellung«, Seite 3.

145 Müller hatte in seiner Zeugenvernehmung am 13. Juli 1976 in Stammheim erklärt, als Transporteur des Ensslin-Kassibers sei »stillschweigend immer von Schily ausgegangen« worden, sein Name aber »explizit nie gefallen«.

146 Es handelt sich um die Seiten 46, 95, 180 aus dem 217-Seiten-BKA-Pro-

tokoll der Müller-Vernehmung. Danach übergab der »kleine Dicke« in Hamburg Meinhof das Papier, das er »aus Berlin mitgebracht hatte«, und zwar mit der Bemerkung, dass er es »von einem Berliner Anwalt ausgehändigt« bekommen hätte. Dessen Namen hätte er nicht genannt, aber für ihn, Müller, sei klar gewesen, »dass es sich nur um den RA SCHILY handeln konnte«. Mit »kleinem Dicken« war Wilfried Böse gemeint, Mitbegründer der Revolutionären Zellen. 1976 wurde er bei einer Flugzeugentführung in Entebbe von einer israelischen Sondereinheit erschossen.

147 Neben den drei Staatsgewalten – Gesetzgebung, Verwaltung und Gerichtsbarkeit – spielen im Grundgesetz die Medien eine besondere Rolle: Nach ständiger Rechtsprechung des Bundesverfassungsgericht (Beschluss vom 1. Oktober 1987 – 2 BvR 1434/86 m. w. Nachw., abgedruckt in: Neue Juristische Wochenschrift, 1988, 329 [930]) sind die Medienfreiheit wie auch die Informationsfreiheit »schlechthin konstituierend für die freiheitliche Grundordnung«. Einfach ausgedrückt: Nur ein Bürger, der sich über alle Themen informieren kann, die er für wichtig hält, kann mitreden und von seiner Freiheit Gebrauch machen.

148 Innenministerium Baden-Württemberg, Pressemitteilung 61/1977 vom 17. März 1977.

149 § 34 Strafgesetzbuch: »Wer in einer gegenwärtigen, nicht anders abwendbaren Gefahr für Leben, Leib, Freiheit, Ehre, Eigentum oder ein anderes Rechtsgut eine Tat begeht, um die Gefahr von sich oder einem anderen abzuwenden, handelt nicht rechtswidrig, wenn bei Abwägung der widerstreitenden Interessen, namentlich der betroffenen Rechtsgüter und des Grades der ihnen drohenden Gefahren, das geschützte Interesse das beeinträchtigte wesentlich überwiegt. Dies gilt jedoch nur, soweit die Tat ein angemessenes Mittel ist, die Gefahr abzuwenden.«

150 § 148 Absatz 1 Strafprozessordnung: »Dem Beschuldigten ist, auch wenn er sich nicht auf freiem Fuß befindet, schriftlicher und mündlicher Verkehr mit dem Verteidiger gestattet.«

151 Justizministerium Baden-Württemberg, Az. 410 D – 120/73.

152 37/2007, Seite 52 (62).

153 Auf diesen begrifflichen Unterschied weist ausdrücklich Till Meyer (Staatsfeind, Seite 71) hin, Mitglied der »Bewegung 2. Juni«: »›Terroristen‹ nannte man uns, wir aber verstanden uns als Vorkämpfer für eine neue, bessere, eine gerechtere Gesellschaftsordnung.« Eine Ausnahme von dieser terminologischen Differenzierung machte lediglich Horst Mahler, Gründungsmitglied der ersten RAF-Generation, 1971 in der

zweiten RAF-Kampfschrift »Über den bewaffneten Kampf in Westeuropa« (abgedruckt in: Rote Armee Fraktion, Texte und Materialien zur Geschichte der RAF, Seite 49 [83]). Affirmativ schreibt er vom »revolutionären Terror«, der sich »ausschließlich gegen Exponenten des Ausbeutersystems und gegen Funktionäre des Unterdrückungsapparates« und einige andere richte. Instruktiv: Kraushaar, Zur Topologie des RAF-Terrorismus, in: Kraushaar, Die RAF und der linke Terrorismus, Seite 13 (22, Fußnote 45).

154 Beispielsweise in der Erklärung des »RAF-Kommandos Holger Meins« vom 24. April 1975, abgedruckt in: Rote Armee Fraktion, Texte und Materialien zur Geschichte der RAF, Seite 193 (195, 196).

155 Statt vieler: Fischer, Strafgesetzbuch, § 1, Randnummer 30 mwN.

156 Zum Beispiel Bundesgerichtshof, Beschluss vom 20. Mai 1975 – StB 13/75 (Begründetheit des Verteidigerausschlusses); Beschluss vom 20. Oktober 1975 – 1 StE 1/74, StB 18/75 (Verteidigerausschluss gilt auch für Mitangeklagte); Beschluss vom 22. Oktober 1975 – 1 StE 1/74, StB 60-63/75 Verhandlungsfähigkeit). Siehe auch: Oberlandesgericht Stuttgart, Beschluss vom 20. April 1975 – 1 ARs 25/75 (Ausschluss Croissant).

157 Kassiber, beginnend »sprengstoffbunker in steinbrüchen…«, Seite 5, sichergestellt am 4. Februar 1974 in einer konspirativen RAF-Wohnung in Frankfurt/Main, Eleonore-Sterling-Straße 56.

158 Kassiber, beginnend »eure sache…«, Seite 1f, sichergestellt am 4. Februar 1974 in einer konspirativen RAF-Wohnung in Frankfurt/Main, Eleonore-Sterling-Straße 56.

159 Kassiber, beginnend »eure sache…«, Seite 1, sichergestellt am 4. Februar 1974 in einer konspirativen RAF-Wohnung in Frankfurt/Main, Eleonore-Sterling-Straße 56.

160 Kassiber, beginnend »hör ma…«, Seite 1, 5, sichergestellt am 4. Februar 1974 in einer konspirativen RAF-Wohnung in Frankfurt/Main, Eleonore-Sterling-Straße 56.

161 Landgericht Hamburg, Urteil vom 28. September 1976 – (38) 42/75, Seite 28 (Strafsache gegen Eckes, Pohl, Stachowiak, Becker, Blenck, Allnach, Beer, Schiller).

162 Kassiber, beginnend »eure sache…«, Seite 5, sichergestellt am 4. Februar 1974 in einer konspirativen RAF-Wohnung in Frankfurt/Main, Eleonore-Sterling-Straße 56.

163 Die acht Mitglieder dieser Formation (in Amsterdam wurde Ekkehard Blenck ebenfalls am 4. Februar 1974 festgenommen) verurteilte das

Landgericht Hamburg am 28. September 1976 ([38] 42/75) wegen Beteiligung an einer kriminellen Vereinigung und einigen anderen Straftaten zu Freiheitsstrafen zwischen zwei und sieben Jahren.

164 Kassiber von Manfred Grashof vom 4. November 1974, beginnend »wie s aussieht ...«

165 Oberlandesgericht Düsseldorf, Urteil vom 20. Juli 1977 – VI – 15/75, Seite 4 (Strafsache gegen Taufer, Dellwo, Rößner und Krabbe).

166 **Horst Mahler** (Jahrgang 1936), Verteidiger von Gudrun Ensslin im »Kaufhausbrandstifterprozess« 1970 vor dem Landgericht Frankfurt, hatte das Landgericht Berlin am 29. November 1974 ([500] 2 P KS 1/71 [2/73], Seite 3) zu einer Freiheitsstrafe von 14 Jahren verurteilt wegen Beihilfe zum versuchten Mord, Gefangenenbefreiung, schweren Raubes und Gründung einer kriminellen Vereinigung.

Siegfried Haag (Jahrgang 1945), Ex-Vertrauensanwalt von Andreas Baader und anderen RAF-Mitgliedern, war seinerzeit, im Juli 1976, auf der Flucht. Am 19. Dezember 1979 verurteilte ihn das Oberlandesgericht Stuttgart (5 – 1 StE 3/77, Seite 4) zu 15 Jahren Freiheitsstrafe wegen »fortgesetzter Beihilfe zum Mord« in zwei Fällen.

Jörg Lang (Jahrgang 1940), früherer Vertrauensanwalt von Andreas Baader und Sozius von Klaus Croissant, war im September 1974 spurlos verschwunden, kurz vor Beginn der Hauptverhandlung in einem Strafprozess gegen ihn wegen des Vorwurfes der Unterstützung einer kriminellen Vereinigung. In einer Presseerklärung teilte er mit, dass er an diesem Prozess »nicht teilnehmen« werde; er forderte »FREIHEIT FÜR DIE RAF«. Nach Ablauf der Verjährungsfrist kehrte er im Juni 1982 nach Deutschland zurück.

Eberhard Becker (Jahrgang 1938) – Mitglied der »Gruppe 4.2.« – verurteilte das Landgericht Hamburg ([38] 42/75, Seite 4) zu vier Jahren und sechs Monaten Freiheitsstrafe wegen Beteiligung an einer kriminellen Vereinigung, des unerlaubten Erwerbs von Kriegswaffen, unerlaubtem Waffenbesitz, Vorbereitung eines Sprengstoffverbrechens und Urkundenfälschung.

Davon abgesehen, verurteilten Strafgericht fünf Rechtsanwälte von RAF-Mitgliedern – unter ihnen drei ehemalige Vertrauensanwälte von Andreas Baader – wegen »Unterstützung einer kriminellen Vereinigung«:

Klaus Croissant (Jahrgang 1931, gestorben 2002) zu einer Freiheitsstrafe von zwei Jahren und sechs Monaten und vier Jahren Berufsverbot als Rechtsanwalt (Landgericht Stuttgart, Urteil vom 16. Februar 1979 – XII KLs 97/76).

Kurt Groenewold (Jahrgang 1937) zu einer Freiheitsstrafe von zwei Jahren zur Bewährung (Oberlandesgericht Hamburg, Urteil vom 10. Juli 1978 – 1 StE 2/76).

Hans-Christian Ströbele (Jahrgang 1939) zu zehn Monaten Freiheitsstrafe auf Bewährung (Landgericht Berlin, Urteil vom 9. Juli 1982 – [510] 2 P KLs 5/77 ([851/82]). Oben, Fußnote 137.

Außerdem verurteilt das Landgericht Stuttgart (Urteil vom 31. Januar 1980 – 2 – 1 StE 5 – 6/78, Seite 1a):

Arndt Müller (Jahrgang 1942) und Armin Newerla (Jahrgang 1946, gestorben 2015) wegen Unterstützung einer terroristischen Vereinigung, Müller zu einer Freiheitsstrafe von vier Jahren und acht Monaten und Newerla zu einer Freiheitsstrafe von drei Jahren und sechs Monaten. Gegen beide verhängte das Gericht ein Berufsverbot als Rechtsanwalt von fünf Jahren.

167 Urteil vom 30. August 1974 – 1 P KLs 11/73 (13/73), Seite 2.

168 Nach Angaben von Peter-Jürgen Boock wurden Kommandoerklärungen zu Anschlägen der RAF grundsätzlich von Mohnhaupt und Sieglinde Hofmann entworfen, »wobei diese die Vorgaben der ›Stammheimer‹ über bestimmte Inhalte der Kommandoerklärungen beachtet hätten« (Oberlandesgericht Stuttgart, Urteil vom 6. Juli 2012 – 6 – 2 StE 2/10, Seite 244 – Strafsache gegen Becker).

Sommer. Dritter Abschnitt und vierter Abschnitt

1 »Tupas« = Tupamaros. Eine Guerillabewegung in Uruguay, aktiv in den 60er- und 70er-Jahren. Oben, Fußnote 24.

2 Ulrike Meinhof, Zellenzirkular, beginnend mit »deinem ding entnehme ich ...«, beschlagnahmt am 16. Juli 1973 bei mehreren RAF-Häftlingen; abgedruckt in: Pieter Bakker Schut, das info, Seite 19 (22).

3 Ulrike Meinhof, Zellenzirkular, beginnend mit »deinem ding entnehme ich ...«, beschlagnahmt am 16. Juli 1973 bei mehreren RAF-Häftlingen; abgedruckt in: Pieter Bakker Schut, das info, Seite 19 (22).

4 Maschinenschriftliche Aufzeichnung von Gudrun Ensslin, beschlagnahmt vom Bundeskriminalamt am 16. Juli 1973.

5 Siehe oben, 32. Kapitel.

6 Zitiert nach Julia Albrecht, in: Albrecht/Ponto, Seite 88f: Die zitierten Passagen stammen aus einem Brief von Hans-Christian Albrecht aus seinem Nachlass, den er nicht abschickte. Das Schreiben ist undatiert,

berichtet seine Tochter Julia Albrecht (a. a. O.); nachträglich hätte er mit einem anderen Stift vermerkt: »wann? '76?« Der Inhalt des Schreibens bezieht sich offensichtlich auf die RAF-Morde in der deutschen Botschaft in Stockholm im April 1975, an denen Susanne Albrechts Bekannte Karl-Heinz Dellwo und Bernhard Rößner beteiligt waren. Angesichts dessen könnte das Schreiben auch aus dem Jahr 1975 stammen.

7   In den 80er-Jahren waren die Gerichte davon ausgegangen, dass sich durch die Gegenwehr Pontos ein Schuss aus Klars Waffe gelöst hätte (Oberlandesgericht Stuttgart, Urteil vom 7. Mai 1984 – 2 – 1 StE 5/81, Seite 54 [Strafsache gegen Boock]; Oberlandesgericht Düsseldorf, Urteil vom 13. März 1985 – V 5/83, Seite 86 [Strafsache gegen Wagner und Schulz]; Oberlandesgericht Stuttgart, Urteil vom 2. April 1985 – 5 – 1 StE 1/83, Seite 63 [Strafsache gegen Mohnhaupt und Klar]). Hingegen stellte 1991 das Oberlandesgericht Stuttgart in dem Strafverfahren gegen Susanne Albrecht (Urteil vom 3. Juni 1991 – 5 – 2 StE 4/90, Seite 19, 37) fest, ausgehend von ihren Angaben, dass Ponto, als er der Bedrohung gewahr wurde, den Arm Klars packte und nach oben wegdrückte: »Dabei gab Klar einen Schuss ab.« Die Darstellung folgt den Sachverhaltsfeststellungen des Oberlandesgerichts Stuttgarts 1991.

8   Nach anderer Ansicht (Winkler, Seite 305) war der Geschehensablauf ein anderer: »Die Entführer warteten, bis Ponto ein Telefonat beendet hat, dann bedrängen sie ihn. Er wehrt sich, Brigitte Mohnhaupt schießt auf ihn, auch Klar gibt einen Schuss ab. Mit klaffenden Wunden liegt Ponto am Boden, und so findet ihn seine Frau, als sie von der Terrasse hereinkommt.« Gegen diese Sachverhaltsdarstellung sprechen die Feststellungen in vier Gerichtsentscheidungen, die sich mit dem Sachverhalt befassen (Oberlandesgericht Stuttgart, Urteil vom 3. Juni 1991 – 5 – 2 StE 4/90, Seite 19 ff [Strafsache gegen Albrecht]; Urteil vom 2. April 1985 – 5 – 1 StE 1/83, Seite 61 ff [Strafsache gegen Mohnhaupt und Klar]; Urteil vom 7. Mai 1984 – 2 – 1 StE 5/81, Seite 53 ff, 211 ff [Strafsache gegen Boock]; Oberlandesgericht Düsseldorf, Urteil vom 13. März 1985 – V 5/83, Seite 84 ff [Strafsache gegen Wagner und Schulz]) und auch der Bericht der Augenzeugin Ignes Ponto (Sie kamen mit Rosen in der Hand…, Seite 34 f).

9   Nach anderer Ansicht (Winkler, Seite 302) war »Autorin dieser Grundsatzerklärung … die Hamburger Bürgertochter Susanne Albrecht«. Gegen diese Ansicht spricht nicht nur die Schilderung Albrechts, sondern vor allem auch der Umstand, dass alle Selbstbezichtigungsschreiben der RAF im Jahr 1977 unter der Federführung von Mohnhaupt

entstanden und die Diktion der typische Mohnhaupt-Stil ist. Zudem erscheint es als ausgeschlossen, dass die RAF das Abfassen der Erklärung der RAF-Neueinsteigerin überließ. Ebenso wenig überzeugt die Ansicht, bei diesem Selbstbezichtigungsschreiben handle es sich um eine »Grundsatzerklärung« der RAF: Das 14-Zeilen-Schreiben ist mit Abstand das kürzeste Selbstbezichtigungsschreiben der RAF im Jahr 1977. Grundsätze erklärt es nicht.

10 Corinna Pontos Bruder Stefan nennt das Werk »ein unerträgliches Buch« und fragt, was sein Vater »davon gehalten« hätte: »Davon, dass seine Tochter mit der Schwester seiner Attentäterin ein Buch schreibt, in dem die Tat verharmlost wird?«

11 Urteil vom 9. Januar 2009 – 28 O 765/08, veröffentlicht in: Zeitschrift für Urheber- und Medienrecht (ZUM) 2009, 324. Alle Zitate stammen aus dieser Entscheidung.

12 Beschluss vom 15. Oktober 2008 – 7 W 123/08 (Vorinstanz: Landgericht Hamburg, Beschluss vom 1. Oktober 2008 – 324 O 805/08). Die Begründung des Senats zusammengefasst – es ging, wie gesagt, um die Bewilligung von Prozesskostenhilfe, die voraussetzt, dass »die beabsichtigte Rechtsverfolgung ... hinreichende Aussicht auf Erfolg bietet« (§ 114 Zivilprozessordnung): Bei der »nicht bestrittene(n) – Tatsache, dass die Antragstellerin *(= Brigitte Mohnhaupt)* mit Boock Geschlechtsverkehr hatte«, handle es sich »um eine Information aus dem Bereich der Privatsphäre der Antragstellerin, die diese angesichts des hohen Informationsinteresses der Öffentlichkeit an den internen Strukturen der RAF hinnehmen« müsse. Diese Darstellung enthalte »keine weitergehenden Eröffnungen über das Intimleben der Antragstellerin«. Auch wenn »von Seiten der Filmproduktion die hohe Authentizität des Films hervorgehoben« werde, sei es »für den Rezipienten offensichtlich, dass dies nicht für die Einzelheiten des Ablaufs der beanstandeten Szene gilt und dass der Geschlechtsverkehr nicht im Detail realitätsgetreu nachgestellt wurde«. Deshalb enthalte die »filmische Sichtbarmachung der Information, dass die Antragstellerin mit Boock geschlechtlich verkehrt« habe, »keine zusätzliche Beeinträchtigung der Antragstellerin, die ihre Intimsphäre berühren könnte«. Gleiches gelte für den Kurzdialog über die »fast fünf Jahre«.

13 Oberlandesgericht Stuttgart, Urteil vom 2. April 1985 – 5 – 1 StE 1/83, Seite 555 (Strafsache gegen Mohnhaupt und Klar).

14 Oberlandesgericht Stuttgart, Urteil vom 7. Mai 1984 – 2 – 1 StE 5/81, Seite 506 ff in Verbindung mit Oberlandesgericht Stuttgart, Urteil vom

28. November 1986 – 5 (2) – 1 StE 5/81, Seite 3 f (Strafsache gegen Boock).

15 Oberlandesgericht Stuttgart, Urteil vom 3. Juni 1991 – 5 – 2 StE 4/90, Seite 49f, 68f (Strafsache gegen Albrecht).

16 Das Oberlandesgericht hatte auch Adelheid Schulz 1985 verurteilt. 1986 stellte der Bundesgerichtshof (3StR 551/86) das Verfahren gegen Schulz in diesem Punkt ein.

17 Oberlandesgericht Frankfurt, Urteil vom 16. Juni 1982 – 1 StE 1/81, Seite 3: Die Entscheidung beruht auf Vorgaben der französischen Regierung für die Auslieferung Hofmanns. 1980 war sie in Paris verhaftet worden.

18 Aus Sicherheitsgründen wurde das Haus 1980 abgerissen.

19 Durch den Überfall erleidet der 68-jährige Theodor Sand einen Schock und ist dermaßen traumatisiert, dass er sechs Monate nicht arbeiten kann (Der Generalbundesanwalt, Anklageschrift gegen Mohnhaupt und Klar vom 14. März 1983 – 1 BJs 86/80-5, Seite 165).

20 Schreiben Baaders vom 20. Mai 1975 im »info«: »der schlüssel ist krieg, andreas zur linie für die prozesserklärung in sthm, 20.5.75«, abgedruckt in: Pieter Bakker Shut, das info, Seite 214 (216).

21 Urteil vom 2. April 1985 – 5 – 1 StE 1/83, Seite 77 (Strafsache gegen Mohnhaupt und Klar).

22 Urteil vom 2. April 1985 – 5 – 1 StE 1/83, Seite 81 (Strafsache gegen Mohnhaupt und Klar).

23 Oberlandesgericht Stuttgart, Urteil vom 28. November 1986 – 5 (2) – 1 StE 5/81, Seite 12 (Strafsache gegen Boock).

24 Oberlandesgericht Stuttgart, Urteil vom 28. November 1986 – 5 (2) – 1 StE 5/81, Seite 15 (Strafsache gegen Boock).

25 Urteil vom 31. Oktober 1968 – 4 KLs 1/68 (Strafsache gegen Baader, Ensslin, Proll und Söhnlein): Das Gericht verurteilte Baader, Ensslin und die beiden anderen Angeklagten wegen »versuchter menschengefährdender Brandstiftung« »jeweils zu drei Jahren Zuchthaus«.

26 Oberlandesgericht Stuttgart, Urteil vom 28. November 1986 – 5 (2) – 1 StE 5/81, Seite 15 (Strafsache gegen Boock).

27 Die Revolutionären Zellen waren eigenständige Kleingruppen (»Zellen«), die keine zusammenhängende Struktur aufwiesen und aus der Legalität heraus Anschläge verübten: mindestens 168 zwischen 1973 und 1995. Ihr ideengeschichtlicher Ursprung waren die Diskussionen in der Linken nach der Verhaftung der ersten RAF-Generation im Sommer 1972. Im Mittelpunkt stand die Frage, ob für die Fortsetzung des »bewaffneten revolutionären Kampfes« eine Organisation im Untergrund und

Bombenanschläge wie die der RAF im Mai 1972 zweckmäßig seien. Ebenso diskutiert wurde, ob hinzunehmen sei, dass durch Anschläge Unbeteiligte gefährdet und verletzt werden. In bewusster Abkehr vom RAF-Konzept entstanden eine Reihe kleiner RZ-Gruppen von drei bis fünf Personen. Die Akteure lebten in der Legalität und verübten Brand- und Sprengstoffanschläge, die zu Sachschäden führen. Der erste Anschlag erfolgte im November 1973 gegen den US-Konzern ITT in Berlin, als Protest gegen die »Beteiligung« des Unternehmens am Putsch in Chile. Bei ihren Anschlägen griffen die Revolutionären Zellen Themen auf, die in der Linken populär waren, wie die Kritik am Putsch in Chile (1973–1974) und den Protest gegen den Paragrafen 218 Strafgesetzbuch (1975–1977).

Die »Feierabendterroristen« sahen ihren strategischen Vorteil gegenüber der RAF gerade darin, aus der »Legalität« heraus Anschläge zu verüben. Ihr Schlagwort: »Die Illegalität ist Beschränkung« – nicht zuletzt auch wegen »des permanenten Drucks der Illegalität«.

Im Gegensatz zur Roten Armee Fraktion lehnten die Revolutionären Zellen Mord als Mittel des »bewaffneten Kampfes« ab. Ebenfalls in erklärter Unterscheidung zur RAF war Ziel des RZ-Konzepts, »machbare Aktionen« durchzuführen, »die vermassbar sind«, erklärte 1982 RZ-Vordenker Enno Schwall – 1977 war er verhaftet und wegen eines Brandbombenanschlags zu sechs Jahren Gefängnis verurteilt worden: »Das, was die RZ als Gruppe macht, sollte jeder machen können.« Bei ihren Anschlägen setzten sie auf Nachahmer (»Resonanz-RZ«). Deshalb forderten sie in ihren Selbstbezichtigungen häufig: »Schafft viele Revolutionäre Zellen.«

Eine Zusammenarbeit von RAF und RZ stellte das Bundeskriminalamt nicht fest, allerdings gab es Kontakte zwischen einzelnen Mitgliedern der Gruppen. Zum letzten Mal in Erscheinung traten die Revolutionären Zellen 1993 mit einem Anschlag auf die Stromversorgung des Bundesgrenzschutzes in Frankfurt/Oder; die eigenständige Frauenformation »Rote Zora« verübte in Lemwerder/Wesermarsch 1995 ihren letzten Anschlag.

28 Urteil vom 7. Mai 1984 – 2 – 1 StE 5/81, Seite 13 (Strafsache gegen Boock).
29 Oberlandesgericht Stuttgart, Urteil vom 2. April 1985 – 5 – 1 StE 1/83, Seite 265 (Strafsache gegen Mohnhaupt und Klar).
30 Erklärung zum Hungerstreikabbruch, Jan-Carl Raspe für die Gefangenen der RAF, 2.9.1977 (abgedruckt in: Rote Armee Fraktion, Texte und Materialien zur Geschichte der RAF, Seite 269 f). Außerdem erklärt

Raspe, »nach den Anschlägen gegen die Bundesanwaltschaft und Ponto« hätte sich in den »Behörden von oben nach unten die Linie durchgesetzt«, »an den Gefangenen ein Exempel zu statuieren«. Daraufhin hätten die Häftlinge, »um das Mordkalkül nicht zu erleichtern – am 26. Tag ihren Streik unterbrochen«. Das klingt wunderbar pathetisch – die RAF-Häftlinge im Kampf für die Menschenrechte in der »BRD«. Ebenso könnte man den Kausalablauf so beschreiben: Am 1. September 1977 sagte Rechtsanwalt Newerla Ensslin in der JVA Stammheim, dass nun endlich die Geiselnahme bevorstehe, mit der sie und andere RAF-Häftlinge freigepresst werden sollen. Beratschlagung in der siebten Etage. Alle wollen bei Kräften sein, wenn sie ausgeflogen werden – nicht anders als die durch die Lorenz-Entführung Freigepressten. Deshalb beenden die RAF-Häftlinge ihren Hungerstreik umgehend am 2. September 1977.

31   Rote Armee Fraktion, Texte und Materialien zur Geschichte der RAF, Seite 267, 269, 270 ff.

32   RAF, Über den bewaffneten Kampf in Westeuropa, Mai 1971 (zweite Kampfschrift), abgedruckt in: Rote Armee Fraktion, Texte und Materialien zur Geschichte der RAF, Seite 49 (100).

33   Siehe oben, 48. Kapitel.

34   Urteil vom 7. Mai 1984 – 2 – 1 StE 5/81, Seite 256 ff (Strafsache gegen Boock): Das Gericht begründete seine Auffassung unter anderem damit, dass Boock auch nach diesem Anschlag noch über Jahre bei der RAF geblieben sei, entgegen seiner Erklärung »sich Frauen in diesen Räumen seinerzeit nicht aufhielten« und er im August 1977 gegenüber Volker Speitel gesagt habe: »Es ist Scheiße, dass die Kiste in Karlsruhe nicht geklappt hat.«

35   Vgl. Oberlandesgericht Stuttgart, Urteil vom 2. April 1985 – 5 – 1 StE 1/83, Seite 247 (Strafsache gegen Mohnhaupt und Klar); Urteil vom 7. Mai 1984 – 2 – 1 StE 5/81, Seite 85 (Strafsache gegen Boock).

36   Vgl. Oberlandesgericht Stuttgart, Urteil vom 2. April 1985 – 5 – 1 StE 1/83, Seite 261 (Strafsache gegen Mohnhaupt und Klar). Schenk (Seite 258) meint, dass es sich bei dem »Ehepaar« um »mutmaßlich Christian Klar und Brigitte Mohnhaupt« handle. Das Oberlandesgericht Stuttgart (Urteil vom 2. April 1985 – 5 – 1 StE 1/83, Seite 80, 262, 266 – Strafsache gegen Mohnhaupt und Klar) stellte eine derartige Täterschaft nicht fest. Bei Mohnhaupt sah es das Gericht als erwiesen an, dass sie in der Wohnung war, nicht aber als »Frau Ellwanger«. Überführt wurde sie nach Ansicht des Gerichts vor allem durch einen zusammengeknüll-

ten Papierfetzen, auf den die Ziffernfolge »694417« gekritzelt war: aus-
gerissen aus einem »Tagesumlegekalender« bei den Sands neben dem
Telefon im Flur. Auf dem darunterliegenden Kalenderblatt – 26. August 1977 – waren die Ziffern durchgedruckt. Und dieses zusammenge-
knüllte Papier fanden Ermittler in dem Flucht-Passat, den die Täter am
Hauptbahnhof in Karlsruhe zurückgelassen hatten. Da in Anbetracht
der Handschrift und sonstiger Umstände nach Ansicht der Richter (a.
a. O., Seite 262 f) als Schrifturheber »allein die Angeklagte Mohnhaupt
in Betracht« kam, gehöre sie »neben Boock zu den Tätern, die sich in
der Wohnung Sand aufhielten«.

Von Christian Klar wurden Fingerabdrücke auf einem Klebebandstrei-
fen des Packpapiers gefunden, mit dem die Stalinorgel in die Wohnung
transportiert worden war. Daraus ergebe sich nicht, so das Urteil, »dass
Klar in der Wohnung der Eheleute Sand war«. Aber bewiesen sei dadurch, »dass er in unmittelbarem Zusammenhang des Karlsruher Tatgeschehens mit dem Flächenschussgerät befasst war«.

37 Entscheidungen des zweiten und fünften Senats des Oberlandesgerichts Stuttgart: Urteil vom 7. Mai 1984 – 2 – 1 StE 5/81, Seite 75 (Strafsache gegen Boock); Urteil vom 2. April 1985 – 5 – 1 StE 1/83, Seite 76 f
(Strafsache gegen Mohnhaupt und Klar). Boock hingegen erklärte in
einer Beschuldigtenvernehmung fünfzehn Jahre nach der Tat, dass drei
Personen zu dem Kommando gehört hätten (Der Generalbundesanwalt beim Bundesgerichtshof, 1 BJs 182/83, Beschuldigtenvernehmung
Boock vom 3. April 1992, Seite 7 f).

38 Urteil vom 2. April 1985 – 5 – 1 StE 1/83, Seite 77 (Strafsache gegen
Mohnhaupt und Klar). Der fünfte Senat ließ die Frage offen (sie war für
das Verfahren nicht entscheidungserheblich). Urteil vom 7. Mai 1984 –
2 – 1 StE 5/81, Seite 75 (Strafsache gegen Boock).

39 Siehe oben, 24. Kapitel.

40 Bundesgerichtshof, Beschluss vom 7. August 2008 – StB 9 bis 11/08.

41 Wegen dieses Vorwurfs wurde das Verfahren gegen Susanne Albrecht
eingestellt: Oberlandesgericht Stuttgart, Urteil vom 3. Juni 1991 – 5 – 2
StE 4/90, Seite 44 f.

42 In der Gesamtschau, vor allem im Lichte der Kassiber und der Feststellungen zu den Vorbereitungen für den Bau der Stalinorgel, die spätestens Anfang Juni begannen, spricht viel dafür, dass die Anlage zunächst
erst einmal konstruiert wurde und die Illegalen erst später, frühestens in
der zweiten Augustwoche, über den Einsatz für einen Anschlag auf die
Bundesanwaltschaft entschieden.

Herbst. Fünfter Abschnitt

1   Aufzurufen unter: https://www.youtube.com/watch?v=WHMhgm-
    3JTaY (letzter Aufruf: 27. Juni 2016).

2   Oben, 9. Kapitel.

3   Oben, 13. Kapitel.

4   Rückblickend erklärte der Stuttgarter Ministerialdirigent Alfred Stüm-
    per, später Landespolizeipräsident, zum Schleyer-Anschlag (Schenk,
    Seite 271): »Es hagelte massive Vorwürfe, dass der Personenschutz
    nicht professionell gemacht worden war.« Da sei »auch ein bisschen
    was dran« gewesen: »Wir haben uns halt darauf verlassen, dass Schleyer
    ein cleverer Mann ist, und der hat sich vielleicht auf den Personen-
    schutz verlassen.« Aber der konnte ihm nicht helfen, weil beide Fahr-
    zeuge überhaupt nicht gegen Beschuss gesichert waren.

5   Stuberger (Seite 18, 270, Fußnote 17) meint, durch die Einrichtung des
    »großen« und »kleinen Krisenstabes« sei offenkundig ein »Verfassungs-
    bruch« erfolgt, weil das Grundgesetz die zur Entscheidung befugten
    Gremien verbindlich vorschriebe und danach keiner der beiden Stäbe
    hätte »als Entscheidungsgremium existieren« dürfen. Schmidt hingegen
    erklärte in der Rückschau, die »Große Lage« (= »großer Krisenstab«)
    hätte »gar keinen« Verfassungsrang besessen: Sie hätte »nur den Rahmen
    des gesunden Menschenverstandes« gehabt. Zutreffend meint Breloer
    (Seite 71), dass sich die »große Koalition ... hier informell für einen kur-
    zen Zeitraum installiert hatte«. Entgegen der Ansicht von Stuberger be-
    stehen verfassungsrechtlich keine durchgreifenden Bedenken gegen die
    beiden »Lagen«: Auch durch diese Gremien blieben Bundeskanzler und
    Bundeskabinett für ihre Entscheidungen verantwortlich. Das Grundge-
    setz (Artikel 62 ff) gibt nicht vor, von wem sie sich wie beraten lassen.

6   Oberlandesgericht Düsseldorf, Urteil vom 16. März 1987 – IV – 11/86,
    Seite 32 (Strafsache gegen Wagner).

7   Oben, 13. Kapitel.

8   Überraschend ist, dass diese ganzen Anordnungen offensichtlich nur
    per Zuruf erfolgten: Es gab weder »schriftliche Hausverfügungen«
    noch »Aktenvermerke« – einfach überhaupt kein »schriftliches Materi-
    al« zu den Vorgängen, stellte zwei Monate später Ministerialrat Keil im
    Justizministerium Baden-Württemberg fest (Az. 410 E – 364/77,
    Schreiben vom 9. November 1977, »Untersuchungsausschuss des
    Landtags ›Vorfälle in der Vollzugsanstalt Stuttgart-Stammheim‹; hier:
    Dokumentation zur Kontaktsperre«, Seite 2–4). Die »Dokumentation«

seines Ministeriums bezeichnete Keil in einem Aktenvermerk (a. a. O., Seite 2) als »äußerst ›dünn‹.« Seine Stellungnahme legt die Vermutung nahe, dass der oberste Grundsatz der Aktenführung, die Aktenvollständigkeit, im Stuttgarter Justizministerium nicht ernst genommen wurde: Nach dieser »Akten-Regel Nummer 1« sind alle wesentlichen Vorgänge eines Komplexes zu dokumentieren (Kopp/Ramsauer, Verwaltungsverfahrensgesetz, § 29, Randnummer 1a f m. w. N.). Aber das geschah nicht im Justizministerium am Schillerplatz.

9   Ministerialrat Keil (Justizministerium Baden-Württemberg, Az. 410 E – 364/77, Schreiben vom 9. November 1977, Seite 5) berichtet, dass tatsächlich ab sofort »keine Verteidigerbesuche mehr zugelassen wurden«. Auch hier notierte er: »Unterlagen zu diesen Anordnungen liegen nicht vor.« So spricht auch bei dem Komplex Verteidiger-»Kontaktsperre« alles dafür, dass vom Justizministerium der zentrale Grundsatz der Aktenvollständigkeit nicht beachtet wurde. Die erheblichen Grundrechtseingriffe hätten dokumentiert werden müssen.

10   Der Bundesgerichtshof bestätigte dieses Vorgehen (Beschluss vom 23. September 1977 – StB 215/77) mit der Begründung, der »allgemeine Rechtsgedanke, dass die Verletzung eines Rechts in Kauf genommen werden muss, wenn es nur möglich erscheint, ein höheres Rechtsgut zu retten, erlaubt in außergewöhnlicher Lage auch eine Verletzung« der Vorschrift, nach der dem Beschuldigten »schriftlicher und mündlicher Verkehr mit dem Verteidiger gestattet« ist (§ 148 Strafprozessordnung). Bestätigt vom Bundesverfassungsgericht mit Beschluss vom 4. November 1977 – 2 BvQ 8, 9, 11, 15, 16/77; 2 BvR 908, 909/77.

11   Kolportiert wird, Franz Josef Strauß, der wichtigste Vertreter der Opposition in der »Großen Lage« neben Helmut Kohl, hätte den Vorschlag gemacht, »Standgerichte zu schaffen und für jede erschossene Geisel einen RAF-Häftling zu erschießen«. Diesen Wortlaut konnte Helmut Schmidt später nicht bestätigen: Die von Strauß gewählte Formulierung, an die er sich erinnere, sei »sehr viel vorsichtiger« gewesen, erklärte Schmidt, gleichwohl hätte er die Äußerung »sehr befremdlich« gefunden (Di Lorenzo, Die Zeit 36/2007, Seite 17).

12   Das Landgericht Utrecht (Pro Justitia, Rolle NR. 3583/77, in der deutschen Übersetzung: Seite 31, 35) verurteilt am 7. Dezember 1977 Folkerts wegen versuchten Mordes, Mordes und mehrfacher Zuwiderhandlung gegen das niederländische Schusswaffengesetz aus dem Jahr 1919 zu 20 Jahren Freiheitsstrafe.

13   Vor der Tür wartete Elisabeth von Dyck, die unerkannt entkam.

14   Folkerts' Darstellung des Sachverhalts über das Angebot der BKA-Be-
     amten schildert *Der Spiegel* (17/2007, Seite 24 [29]; ähnlich auch
     Sontheimer, Seite 112) völlig anders: »Er sei 48 Stunden lang, nur mit
     einer Unterhose bekleidet, an Händen und Füßen gefesselt gewesen. In
     der fensterlosen Zelle eines niederländischen Militärgefängnisses hätten
     die Ermittler allerhand versucht, um von ihm zu erfahren, wo die RAF
     den entführten Hanns Martin Schleyer versteckt halte. Er sei mit dem
     Tod bedroht worden, dann habe man ihm eine Million Mark, neue Pa-
     piere und freies Geleit geboten. Er lehnte ab.« Ex-BKA-Kommissar
     Pohl nennt die Behauptung, dass er den Häftling mit dem Tod bedroht
     habe, »Quatsch«; ebenso, dass Folkerts 48 Stunden lang, an Händen
     und Füßen gefesselt, nur mit einer Unterhose bekleidet dagesessen hät-
     te. Auch hätte er ihn nicht in einem Militärgefängnis aufgesucht, son-
     dern in einer Haftanstalt. Sein Aufenthalt in Folkerts' Zelle hätte nicht
     länger als eine Stunde gedauert.

15   Der nicht erklärte Ausnahmezustand, in: Kraushaar, Die RAF und der
     linke Terrorismus, Band II, Seite 1011 (1017).

16   Heft 38/1977, Seite 17–33.

17   *taz* vom 14. April 2007, Eine Zeitung – kein Lautsprecher.

18   Im Ergebnis ähnlich: Gottschlich, *taz* vom 14. April 2007, Eine Zei-
     tung – kein Lautsprecher; Sontheimer, Seite 112.

19   Überraschend erscheint, dass die Zahl der Entführungsopfer in der
     »Landshut« nicht einheitlich angegeben wird: Sie schwankt zwischen
     85 und 91. Unstrittig ist, dass die Crew aus fünf Mitgliedern bestand
     (Flugkapitän Jürgen Schumann, Kopilot Jürgen Vietor, Purserette
     Hannelore Piegler sowie den Stewardessen Anna-Maria Staringer und
     Gabriele Dillmann).
     Von insgesamt **85** Personen ging 1985 das Oberlandesgericht Stuttgart
     (Urteil vom 2. April 1985 – 5 – 1 StE 1/83, Seite 114 – Strafsache gegen
     Mohnhaupt und Klar) aus; insgesamt **87** Personen nahmen an das
     Oberlandesgericht Frankfurt (Urteil vom 16. November 1998 – 5 – 2
     StE 4/95–8/95, Seite 25 – Strafsache gegen Haas), das Hanseatische
     Oberlandesgericht Hamburg (Urteil vom 19. November 1996 – 2 StE
     2/96, Seite 22 – Strafsache gegen Andrawes Sayeh) sowie das Oberlan-
     desgericht Stuttgart 1995 (Urteil vom 26. September 1995 – 5 – 2 StE
     2/95, Seite 18 – Strafsache gegen Hofmann).
     Hingegen von insgesamt **91** Personen (»86 Personen und fünf Besat-
     zungsmitglieder«) sprach die Bundesregierung in ihrer Dokumentation
     1977 (Seite 86), ebenso 1984 das Oberlandesgericht Stuttgart (Urteil
     vom 7. Mai 1984 – 2 – 1 StE 5/81, Seite 131 – Strafsache gegen Boock).

Diese Darstellung geht von 87 Personen aus, weil den Entscheidungen in den 90er-Jahren offensichtlich die Passagierliste zugrunde lag.

20   Ermittler der ersten RAF-Generationen gingen davon aus – gerichtlich ist die Sache nicht geklärt, dass Kuhlmann die »Plattfußindianerin« war, die für Ulrike Meinhof ihr letztes Quartier in Freiheit bei dem Lehrer Fritz Rodewald in Hannover-Langenhagen, Walsroder Straße 11, beschaffte. Rodewald informierte die Polizei. So wurden Meinhof und ihr Begleiter Gerhard Müller am 15. Juni 1972 in seiner Wohnung verhaftet.

21   Oben, 59. Kapitel.

22   Bundesgerichtshof, Beschluss vom 3. April 1996 zu Oberlandesgericht Stuttgart, Urteil vom 26. September 1995 – 5 – 2 StE 2/95 (Strafsache gegen Sieglinde Hofmann).

23   Oben, 16. Kapitel.

24   Filbingers Vergangenheit als Marinerichter wurde erst nach dem Artikel von Rolf Hochhuth in der *Zeit* vom 17. Februar 1978 bekannt: Schwierigkeiten, die wahre Geschichte zu erzählen.

25   Engelmann, Seite 97 ff.

26   Oben, 58. Kapitel.

27   Urteil vom 2. April 1985 – 5 – 1 StE 1/83, Seite 291 (Strafsache gegen Mohnhaupt/Klar).

28   In ihrer Vernehmung durch die Bundesanwaltschaft am 11. Oktober 1990 (Protokoll, Seite 11 f). Ebenso Peter-Jürgen Boock, Die Entführung und Ermordung des Hanns-Martin Schleyer, Seite 9.

29   Nicht alle waren in Planung, Vorbereitung und Durchführung der Entführungsaktion eingeweiht. So erfuhr beispielsweise Sigrid Sternebeck nach den Feststellungen des Oberlandesgerichts Stuttgart (5 – 2 StE 6/91, Seite 22 – Strafsache gegen Friedrich und Friedrich) »unwiderlegt erst nach dem Anschlag am 5. September 1977 von der Tat«.

30   Oben, 60. Kapitel.

31   Urteil vom 3. Juni 1991 – 5 – 2 StE 4/90, Seite 68 (Strafsache gegen Albrecht).

32   Oben, 76. Kapitel.

33   Der Generalbundesanwalt, 1 BJs 86/80-5, Seite 215 (Anklageschrift gegen Mohnhaupt und Klar vom 14. März 1983).

34   Oben, 64. Kapitel.

35   Oben, 54. Kapitel.

36   Oben, 2. Kapitel.

37   Oberlandesgericht Stuttgart, Urteil vom 16. Juni 1982 – 1 StE 1/81, Seite 26 (Strafsache gegen Hofmann): Das Gericht stellte fest, dass sie »spätestens seit April 1977« RAF-Mitglied gewesen sei.

38 Oben, 54. Kapitel.
39 Oberlandesgericht Düsseldorf, Urteil vom 4. Dezember 1981 – IV 12/79, Seite 5 (Strafsache gegen Wisniewski).
40 Oberlandesgericht Stuttgart, Urteil vom 26. September 1995 – 5 – 2 StE 2/95, Seite 16 (Strafsache gegen Hofmann).
41 Oberlandesgericht Stuttgart, Urteil vom 7. Mai 1984 – 2 – 1 StE 5/81, Seite 103, Strafsache gegen Boock, erstes Urteil.
42 Drei Wochen später, am 30. September 1977, findet die Polizei diesen Wagen in der zweiten Etage der Tiefgarage der Wohnanlage Auf dem Kölnberg 1 bis 9 in Köln-Meschenich: Im Kofferraum lag ein Manschettenknopf Schleyers. Montiert an dem Wagen war das Falschkennzeichen BM – A 812 (Oberlandesgericht Düsseldorf, Urteil vom 16. März 1987 – IV – 11/86, Seite 45 – Strafsache gegen Wagner).
43 Urteil vom 13. März 1985 – V/83, Seite 409 f (Strafsache gegen Wagner und Schulz). Ähnlich: Oberlandesgericht Düsseldorf, Urteil vom 16. März 1987 – IV – 111/86, Seite 34 (Strafsache gegen Wagner).
44 Oberlandesgericht Stuttgart, Urteil vom 22. Juni 1992 – 5 – 2 StE 6/91, Seite 23 (Strafsache gegen Friedrich und Friedrich).
45 Oberlandesgericht Stuttgart, Urteil vom 22. Juni 1992 – 5 – 2 StE 6/91, Seite 22 (Strafsache gegen Friedrich und Friedrich).
46 Brigitte Mohnhaupt erklärte später: »Alle Mitglieder der RAF, die sich damals in Bagdad befunden hätten, seien in die Entscheidung der RAF für die Flugzeugentführung eingebunden gewesen« (Oberlandesgericht Frankfurt, Urteil vom 16. November 1998 – 5 – 2 StE 4/95–8/95, Seite 57 f [Strafsache gegen Haas]). Peter-Jürgen Boock berichtete, dass »sich die Mitglieder der RAF, die sich Ende September/Anfang Oktober 1977 in Bagdad aufgehalten hätten … nach längeren Diskussionen für die von Wadi Haddad angebotene Entführung eines zivilen deutschen Passagierflugzeuges entschieden hätten« (ebenda, Seite 56).
47 Gegründet worden war der »Schwarze September« von der Fatah 1970, um den Forderungen militanter Mitglieder entgegenzukommen und die Vertreibung der PLO aus Jordanien zu rächen – sie bezeichneten die Palästinenser als »Schwarzer September« (Daase, in: Kraushaar [Hrsg.], Die RAF und der linke Terrorismus, Seite 905 [918]).
48 Abgedruckt in: Rote Armee Fraktion, Texte und Materialien zur Geschichte der RAF, Seite 151 ff.
49 Vgl. Daase, in: Kraushaar (Hrsg.), Die RAF und der linke Terrorismus, Seite 905 (918).
50 Zur PFLP: oben, 14. Kapitel.

51 Bei den beiden von den Entführern genannten Häftlingen »Mahdi« und »Hussein«, deren Freilassung sie aus einem Gefängnis in Istanbul forderten, dürfte es sich um Mehdi Mohammed Zihl und Hussein Mohammed al-Raschid handeln. Sie waren nach einem Anschlag auf den Flughafen in Istanbul am 11. August 1976 verhaftet worden (Thomas Skelton-Robinson, in: Kraushaar [Hrsg.], Die RAF und der linke Terrorismus, Seite 828 [888]).

52 Oberlandesgericht Düsseldorf, Urteil vom 11. Oktober 1983 – V 5/83, Seite 154–157 (Strafsache gegen Wagner und Schulz).

53 Oben, 73. Kapitel.

54 Oberlandesgericht Düsseldorf, Urteil vom 16. März 1987 – IV – 11/86, Seite 5 (Strafsache gegen Wagner II).

55 Oberlandesgericht Frankfurt, Urteil vom 16. November 1998 – 5 – 2 StE 4/95–8/95, Seite 57 f (Strafsache gegen Haas).

56 Die Schreibweise des Namens variiert. Hier folgt die Schreibweise der des Hanseatisches Oberlandesgerichts Hamburg (Urteil vom 19. November 1996 – 2 StE 2/96, Seite 16 [Strafsache gegen Andrawes Sayeh]).

57 Hanseatisches Oberlandesgericht Hamburg, Urteil vom 19. November 1996 – 2 StE 2/96, Seite 16 (Strafsache gegen Andrawes Sayeh); Oberlandesgericht Frankfurt, Urteil vom 16. November 1998 – 5 – 2 StE 4/95–8/95, Seite 22 (Strafsache gegen Haas).

58 Urteil vom 19. November 1996 – 2 StE 2/96 (Strafsache gegen Andrawes Sayeh).

59 So der Titel des von Karl-Heinz Weidenhammer 1988 erschienenen Buches mit dem Untertitel: »Todesermittlungsverfahren Baader Ensslin Raspe«.

60 Meyer, Staatsfeind, Seite 350, 370.

61 BGBl I, Seite 1877, §§ 31, 32 EGGVG.

62 Vermerk vom 4. Oktober 1977.

63 Von vielen wird vermutet oder gar angenommen (Schenk, Seite 298, Meyer, Seite 371, Sontheimer, Seite 130, Dellwo, Seite 148 f, 202 u. a.), dass die Häftlinge in Stammheim in dieser Zeit abgehört wurden. Die These wird im Wesentlichen darauf gestützt, dass es schon zuvor, in den Jahren 1975 und 1976 Abhörmaßnahmen in der JVA Stammheim gab (oben, 37. Kapitel). Aber anders als für die Abhöraktionen in den Jahren 1975 und 1976 existieren für 1977 keine Belege: Im Stuttgarter Hauptstaatsarchiv liegen mehrere hundert Seiten (zum Teil Mehrfertigungen), die sich mit den vom Innen- und Justizminister verfügten Abhörmaßnahmen befassen (unter anderem: EA 4/413 Bü 22, EA 4/114

Bü 1, EA 4/607 Bü 45, EA 2/303 Bü 1187), für eine Lauschaktion während der Schleyer-Entführung hingegen findet sich dort nichts. Natürlich lässt sich daraus nicht herleiten, dass es eine solche Aktion nicht gab. Aber eine Abhöraktion im September/Oktober 1977 als »Fortsetzung« der zuvor erfolgten Lauschangriffe erscheint deswegen zweifelhaft, weil in Anbetracht der vorliegenden Dokumente nur in Besucherzellen abgehört wurde, und zwar ausschließlich die Gespräche zwischen Häftlingen und Rechtsanwälten, aber 1977 die in Rede stehende Kommunikation unter den Häftlingen nicht in einem dieser Räume erfolgte. Aufgrund des Kontaktsperregesetzes waren sie in ihren Zellen eingesperrt. Zudem wäre eine Abhöraktion im Herbst 1977 eine politische Dummheit besonderer Güte der Verantwortlichen gewesen: Der baden-württembergische Justiz- und Innenminister standen unter massivem politischem Druck, weil heiß umstritten war, ob die von ihnen angeordneten Abhörmaßnahmen rechtens erfolgten. Im Lichte dessen fällt die Vorstellung schwer, dass die Minister eine weitere Abhörmaßnahme angewiesen haben oder sie mit ihrer Billigung erfolgte.

64 Oesterle, 2003, Seite 160 ff.

65 Gemeint: »Jan«: Jan-Carl Raspe.

66 Urteil vom 31. Januar 1980 – 2 – 1 StE 5 - 6/78, Seite 230 (Strafsache gegen Müller und Newerla).

67 Oberlandesgericht Stuttgart, Urteil vom 14. Dezember 1978 – 2 – 1 StE 2/78, Seite 21 (Strafsache gegen Speitel und Dellwo).

68 Oberlandesgericht Stuttgart, Urteil vom 31. Januar 1980 – 2 – 1 StE 56/78, Seite 24ff (Strafsache gegen Müller und Newerla).

69 Landtag von Baden-Württemberg, Drucksache 7/3200, Seite 96.

70 Das scheint die einzig plausible Erklärung zu sein, weil in Baaders Zelle 719 sich kein Wandversteck, anders als in anderen Zellen, oder sonstiges Versteck befand, in dem die Waffe hätte versteckt werden können.

71 Der Generalbundesanwalt beim Bundesgerichtshof, 1 BJs 77/82-5, Angeschuldigtenvernehmung am 17. Januar 1991, Seite 5.

72 Der Generalbundesanwalt beim Bundesgerichtshof 1 BJs 137/77-6, Beschuldigtenvernehmung am 12. Oktober 1990, Seite 14.

73 Der Generalbundesanwalt beim Bundesgerichtshof, 1 BJs 149/77, Verfügung von 1. Februar 1978.

74 Landeskriminalamt Baden-Württemberg, Az. 810-551 162/77, Ermittlungsergebnis in der Leichensache Baader, Raspe und Ensslin, Seite 53 ff.

75 Landtag von Baden-Württemberg, Drucksache 7/3200, Seite 7 ff.

76 Urteil vom 31. Januar 1980 – 2 – 1 StE 5 - 6/78, Seite 13 ff (Strafsache

gegen Müller und Newerla); Urteil vom 14. Dezember 1978 – 2 – 1 StE 2/78, Seite 17 ff (Strafsache gegen Speitel und Dellwo).

77 Oberlandesgericht Stuttgart, Urteil vom 2. April 1985 – 5 – 1 StE 1/83, Seite 120 (Strafsache gegen Mohnhaupt und Klar).

78 Fernsehdokumentation von Stefan Aust und Helmer Büchel, ausgestrahlt in der ARD am 9. September (21.45 Uhr) und 10. September (20.15 Uhr) 2007.

79 Oberlandesgericht Stuttgart, Urteil vom 8. Oktober 1991 – 2 – StE 1/91, Seite 53 (Strafsache gegen Maier-Witt).

80 Der Generalbundesanwalt beim Bundesgerichtshof, 1 BJs 77/82-5, Vernehmung am 26. Oktober 1990, Seite 11, Albrecht mit Bezug »auf Gespräche in Bagdad oder danach«.

81 Seite 315.

82 Fernsehdokumentation von Stefan Aust und Helmer Büchel, ausgestrahlt in der ARD am 9. September (21.45 Uhr) und 10. September (20.15 Uhr) 2007.

83 Oberlandesgericht Düsseldorf, Urteil vom 10. November 1982 – VI 2/80, Seite 3, 48 ff (Strafsache gegen Heißler).

84 Bundestags-Drucksache 8/1881.

Winter. Sechster Abschnitt

1 Von wann bis wann der Deutsche Herbst dauerte, wird nicht einheitlich gesehen. Die einen verstehen darunter die 44 Tage der Schleyer-Entführung, so zum Beispiel die Bundeszentrale für politische Bildung (http://www.bpb.de/geschichte/deutsche-geschichte/geschichte-der-raf/), andere, wie zum Beispiel Alf Brustellien und die anderen Filmemacher von *Deutschland im Herbst*, auch noch die Zeit nach dem 19. Oktober 1977, in der es eine Reihe von Polizeirazzien und Diskussionen gab, was in einem Rechtsstaat zulässig ist.

2 Bundesregierung, Dokumentation, Seite 131 f.

3 Ermittlungsrichter des Bundesgerichtshofs, am 10. September 1977 – II BGs 1161/77.

4 Ermittlungsrichter des Bundesgerichtshofs, am 14. September 1977 – II BGs 1172/77.

5 Ermittlungsrichter des Bundesgerichtshofs, am 11. Oktober 1977 – II BGs 1290/77.

6 Ermittlungsrichter des Bundesgerichtshofs, am 11. Oktober 1977 – II BGs 1290/77.

7   Ermittlungsrichter des Bundesgerichtshofs, am 18. Oktober 1977 – II
    BGs 1349/77.

8   Ermittlungsrichter des Bundesgerichtshofs, am 18. Oktober 1977 – II
    BGs 1349/77.

9   Ermittlungsrichter des Bundesgerichtshofs, am 23. September 1977 – II
    BGs 1219/77.

10 Ermittlungsrichter des Bundesgerichtshofs, am 28. September 1977 – II
    BGs 1225/77.

11 Ermittlungsrichter des Bundesgerichtshofs, am 23. September 1977 – II
    BGs 1215/77.

12 Im Gespräch mit Anne Siemens, Seite 280.

13 Das Papier wird auch als »Mai-Papier« bezeichnet, weil es als Datum
    »mai 1982« trägt: Die ersten 14 Exemplare wurden am 23. Juni 1982 in
    einem Toilettentrakt des »Hauses der Jugend« in Ludwigshafen gefun-
    den. Der linken Öffentlichkeit wird das Papier bekannt, weil es die *taz*
    am 2. Juli 1982 druckte. Das Bundeskriminalamt stellt in seinem Aus-
    wertungsbericht vom 13. Juli 1982 (BKA – TE 13 – 130 079/82, Seite
    35) fest, mit der Schrift unterstreiche »die ›RAF‹, dass sie die im Jahr
    1977 erlittene Niederlage nunmehr politisch aufgearbeitet hat und sich
    wieder in einer offensiv-kämpferischen Rolle sieht«.

14 *Anmerkung BP:* Das erste Ultimatum – Abflug der elf Häftlinge in
    Frankfurt/Main am 7. September um 12 Uhr – stammt vom 6. Septem-
    ber 1977 (oben, 55. Kapitel) und war bereits am zweiten Tag nach der
    Entführung verstrichen.

15 Diese Behauptung ist zumindest missverständlich, weil die »Entfüh-
    rung« eines Flugzeugs von Mohnhaupt und Boock bei Wadi Haddad
    von der PFLP in Auftrag gegeben wurde.

16 Oben, 64. Kapitel.

17 Der Artikel erschien in den *Göttinger Nachrichten,* der Zeitung des
    AStA der Universität Göttingen. In ihm erklärte der »Stadtindianer«:
    »Meine unmittelbare Reaktion, meine ›Betroffenheit‹ nach dem Ab-
    schuss von Buback ist schnell geschildert: Ich konnte und wollte (und
    will) eine klammheimliche Freude nicht verhehlen. Ich habe diesen Typ
    oft hetzen hören. Ich weiß, daß er bei der Verfolgung, Kriminali-
    sierung, Folterung von Linken eine herausragende Rolle spielte.«
    Die »klammheimliche Freude« wurde zu einem geflügelten Wort und
    führte zu über 100 Ermittlungsverfahren von Staatsanwaltschaften,
    in denen es um die Frage ging, ob die Äußerung von der Meinungsfrei-
    heit umfasst wird. Erst 2001 gab sich der Autor zu erkennen: Klaus

Hülbrock (Jahrgang 1947), Literaturwissenschaftler und Deutschlehrer.

18   Sontheimer, Seite 136.

Später. Siebter Abschnitt

1   Oben, 19. Kapitel.

2   Generalbundesanwalt, 1 BJs 53/77, Anklageschrift gegen Verena Becker und Günter Sonnenberg vom 28. Juni 1977.

3   Urteil vom 26. April 1978 – 5 – 1 StE 1/77, Seite 1a.

4   Urteil vom 20. Dezember 1977 – Nr. 9352 E – 6150/78, Seite 31.

5   Urteil vom 31. Juli 1980 – 2 – 1 StE 5/79, Seite 1.

6   Bei seiner Verhaftung steckte bei Schneider ein Zettel mit Notizen von Mohnhaupt in der Tasche, auf dem sie geschrieben hatte: »das Zeug für Saki, Shit + K, ist nicht zum Vergnügen, das heißt es ist verdammt notwendig + dringend.« »Saki« war der Deckname von Boock, »Shit« steht für Haschisch und »K« für Kokain (Oberlandesgericht Stuttgart, Urteil vom 28. November 1986 – 5 (2) – 1 StE 5/81, Seite 35 f [Strafsache gegen Boock II]).

7   Urteil vom 5. September 1980.

8   Urteile des Landgerichts Frankenthal vom 27. September 1978 – 140 Js 36626/78 III KLs und vom 4. September 1980 – 140 Js 140/80 III KLs.

9   Urteil vom 4. Dezember 1981 – IV 12/79, Seite 2 f, 204.

10   Ausgabe vom 11. Oktober 1997: »Wir waren so unheimlich konsequent«.

11   Urteil vom 30. November 1979 – VIV 2/79 1 StE/79.

12   Urteil vom 26. September 1980.

13   Urteil vom 16. März 1987 – IV – 11/86, Seite 2 (Strafsache gegen Wagner), in Verbindung mit Oberlandesgericht Düsseldorf, Urteil vom 13. März 1985 – V/83 (Strafsache gegen Wagner und Schulz). Am 24. November 1993 verurteilte ihn das Oberlandesgericht Düsseldorf zu einer weiteren lebenslangen Freiheitsstrafe wegen des RAF-Anschlags auf NATO-Oberbefehlshaber Haig 1979.

14   Ausgabe vom 17. Oktober 2007.

15   Siehe dazu oben, 58. Kapitel.

16   Urteil vom 16. Juni 1982 – 1 StE 1/81, Seite 3 (Strafsache gegen Hofmann I): Von mehreren Autoren, zum Beispiel bei Wikipedia (https://de.wikipedia.org/wiki/Sieglinde_Hofmann, zuletzt aufgerufen: 1. August 2016) wird behauptet, diese Verurteilung sei »ein Fehlurteil«, weil

sich später herausgestellt habe, dass Hofmann »an der versuchten Entführung Pontos ... nicht beteiligt war«. Nicht nachvollziehbar ist, wodurch sich dies »später« herausgestellt haben soll. Auch erklärte das Oberlandesgericht nicht, entgegen dem Eindruck, der von diesen Autoren verschiedentlich erweckt wird, Hofmann hätte zu der Tätergruppe gehört, die Ponto aus seiner Villa verschleppen wollte. Vielmehr begründete das Gericht (a. a. O., Seite 144) die Verurteilung Hofmanns wegen Mittäterschaft damit, dass sie sich an diesem Tag in der Birminghamstraße 93 in Frankfurt aufgehalten habe: »Aufgrund ihrer Anwesenheit in der konspirativen Wohnung in der Birminghamstraße 93 in Frankfurt, der Kommandozentrale des Unternehmens, im Zusammenhang mit der angelaufenen Aktion, war die Angeklagte auch in die Tatortplanung eingeschaltet. Ihr Tatbeitrag bestand zumindest darin, den anderen Kommandomitgliedern im Rahmen der Gesamtaktion Unterstützung und Sicherheit zu garantieren. Nur im Zusammenwirken mindestens aller am Tattag in der Birminghamstraße 93 anwesenden ›RAF‹-Mitglieder konnte die Aktion erfolgversprechend begonnen und durchgeführt werden.«

17 »Auslieferungserlass« der französischen Regierung vom 9. Juli 1990, siehe auch: Oberlandesgericht Frankfurt am Main, Urteil vom 16. Juni 1982 – 1 StE 1/81, Seite 139 (Strafsache gegen Hofmann I).

18 Urteil vom 26. September 1995 – 5 – 2 StE 2/95, Seite 3 (Strafsache gegen Hofmann II).

19 Urteil vom 7. Mai 1984 – 2 – 1 StE 5/81, Seite 3, 506 ff (Strafsache gegen Boock I).

20 Urteil vom 28. November 1986 – 5 (2) – 1 StE 5/81, Seite 43 ff, 77.

21 Ausgabe vom 12. September 1988: »Mein Mandant Boock fuhr nicht den Fluchtwagen«. Überraschend ist, dass Boock-Anwalt Sternsdorff als *Spiegel*-Redakteur vor Beginn des ersten Verfahrens mit Boock ein 13-Seiten-Interview führte (*Der Spiegel* 9/1981, Seite 110–125: »im Schützengraben für die falsche Sache«).

22 39/1988, Seite 22 (23).

23 Ausgabe vom 24. Juni 1988, Seite 14. Dönhoff sagt nicht, wie die von ihr angeregte »Umwandlung« einer (seit 4. September 1987) rechtskräftigen Entscheidung in einem Rechtsstaat funktionieren soll.

24 Sontheimer, Seite 7.

25 Urteil vom 3. November 1992 – 2 – 2S StE 9/91, Seite 3.

26 Oberlandesgericht Stuttgart, Urteil vom 6. Juli 2012 – 6 StE 2/10, Seite 79, 135 ff (Strafsache gegen Becker).

27   Oben, 20. Kapitel.

28   Oben, 21. Kapitel.

29   Oben, 25. Kapitel.

30   Oberlandesgericht Düsseldorf, Urteil vom 13. März 1985 – V 5/83, Seite 180 (Strafsache gegen Wagner und Schulz).

31   Oberlandesgericht Düsseldorf, Urteil vom 13. März 1985 – V 5/83, Seite 3, 509, 518 f (siehe auch oben, Seite 544, Anmerkung 16). Im September 1995 verurteilte das Oberlandesgericht Stuttgart Schulz nochmals zu lebenslanger Haft wegen der Schießerei in Kerkrade, bei der zwei niederländische Zöllner erschossen worden waren.

32   Oberlandesgericht Stuttgart, Urteil vom 2. April 1985 – 5 – 1 StE 1/83, Seite 4 f, 346 ff (Strafsache gegen Mohnhaupt und Klar).

33   Zudem verurteilt später das Oberlandesgericht Stuttgart (Urteil vom 3. November 1992 – 2 – 2 StE 5/91, Seite 3) Christian Klar für den Banküberfall wegen Raubes mit Todesfolge und fünf versuchten Morden »zu lebenslanger Freiheitsstrafe als Gesamtstrafe«.

34   Oberlandesgericht Stuttgart, Urteil vom 2. April 1985 – 5 – 1 StE 1/83, Seite 347 f (Strafsache gegen Mohnhaupt und Klar).

35   Beschluss vom 12. Februar 2007 – 5 – 1 StE 1/83, Seite 8, 9, 12, 13, 14, 16.

36   §§ 57a Abs. 1, 57 Abs. 1 Strafgesetzbuch.

37   Beschluss vom 24. November 2008 – 2 – 2 StE 5/91.

38   Trotz der bei Mohnhaupt vom Oberlandesgericht Stuttgart (Urteil vom 2. April 1985 – 5 – 1 StE 1/83, Seite 347 f) festgestellten »Rädelsführerschaft« kam sie vor Christian Klar aus dem Gefängnis, weil bei ihr die Mindestverbüßungsdauer auf 24 Jahre festgesetzt worden war (Oberlandesgericht Stuttgart, Beschluss vom 12. Februar 2007 – 5 – 1 StE 1/83, Seite 2).

39   Oben, 93. Kapitel.

40   Erkenntnisquellen sind in erster Linie die Aussagen der RAF-Aussteiger und von Stasi-Mitarbeitern, die Unterlagen der MfS-Abteilung XXII/8, die Gerichtsentscheidungen gegen die in der DDR verhafteten RAF-Aussteiger sowie die Entscheidung des Landgerichts Berlin vom 7. März 1997 ([522] 29/2 Js 231/90 KLs [21/95] – Strafsache gegen Dahl, Jäckel und Zaumseil) und die Revisionsentscheidung des Bundesgerichtshofs vom 5. März 1998 (5 StR 494/97).

41   Oben, 77. Kapitel.

42   Dass die Bedeutung von »Terrorabwehr« für das Ministerium für Staatssicherheit in den folgenden Jahren immer weiter stieg, ist auch

daran zu erkennen, dass die »Abteilung« XXII 1988 zur »Hauptabteilung« »aufgewertet« wurde und sie 1989 897 hauptamtliche Mitarbeiter hatte, einschließlich von »Flugbegleitern«.

43   Dieses Gespräch führte Inge Viett nach ihren Schilderung (Seite 283) mit »Günter« (Jäckel). Das Landgericht Berlin (Urteil vom 7. März 1997 – [522] 29/2 Js 231/90 KLs [21/95], Seite 10) schreibt den Vorschlag, die RAF-Aussteiger in die DDR zu schicken, Harry Dahl zu – es schreibt: »Dr. Dahl machte Inge Viett daraufhin den Vorschlag, die acht Ausstiegewilligen in der DDR selbst aufzunehmen.« Denkbar ist, dass beide, Jäckel und Dahl, die sich vorher auch abgestimmt hatten, in getrennten Gesprächen Viett, die sich insgesamt zehn Tage in der DDR aufhielt, denselben Vorschlag machten.

44   Landgericht Berlin, Urteil vom 7. März 1997 – (522) 29/2 Js 231/90 KLs (21/95), Seite 10, 19.

45   Gerd Zaumseil schreibt in einem Vermerk (ohne Datum, BStU, MfS – HA XXII Nr. 19897, Seite 19), der Film sei im ZDF ausgestrahlt worden. Nicht auszuschließen ist, dass es sich tatsächlich um die Ausstrahlung in der ARD am 14. September 1986, 22.15 Uhr, handelte: *Baader-Meinhof – und am Schluss sie selbst*. In diesem Film von Stefan Aust wurde ein Bild von Susanne Albrecht gezeigt und dazu ihr Name genannt.

46   BStU, MfS – HA XXII Nr. 19897, Seite 1 f, 6.

47   Urteil vom 3. Juni 1991 – 5 – 2 StE 4/90, Seite 3, 60 ff.

48   Urteil vom 22. Juni 1992 – 5 – 2 StE 6/91, Seite 3, 146 ff.

49   Urteil vom 8. Oktober 1991 – 2 – 2 StE 1/91, Seite 3, 150 ff.

50   Urteil vom 24. Februar 1992.

51   Auf den Sachverhalt war *Bild* bei Recherchen über einen Rechtsstreit zwischen Susanne Albrecht und dem Verlag meines Buches *Tödlicher Irrtum – Die Geschichte der RAF* gestoßen. Albrecht verlangt von ihm, in dem Buch künftig nicht mehr ein Foto von ihr zu veröffentlichen: Es zeigt sie am ersten Tag ihres Strafverfahrens 1991 in Stuttgart-Stammheim. Das Hanseatische Oberlandesgericht Hamburg erließ, ohne den Verlag gehört zu haben, eine entsprechende Unterlassungsanordnung im Einstweiligen Verfügungsverfahren (Beschluss vom 20. März 2007 – 7 W 22/07) unter Hinweis auf Albrechts »Resozialisierungsinteresse«. Zuvor hatte das Landgericht Hamburg (Beschluss vom 27. Februar 2007 – 324 O 115/07) den Erlass einer einstweiligen Verfügung abgelehnt, unter anderem mit dem Argument, dass »an dem Umstand, dass eine ehemalige RAF-Terroristin, die an einer politisch motivierten Er-

mordung beteiligt war, heute als Grundschullehrerin tätig ist«, ein
»nicht unerhebliches öffentliches Informationsinteresse bestehen«
dürfte. Über das Verbot des Oberlandesgerichts berichteten im März
2007 *Spiegel*, *Focus*, *Tagesspiegel* und andere Tageszeitungen. Einen
Monat später berichtete *Bild*, ihr Verlangen hätte Albrecht in dem Verfahren unter anderem damit begründet, dass sie Lehrerin an einer
Grundschule sei und nach ihrem Wissen dort »ihre RAF-Vergangenheit niemandem bekannt« sei.

Acht Monate später, im Dezember 2007, verzichtete Albrecht im
Hauptsacheverfahren vor dem Landgericht Hamburg (324 O 461/07)
auf ihre Rechte aus der einstweiligen Verfügung, nachdem der Verlag
sich zur Sache geäußert hatte. So erschien die dritte Taschenbuch-Auf-
lage von *Tödlicher Irrtum* im Juni 2007 mit einer weißen Fläche statt
des Albrecht-Fotos, die vierte Auflage im Januar 2008 wieder mit dem
Foto von ihr. In diesem Buch ist das zeitweise untersagte Foto auf Seite
470 abgebildet.

52 Strafrechtlich hatte diese Ausbildung keine Konsequenzen, weil sich
später nicht klären ließ, ob sie vor oder nach den Anschlägen der RAF
auf US-General Kroesen am 15. August 1981 und den US-Luftwaffen-
stützpunkt Ramstein am 31. August 1981 erfolgte. Als sicher galt nur,
dass die Ausbildung im »Frühjahr« erfolgte, unklar blieb, ob 1981 oder
1982. Hätte die Stasi-Schulung vor den Anschlägen stattgefunden, hätte
eine Beihilfe zu ihnen vorgelegen. Wäre sie anschließend erfolgt, hätte
es sich strafrechtlich um die Unterstützung einer kriminellen Vereinigung gehandelt, die allerdings zum Zeitpunkt der Ermittlungen der
Bundesanwaltschaft Anfang der 90er-Jahre schon verjährt war. So stellte die Bundesanwaltschaft das Ermittlungsverfahren gegen die Stasi-
ausbilder nach dem Grundsatz »Im Zweifel für den Angeklagten« am
25. August 1994 ein (eingehend: Peters, Tödlicher Irrtum, Seite 588 ff).

53 *Frankfurter Rundschau*, 2. Juli 1991, Seite 7 f, Interview mit dem
RAF-Gefangenen Helmut Pohl.

54 Albrecht/Ponto, Patentöchter, Seite 119.

55 Heute: Rosa-Luxemburg-Platz.

56 Erst 62 Jahre später wurde Mielke (1907–2000) für diese Tat wegen
Mordes in zwei Fällen vom Landgericht Berlin (Urteil vom 26. Oktober 1993 – [523] 1 Kap Js 1655/90 Ks [10/91]) verurteilt.

57 Oben, 28. Kapitel.

REGISTER

BILDNACHWEIS

S. 10 picture-alliance / dpa / Bundeskriminalamt; S. 23 picture-alliance / dpa / Heinz Wieseler; S. 26 Privatarchiv Alfred Klaus; S. 32 Privatarchiv des Autors; S. 36 picture-alliance / Sven Simon; S. 40 picture-alliance / dpa / Manfred Rehm; S. 44, 51, 56 picture-alliance / dpa; S. 58 picture alliance / Heinz Wieseler; S. 59 Privatarchiv des Autors; S. 63 picture-alliance / Sven Simon; S. 65 picture-alliance / dpa / Heinz Wieseler; S. 71 Privatarchiv des Autors; S. 73 picture-alliance / dpa; S. 86 action press; S. 88 Privatarchiv des Autors; S. 91 picture-alliance/ dpa; S. 96 picture alliance / dpa; S. 105 picture-alliance / dpa; S. 106 Privatarchiv des Autors; S. 110 picture-alliance / dpa; S. 111 picture-alliance / dpa; S. 114 picture alliance / Michael Dick; S. 132 picture-alliance/ dpa / Försterling Norbert; S. 135 picture-alliance/ dpa / Norbert Försterling; S. 136 picture-alliance / dpa; S. 138 DER SPIEGEL 17/2007; S. 143 picture alliance / dpa / Bernd Weißbrod; S. 144 picture alliance / Ulrich Baumgarten; S. 150 picture alliance / dpa / EPA / BERND WEISSBROD; S. 154 picture alliance / dpa / Jan Peter; S. 155 picture alliance / dpa / EPA / Jan Peter; S. 156 http://www.info.libertad.de; S. 157 picture alliance / dpa / Jan Peter; S. 159 picture alliance / dpa / EPA / HANNES CARLOTTO; S. 161 picture alliance / dpa / EPA / BERND WEISSBROD; S. 162 ddp images / Daniel Kopatsch; S. 164 picture alliance / dpa / Uwe Anspach; S. 165 dpa Picture-Alliance / Bernd Weissbrod; S. 174 picture alliance / dpa / Bernd Weißbrod; S. 193 Privatarchiv des Autors; S. 195 picture alliance / ZB / euroluftbild.de / Werner Kuhnle; S. 197 SZ Photo/ap/dpa/picture alliance; S. 199 picture-alliance/ dpa / Rolf Haid; S. 201 picture-alliance / Norbert Försterling; S. 202 picture-alliance / dpa; S. 203 picture-alliance / dpa; S. 205 picture-alliance/ dpa; S. 207 picture alliance / AP Photo / Kurt Strumpf; S. 215 picture-alliance/ dpa / Carl Staedele; S. 224 Privatarchiv des Autors; S. 228 Privatarchiv des Autors; S. 230 bpk | Digne Meller Marcovicz; S. 233 ullstein bild - Calle Hesslefors; S. 241 picture-alliance / dpa; S. 250 picture-alliance / dpa; S. 255 picture-alliance / dpa; S. 258 picture-alliance / dpa / Heinz Wieseler; S. 260 picture-alliance/ dpa; S. 261 Privatarchiv des Autors; S. 263 Privatarchiv des Autors; S. 265 picture-alliance / dpa / Heinz Wieseler; S. 268 picture-alliance/ dpa / Bundeskriminalamt Wiesbaden; S. 276 Stadtarchiv Karlsruhe 8/BA Schlesiger A31/84/3/16A; S. 277 picture-alliance / Norbert Försterling; S. 284 Privatarchiv des Autors; S. 286 Privatarchiv des Autors; S. 296 picture-alliance / Sven Simon; S. 299 picture-alliance / Sven Simon; S. 304 picture-alliance / dpa; S. 308 Privatarchiv des Autors; S. 309 Privatarchiv des Autors; S. 313 Axel Springer SE, BILD 4. August 1977; S. 314 picture-alliance / dpa; S. 314 picture-alliance / dpa; S. 321 picture-alliance / dpa; S. 325 picture-alliance / Sven Simon; S. 328 imago/ZUMA/Keystone; S. 333 Privatarchiv des Autors; S. 338 picture alliance / UPI; S. 339 picture-alliance/ dpa; S. 341 Privatarchiv des Autors; S. 346 Getty Images / Hulton Archive; S. 349 picture-alliance / dpa; S. 351 picture-alliance / dpa; S. 353 picture-alliance / dpa; S. 358 picture-alliance / dpa; S. 381 picture-alliance / dpa; S. 394 picture alliance / dpa; S. 397 picture-alliance / dpa; S. 405 Privatarchiv des Autors; S. 424 picture-alliance / dpa; S. 460 picture-alliance / dpa; S. 465 picture-alliance / dpa / Harald Melcher; S. 467 picture-alliance / dpa; S. 468 picture alliance / dpa / Rainer Jensen; S. 470 picture-alliance / dpa; S. 473 Privatarchiv des Autors; S. 474 Privatarchiv des Autors; S. 477 Privatarchiv des Autors; S. 486 picture-alliance / dpa